김대리~ 김대리~?

휴~ 사람들이 저만 찾아요

구체적으로
도와주는 책
잘 된다!

데이터를 자유롭게 다루는
우리 사무실 고수들의 업무 기술 대공개!

된다!
엑셀
능력자

데이터 시대의 엑셀 기본서

 10년 연속 마이크로소프트
엑셀 MVP **김철** 지음

이지스 퍼블리싱

능력과 가치를 높이고 싶다면
된다! 시리즈를 만나 보세요.
당신이 성장하도록 돕겠습니다.

된다! 엑셀 능력자
Gotcha! Excel Hero

초판 발행 • 2016년 02월 23일
초판 9쇄 • 2022년 06월 24일

지은이 • 김철
펴낸이 • 이지연
펴낸곳 • 이지스퍼블리싱(주)
출판사 등록번호 • 제313-2010-123호
주소 • 서울특별시 마포구 잔다리로 109 이지스빌딩 4층 (우편번호 04003)
대표전화 • 02-325-1722 | **팩스** • 02-326-1723
홈페이지 • www.easyspub.co.kr | **페이스북** • www.facebook.com/easyspub
Do it! **스터디룸 카페** • cafe.naver.com/doitstudyroom | **인스타그램** • instagram.com/easyspub_it

기획 및 책임 편집 • 배호종(riger303@hanmail.net) | **편집 진행** • 김영준
디자인 및 전산 편집 • 이승현 | **인쇄소** • 보광문화사
마케팅 • 박정현, 한송이, 이나리 | **독자지원** • 오경신 | **영업 및 교재 문의** • 이주동, 김요한(support@easyspub.co.kr)

- 잘못된 책은 구입한 서점에서 바꿔 드립니다.
- 이 책에 실린 모든 내용, 디자인, 이미지, 편집 구성의 저작권은 이지스퍼블리싱(주)와 지은이에게 있습니다.
- 이 책은 허락 없이 복제할 수 없습니다. 무단 게재나 불법 스캔본 등을 발견하면
  출판사나 한국저작권보호원에 신고하여 저작권자와 출판권자를 보호해 주십시오.
  (한국저작권보호원 불법복제 신고전화 1588-0910, https://www.copy112.or.kr)

ISBN 978-89-97390-89-2 13000
가격 22,000원

나무심기에 가장 좋은 때는 20년 전이었다.
그 다음으로 좋은 때는 바로 지금이다.

The best time to plant a tree was 20 years ago.
The next best time is now.

아프리카 속담
African Proverb

| 머 리 말 |

데이터 테크놀로지의 시대, 엑셀 활용의 트렌드가 달라졌다

엑셀은 데이터 분석을 대표하는 도구로서 오피스 환경에서 절대적인 위치를 차지하고 있습니다. 업무 효율과 생산성을 높이기 위해 데이터를 분석하고 활용하는 일련의 활동이 이전보다 점점 더 중요해지고 있기 때문입니다.

지난해 내한한 알리바바 그룹의 마윈 회장 역시 "세상은 IT시대에서 DT(Data Technology)시대로 가고 있다"라고 말할 정도입니다. 그 외 세계적 석학이나 수많은 경영자들도 이구동성으로 데이터의 활용과 분석의 중요성을 이야기하고 있습니다.

필자는 2008년부터 마이크로소프트 오피스 엑셀 MVP(Most Valuable Professional)로 활동하며 여러 기업체, 공공기관, 교육기관에서 강의를 진행했습니다. 그 중 가장 반응이 뜨거웠던 강의는 '비즈니스 엑셀, 데이터의 활용과 분석'이었습니다. 기업 대부분은 ERP와 같은 사내 시스템을 구축했기 때문에 직원들은 축적된 데이터를 손쉽게 엑셀로 다운로드할 수 있습니다. 즉, 이제는 '데이터를 어떻게 활용하느냐'가 직원들의 핵심 역량으로 평가받는 시대가 된 것입니다.

강의를 할 때마다 '어떻게 하면 사용자가 빅데이터로 쌓이고 있는 자료들을 더 효율적으로 활용할 수 있을까'에 대해 고민했습니다. 그리고 지금까지 강의를 하며 현장에서 느낀 경험을 여러분과 나누고 싶었습니다. 이 책은 그렇게 탄생했습니다. 데이터를 효과적으로 분석하고 활용하는 팁을 모아 책에 담았고 점점 데이터 분석과 활용 능력이 강조되고 있는 트렌드에 부합하도록 내용을 구성했습니다.

그간의 경험과 생각을 정리하느라 책이 세상에 나오기까지 시일은 조금 걸렸지만 책을 통해 익히는 독자들은 필자와는 반대로 쉽고 빠르게 데이터 활용 기술을 익힐 수 있기를 바랍니다. 또 옆에 두고 필요할 때마다 찾는 친한 친구 같은 책이길 바랍니다.

책을 집필하는 동안 함께 고생하신 이지연 대표님, 배호종 실장님께 이 지면을 빌려 고맙단 말씀을 전합니다. 아울러 늘 제게 힘을 주는 집사람과 우리 두 딸 김하연, 김서연에게도 고맙단 말을 꼭 하고 싶습니다.

늦은 밤에 머리말을 적고 있노라니 고이 자고 있는 아이들 이마에 뽀뽀라도 해주고 싶군요.

김철
bomism@gmail.com

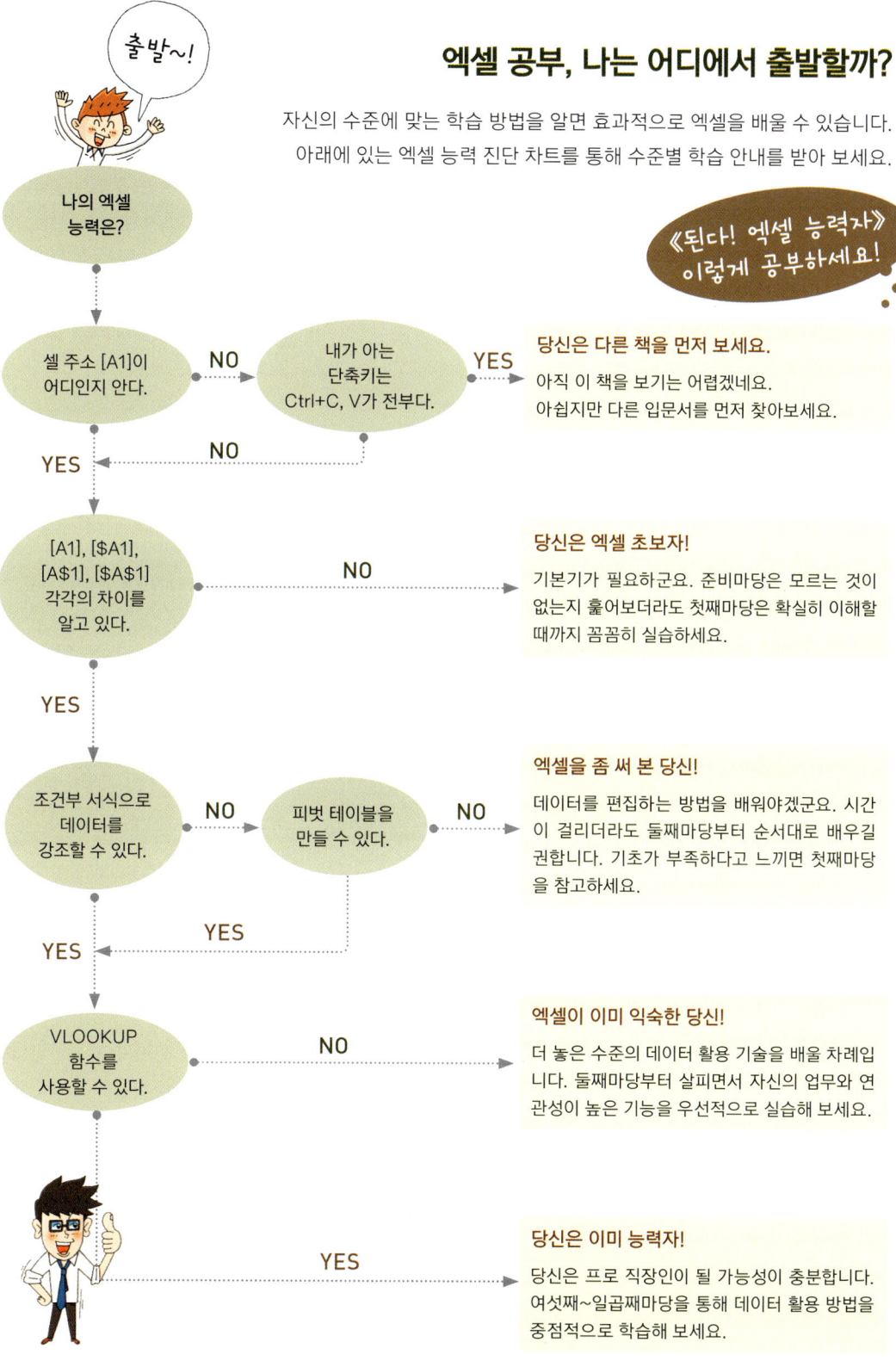

| 추 천 사 |

그런데 이 책, 저만 보면 안 될까요?

"일하는 방식을 바꾸어 자신의 능력치를 끌어올리세요!"

건강을 위해 식습관을 점검하고 바꾸듯, 업무 효율성을 위해서는 각자 '일하는 방식'을 확인하고 고쳐야 하지 않을까요? 이 책은 업무 근육을 효과적으로 키울 수 있게 도와주는 트레이닝 코치와 같습니다.
이 책을 통해 자신의 업무 근육을 확인해 보세요. 일하는 방식을 바꾸어 자신의 능력치를 끌어올리세요! 끝까지 완주한다면 능력자가 된 자신의 모습을 확인할 수 있을 것입니다.

한국마이크로소프트 배진희 과장

"덕분에 회사에서 체면 좀 차렸습니다."

몇 해 전《엑셀 데이터 관리》라는 책을 본 이후《엑셀 된다! 능력자》로 오래간만에 다시 선생님의 책을 접했습니다. 내용이 쉽고 따라하기만 해도 결과가 바로 나오니 이해가 잘 됩니다. 특히 Z 차트나, 손익분기점 차트는 업무에 바로 사용하고 있습니다. 저희 상무님도 아주 좋아합니다. 덕분에 회사에서 체면 좀 차렸습니다.

페어차일드 반도체 이지훈 부장

"궁금증도 풀고 저자의 꿀팁까지 다 가질 수 있네요!"

직장인의 필수 업무 능력 중 하나가 엑셀이라는 것을 부정할 사람이 있을까요? 보고서에 필요한 자료는 대부분 엑셀에서 시작합니다. 그러니 엑셀을 잘 다룰수록 보고서는 좋아지기 마련입니다.
《엑셀 된다! 능력자》를 한 번만 정독한다면 그동안 발목을 잡았던 궁금증도 풀고 저자의 꿀팁까지 다 가져갈 수 있습니다. 10년 연속 마이크로소프트 엑셀 MVP의 노하우를 책 하나로 마스터한다는 것은 신의 축복 아닐까요?

KB캐피탈 박지훈 과장

"동료들이 감탄합니다."

목표 관리와 실적 관리가 주요 업무라 늘 데이터 관리 방법을 고민했는데 마침 도움이 되는 책을 만났습니다.《엑셀 된다! 능력자》를 보면서 아이디어를 많이 얻고 있어요.
특히 피벗 테이블의 슬라이서로 매출을 분석해 놓았더니 동료들이 데이터 보기가 편하다며 감탄합니다. 이제는 혼자만의 보고서가 아니라 누구에게도 공유할 수 있는 보고서가 되었습니다.

한국먼디파마 이옥란 차장

"책을 보는 내내 '헉', '아'만 연발했습니다."

알고 있던 기능은 이렇게 쓰면 더 빠르게 작업할 수 있구나에 '헉', 몰랐던 기능은 이런 유용한 기능도 있었구나에 '아'를 연발했습니다. 저자의 세심한 노하우를 통해 엑셀 능력자에 한 걸음 다가선 느낌입니다. 그런데 이 책, 저만 보면 안 될까요?

파워포인트 MVP 채종서

| 이 책 의 특 징 |

하나! 현장 느낌 그대로! 실제 기업에서 쓰는 DB를 이용해 실습할 수 있다

회사에 들어가야 볼 수 있는 DB, 회사에서 실제 사용하는 보고서 양식을 담았습니다. 현장감을 100% 느낄 수 있는 실습 예제 파일로 학습하세요.

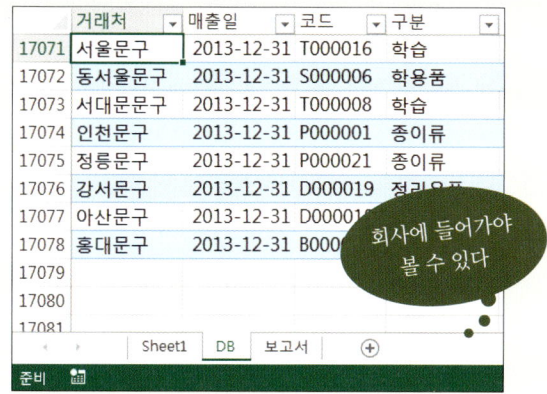

1만7천 행이 넘는 방대한 DB

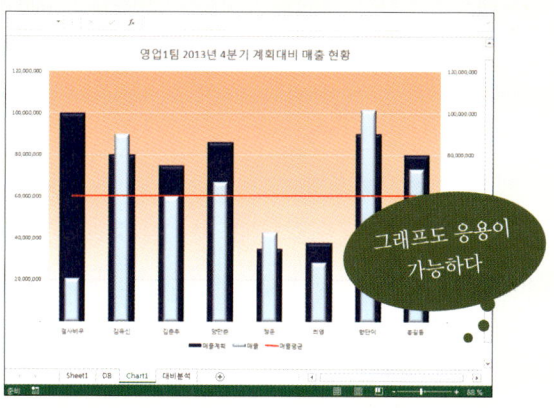

계획 대비 매출 현황 보고서

스파크라인 목표관리 보고서

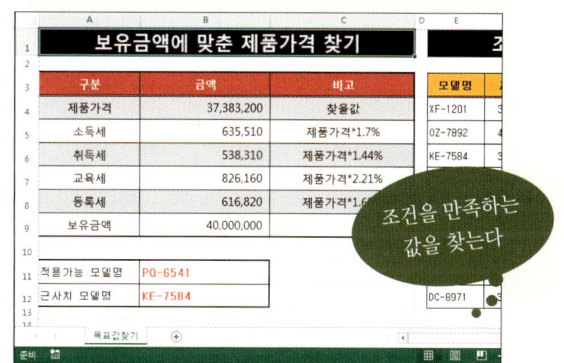

예산에 맞는 제품 찾기

둘! 어떤 버전이든지 배울 수 있게 배려한 책 - 최신 2016 버전까지!

이 책은 엑셀 2007 버전부터 2016 버전까지 모든 사용자가 볼 수 있지만 버전에 따라 기능이 조금씩 다르거나 사용에 제약이 있을 수는 있습니다. 각 절이 시작할 때 예제 실습이 가능한 버전을 표기하고 있으니 이를 확인하고 각자의 환경에 맞춰 학습을 준비해 보세요.

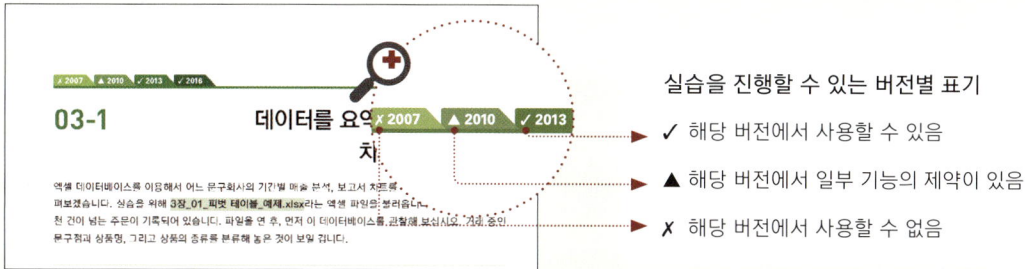

실습을 진행할 수 있는 버전별 표기

✓ 해당 버전에서 사용할 수 있음

▲ 해당 버전에서 일부 기능의 제약이 있음

✗ 해당 버전에서 사용할 수 없음

| 이 책의 특징 |

셋! 독학부터 대학 교재까지, 비즈니스에 강하다!

기업체, 공공기관, 교육기관에서 강의를 하며 쌓은 저자의 실전 노하우부터 실력을 한 단계 더 높여줄 특별 강의(Special Page)까지 학습자 입장에서 고민하며 탄생한 4가지 학습 요소를 활용하세요.

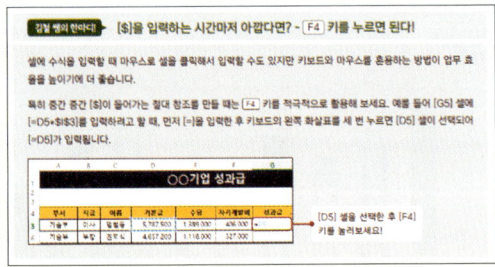

❶ 김철 쌤의 한마디 : MVP 김철 저자의 노하우 공개!

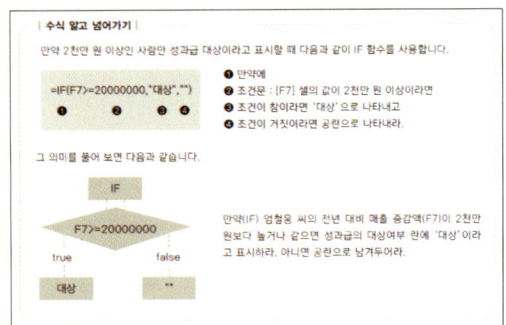

❷ 수식 알고 넘어가기 : 저절로 이해되는 상세한 수식 풀이!

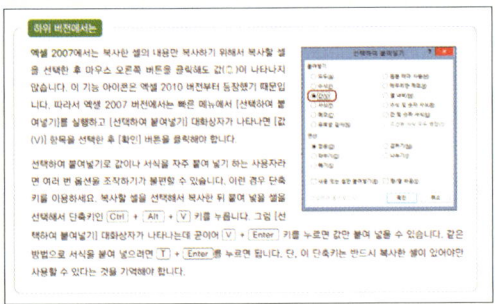

❸ 하위 버전에서는 : 하위 버전이 깔린 PC를 만나도 문제없어요!

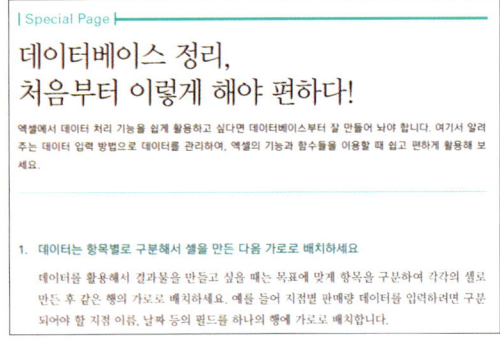

❹ Special Page : 다른 곳에는 없는 김철 쌤의 특별 강의 수록!

실습 예제 다운로드 안내

이지스퍼블리싱 홈페이지의 회원으로 가입하면 다양한 학습 지원뿐 아니라 실습 예제 파일도 한꺼번에 내려받을 수 있습니다. 궁금한 점이 있다면 저자가 직접 운영하는 엑셀전문가 클럽을 이용해 보세요.

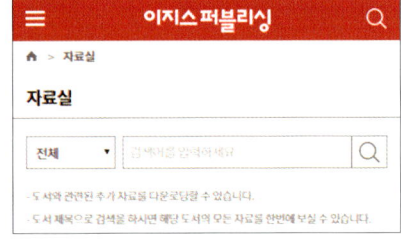

- 전체 실습 파일 한꺼번에 내려받기
  이지스퍼블리싱 홈페이지
  www.easyspub.co.kr → 자료실

- 저자 운영 카페에 질문 올리기
  엑셀전문가클럽
  cafe.daum.net/funnyexcel

| 이 책의 핵심 기능 훑어보기 |

준비마당
엑셀 기초, 한 시간에 끝낸다

- 화면 구성
- 데이터 입력
- 표와 차트
- 인쇄 설정
- 단축키

첫째마당
프로 직장인에게 이 정도는 기본!

- 연산자와 셀 참조
- 표 만들기과 셀 서식
- 데이터 베이스
- 피벗 테이블(기본)
- 슬라이서(기본)

둘째마당
우리 사무실 고수들의 보고서 작성법

- 조건부 서식
- 피벗 테이블(응용)
- GETPIVOTDATA 함수
- 데이터 유효성 검사
- 스파크라인

셋째마당
보고서의 품격을 높여주는 함수 활용법

- 크로스탭 보고서
- 이름 정의
- 중복된 항목 제거
- VLOOKUP 함수
- 통계·찾기·날짜 함수

마당별 핵심 기능

넷째마당
원하는 정보만 골라보는 데이터 편집의 기술

- 자동·고급 필터
- COUNTIFS 함수
- 데이터 통합
- 목표값 찾기
- 조건표 작성 및 활용

다섯째마당
질문이 필요 없는 직관적인 차트 보고서

- 차트(기본): 이중축 차트
  원형대 원형 차트
  3차원 원형 차트
  방사형 차트
- 차트(응용): 반원 차트 / 간트 차트 / 중첩 막대형 차트

여섯째마당
우리 팀장님의 데이터 활용법

- 슬라이서(응용)
- 피벗 테이블 보고서 필터
- 손익분기점 차트
- 7가지 엑셀 실용 팁

일곱째마당
엑셀로 익히는 기획과 경영의 기술, 데이터 분석

- Z 차트
- ABC 분석
- 마아코프 분석
- 단회귀 분석
- 다중 회귀 분석

| 목 차 |

| 준 비 마 당 |
엑셀 기초, 한 시간에 끝낸다

I 알수록 득이 되는 엑셀 기초
- I-1 나도 프로 직장인이 될 수 있을까? ········· 17
- I-2 엑셀 화면 적응하기 ························· 20
- I-3 데이터 입력하고 수정하기 — 입력 ········· 22
- I-4 표와 차트로 나타내기 — 편집 ··············· 29
- I-5 인쇄 페이지 설정하기 — 출력 ··············· 37

II 모르면 손해보는 엑셀 단축키
- II-1 [Ctrl] 키를 이용한 단축키 ·················· 45
- II-2 [Shift] 키를 이용한 단축키 ················· 51
- II-3 [Ctrl] 키와 [Shift] 키를 조합한 단축키 ····· 53

| 첫 째 마 당 |
프로 직장인에게 이 정도는 기본!

01 수식 입력의 기본 — 연산자와 셀 참조
- 01-1 기본 연산자 활용법 익히기 ················· 57
- 01-2 셀 참조로 데이터를 반복해서 사용하기 ····· 63

02 데이터 입력의 기본 — 표와 셀 서식
- 02-1 함수와 서식으로 데이터 구분하기 — IF 함수, 셀 서식 ···· 69
- 02-2 표에서 데이터 다루기 — 표 ················· 78

Special 데이터베이스 정리, 처음부터 이렇게 해야 편하다!
1. 데이터는 항목별로 구분해서 셀을 만든 다음 가로로 배치하세요 ········· 81
2. 데이터베이스를 만들 때는 표 형태로 입력하세요 ············ 81
3. 데이터를 입력할 때에 셀 병합은 사용하지 마세요 ··········· 82
4. 년, 월, 일은 하나의 필드에 입력해야 활용도가 높아요 ········ 83
5. 데이터를 누적해서 입력한다면 하나의 시트에 보관하세요 ···· 83
6. 데이터 입력 시에는 반드시 유효성 검사를 하세요 ··········· 84
7. 데이터의 동적 범위를 활용하면 누적된 수치도 참조됩니다 ··· 84
8. 데이터와 조건이 많으면 피벗 테이블을 쓰세요 ··············· 85
9. 셀 서식으로 데이터를 구분하지 마세요 ······················ 86

03 데이터 분석과 시각화의 기본 — 피벗 테이블과 피벗 차트

03-1 데이터를 요약하고 분석해서 차트로 나타내기 ············ 88

Special 엑셀 2013, 2016 엔터프라이즈 버전의 특별한 기능, 파워뷰 알아보기

파워뷰 기능으로 데이터 시각화하기 ·························· 101

| 둘 째 마 당 |

우리 사무실 고수들의 보고서 작성법

04 마우스로 작성하는 속성 보고서
04-1 셀에서 데이터를 시각화하기 — 조건부 서식 ············ 111
04-2 원본과 연동되는 보고서 만들기
　　　 — 피벗 테이블 ··· 139

05 매출 집계 및 소비 성향 분석 보고서
05-1 특정 기간 동안의 매출 집계 뽑기
　　　 — 피벗 테이블 & 데이터 유효성 검사 ················ 147
05-2 소비 성향 및 구매자 분포 파악하기
　　　 — 피벗 테이블 & 조건부 서식 ························· 154

06 매출 추이와 목표 관리 보고서
06-1 기간별로 매출을 집계하고
　　　 매출 추이 나타내기 — 스파크라인 ····················· 166
06-2 손쉬운 목표 관리 보고서 만들기 — 스파크라인 응용 ···· 175

| 목 차 |

| 셋 째 마 당 |

보고서의 품격을 높여주는 함수 활용법

07 크로스탭 보고서와 SUMIFS 함수
07-1 조건에 맞는 합계 구하기 — SUMIFS 함수 ············ 183

08 통계 함수와 VLOOKUP 함수
08-1 함수의 기본이 되는 통계 함수 익히기 — 평균, 반올림 ··· 197
08-2 자동으로 일일 매출 일지 작성하기 — VLOOKUP 함수 · 203

09 찾기 함수와 날짜 함수
09-1 다양한 찾기 함수 활용하기
  — MATCH, INDEX, OFFSET ······················ 216
09-2 근속 기간을 쉽게 계산하는
  날짜 함수 활용하기 — DATEDIF ····················· 236

| 넷 째 마 당 |

원하는 정보만 골라보는 데이터 편집의 기술

10 자동 필터와 고급 필터
10-1 자동 필터 활용법 ·································· 249
10-2 고급 필터 기초 활용법 ····························· 253
10-3 고급 필터 응용 활용법 ····························· 266

11 여러 시트에 작성된 데이터를 집계하고 통합하는 방법
11-1 다중 시트를 참조해 월별 집계 보고서 만들기1
  — 피벗 테이블 ································· 283
11-2 다중 시트를 참조해 월별 집계 보고서 만들기2
  — 통합 ······································· 288

12 목표값 찾기와 조견표 작성 방법
12-1 목표값 찾기로 제품 가격 제안하기 ················· 295
12-2 조견표를 만들어 활용하기 ························· 299

| 다 섯 째 마 당 |

질문이 필요 없는 직관적인 차트 보고서

13 매출 분석 및 스케줄 관리를 위한 차트

13-1 기준이 서로 다른 데이터를 한 차트에 나타내기
— 이중축 차트···309

13-2 차트로 프로젝트 일정 관리하기
— 간트 차트 ···321

14 점유율을 효과적으로 비교하는 원형 차트

14-1 차트 안의 차트로 세부 항목을 설명하는 방법
— 원형 대 원형 차트··335

14-2 점유율을 입체감 있게 나타내는 방법
— 3차원 원형 차트··346

14-3 원형 차트를 반원 형태로 응용해서 사용하는 방법
— 반원 차트··353

15 복합적인 요소를 비교, 분석할 때 유용한 차트

15-1 SWOT 분석의 기본이 되는 보고서 — 방사형 차트······363

15-2 목표 대비 실적 보고서 — 중첩 막대형 차트············378

| 여 섯 째 마 당 |

우리 팀장님의 데이터 활용법

16 목표 관리, 실적 관리에 강하다! — 슬라이서

16-1 피벗 테이블과 연동하여 데이터를 빠르게 분석하기······397

17 보고서를 자동으로 생성하는 방법
— 피벗 테이블 보고서 필터

17-1 거래처별 매출 보고서를 각각 다른 시트에
자동으로 생성하기 ·······································411

18 손해보지 않으려면 얼마에 팔아야 할까?
— 손익분기점 차트

18-1 손익분기점 차트에서 단가 산출하기·····················419

| 목 차 |

Special 꼭 알아야 하는 프로 직장인의 기술

다른 열의 데이터에 영향을 주지 않고
행을 삽입하거나 삭제하기 ······································· 432
VLOOKUP 함수 사용 시
조건표 범위를 참조 범위 없이 작성하기 ······················· 433
동일한 양식의 두 신청 내역에서 변경된 내용 빨리 찾아내기 ····· 435
각각의 행에 한 행씩 삽입하는 방법 ···························· 436
입력한 수식을 수정하지 못하게 하기 ··························· 440
문자로 입력된 날짜를 정상적인 날짜로 변환하기 ············· 444
수식에 주석 넣기 ··· 446

| 일 곱 째 마 당 |

엑셀로 익히는 기획과 경영의 기술, 데이터 분석

19 현재를 분석하고 미래를 예측하라

19-1 기저효과를 배제한 매출 추이 분석하기 — Z 차트 ········ 451
19-2 항목별 매출 기여도 분석하기 — ABC 분석 ············· 462
19-3 전이행렬을 이용해서 휴대폰 시장 점유율 예측하기
　　　　— 마아코프 분석 ······································ 470
19-4 광고비 규모에 따른 매출액 예측하기 — 단회귀 분석 ··· 476
19-5 하나 이상의 조건에서 빙과류 매출액 예측하기
　　　　— 다중 회귀 분석 ·· 482
19-6 신차 판매 가능성 예측하기
　　　　— 다중 회귀 분석의 활용 및 응용 ······················· 484

일 러 두 기

- 최댓값, 최솟값, 대푯값은 엑셀에서 사용하는 용어에 맞추어 최대값, 최소값, 대표값으로 표기하였습니다.
- 이 책은 엑셀 2007 버전부터 최신 버전(2019 및 365)까지 모두 볼 수 있습니다.
- 실습 예제와 정답은 이지스퍼블리싱 홈페이지(www.easyspub.co.kr)에서 다운받을 수 있습니다.
- 이 책은 색상 확인을 해야하는 쪽만 컬러로 인쇄되었습니다.

| 준 비 마 당 |

엑셀 기초,
한 시간에 끝낸다

준비마당은 엑셀을 쓰는 게 아직 서툰 분들을 위해 만들어졌습니다.
이 책은 엑셀을 좀 써본 독자들을 위해 기획되었지만
엑셀을 처음 접하는 분들도 책의 내용을 따라올 수 있도록
준비마당을 구성했습니다. 하나씩 실습하다 보면
엑셀에서 자주 사용하는 지식을 압축적으로 흡수할 수 있을 겁니다.
초보자라면 컴퓨터를 켜고 직접 키보드를 두드리며 실습해 보세요.
엑셀의 초석을 빠르게 다질 수 있는 기회가 될 것입니다.
중급자라면 모르는 내용이 없는지 눈으로만 확인하고 넘어가세요.

| Contents |

I   알수록 득이 되는 엑셀 기초
II   모르면 손해보는 엑셀 단축키

I 알수록 득이 되는 엑셀 기초

먼저 엑셀과 화면 구성을 이해한 뒤 데이터를 입력, 가공, 출력하는 엑셀의 작업 과정을 빠르게 실습해 보겠습니다. 엑셀의 기능과 작업 흐름을 잘 알고 있는지 스스로 점검해 보고 기초가 부족하다고 느낀다면 반복해서 학습하시기 바랍니다.

I-1 나도 프로 직장인이 될 수 있을까?
I-2 엑셀 화면 적응하기
I-3 데이터 입력하고 수정하기 - 입력
I-4 표와 차트로 나타내기 - 편집
I-5 인쇄 페이지 설정하기 - 출력

김사원 이야기

학교에서 배운 엑셀만으로 괜찮을까?

회사에 입사한 지 어느덧 6개월이 지난 김철민 사원. 지난 3년 간의 제품별 매출 데이터를 엑셀의 표와 차트로 정리하라는 팀장님의 지시가 떨어졌다. 학교 다닐 때 엑셀 관련 자격증도 땄지만 막상 책상 앞에 앉으니 막막하기만 하다. 날짜순이라 제품 순서도 뒤죽박죽이다. 아~ 어떻게 하는 거지?

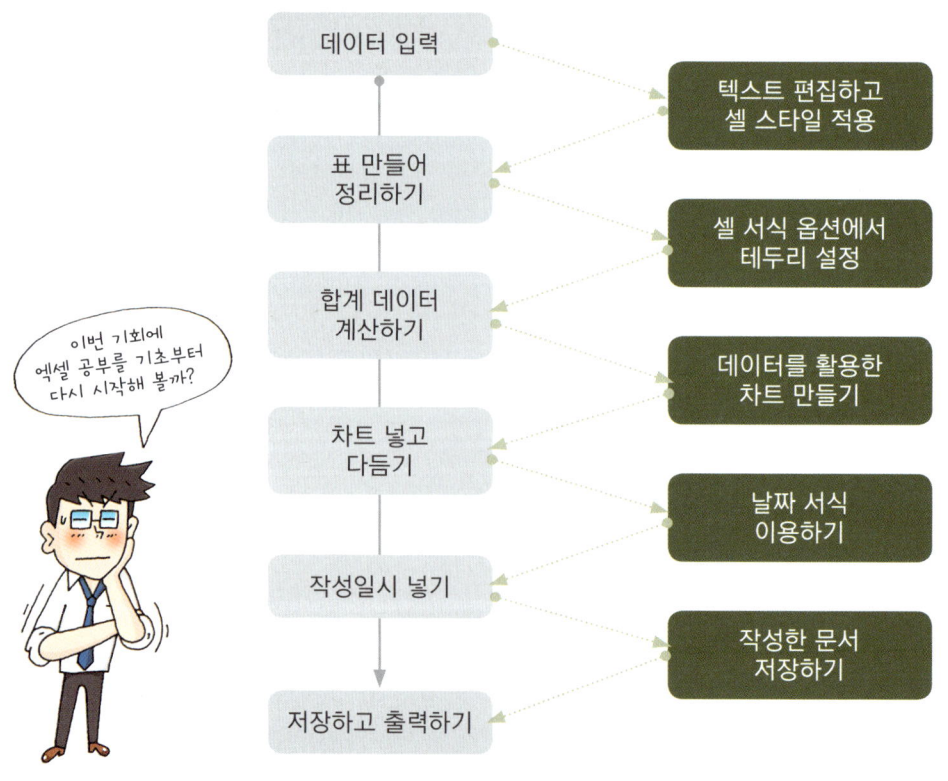

I-1 나도 프로 직장인이 될 수 있을까?

여기서는 엑셀이 무엇인지 이해하고 어디에 사용하는지 살펴보겠습니다. 그리고 나서 엑셀의 고수로 가는 데 장애가 되는 요인을 점검해 보겠습니다.

같은 엑셀도 쓰는 사람에 따라 다르다

1. 엑셀이란 무엇일까?

엑셀은 마이크로소프트(www.microsoft.com)에서 1985년에 개발한 스프레드시트(Spreadsheet) 프로그램입니다. 원래 스프레드시트는 경리, 회계 업무에 사용하던 계산 용지를 말합니다. 엑셀은 이를 컴퓨터로 옮긴 것으로 시작했으나 꾸준히 발전해 데이터베이스 분석, 차트, 매크로 등 고도의 기능들이 추가된 통합 문서 작성 도구가 되었습니다. 2015년 9월에 엑셀 2016 버전이 출시되었지만 2013 버전과 비교해 화면 구성이나 기능상에 큰 변화가 없기 때문에 우리나라는 2013, 2010 버전이 아직까지 대중적으로 사용되고 있습니다. 각 버전별 특징은 다음과 같습니다.

버전	특징
2016	네트워크 협업 기능 강화 선버스트 등 차트 추가
2013	One Drive 연동 가능 파워 피벗 기능 추가
2010	스파크 라인 기능 추가 PC/웹/모바일 연동으로 진화
2007	리본 메뉴 UI 변경

2. 어떻게 사용할까?

엑셀을 활용하면 방대한 데이터베이스를 간략하게 요약, 분석해주고 수치 데이터를 빠르게 계산할 수 있습니다. 그리고 이를 차트로 쉽게 표현할 수도 있습니다. 엑셀은 모든 업무 면에서 강력한 기능을 발휘하지만 주로 수치를 계산하거나 데이터를 시각화하는데 효과적입니다.

예를 들어, 인사 업무 담당자는 직원 정보가 담긴 데이터베이스에 기초하여 임금, 연봉, 근무일수 등을 쉽게 계산할 수 있습니다. 재무·회계 담당자는 재무 함수, 통

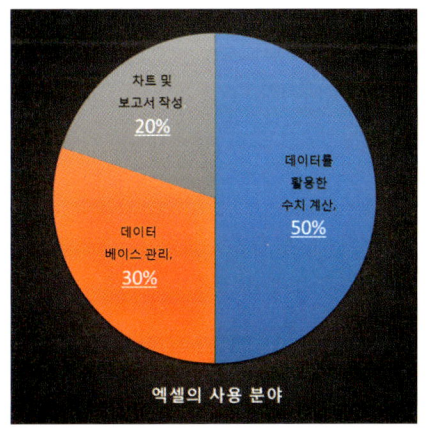

엑셀의 사용 분야

계 함수를 사용해서 자금 운용 현황을 빠르게 파악할 수 있습니다. 영업 담당자는 누적된 매출 거래 자료에서 시장 트렌드와 소비자 성향을 분석할 수 있습니다.

3. 어디에 좋을까?

엑셀은 많은 데이터를 다루는 비즈니스 환경에서 탁월한 성과를 발휘합니다. 엑셀을 활용하면 좋은 점을 세 가지 꼽아볼까요? 첫째, 자동화 기능을 활용해 업무 시간을 단축시키고 업무 효율을 비약적으로 높일 수 있습니다. 둘째, 데이터에 근거해 논리적으로 설득(커뮤니케이션)할 수 있습니다. 엑셀에서 보고서를 직접 만드는 이유도 이 때문이죠. 셋째, 다양한 분석 도구를 사용해 새로운 기회를 찾고 전략을 수립할 수 있습니다.

> **1** 시간을 단축시키고 업무 효율을 비약적으로 높일 수 있습니다.
>
> **2** 논리적으로 설득할 수 있습니다.
>
> **3** 새로운 기회를 찾고 전략을 수립할 수 있습니다.

프로들이 좋아하는 엑셀, 우리는 왜 어려운 걸까?

엑셀은 편리하다는 말과 동시에 많이 듣는 이야기가 있습니다. 바로 '엑셀은 어렵다'입니다. 엑셀은 왜 어려운 걸까요? 그동안 기업체, 공공기관, 교육기관에서 강의를 하며 엑셀을 잘 다루고 싶어 하는 직장인들을 많이 만났습니다. 그분들은 아래와 같은 두 가지 이유로 엑셀이 어렵다고 말합니다. 하지만 반대로 이 두 가지는 엑셀을 정복할 수 있는 지름길이기도 합니다.

1. 함수를 극복해 엑셀 활용 범위 넓히기

대부분의 직장인들은 마우스로 조작하는 엑셀 기능은 잘 다룹니다. 차트를 만들거나 리본 메뉴를 통해 서식을 적용하는 기능은 빠르게 배우고 금세 활용합니다. 하지만 자판을 직접 입력하는 기능을 사용할 때 어려움을 호소합니다. 대표적인 예가 함수입니다. 함수의 중요성은 이 책을 학습하면서 충분히 느끼실 수 있을 겁니다. 함수는 문제를 해결하는 핵심이 될 때가 많습니다. 그러나 엑셀을 배우다 번번이 함수에서 발목을 잡히는 직장인들이 많습니다. 함수를 많이 알면 좋겠지만 모든 함수를 다 잘 할 수는 없습니다. 내 업무에 가까운, 자주 사용하는 함수부터 하나씩 확실하게 익히는 것이 중요합니다. 이 책은 함수에 대한 풀이를 상세히 넣었습니다. 꼼꼼히 읽으면서 이 책에 나온 함수만큼은 자기 것으로 만들 수 있기를 바랍니다.

2. 실무로 적용해 실력 쌓기

학습자들이 엑셀에 어려움을 호소하는 두 번째 이유는 지금 이 기능이 실제 내 업무에 어떻게 쓰이는지를 잘 연결시키지 못하는 데 있습니다. 그 이유는 예제가 다양해도 학습을 위한 예제일 뿐 실무를 염두에 두지 않는 경우가 많기 때문입니다. 수년 간 강의와 컨설팅을 하며 국내 내로라하는 기업의 직장인들을 만나 보았습니다. 다루는 데이터는 달랐지만 업무 방식은 비슷한 경우가 많습니다. 그 경험을 바탕으로 직장인들이 사용하는 문서와 가장 유사한 실무 예제로 이 책을 구성하였습니다. 여러분은 17,000행이 넘는 방대한 데이터를 다룰 수 있고 매출 분석이나 수익성 검토까지 직접 실습해 볼 수 있습니다. 이 책을 끝까지 본다면 프로들의 업무 세계에 여러분도 발을 들여 놓을 수 있습니다.

엑셀은 시작하기는 쉬워도 잘 하기는 어렵다고들 합니다. 맞습니다. 엑셀을 잘 하기 위해서는 그만큼의 노력이 뒷받침 되어야 합니다. 하지만 그 수고 때문에 엑셀을 포기할 수 없습니다. 포기하기에는 엑셀을 통해 얻을 수 있는 유익함이 훨씬 더 크니까요.

I-2 엑셀 화면 적응하기

엑셀의 리본 메뉴는 탭 → 그룹 → 메뉴 순으로 구성되어 있습니다. 이를 이해하면 원하는 기능을 쉽게 찾아서 실행할 수 있습니다. 엑셀은 화면 구성이 매우 직관적입니다. 마우스 커서를 올려놓으면 설명이나 단축키 정보가 뜨고 미리보기 화면으로 결과를 예측할 수도 있습니다.

리본 메뉴 살펴보기

엑셀 상단부에 리본 메뉴가 보입니다. 앞으로 엑셀을 배울 때 이와 같은 화면이 자주 등장할 것입니다. 화면 구성을 이해하는 것은 기본 중의 기본이니 꼭 확인해보고 넘어가세요.

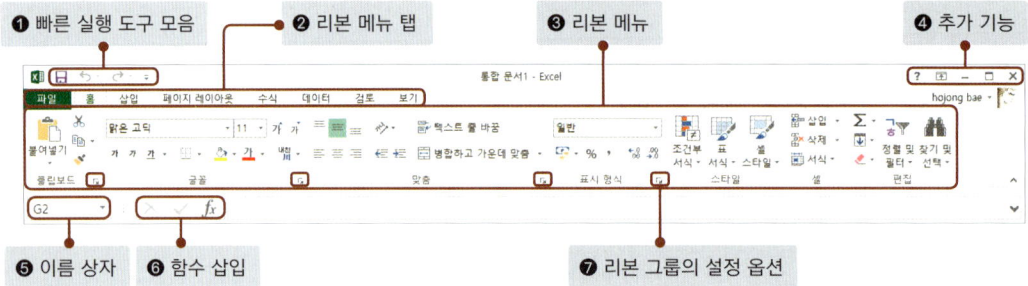

❶ 빠른 실행 도구 모음
자주 사용하는 기능을 빠른 실행 도구 모음에 고정시켜 두고 편리하게 사용할 수 있습니다.

❷ 리본 메뉴 탭
해당 탭을 클릭하면 유사한 기능으로 묶여있는 각 탭의 하위 그룹 목록을 나타냅니다.

❸ 리본 메뉴
메뉴를 직관적으로 확인하고 필요한 메뉴 버튼을 클릭해서 바로 실행할 수 있습니다.

❹ 추가 기능
왼쪽부터 Microsoft Excel 도움말, 리본 메뉴 자동 숨기기, 최소화, 최대화, 닫기 버튼입니다.

❺ 이름 상자
빈 셀을 선택하면 선택한 셀의 행과 열의 이름을 나타냅니다. 만약 특정 셀 영역을 이름 정의 기능으로 설정해 놓았다면 셀에 지정한 이름이 나타납니다.

❻ 함수 삽입
함수 삽입 버튼을 클릭하면 [함수 마법사] 대화상자가 나타나며, 함수를 검색하거나 선택 목록에서 필요한 함수를 골라서 사용할 수 있습니다.

❼ 리본 그룹의 설정 옵션
그룹 메뉴를 확장해서 세부 옵션을 설정할 수 있는 대화상자를 불러오는 버튼입니다.

시트와 상태 표시줄 살펴보기

엑셀의 하단부에는 시트 탭 영역과 작업 중이 상태를 나타내는 상태 표시줄이 있습니다. 시트 탭을 어떻게 조작하는지 알아보고 상태 표시줄에 있는 메뉴는 각각 어떤 기능을 수행하는지 살펴보겠습니다.

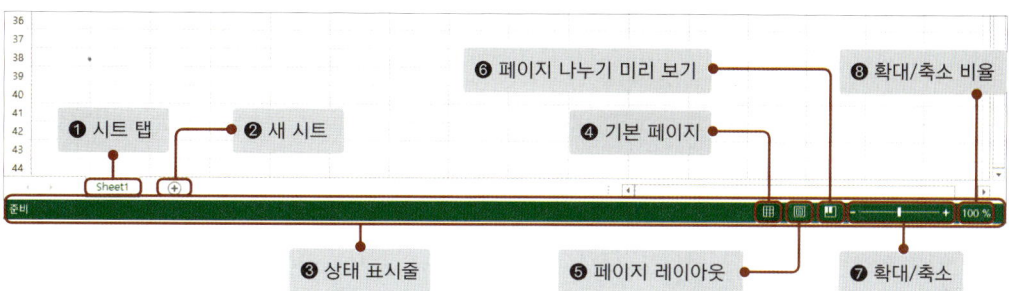

❶ 시트 탭
작업 중인 시트를 나타냅니다. 시트 탭을 더블클릭하면 시트의 이름을 변경할 수 있고 마우스 오른쪽 버튼을 클릭하면 빠른 메뉴가 나타나 시트의 색상을 변경하는 등의 추가 기능을 실행할 수 있습니다.

❷ 새 시트
새 시트 버튼을 클릭하면 새로운 시트가 추가됩니다. 추가된 시트는 [Sheet2]라는 이름으로 생성되며 필요에 따라서 드래그하여 시트의 순서를 변경할 수 있습니다.

❸ 상태 표시줄
상태 표시줄에는 현재 시트에서 진행되고 있는 상태를 나타냅니다.

❹ 기본 페이지
작업 영역을 기본 편집 영역으로 나타냅니다.

❺ 페이지 레이아웃
A4 크기의 페이지별로 나뉜 영역을 나타냅니다. 각 페이지에는 여백과 머리글 삽입란이 나타납니다.

❻ 페이지 나누기 미리 보기
인쇄할 페이지로 보여줍니다. 작업한 내용이 한 페이지를 넘어가는 경우, 파란색 경계선을 드래그해서 인쇄 영역을 조절할 수 있습니다.

❼ 확대/축소
화면의 크기를 확대하거나 축소할 수 있는 슬라이드와 확대, 축소 버튼이 있습니다. 슬라이드를 드래그하거나 버튼을 클릭해서 화면 크기를 조절할 수 있습니다.

❽ 확대/축소 비율
화면 비율을 퍼센트(%)로 나타냅니다. 마우스로 클릭하면 다른 비율을 선택하거나 직접 입력할 수 있습니다.

I-3

데이터 입력하고 수정하기
- 입력

엑셀 초보자를 위해 새 시트를 열고, 영업팀에서 세운 목표 금액 대비 실적 금액을 직접 입력해보는 과정을 익혀보겠습니다. 그리고 간단한 수식까지 입력해보면 엑셀의 기본 기능을 충분히 이해할 수 있습니다.

새 문서 만들고 데이터 입력하기

1. 새 엑셀 문서를 만드는 것부터 시작해 봅시다. 엑셀을 실행하면 시작 화면이 나타납니다. 시작 화면에서 [새로 만들기]를 클릭하면 새 통합 문서와 그 밖의 서식 파일이 있습니다. 여기서는 빈 문서에 텍스트를 입력해가며 학습하기 위해서 [새 통합 문서]를 더블클릭합니다.

✔ [A] 열의 [1] 행은 [A1] 셀이라 하고 [F] 열의 [1] 행은 [F1] 셀이라고 부릅니다.

2. 목표 관리를 위한 문서를 직접 입력하여 만들어 봅시다. 비어 있는 새 시트가 나타나면 가장 상단의 셀에 '사원 번호', '이름', '목표액', '매출액', '대비율'을 입력하여 사원별로 데이터를 구분합니다.

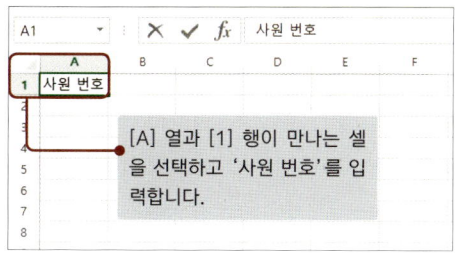
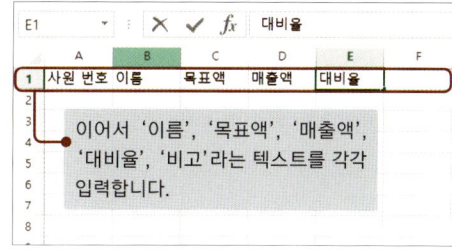

✔ 이 책에서는 셀을 표시할 때 대괄호([ ])를 이용해 [A] 열의 [1] 행은 [A1], [F] 열의 [1] 행은 [F1]로 표기합니다.

3. 입력한 텍스트들은 각 항목의 머리글이기 때문에 굵은 글씨로 변경하겠습니다.

   [A1] 셀부터 [F1] 셀까지의 범위를 [A1:F1] 셀로 표기합니다. [A1:F1] 셀을 드래그해서 선택한 후 상단의 글꼴 리본 메뉴에서 [굵게] 버튼을 클릭합니다.

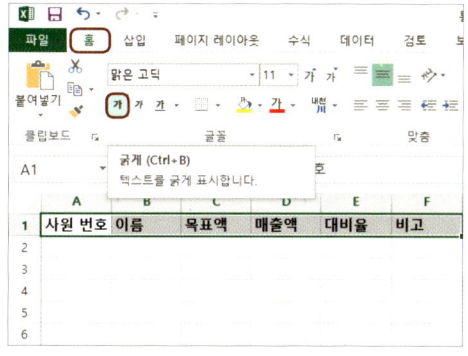

✔ 만약 상단의 리본 메뉴가 보이지 않는다면 [홈] 탭을 누른 후, 오른쪽의 [리본 메뉴 고정]을 눌러 리본 메뉴가 자동으로 닫히지 않게 설정하면 됩니다.

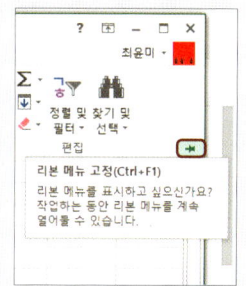

4. 이제부터는 각 항목별로 내용을 채워 넣어 보겠습니다. [A2:D7] 셀에 다음 표의 내용을 입력합니다.

사원 번호	이름	목표액	매출액
N5435929	정윤수	781390000	410950000
G3273013	이혜준	864720000	164660000
W9742148	이은지	677700000	785810000
C4154248	김소미	260930000	320790000
Y5435976	선하라	867680000	650710000
B2687958	김덕훈	296230000	409620000

✔ 빠른 실습을 위해 입력할 값은 표의 내용을 반드시 따르지 않아도 됩니다. 편의에 따라서 사원 번호와 숫자는 임의대로 입력해도 상관 없습니다.

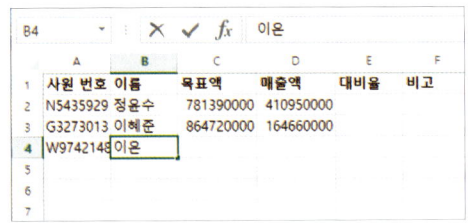

> **김철 쌤의 한마디!** ▶ 데이터를 입력했는데, 알 수 없는 문자가 나타난다면?

종종 입력한 데이터의 길이가 셀의 너비보다 길면 문자가 생략되는 경우가 있습니다. 이때 A~K 등 열 머리글의 경계선을 선택해서 드래그하면 됩니다. 또 다른 방법으로는 해당 셀들의 열 머리글을 드래그해서 선택한 다음 더블클릭하면 자동으로 데이터 길이에 맞게 셀의 너비가 맞춰집니다.

만약 행의 높이를 조정하고 싶다면, 먼저 행의 머리글을 드래그해서 행 전체를 선택합니다. 선택된 영역 중에서 셀 하나를 선택한 뒤 마우스 오른쪽 버튼을 클릭하고 [행 높이] 메뉴를 실행합니다. 나타난 대화상자의 행 높이 입력란에 수정할 값을 입력하면 됩니다. 만약 특정 셀 하나 만 선택하면 [행 높이] 메뉴가 나타나지 않습니다.

대비율 입력하기

1. 대비율 셀에는 목표액 대비 매출액이 차지하는 비율을 넣어 봅시다.

   일단, 대비율이 나타날 [E2] 셀을 클릭한 다음 =D2/C2라는 수식을 작성합니다. 수식 입력이 끝나면 Enter 키를 눌러서 결과를 반영합니다.

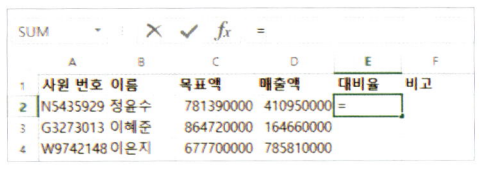

✔ 엑셀에서 수식을 적용하기 위해서는 수식 입력줄에 '='을 입력하고 필요한 수식을 입력하면 됩니다.

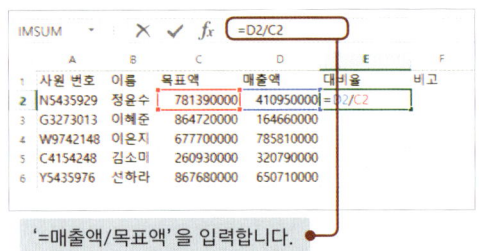

'=매출액/목표액'을 입력합니다.

2. [E2] 셀의 대비율을 백분율(%)로 바꾸어 보겠습니다. 현재는 소수점으로 표시되어 있는 것을 볼 수 있습니다.

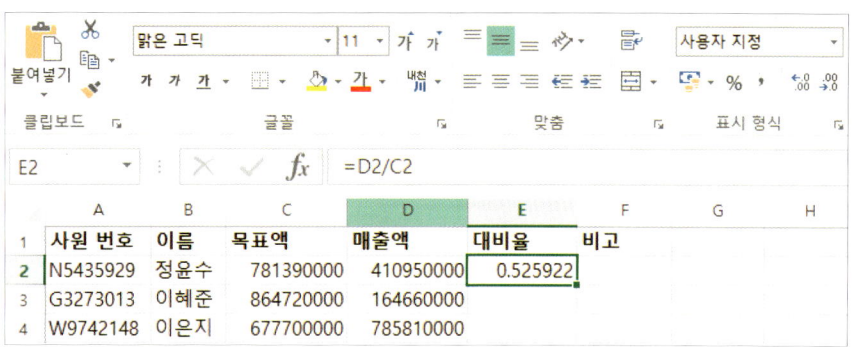

3. 백분율로 표시하기 위해 [표시 형식] 그룹에서 드롭다운 메뉴(▼)를 클릭한 다음 [% 백분율] 항목을 클릭하면 됩니다.

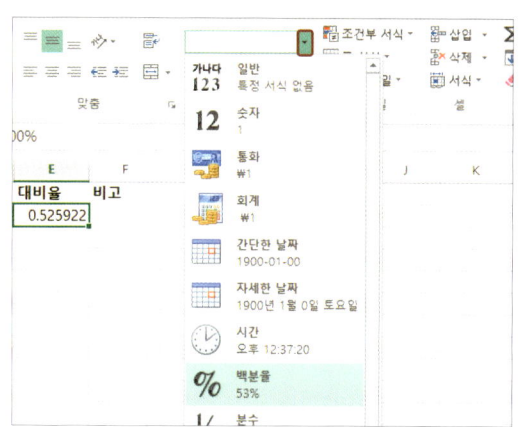

✔ 현재 엑셀 메뉴를 익히기 위해 화면처럼 드롭다운 메뉴를 이용해서 선택했지만 [표시 형식] 그룹에 바로 보이는 [백분율 스타일(%)] 아이콘을 클릭해도 됩니다.

4. 백분율이 53%로 나타나는데 비교적 정확한 수치로 나타내기 위해서 소수점 자릿수를 늘려줄 수 있습니다. 표시 형식 리본 메뉴에서 [자릿수 늘림] 아이콘을 두 번 클릭해서 소수점 둘째 자리까지 표시되게 해보세요.

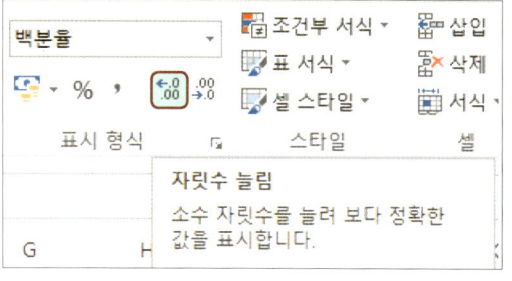

수식 복사해서 적용하기

이제 [E2] 셀에 적용한 정윤수 사원의 수식을 다른 사원의 대비율에 복사해서 적용할 수 있습니다. 우선 [E2] 셀을 클릭하면 셀 오른쪽 하단에 + 모양의 채우기 핸들이 나타납니다. 이 채우기 핸들을 클릭, 드래그해서 [E7] 셀까지 채웁니다.

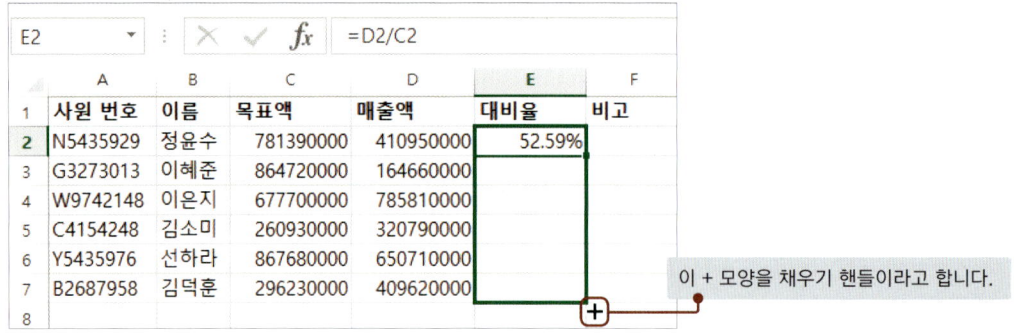

이렇게 각 사원의 목표액과 실적액, 그리고 대비율까지 모두 작성했습니다.

각 항목의 합계 계산하기

1. 이번에는 각 항목의 합계를 계산하는 작업을 알아보 겠습니다.

    먼저 목표액의 합계를 산출하기 위해서 [C8] 셀을 클릭해서 선택합니다. 그런 다음 상단의 리본 메뉴에서 [홈] 탭 → [편집] 그룹을 보면 합계나 평균 등을 빠르게 계산해서 워크시트에 나타낼 수 있는 [∑ 자동 합계] 버튼이 있습니다. 이 버튼 옆의 드롭다운(▼) 버튼을 클릭해서 [합계(S)] 메뉴를 선택하면 금액이 입력된 인접한 셀이 모두 선택되며 Enter 키를 누르면 합산된 금액이 선택한 [C8] 셀에 입력됩니다.

    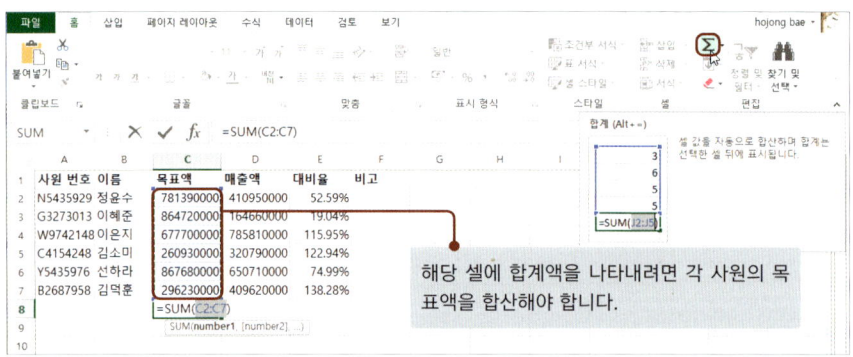

✔ 목표액의 합계액이 나타난 [C8] 셀에 '3.75E+09'라고 표기되었다면 셀 영역보다 텍스트의 길이가 길어서 나타나는 것입니다. [C] 열과 [D] 열 사이에 마우스 커서를 올리면 너비를 조절할 수 있도록 커서가 변경됩니다. 클릭한 후 오른쪽으로 조금 드래그하여 [C] 열의 너비를 넓혀주면 됩니다.

> **김철 쌤의 한마디!** ▶ '수식 보기 모드'라는 것도 알아두세요!
>
> 특정 셀에 수식이나 데이터를 입력하면 수식 입력줄에는 수식이나 데이터가 나타나고, 해당 셀에는 수식의 결과나 입력한 데이터가 나타납니다. 그런데 간혹 셀을 선택했을 때 작성한 수식의 결과 값이 나타나지 않고 수식만 그대로 나타나는 경우도 있습니다. 이때에는 [수식] 탭 → [수식 분석] 그룹 → [수식 표시]를 클릭해서 수식 보기 모드를 해제하면 됩니다. 수식 보기 모드의 단축키는 Ctrl + ~ 입니다.

2. 목표액의 합계액이 산출되었으면 [C8] 셀을 클릭한 후 오른쪽 하단의 채우기 핸들(+ 모양)을 클릭해서 [E8] 셀까지 드래그합니다.

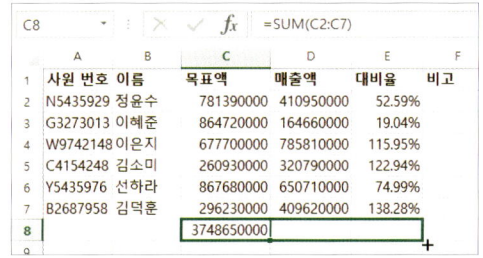

3. 대비율의 합계를 보면 셀 표시 형식이 [일반]으로 되어 있어 소수점으로 표시되었습니다. [표시 형식] 그룹에서 [% 백분율]로 수정해 줍니다.

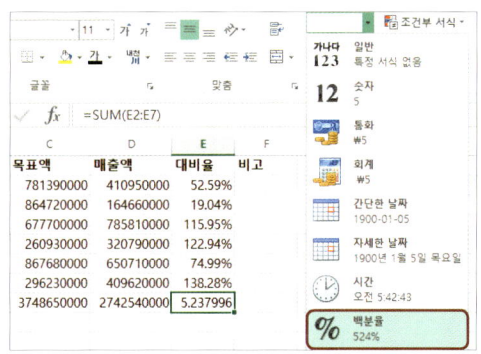

4. 그런데 대비율의 수치가 조금 이상하다는 것을 느꼈을 겁니다. [E8] 셀은 대비율의 합계가 아니라 합계 목표액 대비 합계 매출액의 대비율로 변경되어야 합니다.

이때는 바로 위 셀에 적용된 서식을 복사하면 됩니다. [E7] 셀을 선택한 다음 채우기 핸들을 [E8] 셀로 드래그하면 셀이 복사되면서 서식도 함께 복사됩니다. 셀을 복사하면 [자동 채우기 옵션] 메뉴가 활성화 됩니다.

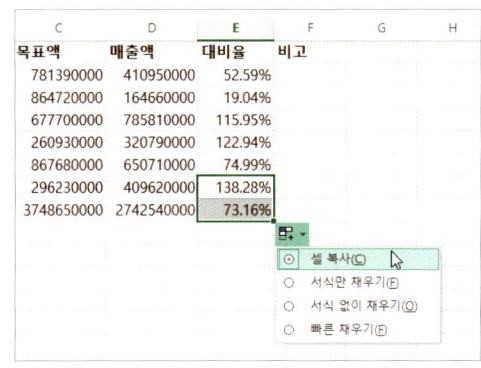

✔ [자동 채우기 옵션] 메뉴는 셀의 데이터 종류에 따라서 그 항목도 조금씩 다르게 나타납니다.

5. 이번에는 [A8:B8] 셀에 '합계'라는 글을 입력해 보겠습니다. [A8] 셀을 클릭한 다음 '합계'라고 입력하고 Enter 키를 누릅니다. 다시 [A8:B8] 셀을 드래그해서 선택하고 상단의 [홈] 탭 → [맞춤] 그룹에서 [병합하고 가운데 맞춤] 버튼을 클릭합니다. 그러면 셀이 합쳐지고 입력한 글도 중앙으로 정렬됩니다.

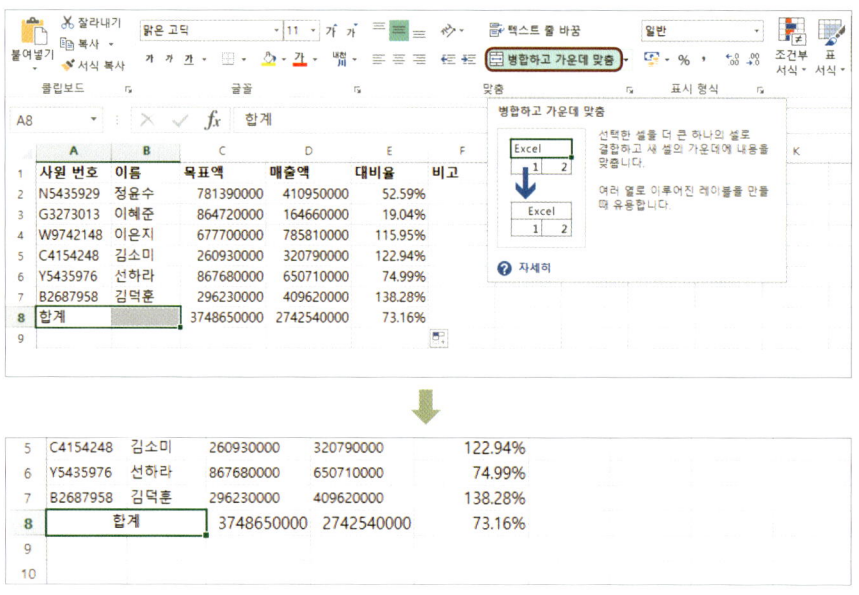

✔ 실습 도중 실수를 했다면 Ctrl + Z 를 눌러 취소하고 다시 실습하면 됩니다.

I-4 표와 차트로 나타내기 - 편집

앞에서 정리한 데이터를 표로 만들고 차트도 넣어서 보고서의 양식을 완성해 보겠습니다. [스타일] 그룹에 있는 [표 서식] 메뉴로 빠르게 표를 만들고, 그 표를 단숨에 차트로 표현할 수 있는 방법을 소개합니다.

데이터를 표 서식으로 만들고 강조하기

1. 데이터가 입력된 [A1:F8] 셀까지 마우스로 드래그해서 모두 선택합니다. 그런 다음 [스타일] 그룹에서 [표 서식]의 드롭다운 메뉴(▼)를 클릭하고 오른쪽 하단에 있는 '표 스타일 어둡게 7' 스타일을 선택합니다.

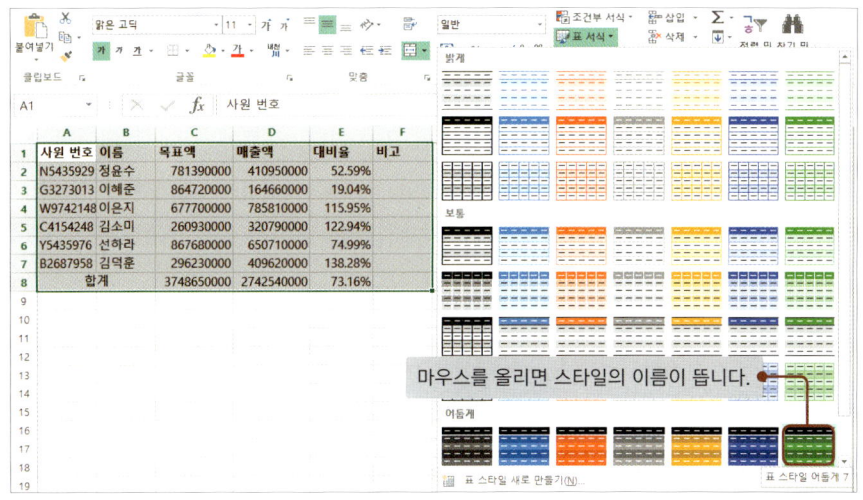

2. 표에 사용할 데이터를 지정하라는 [표 서식] 대화상자가 나타나는데, [확인] 버튼을 클릭하면 표 서식이 적용됩니다.

    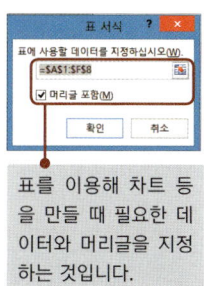

    이때 [머리글 포함(M)]에 체크하세요. 그러면 사원 번호와 이름, 목표액 등 머리글로 사용할 텍스트의 글꼴에 '굵게'가 적용되며, 자동으로 필터가 생성됩니다. 만약 [머리글 포함(M)]을 체크하지 않으면 선택한 표 상단에 필터가 적용된 셀이 한 줄 추가되고 필드의 제목도 데이터 부분과 동일한 디자인이 됩니다.

    표를 이용해 차트 등을 만들 때 필요한 데이터와 머리글을 지정하는 것입니다.

3. 표 서식을 적용한 후, 이번에는 각 사원별 목표액과 매출액을 쉽게 구분할 수 있도록 해보겠습니다. 각 사원별 목표액과 매출액, 그리고 합계액이 나타난 [C2:D8] 셀까지 드래그해서 선택합니다. 셀을 모두 선택하면 하단에 조건부 서식을 만들 수 있는 [빠른 분석] 메뉴가 나타나는데, 이를 클릭한 후 [서식] 탭 아래에 있는 [데이터] 버튼을 클릭해 보세요. 사원별 목표액과 매출액이 막대바 형태로 나타납니다.

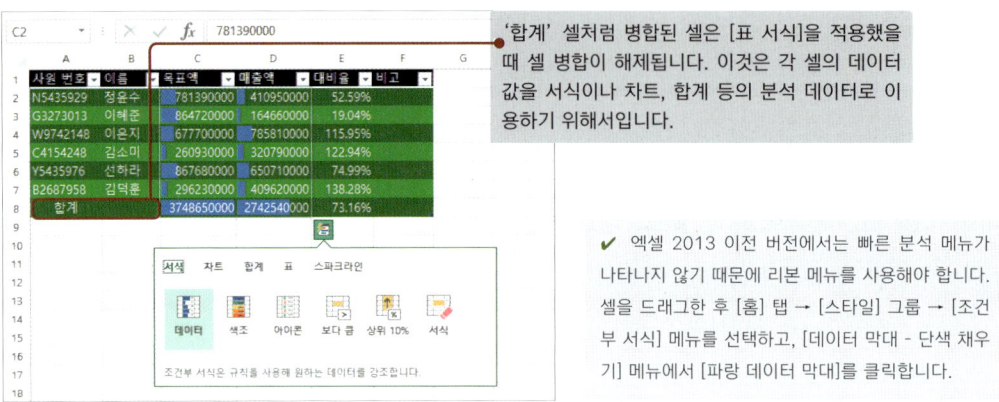

'합계' 셀처럼 병합된 셀은 [표 서식]을 적용했을 때 셀 병합이 해제됩니다. 이것은 각 셀의 데이터 값을 서식이나 차트, 합계 등의 분석 데이터로 이용하기 위해서입니다.

✔ 엑셀 2013 이전 버전에서는 빠른 분석 메뉴가 나타나지 않기 때문에 리본 메뉴를 사용해야 합니다. 셀을 드래그한 후 [홈] 탭 → [스타일] 그룹 → [조건부 서식] 메뉴를 선택하고, [데이터 막대 - 단색 채우기] 메뉴에서 [파랑 데이터 막대]를 클릭합니다.

데이터를 차트로 만들기

1. 이런 데이터는 차트로 보면 더 쉽게 차이를 느낄 수 있습니다. 차트에 들어갈 데이터는 사원의 이름과 목표액, 매출액, 대비율로 선택하겠습니다. [B1:E8] 셀을 드래그해서 선택합니다. 하단에 [빠른 분석] 메뉴가 나타나면 이번에는 [차트] 탭을 클릭한 다음 [묶은 세로 막대형] → 꺾은선형, 보조 축 차트를 클릭해서 문서에 삽입합니다.

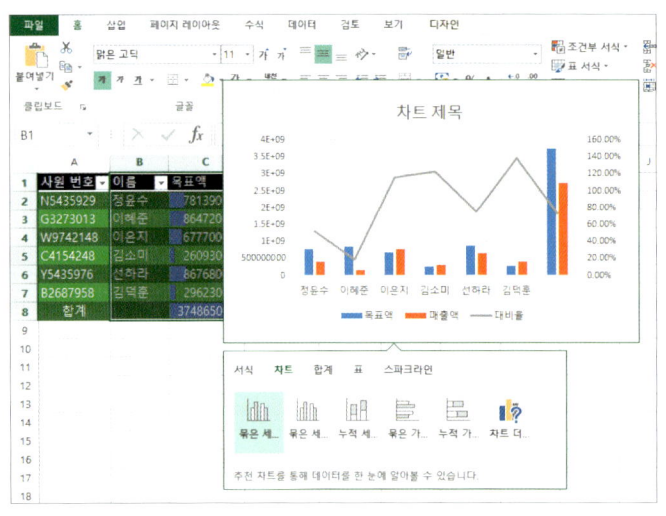

✔ 표의 스타일에 따라 '합계' 셀처럼 병합된 셀이 선택되지 않을 수도 있습니다. 이번 실습에서는 '표 스타일 어둡게 7'번을 사용했습니다.

✔ 엑셀 2013 이전 버전 사용자는 셀을 드래그한 후 [삽입] 탭 → [차트] 그룹에서 묶은 세로 막대형 차트를 클릭합니다. 단, 엑셀 2007 버전에서는 이중 축이 자동으로 생기지 않습니다.

2. 그런데 삽입한 차트를 보면 왼쪽의 '세로 (값) 축' 영역의 숫자가 길어 뒷자리 숫자가 생략되어 있는 것을 볼 수 있습니다. '세로 (값) 축' 영역을 더블클릭하면 화면 오른쪽에 축 서식을 편집할 수 있는 옵션 창이 나타납니다. 여기에서 [표시 단위] 항목을 '백만' 단위로 수정한 후 창을 닫습니다.

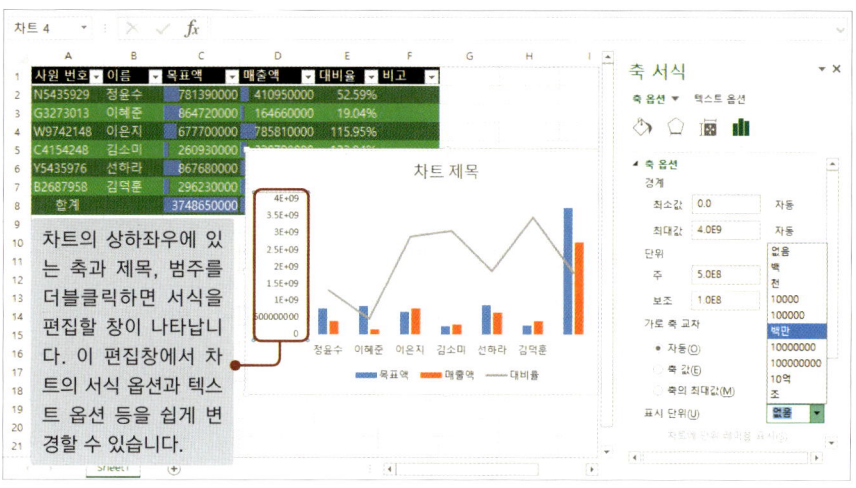

3. 만든 차트는 클릭한 채로 드래그해서 표의 아래쪽으로 옮깁니다.

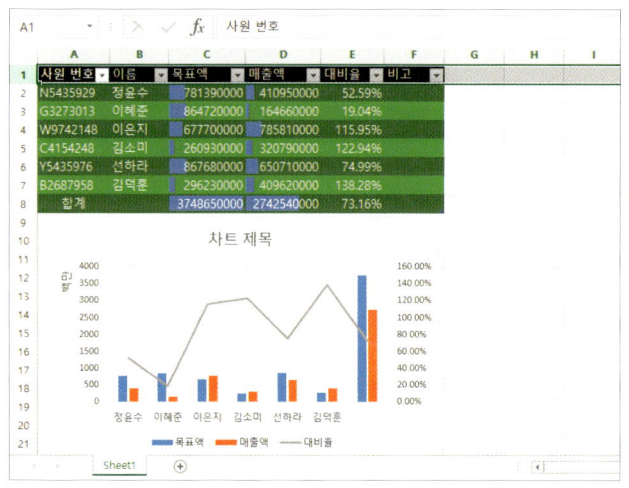

✔ ✥(차트 영역) 표시가 나올 때 드래그해야 합니다.

문서의 제목 넣기

1. 표의 상단에 제목을 추가하기 위한 행을 두 개 추가해 보겠습니다. [1] 행 전체를 선택한 다음 [홈] 탭 → [셀] 그룹에 있는 [삽입] 버튼을 두 번 클릭하면 행이 두 개 추가됩니다.

알수록 득이 되는 엑셀 기초 **31**

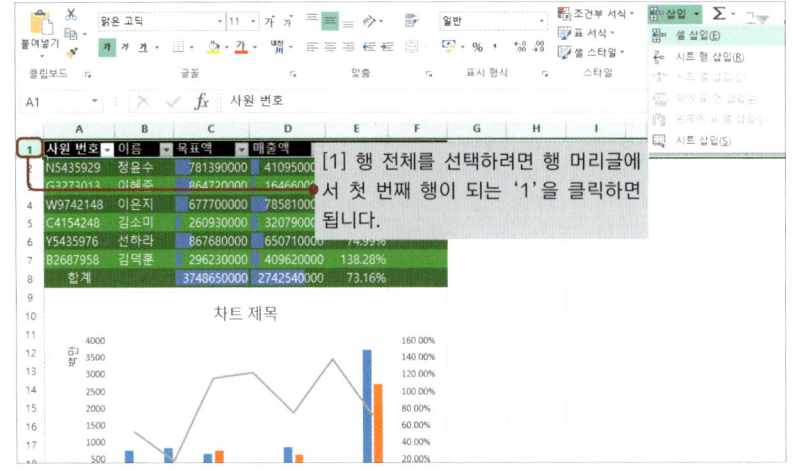

✔ 만약 행 전체를 삭제하려면 특정 셀이 아닌 삭제할 행 머리글을 선택한 후 마우스 오른쪽 버튼을 클릭해서 [삭제] 메뉴를 실행합니다.

> **김철 쌤의 한마디!** 행, 열 머리글의 정의와 엑셀 시트에서 행 삽입의 의미
>
> 행 머리글은 시트 왼쪽에 1부터 나열된 숫자 영역을 말하며, 한 시트에 총 2^{20}개(1,048,576개)의 행으로 구성됩니다. 그리고 열 머리글은 시트 상단에 A부터 나열된 알파벳 영역을 말합니다. 엑셀은 2007 버전부터 하나의 시트에 총 4^7개(16,384개)의 열로 구성되어 있으며, 각 열 머리글은 영문으로 A~XFD까지 구성되어 있습니다. 이 열 머리글을 숫자로 바꿔 표시할 수도 있습니다. [파일] 메뉴에서 [옵션]을 선택한 후 나오는 [Excel 옵션] 창에서 [수식] → [수식 작업] 부분의 [R1C1 참조 스타일]을 체크하면 열 머리글이 숫자로 변경되어 나타나게 됩니다.
>
> 엑셀에서 하나의 시트는 1,048,576개의 행과 16,384개의 열로 구성되어 있다고 했습니다. 시트에 하나의 행을 삽입한다고 전체 행의 개수가 1,048,577개로 늘어나는 것이 아니고 마지막 행이 사라지는 것입니다. 그러므로 마지막 행(1,048,576번째 행)에 데이터가 들어 있을 경우, 행을 삽입하면 '데이터를 시트 밖으로 이동할 수 없다'는 오류가 나타납니다.

2. 가장 위에 있는 [A1:F1] 셀을 드래그해서 선택합니다. 맞춤 리본 메뉴에 있는 [병합하고 가운데 맞춤] 버튼을 클릭한 후 병합된 셀에 '영업1팀 실적 보고'라고 입력합니다.

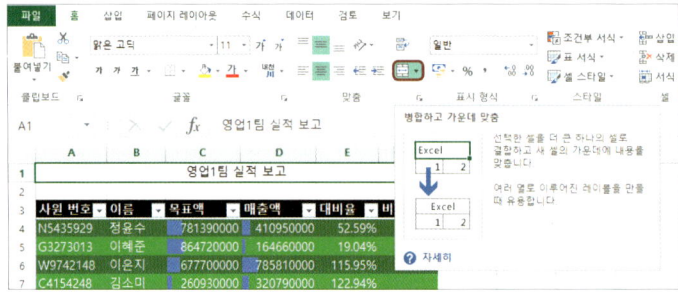

32

제목 편집하기

1. 제목을 입력한 셀을 선택한 다음 [홈] 탭 → [글꼴] 그룹에서 편집하겠습니다. [글꼴] 그룹 오른쪽 하단에 [글꼴 설정] 버튼을 클릭해서 [셀 서식] 대화상자를 불러옵니다.

✔ 만약 셀을 더블클릭해서 텍스트 편집 상태로 [글꼴 설정] 버튼을 클릭하면 [셀 서식] 대화상자에는 [글꼴] 탭만 나타납니다.

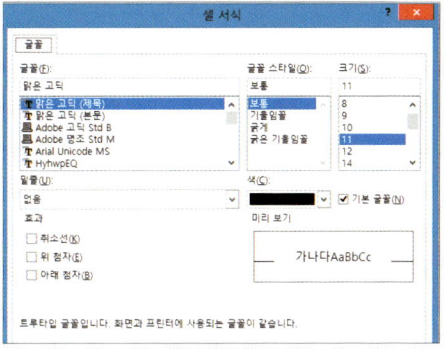

2. [셀 서식] 대화상자의 [글꼴] 탭에서 크기는 '18'로, [테두리] 탭에서는 선의 스타일을 '2중 선'을 선택해서 '윤곽선(O)' 테두리로 지정합니다.

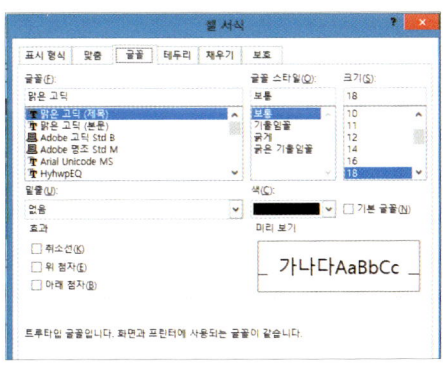 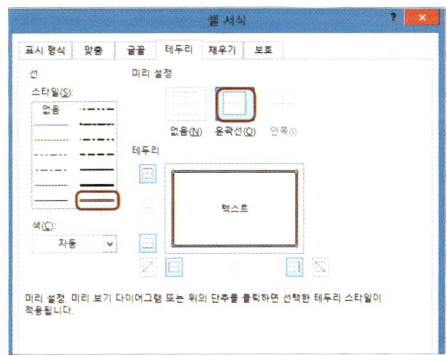

그리고 [채우기] 탭을 클릭해서 '주황색'을 선택한 후 [확인] 버튼을 클릭합니다.

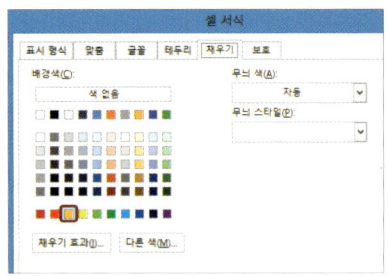 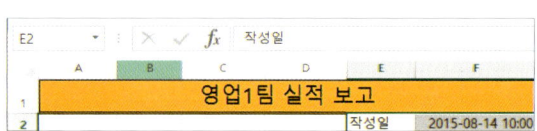

제목이 완성되었다면 그 아래에 문서가 작성된 날짜와 시간을 입력해 보겠습니다. 날짜는 보고서를 제출할 때 언제 작성된 문서인지 확인할 수 있으니까요.

문서가 작성된 날짜와 시간 데이터 입력하기

엑셀에서 날짜 데이터를 입력할 때에는 YYYY-MM-DD(또는 YYYY-M-D)의 서식으로 입력하며, 시간 데이터는 HH:MM(또는 H:M)의 서식으로 입력합니다. 만약, 날짜와 시간을 모두 입력하고자 한다면 두 개의 서식이 합해진 형태인 YYYY-MM-DD HH:MM 형식을 사용하면 됩니다.

[E2] 셀에 '작성일'이라고 입력하고, [F2] 셀에는 '2015-08-14 10:00'으로 입력합니다.

✔ 만약 날짜 데이터를 셀에 입력할 때 '2015년 8월 14일'로 작성하면 표시 형식이 '일반' 형식으로 지정됩니다. 표시 형식 리본 메뉴에서 일반 서식을 '날짜' 서식으로 변경하면 '2015-08-14'처럼 변경됩니다.

✔ 날짜를 입력하는 방법에 대한 더 자세한 내용은 77쪽을 참고하세요.

이제 일반적인 문서 형식을 갖추었습니다. 그런데 사원의 수가 증가하거나 대비율보다 복잡한 분석을 위해서 데이터를 추가하는 경우가 많습니다. 긴 데이터를 편하게 보기 위해서는 틀을 고정해 두면 편리합니다.

특정 셀 고정시켜 두기

1. 여기에서는 표의 제목줄과 사원의 이름 목록이 고정될 수 있도록 [C4] 셀을 선택합니다. 그런 다음 상단의 [보기] 탭 → [창] 그룹 → [틀 고정] 버튼을 클릭한 후 '틀 고정(F)'을 선택합니다.

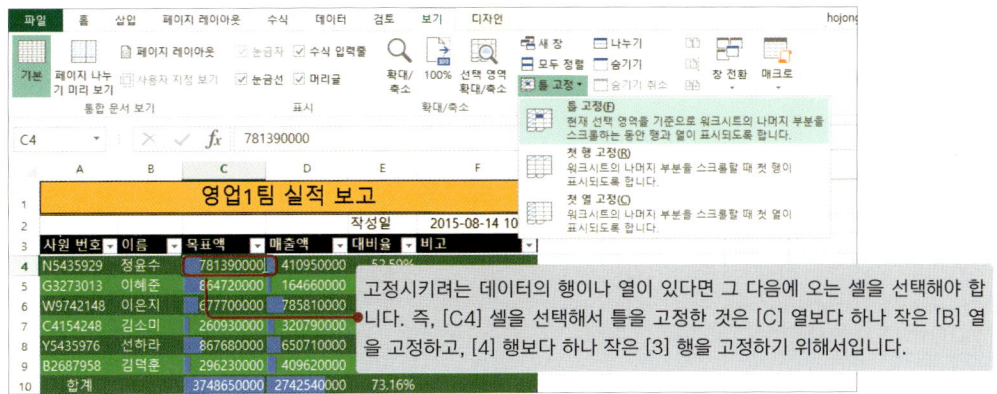

2. 고정된 틀을 해제할 수 있습니다. 임의의 셀을 선택한 다음 [틀 고정] 버튼을 다시 클릭하고 '틀 고정 취소'를 선택하면 됩니다.

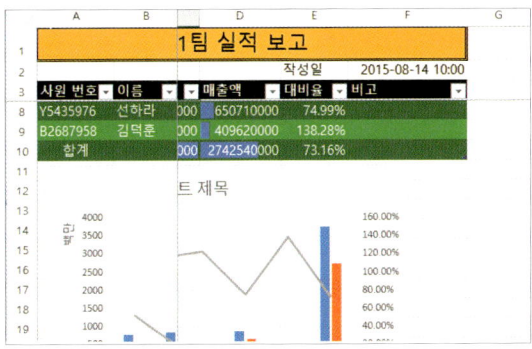

간단하게 저장하기

문서를 저장해 봅시다. [파일] 메뉴 위쪽의 빠른 실행 도구 모음에서 [저장] 버튼을 클릭하거나 [파일] 메뉴를 클릭해서 시작 화면으로 이동한 뒤 [저장] 메뉴를 클릭하면 원하는 폴더를 지정해서 저장할 수 있습니다.

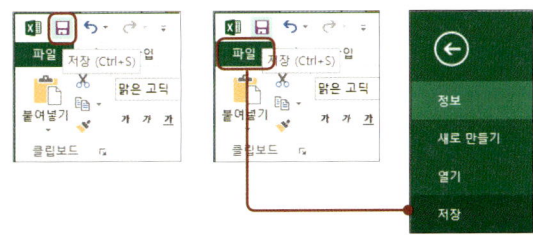

김철 쌤의 한마디! ▶ 자주 쓰는 메뉴는 빠른 실행 도구 모음으로 지정하기

자주 사용하는 메뉴가 있다면 화면 상단에 있는 빠른 실행 도구 모음에서 사용자 지정을 할 수 있습니다. 필요한 메뉴를 선택하면 파일 메뉴 상단에 하나씩 추가됩니다. 그리고 드롭다운 메뉴에서 찾을 수 없는 빠른 실행 도구 모음은 드롭다운 메뉴 하단에 있는 [기타 명령] 메뉴를 선택하면 됩니다.

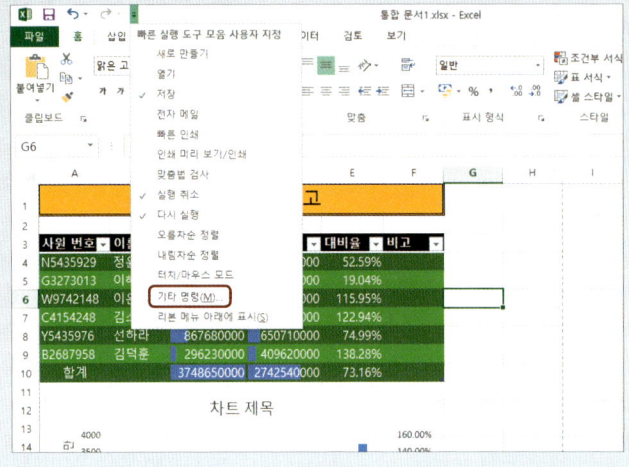

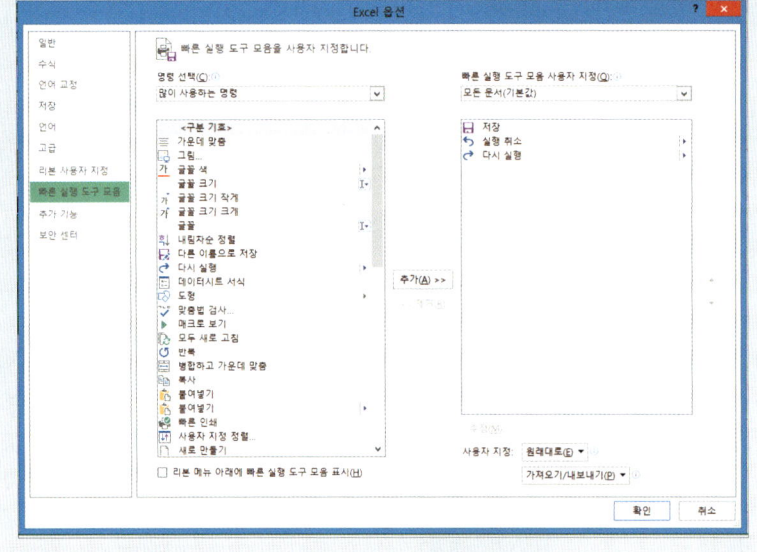

I-5 인쇄 페이지 설정하기 - 출력

여러 가지 메뉴와 명령을 실행하면서 간단한 문서를 만들어 보았습니다. 이번에는 만든 문서를 인쇄할 때 필요한 설정을 알아보겠습니다. 기본적으로 문서 작업 후에는 인쇄 미리보기로 용지에 출력될 이미지를 확인하게 됩니다. 이 과정에서 여백 보기나 여백 설정 등으로 인쇄 페이지를 설정합니다. 더불어 작성된 문서가 중요할 경우, 암호로 문서를 보호하는 방법도 알아보겠습니다. **통합 문서1.xlsx**를 열고 실습해 보겠습니다.

인쇄를 위해 여백 조정하기

1. 작성한 문서를 출력하기 전에 출력물로 인쇄될 결과를 확인해야 합니다. [파일] 탭 → [인쇄]를 클릭하면 시작 화면 오른쪽에 인쇄 미리보기가 실행됩니다.

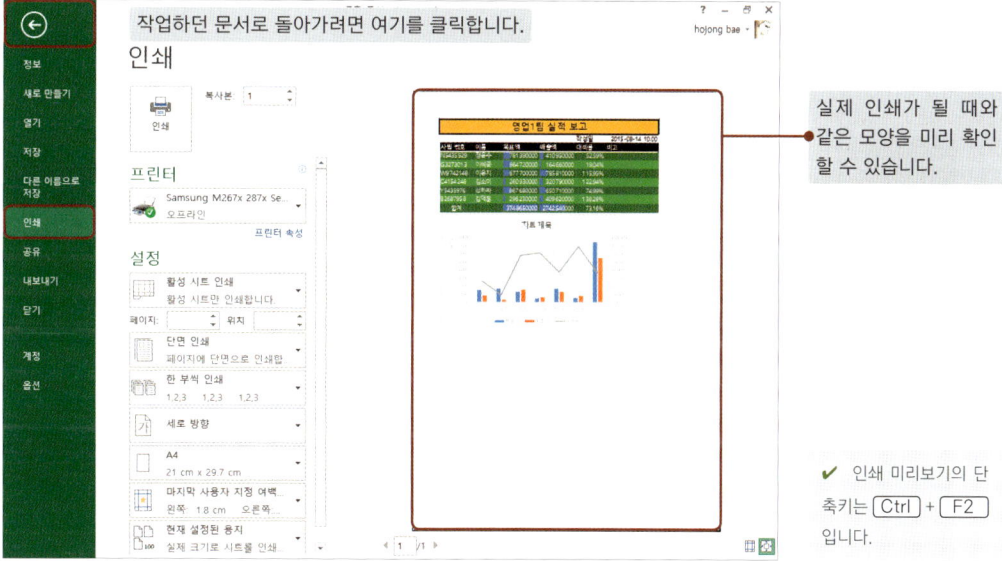

2. 인쇄 미리보기를 보면 오른쪽 하단에 [여백 표시] 버튼이 보입니다. 이 버튼을 클릭하면 미리보기 화면의 상하좌우 여백을 조정할 수 있는 조절선이 나타납니다. 이 조절선을 드래그해서 여백을 조정합니다.

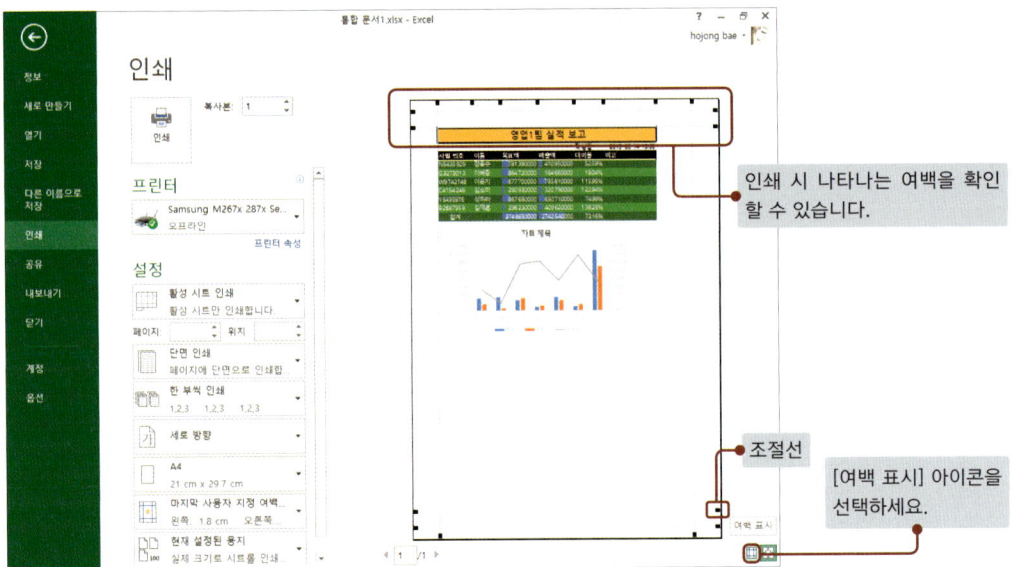

3. 여백을 조절해서 출력해도 한 쪽으로 치우칠 수 있습니다. 이때는 [페이지 가운데 맞춤]을 설정해야 문서 중앙에 정렬됩니다. 그러려면 좌측 하단의 [페이지 설정]을 클릭해서 [페이지 설정] 대화상자를 불러옵니다. 그런 다음 [여백] 탭을 선택하고 하단의 [페이지 가운데 맞춤] 항목에 있는 [가로]와 [세로] 체크 박스를 모두 체크하고 [확인] 버튼을 클릭합니다.

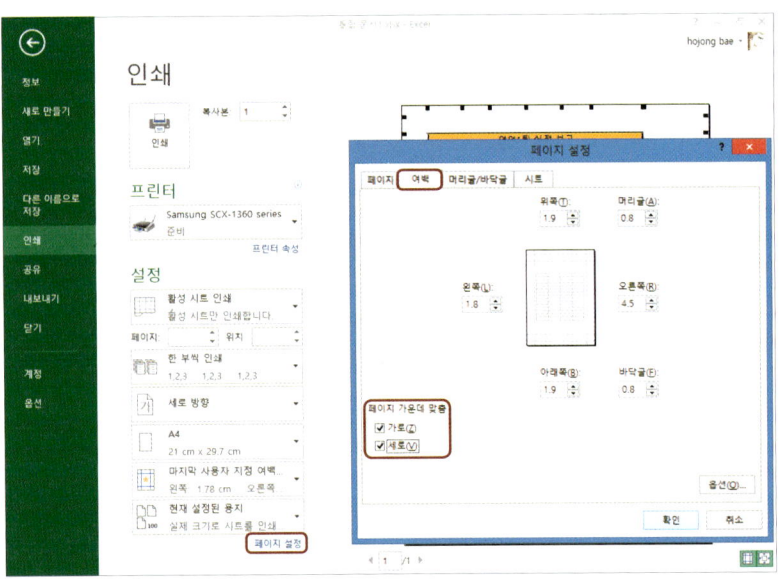

4. 그러면 출력할 내용이 용지 가운데로 배치되는 것을 볼 수 있습니다.

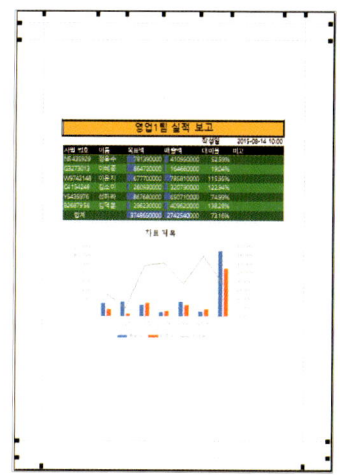

5. 출력할 문서가 커서 여백 조정만으로 한 장에 출력하지 못하거나 문서가 작아서 여백이 많이 남는다면 배율을 설정하는 방법도 있습니다.

   좌측 하단의 [페이지 설정]을 다시 클릭해서 [페이지 설정] 대화상자가 나타나면 [페이지] 탭에 있는 [확대/축소 배율]을 조정하면 됩니다.

   또는 [자동 맞춤]을 선택하면 인쇄할 문서를 용지 너비와 높이에 맞게 자동으로 맞출 수 있습니다. 여기에서는 [확대/축소 배율]을 '115%'로 조정하고 [확인] 버튼을 클릭합니다.

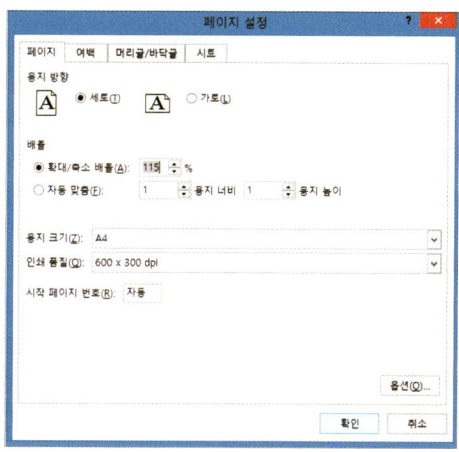

김철 쌤의 한마디! ▶ **인쇄할 페이지가 많을 때 반복할 행 지정하기**

예를 들어 총 3쪽짜리 문서의 경우, 문서에서 작업한 머리글이 2페이지부터는 나타나지 않게 됩니다. 이런 경우에는 인쇄했을 때 특정 행이나 열이 반복적으로 나타날 수 있도록 반복할 행이나 열을 지정하면 됩니다.

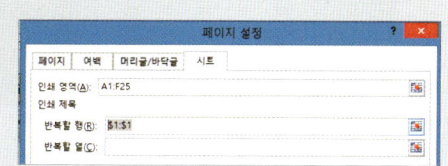

편집하던 문서 시트로 돌아가서 [페이지 레이아웃] 탭에 있는 [페이지 설정] 그룹 우측 하단의 [페이지 설정] 옵션 버튼을 클릭합니다. [페이지 설정] 대화상자의 [시트] 탭에서 [반복할 행] 부분의 입력란을 선택한 다음 해당 문서에서 반복 인쇄할 행 머리글을 선택하고 [확인] 버튼을 클릭하면 됩니다.

> **주의!** 같은 [페이지 설정] 대화상자라도 인쇄 미리보기에서 [페이지 설정] 대화상자를 열면 반복할 행 머리글을 선택할 수 없습니다.

출력물의 방향 설정하기

1. 인쇄할 문서에서 차트가 표의 오른쪽에 정렬되어 있다면 인쇄 영역을 가로 방향으로 바꾸어 인쇄하는 것이 좋습니다. 실습을 위해 편집 문서로 돌아가서 차트를 클릭한 다음 표 오른쪽으로 드래그해서 옮기세요.

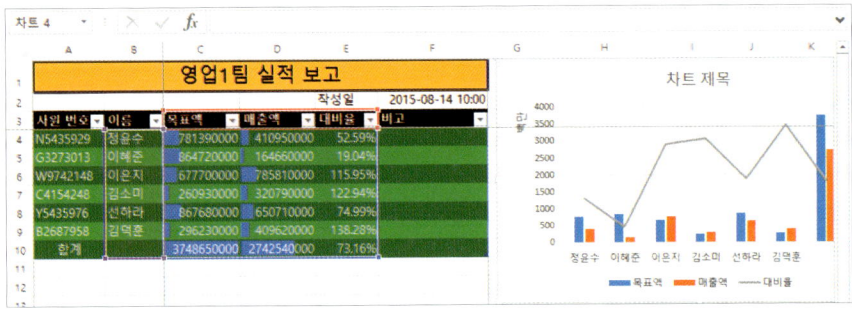

2. 이 상태로 바로 인쇄하면 이미 설정해둔 인쇄 영역 때문에 인쇄 영역 밖에 있는 차트는 인쇄 미리보기에서 확인할 수 없습니다. 인쇄 영역을 변경하려면 엑셀 문서 오른쪽 하단에 있는 상태 표시줄에서 [페이지 나누기 미리보기] 버튼을 클릭합니다. 페이지 나누기 미리보기 화면이 나타나면 인쇄 페이지를 구분하는 파란색 영역 지정선을 클릭, 드래그해서 오른쪽으로 옮겨 차트 끝에 끌어다 놓습니다.

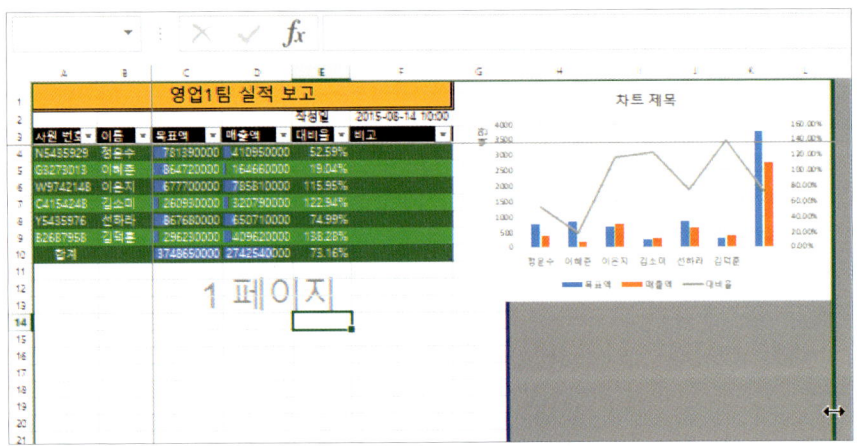

3. [파일] 메뉴를 눌러서 시작 화면의 인쇄 영역으로 돌아오면 인쇄 방향이 가로 방향으로 수정된 것을 확인할 수 있습니다.

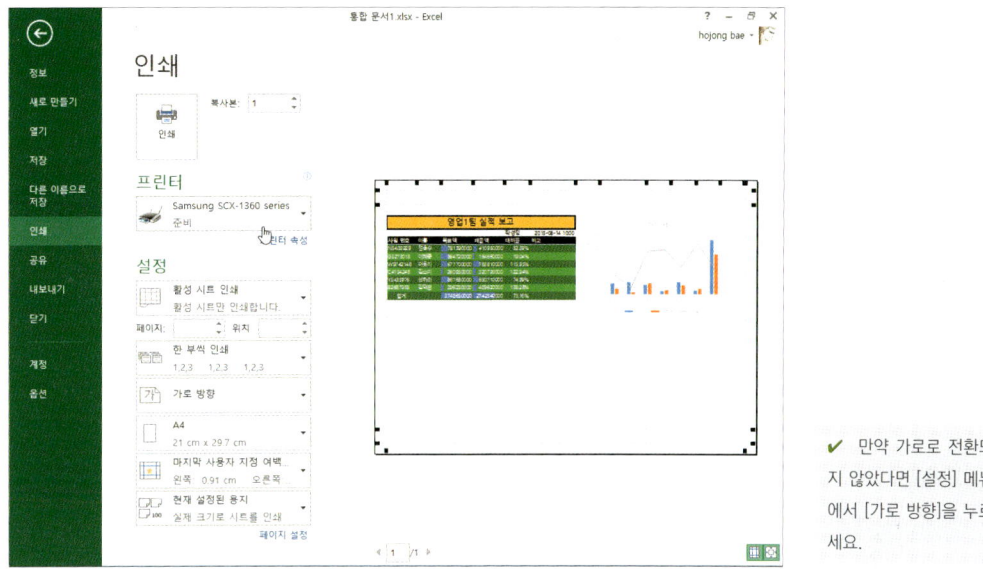

✔ 만약 가로로 전환되지 않았다면 [설정] 메뉴에서 [가로 방향]을 누르세요.

이렇게 설정한 후, [인쇄] 버튼을 누르면 잘리는 부분 없이 A4 용지에 알맞게 담겨 인쇄가 되는 것을 볼 수 있습니다.

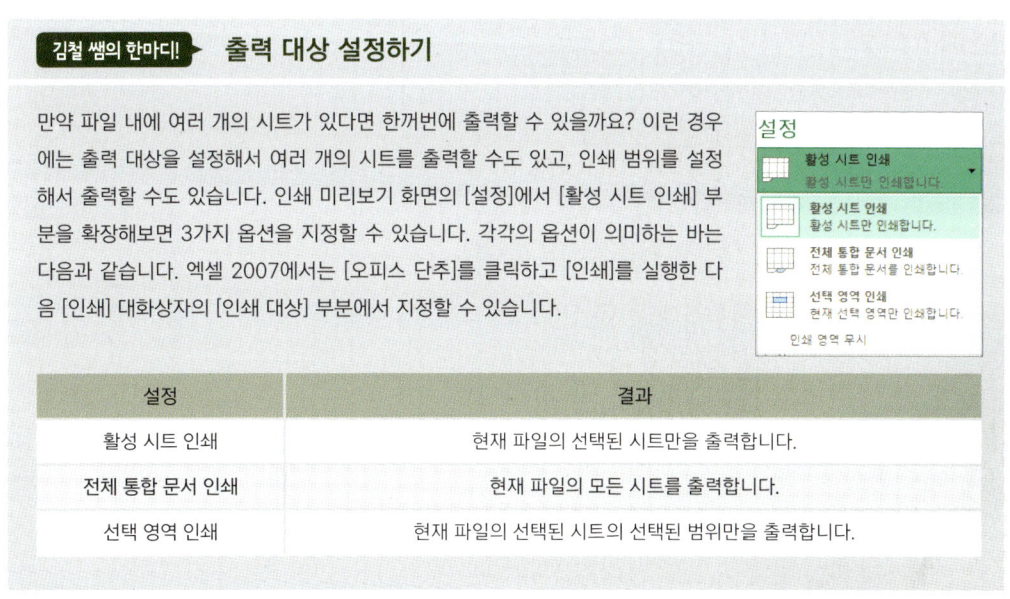

설정	결과
활성 시트 인쇄	현재 파일의 선택된 시트만을 출력합니다.
전체 통합 문서 인쇄	현재 파일의 모든 시트를 출력합니다.
선택 영역 인쇄	현재 파일의 선택된 시트의 선택된 범위만을 출력합니다.

작업한 파일에 암호 걸어서 저장하기

1. 이제 작성한 문서를 저장해 보겠습니다. 파일 이름만 바꿔서 저장하려면 [파일] → [다른 이름으로 저장] 메뉴를 선택합니다. 시작 화면에는 [컴퓨터] 메뉴를 선택하고 오른쪽 하단에 있는 [찾아보기] 버튼을 클릭합니다. [다른 이름으로 저장] 대화상자가 나타나면 왼쪽 목록에서 저장할 위치를 선택한 다음 [파일 이름]만 수정해서 [저장] 버튼을 클릭하면 됩니다.

   만약 작성한 문서가 중요한 문서라서 암호로 보호하고 싶다면 [다른 이름으로 저장]을 클릭한 다음 나타난 대화상자 하단의 [도구] 메뉴를 확장해서 [일반 옵션]을 클릭합니다.

   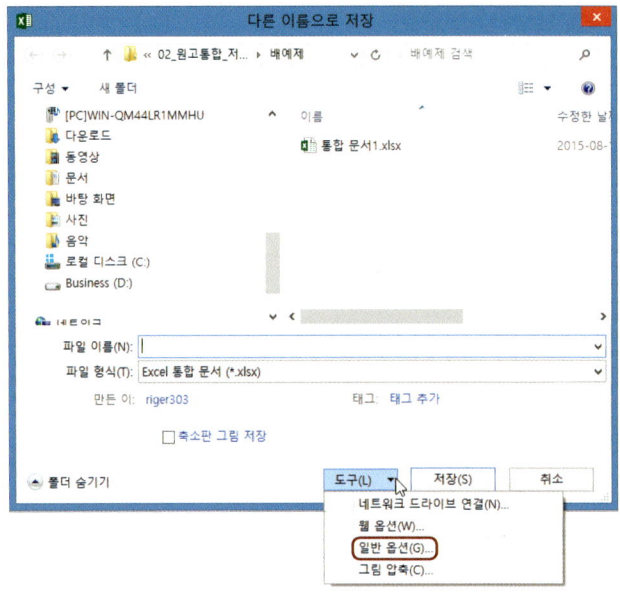

2. [일반 옵션] 대화상자에서 [열기 암호]와 [쓰기 암호] 입력란에 원하는 암호를 입력하고 [확인] 버튼을 클릭합니다.

   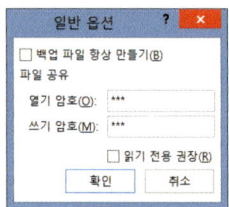

3. [암호 확인] 대화상자가 나타나면 열기 암호를 다시 한 번 입력한 후 [확인] 버튼을 클릭합니다. 쓰기 암호도 동일합니다. 이렇게 설정한 다음 원하는 폴더 경로를 지정하고 [저장] 버튼을 클릭하면 됩니다.

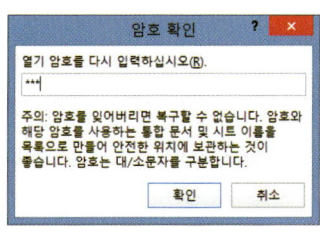 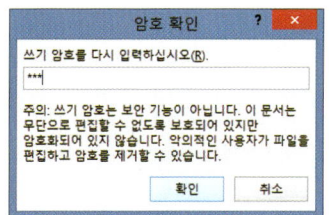

4. 이렇게 설정해두면 저장한 파일을 열 때 암호를 입력해야 내용을 볼 수 있습니다. 먼저 열기 암호를 요구한 다음 두 번째로 쓰기 암호도 요구합니다.

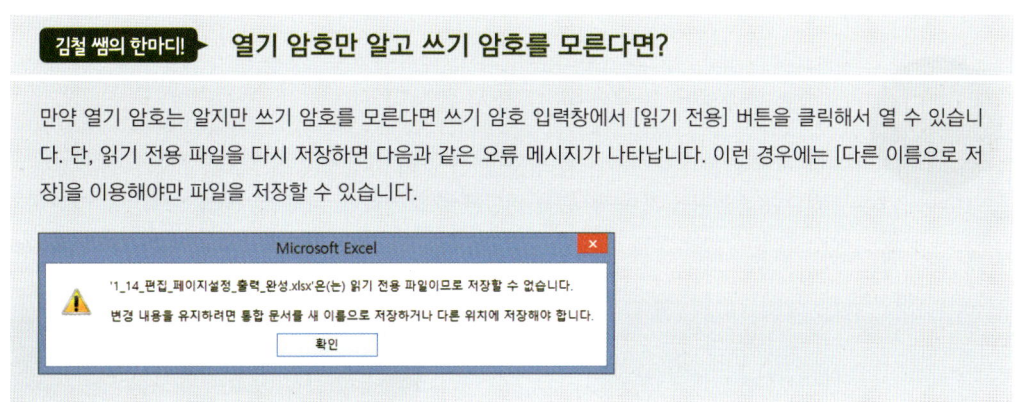

만약 열기 암호는 알지만 쓰기 암호를 모른다면 쓰기 암호 입력창에서 [읽기 전용] 버튼을 클릭해서 열 수 있습니다. 단, 읽기 전용 파일을 다시 저장하면 다음과 같은 오류 메시지가 나타납니다. 이런 경우에는 [다른 이름으로 저장]을 이용해야만 파일을 저장할 수 있습니다.

Ⅱ 모르면 손해보는 엑셀 단축키

일일이 마우스로 클릭해가며 작업하는 것보다 한 손은 키보드 위에, 한 손은 마우스 위에 두고 동시에 활용하는 것이 가장 효과적입니다. 모르면 손해보는 Ctrl 키와 Shift 키의 단축키를 배워 더 편하게 작업해보세요.

Ⅱ-1 Ctrl 키를 이용한 단축키
Ⅱ-2 Shift 키를 이용한 단축키
Ⅱ-3 Ctrl 키와 Shift 키를 조합한 단축키

이대리 이야기

엑셀 고수들은 마우스를 잘 쓰지 않는다

늘 시간에 쫓기는 이지수 대리. 어느 날 우리 사무실 승진 1순위 선배가 엑셀을 쓸 때 현란한 손놀림을 보게 됐다. 그 비밀은 바로 단축키. 이지수 대리도 단축키를 익힌 후에는 작업 시간을 많이 줄일 수 있었다. 특히 반복되는 작업이나 많은 양의 데이터를 정리하는 일도 단축키로 간단히 해결했다. 정말 편하다.

- Ctrl 키 → 복사 및 붙여 넣는 기능 이외에도 수식 입력이나 셀을 선택하는 기능
- Shift 키 → 범위의 선택이나 행 삽입 등 다양한 기능
- Ctrl + Shift 키 → 마우스로 범위를 선택하는 것보다 빠른 Ctrl 키와 Shift 키 조합
- 그 밖의 단축키 → Alt , Tab , End , PageDown , PageUp , Enter 등을 활용

Ctrl 키와 Shift 키를 함께 쓰는 단축키도 있구나!

II-1 Ctrl 키를 이용한 단축키

엑셀에서 데이터를 복사, 붙여넣기할 때는 먼저 복사할 데이터가 있는 셀 범위를 선택한 후 [홈] 탭 → [클립보드] 그룹 → [복사] 버튼을 클릭해서 선택 범위를 복사합니다. 그런 다음 붙여넣을 셀의 첫 번째 셀을 선택하고 [클립보드] 그룹 → [붙여넣기] 버튼을 클릭하여 붙여넣기를 실행하면 됩니다. 자주 사용하게 되는 기능을 매번 버튼으로 조작한다면 번거로울 수 있습니다. 그래서 복사(Ctrl + C)와 붙여넣기(Ctrl + V) 단축키를 이용하면 효과적입니다. 이처럼 Ctrl 키를 이용하면 간단히 복사해서 붙여넣는 기능 이외에도 수식을 입력하거나 셀을 선택하는 기능을 수행할 수 있습니다. **기본키조작_예제.xlsx** 파일을 이용해서 엑셀의 기본 키인 Ctrl 키와 관련된 내용을 살펴보겠습니다.

1. 가장 기본! 복사 및 붙여넣기 기능

Ctrl 키를 이용해 복사 및 붙여넣기를 하면 입력되어 있던 글자뿐만 아니라 셀의 속성까지 모두 복사됩니다. 시트의 [B4] 셀을 선택한 후 복사(Ctrl + C)하고 [D4] 셀을 선택해서 복사한 내용을 붙여넣기(Ctrl + V)할 수 있습니다.

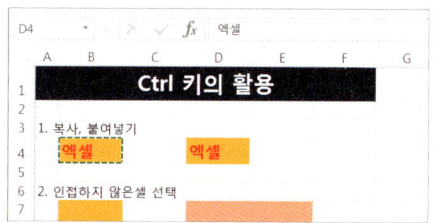

2. 선택하여 붙여넣기 기능

복사한 셀의 내용만 복사하고 싶다면 어떻게 해야 할까요? 이 경우에는 '선택하여 붙여넣기 기능'을 이용하면 됩니다. 우선 선택하여 붙여넣기할 데이터를 복사하기 위해 [B4] 셀을 선택하고 복사(Ctrl + C)합니다. 그리고 나서 붙여넣을 셀인 [F4] 셀을 선택하고 마우스 오른쪽 버튼을 클릭합니다. 빠른 메뉴에서 [붙여넣기 옵션:] 항목의 '값( )'을 클릭하면 속성을 제외한 내용만 복사되는 것을 볼 수 있습니다.

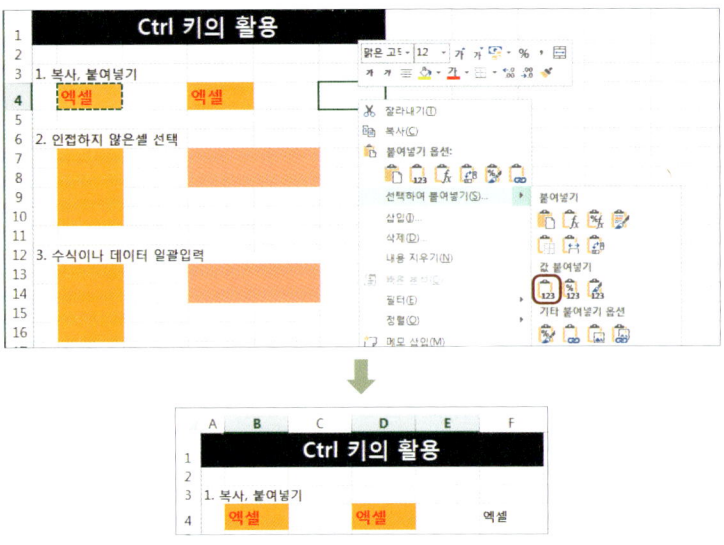

3. 복사한 셀의 붙여넣기 옵션

엑셀에서는 셀에 입력된 텍스트나 데이터의 값을 붙여넣기도 하지만 수식이 적용된 셀일 경우에는 서식만 복사해서 사용하기도 합니다. 만약 셀에 입력된 값을 연산하는 수식이 있는데 다른 표에서도 동일한 연산을 하고 싶다면 수식이 입력된 셀을 복사해서 붙여넣게 됩니다. 이때 붙여넣은 수식만 복사된 것이 아니라 값도 함께 복사되었다면 어떻게 할까요? 이런 경우, [붙여넣기 옵션]을 선택해서 수식만 붙여넣기할 수 있습니다.

엑셀 2010 이상의 버전에서는 자주 사용하는 옵션을 손쉽게 지정할 수 있습니다. [붙여넣기 옵션]을 사용하면 서식이나 수식, 값만을 선택해서 붙여 넣을 수 있습니다. [붙여넣기 옵션]에 대해서 간단히 알아보고 넘어가겠습니다.

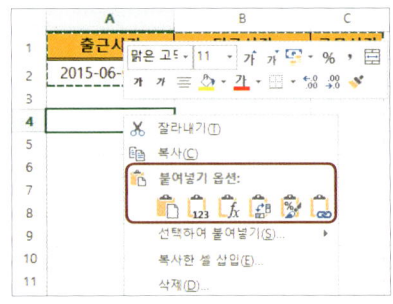

✓ 엑셀 2010 이상의 버전에서는 다음과 같이 자주 사용하는 옵션이 나타나지만 엑셀 2007은 마우스 오른쪽 버튼을 클릭하고 [선택하여 붙여넣기] 메뉴를 실행해야만 옵션을 지정할 수 있습니다.

• 붙여넣기

복사한 셀의 데이터를 그대로 붙여넣는 기능은 단축키 Ctrl + V 키와 같습니다.

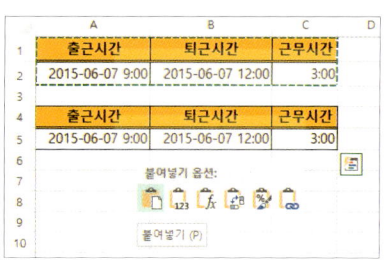

• 값 붙여넣기

복사한 셀의 데이터 서식과 수식은 복사되지 않고 값만 복사됩니다. 따라서 '날짜', '시간' 등의 데이터는 서식이 복사되지 않으므로 숫자로 변환되어 나타납니다. 그리고 [C2] 셀의 근무시간 산출을 위한 =B2-A2 수식은 그 결과만 값으로 나타나게 됩니다.

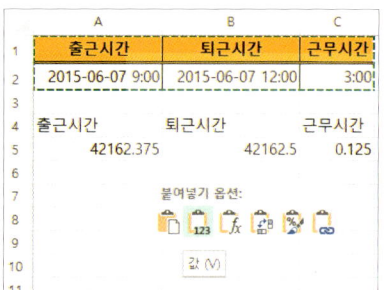

• 수식 붙여넣기

복사한 셀의 데이터 서식은 복사되지 않고 값으로 복사됩니다. 다만 [값 붙여넣기]와 다른 점은 수식도 함께 복사된다는 점입니다. 따라서 [C2] 셀의 수식은 복사되어 [C5] 셀에서 =B5-A5로 복사됩니다.

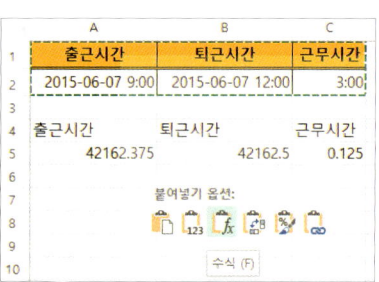

• 행/열 바꿈

복사한 셀의 데이터가 붙여 넣을 첫 번째 셀을 기준으로 행과 열을 교차해서 나타내게 됩니다. 이때 서식과 수식도 모두 복사됩니다.

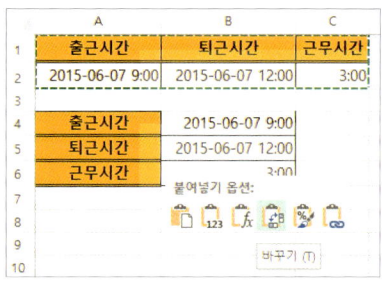

• 서식 붙여넣기

복사한 셀의 데이터는 복사되지 않고 서식만 복사됩니다.

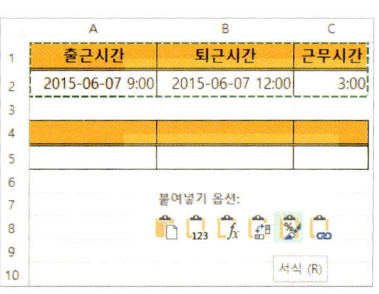

• 연결하여 붙여넣기

복사한 셀의 데이터가 그대로 나타납니다. [값 붙여넣기]와 다른 점은 모두 참조 형태로 나타난다는 것입니다. 따라서 [A4] 셀에는 [A1] 셀의 데이터를 참조하는 =A1 형태로 나타나게 됩니다.

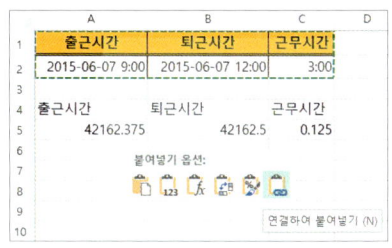

• 추가 옵션

위와 같이 복사하는 방법 외에도 복사된 셀의 마지막 셀 우측 하단에 나타나는 [추가 옵션]도 있습니다. 이 옵션은 복사한 후 복사한 형태를 변경할 때 사용할 수 있습니다.

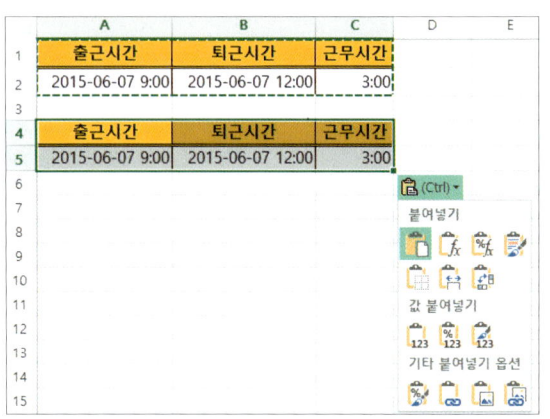

> **하위 버전에서는**
>
> **엑셀 2007**에서는 복사한 셀의 내용만 복사하기 위해서 복사할 셀을 선택한 후 마우스 오른쪽 버튼을 클릭해도 값( )이 나타나지 않습니다. 이 기능 아이콘은 엑셀 2010 버전부터 등장했기 때문입니다. 따라서 엑셀 2007 버전에서는 빠른 메뉴에서 [선택하여 붙여넣기]를 실행하고 [선택하여 붙여넣기] 대화상자가 나타나면 [값(V)] 항목을 선택한 후 [확인] 버튼을 클릭해야 합니다.
>
>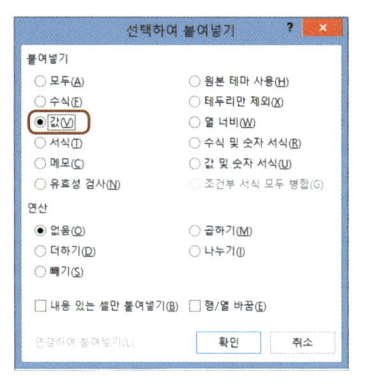
>
> 선택하여 붙여넣기로 값이나 서식을 자주 붙여넣는 사용자라면 여러 번 옵션을 조작하기가 불편할 수 있습니다. 이런 경우 단축키를 이용하세요. 복사할 셀을 선택해서 복사한 뒤 붙여놓을 셀을 선택해서 단축키인 Ctrl + Alt + V 키를 누릅니다. 그럼 [선택하여 붙여넣기] 대화상자가 나타나는데 곧이어 V → Enter 키를 누르면 값만 붙여 넣을 수 있습니다. 같은 방법으로 서식을 붙여넣으려면 T → Enter 를 누르면 됩니다. 단, 이 단축키는 반드시 복사한 셀이 있어야만 사용할 수 있다는 것을 기억해야 합니다.

4. 떨어져 있는 셀을 함께 선택하는 기능

서로 떨어져 있는 영역인 [B7:B10] 셀 범위와 [D7:E8] 셀 범위를 한꺼번에 선택할 때도 Ctrl 키를 사용합니다.

먼저 [B7:B10] 셀을 드래그해서 선택합니다. 그런 다음 Ctrl 키를 누른 채로 [D7:E8] 셀을 마우스로 드래그해서 선택하면 됩니다.

5. 선택한 셀에 수식이나 텍스트를 일괄적으로 입력하는 기능

[B13:B16] 셀과 [D13:E14] 셀에 모두 '엑셀'이라는 텍스트를 입력하려고 합니다. 우선 [B13:B16] 셀을 선택하고 Ctrl 키를 누른 채로 [D13:E14] 셀까지 모두 선택합니다.

그런 다음 '엑셀'이라고 입력하고 Ctrl + Enter 키를 누르면 선택 범위에 일괄적으로 같은 글자가 입력됩니다.

6. 증분이 1인 순번 채우기 기능

[B20] 셀을 선택하고 오른쪽 하단으로 마우스 커서를 이동시키면 채우기 핸들(+)이 나타납니다. 이 때 Ctrl 키를 누른 채로 [B23] 셀까지 드래그하면 증분이 1인 순번을 채울 수 있습니다.

7. 데이터의 마지막 셀로 커서를 이동시키는 기능

Ctrl 키를 이용하면 처음 선택한 셀에서 값을 갖고 있는 마지막 셀로 커서를 이동시킬 수 있습니다. 이 기능은 동일한 형식을 갖고 있는 방대한 양의 데이터를 입력할 때 마지막 데이터까지 빠르게 이동하기 위해 많이 활용됩니다.

텍스트만 입력되어 있는 [E27] 셀을 선택하고 Ctrl 키를 누른 채로 왼쪽 화살표를 누르면 [B27] 셀로 커서가 이동하는 것을 확인할 수 있습니다. 반대로 오른쪽 화살표 키를 누르면 다시 [E27] 셀로 커서가 이동합니다.

8. **특정 셀과 인접하고 있는 셀 영역 전체를 쉽게 선택하기**

[B27] 셀을 선택한 상태에서 Ctrl + A 키를 누르면 [A25:F28] 셀까지 선택되는 것을 볼 수 있습니다. 이처럼 Ctrl + A 키는 선택된 셀부터 연속된 셀 범위를 모두 선택할 때 사용되기 때문에 많이 활용됩니다. 예를 들어, 고급 필터로 특정 데이터를 필터링할 때 전체 목록 범위를 지정하기 위해서 셀 범위를 드래그하여 선택하면 시간도 많이 소요될 뿐 아니라 번거롭기까지 합니다. 하지만 임의의 셀을 선택한 후 Ctrl + A 키를 누르면 손쉽게 전체 목록 범위를 선택할 수 있습니다.

II-2 Shift 키를 이용한 단축키

Ctrl 키 다음으로 엑셀에서 자주 사용되는 키가 바로 Shift 키입니다. Shift 키는 범위의 선택이나 행 삽입 등 다양한 기능을 가지고 있습니다. **기본키조작_예제.xlsx** 파일의 [Shift키] 시트 탭을 이용해서 Shift 키와 관련된 내용을 살펴보겠습니다.

1. 셀 범위를 지정하는 Shift 키 기능

Shift 키를 활용한 첫 번째 기능은 셀 선택 범위를 처음부터 끝까지 드래그하지 않고도 한 번에 지정하는 것입니다.

선택할 범위의 첫 번째 셀이 되는 [B4] 셀을 선택한 다음 Shift 키를 누른 채로 선택 범위의 마지막 셀인 [E7] 셀을 클릭하면 [B4:E7] 셀 범위를 쉽게 선택할 수 있습니다.

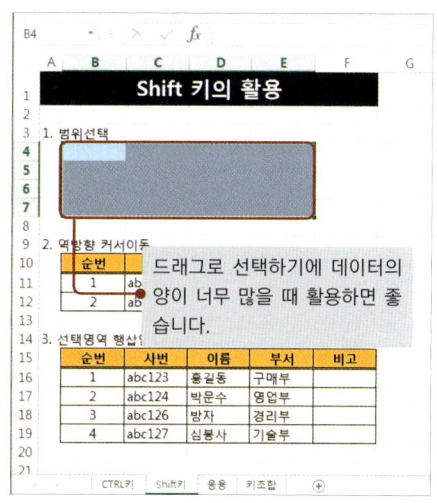

2. 동시에 선택한 셀에서 커서를 역방향으로 이동시키는 기능

특정 범위만 선택해 데이터를 입력하다가 오타를 발견했을 때 Shift 키를 이용해서 역방향으로 커서를 이동하면 선택된 셀에서만 커서를 이동할 수 있습니다.

[B12:E12] 셀을 선택하고 각각의 데이터를 입력하며 [E12] 셀까지 진행했는데 [D12] 셀에 오타가 있어 수정하려고 합니다. 오타를 수정하려면 해당 셀을 다시 선택해도 되겠지만 수정 후 선택한 범위를 다시 지정해야 하는 번거로움이 생기게 됩니다. 이럴 때 Shift 키를 누른 채로 Enter 키를 누르면 선택한 범위 내에서 커서가 역방향으로 진행됩니다. 즉 이전 셀로 커서를 이동시키고 오타를 수정할 수 있는 것입니다.

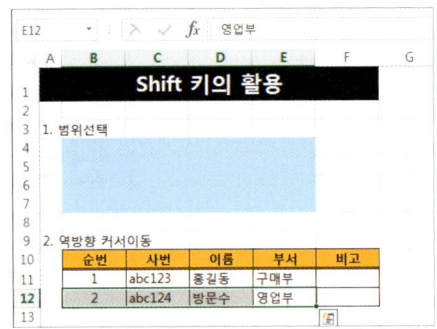
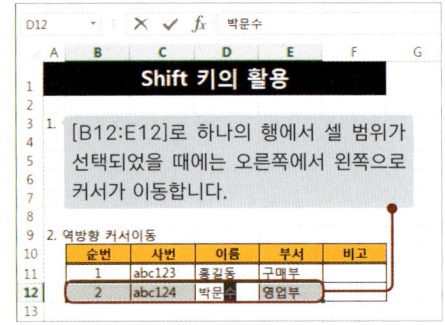

✔ 만약 [B10:B12] 셀로 셀 범위가 세로로 선택되면 아래에서 위쪽으로 커서가 이동됩니다. 그리고 이처럼 가로나 세로 방향으로 셀의 범위를 선택한 경우가 아니라 셀 하나만 선택한 상태에서 Shift + Enter 키를 누르면 커서는 선택된 셀의 위쪽 방향으로 이동하며 1행까지 이동합니다.

3. 선택한 셀 범위 안에서 행을 삽입하거나 삭제하는 기능

[B17:F17] 셀을 모두 선택한 다음 그 아래에 새로운 행을 추가하려고 합니다. 해당 셀들을 선택하고 마지막 셀 우측 하단으로 커서를 이동시키면 채우기 핸들로 변경됩니다. 이 상태로 Shift 키를 누르면 채우기 핸들이 위아래 화살표가 있는 모양으로 바뀌게 됩니다. 이때 마우스로 클릭하고 삽입하고자 하는 행만큼 드래그하면 선택 범위 내에서 새로운 행이 삽입됩니다.

반대로 표 안에서 필요하지 않은 행을 삭제하려면 어떻게 할까요? 삭제할 셀 범위를 선택한 후 채우기 핸들을 클릭해서 위쪽으로 드래그하면 삭제됩니다.

선택 범위를 열로 선택했을 때에도 마찬가지로 Shift 키를 눌러서 채우기 핸들을 위아래 화살표가 있는 모양으로 바꾼 다음 오른쪽으로 드래그하면 됩니다.

II-3 Ctrl 키와 Shift 키를 조합한 단축키

불연속 셀 범위 선택하기

[응용] 시트의 [I2] 셀에 각 품목의 금액을 합산한 합계 금액을 나타내려고 합니다. 이때 합산할 금액의 범위를 지정해야 하는데 마우스로 범위를 선택하는 것보다는 Ctrl 키와 Shift 키를 조합해서 사용하는 편이 훨씬 빠르고 쉽게 작업할 수 있는 방법입니다.

먼저 합산에 필요한 수식을 입력하기 위해 [I2] 셀에 합계를 구하는 함수인 =SUM(까지를 입력합니다. 그리고 합계할 셀 중에서 첫 번째 셀인 [H4] 셀을 선택하고 Ctrl + Shift + ↓ 를 누르면 [H4] 셀부터 연속된 [H] 열의 마지막 셀까지가 선택됩니다. 모두 선택되었으면 Enter 키를 눌러 합계 금액을 산출할 수 있습니다.

✔ SUM 함수는 192쪽에서 자세히 다룹니다.

✔ 수식을 입력할 때 마지막에 수식이 끝나는 부분에 괄호를 닫아주어야 합니다. 하지만 괄호를 닫지 않은 상태에서 Enter 키를 눌러도 수식이 마무리되었음을 인식해서 엑셀이 닫히는 괄호를 채워줍니다.

김철 쌤의 한마디! 알아두면 유용한 단축키 모음

[키조합] 시트에 기본적인 키들을 조합해서 활용할 수 있는 유용한 단축키들을 작성해 놓았습니다. 이 중에서 아래 표에 테두리를 넣어 강조한 내용은 현업에서 매우 많이 활용되는 단축키이니 기억해두면 업무 효율을 높일 수 있습니다. 표를 출력해서 사용하면 더욱 쉽게 익힐 수 있습니다.

동작	키 또는 조합한 단축키	비고
우측 셀로 이동	Tab	데이터 입력 시 유용
좌측 셀로 이동	Shift + Tab	Shift 키의 역방향으로 이동
현재 셀의 하단 셀로 이동	Enter	엑셀 옵션 기본 값
현재 셀의 상단 셀로 이동	Shift + Enter	Shift 키의 역방향으로 이동
동일한 성격을 가진 행의 첫 좌측 셀로 이동	Ctrl + ←	
동일한 성격을 가진 행의 마지막 우측 셀로 이동	Ctrl + →	
동일한 성격을 가진 열의 첫 행으로 이동	Ctrl + ↑	
동일한 성격을 가진 열의 마지막 행으로 이동	Ctrl + ↓	
선택한 셀부터 동일한 성격을 가진 행의 마지막 좌측 셀까지 선택	Ctrl + Shift + ←	
선택한 셀부터 동일한 성격을 가진 행의 마지막 우측 셀까지 선택	Ctrl + Shift + →	
선택한 셀부터 동일한 성격을 가진 열의 위쪽 마지막 셀까지 선택	Ctrl + Shift + ↑	
선택한 셀부터 동일한 성격을 가진 열의 아래쪽 마지막 셀까지 선택	Ctrl + Shift + ↓	
선택한 셀부터 시트의 마지막 셀까지 선택	Ctrl + Shift + End	
다음 시트로 이동	Ctrl + PageDown	
이전 시트로 이동	Ctrl + PageUp	
시트의 첫 셀(A1)로 이동	Ctrl + Home	
데이터베이스의 마지막 입력 셀로 이동	Ctrl + End	
한 화면 오른쪽 스크롤	Alt + PageDown	
한 화면 왼쪽 스크롤	Alt + PageUp	
한 화면 아래쪽 스크롤	PageDown	
한 화면 위쪽 스크롤	PageUp	

이 단축키는 꼭 외우자!

| 첫 째 마 당 |

프로 직장인에게
이 정도는 기본!

첫째마당에서는 어떤 업무를 하더라도 꼭 알아야 하는
엑셀의 기본을 배웁니다. 그러니 눈으로만 보지 말고
저자가 준비해 놓은 실습용 파일을 열고 직접 입력해 보면서
몸에 익히기 바랍니다. 이 마당은 서너 시간 정도면 뗄 수 있습니다.
일생에 딱 한 번, 서너 시간만 투자하면 손발이 편해집니다. 힘냅시다!

| Contents |

01장. 수식 입력의 기본 - 연산자와 셀 참조
02장. 데이터 입력의 기본 - 표와 셀 서식
Special Page. 데이터베이스 정리, 처음부터 이렇게 해야 편하다!
03장. 데이터 분석과 시각화의 기본 - 피벗 테이블과 피벗 차트
Special Page. 엑셀 2013, 2016 엔터프라이즈 버전의 특별한 기능,
        파워뷰 알아보기

01 | 수식 입력의 기본
연산자와 셀 참조

엑셀에서 어떤 작업을 하더라도 가장 자주 사용하게 되는 것이 연산자와 셀 참조 유형입니다. 데이터를 덧셈, 뺄셈, 곱셈, 나눗셈하는 연산자 사용법과 시트나 셀의 참조 등을 익혀 보겠습니다.

01-1 기본 연산자 활용법 익히기
01-2 셀 참조로 데이터를 반복해서 사용하기

어이없는 야근! 딱 5분만에 해결!

상반기 성과급을 지급한다는 소식에 회사는 축제 분위기였다. 그런데 김철민 사원만 울상이다. '그 많은 직원들의 성과급을 어떻게 다 계산하지? 월급도 다 제각각인데……' 그래도 김철민 사원은 야근을 하며 일일이 곱해서 업무를 마무리했다. 그런데 다음 날 과장님이 '그런 일로 무슨 야근이냐'고 하시는 거다. 성과급 계산은 단, 5분이면 된다나?

✓ 2007 ✓ 2010 ✓ 2013 ✓ 2016

01-1 기본 연산자 활용법 익히기

기본 연산자	산술 연산자 ▶ 57쪽
	비교 연산자 ▶ 59쪽
	텍스트 연결 연산자 ▶ 60쪽
	참조 연산자 ▶ 61쪽

지금부터 공부할 연산자는 엑셀에서 가장 기본이 되는 기능입니다. 실습 예제인 **01장_01_연산자_예제.xlsx**를 열어 값을 입력하면서 다음 4가지 종류의 연산자를 하나씩 연습해 봅시다. 먼저 산술 연산자부터 실습해 보겠습니다. 이미 잘 알고 있는 연산자라면 눈으로만 보고 넘어가도 좋습니다.

산술 연산자

첫 번째 연산자는 수학 계산과 관련된 산술 연산자입니다. 덧셈, 뺄셈, 곱셈, 나눗셈, 거듭제곱을 계산하는 연산자로, 다음과 같이 다섯 개의 기호가 있습니다.

엑셀에서는 수학 시간에 배운 곱셈 연산자인 × 기호와 나눗셈 연산자인 ÷ 기호는 문자 데이터로 인식되어 사용할 수 없습니다. 반드시 *와 /로 입력하세요. 지수를 나타내는 거듭제곱 표시도 수학 기호와 다릅니다. 확인하고 넘어가세요.

용도	연산자 기호
덧셈	+
뺄셈	-
곱셈	*
나눗셈	/
거듭제곱	^

1. 먼저 실습 예제 파일의 [산술 연산자] 시트를 여세요. [D12] 셀에 =10+20으로 입력한 후 Enter 키를 누릅니다. 그러면 해당 셀(D12)에는 연산의 결과가 나타나고 수식 입력줄에서 방금 입력한 수식이 나타나는 것을 확인할 수 있습니다.

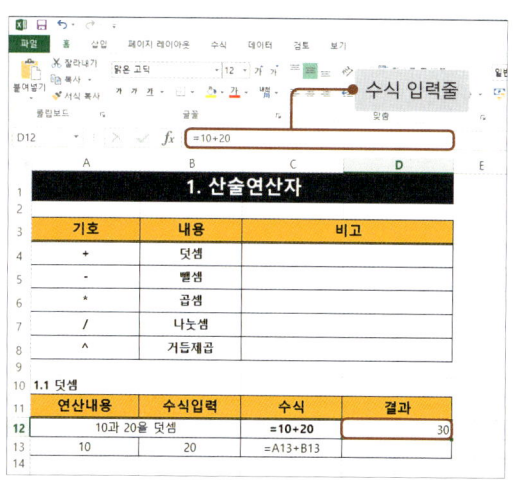

   ✔ 숫자 데이터를 그대로 입력해서 계산할 수 있습니다.

   ✔ 엑셀에서 셀에 수식을 입력하기 위해서는 =부터 입력해야 합니다. 셀의 첫 문자가 =로 시작되면 엑셀에서는 해당 셀에 수식이 있다고 인식합니다.

수식 입력의 기본 - 연산자와 셀 참조   **57**

2. 숫자 데이터가 입력되어 있는 셀로 연산할 수도 있습니다. [D13] 셀에는 =A13+B13으로 입력한 후 Enter 키를 누르세요. [A13] 셀의 '10'이란 숫자 데이터와 [B13] 셀의 '20'이란 숫자 데이터를 덧셈 산술 연산자(+)가 덧셈한 결과를 나타내는 것을 확인할 수 있습니다.

✓ [A13] 셀과 [B13] 셀을 직접 입력하지 않고 마우스로 해당 셀을 클릭해서 수식에 넣을 수 있습니다.

3. 뺄셈 연산자도 덧셈 연산자와 방법이 같습니다. 엑셀에서 뺄셈 연산자는 - 기호를 이용합니다. [D17] 셀에 =20-10을 입력한 후 Enter 키를 누르면 결과를 확인할 수 있습니다.

덧셈과 마찬가지로 숫자 데이터가 입력되어 있는 셀을 참조하여 연산하려면 [D18] 셀을 선택하고 =A18-B18을 입력한 후 Enter 키를 누르면 그 결과를 확인할 수 있습니다.

4. 같은 방법으로 곱셈 연산자(*)와 나눗셈 연산자(/), 그리고 거듭제곱 연산자(^)도 연습해 보세요.

❶ [D22] 셀에 =50*2을 입력한 후 Enter 키를 누르면 그 결과를 확인할 수 있습니다. 이전과 마찬가지로 셀을 참조해서 연산하려면 [D23] 셀을 선택한 후 =A23*B23을 입력합니다. 그런 다음 Enter 키를 누르면 결과를 확인할 수 있습니다.

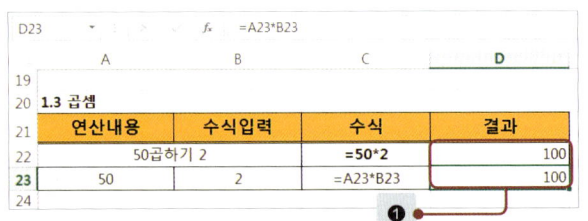

❷ [D27] 셀을 선택하고 =100/20을 입력한 후 Enter 키를 누르면 결과를 확인할 수 있습니다. 셀을 참조해서 계산하려면 [D28] 셀을 선택한 후 =A28/B28을 입력합니다. 동일한 결과를 확인할 수 있습니다.

❸ [D32] 셀을 선택한 후 =2^3을 입력하고 Enter 키를 누르면 2의 3제곱 값을 나타냅니다. 마찬가지로 셀을 참조하려면 [D33] 셀을 선택한 후 =A33^B33을 입력하고 Enter 키를 누르면 그 결과를 확인할 수 있습니다.

> **김철 쌤의 한마디!** 수식 내부에 숫자나 문자 데이터를 입력할 때 알아두세요!
>
> 수식이라는 것은 '수식 입력줄'을 클릭한 뒤 제일 앞에 등호(=)를 넣고 계산식을 넣는 것을 말합니다. 등호(=) 다음에는 연산할 대상(숫자, 문자, 수식, 함수식 등)이 옵니다.
>
> 그 뒤에 연산자(산술 연산자, 문자 연산자, 비교 연산자)를 작성합니다. 마지막으로 다시 연산할 대상인 피연산자가 오면 됩니다. 이처럼 수식을 작성할 때 수식 내에 숫자를 입력하는 경우라면 셀에서 직접 입력하는 것과 다를 바 없습니다. 하지만 문자 데이터는 큰따옴표(" "), 즉 인용구 내부에 입력해야 합니다. 만약 수식에 '정윤수'라는 이름을 입력한다면 수식 내부에서는 ["정윤수"]로 입력해야 합니다.

비교 연산자

비교란 주어진 값들이 같은지, 다른지, 큰지, 작은지를 구분하는 걸 말합니다. A=B라면 'A와 B가 같다'라는 뜻이죠. 여기서 =가 비교 연산자입니다. =, <, >, <= 등의 비교 연산자는 오른쪽 표와 같이 총 6개가 있습니다.

비교 연산자의 결과는 참(TRUE)이나 거짓(FALSE) 중에 하나가 됩니다. '하정우 씨가 영업부라면?' 이를 비교 연산자로 표현한다면 '영업부=하정우'가 참(TRUE)인지 알면 됩니다.

연산자 기호	용도
A = B	A와 B가 같다.
A > B	A가 B보다 크다.
A < B	B가 A보다 크다.
A >= B	A가 B보다 크거나 같다.
A <= B	B가 A보다 크거나 같다.
A <> B	A와 B는 같지 않다.

▲ 엑셀에서 사용하는 비교 연산자

예제 파일 하단의 [비교 연산자] 시트를 클릭해서 실습해 보겠습니다.

1. [D13] 셀을 선택하고 =A13=B13을 입력한 후 Enter 키를 누르면 결과는 참(TRUE)으로 나타납니다. 이는 '[A13] 셀 값(10)과 [B13] 셀 값(10)이 같다'라고 입력된 수식이 참이라는 결과를 보여주는 것입니다.

2. [D14] 셀부터 [D18] 셀까지는 [C14] 셀부터 [C18] 셀에 있는 입력값을 여러분이 직접 입력해 보세요. 참인지 거짓인지 확인할 수 있습니다.

텍스트 연결 연산자

세 번째 연산자로 [텍스트 연결 연산자]에 대해 알아보겠습니다. 말 그대로 텍스트를 연결해주는 연산자로, 사용되는 기호는 &입니다. 어떤 경우에 사용할까요? 사원 명부를 예로 들어보겠습니다. [A] 셀에는 부서명이, [B] 셀에는 이름이 있다고 가정합니다. 이 두 셀의 텍스트를 연결하여 [C] 셀에 넣고 싶을 때 바로 이 텍스트 연결 연산자를 이용합니다. 예제 파일 하단의 [텍스트 연결 연산자] 시트를 클릭해서 실습해 보세요.

[D8] 셀에 ="영희"&"철이"를 입력한 후 Enter 키를 누르면 '영희'라는 텍스트와 '철이'라는 텍스트를 텍스트 연결 연산자(&)가 연결해서 결과를 '영희철이'로 셀에 나타냅니다.

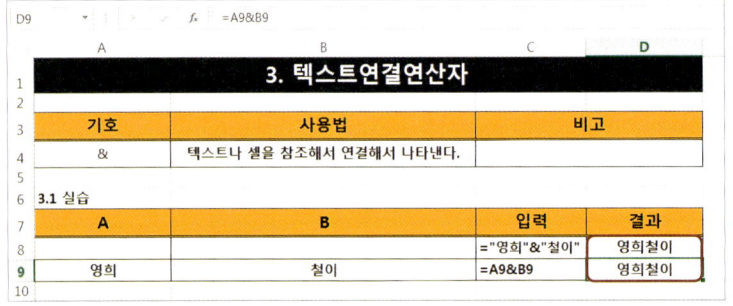

마찬가지로 셀을 참조해서 나타낼 수도 있습니다. [D9] 셀에 =A9&B9을 입력한 후 Enter 키를 누르면 [A9] 셀의 '영희'라는 텍스트와 [B9] 셀의 '철이'라는 텍스트가 연결되어 셀에 나타납니다.

> **김철 쌤의 한마디!** **같은 숫자라도 "10"과 10은 다릅니다! - TYPE 함수로 데이터 유형 확인**
>
> 엑셀에서 셀에 입력하는 숫자 데이터는 숫자로 입력할 때와 따옴표 안에 숫자를 넣어 입력할 때 다르게 받아들입니다. 예를 들어 셀에 =10을 입력하면 숫자로 인식하고, ="10"을 입력하면 문자로 받아들입니다. 이처럼 데이터는 유형에 따라서 계산이 될 수도, 안 될 수도 있기 때문에 셀에 담긴 데이터의 유형은 매우 중요합니다.
>
> 참고로 데이터의 유형 확인을 위해 TYPE이란 함수를 이용할 수 있습니다. 엑셀을 열고 직접 입력해 보세요. TYPE 함수는 숫자이면 1, 문자이면 2를 반환하는 함수입니다. 엑셀에서 데이터 유형을 확인하는 방법을 예로 들어서 설명해 보겠습니다. [A1] 셀에 ="10"으로 입력했을 때 임의의 셀에 =TYPE(A1)을 입력하고 Enter 키를 누르면 '2'가 반환됩니다. 이는 [A1] 셀의 데이터가 문자 데이터라는 것을 의미합니다. 만약 숫자 데이터가 들어 있다면 '1'이 반환되었을 겁니다.

참조 연산자

셀 연산자 중 마지막인 [참조 연산자]에 대해서 알아보겠습니다. 참조 연산자는 계산에 필요한 특정 셀들의 데이터를 참조할 때 사용합니다. 사용하는 기호는 쌍점(:), 쉼표(,) 그리고 공백 문자입니다.

예를 들어 [A1] 셀부터 [A4] 셀까지의 값을 합산할 경우 =SUM(A1:A4)로 입력하듯이 참조 연산자는 수식을 입력할 때 주로 사용합니다.

연산자 기호	용도
:	연속되는 셀 범위를 참조합니다.
,	셀이나 범위를 개별적으로 선택하여 참조합니다.
공백	두 범위에서 공통되는 셀을 참조합니다.

또한 [A1], [A3], [A5] 셀의 합계를 구하려면 =SUM(A1, A3, A5)라고 입력하면 됩니다. 예제 파일 하단의 [참조연산자] 시트에서 참조 연산자를 이용해 매출액의 합계를 알아보겠습니다.

1. [B14] 셀에 =SUM(B9:B13)을 입력한 후 Enter 키를 눌러보세요. SUM은 해당 영역의 합을 계산해 주는 함수입니다.

   그러면 상위 셀인 [B9] 셀부터 [B13] 셀까지의 합계가 바로 나타납니다.

   ✔ SUM 함수에 대해서는 192쪽에서 자세히 설명합니다.

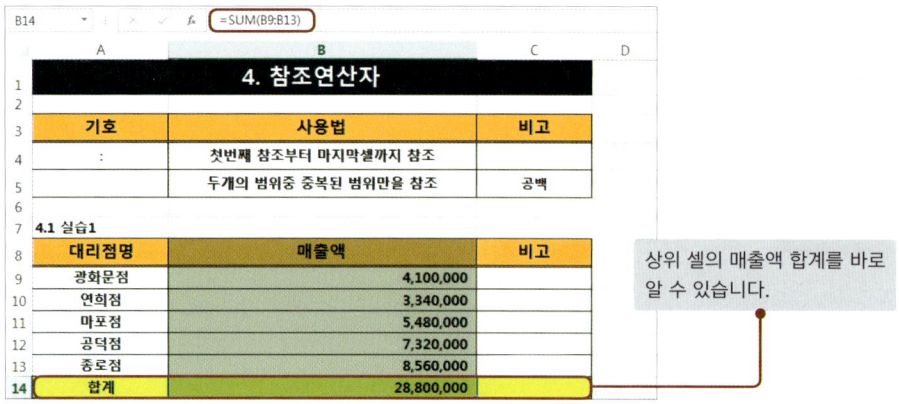

2. 이번에는 공백 문자를 이용하는 참조 연산자에 대해서 알아보겠습니다. [B18] 셀에 =B8:B14 A14:C14을 입력한 후 Enter 키를 눌러보세요. [B14] 셀의 값인 28,800,000이 나타납니다. 이는 [B8:B14] 셀과 [A14:C14] 셀의 공통 범위인 [B14] 셀을 참조하고 해당 셀에는 [B14] 셀의 값인 28,800,000을 나타내는 것입니다.

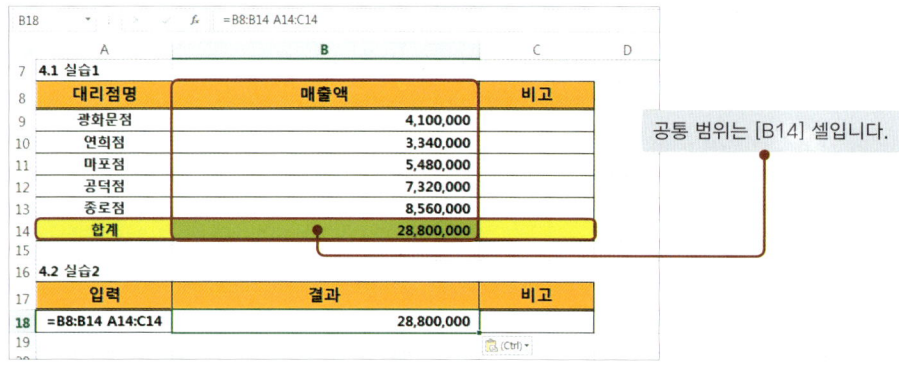

김철 쌤의 한마디! ▶ 다른 시트의 셀을 참조하려면?

다른 시트를 참조할 경우는 ! 기호가 사용됩니다. 예를 들어 [Sheet1]의 [A1] 셀을 참조하려면 =Sheet1!A1로 입력하게 됩니다. 이때 시트 이름에 공백 문자나 특수 문자가 포함되어 있거나 시트 이름이 숫자로 시작하는 경우, ' '로 시트 이름을 표시합니다. 예를 들어 시트 이름이 1로 되어 있는 시트에서 [A1] 셀을 참조하려면 ='1'!A1로 나타냅니다.

다른 시트의 셀뿐만 아니라 다른 파일의 셀도 참조할 수 있습니다. 시트 이름 앞에 [ ] 기호를 이용해서 파일명을 작성하면 됩니다. 예를 들어 '가나다.xlsx'이란 이름의 파일에 있는 [Sheet1] 시트에서 [A1] 셀을 참조하려면 =[가나다.xlsx]Sheet1!$A$1로 나타냅니다.

✔ 셀의 $ 표시는 63쪽 참조 유형을 설명할 때 좀 더 자세히 다루겠습니다.

✓ 2007 ✓ 2010 ✓ 2013 ✓ 2016

01-2

셀 참조로
데이터를 반복해서 사용하기

종류	[I3] 셀
상대 참조	I3
절대 참조	$I$3
혼합 참조	$I3 또는 I$3

엑셀의 셀 참조는 지정한 셀의 데이터를 계속 반복해서 사용할 때 유용합니다. 참조 기능을 이용하면 여러 번 반복해서 입력해야 하는 수식을 한 번만 입력한 뒤 복사해서 간단하게 채워 넣을 수 있게 해주는 것이지요.

실습 예제인 **1장_02_참조_예제.xlsx** 파일을 열어 성과급 계산을 해보겠습니다. 세 가지 참조 유형의 활용법을 알면 성과급 계산도 순식간에 끝낼 수 있습니다. 이 외에도 참조 유형을 변환시키는 방법을 연습해 보겠습니다.

먼저 예제 파일의 [G] 열에 성과급을 나타내고자 합니다. 성과급의 기준은 [I2, I3] 셀에 나타나 있듯이 기본급의 10%가 성과급으로 산출됩니다.

먼저 첫 번째 줄의 성과급을 계산하기 위해 [G5] 셀에 =D5*I3이라고 입력하면 결과 값이 나옵니다. 이제 나머지 성과급을 [G5] 셀을 참조하여 입력해 보겠습니다.

상대 참조

이제 나머지 성과급을 한 번에 계산해 보겠습니다. 셀의 오른쪽 아래에 마우스를 대고 채우기 핸들(+)을 드래그해 수식을 복사하면 될까요? 아마 원하는 결과를 얻지 못할 것입니다.

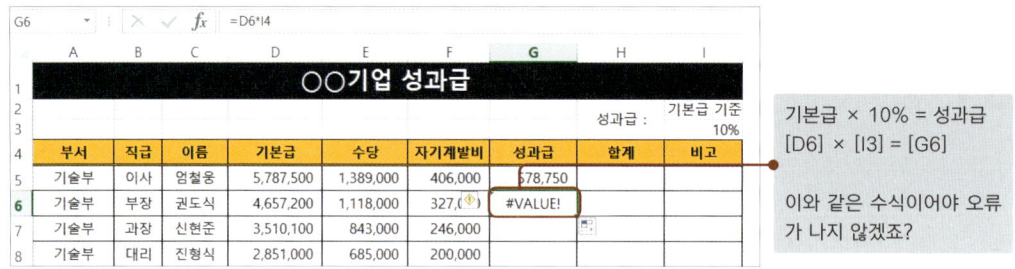

이 경우에 성과급을 계산하는 기준인 [I3] 셀은 유지한 채 기본급이 입력된 [D] 열만 바뀌어야 하는데, 지금은 두 항목 다 바뀌도록 수식이 입력되어 있기 때문입니다.

이것을 '상대 참조'라고 합니다. 상대 참조로 입력한 수식은 복사해서 다른 셀에 붙여 넣을 때 해당 셀 값이나 범위도 상대적인 값을 계산하여 상황에 맞게 모두 변합니다. 상대 참조는 이처럼 셀의 행이나 열에 '$' 표시가 없이 입력합니다.

절대 참조

그렇다면 우리가 하려는 성과급의 기준인 [I3] 셀은 그대로 둔 채 [D] 열만 바뀌게 하려면 어떻게 해야 할까요? 변하지 않게 만들려면 행과 열 주소 앞에 $을 표시해 주면 됩니다.

즉, =D5*I3가 아닌 =D5*$I$3을 입력하는 것입니다.

이렇게 행과 열 주소 앞에 $을 붙이면 셀 주소가 붙박이처럼 고정되어 절대 변하지 않게 됩니다. 이것을 '절대 참조'라고 합니다.

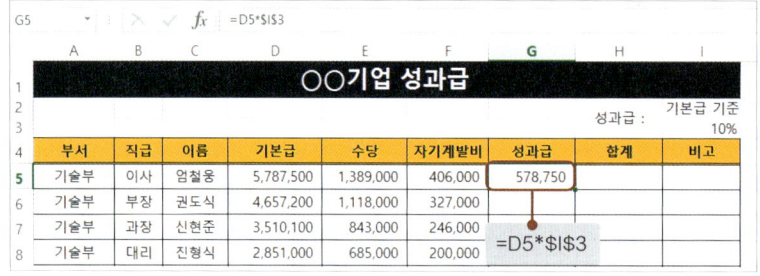

[I3] 셀을 절대 참조로 입력하여 고정해 둔 수식을 복사하면 각각의 기본급에 맞게 성과급이 계산되어 입력됩니다.

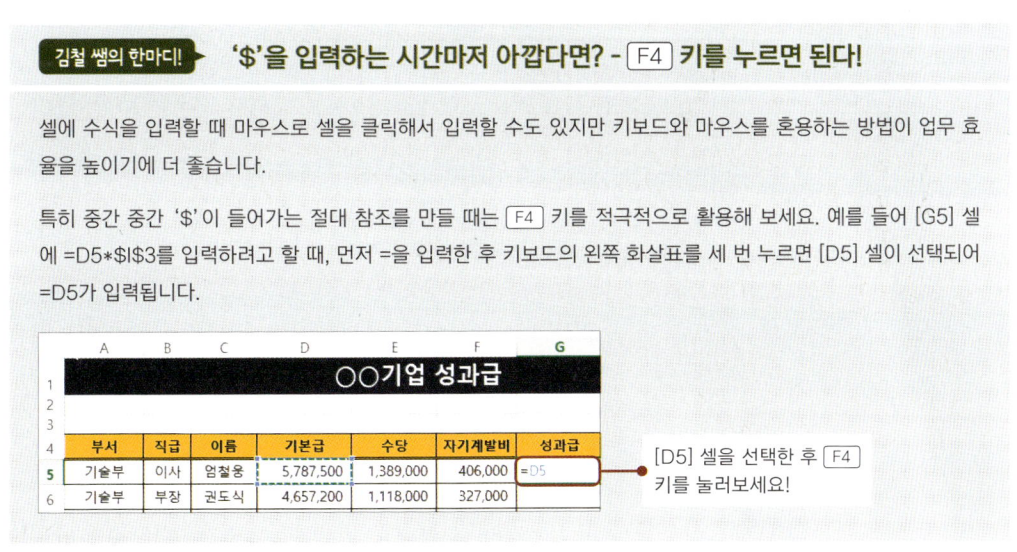

혼합 참조

혼합 참조는 행과 열 중에서 하나만 $ 표시를 한 형태를 말합니다. =$A1이나 =A$1과 같은 형태로 나타내며, 이는 다중 조건에 대한 집계 보고서를 작성할 때 행과 열 중에서 하나를 고정하기 위해서 사용합니다.

> **김철 쌤의 한마디!** '$'을 입력하는 시간마저 아깝다면? - F4 키를 누르면 된다!
>
> 셀에 수식을 입력할 때 마우스로 셀을 클릭해서 입력할 수도 있지만 키보드와 마우스를 혼용하는 방법이 업무 효율을 높이기에 더 좋습니다.
>
> 특히 중간 중간 '$'이 들어가는 절대 참조를 만들 때는 F4 키를 적극적으로 활용해 보세요. 예를 들어 [G5] 셀에 =D5*$I$3를 입력하려고 할 때, 먼저 =을 입력한 후 키보드의 왼쪽 화살표를 세 번 누르면 [D5] 셀이 선택되어 =D5가 입력됩니다.

수식 입력의 기본 - 연산자와 셀 참조 **65**

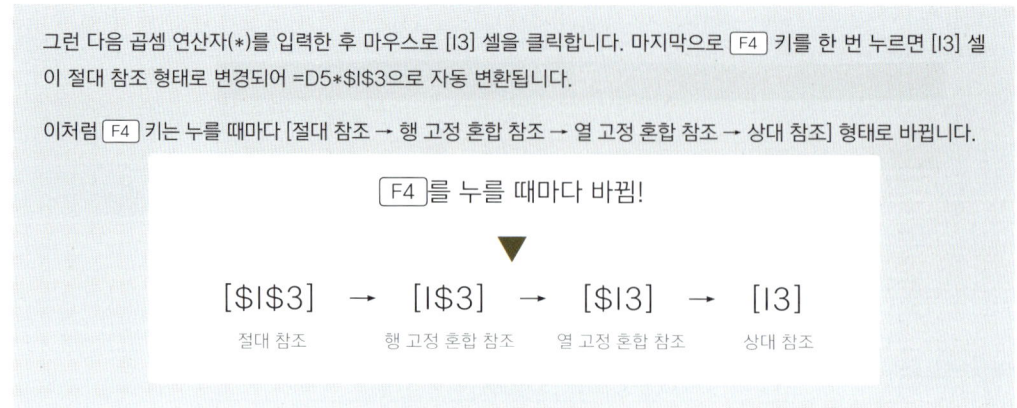

채우기 핸들로 쉽게 계산하기

기본급부터 개인별 성과급이 포함된 합계를 구하기 위해 일일이 더할 필요는 없습니다. 여기서는 채우기 핸들을 활용해 쉽게 계산하는 방법을 배워 봅시다.

1. 먼저 [H5] 셀을 선택한 뒤, =SUM(D5:G5) 수식을 입력합니다.

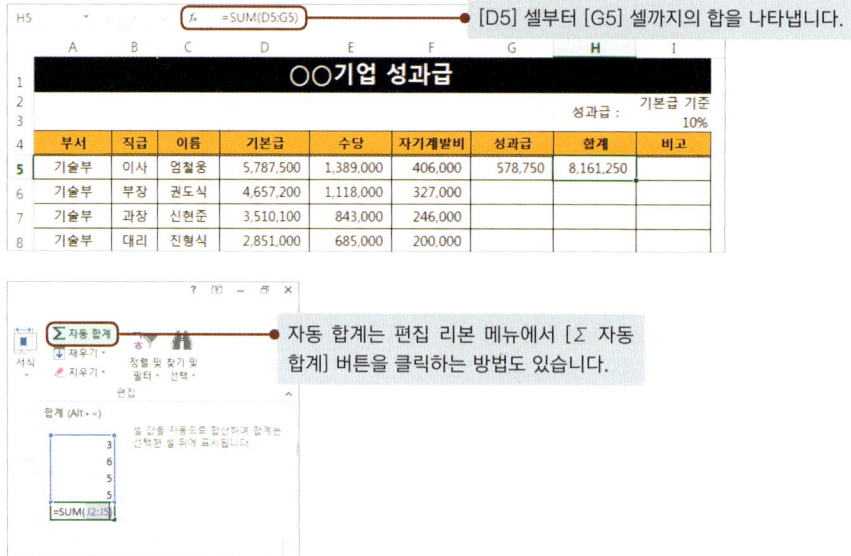

2. [H5] 셀의 우측 하단에 커서를 놓고 커서가 [+] 형태로 변할 때 더블클릭하세요. 나머지 사람들의 결과 값도 바로 확인할 수 있습니다.

3. 또는 [G5:H5] 셀을 선택하고 자동 채우기 핸들(+)을 더블클릭하면 [G5:H5] 셀의 수식을 한꺼번에 복사할 수 있습니다.

✔ 상대 참조, 절대 참조, 혼합 참조만 정확히 이해하고 있다면 아무리 많은 데이터라도 채우기 핸들로 빠르고 쉽게 계산할 수 있습니다.

02 | 데이터 입력의 기본
표와 셀 서식

이번에는 엑셀의 셀 서식 기능과 표 기능에 대해서 알아보겠습니다. 이 두 가지를 알고 있으면 데이터를 원하는 대로 표현하거나 자동화하여 편리하게 사용할 수 있습니다. 구분과 표현이 자유로워지는 것입니다.

02-1 함수와 서식으로 데이터 구분하기 - IF 함수, 셀 서식
02-2 표에서 데이터 다루기 - 표

이대리! 표 기능 하나로 업무 자동화에 눈을 뜨다!

이지수 대리는 수주 금액에 따라 성과가 좋은 사람들에게 주는 보너스를 한 장의 표로 정리했다. 뿌듯한 마음으로 퇴근할 준비를 하는데 신성철 팀장님이 부르신다. 몇 명이 빠졌으니 추가를 해야 한다나? 당황한 표정을 짓자 신팀장님은 표의 동적 범위와 Shift 키를 이용하여 추가하면 된다는 암호 같은 말을 하셨다. 어떻게 해결해야 할까?

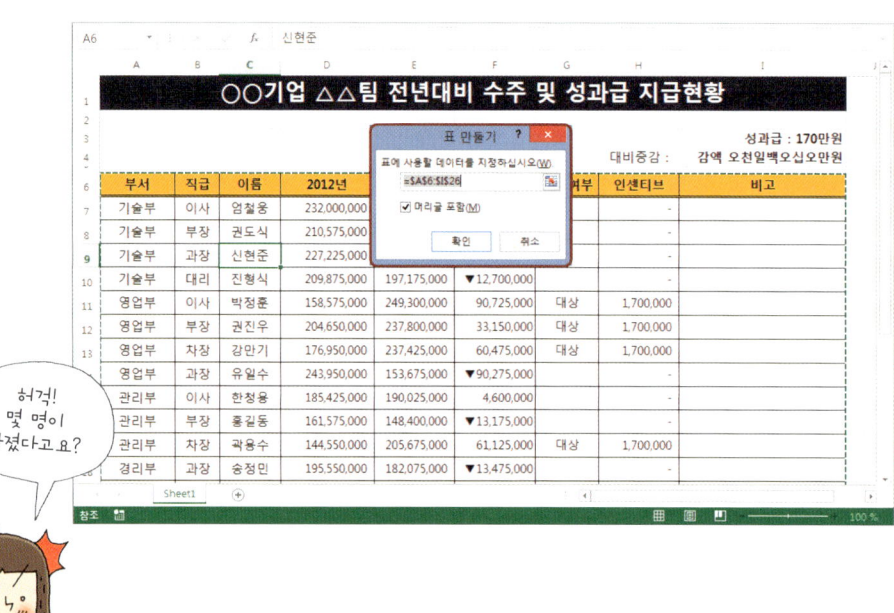

허걱!
몇 명이
빠졌다고요?

✓ 2007 ✓ 2010 ✓ 2013 ✓ 2016

02-1   함수와 서식으로 데이터 구분하기 - IF 함수, 셀 서식

IF 함수는 엑셀에서 자주 쓰는 함수 중 하나입니다. **2장_01_IF_함수_셀 서식_예제.xlsx**라는 엑셀 파일을 불러와 예제를 완성해 가면서 셀에 입력된 수치를 참조해서 계산하는 방법과 사용자 지정으로 참조한 셀의 유형을 쉽게 변경하는 방법을 살펴보겠습니다.

IF 함수로 조건에 맞는 데이터 골라내기

회사에서 전년 대비 매출 성과가 높은 직원들에게 성과급을 지급하기로 했다면 성과급이 지급될 대상을 어떻게 가려내는 것이 좋을까요?

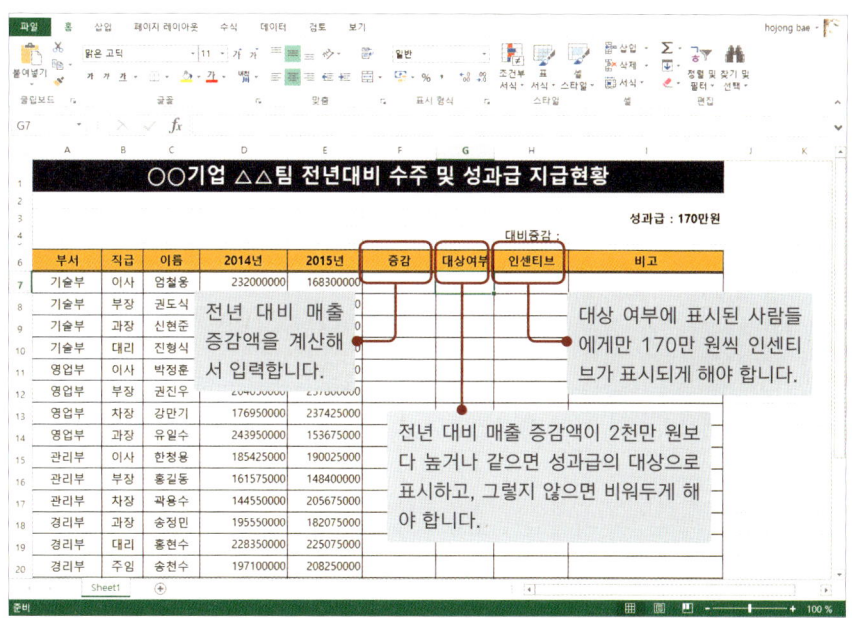

1. 전년에 비해 매출이 2천만 원 이상 증가된 경우, 성과급 170만 원을 지불하는 표를 작성해 보겠습니다. [F7] 셀에 =E7-D7을 입력해서 2015년 수주액의 전년 대비 증감액을 나타냅니다.

데이터 입력의 기본 - 표와 셀 서식   **69**

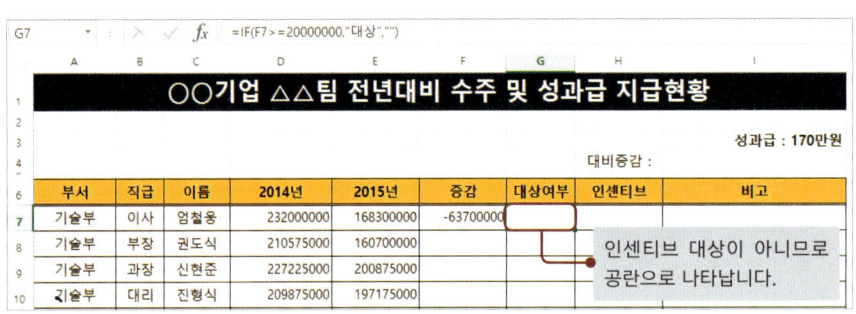

2. [G7] 셀에는 증감액이 2천만 원 이상인지를 판단하기 위해 IF 함수를 사용해 보겠습니다.
   =IF(F7)=20000000,"대상","")을 입력합니다.

| 수식 알고 넘어가기 |

만약 2천만 원 이상인 사람만 성과급 대상이라고 표시할 때 다음과 같이 IF 함수를 사용합니다.

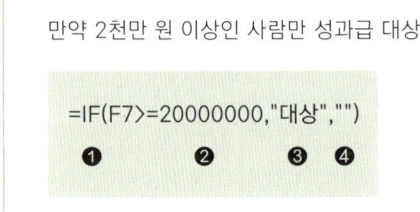

❶ 만약에
❷ 조건문 : [F7] 셀의 값이 2천만 원 이상이라면
❸ 조건이 참이라면 '대상'으로 나타내고
❹ 조건이 거짓이라면 공란으로 나타내라.

그 의미를 풀어 보면 다음과 같습니다.

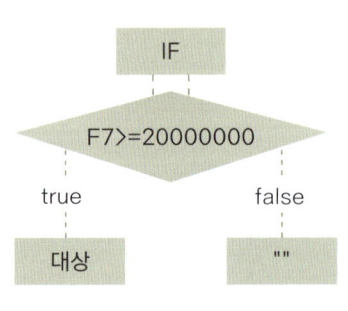

만약(IF) 엄철웅 씨의 전년 대비 매출 증감액(F7)이 2천만 원보다 높거나 같으면 성과급의 대상여부 입력란에 '대상'이라고 표시하라. 아니면 공란으로 남겨두어라.

3. [H7] 셀에는 인센티브 금액을 나타내고자 합니다. 만약 인센티브를 받을 수 있는 조건이 성립해서 [G] 열에 '대상'이라고 나타난다면 170만 원을 입력해주면 됩니다. 여기서도 IF 함수를 사용하면 되겠죠. [H7] 셀에는 =IF(G7="대상",1700000,0)을 입력해 보세요.

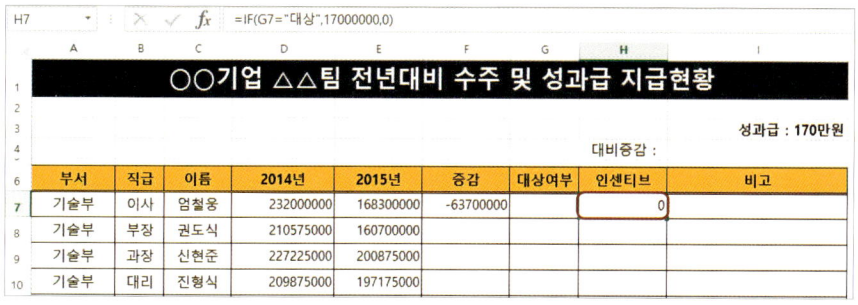

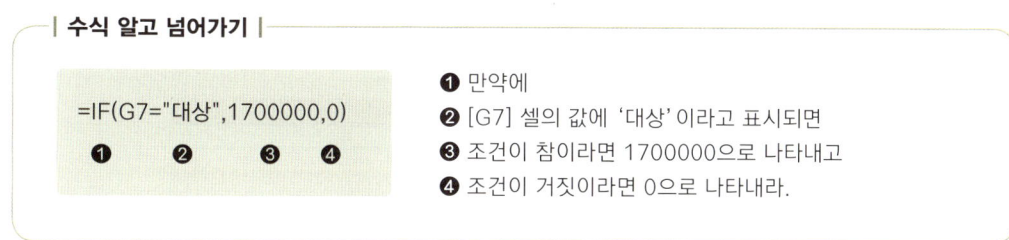

4. 다른 셀의 데이터로 해당 수식을 적용하기 위해서는 먼저 [F7:H7] 셀을 선택합니다. 그런 다음 선택한 셀의 우측 하단으로 마우스 커서를 이동시키면 커서의 모양이 채우기 핸들(+)로 변경됩니다. 커서의 모양이 채우기 핸들로 변경되었을 때 더블클릭하면 다른 셀에도 해당 수식이 적용됩니다.

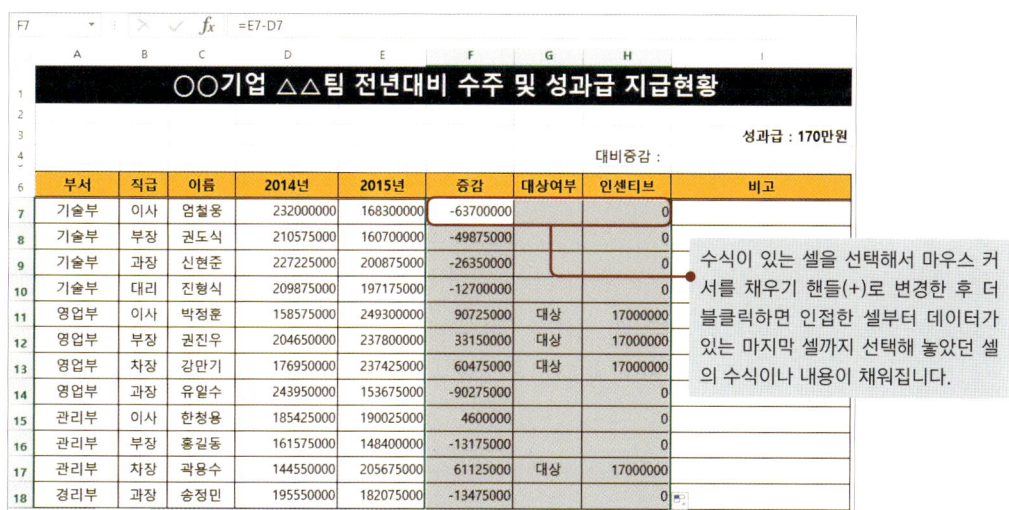

금액에 쉼표 스타일 적용하기

입력된 데이터를 금액으로 확인하기 쉽도록 쉼표 스타일을 적용해 보겠습니다. 쉼표 스타일로 셀 서식을 적용하기 위해 [D7:E26] 셀을 드래그해서 모두 선택하고 Ctrl 키를 누른 채로 [H7:H26] 셀을 선택합니다.

서식을 적용할 셀을 모두 선택했다면 [홈] 탭 → [표시 형식] 그룹 → [쉼표 스타일]을 클릭해서 선택 셀의 셀 서식을 적용합니다.

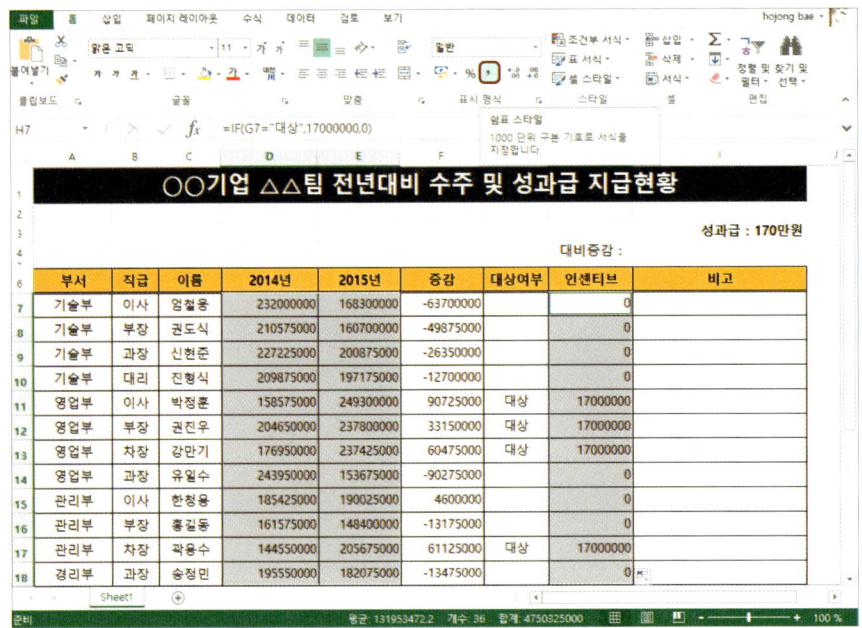

▲ 쉼표 스타일을 적용하기 위해 해당 셀 범위를 선택합니다.

✔ Ctrl 키를 활용하면 떨어져 있는 셀을 동시에 선택할 수 있습니다. 우선 키보드를 이용해서 특정 범위를 선택하고 싶다면 [D7:E7] 셀을 선택한 후 Ctrl + Shift + ↓를 누르면 됩니다. 그런 다음 Ctrl 키만 누른 채로 [H7] 셀을 선택한 후 Ctrl + Shift + ↓를 누르면 추가 범위를 쉽고 빠르게 선택할 수 있습니다.

사용자 지정 셀 서식 적용하기

1. 이번에는 [F] 열의 증감 셀을 전년 대비 매출이 감소했을 때 표시되는 – 부호 대신에 ▼ 기호로 나타내 보겠습니다. 그런데 이러한 셀 서식은 기본 셀 서식에서는 제공되지 않으므로 사용자 지정 셀 서식을 이용해야 합니다.

2. [F7] 셀을 선택한 후 Ctrl + Shift + ↓를 눌러 [F7:F26] 셀을 선택합니다. 선택된 해당 셀에서 마우스 오른쪽 버튼을 눌러 [셀 서식]을 클릭하여 실행합니다. 나타난 [셀 서식] 대화상자의 [범주] 항목에서 [사용자 지정]을 선택하고 [형식] 부분에는 '#,##0;▼#,##0;;@' 을 직접 입력합니다. 이 서식의 의미는 다음과 같습니다.

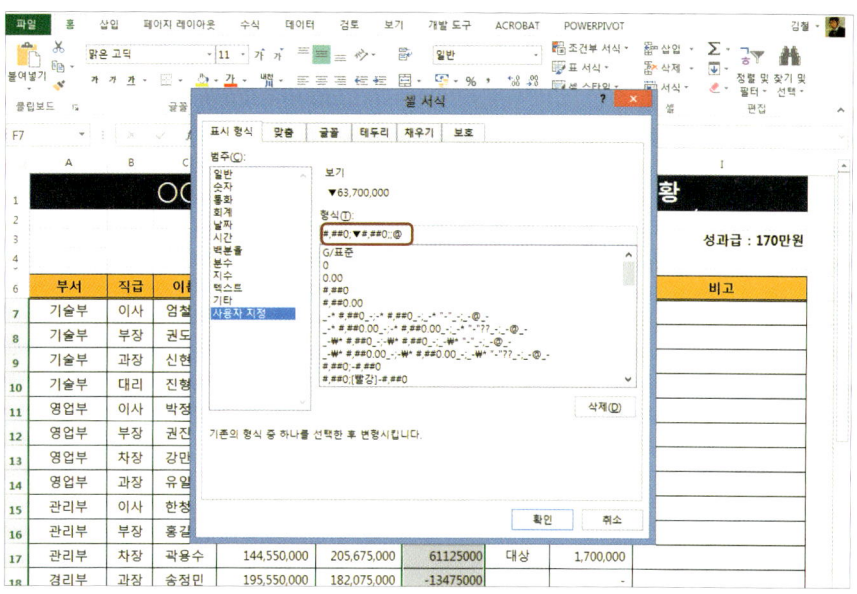

| 수식 알고 넘어가기 |

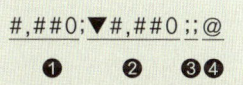

❶ 양수를 표현하는 셀 서식으로, 천 원 단위로 쉼표가 표시되는 스타일이 적용됩니다.
❷ 음수를 표현하는 셀 서식으로, 천 원 단위로 쉼표가 표시되는 스타일이 적용되며, 음수 값은 - 대신 ▼ 기호로 표시합니다.
❸ 0을 표현하는 셀 서식으로 값이 0이면 아무것도 나타내지 않습니다.
❹ 문자열을 표현하는 셀 서식으로 여기에서는 별도로 서식을 지정하지 않습니다.

엑셀에서 제공하지 않는 셀 서식을 표현하려면 [사용자 지정 셀 서식]을 이용해야 합니다.
[사용자 지정 셀 서식]은 다음과 같은 규칙에 의해서 작성해야 합니다.

양수 표현 셀 서식;음수 표현 셀 서식;0 표현 셀 서식;문자열 표현 셀 서식

위 내용은 규칙이고, 각각의 데이터는 세미콜론(;)으로 구분해서 표현합니다.

✓ [셀 서식] 대화상자를 불러오는 단축키는 Ctrl + 1 입니다. 이때 ▼ 기호는 한글 자음 'ㅁ'을 누른 후 한자 키를 눌러서 나타나는 특수 문자에서 선택하면 됩니다. 특수 문자는 우측 하단의 [보기 변경] 버튼(>> 모양의 버튼)을 클릭하면 전체를 볼 수 있습니다.

3. 셀 서식의 설정이 끝나고 [확인] 버튼을 누르면 − 부호가 ▼ 기호로 바뀌고, 쉼표 스타일로 바뀐 것을 확인할 수 있습니다.

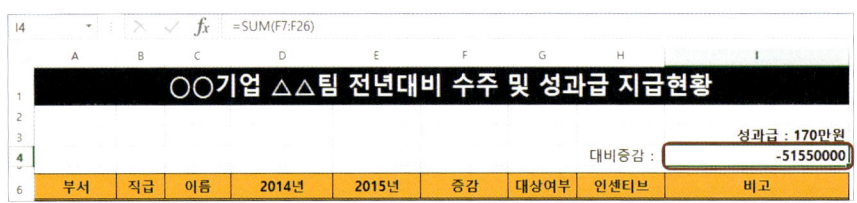

전년 대비 증감액 넣고 한글로 표기하기

1. [I4] 셀에 =SUM(F7:F26) 수식을 입력하면 전면 대비 증감액이 숫자로 간단하게 입력됩니다.

2. 이때 견적서나 계산서처럼 금액을 변경할 수 없도록 정확한 금액이 표시되어야 할 양식을 만든다면 금액을 숫자가 아닌 한글이나 한자로 표기하기도 합니다. 이처럼 숫자를 한글로 바꾸고 싶을 때는 해당 셀을 마우스 오른쪽 버튼으로 클릭하고 [셀 서식]을 클릭합니다. 나타난 [셀 서식] 대화상자의 [범주]에서 [사용자 지정]을 선택하고 [형식] 부분에는 [DBNum4]"증액" G/표준"원";[DBNum4]"감액" G/표준"원"을 입력한 후 [확인] 버튼을 클릭합니다.

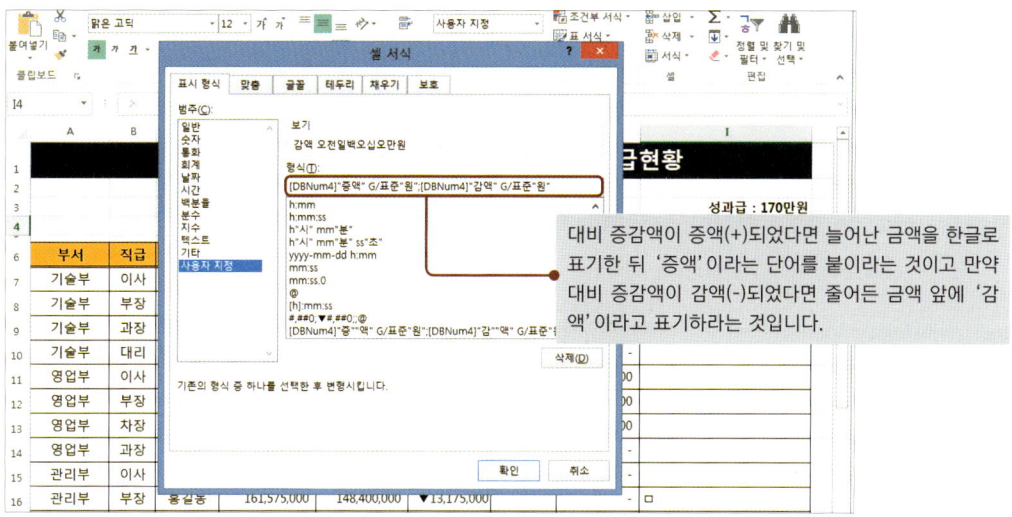

✔ 그리고 이전 단계에서 감액일 때 -로 표시된 값을 ▼로 수정해 놓았지만 감액이라는 서식이 적용되어 있어서 대비 증감액의 조건에 맞게 수정됩니다.

'감액'이라는 단어를 표시하지 않고 -가 표시되도록 하고 싶다면 [DBNum4]G/표준"원"만 입력하면 됩니다. 그러면 대비 증감액은 '-오천일백오십오만원'으로 나타납니다.

김철 쌤의 한마디! ▶ 숫자 데이터를 한글이나 한자로 표기하기

사용자 지정 셀 서식에서 숫자 데이터를 한글이나 한자로 표기할 수 있습니다. 원하는 표현 형태에 따라 [DBNum1], [DBNum2], [DBNum3], [DBNum4]를 입력합니다. 한자로만 표기할 것인지, 단위만 한자로 표기할 것인지 아니면 모두 한글로 표시할 것인지를 지정하는 것입니다.

데이터	사용자 지정 셀 서식 적용	표현 형태	설명
12345	[DBNum1]G/표준	一万二千三百四十五	한자로 모두 표시
12345	[DBNum2]G/표준	壹萬貳阡參百四拾伍	한자 갖은자(원래 한자보다 획을 많이 쓰는 한자) 표시
12345	[DBNum3]G/표준	1万2千3百4十5	단위만 한자로 표시
12345	[DBNum4]G/표준	일만이천삼백사십오	한글로 표시

▲ 숫자를 한글이나 한문으로 표현할 때의 사용자 지정 셀 서식

> 김철 쌤의 한마디! **사용자 지정 셀 서식 알아보기**

사용자 지정 셀 서식에서는 셀에 입력한 데이터를 숫자, 통화, 회계, 날짜, 백분율, 사용자 지정 등의 형식으로 구분해서 표현할 수 있습니다. 필요한 데이터만 지정해서 셀의 표시 형식이나 글꼴, 색 채우기 등을 변경하는 것도 쉽습니다. 또는 셀에 입력한 특정 데이터에 셀 서식을 적용하면 단순히 입력한 데이터들과 구분할 수 있습니다. 여기에서는 셀 서식의 범주 중에서 사용자 지정 셀 서식에 대해 알아보겠습니다.

• 사용자 지정 셀 서식에 사용되는 예약어

다음 표의 내용은 엑셀의 셀 서식에서 사용할 수 있는 예약어들입니다. [셀 서식] 대화상자에서 선택하거나 입력하여 사용할 수 있는 예약어들을 간단히 설명한 것입니다. 표의 해설처럼 [셀 서식] 대화상자의 사용자 지정으로 연도 표시나 요일 표시, 각 셀의 문자에 동일한 내용 삽입, 금액의 통화 표시나 천 단위 구분 기호, 숫자나 반복 문자의 표시 방법 등을 간단하게 설정할 수 있습니다.

구분	예약어	설명
일반 · 숫자	G/표준	특정 서식이 지정되지 않은 상태로 셀에 있는 내용을 그대로 나타냅니다.
	[ ]	대괄호는 조건부로 사용자 표시 형식을 나타낼 때, 글자 색상을 적용할 때, 그리고 24시, 60분, 60초를 넘는 시간을 표기할 때 사용합니다. 예) [>=10], [빨강], [hh], [mm], [ss]
	?	자릿수를 맞출 때 사용합니다. ??? 서식에 1을 입력하면 1 앞에 빈 칸을 두 개 갖고 있는 효과가 있습니다.
	0, #	예약어 0은 유효하지 않은 숫자 0도 표시하지만 예약어 #은 유효하지 않은 숫자 0을 표시하지 않습니다. 예를 들어 001을 000 서식에 입력하면 '001'을 나타내지만 ### 서식에 입력하면 앞에 두 0은 유효하지 않은 것으로 판단하기 때문에 '1'을 나타냅니다. 입력 / 서식 / 결과 001 / 000 / 001 001 / ### / 1 12345 / #,##0 / 12,345 12345 / #,### / 12,345 0 / #,##0 / 0 0 / #,### / (공란)
	,	쉼표(,)는 천 단위를 나타낼 때 사용되지만 특히 숫자가 커서 단위를 생략할 때 매우 유용하게 쓰입니다. 쉼표 하나당 천 단위씩 생략할 수 있습니다. 입력 / 서식 / 결과 100,000,000 / #,##0, / 100,000 100,000,000 / #,##0,, / 100 100,000,000 / #,##0,,, / 1
	@	'양수;음수;0;문자' 형태의 서식 조건에서 문자 서식에 @를 입력하면 값을 문자로 받았을 때 받은 문자를 그대로 나타냅니다. 예를 들어 '#,##0;[빨강]#,##0;0;@' 형태는 양수는 천 단위로 쉼표(,)를 표시하고, 음수는 천 단위로 쉼표(,)를 표시하면서 빨강으로 나타내고 0은 0을 그대로, 문자는 문자를 그대로 나타내라는 의미입니다.

	y, m, d	y, m, d는 각각 연, 월, 일을 나타냅니다. 동일한 예약어를 1~4개까지 입력하면서 다양한 서식을 적용할 수 있습니다.
날짜 · 시간	a	요일을 한글로 나타냅니다. 예) aaa(월, 화, 수) aaaa(월요일, 화요일, 수요일)
	b	불기 연도입니다. 석가모니가 입적한 해를 기준으로 삼는 연대 표시입니다.
	h, m, s	각각 시, 분, 초를 나타냅니다. h:m:s는 한 자리 수를, hh:mm:ss는 두 자리 수를 나타내고 24시, 60분, 60초를 넘는 시간을 표기할 때는 대괄호를 씌웁니다. 예) h:m:s(3:5:8), hh:mm,ss(03:05:08), [hh]:mm:ss(28:05:08)

날짜 표시 형식의 사용 예시는 다음과 같습니다.

입력		서식	결과	서식	결과
		y 또는 yy	16	d	5
		yyy 또는 yyyy	2016	dd	05
2016-01-05	→	m	1	ddd	Tue
		mm	01	dddd	Tuesday
		mmm	Jan	aaa	화
		mmmm	January	aaaa	화요일

셀 서식에서 사용자 지정하는 방법은 [홈] 탭 → [표시 형식] 그룹 오른쪽 하단의 표시 형식 옵션을 불러오는 버튼을 클릭합니다. 그럼 표시 형식을 수정할 수 있는 [셀 서식] 대화상자가 나타나는데 가장 아래에 있는 '사용자 지정'이라는 범주를 선택하면 다양한 형식의 서식을 적용할 수 있습니다.

• 조건부 사용자 지정 셀 서식

예를 들어, 데이터가 50 이상인 경우는 빨간색의 쉼표 스타일, 100 이상이면 파랑색의 쉼표 스타일로 나타낸다고 가정해 보겠습니다. 이 조건부 사용자 지정 셀 서식은 다음과 같이 표현할 수 있습니다. 이렇게 사용자 지정 셀 서식을 작성할 때는 표현 규칙이 있습니다. 조건부 사용자 지정 셀 서식에서 두 개의 조건부 서식을 구분할 때처럼 세미콜론(;)을 이용합니다.

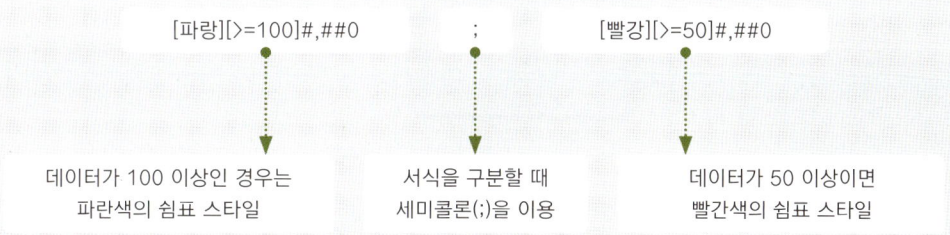

• 사용자 지정 셀 서식으로 나타낼 수 있는 색의 종류는 다음과 같습니다.

✓ 2007 ✓ 2010 ✓ 2013 ✓ 2016

02-2

표에서 데이터 다루기
- 표

새로운 데이터를 추가로 입력하면 셀 범위는 늘어나게 됩니다. 데이터가 자주 추가되거나 바뀌면 처음 작성했던 셀 범위를 벗어날 수밖에 없습니다. 그래서 새로운 데이터를 추가하거나 삭제하더라도 동적으로 변할 수 있는 셀 범위가 필요합니다. **2장_02_표_예제.xlsx** 파일을 불러와 동적 범위를 반영하는 표 기능에 대해 살펴보겠습니다.

표 모양 바꾸기

동적 범위로 만들어 활용하기 쉬운 데이터베이스로 작성하려면 먼저 입력했던 데이터를 표 형식으로 바꿔야 합니다. 데이터를 표 만들기로 변경하는 것만으로 동적 범위가 적용된 데이터베이스가 됩니다.

1. 데이터 중에서 임의의 셀을 선택하고 [삽입] 탭 → [표] 그룹 → [표]를 클릭해서 실행합니다. 그런 다음 [확인]을 누르면 파란색의 기본 표 스타일(표 스타일 보통)이 적용됩니다.

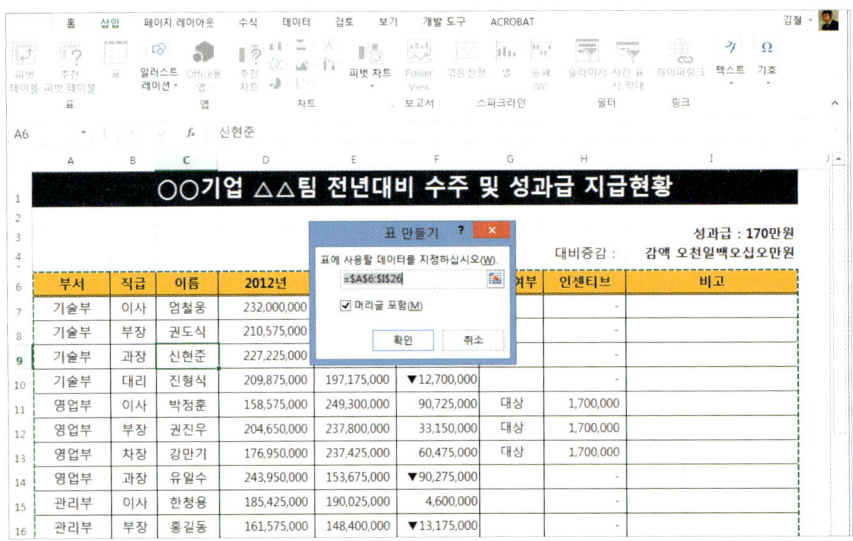

✓ [표 만들기] 대화상자를 불러오는 단축키는 Ctrl + T 입니다.

2. 표 스타일 바꾸고 싶을 때는 [디자인] 탭 → [표 스타일] 그룹 → [자세히] 버튼을 클릭해서 원하는 스타일을 클릭하면 됩니다. 여기에서는 '표 스타일 보통 19'를 선택합니다.

✔ 마우스 커서를 올려보면 표 스타일의 이름을 알 수 있습니다.

Shift 키로 행 추가하기

1. 표를 이미 완성했는데 한 행을 추가할 일이 생겼다면 Shift 키를 이용해 행을 추가하는 것이 가장 효율적입니다. 여기서 8행의 하단에 데이터를 추가해 보겠습니다. [A8:I8] 셀을 선택합니다.

2. [I8] 셀 우측 하단으로 마우스 커서를 가져가면 채우기 핸들(+)로 커서의 모양이 변경됩니다. 이때 Shift 키를 누르면 커서의 모양이 다시 상하 방향을 가리키는 화살표(↕)로 변경되는 것을 확인할 수 있습니다. 클릭해서 아래로 1행만큼만 드래그하면 행 하나를 삽입할 수 있습니다.

✔ Shift 키를 이용한 행 삽입은 다른 열의 데이터에 영향을 주지 않고 선택된 셀의 범위만큼만 행을 삽입할 수 있습니다. 그리고 Shift 키를 이용하면 행 삽입이나 행 삭제, 열 삽입은 가능하지만 '열 삭제'는 지원하지 않습니다.

3. 삽입된 행에 임의의 데이터를 입력한 뒤 전년 대비 증감액을 나타내는 [I4] 셀의 값을 확인하면 '대비증감'의 금액이 자동으로 변경되는 것을 확인할 수 있습니다. 이것은 가장 하단의 비어있는 [28] 행에 다른 데이터를 추가로 입력했을 때 [I4] 셀(대비 증감액)의 참조 범위를 변경하지 않아도 자동으로 반영되는 것을 확인할 수 있습니다.

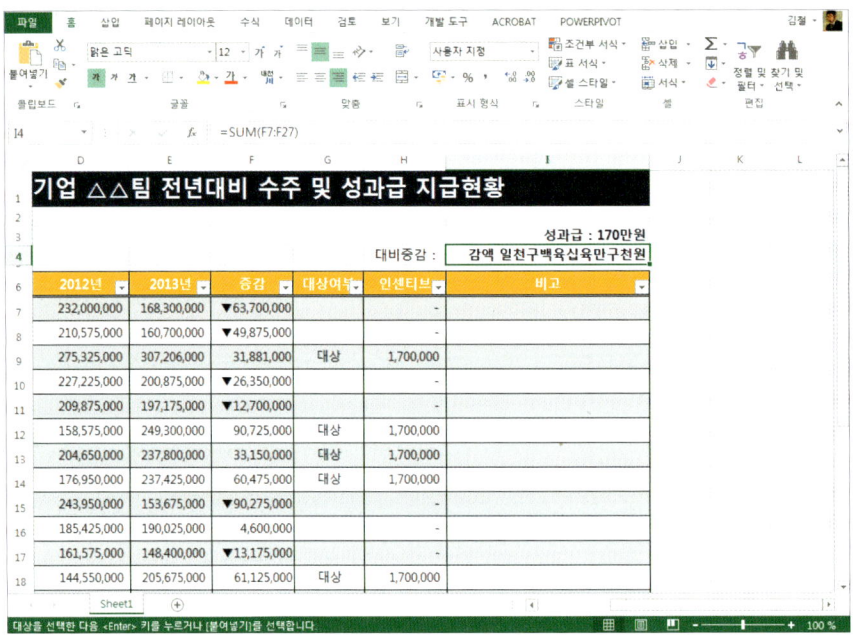

| Special Page |

데이터베이스 정리,
처음부터 이렇게 해야 편하다!

엑셀에서 데이터 처리 기능을 쉽게 활용하고 싶다면 데이터베이스부터 잘 만들어 놓아야 합니다. 여기서 알려주는 데이터 입력 방법으로 데이터를 관리하여, 엑셀의 기능과 함수들을 이용할 때 쉽고 편하게 활용해 보세요.

1. 데이터는 항목별로 구분해서 셀을 만든 다음 가로로 배치하세요

데이터를 활용해서 결과물을 만들고 싶을 때는 목표에 맞게 항목을 구분하여 각각의 셀로 만든 후 같은 행의 가로로 배치하세요. 예를 들어 지점별 판매량 데이터를 입력하려면 구분되어야 할 지점 이름, 날짜 등의 필드를 하나의 행에 가로로 배치합니다.

	A	B	C	D	E	F	G	H	I	J
1	지점명	날짜	분류	품목	규격	수량	단가	주문번호	주문방법	담당자
2										
3										
4										
5										
6										
7										
8										
9										
10										
11										

2. 데이터베이스를 만들 때는 표 형태로 입력하세요

처음부터 '크로스탭 형태'의 표에 데이터를 작성하면 데이터의 누적 입력이나 변경 등이 쉽지 않습니다. 물론 자동화가 안 되는 것은 아니지만 엑셀의 기능을 원활히 사용하는 데 제약이 됩니다. 그러니 데이터베이스 파일을 만들 때에는 표 형태로 입력하는 것이 좋습니다.

▲ 데이터베이스에 적합한 '표' 형태

구분할 각각의 셀을 필드라고 하는데 필드는 다음과 같이 배치하고 데이터를 누적해서 입력해야 엑셀에서 데이터를 활용하기 쉬워집니다.

▲ 보고서에 적합한 '크로스탭' 형태

크로스탭 형태의 표란 다음 그림처럼 2차원의 형태로, 가로로 배치된 항목과 세로로 배치된 항목이 교차되는 셀에 값을 나타내는 형태를 말합니다. 보고서에서 주로 사용되는 서식입니다. 크로스탭 테이블로 보고서를 작성하는 방법은 03장에서 자세히 다룹니다.

3. 데이터를 입력할 때에 셀 병합은 사용하지 마세요

데이터는 같은 내용이라 할지라도 셀 병합을 하지 않고, 개별 셀에 각각 입력해서 사용하는 것이 좋습니다. 셀 병합을 하면 각 셀에 입력된 데이터를 참조할 수 없습니다. 따라서 셀 병합은 가능하면 보고서용으로 정리할 때 사용하세요.

▲ 셀 병합을 사용한 표   ▲ 개별 셀에 각각 입력한 표

4. 년, 월, 일은 하나의 필드에 입력해야 활용도가 높아요

년, 월, 일은 하나의 필드에 입력하세요. 아래의 이미지처럼 년, 월, 일을 각각의 필드에 입력한 경우는 자동 필터 기능을 많이 활용하는 사용자가 손쉽게 데이터를 필터링할 때 사용합니다. 하지만 하나의 필드에 년, 월, 일을 모두 입력해 놓아도 특정 기간을 손쉽게 필터링할 수 있습니다. 그러니 걱정 말고 하나의 필드에 넣으세요.

	A	B	C	D	E	F	G	H	I	J	K	L
1	지점명	년	월	일	분류	품목	규격	수량	단가	주문번호	주문방법	담당자
2	강남점	2009	1	1	컴퓨터	데스크탑PC	A사 B형	1	1,309,000	20090101001	전화구매	김태옥
3	강남점	2009	1	1	디지털	디지털카메라	B사 C형	2	434,000	20090101002	전화구매	김영삼
4	광화문점	2009	1	1	디지털	PMP	A사 D형	1	275,000	20090101003	전화구매	고은호
5	종로점	2009	1	1	컴퓨터	노트북	A사 B형	1	1,291,000	20090101004	전화구매	고은호
6	강북점	2009	1	1	영상/음향	LED TV	B사 A형	1	1,526,000	20090101005	인터넷	김태옥
7	강북점	2009	1	1	영상/음향	LED TV	A사 B형	1	1,461,000	20090101006	전화구매	이희순
8	영등포점	2009	1	1	영상/음향	DVD	B사 D형	1	264,000	20090101007	전화구매	이연달
9	영등포점	2009	1	1	영상/음향	LCD TV	A사 A형	1	1,123,000	20090101008	매장구매	고은호
10	선릉점	2009	1	1	영상/음향	DVD	B사 D형	1	264,000	20090101009	매장구매	김영삼
11	강남점	2009	1	1	디지털	PMP	B사 A형	1	342,000	20090101010	인터넷	노민우
12	광화문점	2009	1	1	영상/음향	PDP TV	B사 D형	1	1,199,000	20090101011	매장구매	이희순
13	신촌점	2009	1	1	디지털	디지털카메라	B사 C형	1	434,000	20090101012	인터넷	길만환
14	성북점	2009	1	1	영상/음향	PDP TV	A사 D형	1	1,159,000	20090101013	매장구매	이희순

▲ 년, 월, 일을 필드별로 나눠서 입력한 경우

	A	B	C	D	E	F	G	H	I	J
1	지점명	날짜	분류	품목	규격	수량	단가	주문번호	주문방법	담당자
2	강남점	2009-01-01	컴퓨터	데스크탑PC	A사 B형	1	1,309,000	20090101001	전화구매	김태옥
3	강남점	2009-01-01	디지털	디지털카메라	B사 C형	2	434,000	20090101002	전화구매	김영삼
4	광화문점	2009-01-01	디지털	PMP	A사 D형	1	275,000	20090101003	전화구매	고은호
5	종로점	2009-01-01	컴퓨터	노트북	A사 B형	1	1,291,000	20090101004	전화구매	고은호
6	강북점	2009-01-01	영상/음향	LED TV	B사 A형	1	1,526,000	20090101005	인터넷	김태옥
7	강북점	2009-01-01	영상/음향	LED TV	A사 B형	1	1,461,000	20090101006	전화구매	이희순
8	영등포점	2009-01-01	영상/음향	DVD	B사 D형	1	264,000	20090101007	전화구매	이연달
9	영등포점	2009-01-01	영상/음향	LCD TV	A사 A형	1	1,123,000	20090101008	매장구매	고은호
10	선릉점	2009-01-01	영상/음향	DVD	B사 D형	1	264,000	20090101009	매장구매	김영삼
11	강남점	2009-01-01	디지털	PMP	B사 A형	1	342,000	20090101010	인터넷	노민우
12	광화문점	2009-01-01	영상/음향	PDP TV	B사 D형	1	1,199,000	20090101011	매장구매	이희순
13	신촌점	2009-01-01	디지털	디지털카메라	B사 C형	1	434,000	20090101012	인터넷	길만환
14	성북점	2009-01-01	영상/음향	PDP TV	A사 D형	1	1,159,000	20090101013	매장구매	이희순

▲ 날짜를 한 필드에 입력하는 것이 효율적입니다.

5. 데이터를 누적해서 입력한다면 하나의 시트에 보관하세요

엑셀의 데이터는 다음 그림처럼 여러 시트에 나눠서 보관하는 것보다 한 개의 시트에 누적해서 입력해야 필요할 때 데이터를 뽑아 쓰기 편합니다.

	지점명	LCD TV	MP3	PDP TV	DVD	데스크탑PC	노트북	LED TV	디지털카메라	PMP
				매출 1위(김하연) 개인별 2009년 매출현황						
2	담당자 : 김하연									
4	강북점	2,041,000	336,000	4,608,000	283,000	-	4,240,000	-	692,000	1,386,000
5	성북점	3,396,000	349,000	3,497,000	339,000	6,502,000	4,601,000	1,475,000	1,143,000	617,000
6	구로점	-	315,000	2,377,000	264,000	5,236,000	2,334,000	1,495,000	2,637,000	499,000
7	강남점	1,972,000	697,000	-	223,000	3,927,000	2,353,000	1,285,000	3,513,000	648,000
8	충로점	-	-	3,583,000	447,000	2,618,000	2,394,000	5,399,000	472,000	989,000
9	서대문점	952,000	-	3,495,000	204,000	6,243,000	10,128,000	4,081,000	1,105,000	581,000
10	광화문점	-	966,000	-	506,000	3,625,000	2,488,000	5,557,000	1,376,000	-
11	신촌점	1,126,000	523,000	-	767,000	8,818,000	3,541,000	7,213,000	565,000	-
12	영등포점	2,069,000	1,009,000	1,141,000	-	1,309,000	1,197,000	2,970,000	434,000	399,000
13	선릉점	-	1,195,000	6,860,000	586,000	1,309,000	1,291,000	3,937,000	1,691,000	275,000

▲ 여러 시트에 데이터를 누적해서 입력한 잘못된 예

6. 데이터 입력 시에는 반드시 유효성 검사를 하세요

엑셀의 '유효성 검사'라는 기능을 이용하면 데이터를 입력하다가 생기는 오류를 사전에 방지할 수 있습니다. 예를 들어 '홍길동'과 '홍 길동'은 별도의 다른 데이터로 인식하기 때문에 원치 않는 결과를 나타낼 수도 있습니다. 특히나 이름을 입력할 때 입력하는 사람에 따라서 달리 입력하다 보면 이러한 오류를 많이 범하게 되는데 유효성 검사를 통해 이름 필드에 공백 문자가 입력되지 못하게 설정하면 '홍 길동'이라고 입력하는 것을 막을 수 있습니다.

✔ 유효성 검사는 156, 207쪽을 참조하세요.

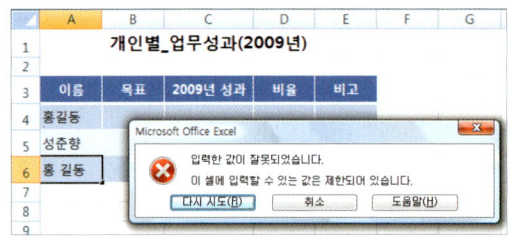

✔ 입력할 데이터가 유효한 데이터인지를 확인하고 유효하지 않다면 입력이 되지 않도록 합니다.

7. 데이터의 동적 범위를 활용하면 누적된 수치도 참조됩니다

엑셀의 표 기능을 이용해서 데이터의 동적 범위를 활용합니다. 표의 핵심 기능 중 하나인 동적 범위를 활용하면 데이터가 누적 입력되어도 항상 누적 입력된 만큼의 데이터를 동적으로 참조합니다. 따라서 수식 등에서 참조 범위를 수시로 변경해 주거나 이름 정의를 통해 참조 범위를 별도로 만들 필요가 없습니다.

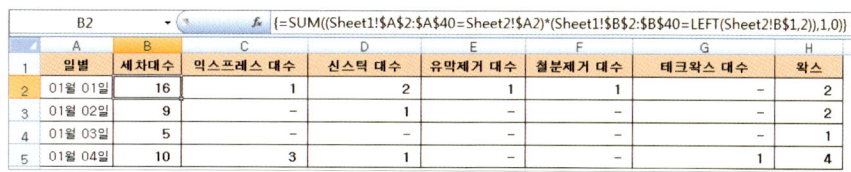

8. 데이터와 조건이 많으면 피벗 테이블을 쓰세요

데이터가 많고 조건이 많다면 수식(혹은 배열 수식)보다는 피벗 테이블을 활용하세요. 많은 양의 데이터를 취급하는 경우, 수식을 이용하면 값이 변경될 때마다 연산을 다시 하기 때문에 속도가 느려질 수도 있습니다. 보통 10만 개 이상의 행으로 된 열이 20개 정도면 속도가 느려지는 현상이 나타나기도 합니다. 그리고 시스템 사양, 참조 형태, 계산 방법, 수식의 사용, 조건의 종류에 따라서도 속도에 영향을 줄 수 있으니 참고하세요.

변경될 소지가 없는 함수 입력 셀은 '값 복사'를 이용해서 값으로 변경시켜 두거나 처음부터 결과를 피벗 테이블로 활용하면 더 빠른 속도로 데이터를 분석, 처리할 수 있습니다.

✔ 위 이미지는 배열 수식을 사용한 예로, 수식 입력줄에 길게 작성해야 하는 것이라도 피벗 테이블을 이용하면 쉽게 처리할 수 있습니다. 피벗 테이블에 대한 자세한 내용은 03장을 참조하세요.

9. 셀 서식으로 데이터를 구분하지 마세요

셀 서식을 이용하여 데이터를 구분하려 하지 마세요. 셀 바탕색이나 폰트 등으로 데이터를 구분하면 손쉽게 특정 서식의 데이터만 필터링하거나 활용하는 데 시간이 더 걸립니다. 그러므로 데이터를 구분해야 한다면 별도의 구분 필드를 만들고 내용을 삽입해야 합니다.

	A	B	C	D	E	F	G	H	I	J
1	지점명	날짜	분류	품목	규격	수량	단가	주문번호	주문방법	담당자
2	강남점	2009-01-01	컴퓨터	데스크탑PC	A사 B형	1	1,309,000	20090101001	전화구매	김하연
3	광화문점	2009-01-01	디지털	PMP	A사 D형	1	275,000	20090101003	전화구매	김서연
4	종로점	2009-01-01	컴퓨터	노트북	A사 B형	1	1,291,000	20090101004	전화구매	김서연
5	강북점	2009-01-01	영상/음향	LED TV	B사 A형	1	1,526,000	20090101005	인터넷	김하연
6	영등포점	2009-01-01	영상/음향	LCD TV	A사 A형	1	1,123,000	20090101008	매장구매	김서연
7	구로점	2009-01-03	디지털	디지털카메라	B사 B형	1	671,000	20090103004	매장구매	김서연
8	종로점	2009-01-05	영상/음향	DVD	B사 B형	1	339,000	20090105003	전화구매	김서연
9	강북점	2009-01-05	컴퓨터	데스크탑PC	A사 B형	1	1,309,000	20090105008	인터넷	김서연
10	구로점	2009-01-22	영상/음향	PDP TV	A사 C형	1	1,188,000	20090122002	인터넷	김하연
11	서대문점	2009-01-22	영상/음향	LCD TV	B사 C형	1	1,377,000	20090122010	매장구매	김서연
12	성북점	2009-01-24	영상/음향	LED TV	B사 A형	1	1,526,000	20090124001	매장구매	김서연
13	신촌점	2009-01-24	컴퓨터	데스크탑PC	B사 B형	1	1,050,000	20090124006	매장구매	김서연
14	서대문점	2009-01-24	영상/음향	LCD TV	A사 B형	1	1,002,000	20090124007	전화구매	김하연
15	영등포점	2009-01-28	영상/음향	DVD	B사 B형	1	339,000	20090128004	인터넷	김서연
16	광화문점	2009-01-28	영상/음향	PDP TV	A사 D형	1	1,159,000	20090128008	전화구매	김하연
17	구로점	2009-01-31	영상/음향	PDP TV	B사 B형	1	1,177,000	20090131008	전화구매	김서연
18	서대문점	2009-02-01	컴퓨터	데스크탑PC	A사 B형	1	1,309,000	20090201003	인터넷	김서연
19	선릉점	2009-02-02	영상/음향	LCD TV	A사 D형	1	1,067,000	20090202005	인터넷	김서연

▲ 특정 열을 셀 서식(음영, 굵게)으로 지정한 경우

03 | 데이터 분석과 시각화의 기본 피벗 테이블과 피벗 차트

데이터베이스를 이용하면 마우스만으로도 아주 손쉽고 빠르게 데이터를 처리할 수 있을 뿐만 아니라 해당 정보를 시각화하는 데도 효과적입니다. 여기에서는 마우스만으로 각종 비즈니스 데이터를 손쉽게 원하는 대로 만들어 보겠습니다. 우선 보고서, 차트 보고서 등을 작성하는 피벗 테이블을 익혀서 정보를 시각화하여 빠르고 편하게 데이터를 분석해 보겠습니다.

03-1 데이터를 요약하고 분석해서 차트로 나타내기

피벗 테이블을 쓰니 제품별, 기간별 분석이 바로 되네?

분기별 임원 회의를 앞두고 김철민 사원은 신팀장에게 중요한 과제를 전달받았다. 파일을 하나 보낼 테니 내일까지 매출이 성장한 거래처와 제품 경향을 분석해 오라는 거다. 그것도 분기별로 끊어서……. 파일은 4년 치의 주문 내역이 기록된 데이터베이스였다. 연도별, 제품별 등 그 어느 것으로도 분석된 시트는 없었다. 이걸 어쩌지. 내일까지 할 수 있을까?

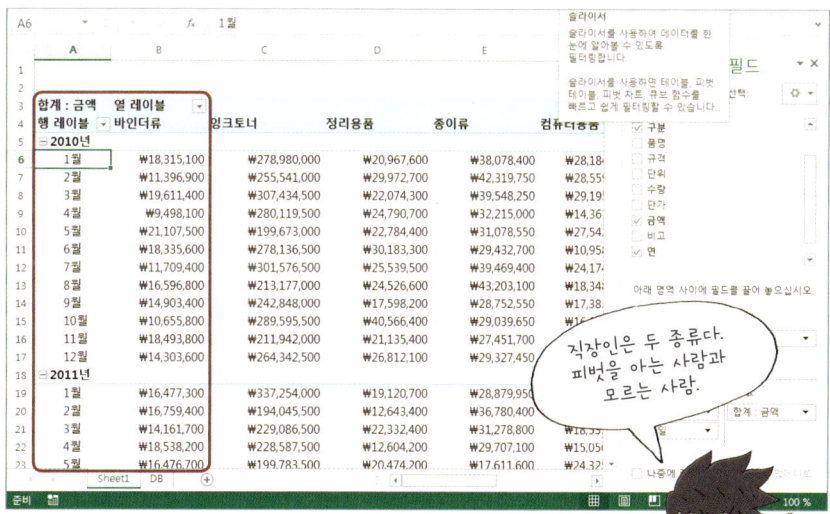

03-1 데이터를 요약하고 분석해서 차트로 나타내기

엑셀 데이터베이스를 이용해서 어느 문구회사의 기간별 매출 분석, 보고서 차트를 작성하는 방법에 대해 살펴보겠습니다. 실습을 위해 **3장_01_피벗 테이블_예제.xlsx**라는 엑셀 파일을 불러옵니다. 이 파일은 1만 7천 건이 넘는 주문이 기록되어 있습니다. 파일을 연 후, 먼저 이 데이터베이스를 관찰해 보십시오. 거래 중인 문구점과 상품명, 그리고 상품의 종류를 분류해 놓은 것이 보일 겁니다.

입력된 데이터를 이용해서 피벗 테이블 만들기

피벗(Pivot)은 중심축이란 뜻이죠. 피벗 테이블은 원본 데이터베이스를 특정한 중심축으로 재배열하여 보고서를 작성할 수 있는 엑셀의 강력한 기능입니다.

1. 피벗 테이블을 만들려면 반드시 참조할 영역을 표로 만들어야 합니다. 표로 작성할 범위 안에서 아무 셀이나 선택한 후 Ctrl + T 키를 눌러 [표 만들기] 대화상자를 불러옵니다. 점선 형태의 범위 내에 머리글이 포함된 것을 확인하고 [머리글 포함]에 체크된 상태로 [확인] 버튼을 클릭해서 표로 만듭니다.

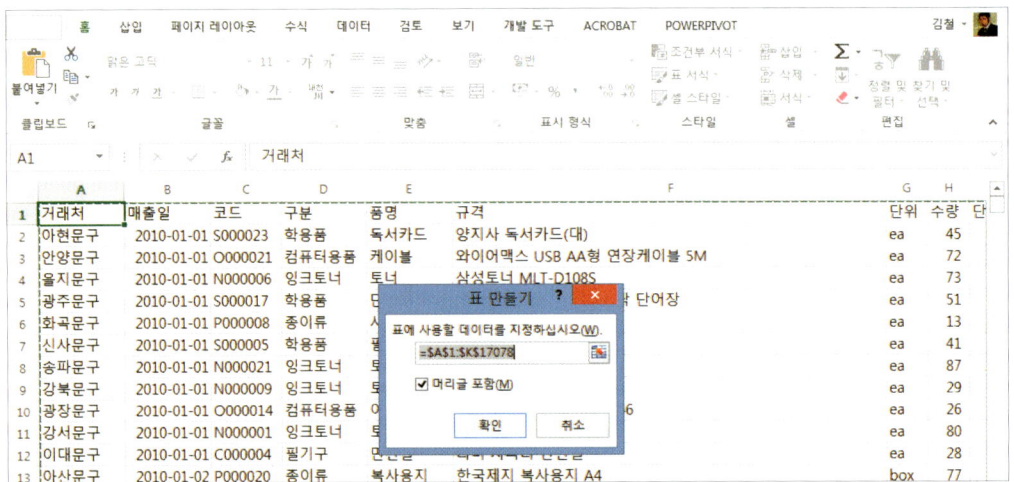

✔ 데이터를 표로 지정할 때 선택 범위에 머리글이 포함되어 있는지 그렇지 않은지를 판단해야 합니다. 만약 머리글이 들어있지 않아 [머리글 포함]을 체크하지 않고 [확인] 버튼을 누르면 데이터의 첫 행에 머리글을 자동으로 만들어 줍니다. 그러므로 머리글이 있는 경우는 반드시 [머리글 포함]을 체크해야 불필요한 머리글의 추가 생성을 막을 수 있습니다.

2. 표로 작성된 영역에서 임의의 셀을 선택한 후 [디자인] 탭 → [도구] 그룹 → [피벗 테이블로 요약]을 클릭해서 [피벗 테이블 만들기] 대화상자를 실행하세요. 대화상자가 나타나면 [새 워크시트]를 선택한 후 [확인] 버튼을 클릭합니다. 데이터베이스(DB) 시트가 아닌 새 시트가 열릴 것입니다.

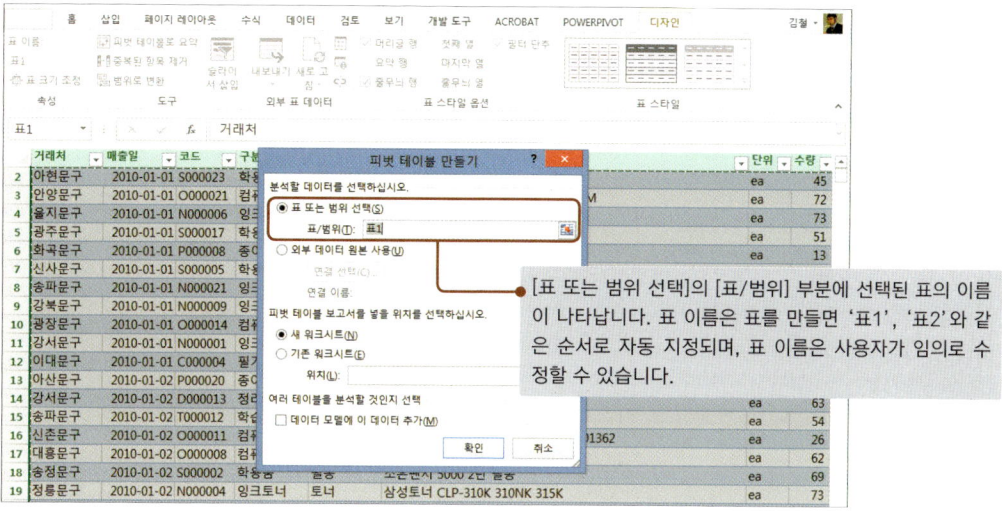

3. 오른쪽에 생성된 [피벗 테이블 필드] 목록에서 '매출일' 필드는 마우스를 이용해서 아래에 있는 [행] 영역으로 끌어다 놓고, '구분' 필드는 [열] 영역으로 끌어다 놓습니다.

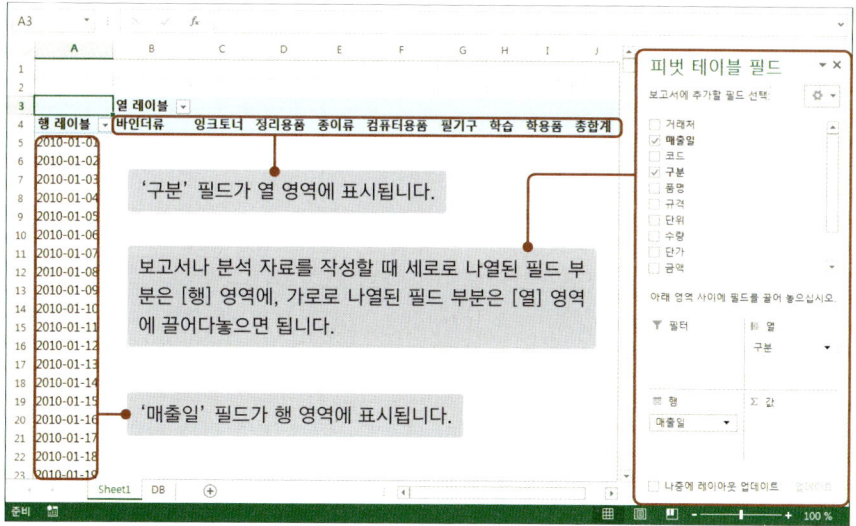

데이터 분석과 시각화의 기본 - 피벗 테이블과 피벗 차트   **89**

4. 집계할 필드인 '금액' 필드는 [Σ 값] 영역으로 끌어다 놓습니다. 순식간에 해당 날짜의 구분별 매출이 합산되었습니다.

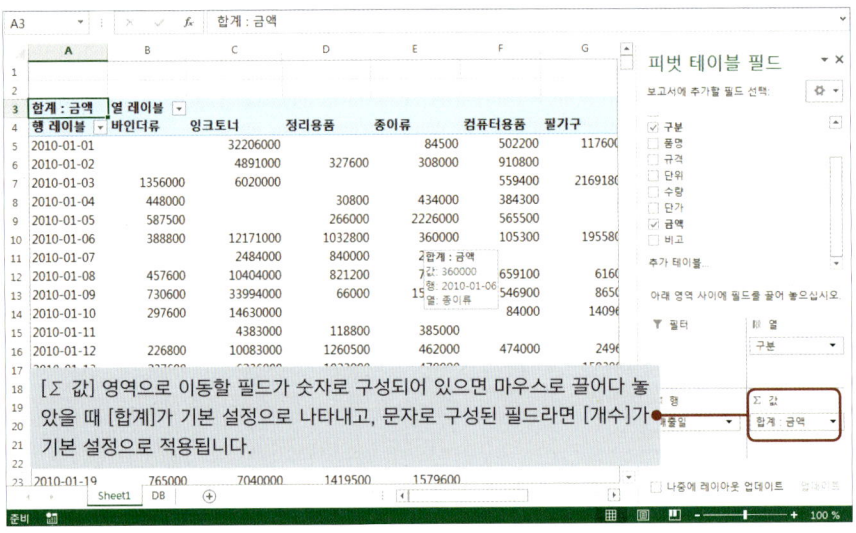

그런데 합계 금액이 쉼표 스타일로 나타나지 않아 한눈에 금액을 확인하기가 쉽지 않습니다. 이런 경우 집계된 합계의 서식을 통화 형태로 변경하면 됩니다.

5. [Σ 값] 영역 내부에서 [합계: 금액] 부분의 드롭다운 메뉴를 클릭합니다. [값 필드 설정] 항목을 클릭해서 실행하면 [값 필드 설정] 대화상자가 나타납니다. 좌측 하단의 [표시 형식] 버튼을 클릭합니다.

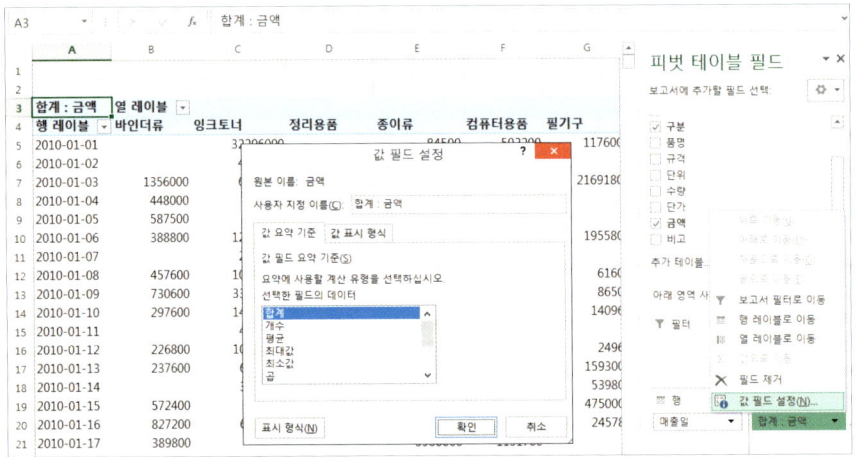

6. [셀 서식] 대화상자의 [범주]에서 '통화'를 선택하고 [확인] 버튼을 클릭합니다. [값 필드 설정] 대화상자로 돌아와서 [확인] 버튼을 클릭하면 금액에 통화 기호가 생성된 것을 확인할 수 있습니다.

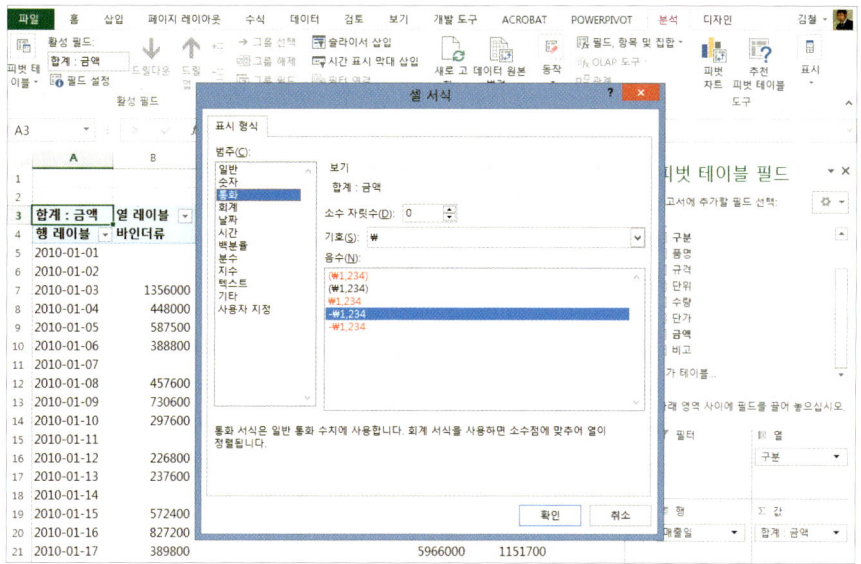

7. 이번에는 매출을 특정 연도와 월의 구분별 매출 합계로 알아보기 위해 [매출일] 필드의 내용을 그룹 메뉴로 그룹화하겠습니다.

   날짜가 입력된 임의의 셀을 선택한 다음 마우스 오른쪽 버튼을 클릭하면 빠른 메뉴가 나타납니다. 메뉴에서 [그룹]을 클릭합니다.

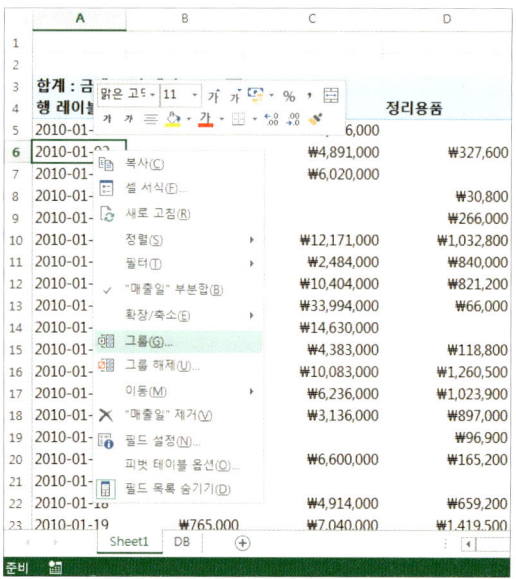

데이터 분석과 시각화의 기본 - 피벗 테이블과 피벗 차트

8. [그룹화] 대화상자가 나타나면 사용자가 그룹화할 단위를 선택하게 됩니다. 이 예제에서는 특정 연도, 월별 매출 합계를 확인하고자 하므로 [월], [연]을 선택하고 [확인] 버튼을 클릭합니다. 그러면 해당 월별 합계와 연도별 합계를 구분되기 때문에 쉽게 확인할 수 있습니다.

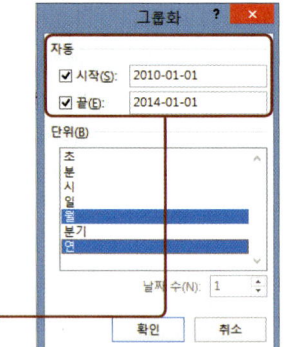

[시작] 날짜와 [끝] 날짜는 [매출일]의 가장 빠른 날짜와 마지막 날짜를 자동으로 채워줍니다.

9. 다른 기준으로 그룹화하려면 어떻게 해야 할까요? 만약 연간 합계만 보고 싶다면 먼저 마우스 오른쪽 버튼을 눌러, 나오는 메뉴에서 [그룹 해제]를 선택하세요. 그런 다음 다시 [그룹화] 대화상자를 실행해 [연]만 선택한 후 [확인]을 누르면 됩니다. 무척 간단하죠? 이제 다음 실습을 위해 대화상자에서 [연], [월]을 선택한 상태로 되돌아오세요.

슬라이서 기능으로 선택 기준에 따른 결과 빠르게 확인하기

1. 특정 '거래처'와 '구분'을 기준으로 빠른 결과를 나타내고 싶다면 슬라이서 기능을 이용해 보세요. 먼저 [삽입] 탭 → [필터] 그룹 → [슬라이서]를 클릭합니다.

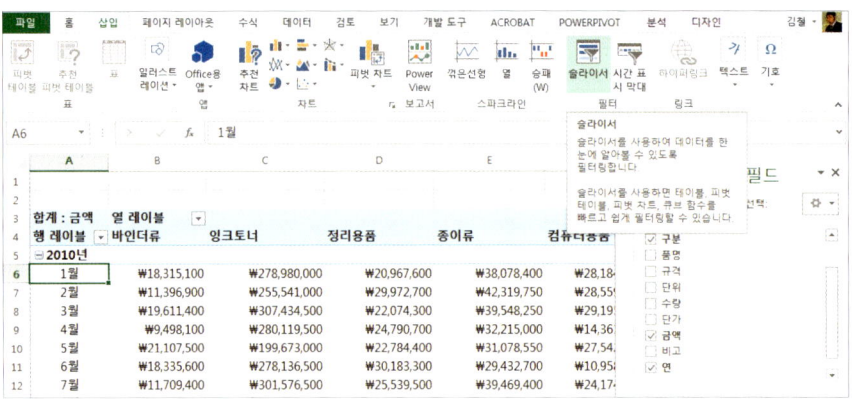

2. [슬라이서 삽입] 대화상자에서 [거래처]와 [구분]을 선택하고 [확인] 버튼을 클릭합니다.

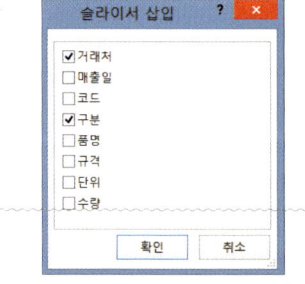

> **김철 쌤의 한마디!** **피벗 테이블의 원본 데이터가 바뀐다면?**
>
> 더불어 피벗 테이블의 데이터인 [DB] 시트에 새로운 내용이 추가되면 곧바로 피벗 테이블에 적용되지 않기 때문에 [분석] 탭 → [데이터] 그룹 → [새로 고침]을 클릭해야 반영되는 것을 확인할 수 있습니다. 이때 표가 아닌 일반 범위로 피벗 테이블을 작성한다면 [분석] 탭 → [데이터] 그룹 → [데이터 원본 변경]을 실행해서 다시 범위를 설정해야 하므로 표를 활용하는 것이 훨씬 효율적입니다.

하위 버전에서는

엑셀 2007 버전에서는 슬라이서 기능이 없습니다. 슬라이서 기능은 엑셀 2010부터 새로 생긴 기능이기 때문에 엑셀 2007 버전은 사용할 수 없습니다. 원하는 특정 필드를 피벗 테이블에 반영하고 요약된 피벗 테이블의 [행 레이블]과 [열 레이블]의 [필터] 버튼을 클릭해서 결과를 확인해야 합니다.

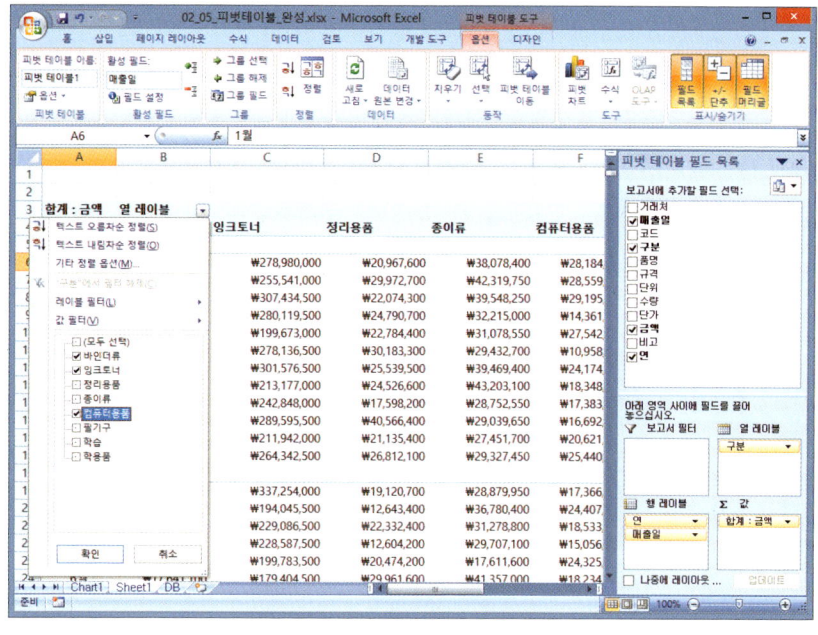

3. [거래처], [구분] 슬라이서가 화면에 나타나면 사용자가 원하는 거래처와 구분을 선택합니다. 만약 가좌문구에서 그동안 잉크토너가 얼마나 팔렸는지 알고 싶다면 슬라이서에서 '가좌문구'와 '잉크토너'를 클릭하면 됩니다. 피벗 테이블에 선택된 내용의 결과가 빠르게 나타나는 것을 확인할 수 있습니다.

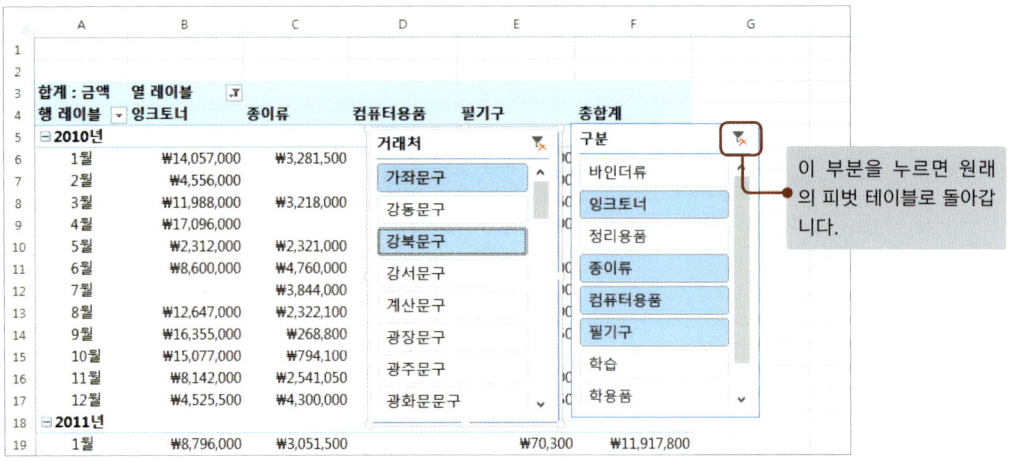

이 부분을 누르면 원래의 피벗 테이블로 돌아갑니다.

✔ 셀에서 연속되지 않은 범위를 선택할 때 [Ctrl] 키를 이용하는데 슬라이서에서도 [Ctrl] 키를 이용합니다. [거래처] 슬라이서에서 [가좌문구]와 [강북문구]를 선택하려면 [가좌문구]를 선택한 후 [Ctrl] 키를 누른 채 [강북문구]를 선택하면 됩니다.

4. 시간 표시 막대 기능을 활용하면 빠르고 쉽게 시간의 경과에 따른 변화를 볼 수 있습니다. 먼저 [삽입] 탭 → [필터] 그룹 → [시간 표시 막대]를 클릭합니다. 이 때 표 안의 셀을 선택한 후 [시간 표시 막대]를 선택해야 합니다. 표 밖의 셀을 선택한 채 [시간 표시 막대]를 누르면 다른 대화상자가 나오니 주의하세요.

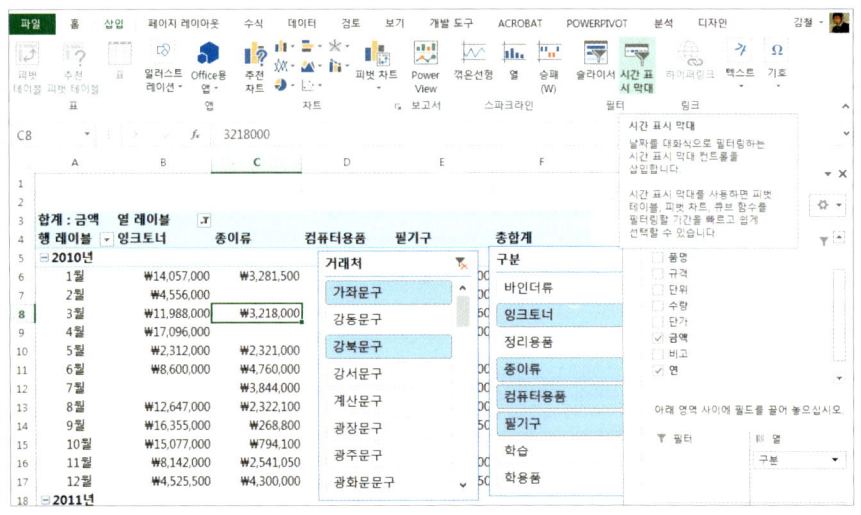

✔ [시간 표시 막대]는 엑셀 2013에서 새로 생긴 기능입니다. 엑셀 2007과 엑셀 2010은 사용할 수 없고 [그룹화] 대화상자에서 [단위]를 선택해서 이용해야 합니다.

5. [시간 표시 막대 삽입] 대화상자에서 날짜나 시간이 포함된 필드인 [매출일]을 선택하고 [확인] 버튼을 클릭합니다.

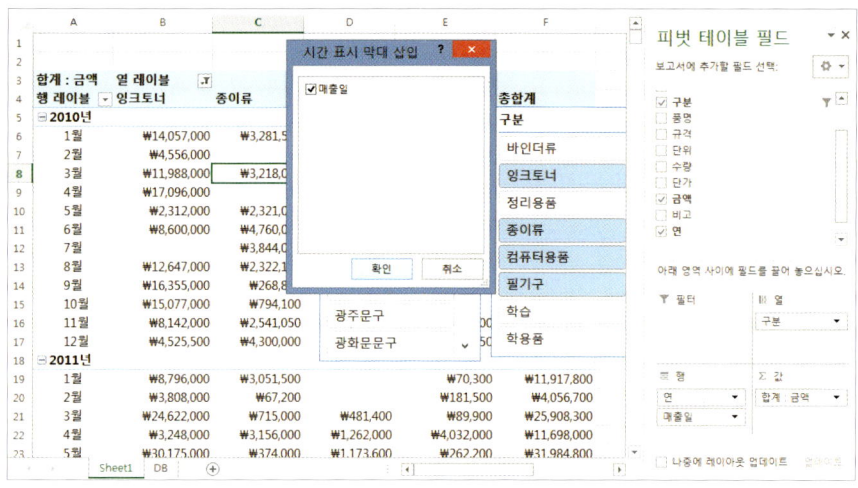

6. 매출일 [시간 표시 막대]에서는 년, 분기, 월, 일 단위로 볼 수 있습니다. 여기서는 분기별 분석을 하기 위해 [월] 부분을 클릭해서 [분기]를 선택합니다.

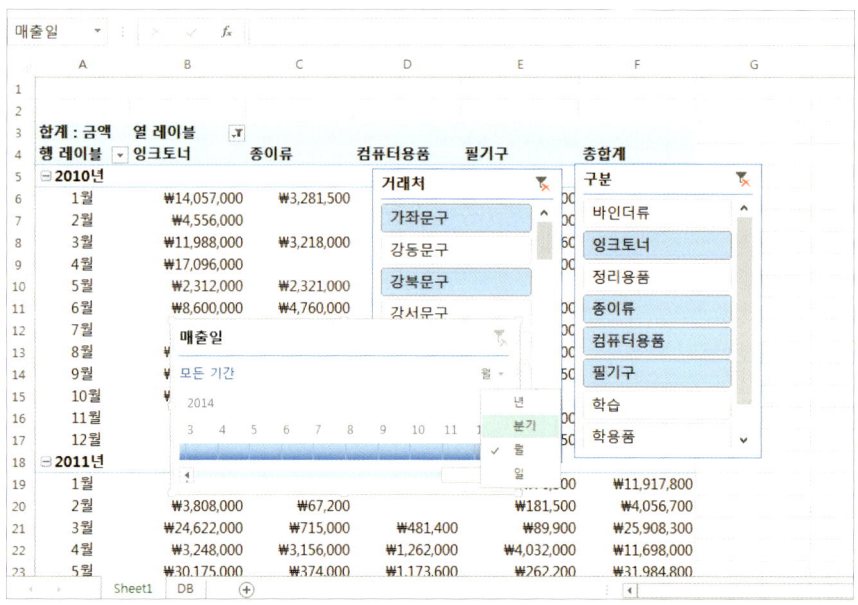

7. 매출일 [시간 표시 막대]에서 원하는 분기를 선택합니다. 여기에서는 2013년 1분기에서 3분기까지를 선택했습니다.

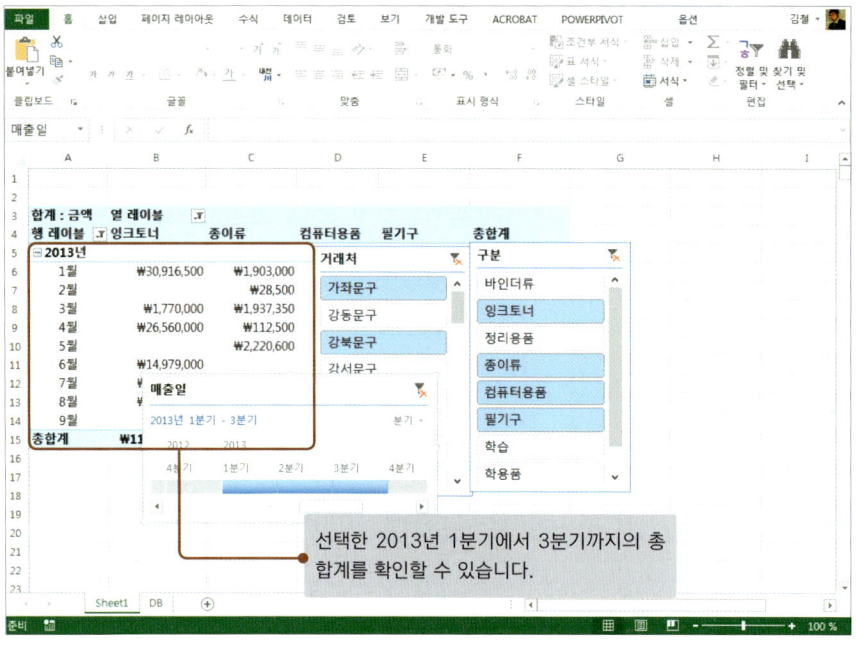

✔ 슬라이서 기능에 대한 자세한 내용은 16장을 참조하세요.

피벗 테이블을 이용해서 피벗 차트 만들기

1. 이제 피벗 테이블을 이용해서 작성된 결과를 '차트'로 만들어 보겠습니다. 표 안의 셀을 선택한 후, [분석] 탭 → [도구] 그룹 → [피벗 차트]를 클릭하여 실행합니다.

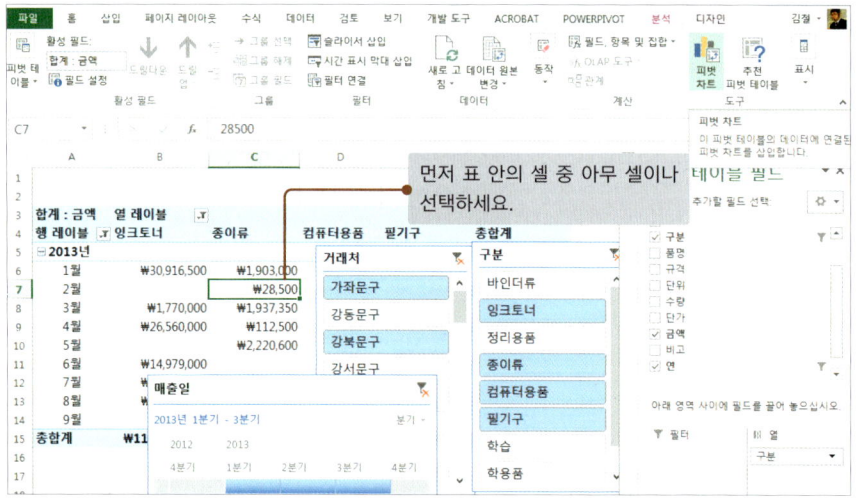

2. [차트 삽입] 대화상자에서 [꺾은선형]의 첫 번째 차트를 선택하고 [확인] 버튼을 클릭합니다.

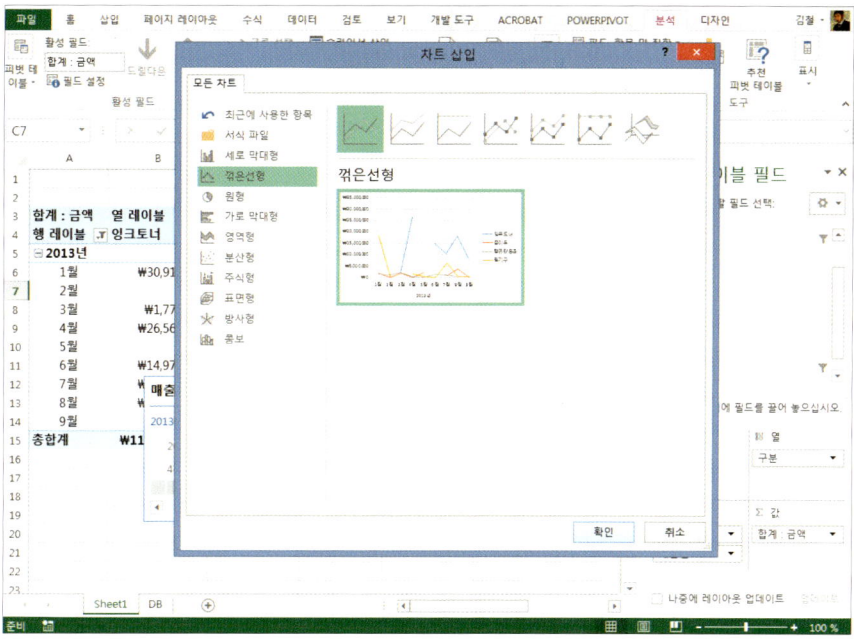

3. 생성된 차트를 확인할 수 있습니다. 하지만 피벗 테이블과 같은 시트에 포함되어 있어서 너무 복잡하므로 별도의 시트로 옮기도록 하겠습니다. [디자인] 탭 → [위치] 그룹 → [차트 이동] 버튼을 클릭합니다.

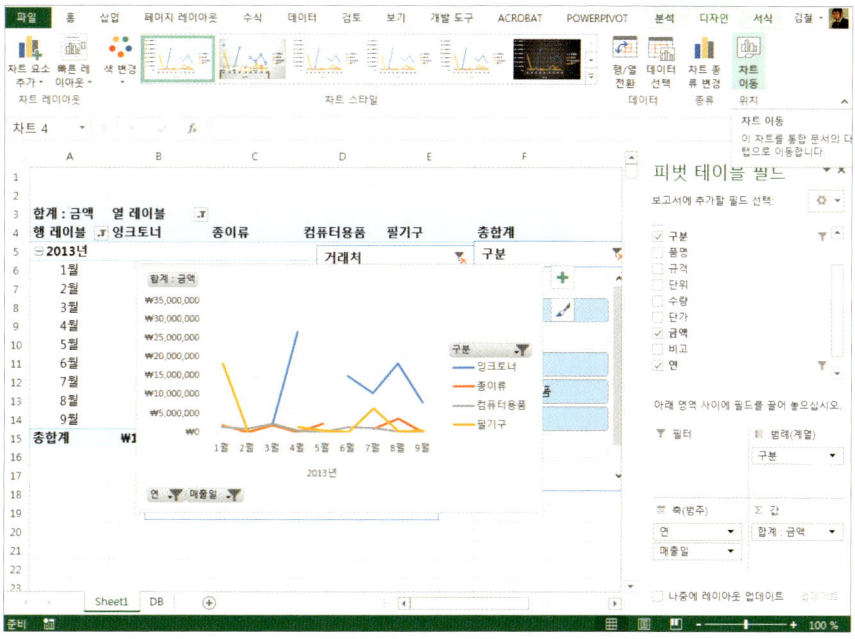

4. [차트 이동] 대화상자에서 [새 시트]를 선택하고 [확인] 버튼을 클릭하면 차트가 새로운 시트로 이동됩니다.

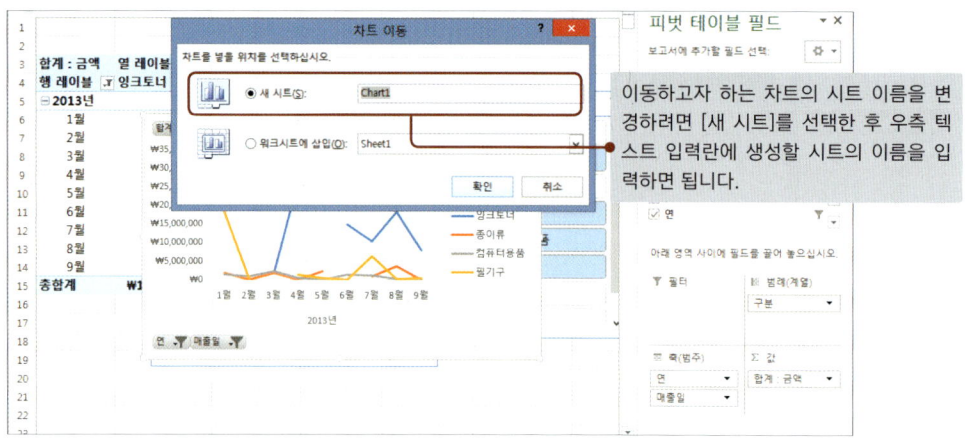

이동하고자 하는 차트의 시트 이름을 변경하려면 [새 시트]를 선택한 후 우측 텍스트 입력란에 생성할 시트의 이름을 입력하면 됩니다.

차트의 꺾은선 연결하기

1. 현재 차트에서는 매출이 없는 월은 꺾은선으로 연결되지 않은 것을 볼 수 있습니다. 매출이 없는 월을 0으로 처리해서 꺾은선을 연결해 보겠습니다.

   차트의 [그림 영역]을 선택한 다음 마우스 오른쪽 버튼을 클릭하고 [데이터 선택]을 클릭합니다.

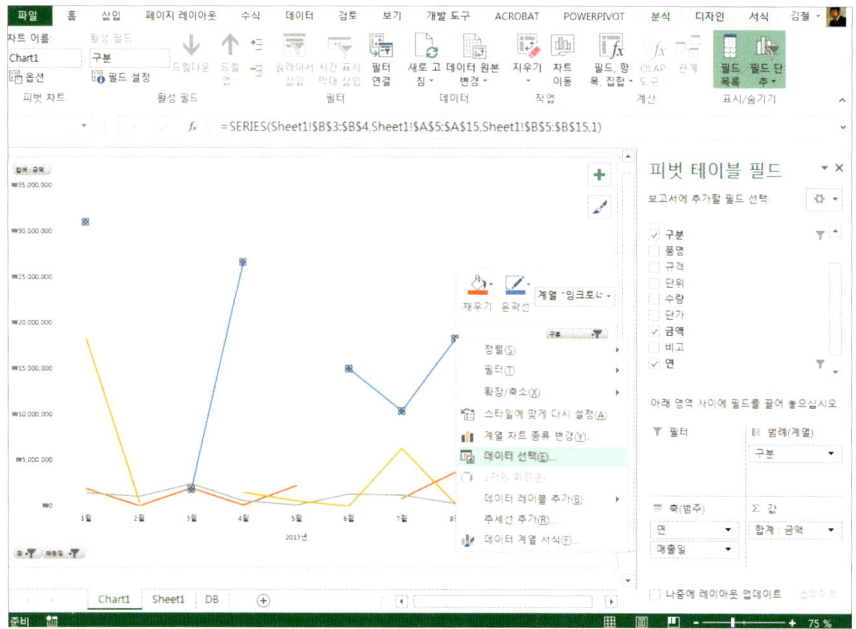

2. [데이터 원본 선택] 대화상자의 좌측 하단에 있는 [숨겨진 셀/빈 셀] 버튼을 클릭합니다.

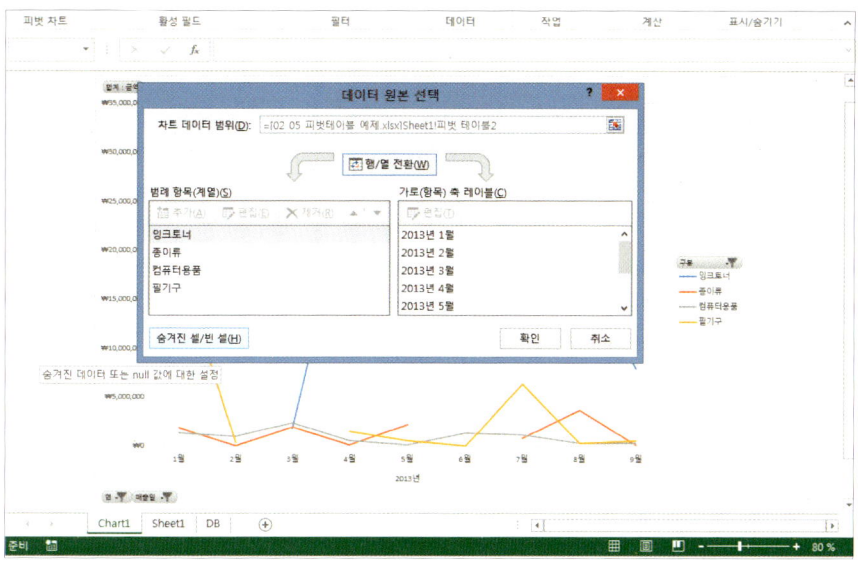

3. [숨겨진 셀/빈 셀 설정]에서 [0으로 처리]를 선택하고 [확인] 버튼을 클릭합니다. [데이터 원본 선택] 대화상자 역시 [확인] 버튼을 클릭해서 닫고 나면 매출이 없는 월은 0으로 처리되어 꺾은선 차트가 연결되는 것을 확인할 수 있습니다.

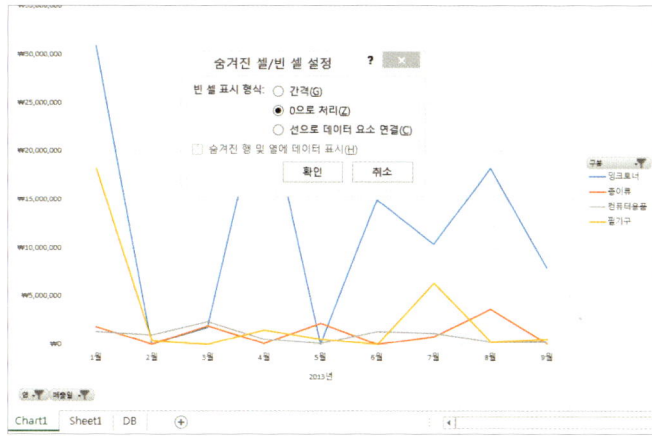

✔ 엑셀의 시트는 워크 시트, 차트 시트, 매크로 시트, 대화상자 시트 등이 있는데 차트 시트는 워크 시트와는 달리 차트만을 사용할 수 있는 시트입니다. 따라서 차트 이외의 표나 내용을 추가할 수 없습니다.

| Special Page |

엑셀 2013, 2016 엔터프라이즈 버전의 특별한 기능, 파워뷰 알아보기

엑셀 2013 버전부터 새롭게 추가된 기능 중 파워뷰(Power View)라는 것이 있습니다. 피벗 테이블 기능과 사용법이 흡사한 파워뷰 기능은 더욱 쉽게 정보를 시각화할 수 있게 도와줍니다. 이번에는 파워뷰 기능을 어떻게 사용하는지 살펴보겠습니다.

이 기능은 2013, 2016 버전 중에서도 엔터프라이즈 이상의 버전에서만 쓸 수 있습니다. 엑셀 판매 패키지 중 비즈니스 인텔리전스(BI)를 사용할 수 있는 버전이 따로 있습니다. 비즈니스 인텔리전스(BI)란 수많은 데이터를 분석해서 가시화하는 데 사용되는 분석 기술 및 방법이라고 정의할 수 있습니다.

엑셀 2013의 Power BI 기능 네 가지
- Power Map
- Power Query
- Power Pivot
- Power View

비즈니스 인텔리전스(BI) 기능은 독립형 실행 버전(CD나 ISO 파일을 통한 오피스 인스톨)에서 사용하는 데는 문제가 없습니다. 하지만 구독형 버전(Office 365 구매)은 아래의 표에 정리된 내용처럼 Office 365 ProPlus나 Office 365 E3 버전을 사용해야 추가 옵션에서 파워뷰 기능을 사용할 수 있습니다.

오피스 365의 종류와 가격(2016년 1월 기준)

구분	소비자		중소기업	엔터프라이즈 기업	
	Home	Personal	Business	ProPlus	Enterprise E3
용도(또는 사용자 수)	가족(최대 5인) 사용	개별(1인) 사용	사용 인원 최대 300명	사용 인원 무제한	사용 인원 무제한
가격(1년 약정 기준)	119,000원/년	89,000원/년	8,900원/월 (인당)	13,000원/월 (인당)	21,900원/월 (인당)

사용 가능한 Office 제품군	Word, Excel, PowerPoint, Outlook, OneNote, Publisher +Access	Word, Excel, PowerPoint, Outlook, OneNote, Publisher +Access	Word, Excel, PowerPoint, Outlook, OneNote, Publisher	Word, Excel, PowerPoint, Outlook, OneNote, Publisher +Access, Skype for Business	Word, Excel, PowerPoint, Outlook, OneNote, Publisher +Access, Skype for Business
설치 가능한 Divece	5 PC, 5 태블릿, 5 핸드폰	1 PC, 1 태블릿, 1 핸드폰	5 PC, 5 태블릿, 5 핸드폰(인당)	5 PC, 5 태블릿, 5 핸드폰(인당)	5 PC, 5 태블릿, 5 핸드폰(인당)
1TB 원드라이브 클라우드	○	○	○	○	○
오피스 온라인			○	○	○
디지털 스토리텔링(Sway)			○	○	○
✓ 비즈니스 인텔리전스 (파워뷰 기능 사용 가능)				●	●
전자 메일 및 일정 고급 전자 메일					○
온라인 모임 모임 브로드캐스트 메신저 대화 및 Skype 연결					○
팀 사이트 기업 소셜 네트워크 기업 앱 관리					○
사용자 맞춤형 정보 제공(Delve)					○

파워뷰 기능으로 데이터 시각화하기

우선 **Special_PowerView_예제.xlsx**라는 엑셀 파일을 불러옵니다. 이 파일은 한 영업 부서에서 작성한 영업자별, 매출액과 주문받은 날짜 등이 들어있는 데이터베이스입니다.

1. 파워뷰를 배우기 위해 불러온 예제 파일에서 데이터가 있는 부분 중 아무 셀이나 선택하세요. 그 상태에서 [삽입] 탭 → [보고서] 그룹 → [Power View]를 클릭합니다. 이 메뉴가 안 보인다면 옵션을 수정해야 합니다.

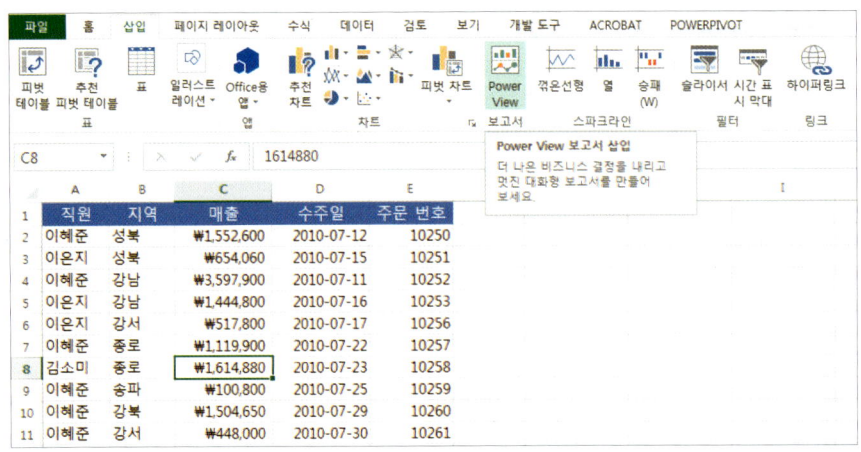

김철 쌤의 한마디! Power Vew 기능을 사용하려면 [Excel 옵션]을 수정하세요

'Power View'는 마이크로소프트의 SilverLight 기술을 이용한 엑셀 2013의 고유 기능이므로 [COM 추가 기능]을 사용하도록 설정해야 합니다. [파일] → [옵션] → [추가 기능]의 하단에 있는 [관리(A)]에서 [COM 추가 기능]을 선택하고 [이동] 버튼을 클릭합니다.

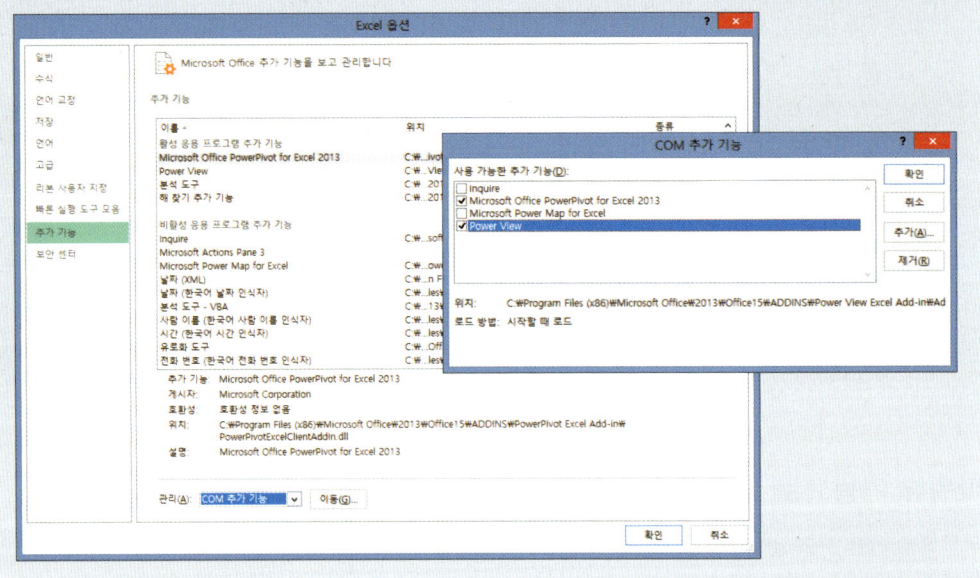

나타난 [COM 추가 기능] 대화 상자에서 [Power View]를 선택하고 [확인] 버튼을 클릭합니다.

2. 하단에 새로운 시트가 생성된 것을 볼 수 있습니다. 우측의 [Power View 필드] 목록에서 나타내고자 하는 필드만 클릭합니다. 여기에서는 [∑ 매출] 필드와 [직원] 필드를 선택했습니다.

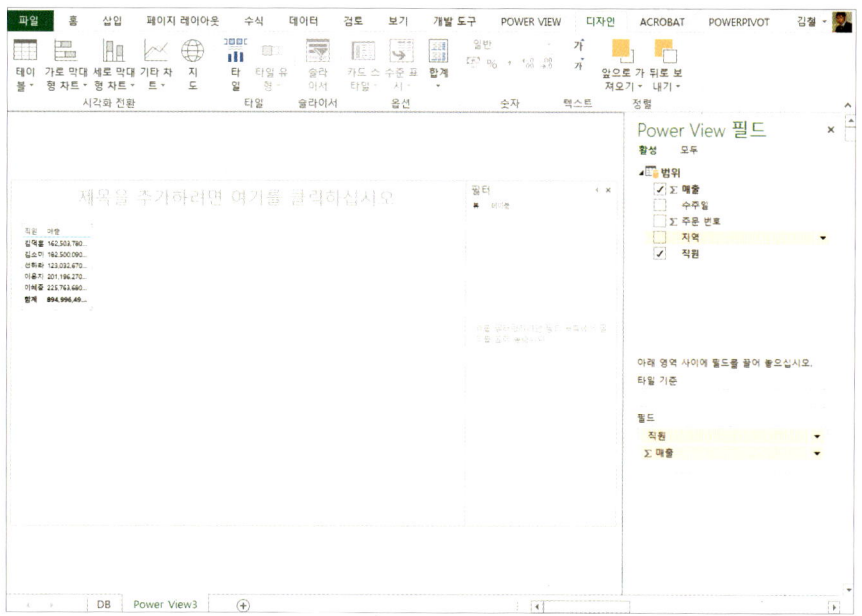

3. 직원별 매출 금액을 차트로 작성하기 위해 [디자인] 탭 → [시각화 전환] 그룹 → [세로 막대형 차트]의 확장 버튼(▼)을 클릭해서 [묶은 세로 막대형]을 선택합니다.

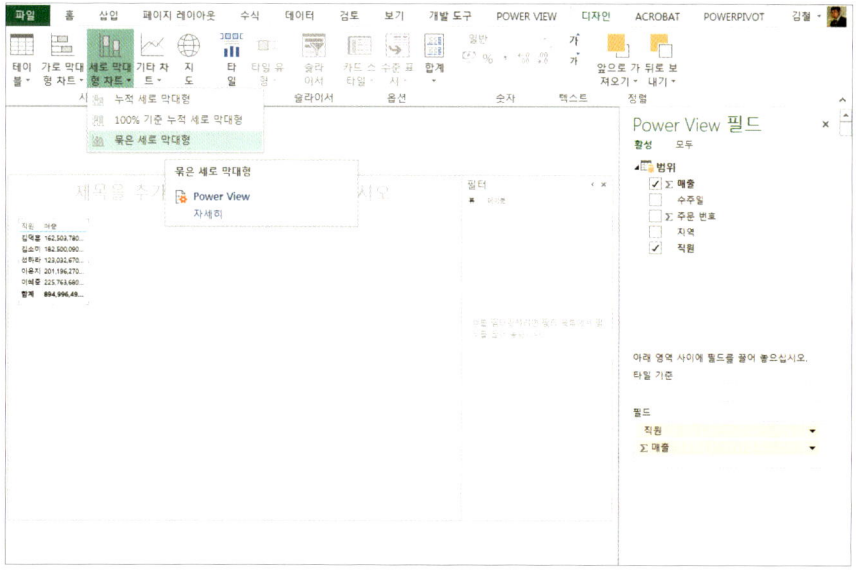

4. 생성된 [묶은 세로 막대형] 차트에서 우측 하단의 조절점을 드래그하여 적당한 크기로 차트를 조절합니다.

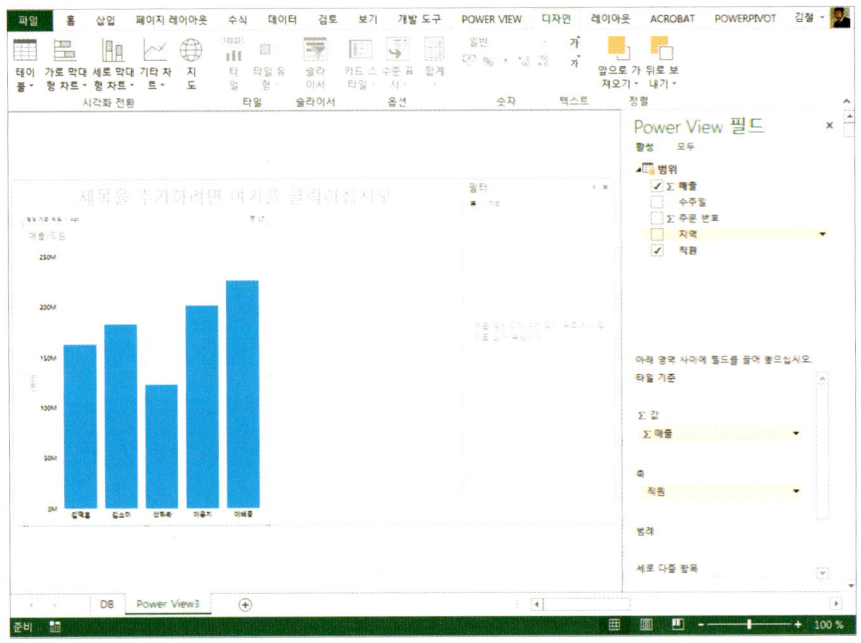

5. [묶은 세로 막대형] 차트 우측은 지역별 매출을 나타내고자 합니다. [묶은 세로 막대형] 우측의 빈 공간을 클릭하고 좌측의 [Power View 필드] 목록에서 [범위]를 확장해서 [지역], [∑ 매출]을 선택합니다.

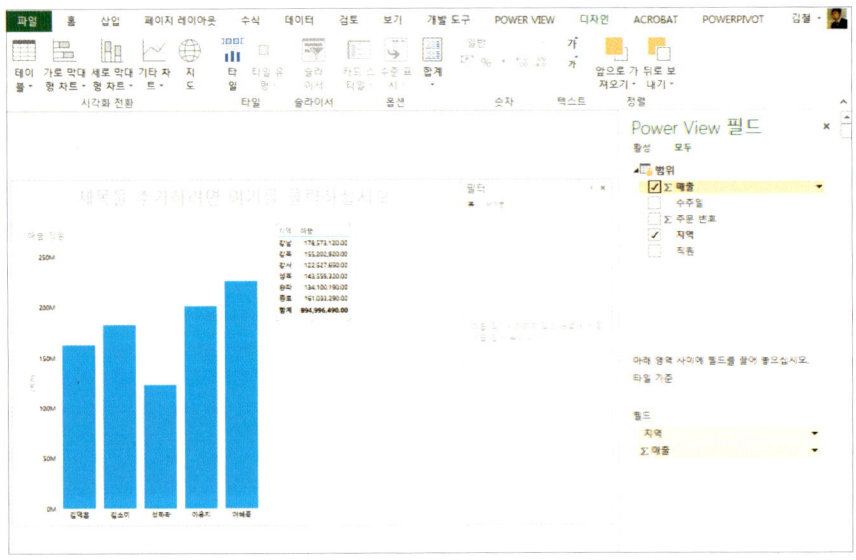

6. [디자인] 탭 → [시각화 전환] 그룹 → [기타 차트]의 확장 버튼(▼)을 클릭해서 [원형]을 선택합니다.

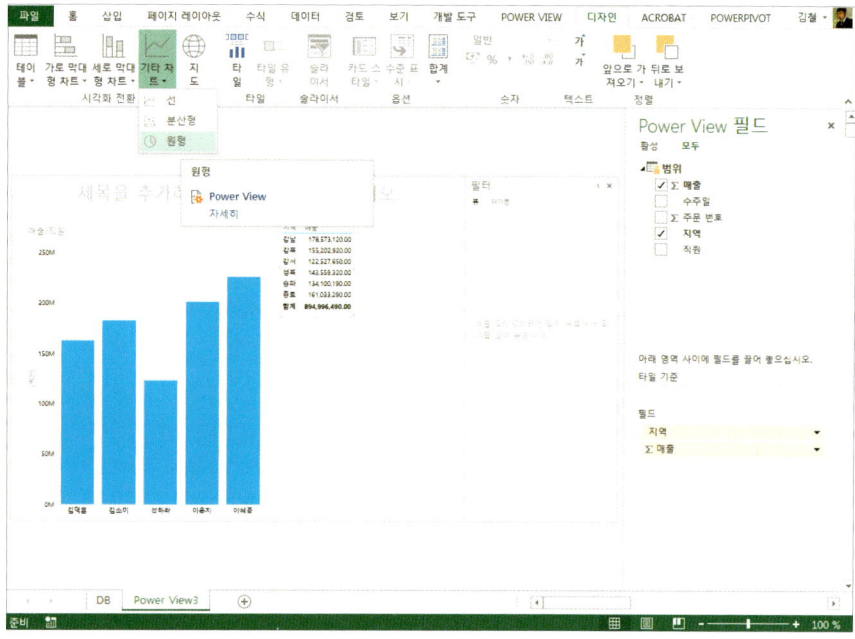

7. 원형 차트의 우측 하단에 있는 조절점을 이용해서 적당한 크기로 차트를 조절합니다.

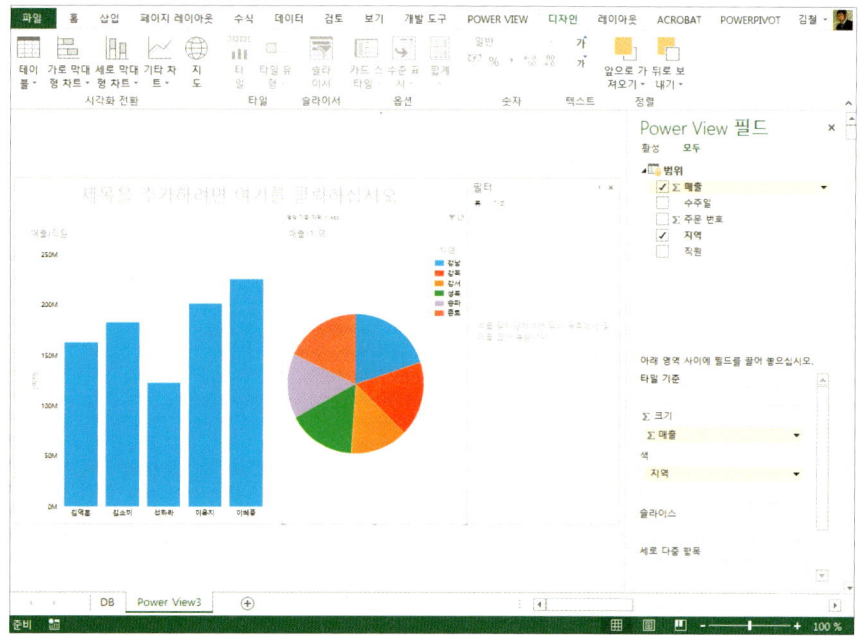

8. 이번에는 만들어 놓은 차트의 제목을 입력하겠습니다. [제목을 추가하려면 이곳을 클릭하십시오.] 부분을 클릭해서 '개인, 지역별 매출현황'이라고 입력합니다.

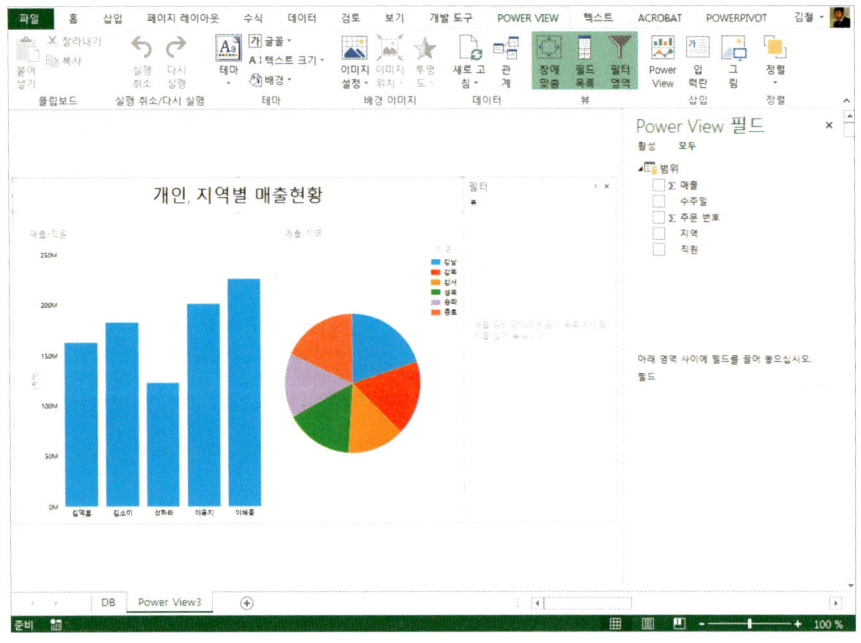

9. 시각화한 차트를 크게 보기 위해서 [Power View 필드] 목록의 [필드 목록 닫기] 버튼(×)을 클릭해서 닫습니다.

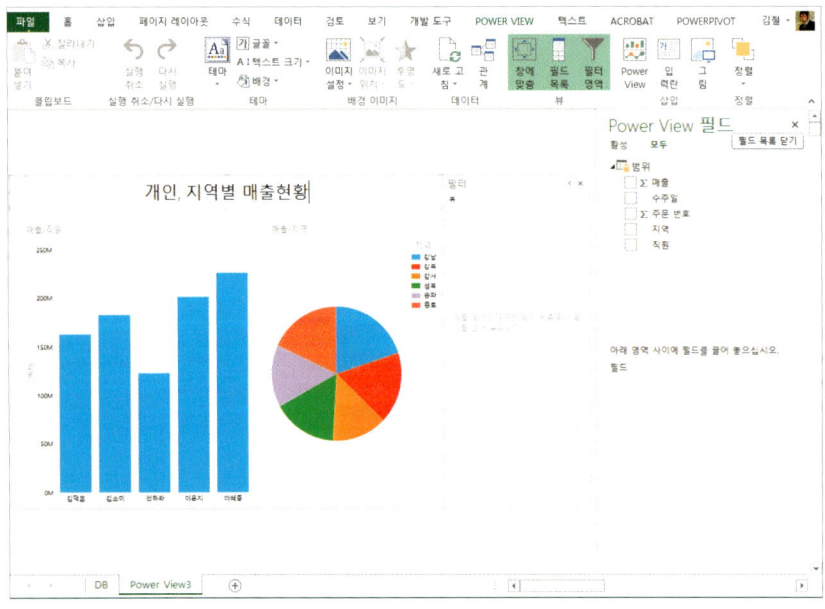

10. [필터]의 [필터 영역 닫기] 버튼(×)을 클릭해서 [필터] 영역도 닫습니다.

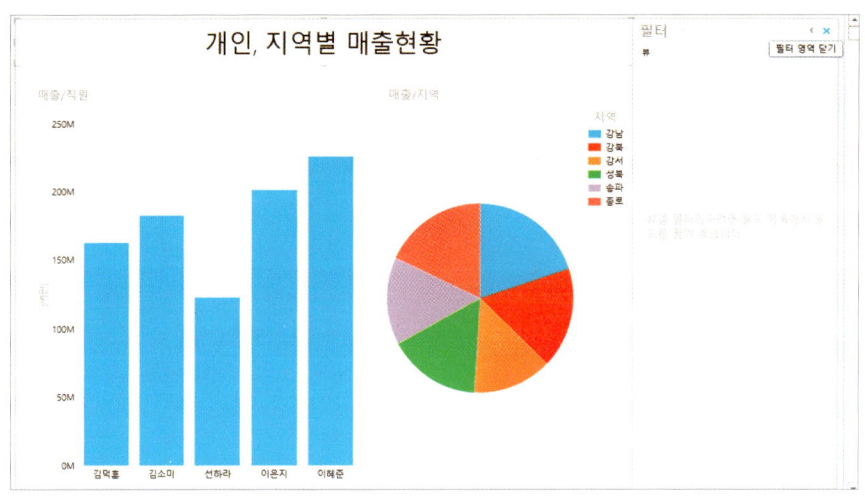

11. 마지막으로 시각화된 차트를 이용해서 매출이 가장 많은 '이혜준'의 지역별 매출 분포를 확인해 보겠습니다. [묶은 세로 막대형] 차트의 '이혜준' 막대를 클릭합니다.

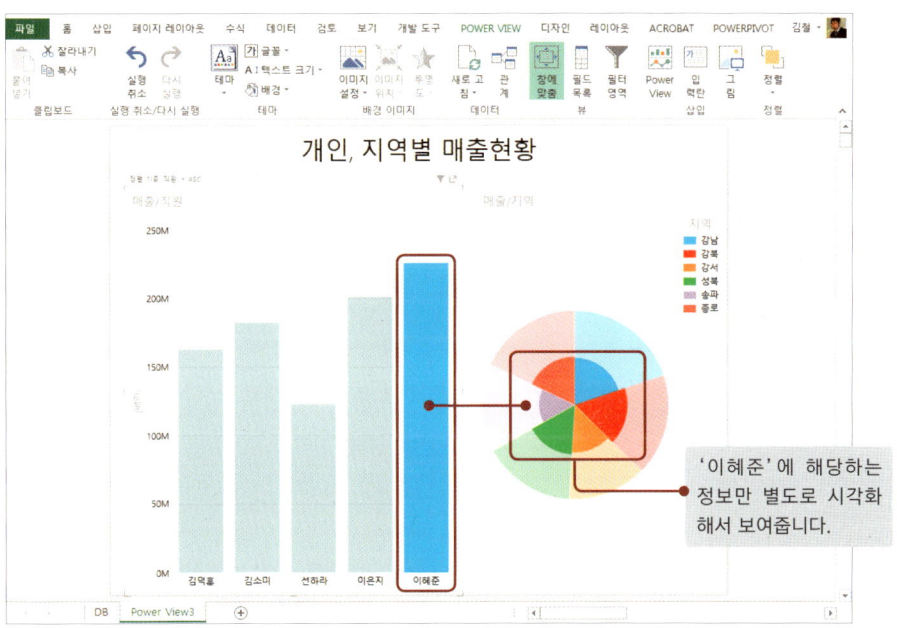

'이혜준'에 해당하는 정보만 별도로 시각화해서 보여줍니다.

✔ 다른 사람의 매출 분포를 확인하려면 다른 막대를 클릭하면 되고, 원상태로 환원하려면 [묶은 세로 막대형] 차트의 [그림 영역]을 클릭하면 됩니다. 또 특정 지역의 개인별 매출 분포를 보려면 [원형 차트]에서 원하는 지역을 클릭해서 분포를 확인할 수 있습니다.

하면 된다!

Q1. 전년 대비 매출이 1,000만 원 이상 증가한 사람을 포상금 지급 대상자로 선정하세요.

문제 1-1_포상금 지급자 명단_문제.xlsx

1. [F5] 셀에 전년 대비 증감액을 계산합니다.
2. [G5] 셀에는 전년 대비 1,000만 원 이상의 매출이 증가했을 때 '포상금'이 입력되도록 =IF 함수를 사용합니다.
3. [F5:G5] 셀의 내용을 나머지 셀에 적용합니다.
4. 전년 대비 매출이 증가한 사람은 [셀 서식]을 이용하여 ★ 기호가 증감 매출액 앞에 나타나도록 합니다.

정답 1-1_포상금 지급자 명단_정답.xlsx

하면 된다!

Q2. 가좌문구에서 판매한 [결재판], [노트], [독서카드] 물품을 피벗 차트로 만들어 보세요.

문제 1-2_거래처별 품명_피벗테이블_문제.xlsx

1. 데이터를 우선 표로 설정한 후 피벗 테이블로 요약합니다.
2. 피벗 테이블 필드에서 품명, 거래처, 금액 필드를 각각 행, 열, 값 영역으로 드래그합니다.
3. 필요한 데이터만 피벗 테이블로 정리했다면 슬라이서를 삽입합니다.
4. 품명 슬라이서를 삽입한 후 [가좌문구]에서 판매한 [결재함], [노트], [독서카드]의 총합계 금액을 필터링합니다.
5. 필터링한 내용은 피벗 테이블 도구의 [분석] 탭 → [도구] 그룹에서 '원형 피벗 차트'로 만들어 삽입합니다.

정답 1-2_거래처별 품명_피벗테이블_정답.xlsx

| 둘째마당 |

우리 사무실 고수들의
보고서 작성법

둘째마당에서는 보고서를 빠르게 작성하는 방법을 배워보겠습니다.
이때 가장 많이 사용하는 기능이 피벗 테이블입니다.
첫째마당에서 이미 실습했듯이 피벗 테이블은 가장 기본이 되는
보고서 작성 방법입니다. 하지만 각 셀에 빼곡하게 글과 숫자만
들어있는 보고서라면 자칫 밋밋할 수 있습니다.
중요한 데이터만 강조해 주는 기능이 필요하죠.
이때 사용하는 기능이 조건부 서식과 스파크라인입니다.
이번 마당에서는 피벗 테이블, 조건부 서식
그리고 스파크라인을 중점적으로 학습해 보겠습니다.

| Contents |

04장. 마우스로 작성하는 속성 보고서
05장. 매출 집계 및 소비 성향 분석 보고서
06장. 매출 추이와 목표 관리 보고서

04 | 마우스로 작성하는 속성 보고서

데이터를 분석한 후 주요한 부분을 시각적으로 표현하면 핵심이 잘 전달되고 의사 결정을 할 때 더 올바르게 판단할 수 있습니다. 이번에는 데이터를 시각적으로 강조할 때 요긴하게 사용하는 조건부 서식을 알아보겠습니다. 또한 피벗 테이블로 만든 보고서를 내가 원하는 양식으로 바꾸는 방법도 실습해 보겠습니다.

04-1 셀에서 데이터를 시각화하기 - 조건부 서식
04-2 원본과 연동되는 보고서 만들기 - 피벗 테이블

서식만 적용했을 뿐인데 차트처럼 눈에 확 띄네!

"대리점별 목표 대비 실적 보고서가 완성 됐나요?" 신팀장님의 질문에 최선호 사원은 거의 다 됐다고 대답한 뒤 황급히 자리로 돌아왔다. 데이터를 효과적으로 나타내려면 차트를 사용해야 하지만 데이터는 많고 시간은 너무 부족하다. 초조해 하는 최사원을 보더니 옆자리 이대리가 메신저로 쪽지를 보냈다. "단순한 수치 비교라면 조건부 서식만으로도 충분해요~^^" '응? 조건부 서식?'

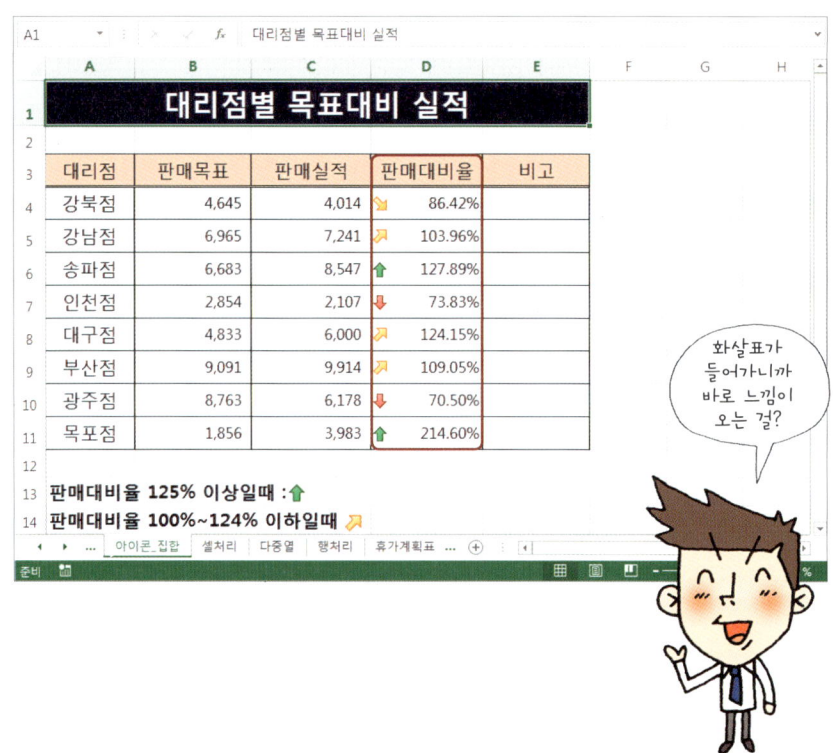

▲ 2007 ✓ 2010 ✓ 2013 ✓ 2016

04-1 　　　　　셀에서 데이터를 시각화하기
　　　　　　　　　　　　　　　　- 조건부 서식

데이터를 시각화하면 숫자로 나열되어 있는 정보를 쉽게 이해할 수 있습니다. 마우스만 조작해서 조건부 서식을 적용할 수 있다는 점도 장점 중 하나입니다. 자 그럼, 조건부 서식의 기본적인 방법부터 응용 방법까지 차근차근 알아볼까요? 우선 <mark>4장_01_조건부_서식_예제.xlsx</mark>라는 엑셀 파일을 불러옵니다.

조건부 서식의 데이터 막대로 판매대비율 나타내기

다음과 같은 개인별 목표 달성률은 숫자로만 보여주는 것보다 막대그래프로 만든 후 크기를 비교하여 보여주는 경우가 많습니다. 한눈에 이해하기 쉬우니까요. 이러한 막대그래프는 조건부 서식을 이용하면 쉽게 만들 수 있습니다.

1. 먼저 조건부 서식을 적용할 범위를 선택해야 합니다. 여기에서는 [데이터_막대_1] 시트의 [D4:D11] 셀을 선택합니다.

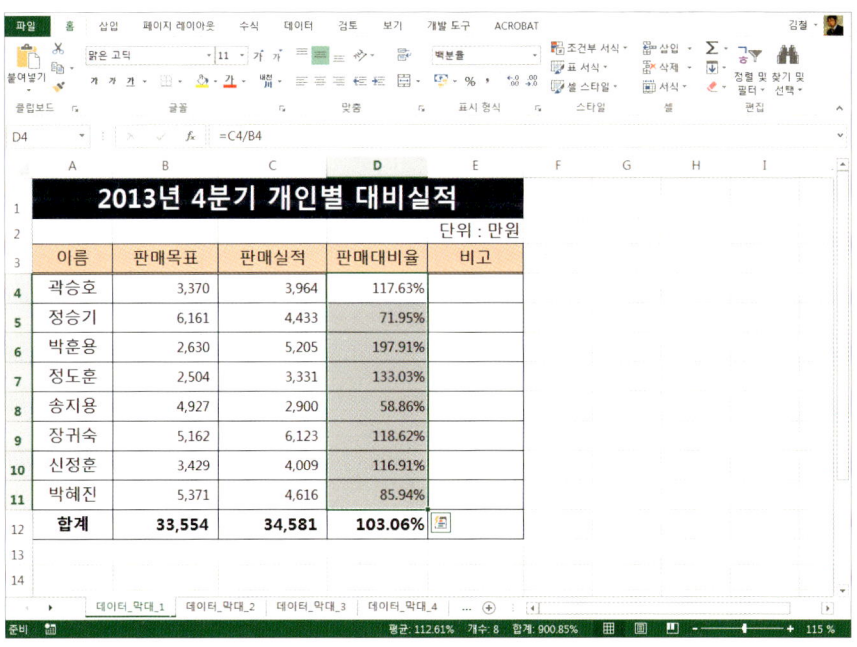

마우스로 작성하는 속성 보고서 **111**

2. 조건부 서식 중 '데이터 막대'를 선택한 범위에 반영해 보겠습니다. [홈] 탭 → [스타일] 그룹 → [조건부 서식]의 드롭다운(▼) 버튼을 클릭한 다음 [데이터 막대]의 확장 메뉴(▶) 중에서 [단색 채우기] → '파랑 데이터 막대'를 클릭합니다.

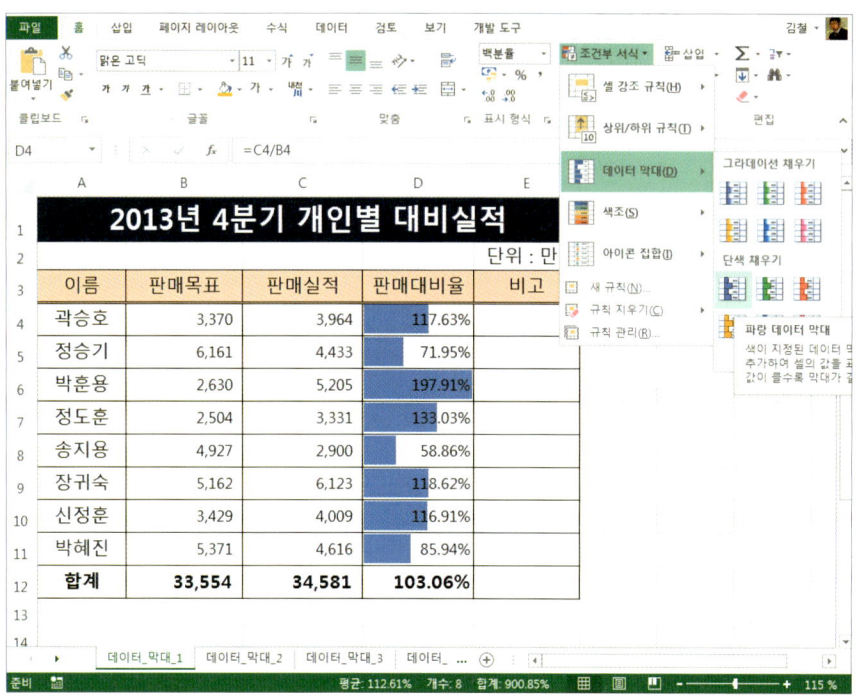

> **김철 쌤의 한마디!** ▶ **조건부 서식에서 데이터 막대가 표현하는 특성을 알아두세요!**
>
> 조건부 서식의 데이터 막대를 이용하면 두 가지 표현 특성이 있습니다.
>
> 1. 선택 범위 중 가장 큰 값의 셀을 데이터 막대로 모두 채우고, 나머지 셀의 막대는 가장 큰 값을 가진 데이터 막대의 크기와 비교한 비율로 나타난다.
>
> 2. 나타난 데이터 막대는 열 너비를 조절해도 같은 비율로 크기가 조절된다.

3. 데이터 막대 서식을 사용하다 보면 막대와 수치가 겹쳐져서 복잡하게 보일 때가 있습니다. 그럴 때는 수치를 숨기고 막대만 표시하는 기능을 사용하면 됩니다. 그럼 실습해 보겠습니다.

   우선 하단에 있는 [데이터_막대_2] 시트를 클릭해서 이동합니다. 조건부 서식을 지정할 범위인 [E4] 셀을 선택하고 =D4라고 수식을 입력한 후 [E11] 셀까지 드래그해서 수식을 채웁니다.

4. 선택한 범위에 조건부 서식의 데이터 막대를 적용합니다. [홈] 탭 → [스타일] 그룹 → [조건부 서식]의 드롭다운(▼) 버튼을 클릭한 다음 [데이터 막대]의 확장 메뉴(▶) 중에서 [기타 규칙]을 클릭합니다.

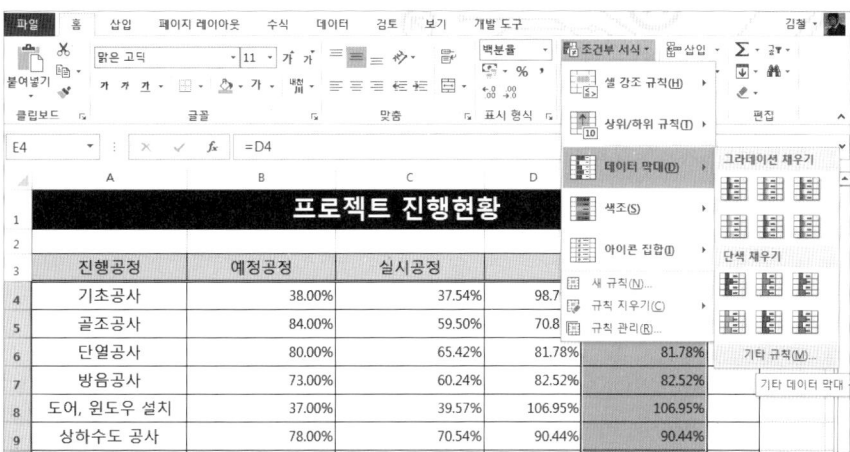

마우스로 작성하는 속성 보고서 **113**

5. [새 서식 규칙] 대화상자가 나타나면 [막대만 표시] 체크 박스를 클릭하고 [확인] 버튼을 클릭합니다. 그러면 셀 안에 수치는 없어지고 데이터 막대만 표시됩니다.

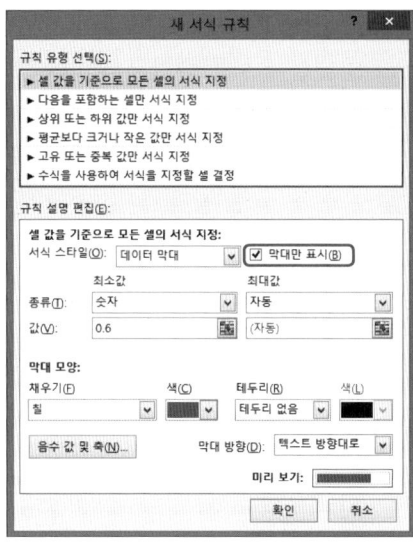

김철 쌤의 한마디! 조건부 서식을 삭제하거나 수정하고 싶다면?

조건부 서식이 지정된 셀을 삭제하거나 그 외의 관리는 [조건부 서식 규칙 관리자] 대화상자에서 하면 됩니다. 먼저 조건부 서식이 지정된 셀을 선택한 후, [홈] 탭 → [스타일] 그룹 → [조건부 서식]의 드롭다운(▼) 버튼을 클릭해서 [규칙 관리]를 실행하면 [조건부 서식 규칙 관리자] 대화상자가 나타납니다. 여기서 수정하고자 하는 규칙을 편집하거나 추가, 삭제할 수 있습니다.

최대값이 정해진 경우 데이터 막대 지정하기

[데이터_막대_3] 시트를 클릭해 보면 '예산집행현황' 표가 있습니다. 이 표처럼 집행하는 금액이 예산 금액을 초과할 수 없는 경우, 대비율은 100%를 초과할 수 없습니다. 이처럼 최대값이 정해진 경우에는 조건부 서식을 지정하더라도 대비율이 해당 셀의 퍼센트(%)까지만 데이터 막대를 채워야 합니다.

1. 먼저 조건부 서식을 지정할 범위인 [E4] 셀을 선택하고 =D4라고 수식을 입력한 후 [E11] 셀까지 드래그해서 수식을 채웁니다.

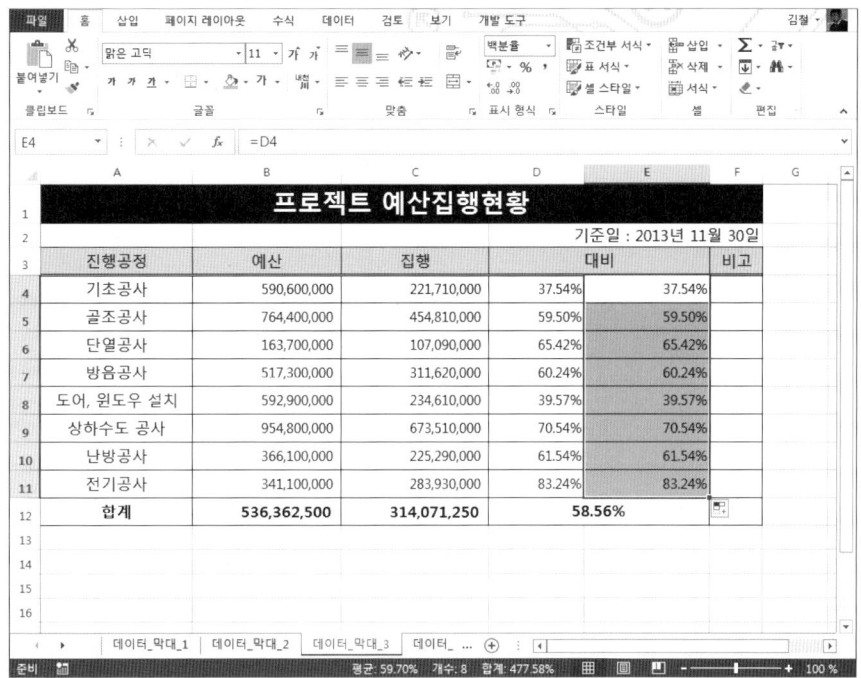

2. 선택한 범위에 데이터 막대를 적용하기 전에 먼저 옵션을 적용해야 합니다. [홈] 탭 → [스타일] 그룹 → [조건부 서식]의 드롭다운(▼) 버튼을 클릭한 다음 [데이터 막대]의 확장 메뉴(▶) 중에서 [기타 규칙]을 클릭합니다.

3. [새 서식 규칙] 대화상자에서 필요한 옵션을 지정해 보겠습니다. 셀 안의 수치는 없애고 데이터 막대만 표시되도록 [막대만 표시] 체크 박스를 클릭합니다. 그리고 [최대값] 란에서 '숫자'를 선택하고 값은 '1'을 입력한 다음 [확인] 버튼을 클릭하면 데이터 막대가 적용된 것을 볼 수 있습니다.

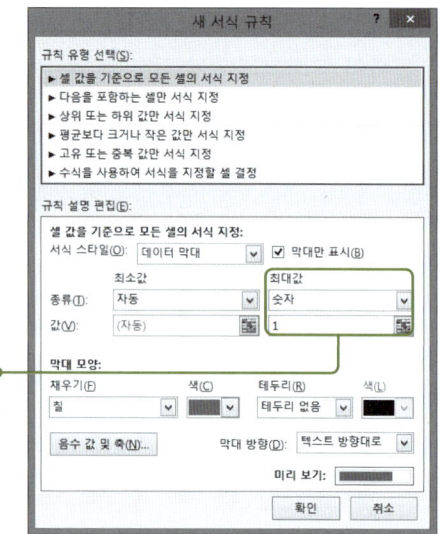

현재 예제는 집행 금액이 예산을 초과할 수 없어 최대값은 100%가 될 것입니다. 그래서 사용자는 83.24%는 해당 범위까지만 막대를 표시하고자 합니다. 이 경우, 최대값을 백분율로 표시하게 되면 83.24%는 100%에 대응하는 비율만큼 조정해서 입력해야 하므로 최대값의 [종류]를 '숫자'로 선택하고 1을 입력하게 되면 백분율 100%로 지정한 것과 같은 효과를 나타내게 됩니다.

음수와 양수로 데이터가 혼재되어 있을 때 데이터 막대 지정하기

이번에는 [데이터_막대_4] 시트로 이동해 보세요. 데이터가 음수 값으로 나타난 경우, 데이터 막대를 다음 화면처럼 지정하는 방법에 대해 알아보겠습니다.

▲ 결과 화면

1. 먼저 [E4] 셀을 선택하고 =D4라고 수식을 입력합니다. 그리고 [E15] 셀까지 드래그해서 조건부 서식을 지정할 범위에 수식을 채웁니다.

2. 선택한 범위에 데이터 막대 조건부 서식을 적용해 보겠습니다. [홈] 탭 → [스타일] 그룹 → [조건부 서식]의 드롭다운(▼) 버튼을 클릭한 다음 [데이터 막대]의 확장 메뉴(▶)에서 [기타 규칙]을 클릭합니다.

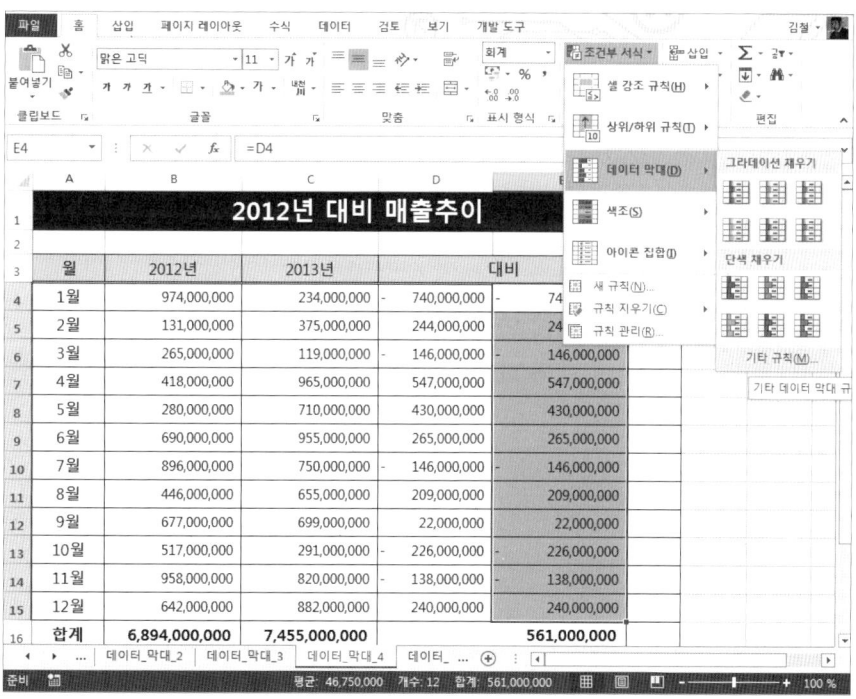

3. [새 서식 규칙] 대화상자에서 필요한 옵션을 지정하겠습니다. 수치는 없애고 데이터 막대만 표시되도록 [막대만 표시] 체크 박스를 클릭하고, [음수 값 및 축] 버튼을 클릭해서 음수 값의 표시 형태를 설정합니다.

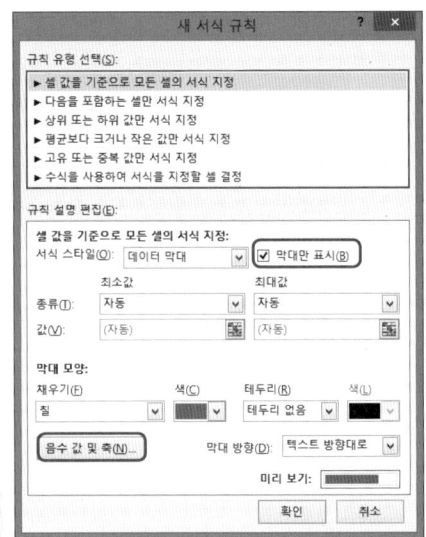

✔ 엑셀 2007 버전에서는 [음수 값 및 축] 버튼이 없어 사용할 수 없습니다.

4. 여기서 [축 설정] 항목은 음수와 양수의 중앙 분리점이 되는 '0'을 말하는 것입니다. 따라서 '셀 중간점'을 선택한 후 [확인] 버튼을 클릭하면 음수와 양수 모두 보여줄 수 있는 데이터 막대가 추가됩니다.

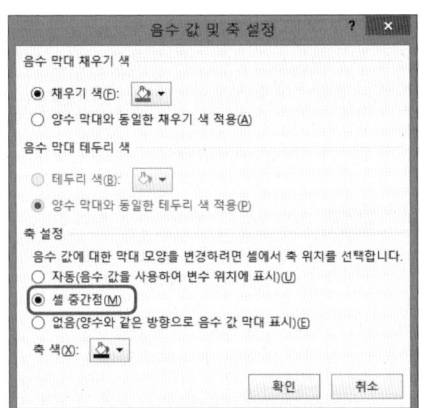

판매대비율이 평균값을 넘을 때만 데이터 막대 적용하기

판매대비율이 평균값을 넘는 데이터에 한해서만 데이터 막대를 적용할 수 있습니다. [데이터_막대_5] 시트로 이동하여 연습해 보세요.

1. 조건부 서식을 적용할 범위인 [D4:D11] 셀을 선택하고 [홈] 탭 → [스타일] 그룹 → [조건부 서식]의 드롭다운(▼) 버튼을 클릭한 다음 [데이터 막대]의 확장 메뉴(▶)에서 [기타 규칙]을 클릭합니다.

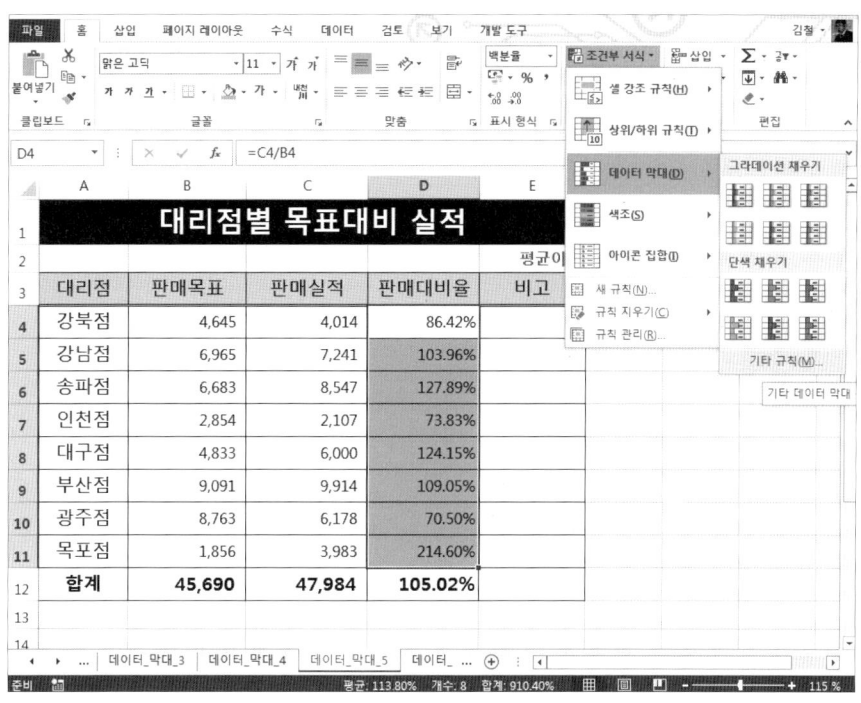

2. [새 서식 규칙] 대화상자의 [최소값] 항목 중에서 [종류]를 확장해서 '수식'을 선택합니다. 그리고 [값] 항목 부분에는 [D4:D11] 셀 데이터의 산술 평균인 =AVERAGE($D$4:$D$11)로 수식을 입력하고 [확인] 버튼을 클릭합니다.

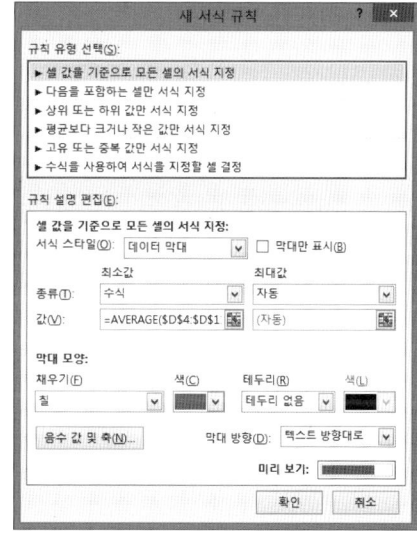

3. 그러면 평균을 상회하는 값만 데이터 막대로 나타나는 것을 볼 수 있습니다. 최대값을 갖는 셀은 데이터 막대가 셀을 꽉 채우고, 평균 이상 되는 나머지 셀은 평균값을 상회하는 부분만큼만 데이터 막대가 표시됩니다.

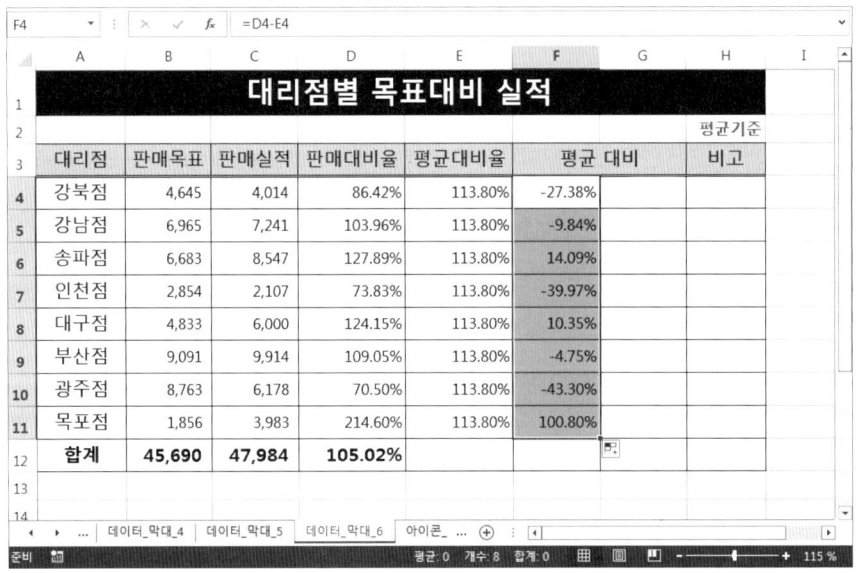

데이터 막대로 판매대비율과 평균대비율과의 차이를 한눈에 보여주기

이번에는 각 대리점의 전체 평균 대비 목표 달성 현황을 살펴보겠습니다. 조건부 서식을 이용하면 판매대비율과 평균대비율과의 차이를 데이터 막대로 시각화하여 보여줄 수 있습니다.

1. [데이터_막대_6] 시트로 이동하여 [F4] 셀을 선택한 다음 =D4-E4로 수식을 입력하고 [F11] 셀까지 드래그해서 수식을 채웁니다.

2. [G4] 셀을 선택하고 =F4로 수식을 입력한 후 [G11] 셀까지 드래그해서 데이터 막대 조건부 서식이 나타날 범위에 수식을 채웁니다.

왼쪽은 숫자 값을, 오른쪽은 그 값을 쉽게 비교해 볼 수 있게 데이터 막대로 보여주려고 복사한 것입니다.

3. 선택한 범위에 데이터 막대를 적용하기 위해서 [홈] 탭 → [스타일] 그룹 → [조건부 서식]의 드롭다운(▼) 버튼을 클릭한 다음 [데이터 막대]의 확장 메뉴(▶)에서 [기타 규칙]을 클릭합니다.

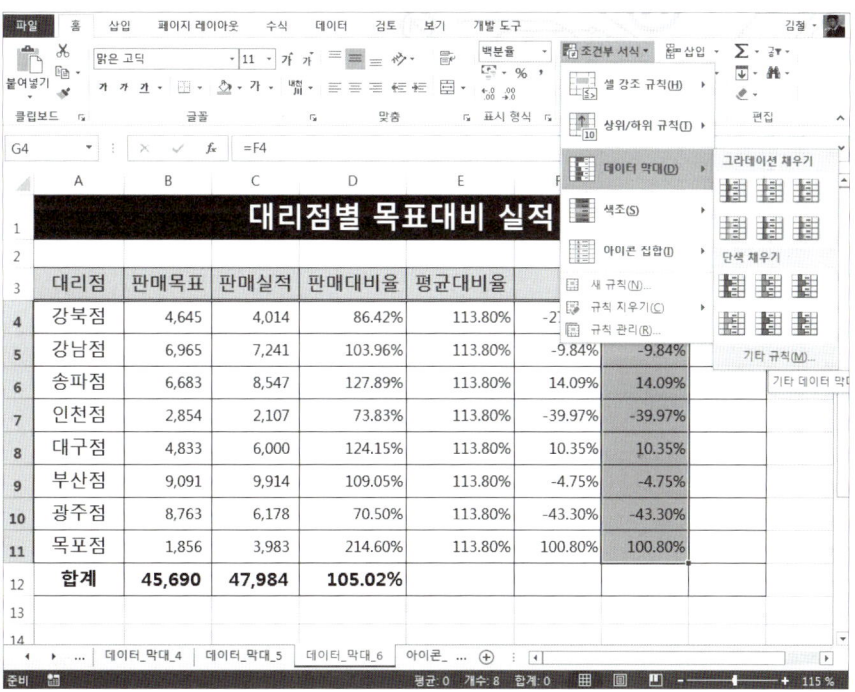

4. [새 서식 규칙] 대화상자에서 필요한 옵션을 지정하겠습니다. 수치는 나타나지 않고 데이터 막대만 표시되도록 [막대만 표시] 체크 박스를 클릭하고, [음수 값 및 축] 버튼을 클릭해서 음수 값의 표시 형태를 설정합니다.

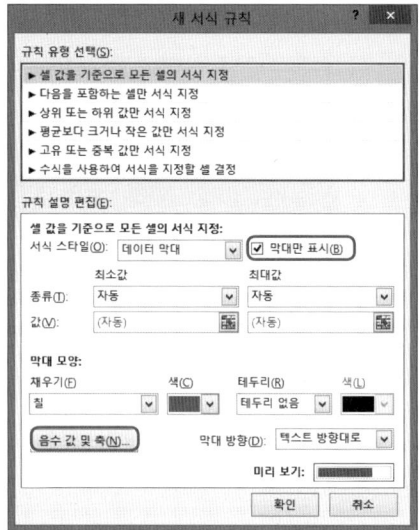

✔ 엑셀 2007 버전에서는 [음수 값 축] 버튼이 없어 사용할 수 없습니다.

5. [음수 값 및 축 설정] 대화상자에서 [축 설정] 항목을 [셀 중간점]으로 선택한 후 [확인] 버튼을 클릭해서 음수 값에 대한 설정을 마칩니다.

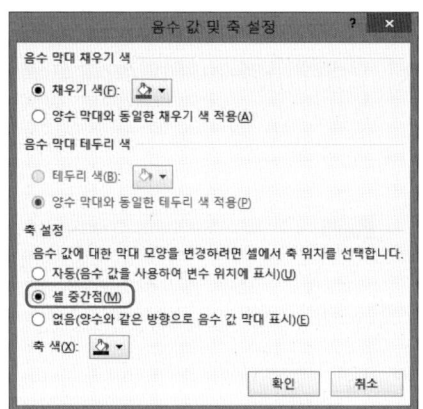

6. 판매대비율과 평균대비율의 차이가 데이터 막대로 나타난 것을 확인할 수 있습니다.

대리점	판매목표	판매실적	판매대비율	평균대비율	평균 대비	비고
강북점	4,645	4,014	86.42%	113.80%	-27.38%	
강남점	6,965	7,241	103.96%	113.80%	-9.84%	
송파점	6,683	8,547	127.89%	113.80%	14.09%	
인천점	2,854	2,107	73.83%	113.80%	-39.97%	
대구점	4,833	6,000	124.15%	113.80%	10.35%	
부산점	9,091	9,914	109.05%	113.80%	-4.75%	
광주점	8,763	6,178	70.50%	113.80%	-43.30%	
목포점	1,856	3,983	214.60%	113.80%	100.80%	
합계	45,690	47,984	105.02%			

대리점별 목표대비 실적 / 평균기준

조건부 서식으로 특정 아이콘 나타내기

[아이콘_집합] 시트에서는 판매대비율을 지정한 조건에 따라 각각의 아이콘으로 나타나는 조건부 서식을 적용하고자 합니다. 아이콘에는 여러 가지 디자인이 있는데 원하는 아이콘의 형태를 고른 후, 다음과 같은 조건을 적용해야 합니다.

1. 조건부 서식이 나타날 범위인 [D4:D11] 셀을 선택하고 [홈] 탭 → [스타일] 그룹 → [조건부 서식]의 드롭다운(▼) 버튼을 클릭한 다음 [아이콘 집합]의 확장 메뉴(▶) 중에서 [기타 규칙]을 클릭합니다.

2. [새 서식 규칙] 대화상자가 나타나면 표현하고자 하는 [아이콘 스타일]을 찾아 선택합니다. 여기서는 '4방향 화살표(컬러)'를 선택합니다.

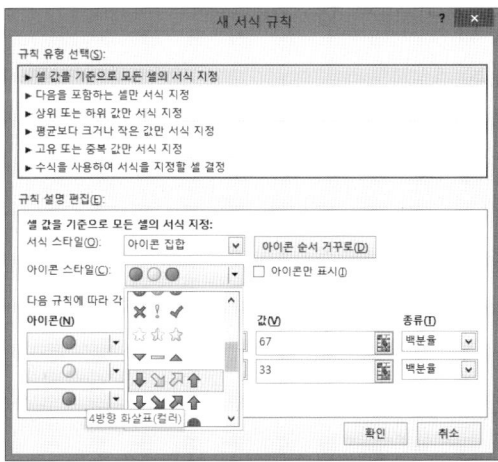

> **하위 버전에서는**
>
> 엑셀 2007 버전에서는 [새 서식 규칙] 대화상자에서 [아이콘 스타일] 항목에서 [4방향 화살표(컬러)]를 선택하면 됩니다.

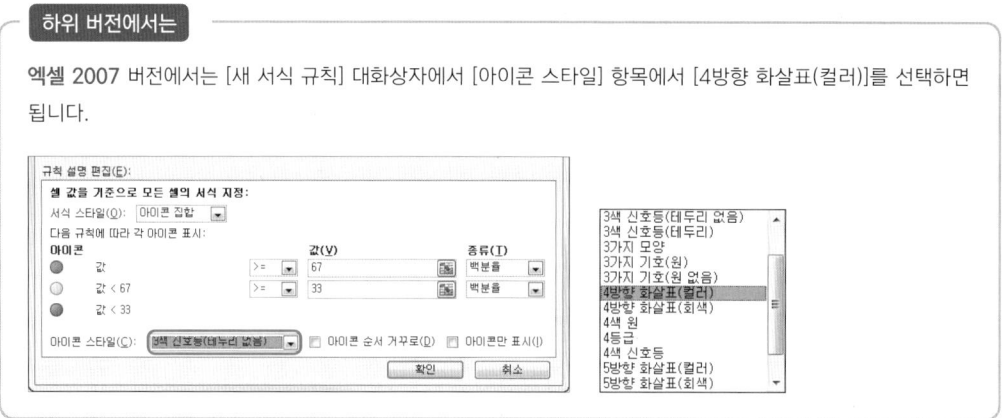

3. 각각의 아이콘에 지정해 둔 조건을 적용해야 합니다. 적용할 조건은 표 아래쪽의 13행부터 16행에 정리해 놓았습니다. 이 조건에 맞춰 [종류]를 '숫자'로 모두 변경하고 첫 번째 아이콘은 125% 이상이라고 했으므로 '1.25'를, 두 번째 아이콘은 '1'을, 세 번째 아이콘은 '0.75'를 입력하고 [확인] 버튼을 클릭합니다.

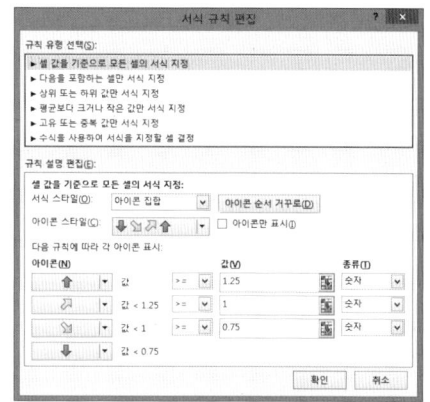

4. 판매대비율 값의 왼쪽에 아이콘이 추가되어 실적을 훨씬 더 쉽게 파악할 수 있게 되었습니다.

목표를 달성하지 못한 대리점만 선택적으로 표시하기

조건부 서식을 이용하면 특정 숫자나 비율만 선택하여 표시할 수 있습니다. [셀처리] 시트로 이동하여 판매대비율이 100% 미만인 대리점만 선택적으로 표시해 보겠습니다.

1. 조건부 서식에 있는 기본 규칙이 아닌 새로운 규칙을 만들기 위해서는 [새 규칙] 메뉴를 사용해야 합니다. 우선 조건부 서식을 적용할 셀인 [A4:A11] 셀을 선택하고 [홈] 탭 → [스타일] 그룹 → [조건부 서식]의 드롭다운(▼) 버튼을 클릭한 다음 [새 규칙]을 클릭합니다.

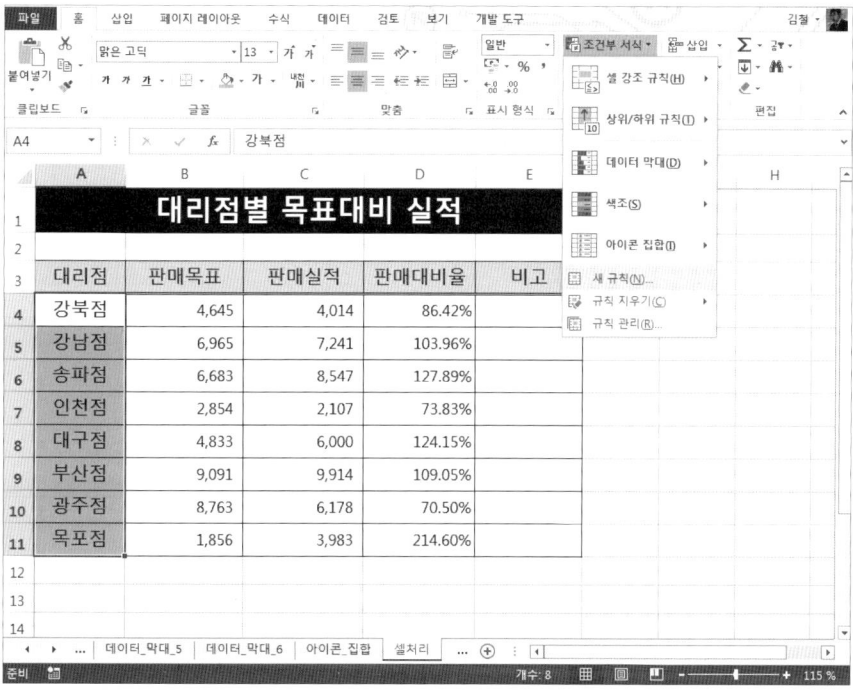

2. 여기서는 수식을 사용해 조건을 지정합니다. [규칙 유형 선택] 중 '▶ 수식을 사용하여 서식을 지정할 셀 결정'을 선택하고 [다음 수식이 참인 값의 서식 지정] 항목에는 =D4<1을 입력합니다. 입력한 =D4<1이라는 수식이 참이 되는 조건을 만족할 때 지정할 서식을 정하기 위해 [서식] 버튼을 클릭합니다.

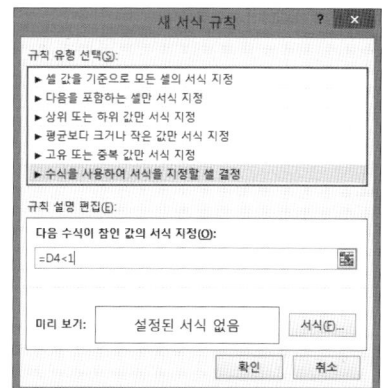

✓ 셀 참조 방식에 주의하세요. 수식을 상대 참조로 입력했기 때문에 [A4:A11] 셀 범위는 =D4>1부터 =D11>1까지 서로 다른 조건이 적용됩니다.

3. 조건을 만족할 때 나타낼 셀 서식을 지정해 보겠습니다. [셀 서식] 대화상자에서 [채우기] 탭을 선택하고 '주황색'을 선택합니다. 다음으로 [글꼴] 탭을 선택하고 [글꼴 스타일]을 '굵게'로 지정한 후 [확인] 버튼을 클릭합니다.

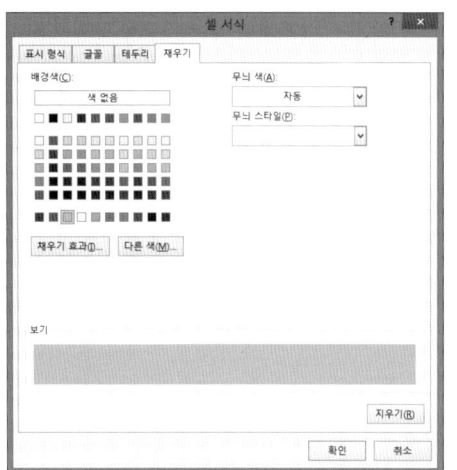
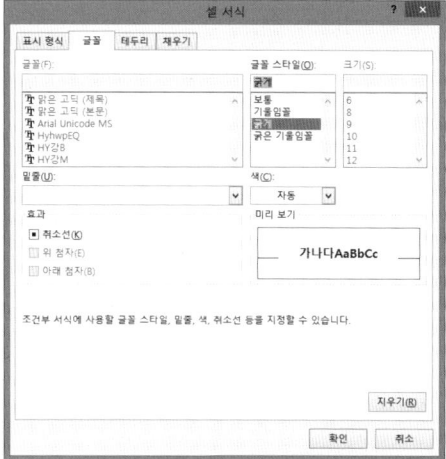

4. [셀 서식 규칙] 대화상자로 돌아오면 변경될 서식을 미리보기 창에서 확인한 다음 [확인] 버튼을 클릭합니다.

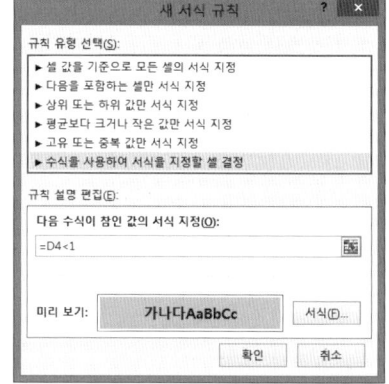

5. 다음 그림처럼 [D4:D11] 셀 사이의 판매대비율이 100% 미만인 경우, 조건을 만족하므로 [A4:A11] 셀 사이의 데이터가 지정한 서식(주황색 채우기, 굵게 글꼴 처리)으로 나타나는 것을 확인할 수 있습니다.

여러 개의 열에 조건부 서식 적용하기

조건부 서식이 적용될 셀 범위는 꼭 하나가 아니어도 됩니다. 셀 서식 규칙은 같지만 서식이 적용될 셀은 중복해서 선택할 수 있습니다. [다중열] 시트에서는 사용자 지정 셀 서식을 여러 열에 적용하는 방법을 실습해 보겠습니다.

1. 조건부 서식을 적용할 [A4:A11] 셀을 선택하고 Ctrl 키를 누른 채로 [D4:D11] 셀을 추가로 선택합니다. [홈] 탭 → [스타일] 그룹 → [조건부 서식]의 드롭다운(▼) 버튼을 클릭한 다음 [새 규칙]을 클릭합니다.

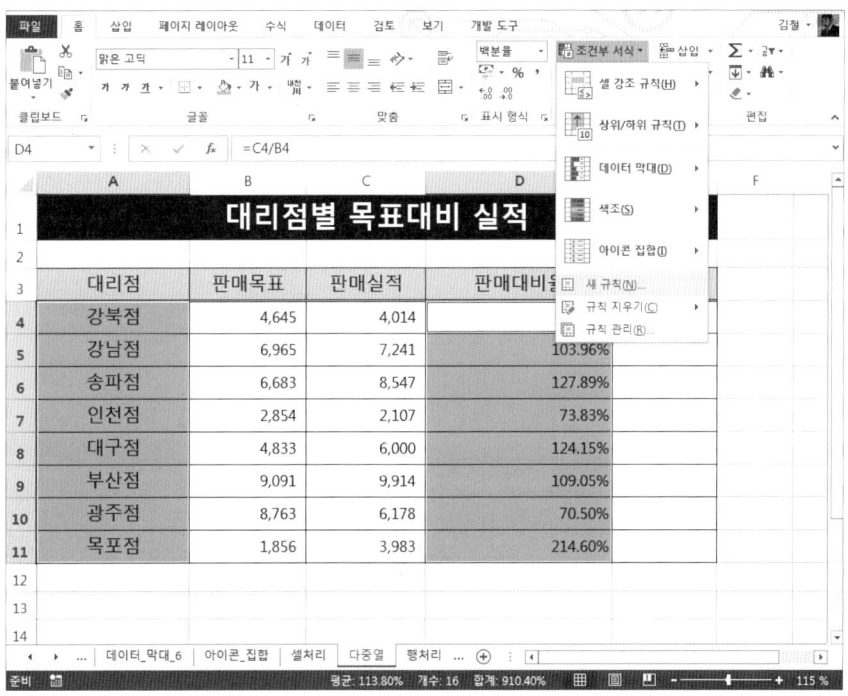

2. [새 서식 규칙] 대화상자에서 [규칙 유형 선택]은 '▶수식을 사용하여 서식을 지정할 셀 결정'을 선택하고 [다음 수식이 참인 값의 서식 지정] 항목에는 =$D4<1라고 입력합니다. 조건을 만족할 때 지정할 서식을 정하기 위해 [서식] 버튼을 클릭합니다.

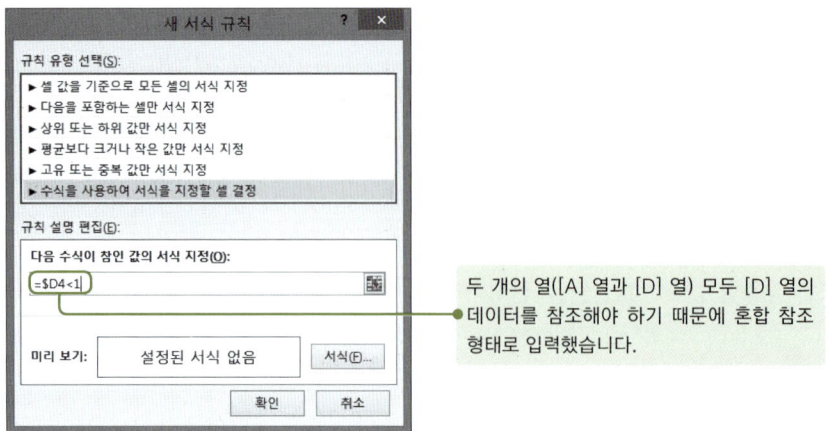

두 개의 열([A] 열과 [D] 열) 모두 [D] 열의 데이터를 참조해야 하기 때문에 혼합 참조 형태로 입력했습니다.

3. 조건을 만족할 때 셀에 채우기 색을 지정하는 서식을 설정하겠습니다. [채우기] 탭을 선택하고 '주황색'을 선택합니다.

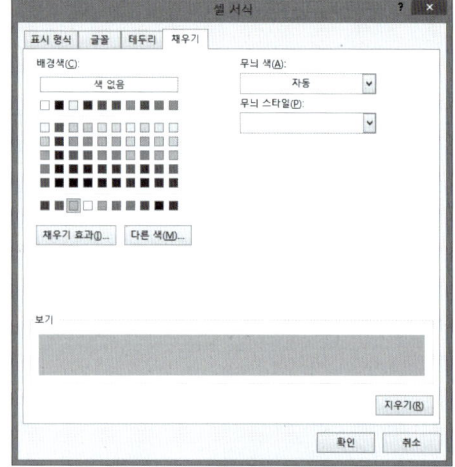

4. 다음으로 [표시 형식] 탭을 선택하고 [범주]는 '사용자 지정'을, [형식] 입력란에는 "분발촉구 "0.00%;;;"관리대상 "@이라고 입력합니다. [확인] 버튼을 클릭합니다.

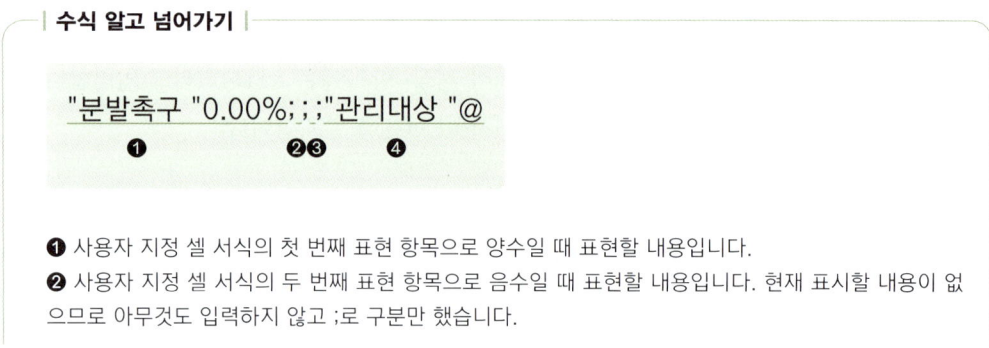

| 수식 알고 넘어가기 |

"분발촉구 "0.00%;;;"관리대상 "@
❶   ❷❸   ❹

❶ 사용자 지정 셀 서식의 첫 번째 표현 항목으로 양수일 때 표현할 내용입니다.
❷ 사용자 지정 셀 서식의 두 번째 표현 항목으로 음수일 때 표현할 내용입니다. 현재 표시할 내용이 없으므로 아무것도 입력하지 않고 ;로 구분만 했습니다.

❸ 사용자 지정 셀 서식의 세 번째 표현 항목으로 값이 0일 때 표현할 내용입니다. 세 번째 항목도 표시할 내용이 없다는 뜻입니다.

❹ 사용자 지정 셀 서식의 네 번째 표현 항목으로 문자열일 때 표현할 내용입니다.

사용자 지정 셀 서식은 [양수;음수;0;문자열]의 순서로 지정하게 됩니다. 위와 같이 지정하면 양수였을 때 [분발촉구 0.00%]로 나타내며, 음수와 0일 때는 어떤 내용도 지정하지 않았으므로 아무 것도 나타나지 않습니다. 그리고 마지막으로 문자열이 입력되면 [관리대상 XXX]처럼 나타나도록 지정한 것입니다. 여기서 @ 기호는 셀에 있는 텍스트를 그대로 사용한다는 뜻입니다.

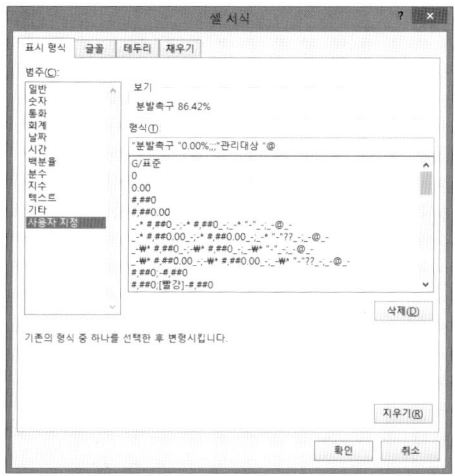

5. [새 서식 규칙] 역시 [확인] 버튼을 클릭하여 닫으면 다음과 같이, 지정한 조건이 참일 경우 사용자 지정 셀 서식이 적용된 것을 확인할 수 있습니다.

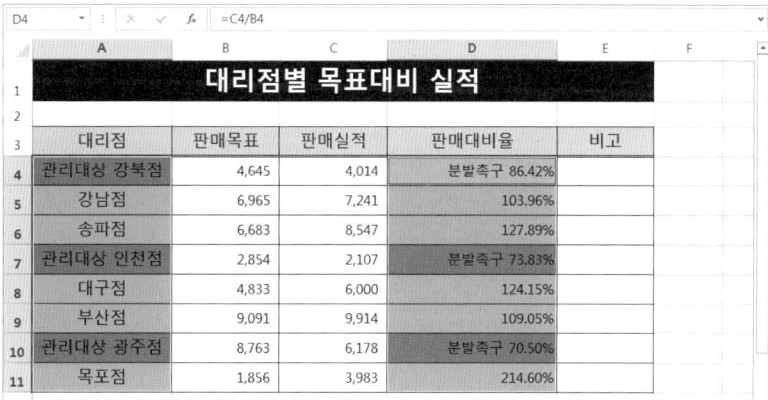

판매대비율이 100% 미만인 행을 모두 조건부 서식으로 지정하기

이번에는 조건부 서식을 행에 적용해 보겠습니다. 방법은 동일합니다. 다만 서식을 적용할 셀 범위와 수식의 셀 참조에 유의하세요. [행처리] 시트에서는 판매대비율이 100% 미만인 대리점만 골라 해당 행에 조건부 서식을 적용해 보겠습니다.

1. 조건부 서식을 적용할 [A4:E11] 셀을 선택합니다. [홈] 탭 → [스타일] 그룹 → [조건부 서식]의 드롭다운(▼) 버튼을 클릭한 다음 [새 규칙]을 클릭합니다.

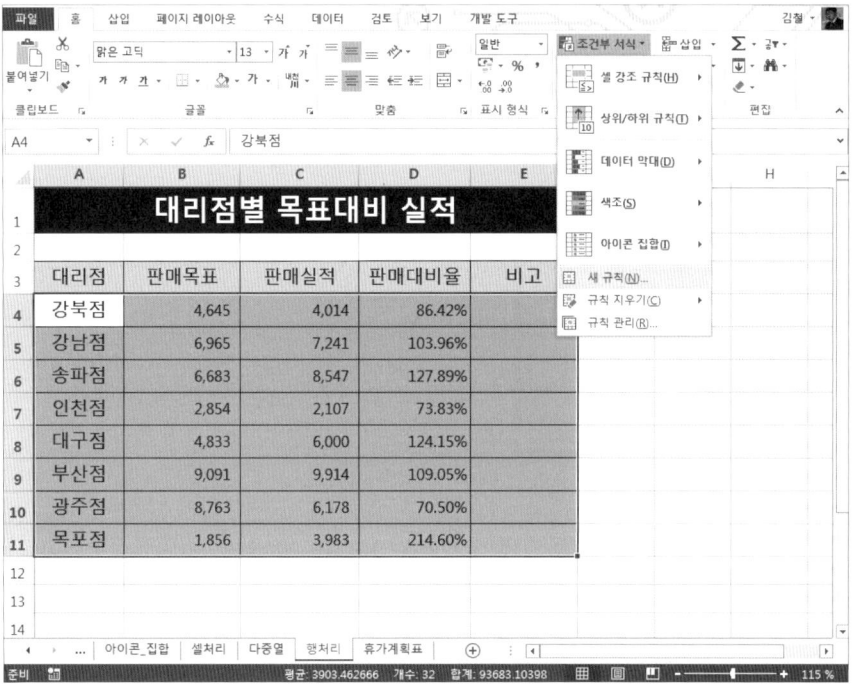

2. [새 서식 규칙] 대화상자에서 [규칙 유형 선택]은 '▶수식을 사용하여 서식을 지정할 셀 결정'을 선택하고 [다음 수식이 참인 값의 서식 지정] 부분에 =$D4<1 이라고 입력합니다. 조건을 만족할 때 지정할 서식을 정하기 위해 [서식] 버튼을 클릭합니다.

> 여러 개의 열을 다중 선택한 다음 조건부 서식으로 지정할 경우, 모든 선택 열이 특정 열을 참조할 수 있도록 혼합 참조로 지정해야 정상적인 결과를 만들 수 있습니다.

3. 조건을 만족할 때 나타날 서식 중 셀의 채우기 색을 지정합니다. [채우기] 탭을 선택하고 '주황 색'을 선택한 후 [확인] 버튼을 클릭합니다. [셀 서식 규칙] 대화상자로 돌아오면 한 번 더 [확 인] 버튼을 클릭합니다.

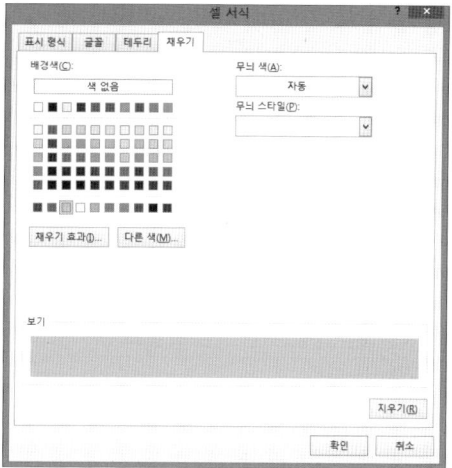

4. 그러면 조건에 해당되는 행에 모두 조건부 서식이 적용된 것을 볼 수 있습니다.

조건부 서식으로 휴가계획표 만들기

조건부 서식 기능을 사용하면 일정 관리 문서도 손쉽게 만들 수 있습니다. 여기서는 휴가계획표를 만들어 보겠습니다. 날짜만 입력하면 자동으로 해당 기간만큼, 셀에 색이 채워지는 방식입니다. 이번 실습을 응용한다면 업무 일정표도 직관적으로 만들 수 있으니 프로젝트 관리 업무를 하는 분들은 놓치지 말고 실습해 보세요.

1. [휴가계획표] 시트를 선택합니다. 그리고 휴가 종료일을 구해기 위해 [C6] 셀을 선택하고 =B6+D6-1이라고 입력합니다.

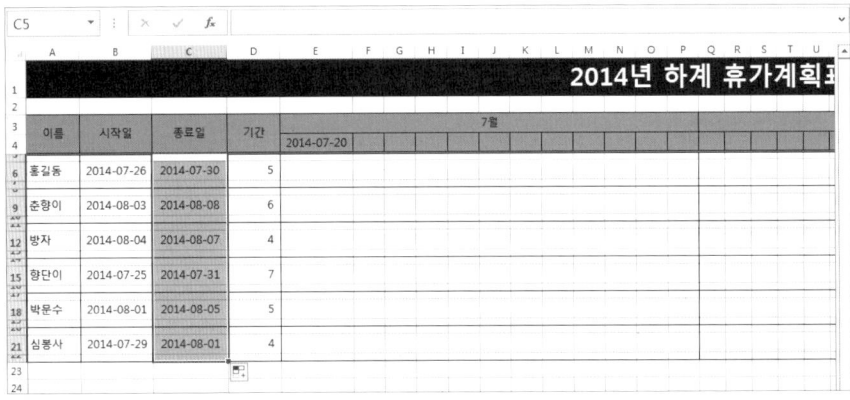

2. [C5:C7] 셀을 선택한 후 셀의 우측 하단으로 커서를 가져가서 채우기 핸들을 [C22] 셀까지 드래그하여 개인별 휴가 종료일을 나타냅니다.

3. 휴가일의 기준이 되는 [E4] 셀을 보면 '연, 월, 일' 정보를 확인할 수 있습니다. 그러나 '2014년'과 '7월'은 이미 1행과 3행의 머리글에 나타나 있으므로 [E4] 셀에는 '20일'만 나타내고자 합니다. [E4] 셀을 선택한 후 셀 서식(단축키: Ctrl + 1)을 실행합니다. 나타난 [셀 서식] 대화상자의 [표시 형식] 탭에서 [범주]는 '사용자 지정'을 선택하고, [형식] 입력란에는 d"일"로 수식을 입력한 후 [확인] 버튼을 클릭합니다.

4. [E4] 셀의 채우기 핸들을 [AL4]까지 드래그하면 8월 22일까지 날짜 데이터가 채워지고 서식이 복사됩니다.

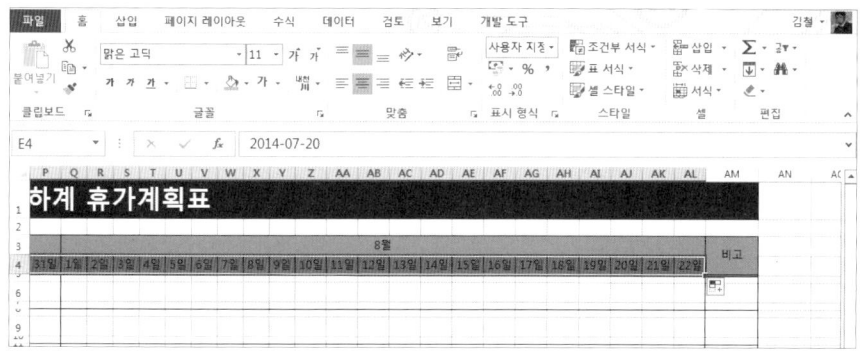

5. [E] 열부터 [AL] 열까지 전체 열을 선택한 후 열과 열 사이로 마우스 커서를 가져가면 좌우 방향의 화살표 모양 커서로 변경됩니다. 이때 화살표 모양의 커서를 더블클릭하면 열 너비가 데이터의 크기에 맞춰집니다. 열 너비 자동 조절 기능은 자주 사용하는 기능이니 꼭 기억해 두세요.

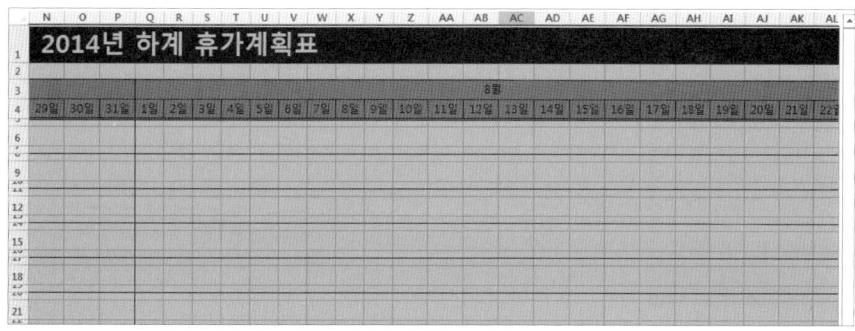

6. 이제 조건부 서식을 지정할 범위를 선택하겠습니다. [E6:AL6] 셀을 선택한 후 [홈] 탭 → [스타일] 그룹 → [조건부 서식]의 드롭다운(▼) 버튼을 클릭한 다음 [새 규칙]을 클릭합니다.

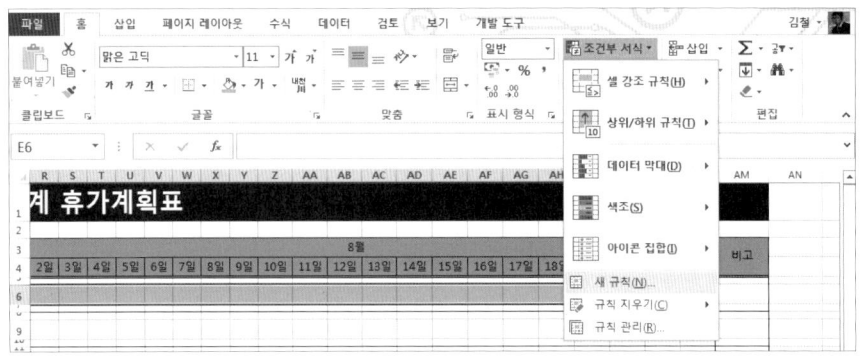

7. [새 서식 규칙] 대화상자가 나타나면 [규칙 유형 선택]은 '▶ 수식을 사용하여 서식을 지정할 셀 결정'을 선택하고 [다음 수식이 참인 값의 서식 지정] 부분에 =AND(E$4>=$B6,E$4<=$C6) 수식을 입력합니다. 그리고 나서 조건을 만족할 때 지정할 서식을 정하기 위해 [서식] 버튼을 클릭합니다.

| 수식 알고 넘어가기 |

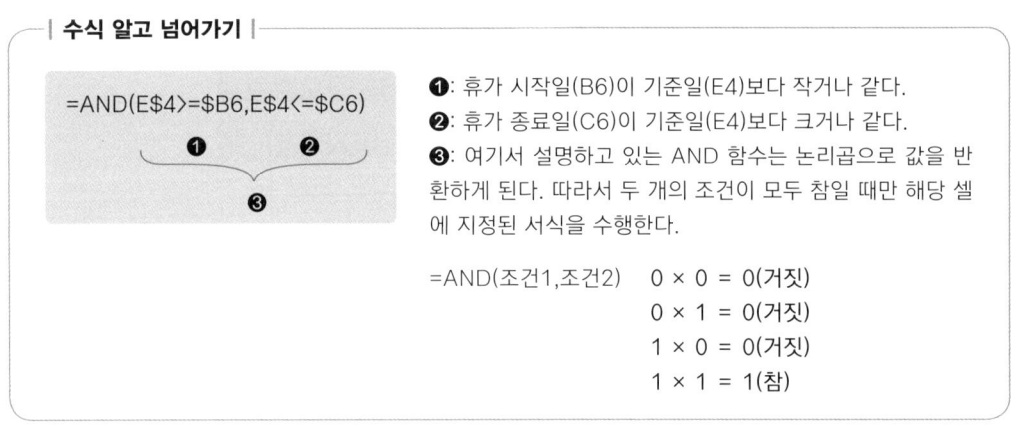

❶: 휴가 시작일(B6)이 기준일(E4)보다 작거나 같다.
❷: 휴가 종료일(C6)이 기준일(E4)보다 크거나 같다.
❸: 여기서 설명하고 있는 AND 함수는 논리곱으로 값을 반환하게 된다. 따라서 두 개의 조건이 모두 참일 때만 해당 셀에 지정된 서식을 수행한다.

=AND(조건1,조건2)   0 × 0 = 0(거짓)
　　　　　　　　　　0 × 1 = 0(거짓)
　　　　　　　　　　1 × 0 = 0(거짓)
　　　　　　　　　　1 × 1 = 1(참)

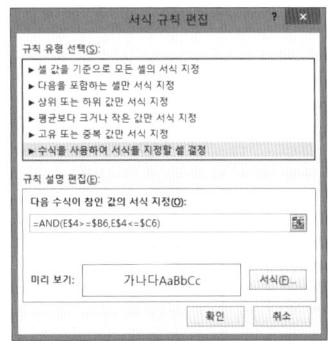

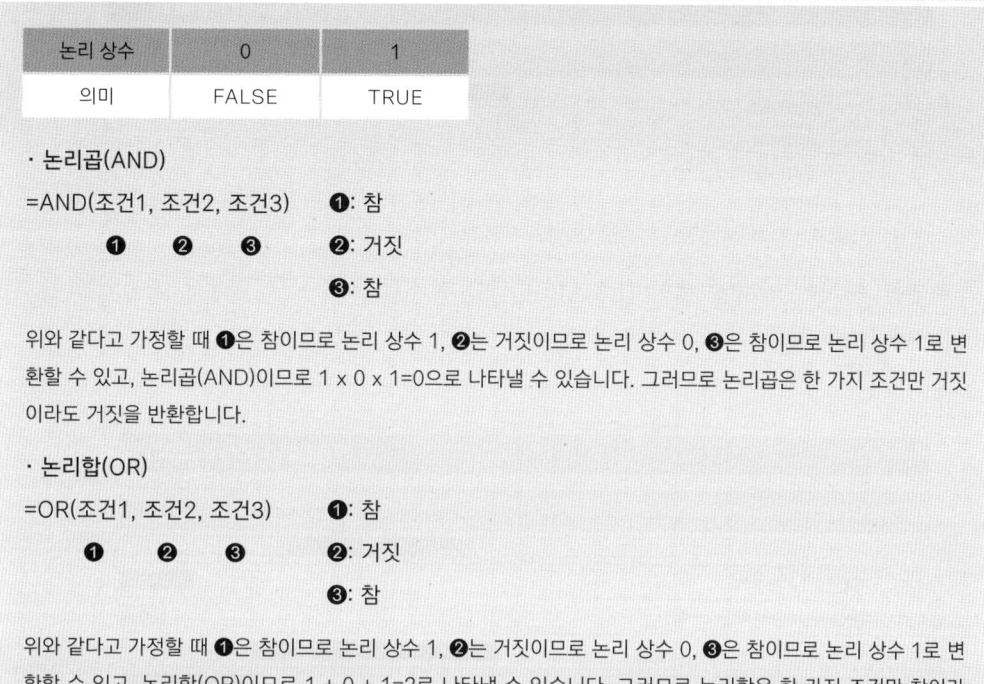

8. 조건을 만족할 때 표현되는 셀의 서식을 지정하기 위해서 채우기 색을 선택합니다. [채우기] 탭을 선택한 뒤 '진한 파랑'을 선택한 후 [확인] 버튼을 클릭합니다.

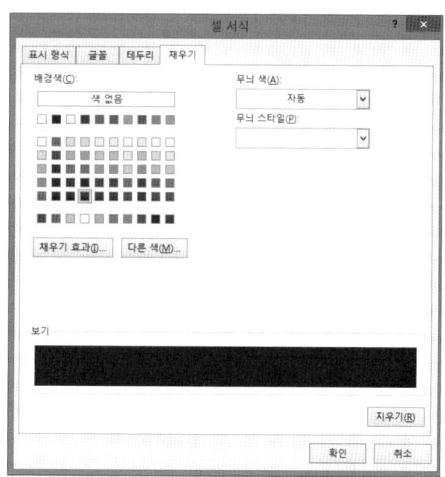

그러면 [E6:AL6] 셀에 휴가 기간이 자동으로 입력된 것을 볼 수 있습니다.

9. 조건부 서식이 지정된 셀인 [E6:AL6] 셀을 복사(Ctrl + C)해서 [E9], [E12], [E15], [E18], [E21] 셀을 각각 선택한 후 붙여넣기(Ctrl + V)합니다.

기준 날짜에 휴일(토, 일요일) 서식 지정하기

1. 기준이 되는 날짜 머리글에 주말을 표시하고자 합니다. [E4:AL4] 셀을 선택하고 [홈] 탭 → [스타일] 그룹 → [조건부 서식]의 드롭다운(▼) 버튼을 클릭한 다음 [새 규칙]을 클릭합니다.

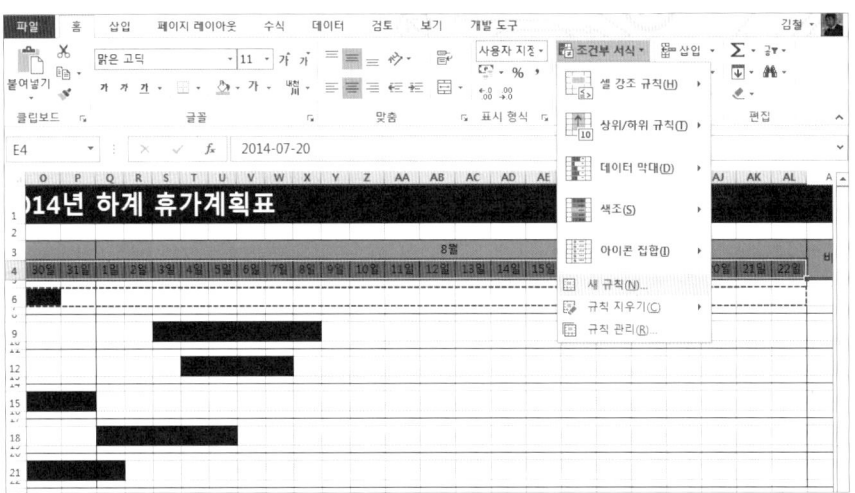

2. 수식을 사용하여 조건을 지정하겠습니다. [새 서식 규칙] 대화상자에서 [규칙 유형 선택]은 '▶ 수식을 사용하여 서식을 지정할 셀 결정'을 선택하고 [다음 수식이 참인 값의 서식 지정] 부분에 =WEEKDAY(E4,2)>5 수식을 입력합니다. 조건을 만족할 때 서식을 지정하기 위해 [서식] 버튼을 클릭합니다.

| 수식 알고 넘어가기 |

=WEEKDAY(E4,2)>5
❶❷ ❸

❶: WEEKDAY의 첫 번째 인수로 기준이 되는 날짜입니다.
❷: WEEKDAY의 두 번째 인수로 옵션입니다. 두 번째 인수로 표시되는 숫자의 날짜 표현 방식은 아래의 표에서 확인하세요.
❸: 조건입니다.

WEEKDAY 함수는 첫 번째 인수의 날짜를 두 번째 인수를 통해서 요일에 따라 숫자를 반환하는 함수입니다. 두 번째 인수에 따라 반환되는 값은 다음과 같습니다.

두 번째 인수	엑셀 2007	엑셀 2010과 엑셀 2013	비고
1	1(일요일)에서 7(토요일) 사이의 숫자	1(일요일)에서 7(토요일) 사이의 숫자	
2	1(월요일)에서 7(일요일) 사이의 숫자	1(월요일)에서 7(일요일) 사이의 숫자	
3	0(월요일)에서 6(일요일) 사이의 숫자	0(월요일)에서 6(일요일) 사이의 숫자	
11	지원 안 됨	1(월요일)에서 7(일요일) 사이의 숫자	
12	지원 안 됨	1(화요일)에서 7(월요일) 사이의 숫자	
13	지원 안 됨	1(수요일)에서 7(화요일) 사이의 숫자	
14	지원 안 됨	1(목요일)에서 7(수요일) 사이의 숫자	
15	지원 안 됨	1(금요일)에서 7(목요일) 사이의 숫자	
16	지원 안 됨	1(토요일)에서 7(금요일) 사이의 숫자	
17	지원 안 됨	1(일요일)에서 7(토요일) 사이의 숫자	

따라서 위 수식은 WEEKDAY 함수를 이용해서 [E4] 셀이 요일을 숫자(두 번째 옵션이 2이므로 월요일부터 1~7)로 변환 받아 그 값이 5보다 큰 요일은 토요일(6), 일요일(7)이다 라고 해석할 수 있습니다.

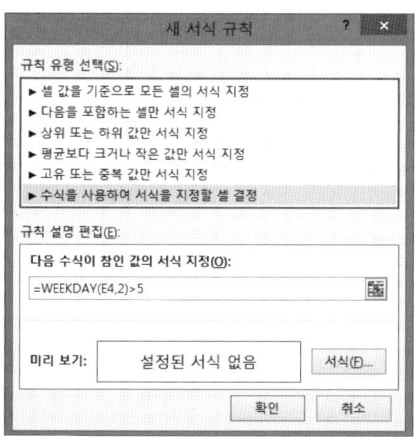

3. 조건을 만족할 때 표현될 서식 중에서 셀의 글꼴을 지정해 보겠습니다. [글꼴] 탭을 선택한 다음 [글꼴 스타일]은 '굵게', [색]은 '빨강'으로 지정합니다. [확인] 버튼을 누른 뒤 [새 서식 규칙] 대화상자 역시 [확인] 버튼을 눌러 닫습니다.

4. 최종 결과를 확인합니다. 이제 [B] 열의 시작일을 변경하거나 [D] 열의 기간을 변경하더라도 변경된 기간에 맞춰 조건부 서식이 적용되는 셀 범위도 변경되어 표시됩니다.

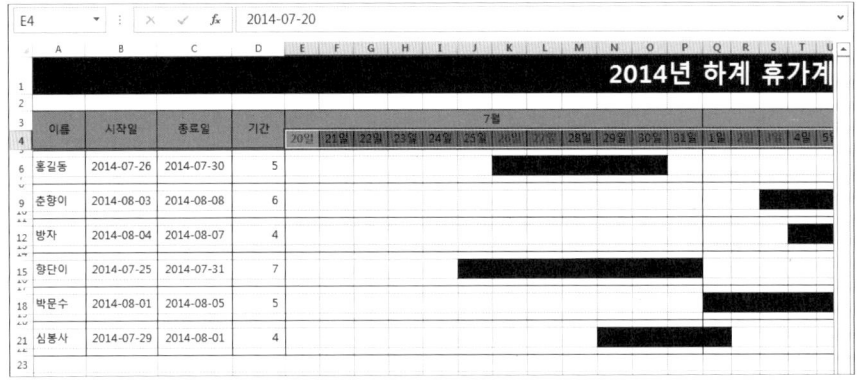

✓ 2007 ✓ 2010 ✓ 2013 ✓ 2016

04-2　　　　원본과 연동되는 보고서 만들기
　　　　　　　　　　　　　　　　　　　- 피벗 테이블

피벗 테이블이 편하고 좋은 건 알겠지만 그 결과가 업무에서 사용하는 양식과 맞지 않아 사용이 꺼려지는 경우가 종종 있습니다. 이때 피벗 테이블로 나타난 결과를 원하는 양식으로 가져오는 방법에 대해 살펴보겠습니다.
4장_02_피벗 테이블_보고서_예제.xlsx라는 엑셀 파일을 불러옵니다.

[DB] 시트를 보면 거래처별로 매일매일의 주문 정보가 기록되어 있습니다. 실습 전에 매출이 발생한 날짜와 품목, 수량, 단가 정보 등 데이터베이스를 잠시 살펴봅시다. 데이터베이스가 어떻게 정보를 관리하는지 이해가 되지요? 이제 [DB] 시트에 있는 데이터를 요약, 분석하여 거래처별 매출 구분 현황 보고서를 만들어 보겠습니다.

1. 먼저 피벗 테이블로 작성할 엑셀 데이터베이스 범위를 표로 만듭니다. [DB] 시트의 데이터 중에서 임의의 셀을 선택한 후 표 만들기(Ctrl + T)를 불러옵니다. 표에 사용할 데이터의 범위와 [머리글 포함]에 체크를 재확인하고 [확인] 버튼을 클릭합니다.

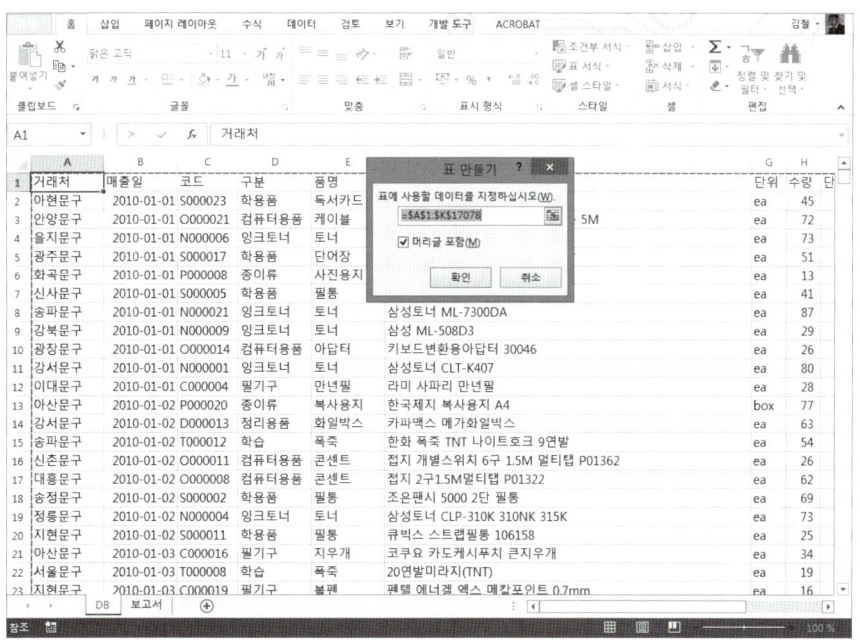

마우스로 작성하는 속성 보고서　**139**

2. 피벗 테이블을 만들기 위해서 [디자인] 탭 → [도구] 그룹 → [피벗 테이블로 요약]을 클릭합니다. 피벗 테이블 보고서를 넣을 위치는 [새 워크시트]를 선택하고 [확인] 버튼을 클릭합니다.

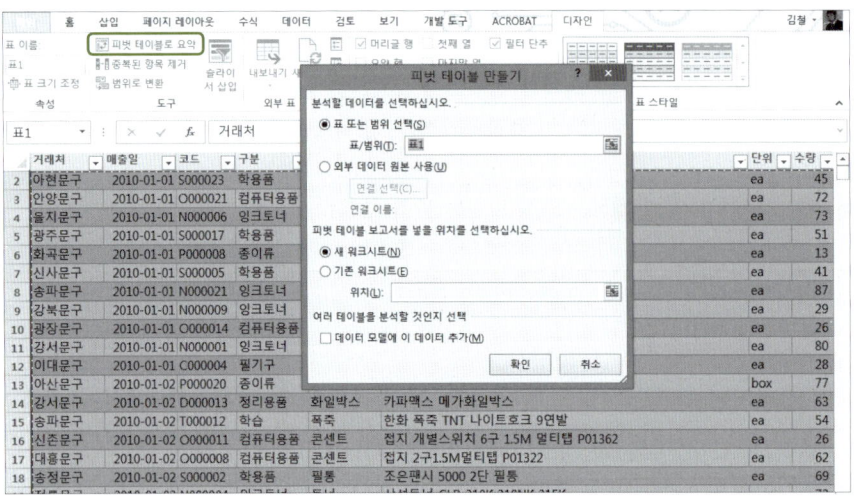

✔ [표/범위]는 현재 표로 지정한 후 지정된 표 내의 임의의 셀을 선택하여 [피벗 테이블로 요약]을 실행하였으므로 해당 표의 이름이 자동으로 입력된 것을 확인할 수 있습니다.

3. 여기서는 거래처와 구분별 매출 금액 합계를 피벗 테이블 보고서로 작성하려고 합니다. 화면 우측의 [피벗 테이블 필드]에서 '거래처'를 [행]으로, '구분'을 [열]로, '금액'을 [Σ 값]으로 끌어다 놓습니다.

> **하위 버전에서는**
>
> 엑셀 2007과 엑셀 2010의 피벗 테이블 필드에서는 보고서에 추가할 필드를 끌어다 놓을 영역의 이름이 조금 다릅니다. 엑셀 2013의 [행]은 [행 레이블]로, [열]은 [열 레이블]로, [필터]는 [보고서 필터]라는 이름으로 영역이 구분됩니다.

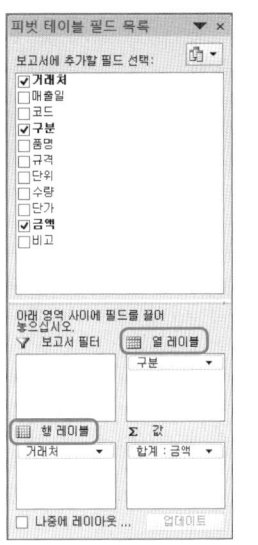

김철 쌤의 한마디! ▶ **피벗 테이블에서 Σ 값의 집계 기준은 꼭 알아두세요!**

피벗 테이블 보고서에서 세로로 배치되는 필드 부분은 [행]으로, 가로로 배치되는 부분은 [열]로, 집계나 연산이 필요한 부분은 [Σ 값]으로 필드를 끌어다 놓으면 됩니다. 이때 [Σ 값]으로 던져지는 필드의 데이터가 숫자로 구성되어 있으면 기본적으로 해당 필드 데이터의 [합계]가 설정되고, 문자로 구성되어 있으면 기본적으로 [개수]가 설정됩니다. 집계 기준은 바꿀 수 있습니다. [합계 : 금액]의 드롭다운(▼) 메뉴를 클릭하고 [값 필드 설정] 대화상자에서 '개수', '평균', '최대', '최소' 등의 기준을 적용할 수 있습니다.

---

4. 이제 피벗 테이블로 작성된 결과를 원하는 양식으로 가져오겠습니다. [보고서] 시트로 이동한 후, [B4] 셀을 선택하고 피벗 테이블 결과를 가져오기 위해 =를 먼저 누릅니다. 그리고 피벗 테이블 결과가 있는 [Sheet1] 시트 탭을 클릭한 뒤 '아현문구', '학용품' 매출 합계인 [I30] 셀을 선택하고 Enter 키를 누릅니다.

수식 알고 넘어가기

[I30] 셀을 클릭한 뒤 수식 입력줄을 보면 다음과 같은 수식이 자동으로 생성되어 있습니다. 이 수식의 의미는 다음과 같습니다.

=GETPIVOTDATA("금액",Sheet1!$A$3,"거래처","아현문구","구분","학용품")
                   ❶   ❷   ❸   ❹

❶: 첫 번째 인수 "금액"은 작성된 피벗 테이블의 [Σ 값]에 포함된 필드 이름입니다.
❷: 두 번째 인수 Sheet1!$A$3은 해당하는 피벗 테이블을 나타냅니다. 피벗 테이블은 여러 개 있을 수도 있습니다. 그래서 어느 시트의 어느 셀에 있는 피벗 테이블에서 가져온 자료라는 것을 구체적으로 명시해주는 인수입니다.
❸: 세 번째 인수부터는 인수를 두 개씩 묶어서 설명해야 이해하기 쉽습니다.
세 번째 인수(거래처)가 있는 데이터 필드에서 네 번째 인수(아현문구)로 지정한 항목을 가져오게 됩니다.
❹: 피벗 테이블에서는 하나의 쌍으로 인수를 구성하기 때문에 여기에서도 위와 같습니다.
다섯 번째 인수(구분)가 있는 데이터 필드에서 여섯 번째 인수(학용품)로 지정한 항목을 가져오게 됩니다.

그러므로 위 수식은 '거래처' 필드 중에서 '아현문구'를 만족하고, '구분' 필드 중에서 '학용품'을 만족하는 '금액'을 [A3] 셀을 포함하고 있는 [Sheet1] 피벗 테이블에서 가져온 자료라는 것입니다.

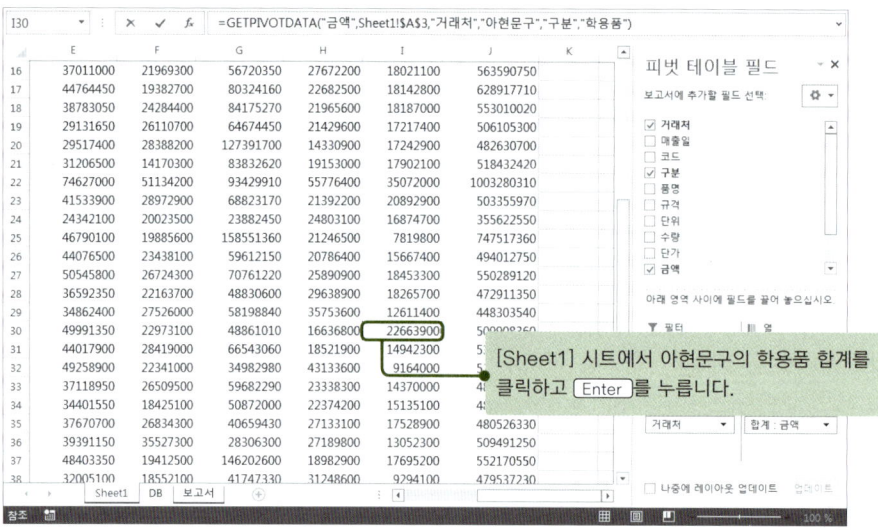

[Sheet1] 시트에서 아현문구의 학용품 합계를 클릭하고 Enter를 누릅니다.

그러면 [보고서] 시트의 [B4] 셀에 수식이 입력된 것을 볼 수 있습니다.

김철 쌤의 한마디! **GETPIVOTDATA 함수가 자동으로 입력되지 않을 때 대처법!**

앞서 알아본 피벗 테이블 수식에서 세 번째 인수와 네 번째 인수처럼 하나의 쌍으로 구성된 필드와 항목은 총 126개까지 지정할 수 있습니다.

GETPIVOTDATA("금액",Sheet1!$A$3,"거래처","아현문구","구분","학용품","필드","항목","필드","항목"····)
　　　　　　　　　　　　　　　　　(1쌍)　　　　　　　(1쌍)　　　　(1쌍)　　　　(1쌍)

▶ 총 126개의 쌍까지 지정할 수 있음

그리고 피벗 테이블에서 선택한 값을 클릭한 뒤 Enter 키를 눌렀지만 GETPIVOTDATA라는 함수가 자동으로 입력되지 않는 경우가 있습니다. 이런 경우에는 [파일] 탭 → [옵션] → [수식] 범주에서 [수식 작업] 항목 중 [피벗 테이블 참조에 GetPivotData 함수 사용]에 체크를 해야 합니다.

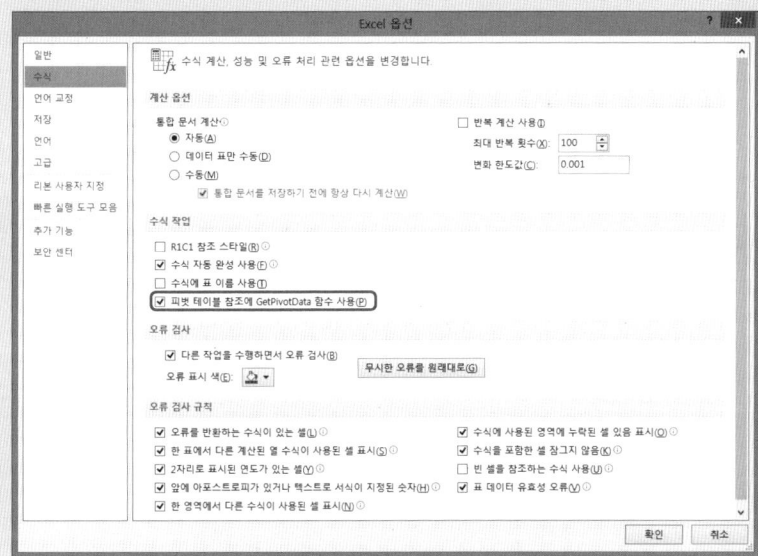

엑셀 2007에는 [파일] 탭이 없습니다. 대신 화면의 좌측 상단에 있는 [Office 단추]를 클릭하면 다양한 파일 메뉴가 나타나는데 가장 아래에 [Excel 옵션] 버튼이 있습니다. 이 버튼을 클릭하면 위와 같은 대화상자를 찾을 수 있습니다.

마우스로 작성하는 속성 보고서 **143**

5. 자동으로 입력된 수식은 '아현문구', '학용품'과 같이 인수가 고정값을 갖고 있습니다. 나머지 셀들을 복사, 붙여넣기로 쉽게 채우려면 이러한 인수들을 셀 참조 주소로 변경해야 합니다. [B4] 셀에 입력된 수식을 =GETPIVOTDATA("금액",Sheet1!$A$3,"거래처",$A4,"구분",B$3)으로 변경한 후 Enter 키를 누릅니다.

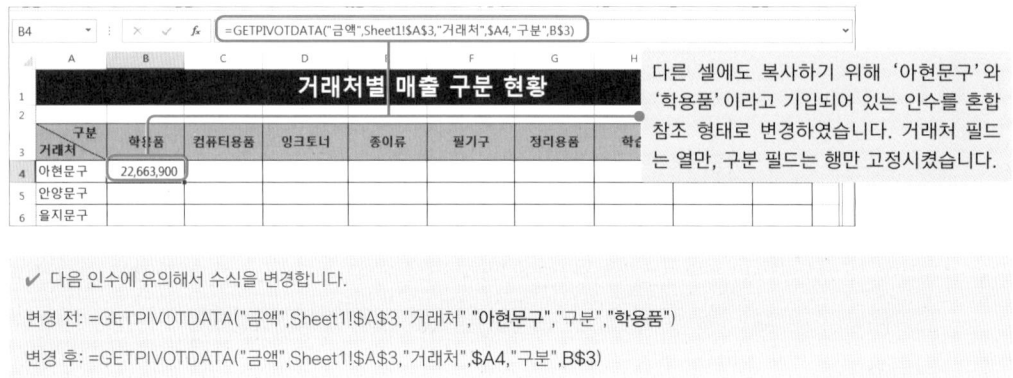

다른 셀에도 복사하기 위해 '아현문구'와 '학용품'이라고 기입되어 있는 인수를 혼합 참조 형태로 변경하였습니다. 거래처 필드는 열만, 구분 필드는 행만 고정시켰습니다.

✔ 다음 인수에 유의해서 수식을 변경합니다.

변경 전: =GETPIVOTDATA("금액",Sheet1!$A$3,"거래처","**아현문구**","구분","**학용품**")

변경 후: =GETPIVOTDATA("금액",Sheet1!$A$3,"거래처",**$A4**,"구분",**B$3**)

6. 수식을 변경했으면 나머지 부분도 채워 넣겠습니다. [B4] 셀에 입력된 수식을 복사하고 [B4:I42] 셀을 선택한 뒤 붙여넣기합니다.

김철 쌤의 한마디! 데이터가 잘 입력되었는지 확인하는 방법은 없을까?

[보고서] 시트의 결과 범위인 [B4:I42] 셀을 선택하면 화면 하단에 있는 상태 표시줄에, 선택한 데이터의 기초 통계량 정보 중에서 평균과 개수, 그리고 합계 정보가 나타납니다.

▲ 상태 표시줄

합계 결과를 잠시 기억해 두고 [DB] 시트를 선택합니다. [금액] 필드 데이터인 [J2:J17078] 셀을 선택하고 상태 표시줄을 확인하면 쉽게 검산할 수 있습니다.

이때 [J2:J17078] 셀의 선택은 [J2] 셀을 선택한 후 Ctrl + Shift + ↓ 를 누르면 빠르고 쉽게 선택할 수 있습니다.

상태 표시줄에 나타나는 정보는 사용자가 지정할 수 있습니다. 상태 표시줄을 마우스 오른쪽 버튼으로 클릭하고 필요한 옵션을 선택하면 됩니다.

마우스로 작성하는 속성 보고서 **145**

05 매출 집계 및 소비 성향 분석 보고서

피벗 테이블 기능을 사용하면 데이터의 규모와는 상관없이 무엇이든 간단하게 요약할 수 있습니다. 이러한 피벗 테이블에 유효성 검사와 조건부 서식이 더해지면 그 기능은 더욱 강력해지죠. 그럼 실습을 통해 배워 보겠습니다.

05-1 특정 기간 동안의 매출 집계 뽑기 - 피벗 테이블 & 데이터 유효성 검사
05-2 소비 성향 및 구매자 분포 파악하기 - 피벗 테이블 & 조건부 서식

송대리 이야기

고객의 소비 성향과 매출 분석, 정보의 시각화를 한 번에!

송영일 대리는 회사의 매출 데이터베이스를 분석해서 연령대별 매출 분포와 고객의 소비 성향을 파악하라는 업무를 맡았다. 연령과 소비성향에 따라 마케팅 전략을 세워야 하기 때문이다. "그동안 피벗 테이블, 데이터 유효성 검사, 조건부 서식을 각각 따로 사용했는데 이 기능들을 잘 조합하면 뭔가 되지 않을까?"

좋아! 올해 마케팅 타깃은 청소년 층이다!

✓ 2007 ✓ 2010 ✓ 2013 ✓ 2016

05-1 특정 기간 동안의 매출 집계 뽑기
– 피벗 테이블 & 데이터 유효성 검사

피벗 테이블을 활용해서 보고서를 작성하고, 원하는 기간의 매출만 빠르게 집계하는 방법을 살펴보겠습니다. 5장_01_피벗 테이블_연별매출_예제.xlsx라는 엑셀 파일을 불러옵니다.

다시 문구회사의 데이터베이스로 실습해 보겠습니다. 피벗 테이블 기능은 숫자, 문자, 날짜 등 정보의 종류를 가리지 않지만 날짜 정보만큼은 더욱 뛰어난 기능을 제공합니다. 연, 월, 분기 등 더욱 세분화된 날짜 단위를 제공하기 때문입니다.

데이터를 표로 만들고 피벗 테이블 삽입하기

1. 피벗 테이블로 작성한 엑셀 데이터베이스 범위를 표로 만듭니다. [DB] 시트의 데이터 중에서 임의의 셀을 선택한 후 표 만들기(Ctrl + T)를 실행합니다. 범위와 [머리글 포함]에 체크를 재확인하고 [확인] 버튼을 클릭합니다.

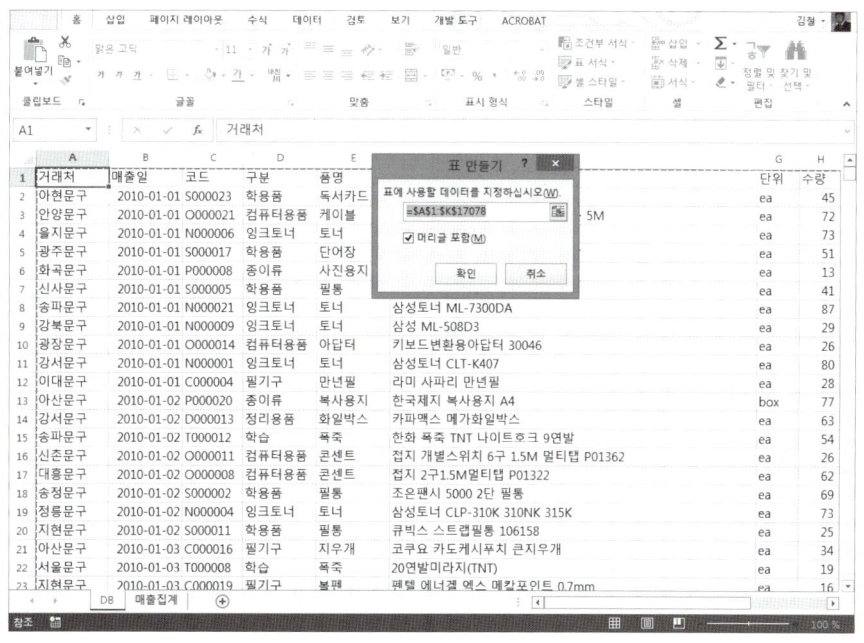

매출 집계 및 소비 성향 분석 보고서 **147**

2. 피벗 테이블을 만들기 위해서 [디자인] 탭 → [도구] 그룹 → [피벗 테이블로 요약]을 클릭합니다. 피벗 테이블 보고서를 넣을 위치는 [새 워크시트]를 선택하고 [확인] 버튼을 클릭합니다.

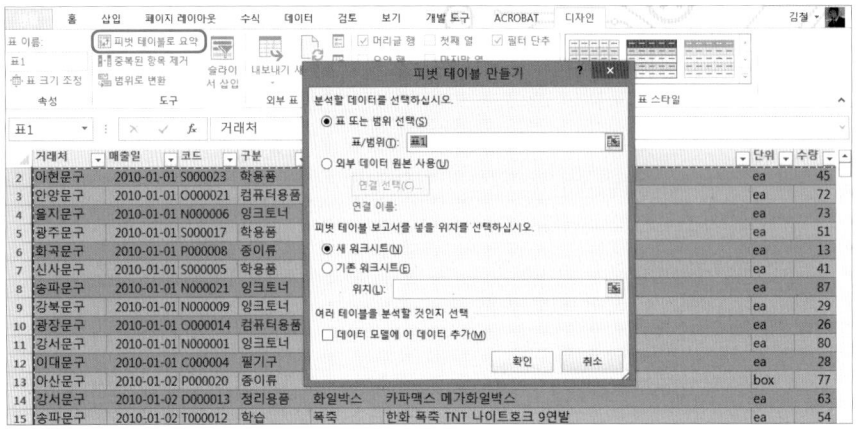

3. 매출일과 구분별로 매출 금액의 합계를 나타내도록 하겠습니다. [피벗 테이블 필드] 목록에서 '매출일' 필드는 [행]으로, '구분' 필드는 [열]로, '금액' 필드는 [∑ 값]으로 끌어다 놓습니다.

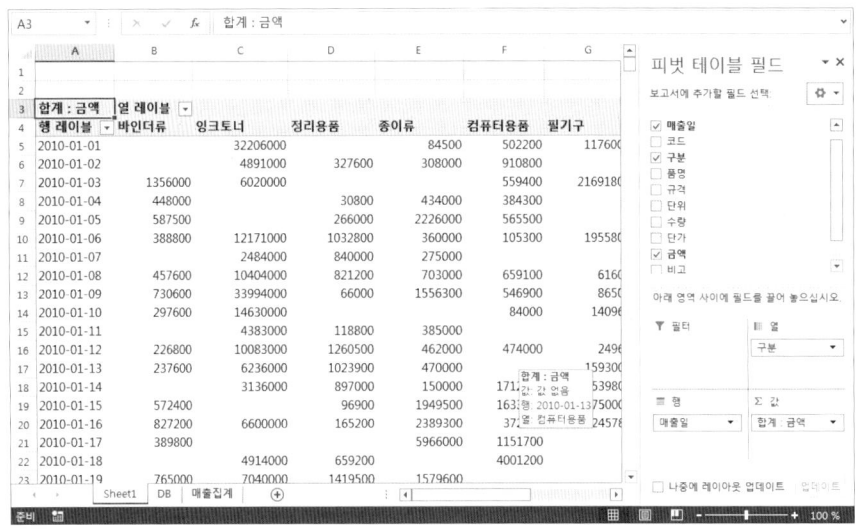

4. 연월별 매출일로 정리하기 위해 그룹으로 만들겠습니다. 피벗 테이블에서 임의의 매출일을 마우스 오른쪽 버튼으로 클릭합니다. 나타난 메뉴에서 [그룹]을 선택해서 실행합니다.

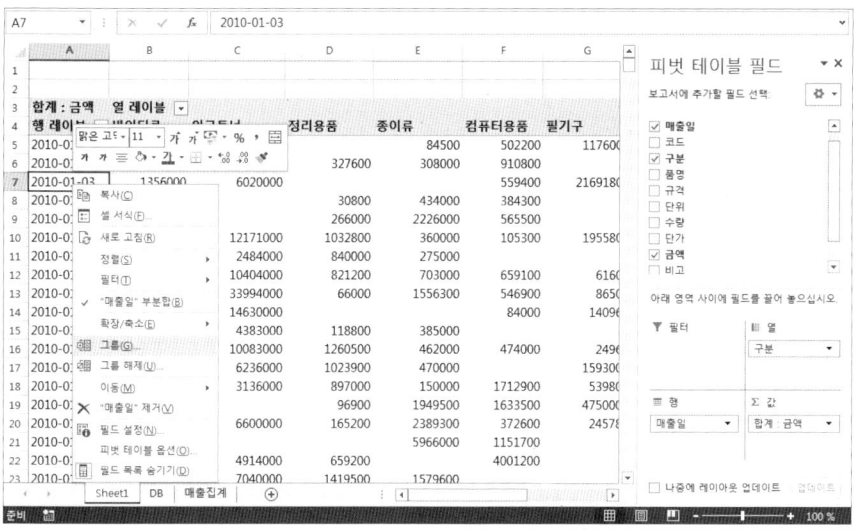

5. 나타난 [그룹화] 대화상자에서 그룹의 [단위]를 만들 '월', '연'을 선택하고 [확인] 버튼을 클릭합니다. 그러면 연월별 매출일로 정리되어 있던 데이터가 각 연도별로 그룹이 만들어지고 그 하위에 각 월별로 품목별 매출이 합산되어 정리됩니다.

✓ 엑셀 2016 버전에서는 [행] 영역에 연, 월, 일로 구성된 날짜 정보를 넣으면 '연', '분기' 그룹이 자동으로 추가됩니다.

매출 집계 및 소비 성향 분석 보고서 **149**

보고서에서 연도를 선택해서 분석하기

데이터 유효성 기능을 피벗 테이블에 응용하면 필터 효과를 낼 수 있습니다. 이를 적용하면 새 시트를 만들지 않아도 한 시트 안에서 여러 보고서를 확인할 수 있습니다. 어렵게 느껴지나요? 한 번만 실습해 보면 금방 이해할 수 있습니다. 여기서는 연도별로 분석할 수 있는 보고서를 만들어 보겠습니다.

1. [매출집계] 시트의 [J3] 셀을 선택한 후 [데이터] 탭 → [데이터 도구] 그룹 → [데이터 유효성 검사]를 실행합니다. 나타난 [데이터 유효성] 대화상자의 [설정] 탭에서 [제한 대상]은 '목록'을, [원본]은 분석하고자 하는 연도인 2010,2011,2012,2013,2014를 콤마(,)로 구분하여 나열한 뒤 [확인] 버튼을 클릭합니다.

2. 피벗 테이블로 작성된 결과 중에서 '1월'의 '학용품' 매출 합계를 원하는 양식으로 가져와 보겠습니다. [J3] 셀을 선택하면 역삼각형 모양의 드롭다운 메뉴 버튼이 나타납니다. 이 버튼을 클릭하면 콤마(,)로 구분해서 입력한 연도가 나타나는데 항목 중에서 '2010'을 선택합니다.

[매출집계] 시트의 [B5] 셀을 선택하고 피벗 테이블 결과를 가져오기 위해 =를 입력합니다. 피벗 테이블 결과가 있는 [Sheet1] 시트 탭을 클릭합니다. '2010년', '1월', '학용품'의 매출 합계인 [I6] 셀을 선택한 후 Enter 키를 누릅니다.

| 수식 알고 넘어가기 |

=GETPIVOTDATA("금액",Sheet1!$A$3,"매출일",1,"구분","학용품","연",2010)
              ❶   ❷   ❸ ❹ ❺   ❻ ❼ ❽

❶: 가져올 데이터가 들어 있는 데이터 필드의 이름입니다.
❷: 피벗 테이블이 위치한 시트에 있는 임의의 셀입니다.
❸: 가져올 데이터가 들어 있는 데이터 필드의 이름입니다.
❹: ❸ 번째 인수로 입력된 데이터 필드 중에서 가져올 항목의 이름입니다.
❺: 가져올 데이터가 들어 있는 데이터 필드의 이름입니다.
❻: ❺ 번째 인수로 입력된 데이터 필드 중에서 가져올 항목의 이름입니다.
❼: 가져올 데이터가 들어 있는 데이터 필드의 이름입니다.
❽: ❼ 번째 인수로 입력된 데이터 필드 중에서 가져올 항목의 이름입니다.

따라서 위 수식은 [Sheet1] 시트의 [A3] 셀에 위치한 피벗 테이블에서 '매출일' 중에서 '1'월을, '구분' 필드에서 '학용품'을, 그룹으로 만든 '년' 중에서 '2010'년을 만족하는 '금액'을 나타내라는 뜻이 됩니다.

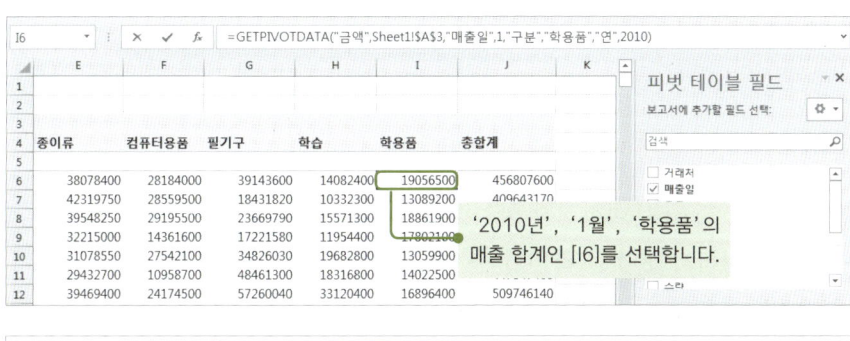

'2010년', '1월', '학용품'의 매출 합계인 [I6]를 선택합니다.

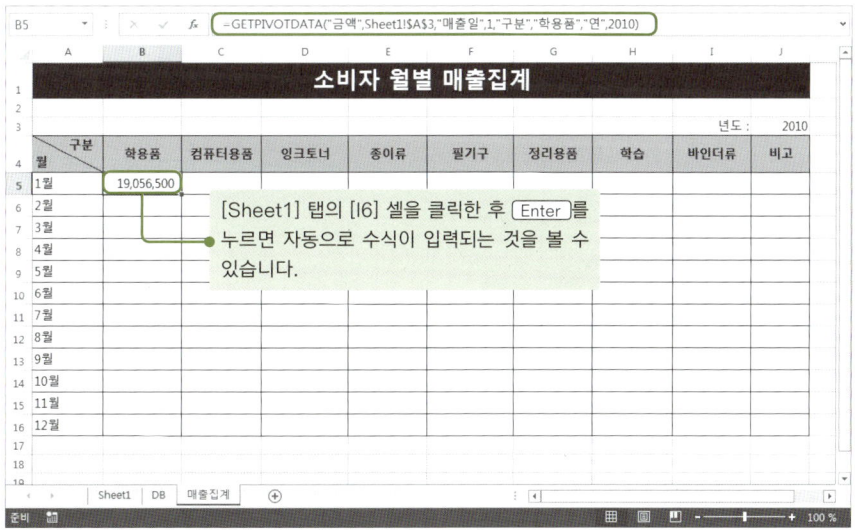

[Sheet1] 탭의 [I6] 셀을 클릭한 후 Enter 를 누르면 자동으로 수식이 입력되는 것을 볼 수 있습니다.

3. 자동으로 입력된 수식은 1, "학용품", 2010과 같이 인수가 고정된 값을 갖고 있습니다. 나머지 셀들을 쉽게 복사하여 붙여넣기 위해 이러한 인수들을 셀 참조 주소로 변경해야 합니다. [B5] 셀에 입력된 수식을 =GETPIVOTDATA("금액",Sheet1!$A$3,"매출일",ROW(A1),"구분",B$4,"연",$J$3)으로 변경한 후 Enter 키를 누릅니다.

4. 변경한 [B5] 셀의 수식을 복사해서 [I16] 셀까지 붙여넣습니다.

이제 [J3] 셀을 선택한 다음 분석하고자 하는 연도를 변경하면 해당 연도의 월별, 항목별 매출 집계가 수정되어 나타나는 것을 확인할 수 있습니다.

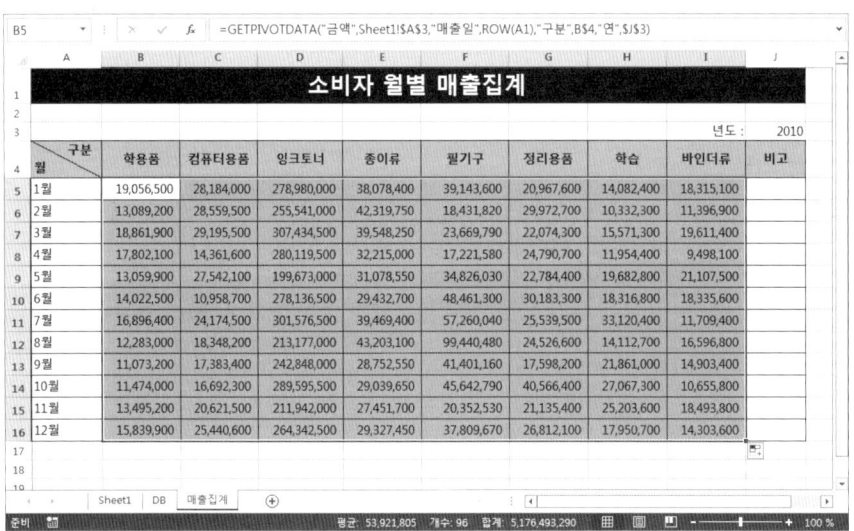

김철 쌤의 한마디! GETPIVOTDATA 수식이 오류가 나는 2가지 경우

소비자 월별 매출집계를 완료해서 분석한 데이터를 연도별로 확인할 수 있습니다. 그런데 2014년도를 선택해보면 데이터 오류가 생깁니다. 그 이유는 데이터 유효성 검사를 위해 설정했던 2014년의 데이터는 존재하지 않기 때문입니다.

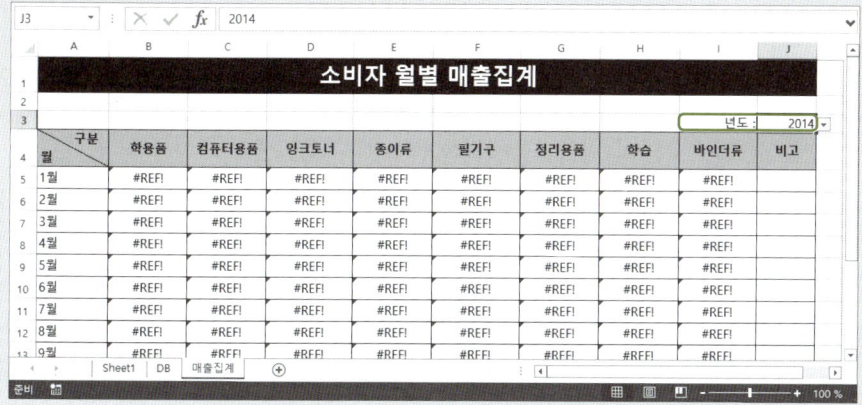

▲ 데이터베이스에 원하는 기간이 들어있지 않은 경우

오류가 생기는 또 한 가지 이유는 피벗 테이블로 작성한 필드를 [필드 축소]로 만들어 두었기 때문입니다.

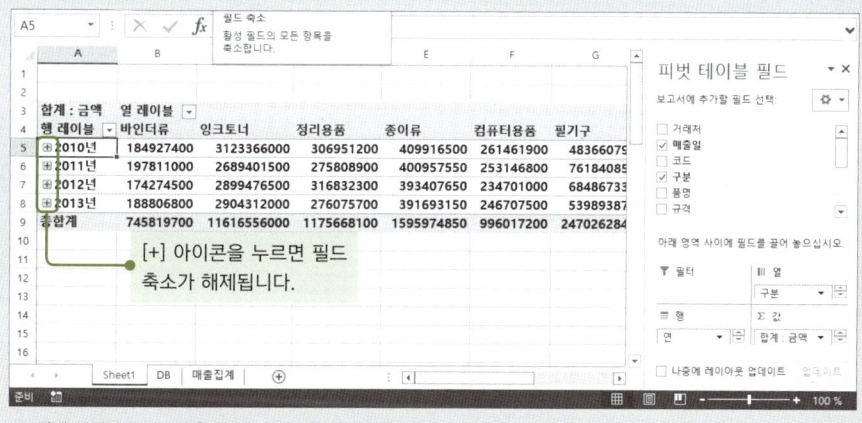

▲ 피벗 테이블 보고서를 [전체 필드 축소]로 해두었을 때

✓ 2007   ✓ 2010   ✓ 2013   ✓ 2016

05-2   소비 성향 및 구매자 분포 파악하기
            - 피벗 테이블 & 조건부 서식

피벗 테이블을 활용하면 매출 데이터베이스에서 성별과 연령대별로 특정 제품에 대한 소비 성향과 소비 분포를 파악할 수 있습니다. 5장_02_피벗 테이블_소비 성향_및_분포_예제.xlsx라는 엑셀 파일을 불러옵니다.

이번에 실습할 데이터베이스는 어느 쇼핑몰의 구매 정보 자료입니다. 어떤 연령대가 어떤 상품을 주로 샀는지 소비자의 성향을 파악한다면 이후 홍보 및 마케팅 계획을 세울 때 객관적인 판단의 근거가 될 수 있겠죠?

피벗 테이블로 표 작성한 후 필터 항목 만들기

1. 우선 피벗 테이블로 작성할 엑셀 데이터베이스 범위를 표로 만듭니다. [DB] 시트의 데이터 중에서 임의의 셀을 선택한 후 표 만들기(Ctrl + T)를 실행합니다. 표에 사용할 데이터 범위와 [머리글 포함]에 체크를 확인하고 [확인] 버튼을 클릭합니다.

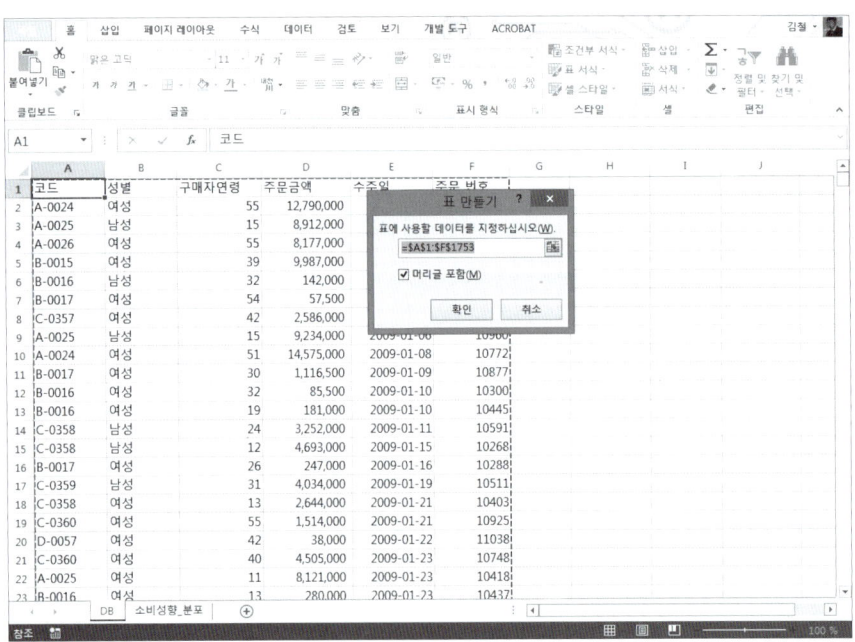

2. 이제 [DB] 시트에 몇 개의 코드가 있는지 목록을 만들어 보겠습니다. [DB] 시트의 [A1:A1753] 셀을 선택한 다음 복사(Ctrl + C)하고 하단의 새 시트 버튼(⊕)을 클릭해서 새로운 시트를 하나 만듭니다. 만들어진 새 시트의 [A1] 셀을 선택한 후 마우스 오른쪽 버튼으로 클릭하여 [값 붙여넣기]를 실행합니다.

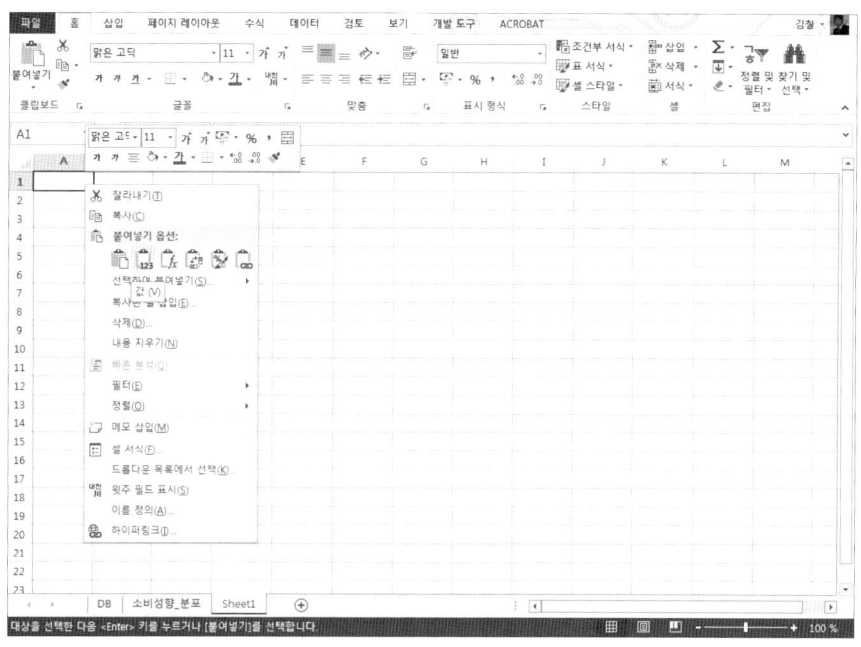

✔ [A1:A1753] 셀을 간단하게 선택하려면 [A1] 셀을 선택한 후, Ctrl + Shift + ↓ 키를 누르면 됩니다.

하위 버전에서는

엑셀 2007은 새 시트의 [A1] 셀을 선택한 후 마우스 오른쪽 버튼으로 클릭해서 [선택하여 붙여넣기]를 실행합니다. 나타난 대화상자에서 [붙여넣기] → [값]을 체크하고 [확인] 버튼을 클릭하면 됩니다.

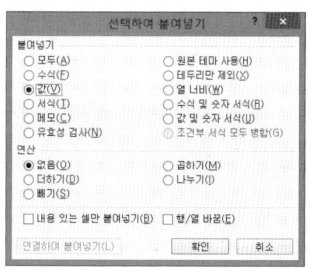

3. 새 시트에 복사해 온 코드 열 중에 중복된 항목을 제거하겠습니다. [데이터] 탭 → [데이터 도구] 그룹 → [중복된 항목 제거]를 실행하고 [확인] 버튼을 클릭합니다. 이후에 나타나는 메시지 창에서도 [확인] 버튼을 클릭해서 닫습니다. 중복된 값이 제거되고 15개의 고유한 값이 남았습니다.

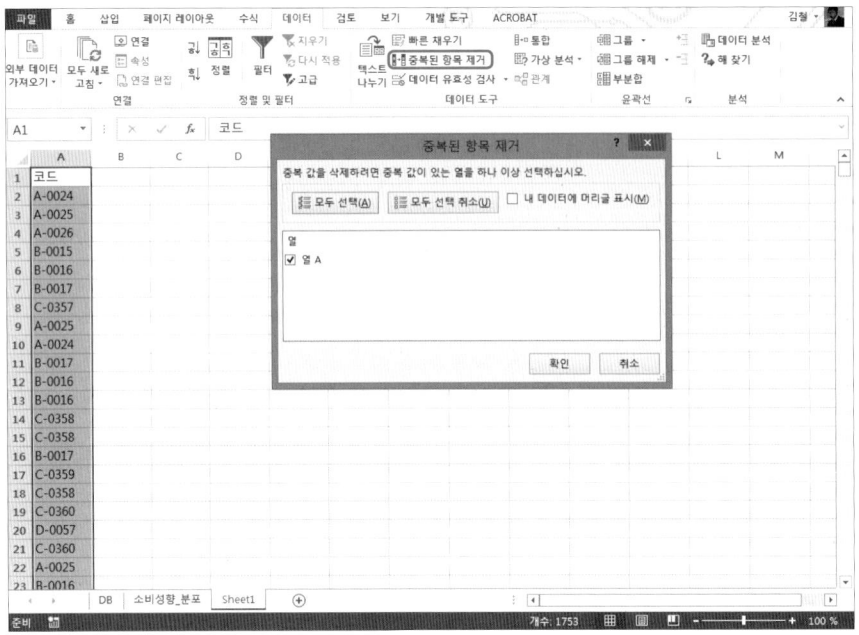

코드 데이터를 유효성 검사로 지정하기

1. [소비성향_분포] 시트를 클릭합니다. 그리고 성별을 유효성 검사로 지정하겠습니다. [N3] 셀을 선택하고 [데이터] 탭 → [데이터 도구] 그룹 → [데이터 유효성 검사]를 실행합니다. 나타난 [데이터 유효성] 대화상자의 [설정] 탭에서 [제한 대상]은 '목록'으로 [원본]은 '남성,여성'으로 입력하고 [확인] 버튼을 클릭합니다.

✔ 데이터 유효성 검사는 선택한 셀에 잘못된 데이터가 입력되는 것을 방지하기 위해서 사용됩니다. 여기에서는 여성과 남성 이외의 데이터를 입력하면 셀에 입력할 수 있는 값이 제한되어 있다는 메시지 창이 나타나게 됩니다.

2. 이어서 코드도 유효성 검사로 지정하겠습니다. [N4] 셀을 선택하고 [데이터] 탭 → [데이터 도구] 그룹 → [데이터 유효성 검사]를 실행합니다. 나타난 [데이터 유효성] 대화상자의 [설정] 탭에서 [제한 대상]은 '목록'으로 설정합니다. 그리고 [원본]은 미리 추출해둔 [Sheet1] 시트의 [A2:A15] 셀을 선택하고 [확인] 버튼을 눌러 닫습니다.

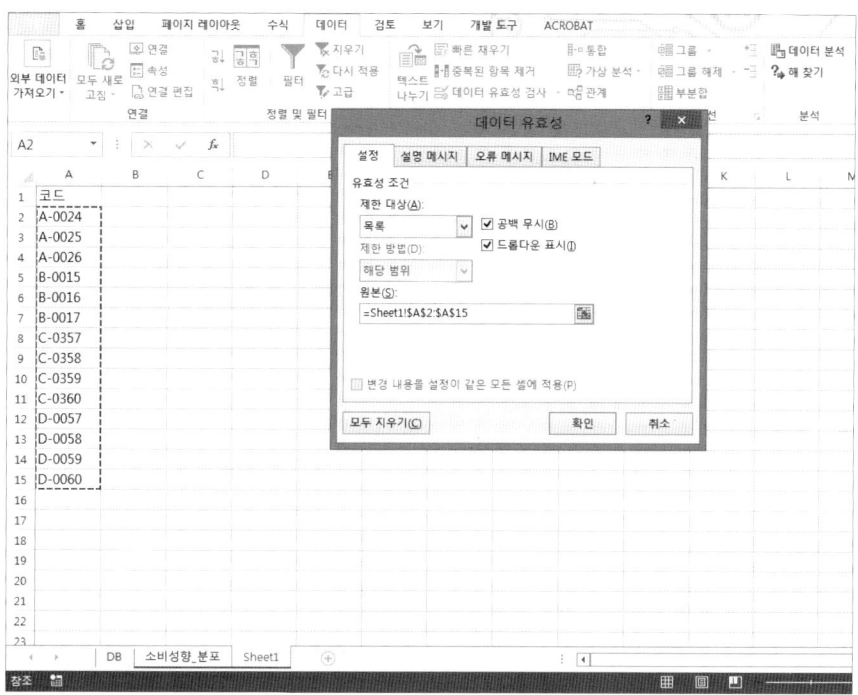

> **하위 버전에서는**
>
> **엑셀 2007**은 다른 시트에 있는 내용을 유효성 검사로 나타낼 수 없습니다. 그러므로 반드시 해당 범위를 '이름 정의' 기능을 사용하여 미리 정의한 후, 유효성 검사의 [원본] 입력란에 '=이름 정의'와 같은 형태로 지정해야 합니다. 이름 정의에 관한 상세한 설명은 7장을 참조하세요.

3. [소비성향_분포] 시트의 [N3:N4] 셀에 필터 데이터를 확인한 다음 [N3] 셀을 선택하고 선택 항목을 '남성'으로 선택합니다. [N4] 셀 역시 선택 항목을 확인하고 'B-0016' 코드를 선택합니다.

성별, 구매자 연령, 코드별 주문 금액의 합계를 피벗 테이블로 작성하기

1. [DB] 시트로 돌아와서 임의의 셀 하나를 선택한 다음 [디자인] 탭 → [도구] 그룹 → [피벗 테이블로 요약]을 클릭해서 피벗 테이블을 만듭니다. 피벗 테이블 보고서를 넣을 위치는 [새 워크시트]로 선택하고 [확인] 버튼을 클릭합니다.

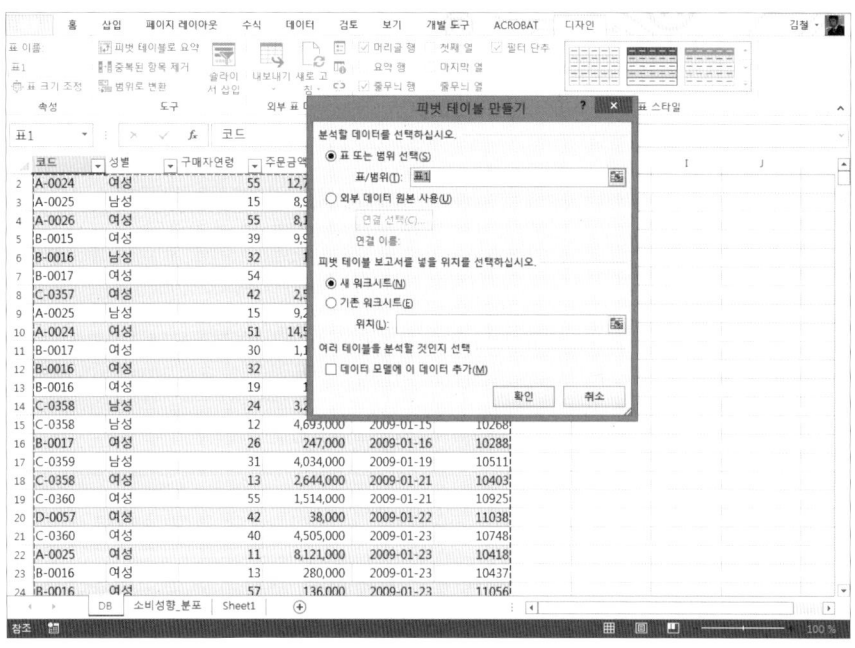

2. 성별, 구매자 연령, 코드별 주문 금액의 합계를 피벗 테이블로 작성하겠습니다. [피벗 테이블 필드]에서 '성별'과 '구매자연령', '수주일' 필드를 [행]으로 끌어다 놓습니다. 그리고 '코드'를 [열]로, '주문 금액'을 [∑ 값]으로 끌어다 놓습니다.

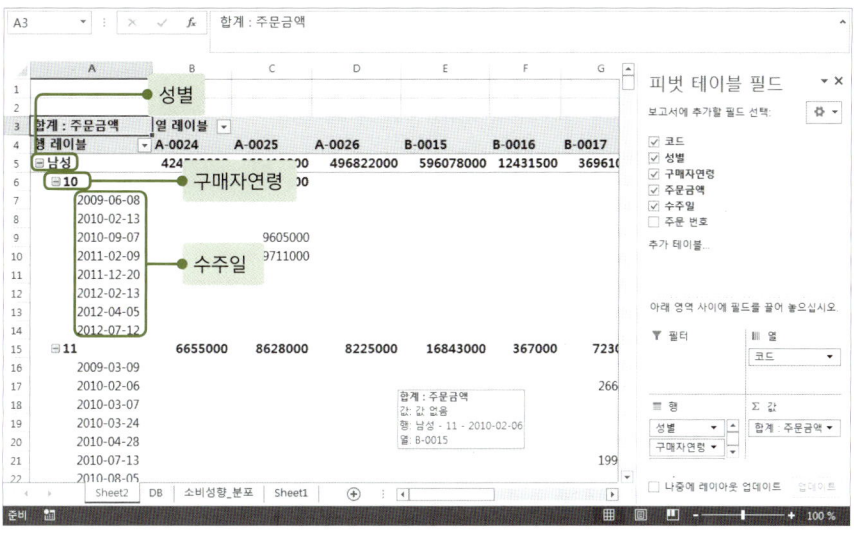

✔ 엑셀 2016 버전에서는 [행] 영역에 연, 월, 일로 구성된 날짜 정보를 넣으면 '연', '분기' 그룹이 자동으로 추가됩니다.

월별 분석이나 연령 분포를 확인하도록 그룹 지정하기

1. 월별 분석을 위해 수주일을 그룹으로 지정하겠습니다. 행에 포함된 [수주일] 항목 중에서 임의의 셀을 선택한 후 마우스 오른쪽 버튼을 클릭하고 다시 [그룹]을 클릭합니다.

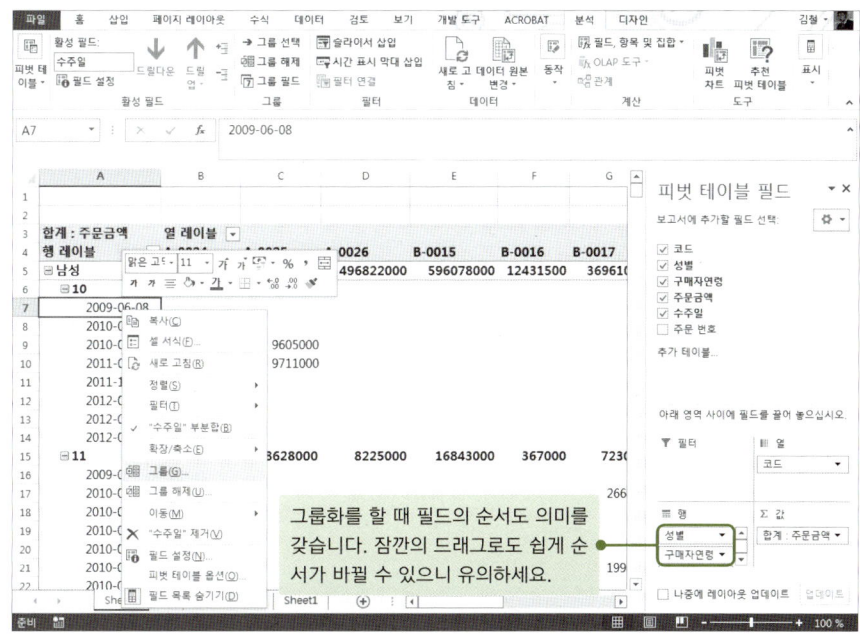

매출 집계 및 소비 성향 분석 보고서 **159**

2. 나타난 [그룹화] 대화상자에서 수주일의 그룹 단위를 선택합니다. '월'을 선택하고 [확인] 버튼을 클릭합니다.

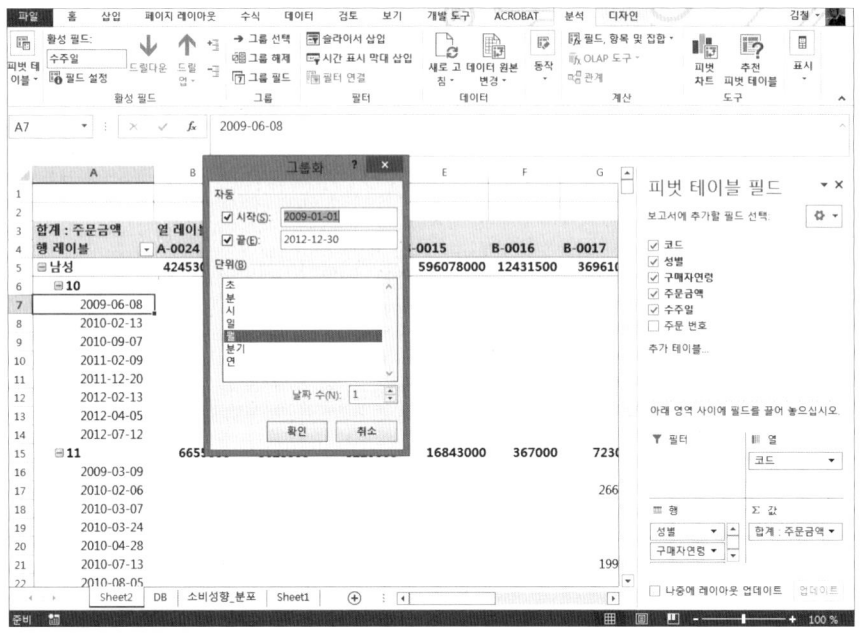

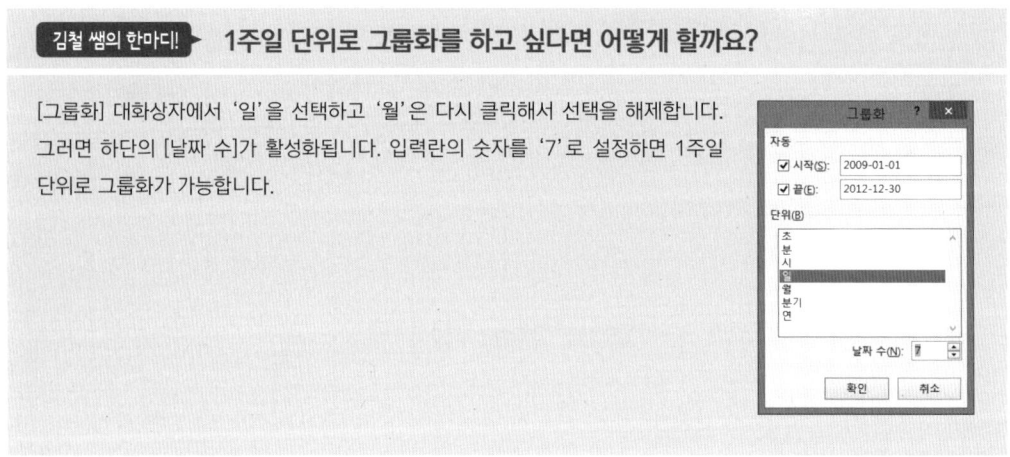

3. 구매자 연령 분포를 확인하기 위해 구매자 연령을 그룹으로 지정하겠습니다. 행에 포함된 [구매자 연령] 항목 중에서 임의의 셀을 선택한 후 마우스 오른쪽 버튼을 클릭하고 다시 [그룹]을 클릭합니다.

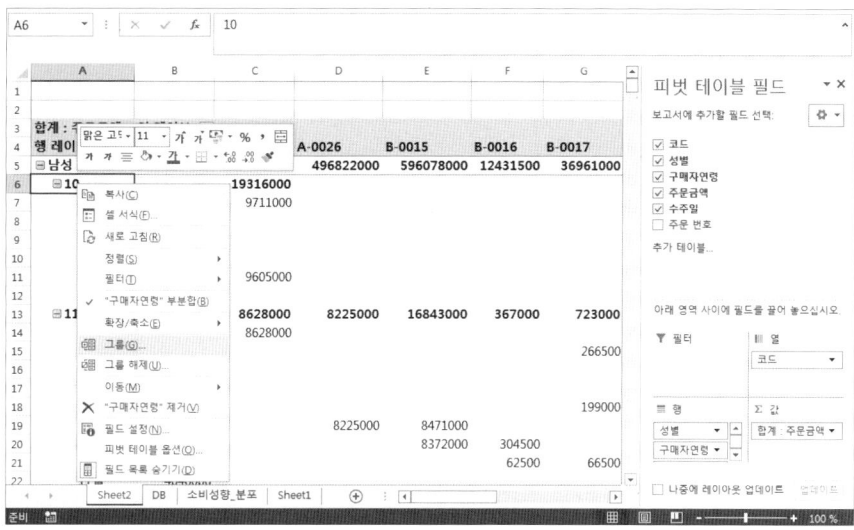

4. 구매자 연령의 그룹 단위를 선택합니다. 나타난 [그룹화] 대화상자에서 [단위]를 '5'로 입력한 후 [확인] 버튼을 클릭합니다.

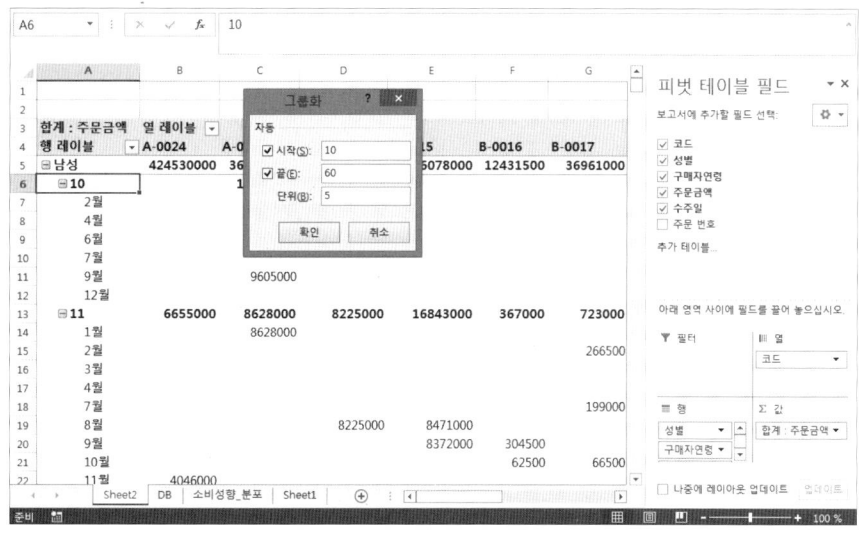

피벗 테이블에서 수식 조건에 맞는 양식 가져오기

1. 피벗 테이블로 작성된 결과 중에서 '10-14'세의 '남성' 구매자 중 '1월'에 팔린 'B-0016' 코드의 매출 합계를 소비 성향 분포 보고서 양식으로 가져오겠습니다. 먼저 [소비성향_분포] 시트에서 [B7] 셀을 선택하고 =를 입력합니다. 그런 다음 피벗 테이블 보고서 [Sheet2] 시트의 [F7] 셀을 선택한 후 Enter 키를 눌러 수식을 입력합니다.

수식 알고 넘어가기

=GETPIVOTDATA
("주문 금액",Sheet2!$A$3,"코드","B-0016","성별","남성","구매자연령",10,"수주일",1)
     ❶   ❷   ❸   ❹   ❺ ❻   ❼   ❽ ❾ ❿

❶ : 가져올 데이터가 들어 있는 데이터 필드의 이름입니다.
❷ : 피벗 테이블이 위치한 임의의 셀입니다.
❸ : 가져올 데이터가 들어 있는 데이터 필드의 이름입니다.
❹ : ❸번의 인수로 입력된 데이터 필드 중에서 가져올 항목 이름입니다.
❺ : 가져올 데이터가 들어 있는 데이터 필드의 이름입니다.
❻ : ❺번의 인수로 입력된 데이터 필드 중에서 가져올 항목 이름입니다.
❼ : 가져올 데이터가 들어 있는 데이터 필드의 이름입니다.
❽ : 8번째 인수인 '10'은 10세부터 14세까지의 구매자 연령 그룹을 나타냅니다. 이 인수는 수식 내에서 '10-14'가 적힌 [A7] 셀의 값을 치환한 것입니다.
❾ : 가져올 데이터가 들어 있는 데이터 필드의 이름입니다.
❿ : 10번째 인수는 8번째 인수와 마찬가지로 1월이라는 [B6] 셀의 값을 1로 나타내는 것입니다.

따라서 위 수식은 [Sheet2] 시트의 [A3] 셀에 위치한 피벗 테이블에서 '코드' 중 'B-0016'을, '성별' 필드에서 '남성'을, 그룹으로 만든 '구매자 연령' 중에서 '10-14'세, '수주일'은 '1'월을 만족하는 '금액'을 나타내라는 뜻이 됩니다.

2. 나머지 셀들을 쉽게 복사해서 붙여넣기 위해 자동으로 입력된 수식 중에서 값이 고정되어 있는 인수들의 셀 주소를 참조 주소로 변경해 보겠습니다. [B7] 셀에 입력된 수식을 각각의 필드 항목이 있는 셀 주소인 =GETPIVOTDATA("주문금액",Sheet2!$A$3,"코드",$N$4,"성별",$N$3,"구매자연령",$A7,"수주일",B$6)로 변경한 후 Enter 키를 누릅니다.

✓ 다음 인수에 유의해서 수식을 변경합니다.
변경 전: =GETPIVOTDATA("주문 금액",Sheet2!$A$3,"코드","B-0016","성별","남성","구매자연령",10,"수주일",1)
변경 후: =GETPIVOTDATA("주문금액",Sheet2!$A$3,"코드",$N$4,"성별",$N$3,"구매자연령",$A7,"수주일",B$6)

3. 변경해서 입력한 [B7] 셀의 수식을 복사해서 [M16] 셀까지 붙여넣기 합니다.

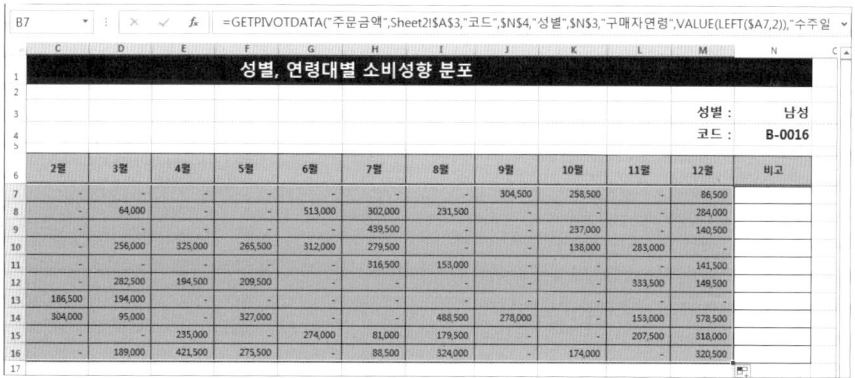

소비 성향을 파악할 수 있도록 조건부 서식 지정하기

1. 마지막으로 소비 성향의 분포를 쉽게 파악할 수 있도록 조건부 서식을 지정하겠습니다. [B7:M16] 셀이 선택된 상태에서 [홈] 탭 → [스타일] 그룹 → [조건부 서식]의 드롭다운(▼) 버튼을 클릭한 다음 [색조]의 확장 메뉴(▶) 중에서 [기타 규칙]을 클릭합니다.

매출 집계 및 소비 성향 분석 보고서 **163**

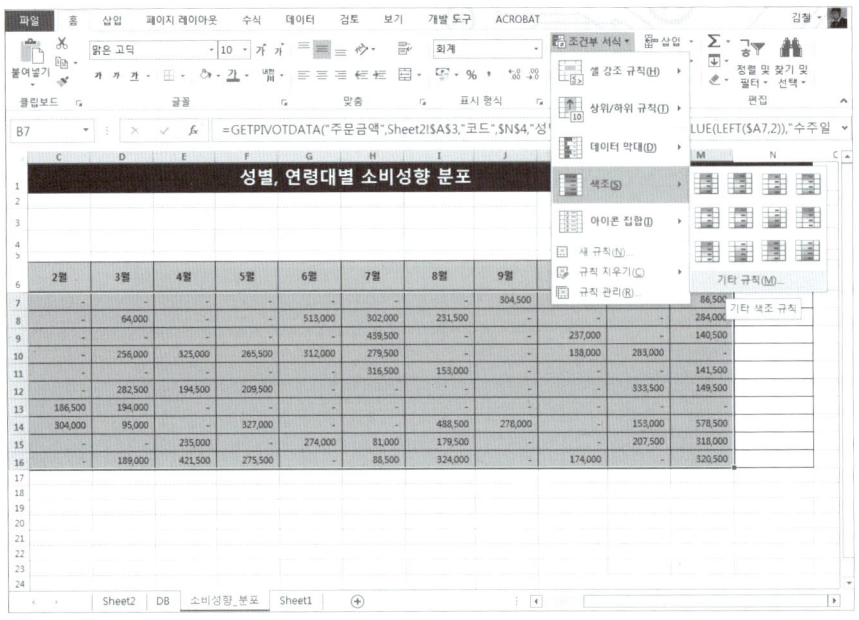

2. 여기서 최대값과 최소값의 색을 지정해 보겠습니다. [최소값]의 색은 '흰색'으로 선택하고 [최대값]의 색은 '주황, 강조 6, 25% 더 어둡게'를 선택하고 [확인] 버튼을 클릭합니다. 이제 [N3:N4] 셀의 성별과 코드를 변경하면 특정 연령의 특정 코드가 몇 월에 매출이 집중되었는지 쉽게 파악할 수 있습니다.

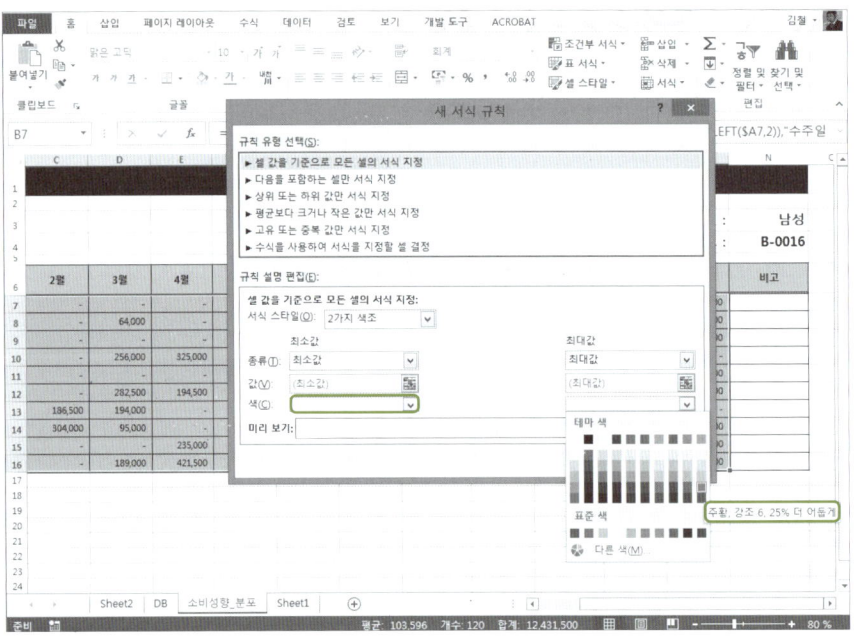

06 | 매출 추이와 목표 관리 보고서

'스파크라인'은 조작이 간단하지만 차트와 유사한 효과를 발휘할 수 있습니다. 차트도 데이터를 시각적으로 비교, 분석할 수 있는 유용한 기능입니다. 하지만 데이터의 추이를 확인하고 싶다면 스파크라인으로도 충분합니다. 데이터 추이가 많거나, 데이터를 각각 따로 보여줘야 한다면 오히려 스파크라인이 더 효과적일 수 있습니다.

06-1 기간별로 매출을 집계하고 매출 추이 나타내기 - 스파크라인
06-2 손쉬운 목표 관리 보고서 만들기 - 스파크라인 응용

박과장 이야기

셀 안에 차트를 넣어 주는 스파크라인!

평소 차트를 많이 사용하는 박영식 과장은 최근 엑셀 2010 버전부터 추가된 스파크라인 기능을 알게 됐다. 가끔 간략한 추이 정도는 데이터와 같이 표현하면 좋겠다는 필요성을 느끼곤 했는데 그럴 때 이 기능이 제격이었다. 마치 셀 안에 차트를 넣은 것처럼 데이터 추이를 보여주니 이제 복잡한 차트 없이도 얼마든지 보고서를 만들 수 있게 됐다.

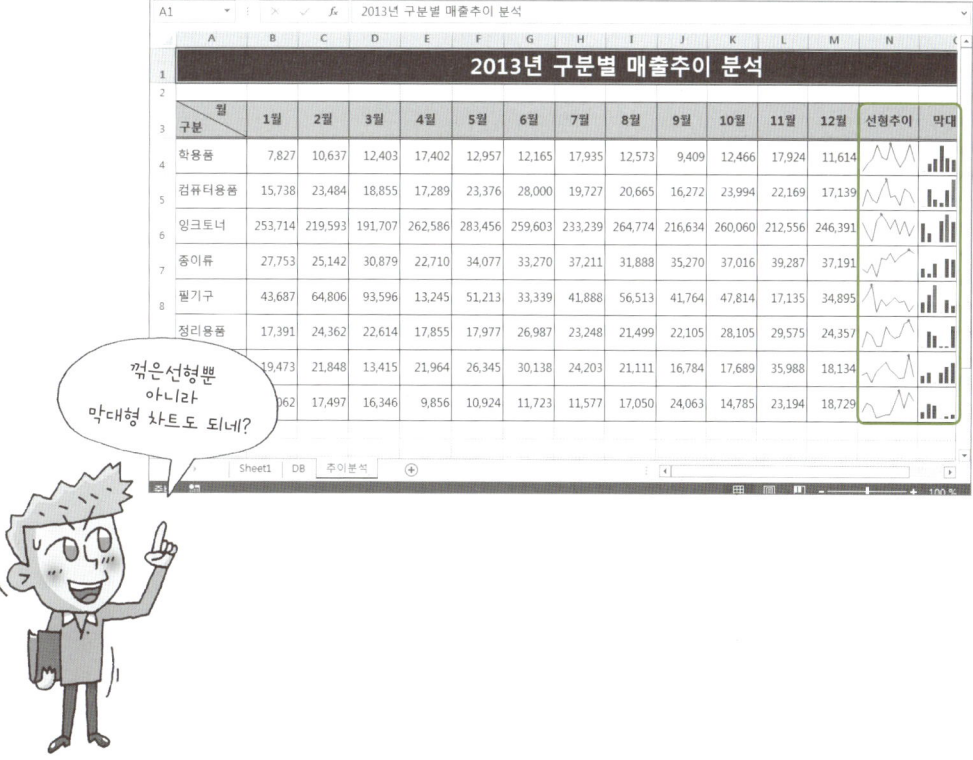

꺾은선형뿐 아니라 막대형 차트도 되네?

✗ 2007 ✓ 2010 ✓ 2013 ✓ 2016

06-1   기간별로 매출을 집계하고
         매출 추이 나타내기 - 스파크라인

피벗 테이블의 그룹 기능을 이용해서 특정 기간 내 매출을 집계하고, 스파크라인으로 매출 추이를 나타내는 방법을 살펴보겠습니다. **6장_01_스파크라인_예제.xlsx**라는 엑셀 파일을 불러옵니다.

피벗 테이블로 작성한 데이터에서 보고서 조건에 맞는 항목 가져오기

1. 피벗 테이블로 작성한 엑셀 데이터베이스 범위를 표로 만듭니다. [DB] 시트의 데이터 중에서 임의의 셀을 선택한 후 표 만들기(Ctrl + T)를 실행합니다. 범위와 [머리글 포함]에 체크를 확인하고 [확인] 버튼을 클릭합니다.

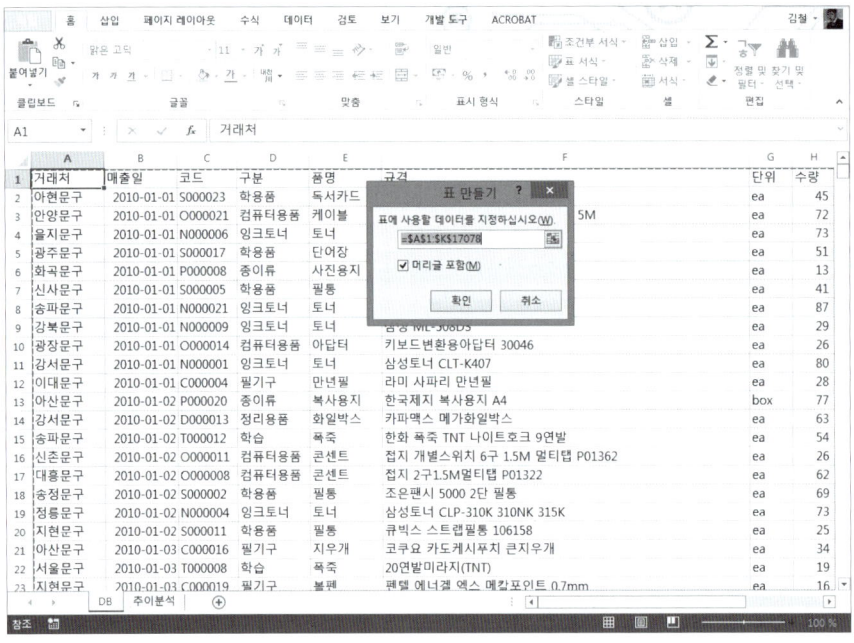

2. [디자인] 탭 → [도구] 그룹 → [피벗 테이블로 요약]을 클릭해서 피벗 테이블을 만듭니다. 피벗 테이블 보고서를 넣을 위치는 [새 워크시트]를 선택하고 [확인] 버튼을 클릭합니다.

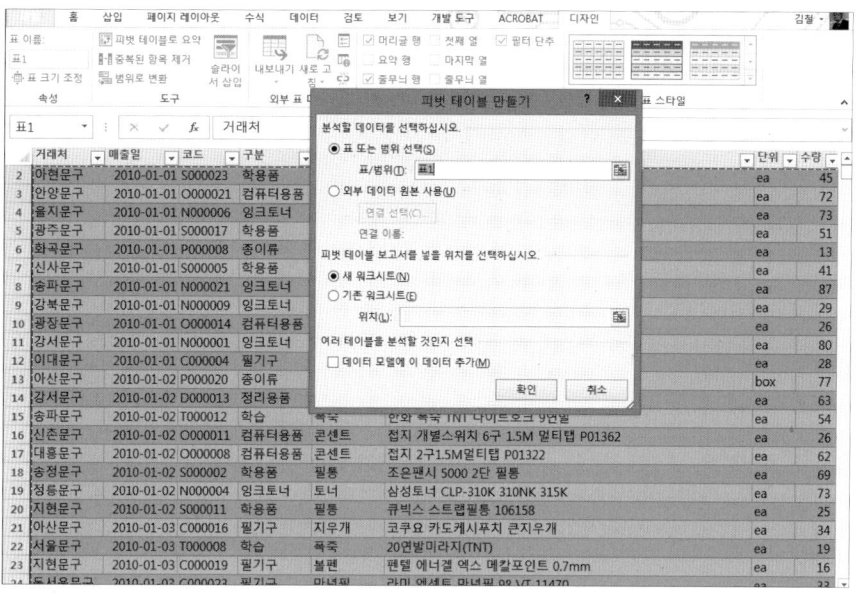

3. 특정한 연월의 매출 합계를 피벗 테이블로 작성해 보겠습니다. [피벗 테이블 필드]에서 '구분'과 '매출일'을 [행]으로, '금액'을 [Σ 값]으로 끌어다 놓습니다.

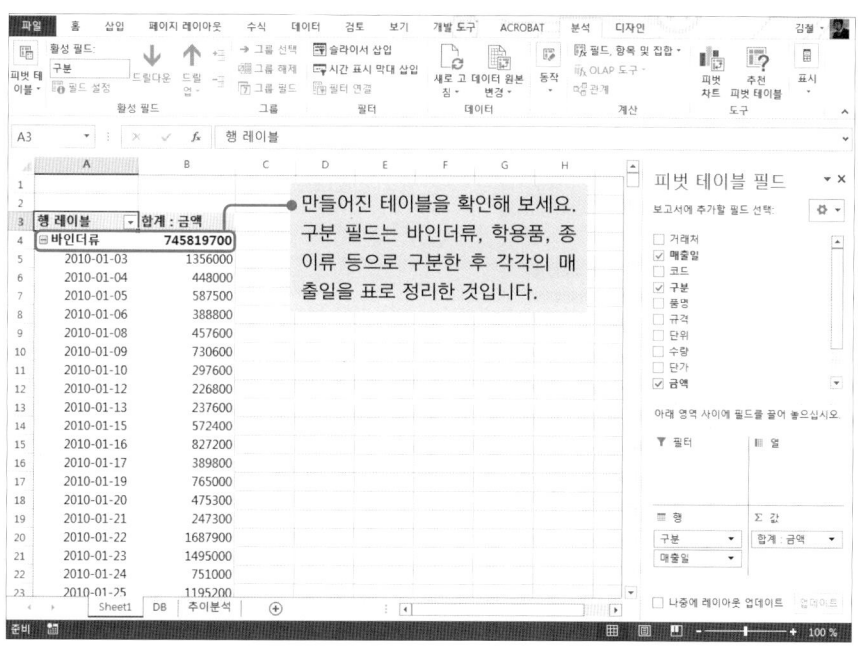

✔ 엑셀 2016 버전에서는 [행] 영역에 연, 월, 일로 구성된 날짜 정보를 넣으면 '연', '분기' 그룹이 자동으로 추가됩니다.

4. 특정 기간 내 매출을 확인하기 위해 '매출일'을 그룹으로 지정합니다. [행]에 포함된 '매출일' 항목 중에서 임의의 셀을 선택한 후 마우스 오른쪽 버튼을 클릭하여 [그룹]을 실행합니다.

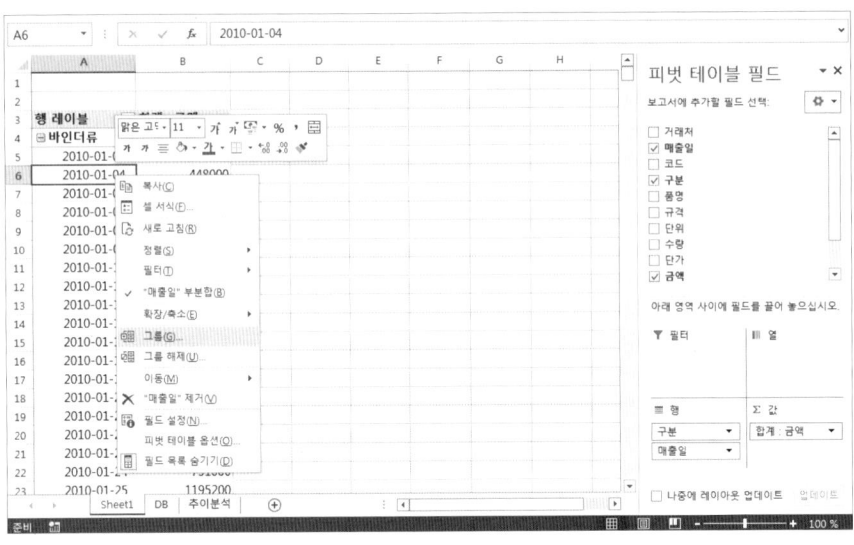

5. 나타난 [그룹화] 대화상자에서 '월', '연'을 선택하고 [확인] 버튼을 클릭하여 매출일의 그룹 단위를 선택합니다.

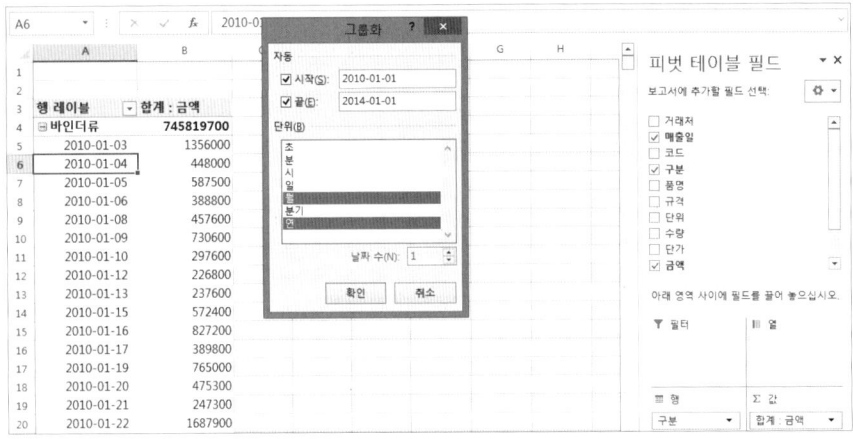

6. 피벗 테이블로 작성된 결과 중에서 '학용품'의 '2013'년 월별 매출 합계를 [추이분석] 시트의 2013년 구분별 매출추이 분석 양식으로 가져와 보겠습니다.

[추이분석] 시트의 [B4] 셀을 선택하고 =를 입력합니다. 그런 다음 피벗 테이블 보고서 [Sheet1]의 [B416] 셀을 선택하고 Enter 키를 눌러 수식을 입력합니다.

| 수식 알고 넘어가기 |

=GETPIVOTDATA("금액",Sheet1!$A$3,"매출일",1,"구분","학용품","연",2013)
              ❶   ❷   ❸ ❹ ❺   ❻ ❼ ❽

❶: 가져올 데이터가 들어 있는 데이터 필드의 이름입니다.
❷: 피벗 테이블이 위치한 임의의 셀입니다.
❸: 가져올 데이터가 들어 있는 데이터 필드의 이름입니다.
❹: ❸번의 인수로 입력된 데이터 필드 중에서 가져올 항목의 이름입니다.
❺: 가져올 데이터가 들어 있는 데이터 필드의 이름입니다.
❻: ❺번의 인수로 입력된 데이터 필드 중에서 가져올 항목의 이름입니다.
❼: 가져올 데이터가 들어 있는 데이터 필드의 이름입니다.
❽: ❼번의 인수로 입력된 데이터 필드 중에서 가져올 항목의 이름입니다.

따라서 위 수식은 [Sheet1] 시트의 [A3] 셀에 위치한 피벗 테이블에서 '매출일' 중 '1'월을, '구분' 필드에서 '학용품'을, 그룹으로 만든 '매출일' 중 '2013'년을 만족하는 '금액'을 나타내라는 뜻이 됩니다.

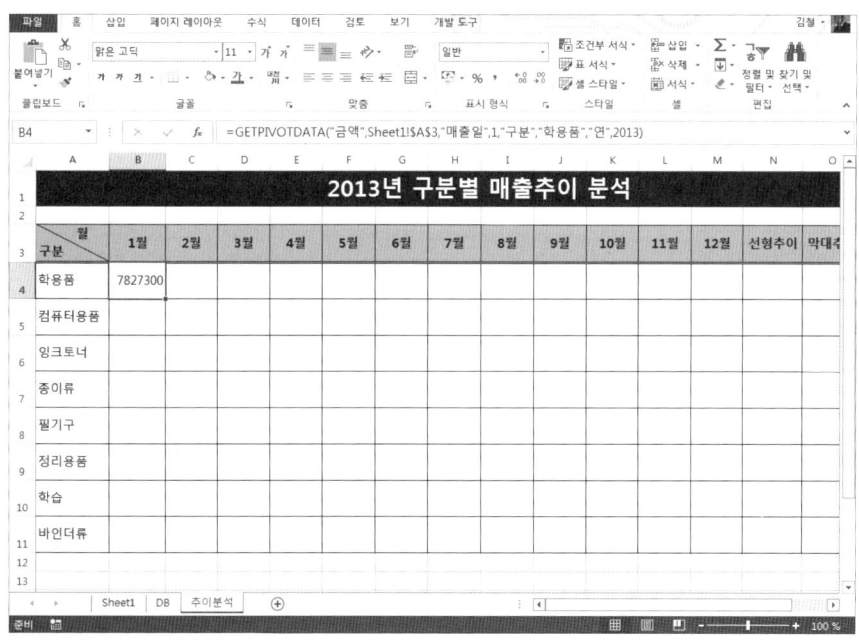

7. 자동으로 입력된 수식 중 값이 고정되어 있는 인수들의 셀 주소를 참조 주소로 바꾸어 봅시다. [B4] 셀에 입력된 수식을 각각의 필드 항목이 있는 셀 주소로 변경하기 위해 =GETPIVOTDATA("금액",Sheet1!$A$3,"매출일",B$3,"구분",$A4,"연",2013) 수식으로 수정한 후 Enter 키를 누릅니다.

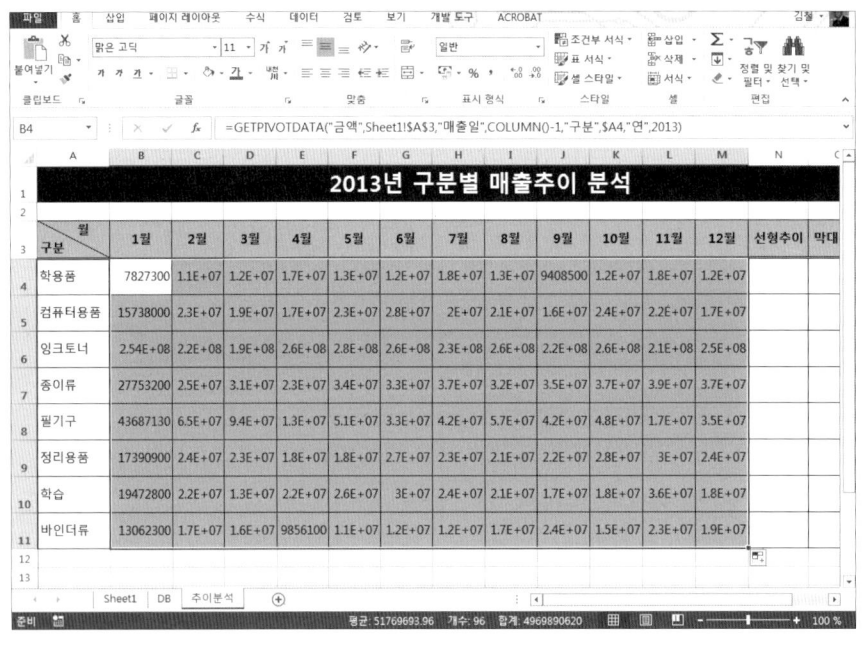

8. 변경된 [B4] 셀의 수식을 나머지 셀인 [M11] 셀까지 붙여넣기 합니다.

✔ 열의 너비를 자동으로 조정하려면 1월~12월 셀을 선택한 후 열과 열 사이를 더블클릭하세요.

9. 매출의 합계를 읽기 쉽게 천 단위로 변경하겠습니다. [추이분석] 시트의 [P2] 셀에는 '단위: 천원'으로 기재되어 있습니다. 해당 금액들을 천 단위로 변경하기 위해 [B4:M11] 셀이 선택된 상태에서 셀 서식(단축키: Ctrl + 1)을 실행합니다. [표시 형식] 탭에서 [사용자 지정]을 선택하고 [형식]은 #,##0,로 입력한 후 [확인] 버튼을 클릭합니다. 여기서 마지막에 쉼표(,)가 붙는 것에 유의해야 합니다.

매출의 합계가 천원 단위로 정리되어 금액이 더 쉽게 읽힙니다.

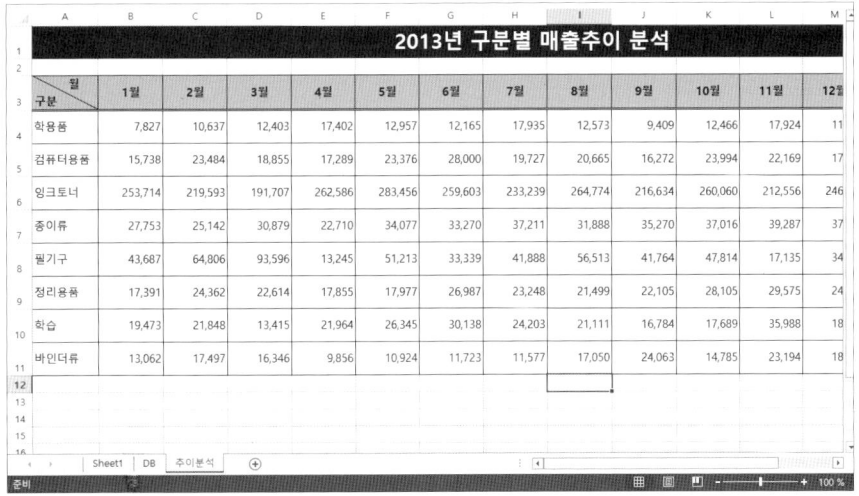

스파크라인으로 데이터 범위 정해서 추이 분석하기

이제 매출 추이를 스파크라인의 [꺾은선형]을 이용해 보기 쉽게 나타내 보겠습니다.

✔ 스파크라인은 엑셀 2010부터 생긴 기능이므로 엑셀 2007 버전은 사용할 수 없습니다.

1. 스파크라인을 삽입할 범위 [N4:N11] 셀을 선택하고 [삽입] 탭 → [스파크라인] 그룹 → [꺾은선형]을 선택합니다.

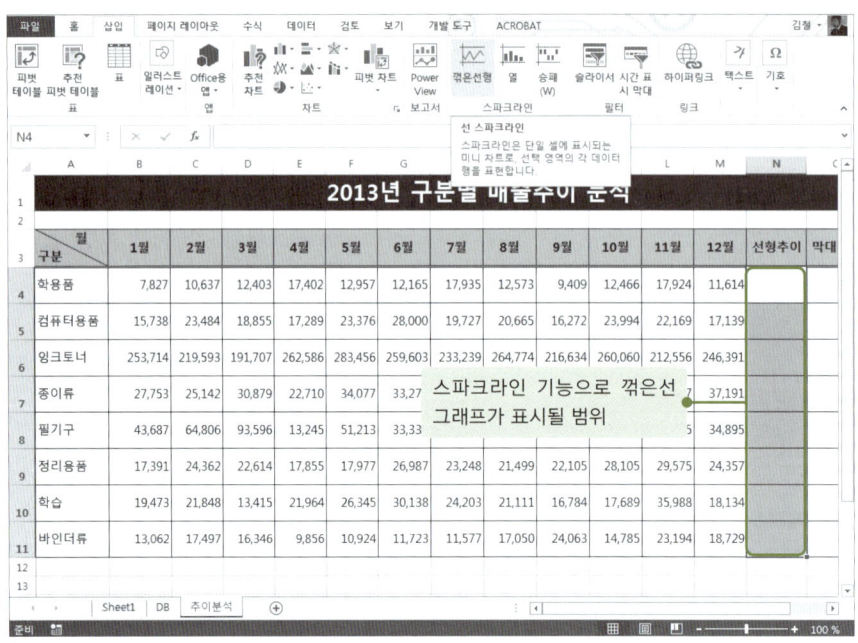

2. 스파크라인으로 나타낼 데이터의 범위를 지정합니다. [스파크라인 만들기] 대화상자의 [데이터 범위]로 설정할 [B4:M11] 셀을 선택하고 [확인] 버튼을 클릭해서 닫으면 꺾은선 형태로 그래프가 추가되는 것을 볼 수 있습니다.

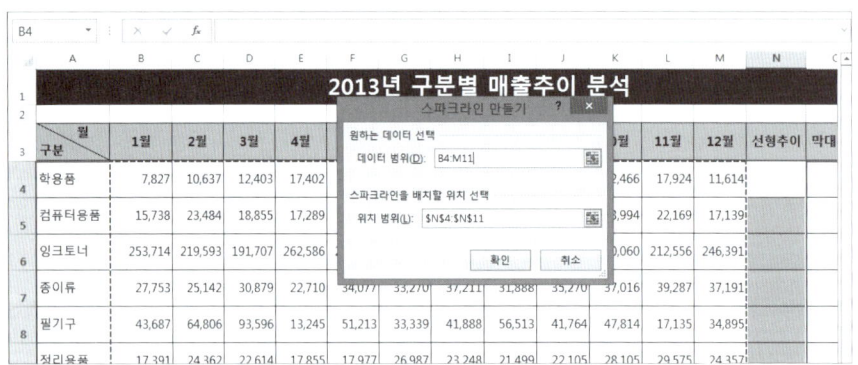

3. 선형추이의 가장 매출이 높은 달을 점으로 표시하고자 합니다. [디자인] 탭 → [스타일] 그룹 → [표식 색]의 드롭다운(▼) 버튼을 클릭한 다음 [높은 점]의 확장 메뉴(▶) 중에서 '빨강'을 선택합니다.

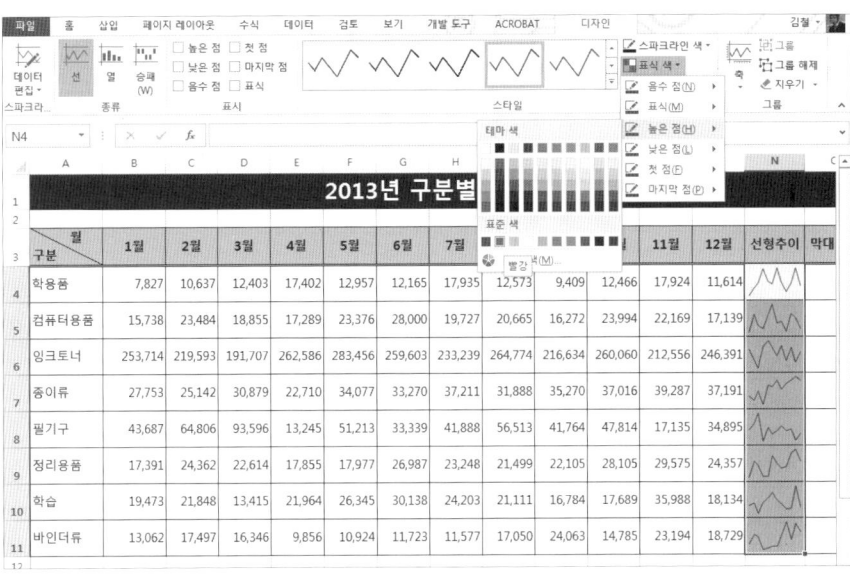

4. 이번에는 매출 추이를 막대차트 형태로 표현하고자 합니다. 먼저 스파크라인을 작성할 범위인 [O4:O11] 셀을 선택하고 [삽입] 탭 → [스파크라인] 그룹 → [열]을 클릭합니다.

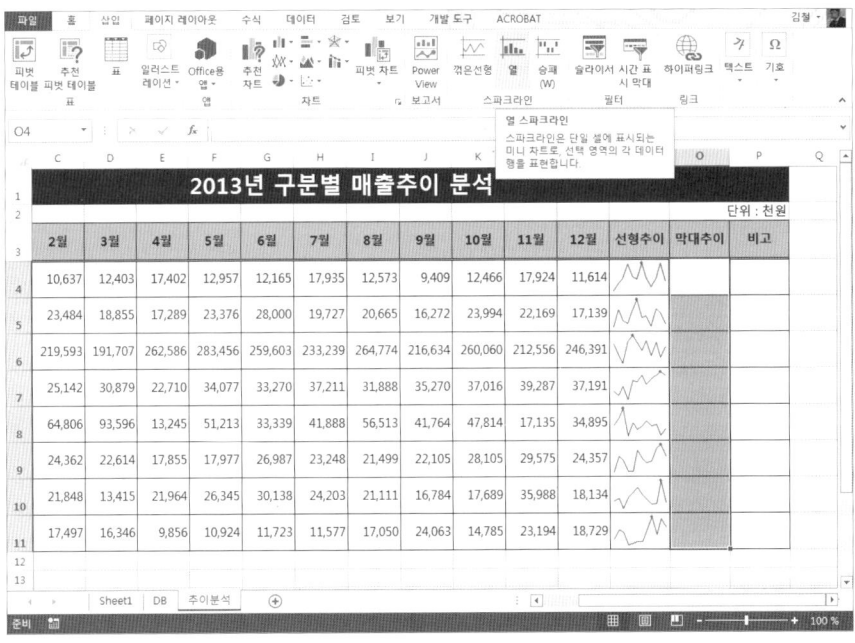

5. [스파크라인 만들기] 대화상자에서 스파크라인으로 나타낼 데이터 범위를 지정합니다. [데이터 범위]로 [B4:M11] 셀을 선택하고 [확인] 버튼을 클릭해서 닫습니다.

매출 추이와 목표 관리 보고서 **173**

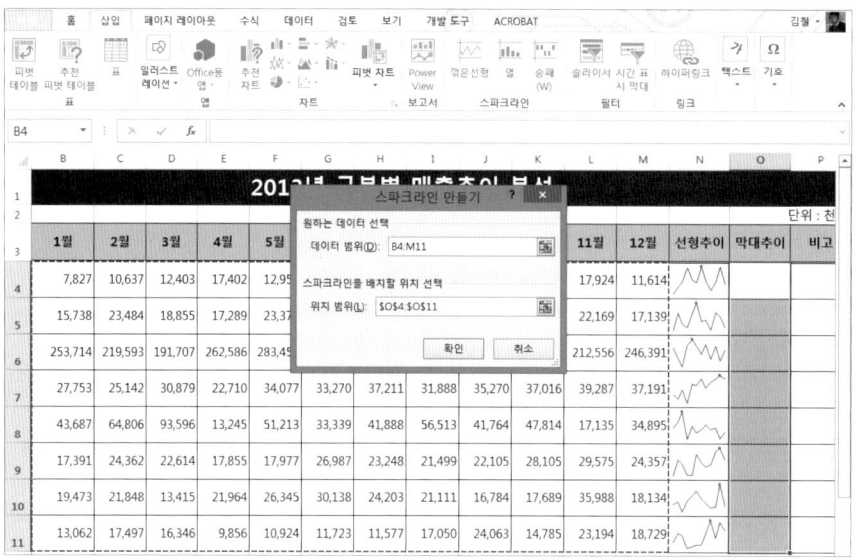

6. 막대추이에서 매출이 가장 높은 달을 점으로 표시하고자 합니다. [디자인] 탭 → [스타일] 그룹 → [표식 색]의 드롭다운(▼) 버튼을 클릭한 다음 [높은 점]의 확장 메뉴(▶) 중에서 '빨강'을 선택합니다. 꺾은선형과 마찬가지로 가장 매출이 높은 월의 막대가 빨간색으로 표시되는 것을 볼 수 있습니다.

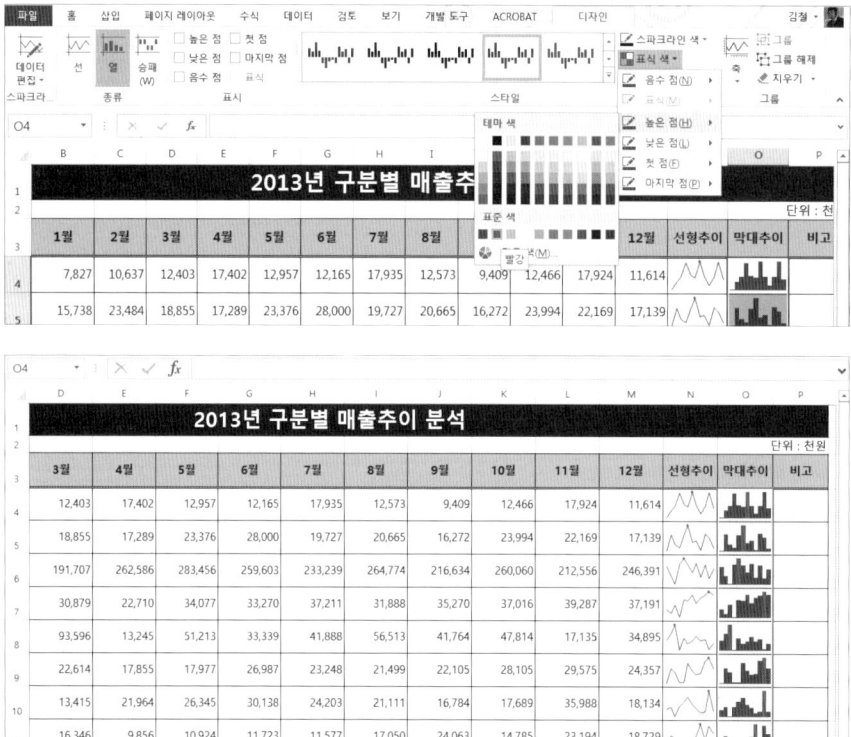

✗ 2007　✓ 2010　✓ 2013　✓ 2016

06-2   손쉬운 목표 관리 보고서 만들기
- 스파크라인 응용

스파크라인을 활용해서 각종 목표 대비 실적을 나타내고 관리할 수 있는 방법을 살펴보겠습니다. **6장_02_스파크라인을_활용한_목표관리_예제.xlsx**라는 엑셀 파일을 불러옵니다.

1. 목표 대비 실적을 나타낼 데이터를 준비하기 위해 먼저 지점 목록을 복사해 두겠습니다. [A6:A14] 셀을 선택한 후 복사(Ctrl + C)하고 [A16] 셀을 선택한 후 마우스 오른쪽 버튼을 클릭해서 값을 붙여넣습니다.

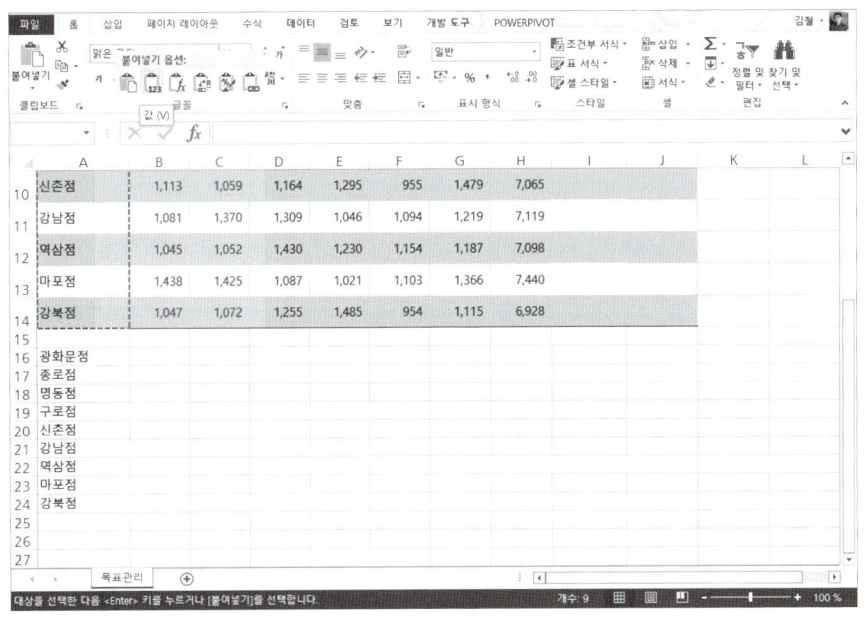

✓ 스파크라인은 엑셀 2010부터 생긴 기능이므로 엑셀 2007 버전은 사용할 수 없습니다.

2. 목표 대비 실적을 나타내기 위해서 [B16] 셀에 =B6-B$3 수식을 입력한 후 Enter 키를 누릅니다.

3. 다른 지점의 데이터도 확인하기 위해 [B16] 셀을 복사(Ctrl + C)한 후 [H24] 셀까지 입력한 수식을 붙여넣기 합니다.

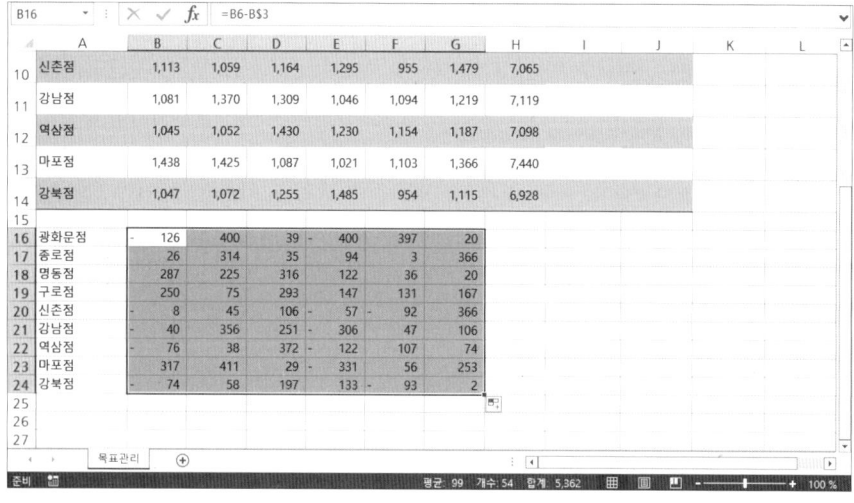

4. 그런 다음 스파크라인으로 표현할 범위인 [I6:I14] 셀을 선택하고 [삽입] 탭 → [스파크라인] 그룹 → [꺾은선형]을 클릭합니다. [스파크라인 만들기] 대화상자의 [데이터 범위]에 방금 작성한 목표 대비 실적이 있는 [B16:H24] 셀을 선택한 후 [확인] 버튼을 클릭해서 대화상자를 닫습니다.

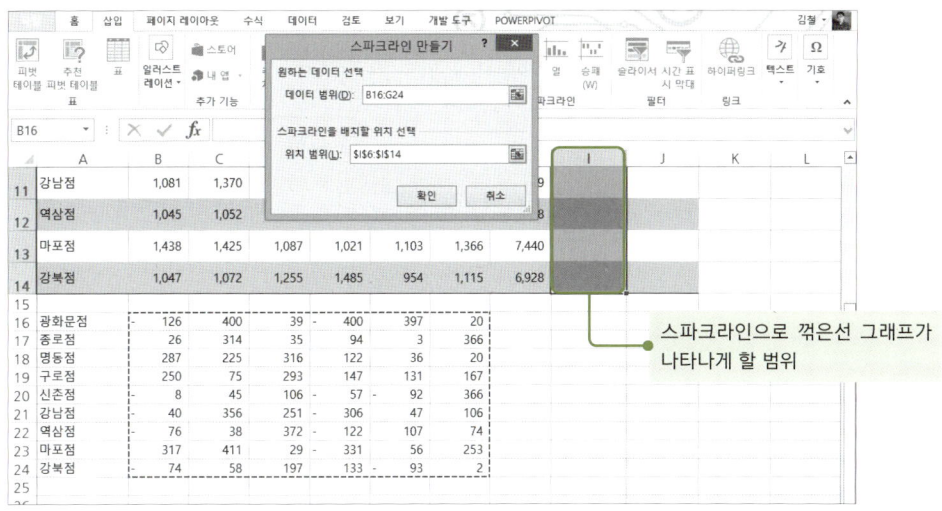

5. 이어서 목표 대비 실적을 꺾은선형 스파크라인으로 표현하기 위한 기준 축을 표시해 보겠습니다. [디자인] 탭 → [그룹] 그룹 → [축]의 드롭다운(▼) 버튼을 클릭해서 [축 표시]를 클릭합니다.

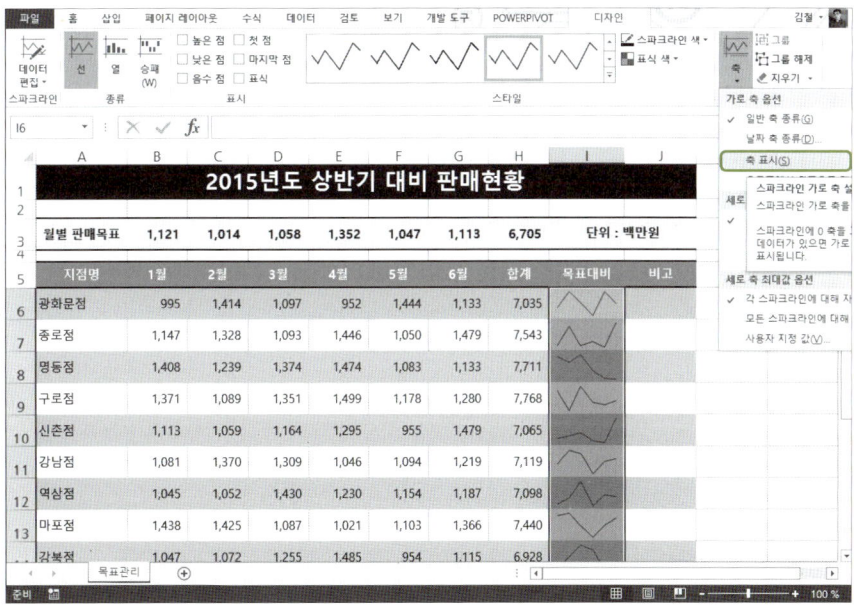

6. 목표 대비 실적을 나타내는 꺾은선형 스파크라인에서 높은 점도 표시해 봅시다. [디자인] 탭 → [스타일] 그룹 → [표식 색]의 드롭다운(▼) 버튼을 클릭한 다음 [높은 점]의 확장 메뉴(▶) 중에서 '빨강'을 선택합니다.

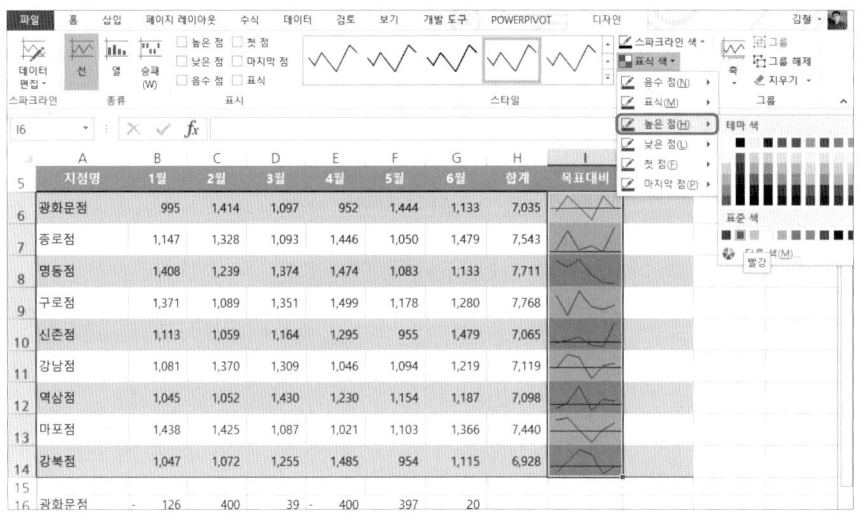

7. 마지막으로 [목표관리] 시트에서 필요하지 않은 데이터는 숨겨서 깔끔하게 정리하겠습니다. [16:24] 행 전체를 선택한 다음 마우스 오른쪽 버튼을 클릭해서 [숨기기]를 선택합니다.

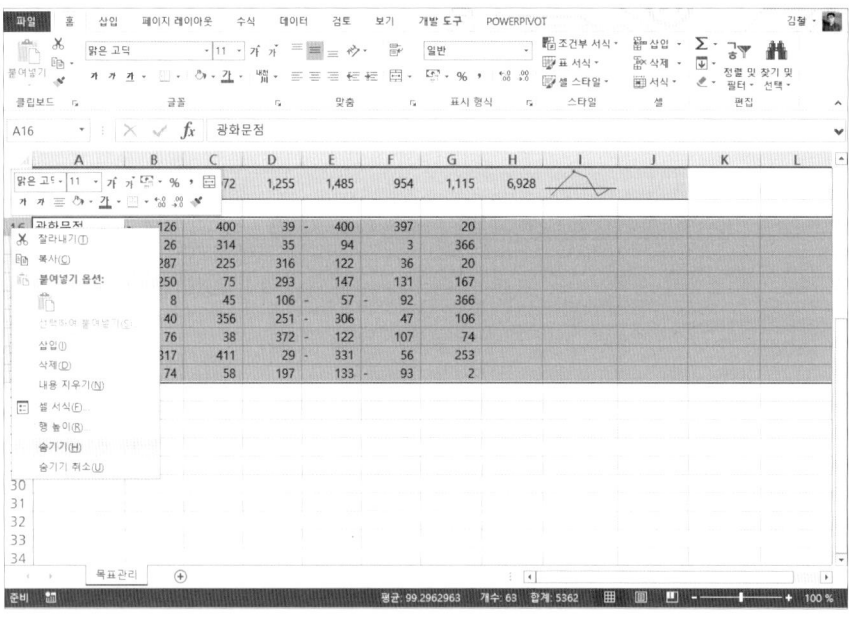

8. 그런데 데이터를 숨기면 스파크라인도 사라집니다. 사라진 스파크라인을 다시 나타내려면 스파크라인 범위인 [I6:I14] 셀을 선택하고 [디자인] 탭 → [스파크라인] 그룹 → [데이터 편집]의 드롭다운(▼) 버튼을 클릭한 다음 [숨겨진 셀/빈 셀]을 실행합니다.

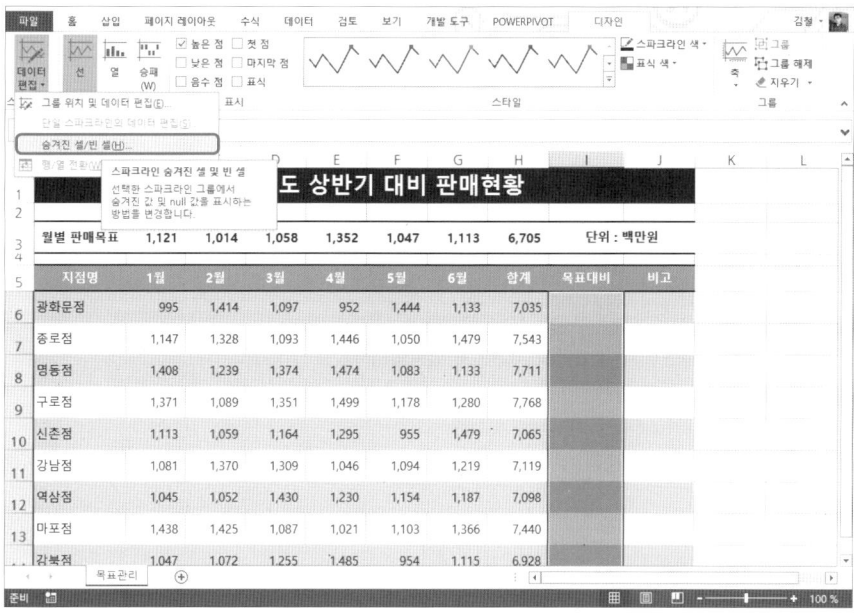

9. [숨겨진 셀/빈 셀 설정] 대화상자가 나타나면 [숨겨진 행 및 열에 데이터 표시]를 체크하고 [확인] 버튼을 클릭합니다. 시트에 숨겨졌던 스파크라인이 다시 나타난 것을 확인할 수 있습니다.

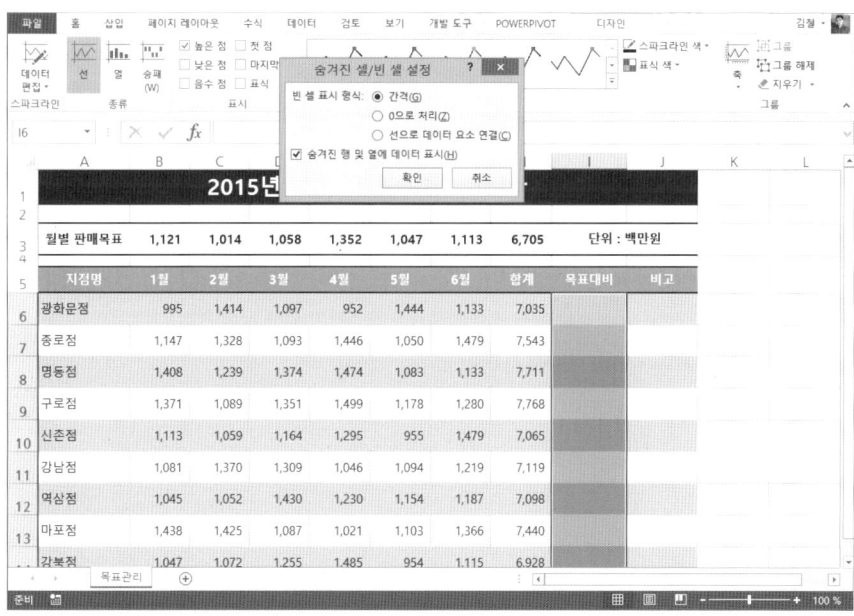

하면 된다!

Q1. 도서별 목표 대비 판매율의 증감을 조건부 서식의 아이콘으로 표현하세요.

문제 2-1_목표 대비 판매율_아이콘 표시_문제.xlsx

1. 판매대비율을 모두 선택하고 [조건부 서식] 메뉴를 클릭합니다.
2. [조건부 서식]에서 [아이콘 집합]의 [기타 규칙]을 선택합니다.
3. [아이콘 스타일]은 '삼각형 3개'를 선택합니다.
4. [종류]는 '숫자', [값]은 각각 '1.01'과 '0.99'를 입력합니다.

정답 2-1_목표 대비 판매율_아이콘 표시_정답.xlsx

하면 된다!

Q2. 2016년 상반기 판매 현황을 스파크라인으로 나타내세요.

문제 2-2_상반기 판매 현황_스파크라인_문제.xlsx

1. 2016년 상반기 각 서점별 목표대비 판매 현황을 추출하기 위해 각 서점 이름을 [A15:A21] 셀에 복사합니다.
2. [B15] 셀에는 1월의 판매 권수 대비 목표 권수의 증감을 산출하기 위해 =B5-B$13을 입력합니다.
3. [B15] 셀을 복사한 후 [B15:G21] 셀에 복사합니다.
4. 스파크라인으로 나타낼 [B15:G21] 셀을 선택한 후 꺾은선형 스파크라인을 [I5:I11]에 삽입하고 편집합니다.

정답 2-2_상반기 판매 현황_스파크라인_정답.xlsx

| 셋 째 마 당 |

보고서의 품격을 높여주는 함수 활용법

엑셀을 배우다 함수에서 발목을 잡히는 직장인들이 많습니다.
그러나 프로 직장인이라면 함수를 꼭 극복해야 합니다.
이번 마당에서는 업무 활용도가 높은 통계 함수, 찾기 함수,
날짜 함수를 중점적으로 실습하겠습니다.
함수 공부는 한 번에 완벽할 수 없습니다.
반복적으로 학습해서, 여기에서 언급하는 함수만큼은
반드시 자기 것으로 만들 수 있기를 바랍니다.

| Contents |

07장. 크로스탭 보고서와 SUMIFS 함수
08장. 통계 함수와 VLOOKUP 함수
09장. 찾기 함수와 날짜 함수

07 | 크로스탭 보고서와 SUMIFS 함수

'크로스탭 보고서'는 가로와 세로 항목이 교차하는, 2차원 배열 형태의 보고서를 말합니다. 두 축을 기준으로 수치 데이터를 한눈에 파악할 수 있는 장점이 있죠. 지금까지 실습해온 피벗 테이블 형태도 크로스탭 보고서라고 할 수 있습니다. 이번 장에서는 크로스탭 보고서 작성 방법은 물론 크로스탭 보고서에서 자주 사용하는 SUMIFS 함수도 배워 보겠습니다.

07-1 조건에 맞는 합계 구하기 - SUMIFS 함수

김사원 이야기

모든 집계 보고서는 크로스탭 보고서로 해결!

"오늘도 야근해요?" 이대리가 김철민 사원에게 말을 건넸다. 김사원은 거래처별 매출 현황을 정리해야 해서 늦게까지 야근을 한다고 말했더니 이대리는 웃으면서 거래처별로 하나씩 만들지 말고 크로스탭 보고서 형태로 만들라고 알려주었다. '간단하고 직관적이고 오호, 이거 꽤나 괜찮은데? 앞으로 야근을 좀 줄일 수 있겠어~'

거래처별 매출현황

구분 거래처	학용품	컴퓨터용품	잉크토너	종이류	필기구	정리용품	학습	바인더류	비고
아현문구	22,663,900	22,973,100	290,638,500	49,991,350	48,861,010	34,894,100	16,636,800	23,249,600	
안양문구	14,942,300	28,419,000	309,852,000	44,017,900	66,543,060	31,226,900	18,521,900	21,951,700	
을지문구	14,370,000	26,509,500	293,133,000	37,118,950	59,682,290	21,938,800	23,338,300	12,532,300	
광주문구	10,579,400	22,099,200	252,632,000	63,073,850	62,733,960	32,069,500	23,662,600	27,105,000	
화곡문구	12,822,700	23,350,000	196,840,500	37,901,900	20,453,100	23,587,900	24,581,000	21,417,900	
신사문구	18,453,300	26,724,300	301,489,000	50,545,800	70,761,220	32,384,900	25,890,900	24,039,700	
송파문구	7,819,800	19,885,600	432,055,500	46,790,100	158,551,360	42,219,000	21,246,500	18,949,500	
강북문구	16,306,100	21,566,100	269,805,500	42,320,450	51,139,640	29,103,800	16,348,400	22,002,700	
광장문구	16,321,500	28,128,100	278,938,500	46,658,600	82,019,130	31,553,500	31,471,600	11,375,100	
강서문구	12,578,800	26,295,800	289,230,000	37,258,000	62,743,580	28,358,900	22,879,600	19,731,700	
이대문구	15,135,100	18,425,100	282,683,000	34,401,550	50,872,000	38,517,300	22,374,200	17,639,400	
아산문구	12,611,400	27,526,000	240,624,500	34,862,400	58,198,840	18,688,500	35,753,600	20,038,300	
	18,265,700	22,163,700	273,120,000	36,592,350	48,830,600	25,702,400	29,638,900	18,597,700	
	19,998,900	27,076,700	246,201,000	39,034,150	45,849,610	33,982,200	19,211,200	21,119,800	
	16,874,700	20,023,500	196,070,000	24,342,100	23,882,450	33,240,600	24,803,100	16,386,100	
	13,052,300	35,527,300	313,832,000	39,391,150	28,306,300	35,682,700	27,189,800	16,509,700	
	14,974,200	18,197,700	390,825,500	38,051,100	28,449,450	26,395,700	16,422,200	16,753,900	
서울문구	35,072,000	51,134,200	588,875,000	74,627,000	93,429,910	72,995,400	55,776,400	31,370,400	
동서울문구	18,142,800	19,382,700	400,103,000	44,764,450	80,324,160	23,358,800	22,682,500	20,159,300	
인천문구	17,528,900	26,834,300	291,425,000	37,670,700	40,659,430	21,544,600	27,133,100	17,730,300	
진영문구	20,713,500	38,546,400	324,636,000	40,871,000	78,914,560	26,084,000	26,567,100	19,701,000	
영등포문구	9,164,000	22,341,000	325,008,000	49,258,900	34,982,980	25,800,900	43,133,600	17,791,800	

동적 범위만 적용하면 데이터도 쉽게 채워지네!

✓ 2007 ✓ 2010 ✓ 2013 ✓ 2016

07-1 조건에 맞는 합계 구하기 - SUMIFS 함수

크로스탭 보고서를 작성하면서 '이름 정의', '중복된 항목 제거'와 같이 프로 직장인이 애용하는 실무 기술도 함께 배워 보겠습니다. **7장_01_보고서_작성_예제.xlsx** 파일을 열고 문구 납품 자료를 이용해 거래처별 문구 구분별 매출을 집계해 보겠습니다.

왜 '이름 정의'를 활용해서 보고서를 작성할까요?

보고서를 작성할 때 엑셀 함수를 사용하면 참조 범위가 셀 주소 형태로 나타납니다. 그래서 나중에 수식을 보면 이해가 어려워서 참조 범위를 일일이 확인해야 하는 단점이 있습니다.

이런 불편함을 해소하기 위해 엑셀은 [이름 정의]라는 기능을 지원합니다. 이렇게 이름 정의를 해두면 수식을 다시 확인할 때 각 인수가 어떤 값을 의미하는지 쉽게 알 수 있습니다. [이름 정의]는 함수를 사용할 때 참조한 셀 범위 대신 쉽게 이해할 수 있는 이름으로 정의하는 것을 말합니다. [이름 정의]로 만든 내용은 다음 그림처럼 화면의 왼쪽 상단에 있는 [이름 상자]를 클릭해보면 확인할 수 있습니다.

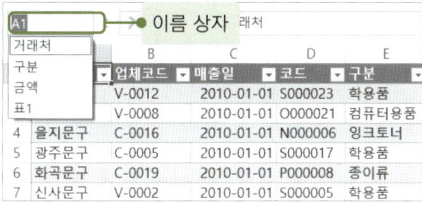

작성한 데이터를 표로 만들고 이름 정의하기

1. 이번 예제는 [이름 정의]를 활용한 보고서를 작성해 보겠습니다. 데이터 영역에서 아무 셀이나 선택한 후, [삽입] 탭 → [표] 그룹 → [표]를 실행합니다. [표 만들기] 대화상자가 나타나면 임의의 셀을 포함한 데이터 범위가 점선으로 선택됩니다. 해당 점선 테두리 범위에 머리글이 포함되어 있으므로 [머리글 포함]이 체크된 상태에서 [확인] 버튼을 클릭합니다.

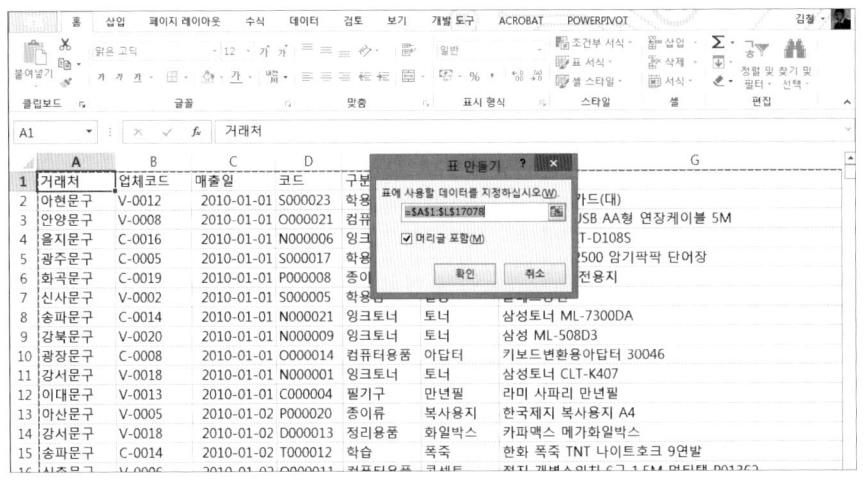

✔ [표 만들기] 단축키는 Ctrl + T 입니다. 여기서 T는 표를 의미하는 Table의 약자입니다. 꼭 외우세요.

2. 크로스탭 보고서에 사용할 이름을 정의하기 위해서 가로 및 세로의 조건이 될 '거래처 열 (A)'과 '구분 열(E)', 그리고 '금액 열(K)'의 모든 범위를 선택해야 합니다. 해당 열들을 다중 선택하려면, 먼저 [A1] 셀을 선택한 후 Ctrl + Shift + ↓ 를 누릅니다. 그러면 데이터가 입력되어 있는 [A] 열의 전체 범위가 선택됩니다. 그런 다음 오른쪽의 스크롤바를 위로 드래그해서 Ctrl 키를 누른 상태로 [E1] 셀을 선택하고 다시 Ctrl + Shift + ↓ 를 누릅니다. 마지막으로 Ctrl 키를 누르고 [K1] 셀을 선택한 후 Ctrl + Shift + ↓ 를 누르면 세 군데의 범위가 선택됩니다. [이름 정의]는 일반적으로 선택 영역의 첫 행 또는 첫 열을 사용하게 됩니다. 여기에서는 선택한 영역의 첫 행에 있는 머리글로 이름을 정의해 보겠습니다. [수식] 탭 → [정의된 이름] 그룹 → [선택 영역에서 만들기]를 실행합니다.

3. [선택 영역에서 만들기] 대화상자가 나타납니다. [첫 행]을 선택한 후 [확인] 버튼을 누르면 선택 범위 중에서 첫 행인 [A1] 셀과 [E1] 셀, 그리고 [K1] 셀의 머리글로 이름이 정의됩니다. [A] 열의 경우 [A2:A17078] 셀 위에 있는 [거래처]라는 머리글이 이름으로 정의된다는 뜻입니다.

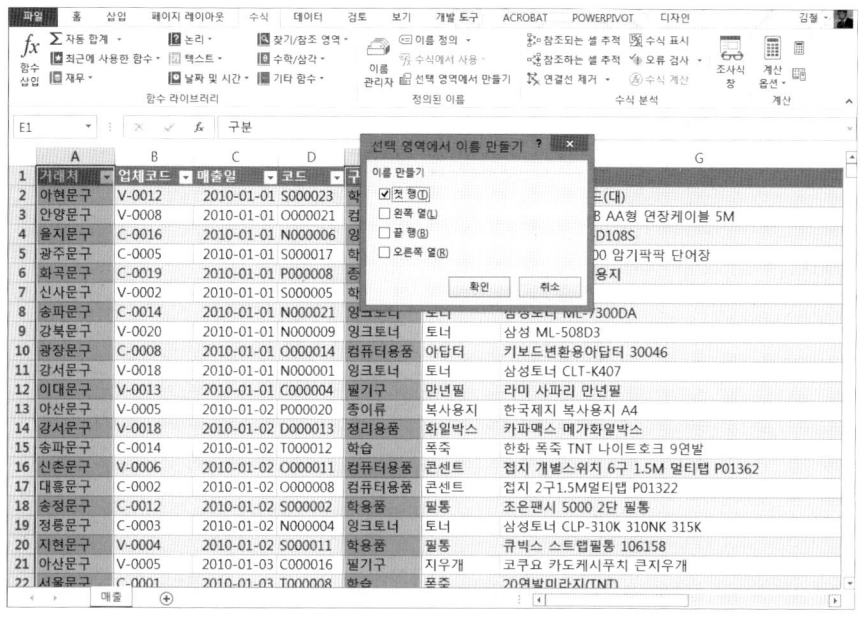

✔ 셀 범위를 선택한 후 [수식] 탭 → [정의된 이름] 그룹 → [이름 정의] 메뉴를 클릭하면 사용자가 원하는 이름으로 직접 정의할 수 있습니다.

4. 이름을 정의한 내용은 [이름 관리자] 대화상자에서 확인할 수 있습니다. [이름 관리자] 대화상자는 [수식] 탭 → [정의된 이름] 그룹 → [이름 관리자]를 실행하면 됩니다.

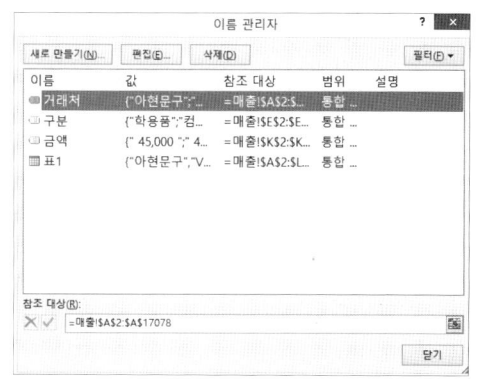

✔ [이름 관리자]의 단축키는 Ctrl + F3 입니다.

이름 정의를 했으니 지금부터는 정의한 이름을 이용해서 수식을 좀 더 쉽고 직관적으로 작성할 수 있게 되었습니다. 유효성 검사를 할 때도 정의한 이름을 사용할 수 있습니다. 어떻게 사용하는지는 08-2절에서 알아보겠습니다.

중복되는 값 제거하여 보고서 범주 만들기

1. 먼저 집계 보고서를 만들 새 시트가 필요합니다. 하단의 [시트] 탭에서 새 시트 버튼(⊕)을 눌러 새 시트를 추가합니다.

   이제 보고서 양식을 작성할 기본 데이터를 [매출] 시트에서 복사해 와야 합니다. [매출] 시트의 [거래처]와 [구분] 열의 데이터 범위(A1:A17078, E1:E17078)를 선택하고 복사(Ctrl + C)합니다. [Sheet1]의 [A3] 셀을 선택한 다음 마우스 오른쪽 버튼을 클릭해서 [값 붙여넣기] 버튼을 클릭합니다. 여기서 값만 가져오는 이유는 데이터의 중복성을 검사할 때는 각 셀의 값만 필요하기 때문입니다.

   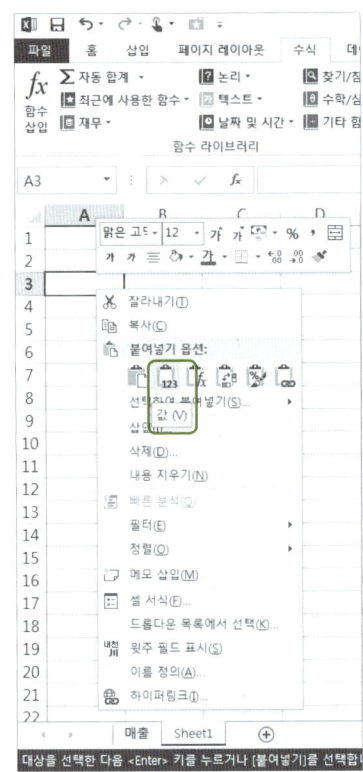

   ✔ [거래처]와 [구분] 열을 데이터 범위만 선택해야 합니다. 즉, [A1] 셀을 선택한 후 Ctrl + Shift + ↓ 을 누르고, Ctrl 을 누른 상태에서 [E1] 셀을 선택한 후 Ctrl + Shift + ↓ 을 눌러야 합니다.

   ✔ [A1] 셀과 [A2] 셀은 나중에 보고서의 제목을 넣을 공간이니 비워둡니다.

2. 복사한 데이터 중에서 중복된 항목을 제거해야 정확한 값의 보고서를 만들 수 있습니다. 먼저 [A3] 셀을 선택한 후 Ctrl + Shift + ↓ 를 눌러 [A] 열의 모든 데이터를 선택한 후 [데이터] 탭 → [데이터 도구] 그룹 → [중복된 항목 제거]를 실행합니다.

   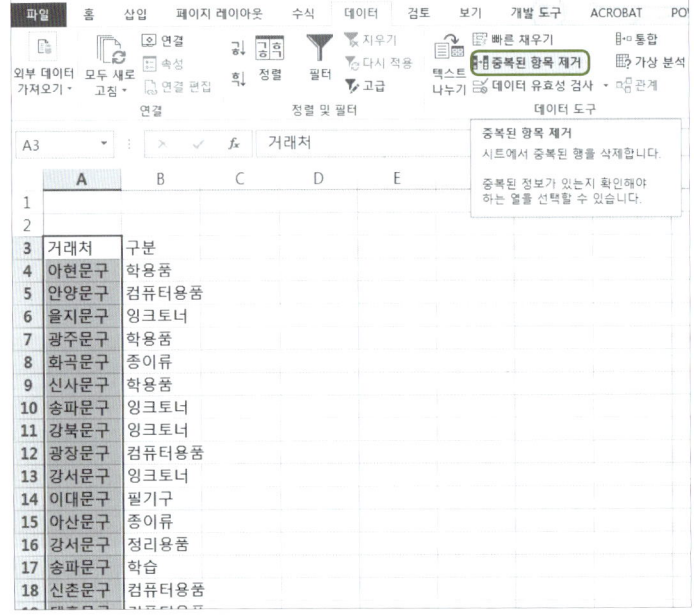

3. 선택 범위와 인접한 셀에 데이터가 있다는 경고창이 나타나면 여기에서는 두 번째 옵션인 [현재 선택 영역으로 정렬]을 선택한 후 [중복된 항목 제거] 버튼을 클릭합니다.

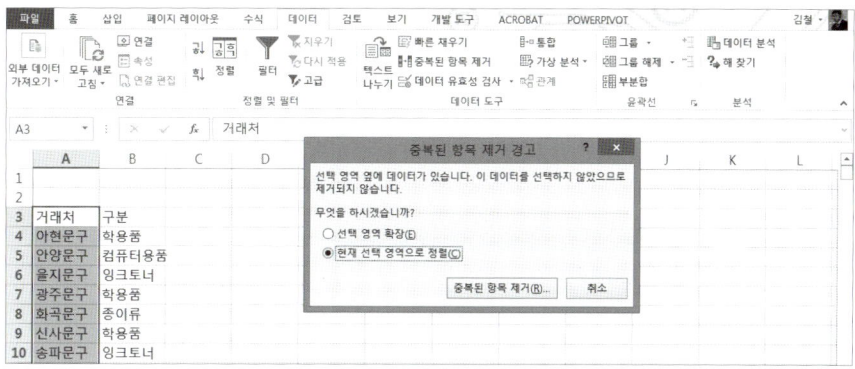

4. [A] 열인지 다시 확인하는 메시지 창이 나타나는데 [확인] 버튼을 클릭해서 실행합니다.

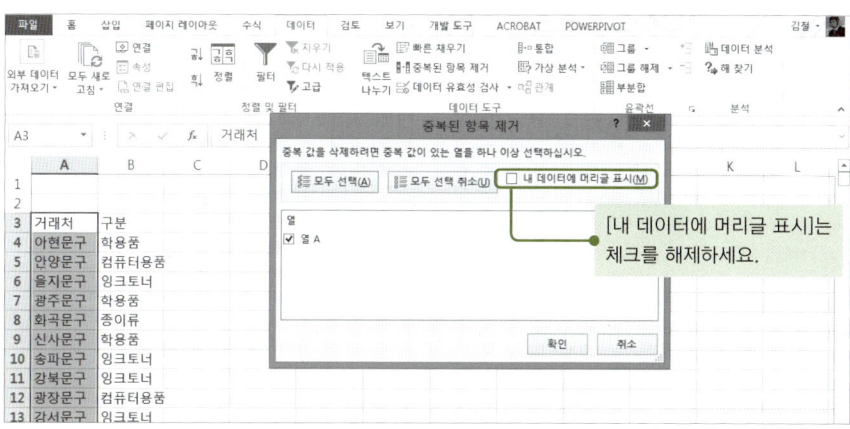

[내 데이터에 머리글 표시]는 체크를 해제하세요.

5. 정상적으로 처리가 되었으면 메시지 박스를 통해 총 몇 개의 중복된 값이 검색되어 제거했다는 메시지가 나타납니다. 해당 메시지 박스는 [확인] 버튼을 눌러 닫습니다.

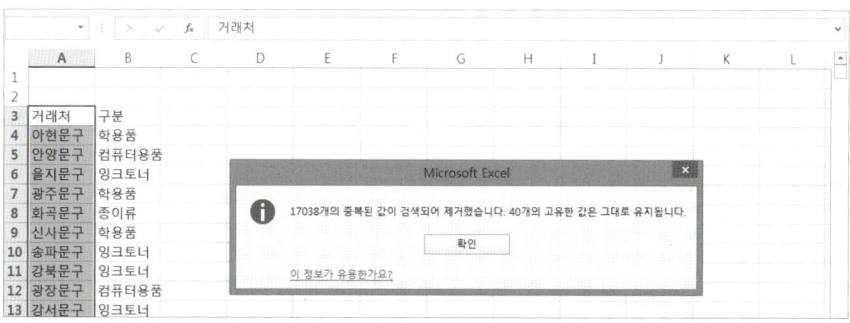

6. [B] 열도 [A] 열과 같은 방법으로 중복된 항목을 제거합니다. [B3] 셀을 선택한 후 Ctrl + Shift + ↓를 눌러 [B] 열의 모든 데이터를 선택합니다. [데이터] 탭 → [데이터 도구] 그룹 → [중복된 항목 제거]를 실행합니다. 경고창이 나타나면 두 번째 옵션인 [현재 선택 영역으로 정렬]을 선택하고 [중복된 항목 제거]를 클릭, 실행합니다.

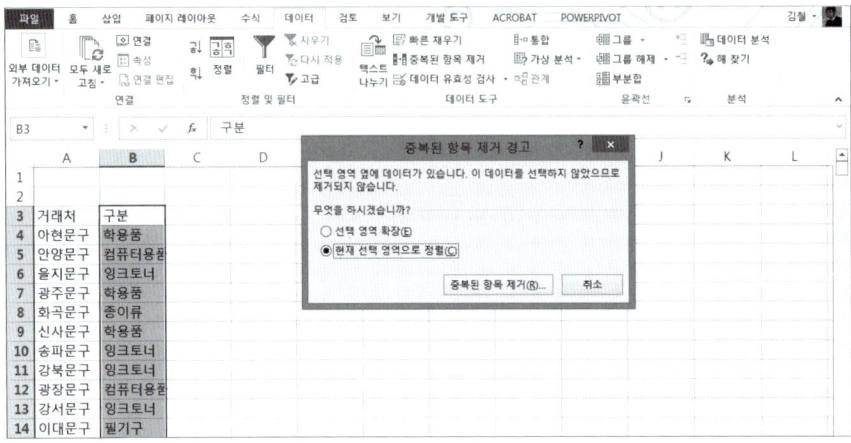

행/열 바꾸기로 보고서 범주 배치하기

1. 중복성 검사를 마쳤으니 이제 정리된 데이터로 크로스탭 보고서를 만들어 보겠습니다. 크로스탭 보고서의 가로 항목에 [B] 열의 데이터를 사용할 것입니다.

   [B4:B11] 셀을 선택한 후 복사(Ctrl + C)합니다. 붙여 넣을 [B3] 셀을 선택한 후 마우스 오른쪽 버튼으로 클릭, [붙여넣기 옵션] 중에서 '바꾸기' 아이콘을 클릭합니다. 붙여넣기 옵션에서 행, 열 바꿈 형태로 붙여 넣습니다.

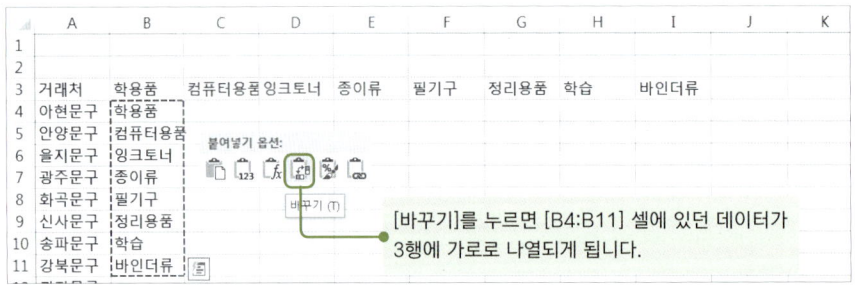

> **하위 버전에서는**
>
> 엑셀 2007 버전에서는 [B3] 셀을 선택한 후 마우스 오른쪽 버튼으로 클릭하면 [선택하여 붙여넣기] 메뉴가 나타납니다. 이 메뉴를 클릭해서 [행/열 바꿈] 항목을 선택한 후 [확인] 버튼을 클릭해야 합니다.

2. 이미 사용한 [B4:B11] 셀은 선택한 후 Delete 키를 눌러 삭제하고 [J3] 셀에는 '비고'라고 입력합니다.

보고서 양식으로 만들기 위해 테두리 넣기

1. [J4] 셀을 선택한 후 Ctrl + A 키를 누르면 테두리를 입력할 전체 셀이 선택됩니다. [홈] 탭 → [글꼴] 그룹 → [테두리] 드롭다운 버튼(▼)을 클릭해서 [모든 테두리]를 선택합니다.

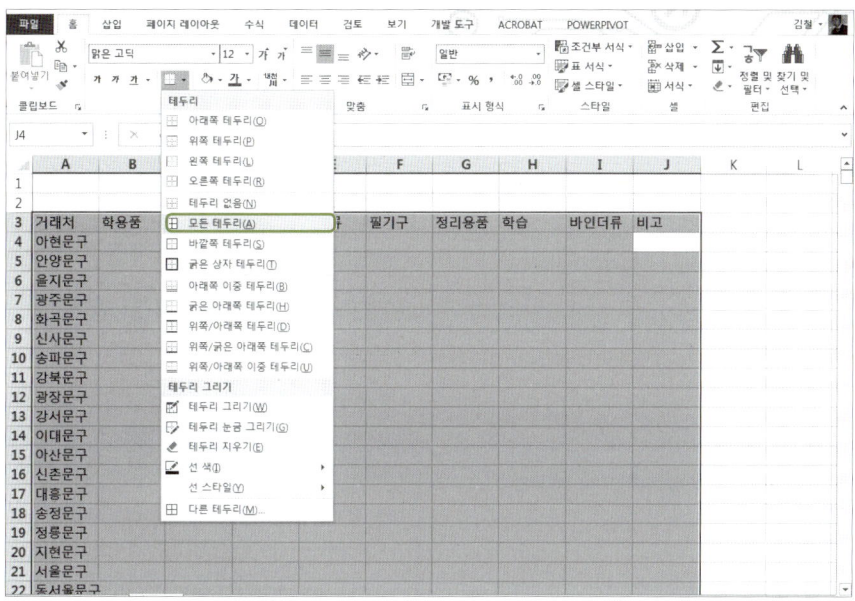

2. [A3] 셀을 선택하고 스페이스바를 적당히 눌러서 간격을 만든 후 '구분'이라는 텍스트를 입력합니다. Alt + Enter 키를 눌러 행을 바꾸고 '거래처'라고 입력합니다.

3. 셀에 사선을 추가해 보겠습니다. [A3] 셀을 마우스 오른쪽 버튼으로 클릭하고 [셀 서식]을 실행합니다.

4. [셀 서식] 대화상자의 [테두리] 탭에서 우측 하단의 '사선 테두리'를 선택한 후 [확인] 버튼을 클릭합니다.

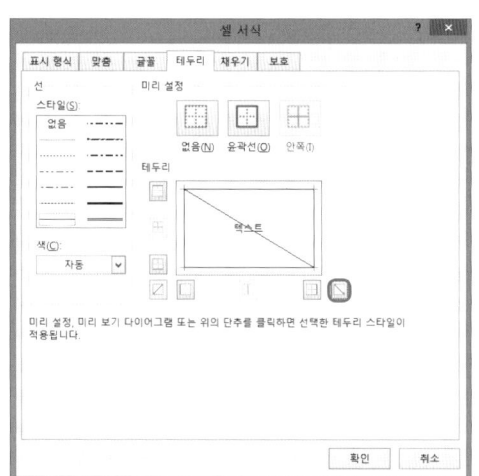

✔ 이때 사선을 그렸는데 입력한 '구분'과 '거래처' 텍스트가 구분되지 않는다면 구분 텍스트 앞에 커서를 두고 Backspace 를 눌러서 간격을 조절하면 됩니다.

제목줄 작성하기

1. [A1:J1] 셀을 선택한 후 [홈] 탭 → [맞춤] 그룹 → [병합하고 가운데 맞춤]을 클릭합니다. 다음으로 병합한 셀에 보고서의 제목을 입력하고 서식을 지정해 보겠습니다.

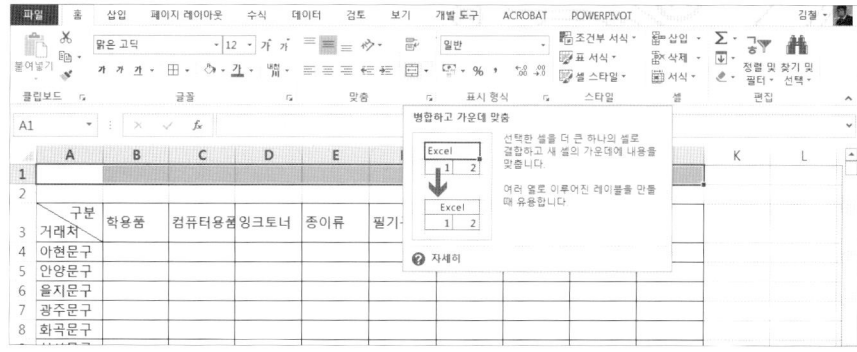

2. [A1] 셀에는 '거래처별 매출현황'으로 제목을 입력하고 [홈] 탭 → [글꼴] 그룹에서 글꼴 크기는 '20', 글꼴 색은 '흰색, 배경1', 그리고 글꼴 스타일은 '굵게'로 처리합니다. 해당 셀의 채우기 색은 [홈] 탭 → [글꼴] 그룹 → [채우기 색]을 확장해서 '청회색, 텍스트 2, 50% 더 어둡게'를 선택합니다.

거래처별, 구분별 합계 금액을 산출하고 표 스타일 정리하기

1. 이번에는 거래처별, 구분별 합계 금액을 산출해 보겠습니다. 먼저 거래처별, 구분별 합계 금액을 입력할 [B4:I42] 셀을 선택합니다.

거래처별로 구분하여 합계를 만들기 위해 함수가 하나 필요합니다. [수식 입력줄]에 =SUMIFS(금액,거래처,$A4,구분,B$3)를 입력한 후 Ctrl + Enter 키를 눌러 일괄적으로 입력합니다.

| 수식 알고 넘어가기 |

시트의 범위 내에서 단일 합계를 구할 때에는 SUM 함수를 사용합니다. 그리고 범위 내에서 조건별 합계를 구할 때에는 SUMIF와 SUMIFS를 사용합니다.

▼ SUM 함수(합계)
- 연속된 셀 범위의 합계는 =SUM(A1:A6), 떨어져 있는 여러 셀의 합계 =SUM(A1,C4,D6)으로 나타냅니다.
- 여러 행과 열이 있는 셀 범위의 합계는 =SUM(A1:D6)으로 나타냅니다.

▼ SUMIF 함수(한 가지 조건의 합계)
- SUMIF 함수는 =SUMIF(조건 범위, 조건, 합계 범위)의 형식을 갖습니다.
- 합계 범위를 입력하지 않으면 조건 범위에서 합계를 구하게 되니 주의하세요.

▼ SUMIFS 함수(여러 가지 조건의 합계)
- SUMIFS 함수는 =SUMIFS(합계 범위, 조건 범위1, 조건1, 조건 범위2, 조건2,..)의 형식을 갖습니다.
- SUMIF 함수에서는 합계 범위를 맨 끝에 입력했지만 SUMIFS 함수에서는 맨 앞에 입력하니 주의하세요.

여기에서는 거래처별 구분별 매출 집계를 구하기 위해 SUMIFS 함수를 사용합니다. SUMIFS의 인수는 다음과 같이 5개 이상의 홀수로 구성됩니다. 특정 범위 중에서 조건은 한 쌍으로 구성되며, 구성된 조건은 총 127개까지 가능합니다.

=SUMIFS(금액,거래처,$A4,구분,B$3)
❶ ❷ ❸ ❹ ❺

❶: 다중 조건을 만족하는 합계가 될 데이터 범위입니다. 이 예제의 경우, 07-1절의 앞에서 [금액]이라고 이름을 정의했기 때문에 '금액'이라고 쓴 것입니다.
❷: 다중 조건의 첫 번째 조건 범위입니다. 예제에서는 '거래처'라고 이름을 정의한 열의 전체 데이터 범위입니다.
❸: 다중 조건의 첫 번째 조건 범위 중에서 찾을 조건입니다. '거래처'로 정의된 범위 중에서 찾고자 하는 조건입니다. 열이 고정된 혼합 참조로 입력했습니다.
❹: 다중 조건의 두 번째 조건 범위로 구분의 전체 데이터 범위입니다.
❺: 다중 조건의 두 번째 조건 범위 중에서 찾을 조건입니다. '구분'으로 정의된 범위 중에서 찾고자 하는 조건입니다. 여기서는 행이 고정된 혼합 참조로 입력했습니다.

따라서 위 수식은 '거래처' 범위 중에서 [A4] 셀의 값인 '아현문구'를 만족하고, '구분' 범위 중에서 [B3] 셀의 값인 '학용품'을 만족하는 '금액'의 전체 합계를 나타내라는 수식이 됩니다.

이름 정의와 각 이름 정의의 범위는 아래와 같습니다. 이름을 정의하면 자동으로 절대 참조가 적용됩니다.

이름 정의	범위	비고
금액	=매출!$K$2:$K$17078	매출 시트의 [K2] 셀부터 [K17078] 셀까지의 데이터
거래처	=매출!$A$2:$A$17078	매출 시트의 [A2] 셀부터 [A17078] 셀까지의 데이터
구분	=매출!$E$2:$E$17078	매출 시트의 [E2] 셀부터 [E17078] 셀까지의 데이터

2. 합계 금액의 표시 형식을 쉼표 스타일로 변경해 보겠습니다. 금액의 표시 형식을 쉼표 스타일로 바꾸고 싶을 때는 셀이 선택된 상태에서 [홈] 탭 → [표시 형식] 그룹 → [쉼표 스타일]을 클릭해서 쉼표 스타일로 셀 서식을 지정합니다.

3. 각 열의 너비를 데이터 크기에 맞춰 조정합니다. [A] 열부터 [I] 열까지 드래그해서 모두 선택한 뒤, 각 열의 인덱스 사이로 마우스 커서를 가져가면 열의 너비를 조절할 수 있도록 커서 모양이 자동 열 크기 맞춤 형태로 변경됩니다. 커서의 모양이 변경되면 더블클릭합니다.

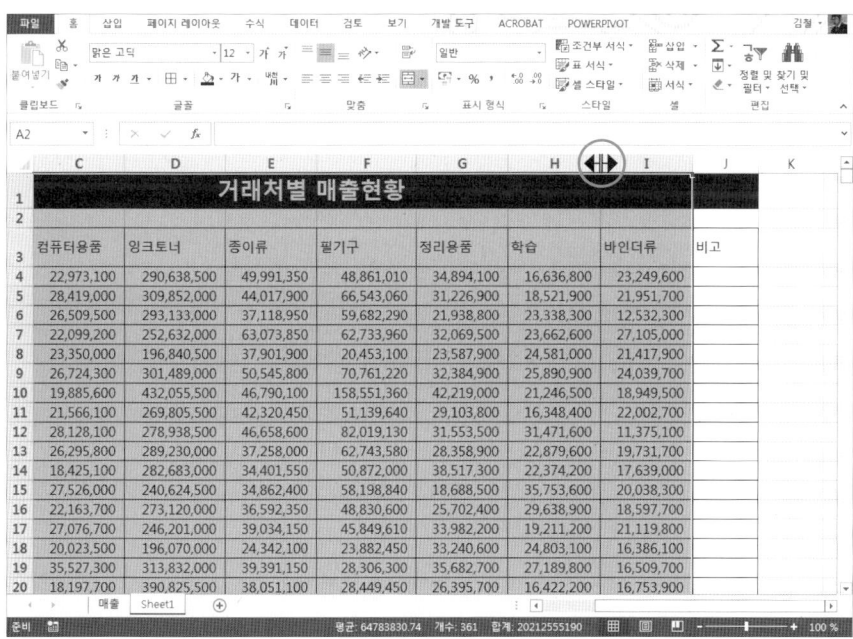

크로스탭 보고서와 SUMIFS 함수 **193**

보고서 다듬어서 마무리하기

1. 보고서의 머리글을 알아보기 쉽게 색을 바꿔보세요. [A3:J3] 셀을 선택하고 [홈] 탭 → [글꼴] 그룹 → [채우기 색]을 확장해서 '주황' 색을 클릭하면 됩니다.

2. [A3] 셀을 제외한 [B3:J3] 셀을 선택하고 [홈] 탭 → [맞춤] 그룹 → [가운데 맞춤]을 클릭해서 내용을 셀의 가운데로 맞춥니다.

표 기능과 이름 정의를 이용하면 쉽게 자동화할 수 있습니다. 표 기능이 동적 범위를 지원하기 때문에 데이터베이스에 데이터를 추가하더라도 그 결과를 자동으로 반영하기 때문입니다. 그리고 이름 정의를 해두면 수식을 쉽고 직관적으로 알아볼 수 있습니다. 그러므로 오랜만에 사용하는 수식이라도 수식 입력줄에 입력된 수식을 보면 어떻게 구동되는 수식인지 쉽게 이해할 수 있습니다.

> **김철 쌤의 한마디!** ▶ **데이터가 추가되어도 자동 반영, [표] 기능으로 손쉽게 동적 범위를 만들 수 있어요!**

엑셀 2007 버전부터 데이터를 [표]로 지정한 다음 보고서를 작성하면 데이터를 추가하더라도 보고서에서 데이터 범위를 변경하지 않아도 됩니다. 입력된 데이터가 자동으로 반영되기 때문입니다.

예를 들어 [매출] 시트의 17,079행에 '아현문구'의 학용품을 추가로 입력하면 [Sheet1]의 참조 범위를 변경시키지 않아도 [B4] 셀에 입력된 데이터의 결과가 자동으로 반영됩니다. 이는 [표]가 동적 범위를 지원하기에 가능한 것입니다. 엑셀 2003 버전까지는 동적 범위를 만들기 위해 이름 정의와 OFFSET 함수를 이용했었는데, 엑셀 2007 버전 이후로는 [표] 기능을 이용해서 손쉽게 동적 범위를 만들 수 있습니다.

08 | 통계 함수와 VLOOKUP 함수

지금까지는 데이터베이스를 요약하고 분석하는 방법을 많이 실습해 보았습니다. 이제부터는 조건표와 같이, 기준이 되는 정보에 근거해서 의미 있는 값을 산출하는 방법을 실습해 보겠습니다. 이때 가장 많이 사용하는 함수가 바로 VLOOKUP입니다. 이번 장은 데이터를 계산하고 수를 정교하게 나타내는 통계 함수를 먼저 배우고 이어서 VLOOKUP 함수의 기초부터 응용까지 다루어 보겠습니다.

08-1 함수의 기본이 되는 통계 함수 익히기 - 평균, 반올림
08-2 자동으로 일일 매출 일지 작성하기 - VLOOKUP 함수

이대리 이야기

셀 계산은 간단한 통계 함수로 간편하게!

이대리는 지역별로 시장 가격을 조사한 뒤 최저가로 구매했을 때 발생할 비용을 계산하고 있다. 지역별 가격은 수집했는데 더 이상 진도가 나가질 않는다. "수기에 의존하기엔 효율이 너무 떨어지는 걸. 아무래도 간단한 통계 함수를 사용해야 할 것 같아." 평소 열심히 함수를 공부했던 이대리는 점점 그 효과를 톡톡히 보고 있다.

상대 참조를 쓰면 남은 셀도 채우기 핸들로 쉽게 넣을 수 있겠어~

✓ 2007 ✓ 2010 ✓ 2013 ✓ 2016

08-1 함수의 기본이 되는 **통계 함수** 익히기
- 평균, 반올림

평균과 최소값, 반올림 관련 함수의 사용법을 살펴보겠습니다. 우선 물품의 지역별 시장 가격을 조사한 표가 정리되어 있는 **8장_01_반올림_함수_예제.xlsx** 엑셀 파일을 불러옵니다. 이 표의 데이터를 이용해서 평균가와 최저가를 산출해 보겠습니다.

시장 평균가 구하기

불러온 예제는 학용품의 지역별 시장 가격을 조사한 표입니다. 이 표에서 먼저 시장 평균가와 최저가를 알아보려 합니다. 각 지역에서 판매되는 상품의 가격이 모두 다릅니다. 먼저 이 상품들의 평균 가격을 구해봅시다. 평균가를 산출하기 위해 [I4] 셀을 선택하고 [수식 입력줄]에 =AVERAGE(D4:H4)를 입력합니다.

> ✔ 수식을 직접 입력하지 않고, [편집] 그룹의 자동 합계[∑] 메뉴의 드롭다운 메뉴 중에서 [평균(A)]이라는 메뉴를 선택해도 됩니다.

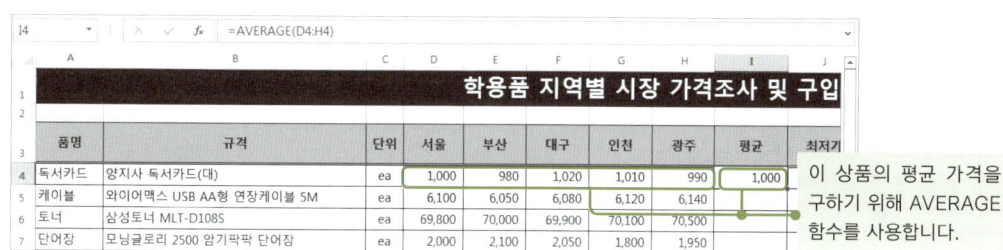

이 상품의 평균 가격을 구하기 위해 AVERAGE 함수를 사용합니다.

│ 수식 알고 넘어가기 │

=AVERAGE(D4:H4)
　　　　❶

❶ : 평균을 산출할 범위입니다. [D4]에서 [H4] 셀까지 범위의 가격 평균을 내라는 뜻입니다.

AVERAGE 함수는 [D4:H4] 셀에 들어있는 데이터의 산술 평균을 나타냅니다.

평균 값=(서울 가격+부산 가격+대구 가격+인천 가격+광주 가격)/5

이때 산출 평균을 나타낼 범위가 인접한 셀이 아닌 경우는 쉼표(,)로 각각의 셀 범위를 입력할 수도 있습니다. 예를 들어 서울, 대구, 광주 세 곳의 평균만 내려면 [D4] 셀과 [F4] 셀, [H4] 셀의 평균을 내면 됩니다. 수식은 =AVERAGE(D4,F4,H4)가 됩니다.

통계 함수와 VLOOKUP 함수 **197**

> **김철 쌤의 한마디!** 수식의 선택 범위를 손쉽게 설정하는 방법!
>
> 수식을 작성할 때 '=AVERAGE('까지 입력한 후 키보드에서 화살표 모양의 버튼을 이용하면 선택 범위를 쉽게 설정할 수 있습니다.
>
> 수식을 입력한 다음 해당 수식의 값을 산출하려는 시작 셀을 클릭해서 마지막 셀까지 드래그합니다. 만약 범위가 너무 길어서 드래그로 설정 범위를 선택할 수 없다면 Ctrl + Shift + → 키를 누르면 평균을 산출할 범위가 손쉽게 선택됩니다. 이때 마지막에 닫히는 괄호만 남으면 굳이 ')'를 입력하지 않고 Enter 키를 눌러도 엑셀이 자동으로 인식해서 채워줍니다. 중첩 함수를 사용하게 되면 닫히는 괄호가 2개 이상이 될 수도 있는데 이때도 마찬가지 Enter 키만 누르면 자동으로 채워줍니다.
>
> 그리고 '=AVERAGE('까지 입력한 후 해당 함수의 인수나 도움말을 빨리 보고 싶다면, 입력한 수식 하단에 나타나는 간략한 사용 설명 중에서 함수의 이름 부분을 클릭하면 됩니다.
>
>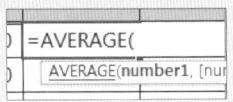

함수 마법사 이용하기

1. 함수는 함수 마법사를 이용해서 입력할 수도 있습니다. 사용법은 간단합니다. 함수가 입력될 [I4] 셀을 선택하고 =AVERAGE(까지 입력한 후 수식 입력줄 왼쪽에 있는 '함수 삽입' 아이콘을 클릭합니다.

2. 해당 함수의 인수를 입력할 수 있는 대화상자가 나타나고 이곳에 인수를 입력한 후 [확인] 버튼을 클릭하면 됩니다.

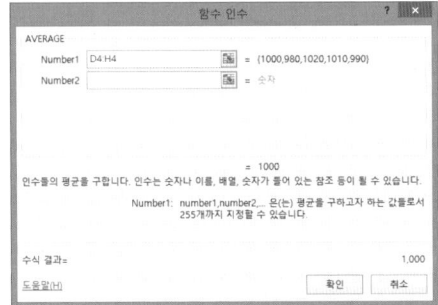

시장 최저가 구하기

1. 이번에는 조사한 시장 가격 중 최저가를 구해 보겠습니다. [D4]에서 [H4] 셀까지의 가격을 비교하여 가장 싸게 팔고 있는 곳을 찾는 수식입니다. [J4] 셀을 선택하고 [수식 입력줄]에 =MIN(D4:H4)를 입력합니다.

| 수식 알고 넘어가기 |

=MIN(D4:H4)
❶

❶: 최소값을 찾을 범위입니다.

MIN 함수는 주어진 범위에서 최소값을 찾아줍니다. 여기서는 [D4:H4] 셀 사이의 최소값을 나타내 줍니다. AVERAGE 함수와 마찬가지로 인접한 셀이 아닌 경우 쉼표(,)로 구분하여 최소값을 찾을 수 있습니다. 그리고 MIN 함수와 반대인 최대값을 구하는 함수는 MAX 함수입니다. 인수의 배열이나 사용법은 MIN 함수와 같습니다.

2. 가장 싸게 팔고 있는 가격에 구매하려고 합니다. 구매 금액을 산출하기 위해 최저가와 구매 수량을 곱합니다. [L4] 셀을 선택하고 =J4*K4를 입력합니다.

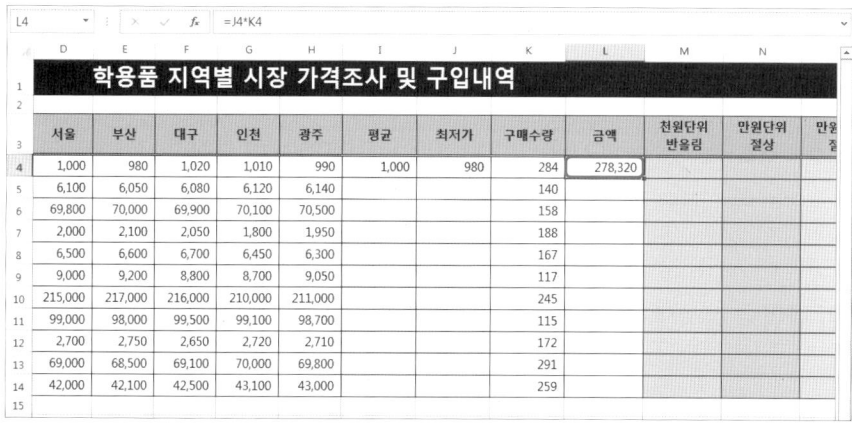

반올림한 값 구하기

1. 산출된 금액은 천 원 단위로 반올림한 값을 구하기 위해서 [M4] 셀을 선택하고 [수식 입력줄]에 =ROUND(L4,-3)을 입력합니다.

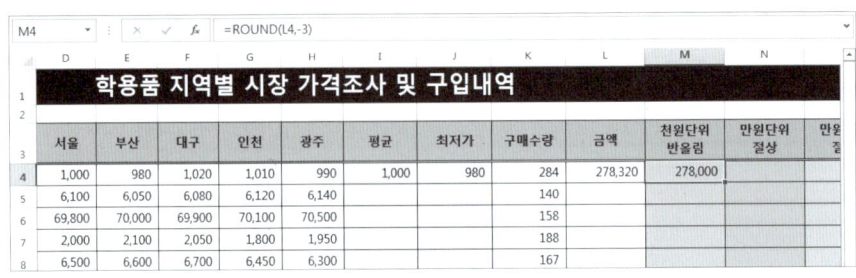

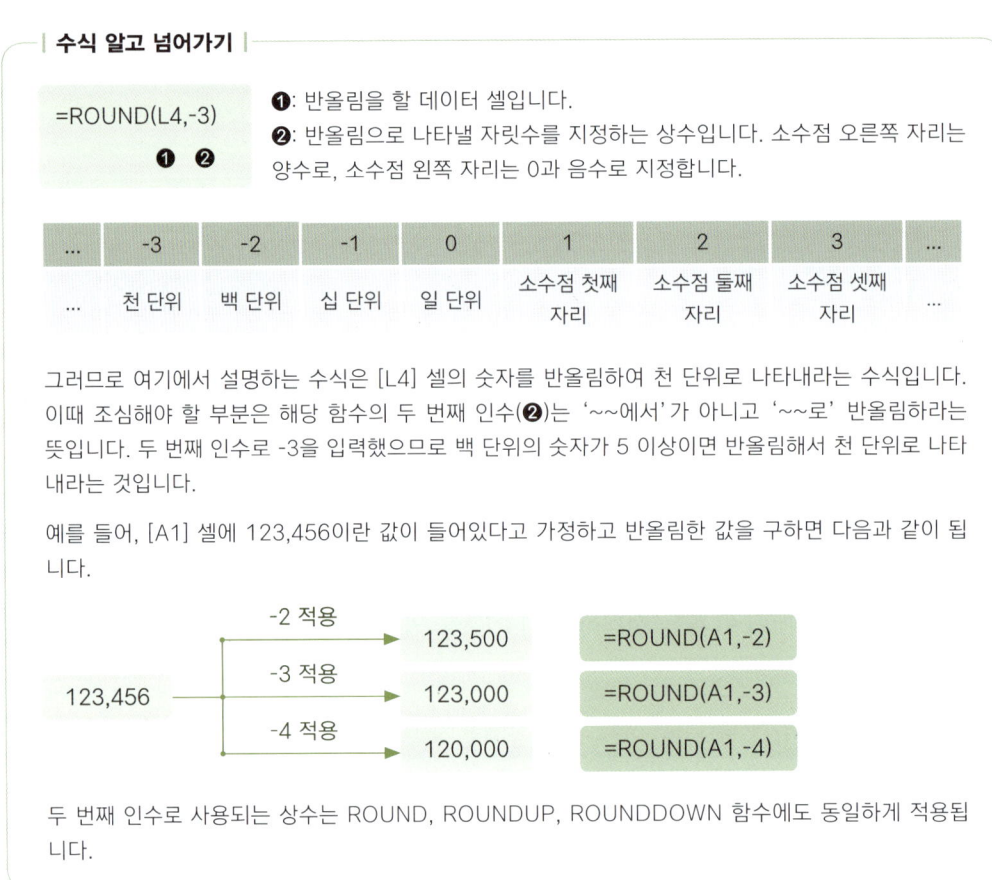

2. 금액을 만 원 단위로 절상(올림)해 봅시다. [N4] 셀을 선택하고 =ROUNDUP(L4,-4)를 입력합니다.

| 수식 알고 넘어가기 |

=ROUNDUP(L4,-4)

❶ ❷

❶: 절상할 데이터 셀입니다.
❷: 절상할 자릿수를 지정하는 상수로 ROUND 함수의 두 번째 인수와 사용법은 같습니다.

[L4] 셀 데이터를 만 단위로 절상하라는 수식입니다. 절상이므로 천 단위의 숫자가 5 미만이어도 무조건 올림을 합니다.

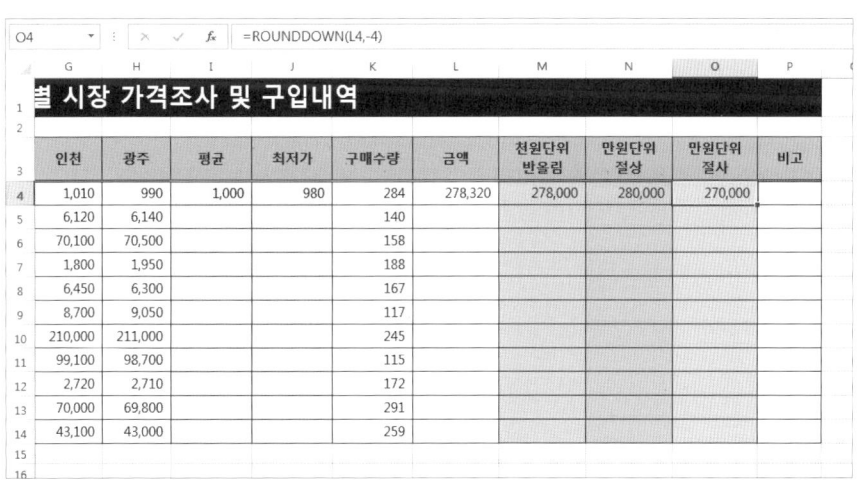

3. 만 원 단위로 절사(내림)된 금액을 산출해 봅시다. [O4] 셀을 선택하고 =ROUNDDOWN(L4,-4)를 입력합니다.

✔ 절사란 일정 단위 미만의 수를 잘라서 없애는 것을 의미합니다.

> **| 수식 알고 넘어가기 |**
>
> =ROUNDDOWN(L4,-4)
> ❶ ❷
>
> ❶: 절사할 데이터 셀입니다.
> ❷: 절사할 자리수를 지정하는 상수입니다. ROUND 함수의 두 번째 인수와 사용법은 같습니다.
>
> [L4] 셀 데이터를 만 단위로 잘라서 없애라는 수식입니다. 절사이므로 천 단위의 숫자가 5 이상이라도 무조건 내림을 합니다.

4. 마지막으로 빈 셀에도 산출된 값을 입력해 봅시다. 우선 [I4:J4] 셀을 선택한 후 채우기 핸들을 더블클릭하여 평균과 최저가를 모두 채웁니다. 그리고 [L4:O4] 셀을 선택한 후 채우기 핸들을 더블클릭해서 산출된 값을 채워 넣습니다.

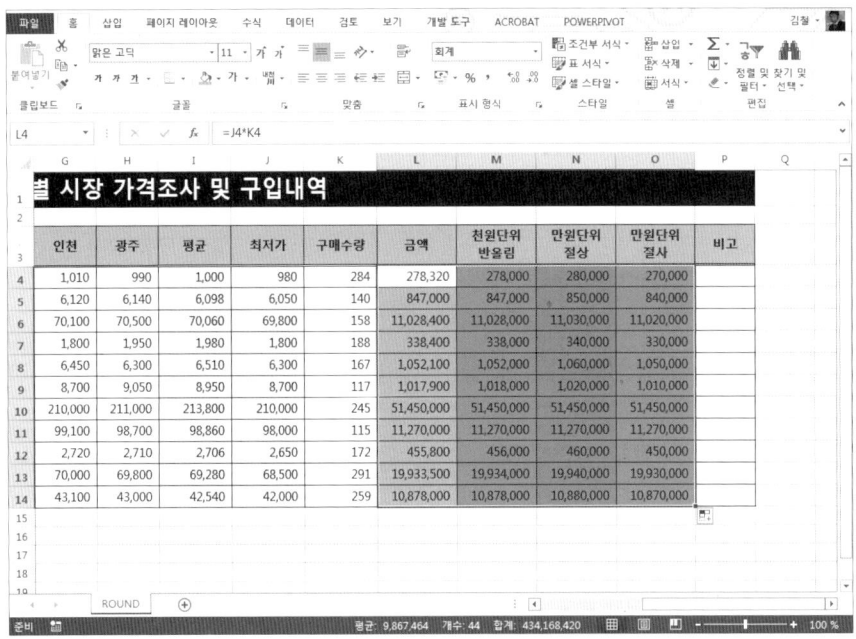

✓ 2007　✓ 2010　✓ 2013　✓ 2016

08-2　자동으로 일일 매출 일지 작성하기
　　　　　　　　　　　　　- VLOOKUP 함수

매출 일지를 작성하기 위해 하루에 판매된 품목과 수량 등을 하나씩 수작업으로 계산하고 입력한다면 많은 시간을 허비하게 됩니다. **8장_02_찾기_함수_기본_예제.xlsx** 엑셀 파일을 불러와 업체 코드표와 품목별 조견표에서, 필요한 자료를 매출 일지에 자동으로 불러오는 방법을 살펴보겠습니다.

VLOOKUP 함수는 언제 사용할까요?

데이터 관리를 효율적으로 하는 업체들을 보면 엑셀을 이용해 특정 데이터의 내용이나 값을 나타내는 조견표를 작성해 두고 활용하는 업체가 많습니다. 작성해 둔 조견표에서 필요한 내용을 가져와 데이터 분석 자료로 만들 때 편리하기 때문입니다. 예를 들어, 단가 조견표에서 각종 자재의 단가를 불러오는 경우입니다.

이런 경우처럼 특정 코드에 맞는 데이터의 내용이나 값을 빠르고 쉽게 가져와서 처리할 수 있는 수식이 VLOOKUP 함수입니다. VLOOKUP 함수는 세로 방향의 데이터 목록에서 값을 찾아올 때 사용하며, 현업에서 매우 활용도가 높은 함수입니다.

업체 코드표를 표로 지정하기

실습 파일을 열어 보니 [매출], [조견표], [업체_코드표] 시트가 보입니다. 이번 실습은 [매출] 시트를 완성하는 것이 목표입니다. 데이터 유효성 검사를 사용해 [업체_코드표] 시트에서 업체코드 정보를 가져오고, VLOOKUP 함수를 사용해 [조견표] 시트에서 나머지 정보를 가져오는 방식입니다. 그럼 실습을 시작해 볼까요?

먼저 아래 시트 탭 중에서 [업체_코드표] 시트를 클릭합니다. [업체_코드표] 시트의 데이터 중에서 임의의 셀(A3)을 선택한 후 Ctrl + T를 눌러 [표 만들기]를 실행합니다. 선택된 표 범위 내부에 머리글이 포함되어 있으므로 [머리글 포함]에 체크한 후 [확인] 버튼을 클릭합니다.

이름 정의하기

자동화된 일일 매출 일지를 작성할 때 업체 코드를 일일이 입력하지 않고 선택할 수 있도록 이름 정의를 만듭니다. [A3:A42] 셀을 선택한 후 [수식] 탭 → [정의된 이름] 그룹 → [선택 영역에서 만들기]를 실행합니다. 나타난 대화상자에서 [첫 행]을 체크한 후 [확인] 버튼을 클릭합니다.

✔ '이름 정의하기'에 대한 자세한 내용은 07-1절을 참고하세요.
✔ [A3] 셀을 선택한 후 Ctrl + Shift + ↓ 를 누르면 손쉽게 범위를 선택할 수 있습니다.

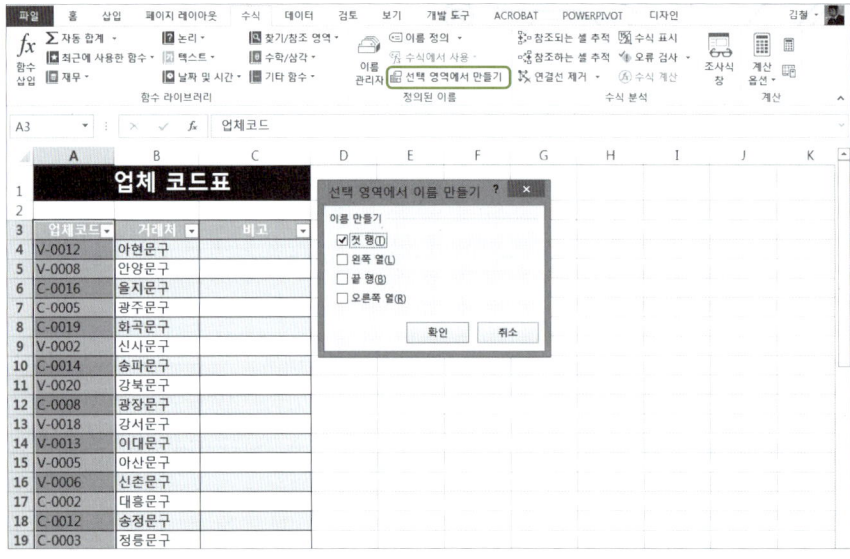

✔ [선택 영역에서 만들기] 대화상자를 불러오는 단축키는 Ctrl + Shift + F3 입니다.

데이터를 순차적으로 정렬하기

1. 앞으로 진행될 작업에서 코드를 손쉽게 선택하기 위해 코드 데이터를 순차적으로 정렬해 보겠습니다.

   [A3:B42] 셀을 선택한 후 [데이터] 탭 → [정렬 및 필터] 그룹 → [정렬]을 실행합니다. 정렬 기준은 '업체코드'로, 정렬은 '오름차순'을 선택하고 [확인] 버튼을 클릭합니다.

   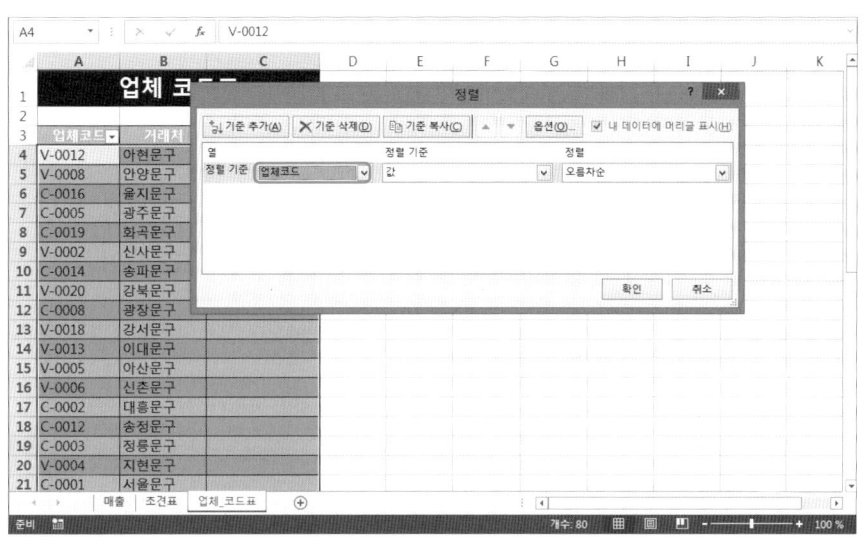

   ✔ 전체 데이터 범위 중에서 하나의 필드만 선택해서 오름차순이나 내림차순으로 정렬할 때는 해당 필드의 머리글을 선택한 상태에서 [데이터] 탭 → [정렬 및 필터] 그룹의 [텍스트 오름차순 정렬]이나 [텍스트 내림차순 정렬] 버튼을 클릭하면 됩니다.

   예제에서 [A3] 셀만 선택한 후 [텍스트 오름차순 정렬] 버튼을 클릭하면 빠르게 오름차순으로 데이터를 정렬할 수 있습니다.

   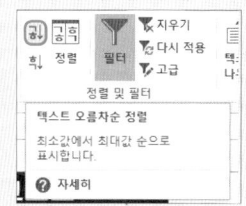

2. 이번에는 단가 조건표를 [표]로 지정하는 단계입니다. 우선 [조건표] 시트를 클릭해서 단가 조건표로 시트를 변경합니다.

   데이터 중에서 임의의 셀을 선택한 후 Ctrl + T를 눌러 [표 만들기] 대화상자를 불러옵니다. 해당 범위에 머리글이 포함되어 있으므로 [머리글 포함]에 체크되어 있는지 확인한 후 [확인] 버튼을 클릭합니다.

3. 자동화 서식에서 사용할 각 품목의 코드 이름을 정의합니다. [A3:A187] 셀을 선택한 후 [수식] 탭 → [정의된 이름] 그룹 → [선택 영역에서 만들기]를 실행합니다. 나타난 대화상자에서 [첫 행]을 체크한 후 [확인] 버튼을 클릭합니다.

4. 이후 진행될 자동화 작업에서 코드를 손쉽게 선택하기 위해 이번에도 코드들을 순차적으로 정렬해 보겠습니다. [A3:F187] 셀을 선택한 후 [데이터] 탭 → [정렬 및 필터] 그룹 → [정렬]을 실행한 후 정렬 기준은 '코드'로, 정렬은 '오름차순'을 선택하고 [확인] 버튼을 클릭합니다.

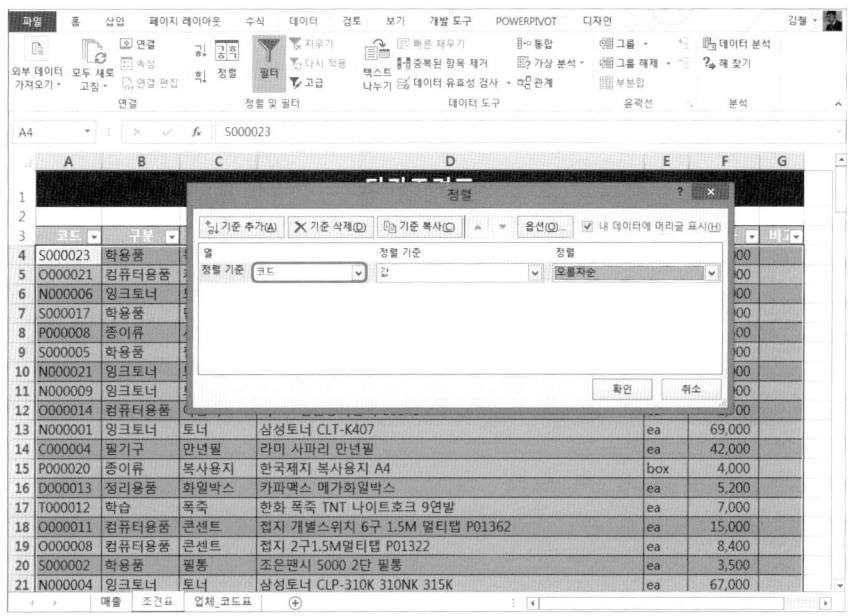

데이터 유효성 검사하기

유효성 검사란 사용자가 지정한 조건을 만족하는 데이터만 입력받을 수 있도록 사용자가 직접 지정하는 기능을 말합니다. 예를 들어, 특정 목록만 선택적으로 입력하게 하거나, 양수를 입력할 때 실수로 음수가 입력되지 않도록 할 수 있습니다. 그리고 매출 DB를 입력할 때 실수로 매출이 발생하지도 않은 내일 날짜로 입력되는 것을 방지하고 싶을 때 유효성 검사로 입력 오류가 생길 수 있는 값들을 미리 지정할 수 있습니다.

1. [매출] 시트로 이동합니다. 여기에서 업체코드 필드는 직접 입력하는 것이 아니라 이름 정의된 범위에서 선택하여 데이터를 입력할 수 있도록 [데이터 유효성] 검사를 이용하겠습니다.

    [데이터 유효성] 검사로 지정할 [매출] 시트의 [A4:A26] 셀을 선택하고 [데이터] 탭 → [데이터 도구] 그룹 → [데이터 유효성 검사]를 선택합니다.

    나타난 대화상자에서 [설정] 탭의 [제한 대상]은 '목록'으로, [원본]은 미리 이름 정의해둔 '=업체코드'로 입력한 후 [확인] 버튼을 클릭합니다.

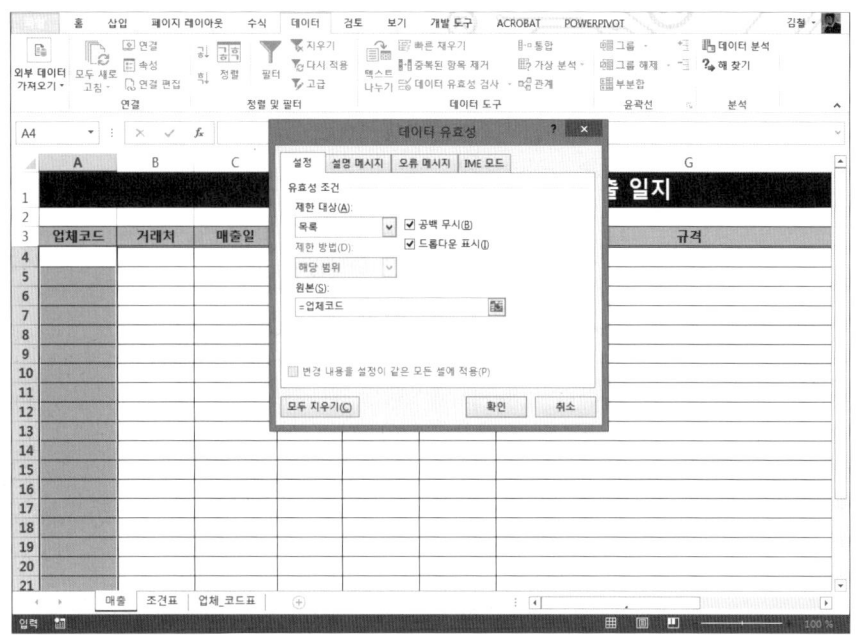

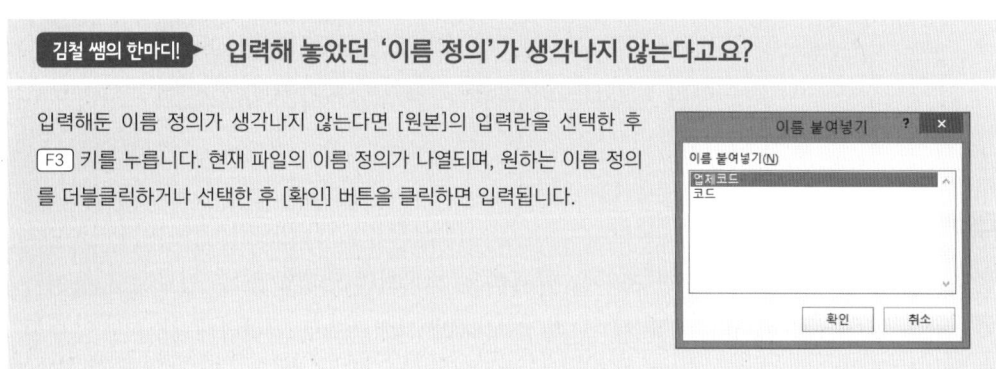

김철 쌤의 한마디! 입력해 놓았던 '이름 정의'가 생각나지 않는다고요?

입력해둔 이름 정의가 생각나지 않는다면 [원본]의 입력란을 선택한 후 F3 키를 누릅니다. 현재 파일의 이름 정의가 나열되며, 원하는 이름 정의를 더블클릭하거나 선택한 후 [확인] 버튼을 클릭하면 입력됩니다.

2. 품목별 코드 역시 [데이터 유효성 검사]를 통해서 선택할 수 있도록 지정합니다.

[D4:D26] 셀을 선택하고 [데이터] 탭 → [데이터 도구] 그룹 → [데이터 유효성 검사]를 실행합니다.

나타난 대화상자에서 [설정] 탭의 [제한 대상]은 '목록'으로, [원본]은 입력란을 선택한 후 F3 키를 눌러 [이름 붙여넣기] 대화상자를 불러옵니다. 대화상자에서 삽입할 이름 정의인 [코드]를 더블클릭하거나 선택한 후 [확인] 버튼을 클릭해서 입력합니다. [데이터 유효성] 대화상자 역시 [확인] 버튼을 클릭해서 닫습니다.

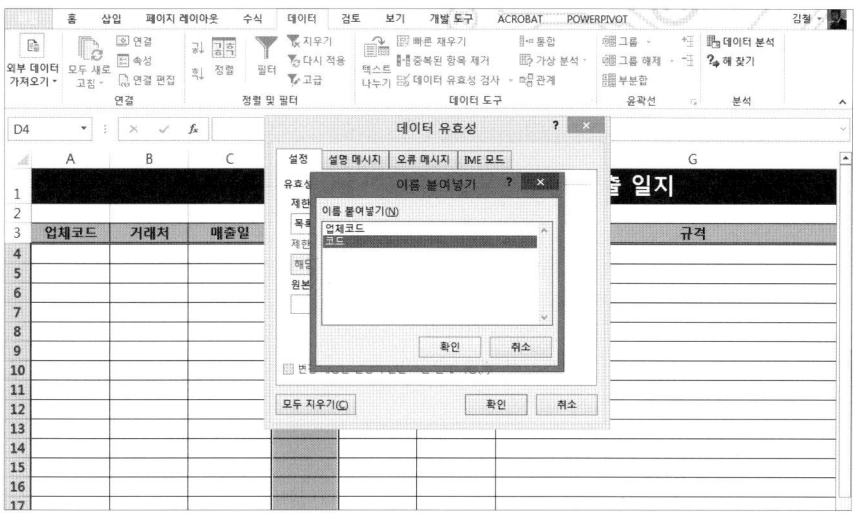

3. 일일 매출 일지 중에서 업체코드와 거래처를 입력하겠습니다. [A4] 셀을 선택하고 선택한 셀 우측의 역삼각형 모양의 드롭다운(▼) 메뉴를 클릭해서 임의로 'V-0008'을 선택합니다. [B4] 셀에는 해당 업체코드의 거래처 이름을 나타내기 위해 =IF(A4="","",VLOOKUP(A4,업체_코드표!$A$4:$B$42,2,0))을 입력합니다.

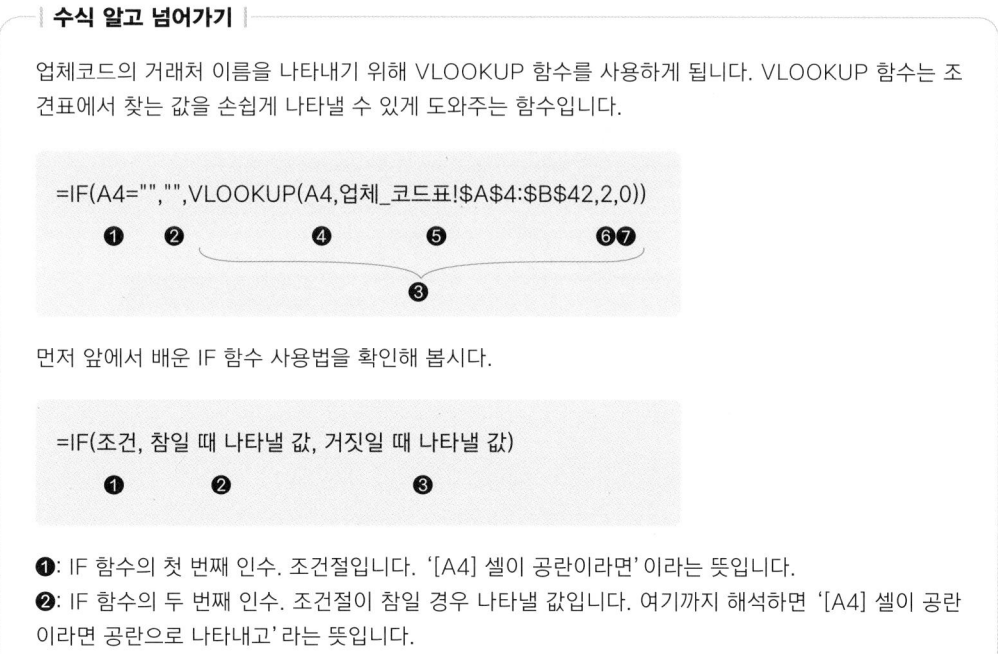

❶: IF 함수의 첫 번째 인수. 조건절입니다. '[A4] 셀이 공란이라면'이라는 뜻입니다.
❷: IF 함수의 두 번째 인수. 조건절이 참일 경우 나타낼 값입니다. 여기까지 해석하면 '[A4] 셀이 공란이라면 공란으로 나타내고'라는 뜻입니다.
❸: IF 함수의 세 번째 인수. 조건절이 거짓일 경우 나타낼 값입니다. 여기까지 해석하면 '[A4] 셀이 공란이라면 공란으로 나타내고 공란이 아니면 VLOOKUP 함수 값을 나타내시오'라는 뜻이 됩니다.

통계 함수와 VLOOKUP 함수 **209**

다음은 IF 조건이 거짓일 때 수행할, VLOOKUP 함수 부분을 살펴보겠습니다.

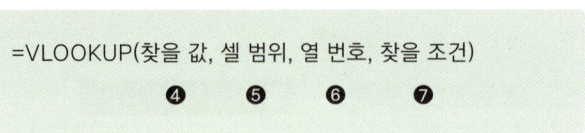

그 전에 먼저 '기준 열'이란 개념을 이해하는 것이 중요합니다. 기준 열은 찾을 값(❹)이 있는 열을 말합니다. 그리고 이 기준 열은 셀 범위(❺)의 첫 번째 열이기도 합니다. 그렇기 때문에 셀 범위를 지정할 때 찾을 값이 있는 열을 첫 번째 열로 지정하는 것입니다.

❹: VLOOKUP 함수의 첫 번째 인수. 기준 열에서 찾을 값입니다.
❺: VLOOKUP 함수의 두 번째 인수. 참조할 셀 범위입니다.
❻: VLOOKUP 함수의 세 번째 인수. 나타낼 값이 있는 열 번호입니다. 셀 범위(❺)가 지정되면 각 열은 자동으로 열 번호를 갖습니다. 1은 기준 열을 나타내며 우측으로 2, 3, 4, …… 순으로 지정됩니다. 그리고 나타낼 값은 반드시 셀 범위 안에 있어야 합니다.
❼: VLOOKUP 함수의 네 번째 인수. 찾을 조건입니다. 참(TRUE) 또는 거짓(FALSE)을 입력할 수 있습니다. 거짓을 입력하면 찾을 값(❹)과 정확히 일치하는 값을 기준 열에서 찾게 됩니다. FALSE나 숫자 0을 입력하거나 아무것도 쓰지 않으면 거짓으로 입력됩니다.

따라서 위 수식은 [A4] 셀이 공란이라면 공란으로 나타내고 그렇지 않으면 기준 열인 [업체_코드표] 시트의 [A4:A42] 셀에서 [A4] 셀과 정확히 일치하는 값을 찾아 두 번째 열에 있는 값을 나타내라는 뜻이 됩니다.

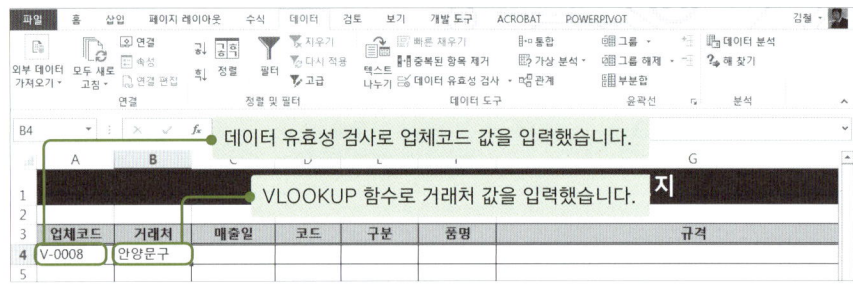

4. 계속해서 [매출] 시트의 품명, 규격도 해당 조건표에서 값을 가져와서 나타내 보겠습니다. 먼저 매출일은 '2013-09-13'로 가정해서 입력하고 [D4] 셀의 코드는 'O000021'을 선택합니다.

[E4:H4] 셀을 선택한 후 [수식 입력줄]에 =IF($D4="","",VLOOKUP($D4,조건표!$A$4:$F$187,COLUMN(B1),0))을 입력한 후 Ctrl + Enter 로 일괄 입력합니다.

| 수식 알고 넘어가기 |

=IF($D4="","",VLOOKUP($D4,조견표!$A$4:$F$187,COLUMN(B1),0))
❶ ❷   ❹   ❺   ❻   ❼
                    ❸

❶: IF 함수의 첫 번째 인수로 조건절입니다. '[D4] 셀이 공란이라면' 이란 뜻입니다.
❷: IF 함수의 두 번째 인수로 조건절이 참일 경우 나타낼 값입니다. '[D4] 셀이 공란이라면 공란으로 나타내고' 라는 뜻입니다.
❸: IF 함수의 세 번째 인수로 조건절이 거짓일 경우 나타낼 값입니다. [D4] 셀이 공란이 아니라면, VLOOKUP 함수 값을 나타내라는 수식입니다.
❹: VLOOKUP 함수의 첫 번째 인수입니다. 두 번째 인수(❺)의 기준 열에서 찾고자 하는 값입니다. 여기서는 [조견표] 시트의 [A4:A187]이 기준 열이 됩니다.
❺: VLOOKUP 함수의 두 번째 인수로 참조할 셀 범위입니다.
❻: VLOOKUP 함수의 세 번째 인수입니다. 두 번째 인수의 기준 열에서 찾고자 하는 값을 찾은 후 몇 번째 열에 있는 값을 나타낼지 결정합니다. 이때 COLUMN 함수는 현재 참조 범위인 [B1] 셀의 열 번호를 나타냅니다. 열 번호는 [A] 열은 1, [B] 열은 2, [C] 열은 3으로 표현됩니다. COLUMN은 열 번호를 가져오는 함수입니다. 자동으로 일련 번호를 변하게 해야 할 때 주로 사용합니다. 이 참조 범위는 우측으로 복사나 드래그하면 자동으로 열 번호가 증가되어 조견표에서 특정 열의 데이터를 손쉽게 나타내게 합니다. 이때 COLUMN 함수가 특정 셀을 참조하지 않은 경우, 즉 인수를 생략(COLUMN())하면 수식이 입력되는 현재 셀의 열 번호를 가져오게 됩니다.
❼: VLOOKUP 함수의 마지막 인수로 참(TRUE), 거짓(FALSE)을 입력할 수 있습니다. 거짓(공란으로 두거나 FALSE 또는 숫자 0을 입력)이면 기준 열에서 찾고자 하는 정확한 값을 찾아 세 번째 인수가 지정한 열의 값을 나타내게 됩니다. 즉, 0은 기준 열에서 정확하게 일치하는 값만 찾으라는 뜻입니다.

	A	B	C	D	E	F
1				단가조견표		
2						
3	코드	구분	품명	규격	단위	단가
4	B000001	바인더류	바인더	대흥 A4	ea	3,900
5	B000002	바인더류	명함집	Royal 1단(세로) 110*70	ea	5,200
6	B000003	바인더류	명함집	Royal 투톤 1단 자가드 R-103	ea	6,400
7	B000004	바인더류	바인더	D링 컬러풀웨이브 25mm	ea	3,600
8	B000005	바인더류	파일	자석메모화일	ea	800
9	B000006	바인더류	파일	메카라인 플러스화일 30	ea	4,800
10	B000007	바인더류	파일	청운화일 30공 30P 파일	ea	5,600
11	B000008	바인더류	파일	차이나 익스펜딩 파일	ea	10,800
12	B000009	바인더류	파일	어셀트 벽걸이 휴대화일	ea	13,000

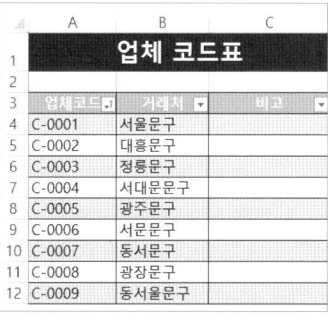

따라서 위 수식은 [D4] 셀이 공란이라면 공란으로 나타내고 그렇지 않다면 기준 열인 [조견표] 시트의 [A4:A187] 셀 사이에서 [D4] 셀을 찾아 두 번째 열에 있는 값을 나타내라는 뜻이 됩니다. 물론 COLUMN 함수의 참조를 상대 참조로 나타냈기에 다른 [E] 열은 두 번째가 되고, [F] 열은 세 번째가 될 것입니다.

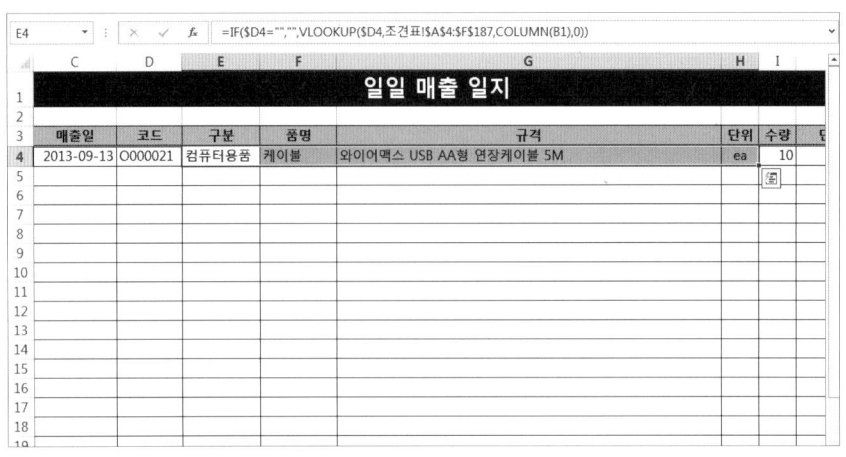

✔ 매출일과 코드 입력 시 [C4] 셀의 매출일을 입력한 후 [Tab] 키를 누르면 [코드]를 입력할 [D4] 셀로 커서를 이동할 수 있습니다.

5. 이번에는 수량과 단가, 금액을 산출합니다. 수량을 10개라고 가정해서 [I4] 셀에 10을 입력한 후 [Tab] 키를 누르고 [J4] 셀에는 =IF($D4="","",VLOOKUP($D4,조견표!$A$4:$F$187,6,0))를 입력합니다. 그런 다음 [Tab] 키를 눌러서 최종 금액을 산출할 [K4] 셀로 이동한 후 =IFERROR(I4*J4,0) 수식을 입력합니다.

| 수식 알고 넘어가기 |

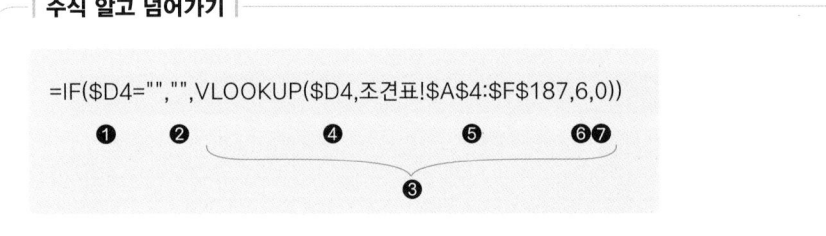

❶ : IF 함수의 첫 번째 인수로 조건절입니다. '[D4] 셀이 공란이라면' 이라는 뜻입니다.
❷ : IF 함수의 두 번째 인수로 조건절이 참일 경우 나타낼 값입니다. '[D4] 셀이 공란이라면 공란으로 나타내고' 라는 뜻입니다.
❸ : IF 함수의 세 번째 인수로 조건절이 거짓일 경우 나타낼 값입니다. [D4] 셀이 공란이 아니라면, VLOOKUP 함수 값을 나타내라는 수식입니다.
❹ : VLOOKUP 함수의 첫 번째 인수. 두 번째 인수의 기준 열에서 찾고자 하는 값입니다. 여기서는 [조견표] 시트의 [A4:A187]이 기준 열입니다.
❺ : VLOOKUP 함수의 두 번째 인수로 참조할 셀 범위입니다.
❻ : VLOOKUP 함수의 세 번째 인수. 두 번째 인수의 기준 열에서 찾고자 하는 값을 찾은 후 몇 번째 열에 있는 값을 나타낼지 결정합니다(여기서는 조견표의 여섯 번째 열).
❼ : VLOOKUP 함수의 마지막 인수로 기준 열에서 찾고자 하는 정확한 값을 찾아 여섯 번째 인수가 지정한 열의 값을 나타내게 됩니다.

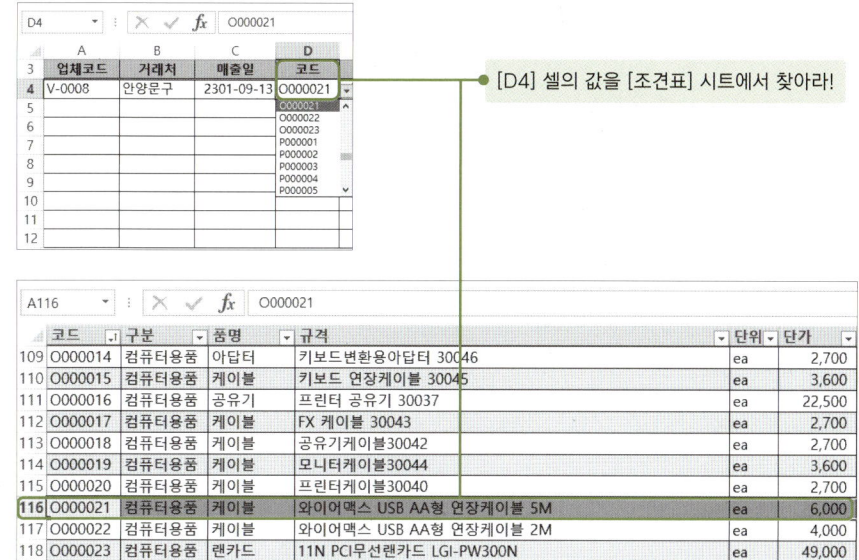

따라서 위 수식은 [D4] 셀이 공란이라면 공란으로 나타내고 그렇지 않다면 기준 열인 [조견표] 시트의 [A4:A187] 셀 사이에서 [D4] 셀을 찾아 여섯 번째 열에 있는 값을 나타내라는 뜻이 됩니다.

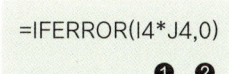

❶: IFERROR 함수의 첫 번째 인수입니다. 오류가 나지 않을 경우 셀에 표현될 값이나 수식입니다.

❷: IFERROR 함수의 두 번째 인수입니다. 첫 번째 인수로 입력된 값이나 수식에 오류가 생길 때 나타낼 값입니다.

[I4*J4] 수식에 오류가 있다면 0으로 나타내고 그렇지 않다면 [I4*J4] 수식의 값을 결과로 나타내라는 뜻입니다.

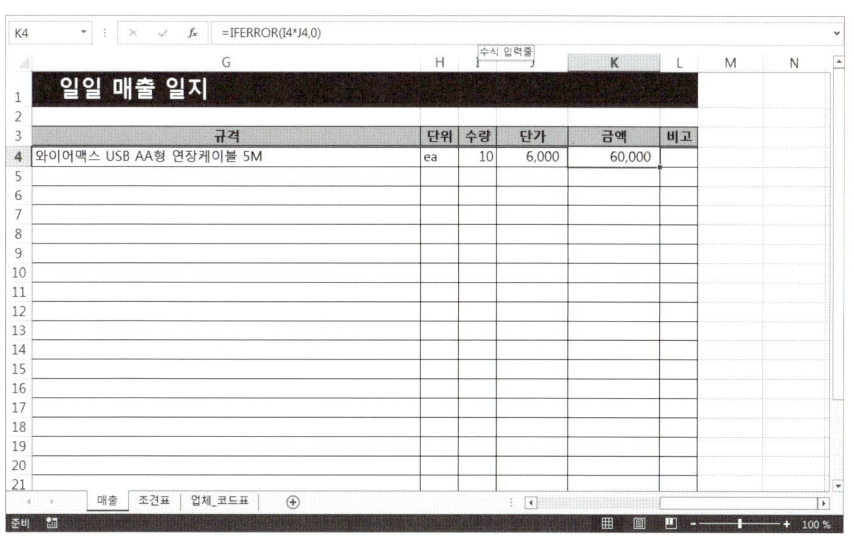

통계 함수와 VLOOKUP 함수 **213**

6. 마지막으로 4행에 입력된 수식을 나머지 행에도 적용해 보겠습니다. [B4] 셀의 수식을 [B26] 셀까지 복사(Ctrl + C), 붙여넣기(Ctrl + V)하고 [E4:H4] 셀의 수식을 [E26:H26] 셀까지 복사(Ctrl + C), 붙여넣기(Ctrl + V)합니다. 마지막으로 [J4:K4] 셀의 수식을 [J26:K26] 셀까지 복사(Ctrl + C), 붙여넣기(Ctrl + V)합니다.

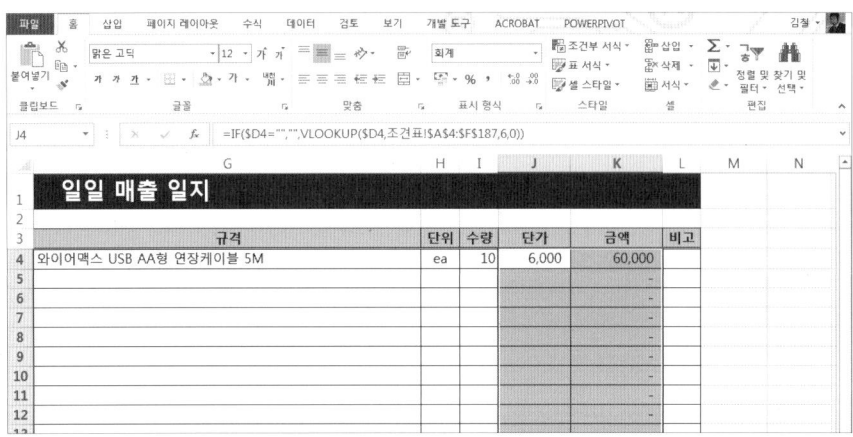

7. 일일 매출 일지에서 업체코드와 코드 필드에 값을 넣고 매출이 발생한 날짜와 수량만 입력하면 수식이 적용된 다른 셀에는 각각의 값들이 자동으로 산출됩니다. '매출일'과 '수량' 데이터를 임의로 입력하면서 조건표의 내용과 수식에 문제가 없는지를 최종 확인합니다.

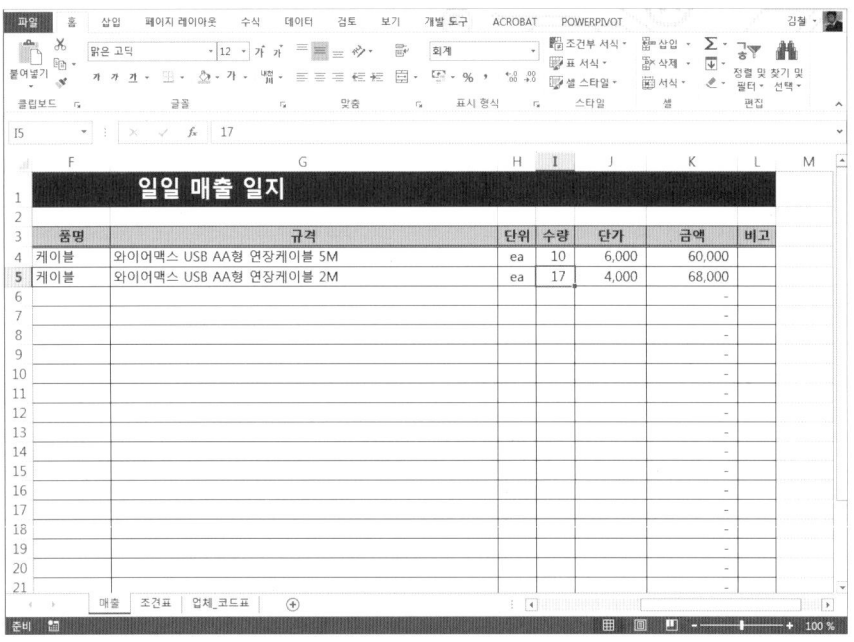

09 | 찾기 함수와 날짜 함수

조견표에서 값을 찾아주는 함수는 VLOOKUP 외에도 INDEX, MATCH, OFFSET 등이 있습니다. 찾기 함수라고 하죠. 여기서는 찾기 함수를 먼저 배우고 이어서 배열 수식과 날짜 함수도 실습해 보겠습니다.

09-1 다양한 찾기 함수 활용하기 - MATCH, INDEX, OFFSET
09-2 근속 기간을 쉽게 계산하는 날짜 함수 활용하기 - DATEDIF

홍사원 이야기

원하는 데이터만 찾고 싶다면?

홍석균 사원은 매월 청과 매출표를 만들어서 보고한다. 항목별 단가를 조견표에서 일일이 확인하고 매출표를 작성하는데 도매와 소매로 나뉘어 있어서 여간 헷갈리는 게 아니다. 가끔 실수를 해서 팀장님께 혼나기도 한다. '이럴 때는 찾기 함수로 조견표에서 원하는 데이터를 가져올 수 있다고 들었는데…… 이번 기회에 이지수 대리한테 확실히 배워둘까?'

○○청과 매출표

품목	단위	수량	단가	금액	비고
딸기	Kg	19	6,000	114,000	소매
배	개	15	4,120	61,800	도매
딸기	Kg	17	5,730	97,410	도매
딸기	Kg	11	5,730	63,030	도매
복숭아	개	19	3,600	68,400	소매
배	개	19	4,500	85,500	소매
토마토	Kg	14	3,450	48,300	도매
딸기	Kg	14	6,000	84,000	소매
복숭아	개	13	3,150	40,950	도매
토마토	Kg	16	3,450	55,200	도매
딸기	Kg	17	6,000	102,000	소매
복숭아	개	17	3,600	61,200	소매

VLOOKUP 함수를 사용하니까 필요한 값을 자동으로 가져오네~

✓ 2007　✓ 2010　✓ 2013　✓ 2016

09-1　다양한 찾기 함수 활용하기
- MATCH, INDEX, OFFSET

먼저 VLOOKUP 함수를 응용해서 다양한 문서를 작성해 보겠습니다. VLOOKUP 함수를 사용할 수 없을 때 INDEX, MATCH, OFFSET 함수를 사용하는 방법도 배워 보겠습니다. 각 함수뿐만 아니라 서로 다른 함수들이 어떻게 조합되는지 유의하며 실습하기 바랍니다.
9장_01_찾기_함수_활용_예제.xlsx라는 엑셀 파일을 불러옵니다.

각 코드에 맞는 항목을 특정 시트에서 불러오기

이번 예제는 12월 사무용품 신청 내역을 작성하는 것입니다. 여기서는 VLOOKUP 함수뿐만 아니라 IFERROR 함수를 함께 사용합니다. 그 이유는 VLOOKUP 함수로 조견표에서 값을 찾지 못했을 경우에 '코드 확인'이라는 문자열을 나타내서 발생하는 오류를 처리할 수 있도록 하는 것입니다. [오류처리] 시트에서 각 코드에 맞는 품명, 규격, 단위, 단가 필드를 [학용품_단가조견표] 시트에서 불러와 입력해 보겠습니다. 이때 값을 가져올 열 번호를 자동으로 지정하는 방법도 알아보겠습니다.

1. 먼저 [오류처리] 시트의 [B4:D4] 셀을 선택하고 [수식 입력줄]에 =IFERROR(VLOOKUP($A4,학용품_단가조견표!$A$4:$F$187,COLUMN()+1,0),"코드확인")을 입력한 후 Ctrl + Enter 키로 일괄 입력합니다. 해당 코드에 맞는 품명, 규격, 단위가 한꺼번에 나타나는 것을 확인할 수 있습니다.

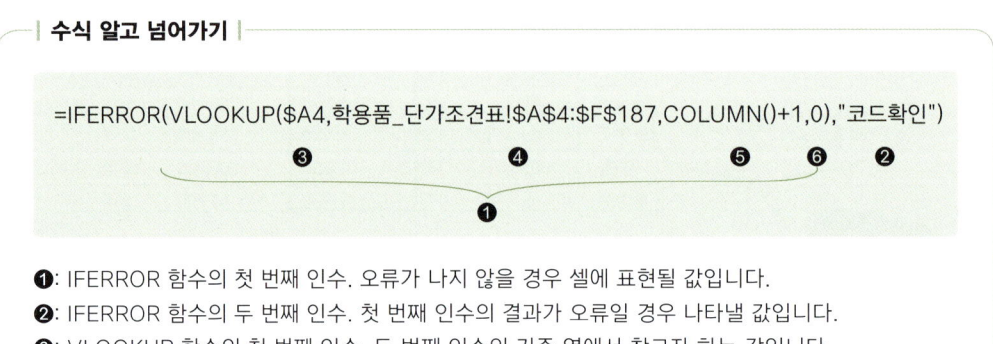

| 수식 알고 넘어가기 |

=IFERROR(VLOOKUP($A4,학용품_단가조견표!$A$4:$F$187,COLUMN()+1,0),"코드확인")
　　　　　　　❸　　　　　　❹　　　　　　　❺　❻　❷
　　　　　　　　　　　　　❶

❶: IFERROR 함수의 첫 번째 인수. 오류가 나지 않을 경우 셀에 표현될 값입니다.
❷: IFERROR 함수의 두 번째 인수. 첫 번째 인수의 결과가 오류일 경우 나타낼 값입니다.
❸: VLOOKUP 함수의 첫 번째 인수. 두 번째 인수의 기준 열에서 찾고자 하는 값입니다.

❹ : VLOOKUP 함수의 두 번째 인수로 참조할 셀 범위입니다. [학용품_단가조견표] 시트의 [A4:A187]이 기준 열입니다.

❺ : VLOOKUP 함수의 세 번째 인수. VLOOKUP의 두 번째 인수의 기준 열에서 찾고자 하는 값을 찾은 후 몇 번째 열에 있는 값을 나타낼지 결정합니다. 'COLUMN()+1'로 지정했기 때문에 현재 수식이 입력되는 열은 [B] 열이므로 2가 될 것이고 2+1=3이므로 [학용품_단가조견표] 시트의 기준 열에서 우측으로 2칸 이동한 '품명'이 표시된 열인 [C4:C187] 셀 사이에서 값을 나타내게 됩니다.

❻ : VLOOKUP 함수의 마지막 인수로 찾을 값을 기준 열에서 정확하게 일치하는 값만 찾으라는 뜻입니다.

따라서 위 수식은 [학용품_단가조견표] 시트의 [A4;A187] 셀에서 [A4] 셀을 찾아 3(2+1=3)번째 열의 값을 나타내고 만약 해당 제품이 없어서 오류가 발생한다면 '코드확인'으로 나타내라는 의미입니다.

2. 이번에는 '단가'를 자동으로 입력해 보겠습니다. 이제 [F4] 셀을 선택하고 [수식 입력줄]에 =IFERROR(VLOOKUP($A4,학용품_단가조견표!$A$4:$F$187,6,0),"코드확인")로 입력합니다. 그러면 단가를 [학용품_단가조견표]에서 찾아 나타냅니다.

> **수식 알고 넘어가기**
>
> =IFERROR(VLOOKUP($A4,학용품_단가조견표!$A$4:$F$187,6,0),"코드확인")
>
> ❶: IFERROR 함수의 첫 번째 인수입니다. 오류가 나지 않을 경우 셀에 표현될 값입니다.
> ❷: IFERROR 함수의 두 번째 인수입니다. 첫 번째 인수로 입력된 값이나 수식에 오류가 날 경우 나타낼 값입니다.
> ❸: VLOOKUP 함수의 첫 번째 인수입니다. VLOOKUP의 두 번째 인수의 기준 열에서 찾고자 하는 값입니다.
> ❹: VLOOKUP 함수의 두 번째 인수로 참조할 셀 범위입니다. [학용품_단가조견표] 시트의 [A4:A187]은 기준 열입니다.
> ❺: VLOOKUP 함수의 세 번째 인수로, 두 번째 인수의 기준 열에서 찾고자 하는 값을 찾은 후 몇 번째 열에 있는 값을 나타낼지 결정합니다.
> ❻: VLOOKUP 함수의 마지막 인수로 기준 열에서 정확하게 일치하는 값만 찾으라는 뜻입니다.
>
> 따라서 위 수식은 [학용품_단가조견표] 시트의 [A4:A187] 셀에서 [A4] 셀을 찾아 여섯 번째 열의 값을 나타내고 만약 해당하는 제품이 없는 등의 오류가 발생하면 '코드확인'으로 표시하라는 의미입니다.

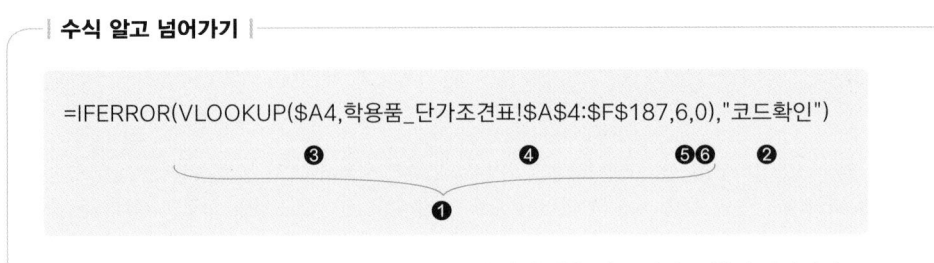

▲ 이 예제 파일의 금액란에는 단가×수량 수식이 이미 입력되어 있습니다.

3. 나머지 데이터에도 앞에서 입력한 수식을 적용합니다. [B4:D4] 셀을 선택한 후 우측 하단의 채우기 핸들을 더블클릭해서 나머지 부분에도 수식을 채웁니다. [F4] 셀도 마찬가지로 채우기 핸들을 더블클릭해서 수식을 채웁니다.

사무용품 신청내역 작성이 끝났습니다. 이로써 코드만 입력하면 VLOOKUP 수식을 이용해서 품명, 단가를 조견표에서 나타내고 정리할 수 있습니다. 요즘은 대부분의 데이터를 코드화하고 조견표 데이터베이스에서 가져와 나타내는 것이 보편적입니다. 이때 VLOOKUP은 현업에서 매우 유용하게 사용되는 수식이니 잘 익혀두기 바랍니다.

조견표를 기준으로 필드에 비어있는 셀 값 채우기

이번에는 [VLOOKUP_절대평가] 시트에서 평점 필드에 비어있는 셀 값을 입력하고자 합니다. VLOOKUP 함수의 네 번째 인수가 참(TRUE)으로 입력되는 대표적인 경우입니다. 참(TRUE) 인수를 언제, 어떻게 사용하는지 배워 보겠습니다.

1. [I4] 셀을 선택한 후 수식을 =VLOOKUP(H4,$L$4:$M$8,2,1)로 입력합니다.

| 수식 알고 넘어가기 |

=VLOOKUP(H4,$L$4:$M$8,2,1)
       ❶   ❷   ❸❹

❶: VLOOKUP 함수의 첫 번째 인수. 두 번째 인수의 기준 열에서 찾고자 하는 값입니다.
❷: VLOOKUP 함수의 두 번째 인수. 참조할 조건표의 범위를 설정합니다. 여기서는 [L4:L8]이 기준 열이 됩니다.
❸: VLOOKUP 함수의 세 번째 인수. 참조할 조건표의 기준 열에서 값을 찾은 후 어느 열을 나타낼지, 열 번호를 지정합니다. 여기서는 2이므로 '평점' 열입니다.
❹: VLOOKUP 함수의 네 번째 인수. 참(TRUE 또는 1이라고 입력)으로 지정하게 되면 기준 열 (L4:L8)에서 찾고자 하는 값(H4)보다 작거나 같은 값 중에서 최대값을 찾습니다.

위 수식은 기준 열 [L4:L8] 셀 범위에서 찾고자 하는 값인 [H4] 값보다 작거나 같은 값을 찾아 세 번째 인수로 지정한 두 번째 열의 값을 나타내라는 의미입니다.

만약 찾고자 하는 값이 88이라면 기준 열에서 작거나 같은 값은 0, 60, 70 ,80이 될 것이고 그 중에서 최대값인 80을 찾아서, 세 번째 인수로 지정한 두 번째 열의 값인 'B'를 나타냅니다.

2. 우측 하단의 채우기 핸들을 더블클릭해서 나머지 평점들도 해당 수식을 채웁니다.

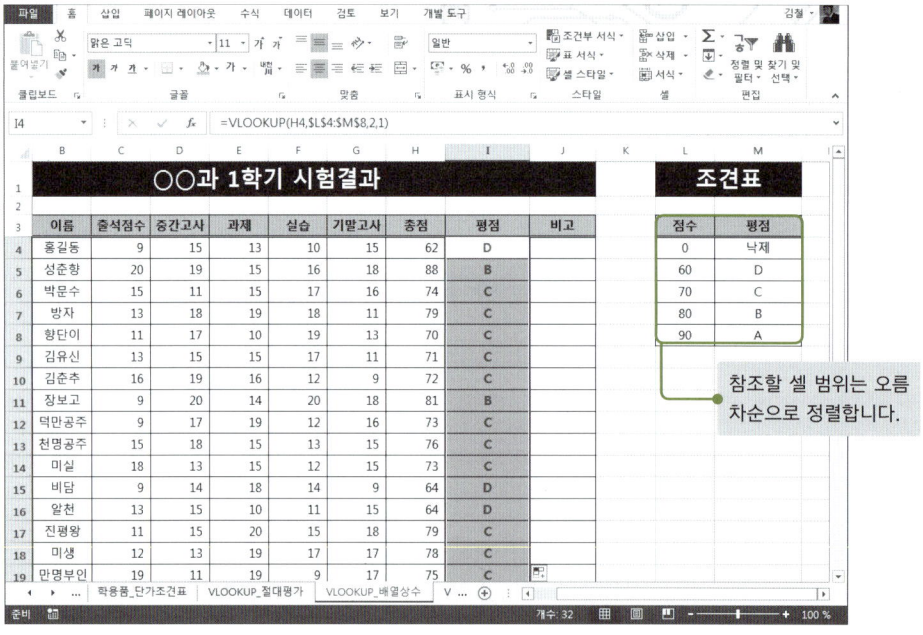

✔ 찾을 조건을 참(TRUE 또는 1을 입력)으로 지정할 때는 참조할 셀 범위(조건표)가 반드시 **오름차순**으로 정렬되어 있어야 합니다. 그렇지 않으면 오류가 납니다.

수식의 조건표 범위를 배열 상수로 변환하기

이번에는 [VLOOKUP_배열 상수] 시트의 평점을 조건표 없이 작성하는 방법에 대해서 알아보겠습니다. 가끔 시트에 조건표 없이 깔끔하게 처리하고자 할 때 주로 사용하는 방법입니다.

1. [I4] 셀을 선택한 후 [수식 입력줄]에서 VLOOKUP 함수의 두 번째 인수인 조견표 범위 [$L$4:$M$8] 셀을 직접 드래그해서 선택합니다. F9 키를 눌러 배열 상수로 변환시킨 후 Enter 키를 누릅니다.

수식 알고 넘어가기

=VLOOKUP(H4,{0,"낙제";60,"D";70,"C";80,"B";90,"A"},2,1)
           ❶   ❷   ❸❹

❶: VLOOKUP 함수의 첫 번째 인수. 두 번째 인수의 기준 열에서 찾고자 하는 값입니다.
❷: VLOOKUP 함수의 두 번째 인수. 배열 상수 형태로 입력된 참조할 조견표의 범위입니다.
❸: VLOOKUP 함수의 세 번째 인수. 두 번째 인수의 기준 열에서 값을 찾은 후 어느 열을 나타낼지, 열 번호를 지정합니다.
❹: VLOOKUP 함수의 네 번째 인수로, 참(TRUE, 1)으로 지정하게 되면 기준 열에서 찾고자 하는 값보다 작거나 같은 값 중에서 최대값을 찾습니다.

배열은 같은 종류의 데이터 묶음입니다. 여기서는 행, 열 또는 행과 열의 조합이라고 생각하면 됩니다. 그리고 배열을 구성하는 각각의 값을 배열 상수라고 합니다. 배열 상수는 중괄호({ })로 나타내고 내부는 쉼표(,)와 세미콜론(;)으로 구분합니다. 쉼표(,)는 열 방향 이동을 세미콜론(;)은 새로운 행의 시작을 의미합니다.

2. 이어서 다른 평점들도 조건표를 배열 상수로 전환하겠습니다. [I4] 셀을 선택한 후 채우기 핸들을 더블클릭해서 해당 수식을 모두 채웁니다.

3. 조건표의 범위인 [L] 열부터 [M] 열까지 선택한 후 삭제해 보세요. 조건표를 배열 상수로 변경시켜 입력했으므로 [I] 열에 오류가 생기지 않은 것을 확인할 수 있습니다.

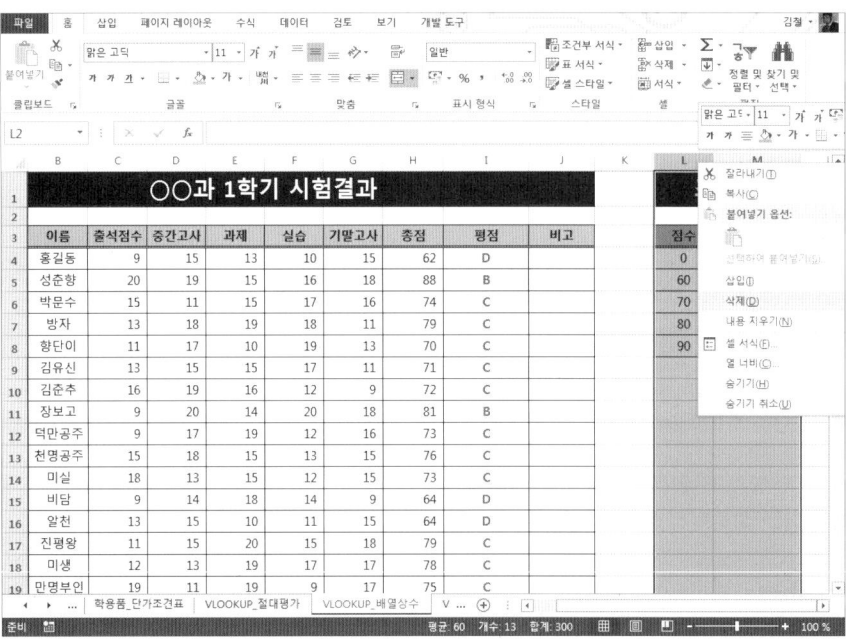

상대 평가 평점을 만드는 방법

1. 이번에는 [VLOOKUP_상대평가] 시트에서 상대 평가 평점을 만들어 보겠습니다. 먼저 총점의 백분율 순위를 산출하기 위해서 [VLOOKUP_상대평가] 시트를 선택합니다. 총점을 비교하여 1등을 100%라고 표시하고 순서대로 총점을 퍼센트로 나타내 보겠습니다.

   [I4] 셀을 선택한 후 =PERCENTRANK($H$4:$H$35,H4) 수식을 입력합니다. 그리고 나서 채우기 핸들을 더블클릭해서 하단까지 수식을 채웁니다.

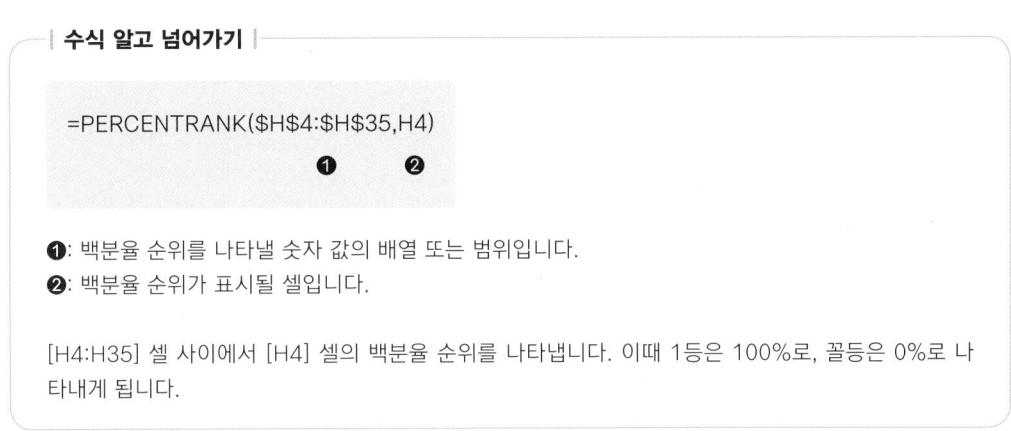

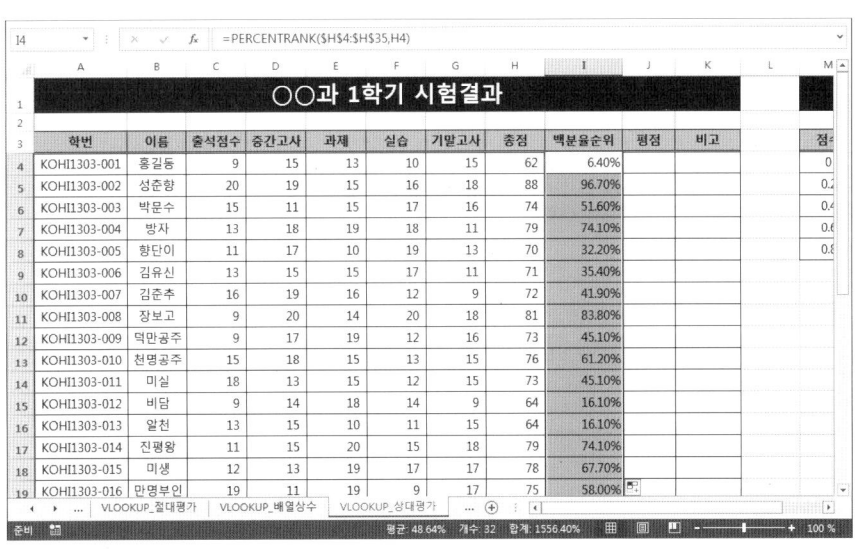

✔ 백분율의 소수점 자리를 늘리려면 [표시 형식] 그룹에서 [자릿수 늘림] 버튼을 클릭하면 됩니다.

2. 총점의 백분율 순위를 산출했다면 이제 본격적으로 상대 평가 평점을 산출해 보겠습니다. 하위 20%에 속하는 학생들은 '낙제'를 주도록 하겠습니다.

[J4] 셀을 선택한 후 =VLOOKUP(I4,$M$4:$N$8,2,1) 수식을 입력합니다. 채우기 핸들을 더블클릭해서 나머지 수식을 모두 채웁니다.

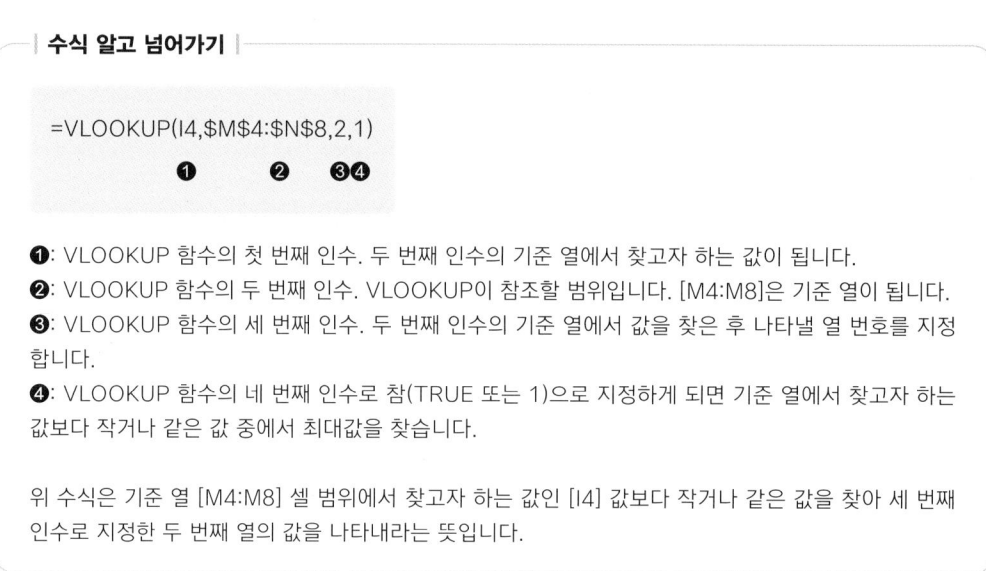

❶: VLOOKUP 함수의 첫 번째 인수. 두 번째 인수의 기준 열에서 찾고자 하는 값이 됩니다.
❷: VLOOKUP 함수의 두 번째 인수. VLOOKUP이 참조할 범위입니다. [M4:M8]은 기준 열이 됩니다.
❸: VLOOKUP 함수의 세 번째 인수. 두 번째 인수의 기준 열에서 값을 찾은 후 나타낼 열 번호를 지정합니다.
❹: VLOOKUP 함수의 네 번째 인수로 참(TRUE 또는 1)으로 지정하게 되면 기준 열에서 찾고자 하는 값보다 작거나 같은 값 중에서 최대값을 찾습니다.

위 수식은 기준 열 [M4:M8] 셀 범위에서 찾고자 하는 값인 [I4] 값보다 작거나 같은 값을 찾아 세 번째 인수로 지정한 두 번째 열의 값을 나타내라는 뜻입니다.

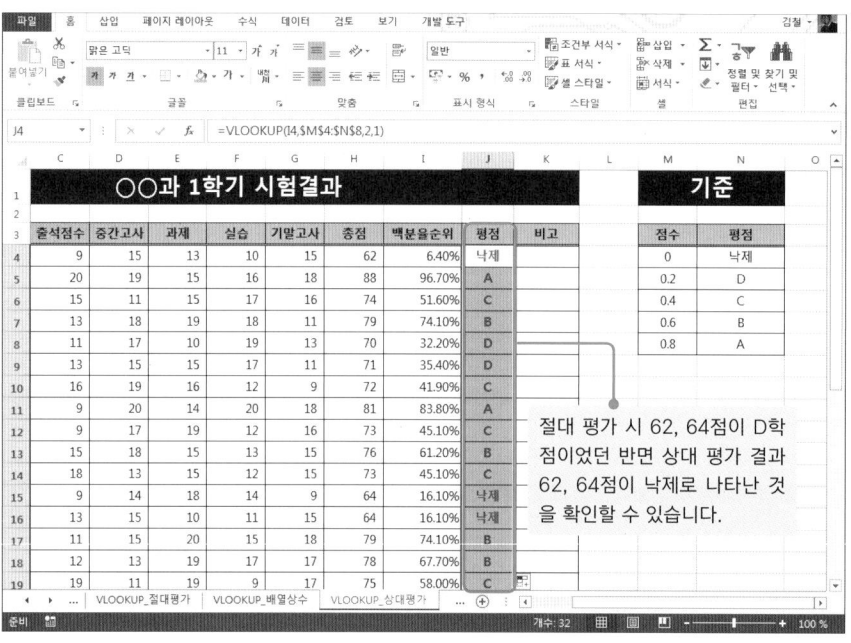

조견표에서 조건에 맞는 단가 나타내기

1. 조견표에서 임의의 조건에 따라 다른 열 번호를 지정해야 하는 경우를 살펴봅니다. 예제는 청과물 회사에서 도매상에 주는 단가와 소매상에 주는 단가를 자동으로 계산하는 경우입니다. [VLOOKUP_활용1] 시트의 조견표를 보면 '도매'인 경우는 열 번호를 3으로, '소매'인 경우는 4로 지정해야 한다는 것을 알 수 있습니다. 그리고 [F] 열의 비고란에도 도매와 소매가 구분되어 있는 것을 볼 수 있습니다. 이런 경우는 VLOOKUP 함수의 세 번째 인수를 조정해주면 됩니다.

2. [D4] 셀을 선택한 후, =VLOOKUP(A4,$H$4:$K$8,IF(F4="도매",3,4),0) 수식을 입력합니다. 그런 다음 채우기 핸들을 더블클릭해서 해당 수식을 모든 셀에 적용합니다.

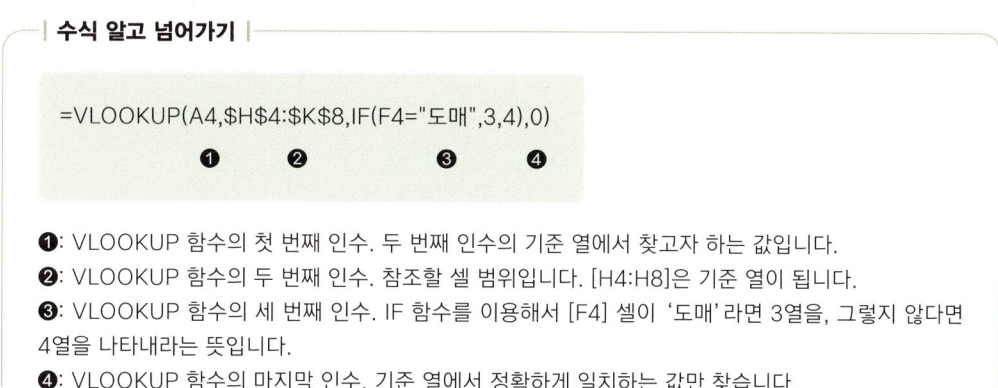

❶: VLOOKUP 함수의 첫 번째 인수. 두 번째 인수의 기준 열에서 찾고자 하는 값입니다.
❷: VLOOKUP 함수의 두 번째 인수. 참조할 셀 범위입니다. [H4:H8]은 기준 열이 됩니다.
❸: VLOOKUP 함수의 세 번째 인수. IF 함수를 이용해서 [F4] 셀이 '도매'라면 3열을, 그렇지 않다면 4열을 나타내라는 뜻입니다.
❹: VLOOKUP 함수의 마지막 인수. 기준 열에서 정확하게 일치하는 값만 찾습니다.

따라서 위 수식은 [H4:H8] 셀에서 [A4] 값을 찾아 [F4] 셀의 값이 '도매'라면 세 번째 열의 값을 나타내고 그렇지 않다면 네 번째 열의 값을 나타내라는 뜻입니다.

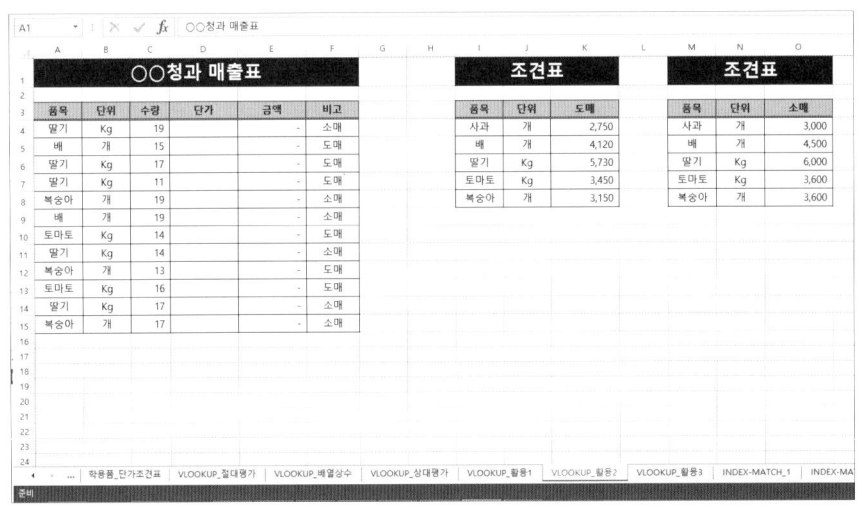

3. [VLOOKUP_활용2] 시트는 이전 시트와 다르게 도매와 소매 조견표가 분리되어 있습니다. 각각 다른 2개의 조견표가 있기 때문에 열 번호가 아닌 조견표를 달리 지정해야 합니다. 그리고 [F] 열의 비고란에도 도매와 소매가 구분되어 있으므로 도매, 소매 여부에 따라 다른 조견표를 적용하면 됩니다.

4. [D4] 셀을 선택한 후 =VLOOKUP(A4,IF(F4="도매",$I$4:$K$8,$M$4:$O$8),3,0) 수식을 입력합니다. 그러고 나서 채우기 핸들을 더블클릭해서 나머지 수식을 채우면 됩니다.

수식 알고 넘어가기

=VLOOKUP(A4,IF(F4="도매",$I$4:$K$8,$M$4:$O$8),3,0)
     ❶   ❷   ❸❹

❶: VLOOKUP 함수의 첫 번째 인수. 두 번째 인수의 기준 열(첫 번째 열)에서 찾고자 하는 값입니다.
❷: VLOOKUP 함수의 두 번째 인수. IF 문의 결과에 따라 조견표의 범위를 선택합니다.
❸: VLOOKUP 함수의 세 번째 인수. 특정 조견표 범위에서 나타낼 열 번호를 정합니다.
❹: VLOOKUP 함수의 마지막 인수. 기준 열에서 정확하게 일치하는 값만 찾습니다.

[F4] 셀 값이 '도매'라면 [I4:K8] 셀 범위, 그렇지 않다면 소매 조견표의 범위인 [M4:O8] 셀 범위에서 [A4] 값을 찾아서 세 번째 열의 값을 나타냅니다.

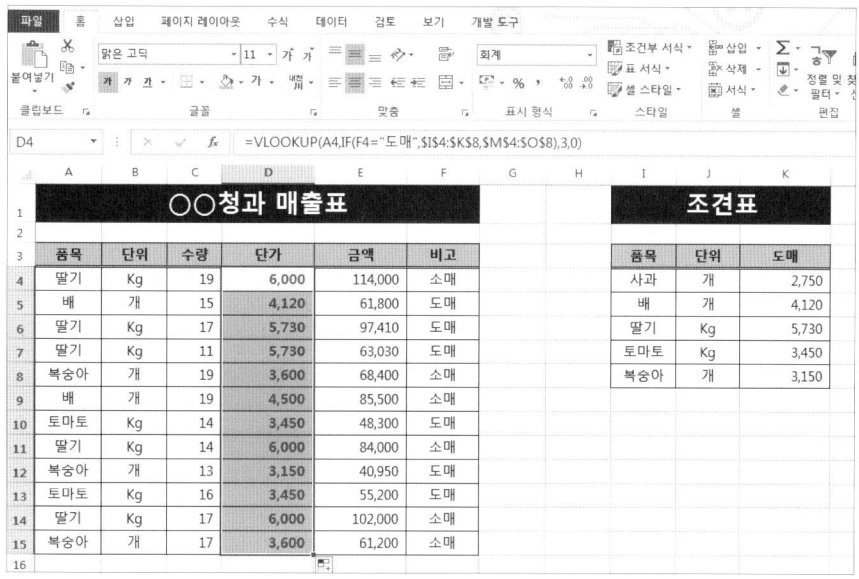

문자의 앞 부분만 일치해도 찾는다, LEFT 함수

[VLOOKUP_활용3] 시트에서 비어있는 단가를 조견표에서 찾아 나타내도록 하겠습니다. [VLOOKUP_활용3] 시트의 품목 번호는 파생 번호로써 [G] 열의 품목 번호 중 좌측 7자리까지의 품목 번호([G4] 셀을 기준, F1-8220)만 맞으면 해당 재료비 단가를 나타내고 싶은 경우입니다. 이 경우는 대표 문자 중 *를 이용해서 처리하면 됩니다.

✔ 대표 문자는 와일드카드 문자라고도 부릅니다. 문자와 관련된 조건을 지정할 때 유용합니다. 자세한 사용법은 10-2절에서 배우겠습니다.

[C4] 셀을 선택하고 [수식 입력줄]에 =VLOOKUP(LEFT(A4,7)&"*",$G$4:$H$10,2,0)을 입력합니다. 수식을 입력한 후 채우기 핸들을 더블클릭해서 아래쪽 셀에 수식을 채웁니다.

| 수식 알고 넘어가기 |

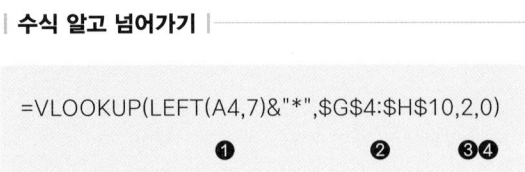

❶: VLOOKUP 함수의 첫 번째 인수. 두 번째 인수의 기준 열에서 찾고자 하는 값입니다. LEFT 함수를 이용해서 [A4] 셀의 값 중 왼쪽에서 7번째까지의 값(F1-8220)을 가져옵니다. 그리고 뒤에 대표 문자 *를 붙여 'F1-8220*'로 찾을 값을 지정합니다. * 문자를 넣으면 F1-8220 뒤에 어떤 문자가 오든지 허용한다는 뜻입니다.
❷: VLOOKUP 함수의 두 번째 인수. 조견표 범위가 됩니다.
❸: VLOOKUP 함수의 세 번째 인수. 특정 조견표 범위에서 나타낼 열 번호를 정합니다. 재료비 단가는 2열입니다.
❹: VLOOKUP 함수의 마지막 인수로 기준 열에서 정확하게 일치하는 값만 찾습니다.

[G4:G10] 기준 열에서 F1-8220*을 찾아 조견표(재료비 단가 산출표)에서 두 번째 열의 값을 나타내라고 해석합니다. 이때 대표 문자 *를 사용했으므로 기준 열에서 F1-8220으로 시작되는 셀을 찾게 됩니다.

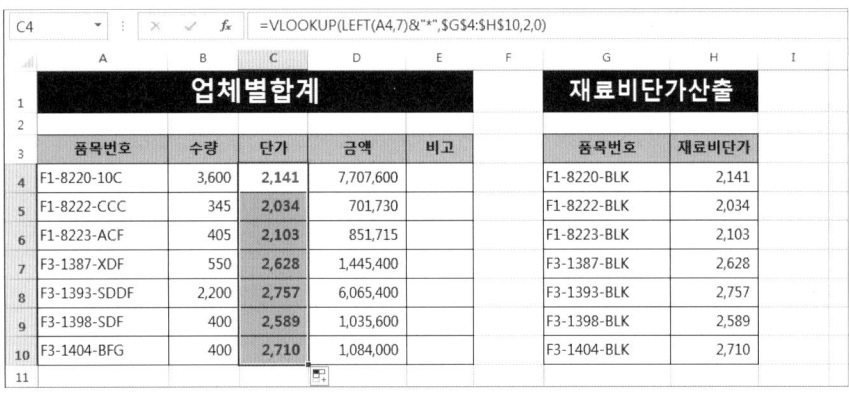

VLOOKUP 함수를 쓸 수 없을 때 유용한 INDEX 함수

이번에는 INDEX 함수의 사용법을 알아봅시다.

[INDEX-MATCH_1] 시트에서 비어있는 학번을 옆의 조견표에서 불러와 나타내도록 하겠습니다. 지금껏 이와 같은 형태의 자료는 VLOOKUP 함수를 이용하였으나 이번 경우는 조견표에서

불러오려는 값인 학번이 기준 열(이름)의 좌측에 위치하고 있으므로 VLOOKUP 함수를 이용할 수 없습니다. 이럴 때는 INDEX와 MATCH 함수를 사용하면 됩니다.

[B4] 셀을 선택한 후 수식을 =INDEX($G$4:$G$35,MATCH(A4,$H$4:$H$35,0))로 입력합니다. 수식을 입력한 후 채우기 핸들을 더블클릭해서 수식을 채웁니다.

> **수식 알고 넘어가기**
>
>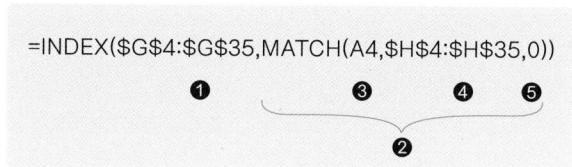
>
> INDEX 함수는 참조할 셈 범위에서 행과 열 번호에 해당하는 값을 나타냅니다. 만약 셀 범위가 위 수식과 같은 단일 열(n × 1)이라면 열 번호 인수는 생략할 수 있습니다.
>
> =INDEX(범위, 행 번호, 열 번호) 또는 =INDEX(단일 열 범위, 행 번호)
>   ❶   ❷
>
> ❶: INDEX 함수의 첫 번째 인수. 나타낼 값이 있는 범위입니다.
> ❷: INDEX 함수의 두 번째 인수. 첫 번째 인수로 지정된 범위를 참조해 나타내고자 하는 값의 순번(여기서는 행 번호)을 가져옵니다.
>
> MATCH 함수는 VLOOKUP과 INDEX 함수와는 달리 값이 아닌 행 또는 열 번호를 나타냅니다. 그리고 두 번째 인수에는 단일 행 또는 단일 열 범위만 올 수 있습니다.
>
> =MATCH(찾을 값, 범위, 찾을 조건)
>   ❸   ❹   ❺
>
> ❸: MATCH 함수의 첫 번째 인수. 찾으려는 값입니다.
> ❹: MATCH 함수의 두 번째 인수. 첫 번째 인수인 찾으려는 값이 포함된 범위입니다.
> ❺: MATCH 함수의 세 번째 인수. 찾을 조건입니다. 세 가지 조건을 지정할 수 있습니다.
>
> | 인수 | 풀이 | 비고 |
> | --- | --- | --- |
> | 1 | 작거나 같은 값 중 최대값 | 범위가 오름차순일 때만 가능 |
> | 0 | 정확히 일치하는 값 | |
> | -1 | 크거나 같은 값 중 최소값 | 범위가 내림차순일 때만 가능 |
>
> 위 수식은 [H4:H35] 셀에서 [A4] 셀 값보다 작거나 같은 값 중 최대값을 찾아 그 순번을 INDEX 함수의 두 번째 인수로 적용하고 [G4:G35] 셀 범위에서 앞에서 구한 순번에 해당되는 셀을 나타내라는 뜻입니다.

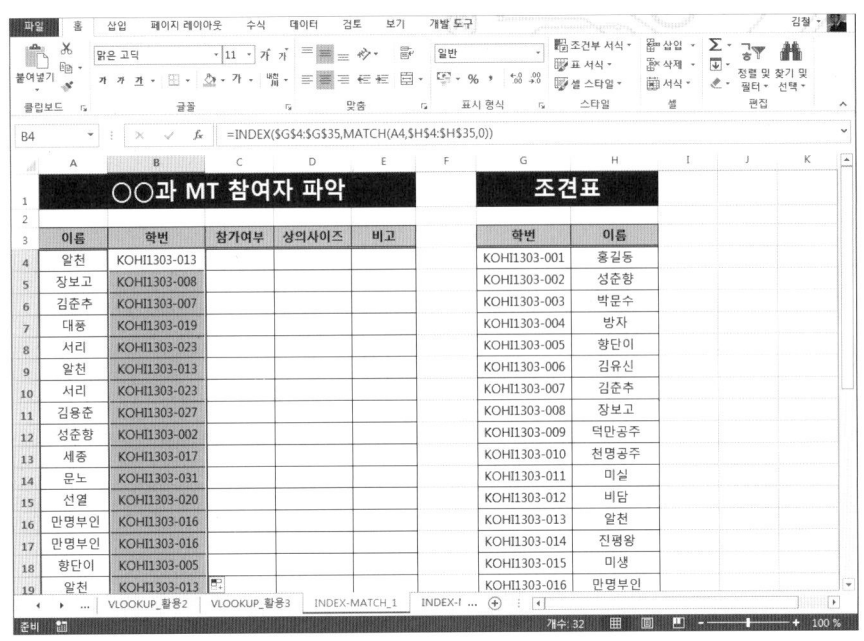

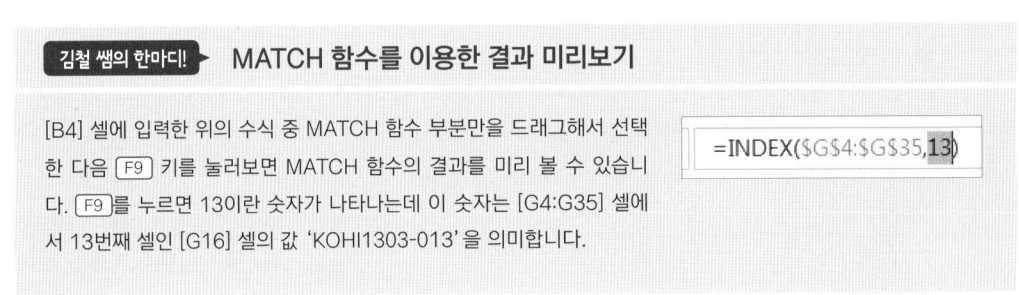

조건이 두 개일 때 특정 값을 나타내는 방법

이번에는 지금까지 배운 INDEX, MATCH 함수를 응용해서 [INDEX-MATCH_2] 시트의 운송비를 계산해 보겠습니다. 지역과 화물 무게, 두 가지 조건을 고려해야 하는 점에 유의해서 실습해 보겠습니다.

1. 실습 파일의 마지막 시트인 [조견표] 시트를 열어보세요. 이번에는 지역별로 무게에 따른 운송비를 불러오려고 합니다. 먼저 셀 서식을 이용해서 Kg으로 무게 단위를 표현하겠습니다.

    무게 부분인 [B3:K3] 셀을 선택한 후 마우스 오른쪽 버튼을 클릭해서 셀 서식을 실행합니다. [표시 형식] 범주에서 '사용자 지정'을 선택하고 [형식] 입력란에 G/표준"Kg"을 입력합니다.

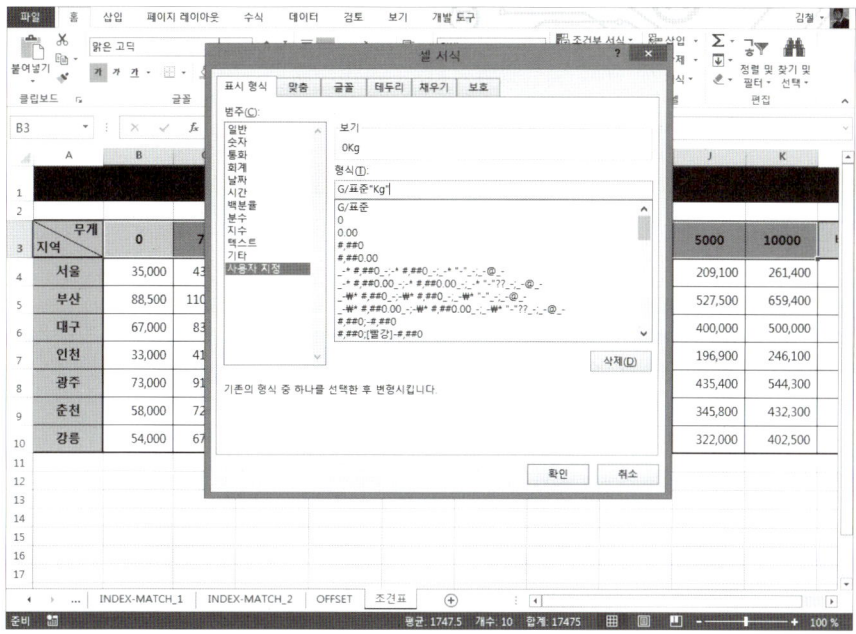

✓ G/표준은 특정 서식을 지정하지 않은, 입력 상태 그대로의 값을 의미합니다.

2. 이름 정의를 통해 조견표에서 사용할 범위를 직관적으로 나타내도록 하겠습니다. 이전에 익힌 [이름 정의]는 다중 열에서 한꺼번에 이름 정의를 할 때 범위를 모두 선택한 후 진행했지만 현재 예제는 한 개의 열이나 행만 지정하면 되므로 [이름 상자]에서 [이름 정의]를 정의하도록 하겠습니다.

[A4:A10] 셀을 선택한 후 [수식 입력줄] 왼쪽에 있는 [이름 상자]를 클릭합니다. [이름 상자] 입력란에 정의하고 싶은 이름을 입력한 후 Enter 키를 누릅니다. 여기에서는 '지역'이라고 입력했습니다.

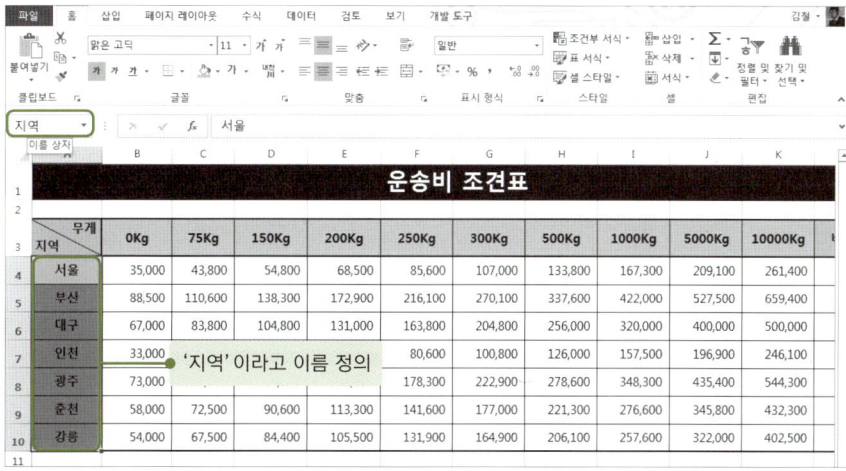

3. [B3:K3] 셀을 선택한 후 [이름 상자]를 클릭한 후 정의하고 싶은 이름을 입력하고 Enter 키를 누릅니다. 여기에서는 '무게'라고 입력했습니다.

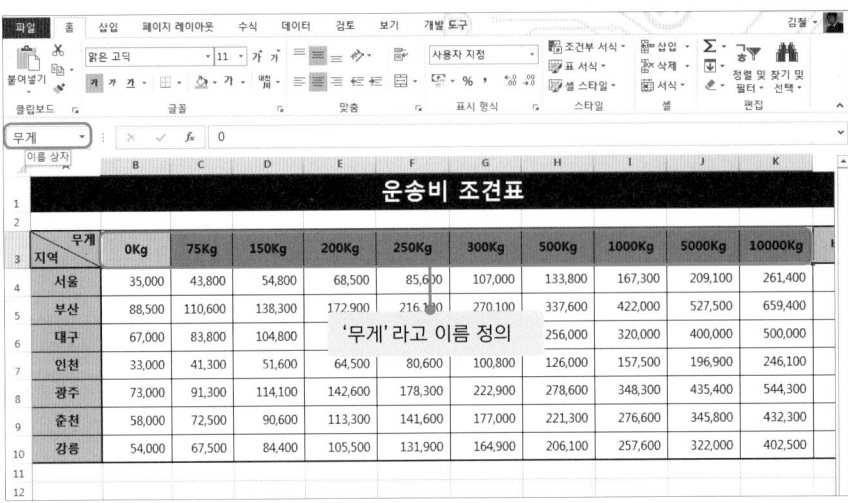

'무게' 라고 이름 정의

4. [INDEX-MATCH_2] 시트의 지역별 화물 무게에 따른 운송비를 조견표에서 불러와서 나타내도록 하겠습니다. [D4] 셀을 선택한 후 수식을 =INDEX(조견표!$B$4:$K$10, MATCH(A4,지역,0),MATCH(B4,무게,1))로 입력합니다. 채우기 핸들을 더블클릭해서 다른 셀에도 같은 수식을 채웁니다.

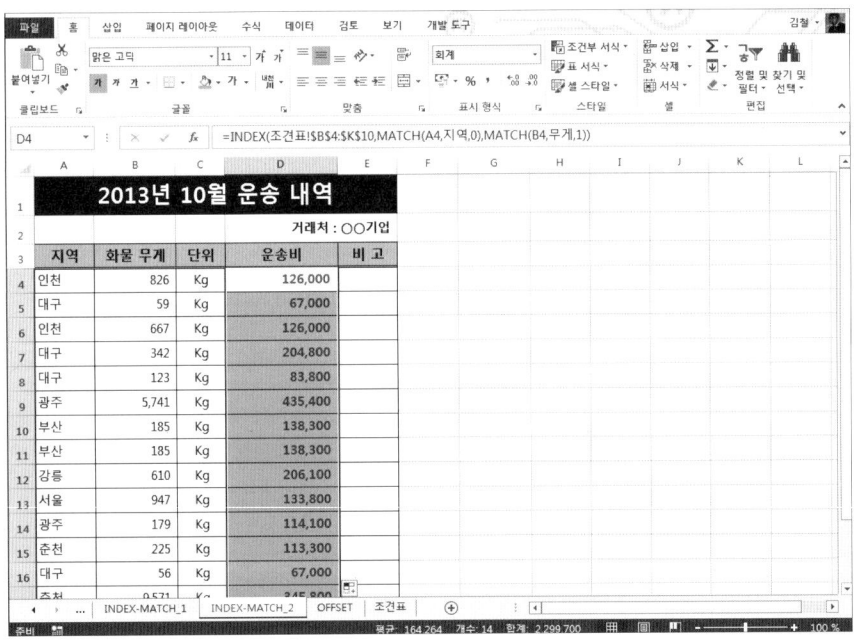

| 수식 알고 넘어가기 |

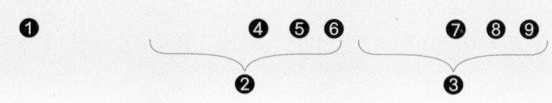

❶: INDEX 함수의 첫 번째 인수. 나타낼 값이 있는 범위입니다.
❷: INDEX 함수의 두 번째 인수. 첫 번째 인수로 지정된 범위에서 행 방향으로 몇 번째 값을 나타낼지를 결정합니다.
❸: INDEX 함수의 세 번째 인수. 첫 번째 인수로 지정된 범위에서 열 방향으로 몇 번째 값을 나타낼지를 결정합니다.
❹: MATCH 함수의 첫 번째 인수. 찾으려는 값입니다.
❺: MATCH 함수의 두 번째 인수. 첫 번째 인수인 찾으려는 값이 포함된 범위입니다.
❻: MATCH 함수의 세 번째 인수. '지역' 범위에서 [A4] 셀을 찾아 [A4] 셀이 '지역' 범위에서 몇 번째 있는지를 나타내 줍니다.
❼: MATCH 함수의 첫 번째 인수. 찾으려는 값입니다.
❽: MATCH 함수의 두 번째 인수. 첫 번째 인수인 찾으려는 값이 포함된 범위입니다.
❾: MATCH 함수의 세 번째 인수. '무게' 범위에서 [B4] 셀을 찾아 '무게' 범위 중에서 [B4] 셀 값보다 작거나 같은 값 중에서 최대값이 몇 번째 있는지를 나타내 줍니다.

이 수식은 [조견표] 시트의 [B4:K10] 범위에서 값을 찾는데 '지역' 범위에서 [A4] 셀 값을 찾은 만큼 행 방향으로 이동합니다. 이동한 셀에서 다시 '무게' 범위에서 [B4] 셀보다 작거나 같은 값 중에서 최대값에 해당하는 값이 몇 번째인지를 찾아 열 방향으로 이동한 셀을 나타내라는 뜻입니다. 그래서 조견표 범위에서 행 방향으로 4만큼 이동하고 열 방향으로 7만큼 이동한 셀을 나타내는 것입니다.

무게 지역	0Kg	75Kg	150Kg	200Kg	250Kg	300Kg	500Kg	1000Kg	5000Kg	10000Kg
서울	1 35,000	43,800	54,800	68,500	85,600	107,000	133,800	167,300	209,100	261,400
부산	2 88,500	110,600	138,300	172,900	216,100	270,100	337,600	422,000	527,500	659,400
대구	3 67,000	83,800	104,800	131,000	163,800	204,800	256,000	320,000	400,000	500,000
인천	4 33,000	2 41,300	3 51,600	4 64,500	5 80,600	6 100,800	7 126,000	157,500	196,900	246,100
광주	73,000	91,300	114,100	142,600	178,300	222,900	278,600	348,300	435,400	544,300
춘천	58,000	72,500	90,600	113,300	141,600	177,000	221,300	276,600	345,800	432,300
강릉	54,000	67,500	84,400	105,500	131,900	164,900	206,100	257,600	322,000	402,500

이 역시 해당 MATCH 함수를 드래그해서 선택한 다음 F9 키를 눌러보면 해당 함수의 결과를 미리 볼 수 있습니다.   =INDEX(조견표!$B$4:$K$10,4,7)

5. 이번에는 OFFSET 함수를 이용해서 지역별 무게에 따른 운송비를 나타내 보겠습니다. OFFSET 함수는 기준이 되는 셀에서 몇 행, 몇 열이 떨어졌는지를 이용하여 값을 구하는 함수입니다. [OFFSET] 시트를 열고 [D4] 셀을 선택한 후 수식을 =OFFSET(조건표!$A$3,MATCH(A4,지역,0),MATCH(B4,무게,1))로 입력합니다. 그리고 채우기 핸들을 더블클릭해서 수식을 채웁니다.

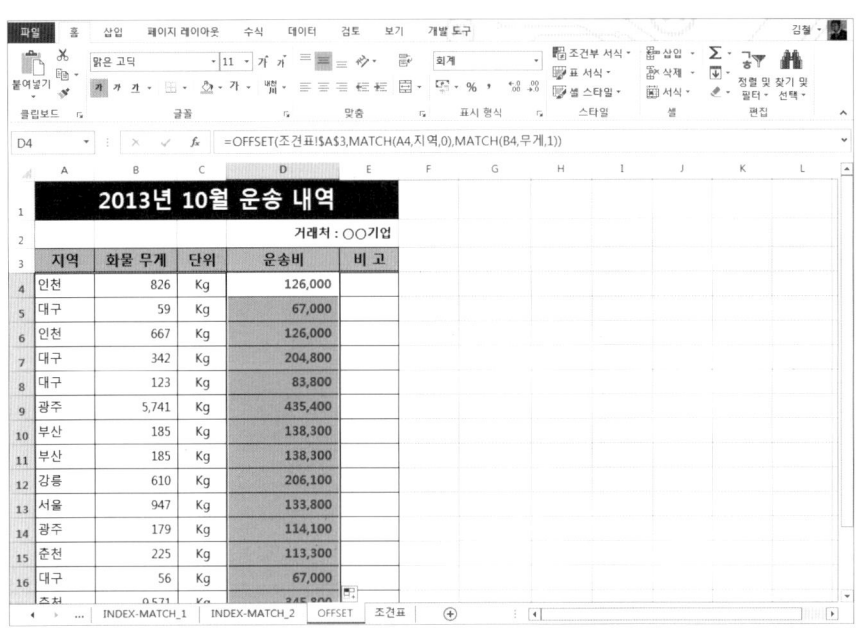

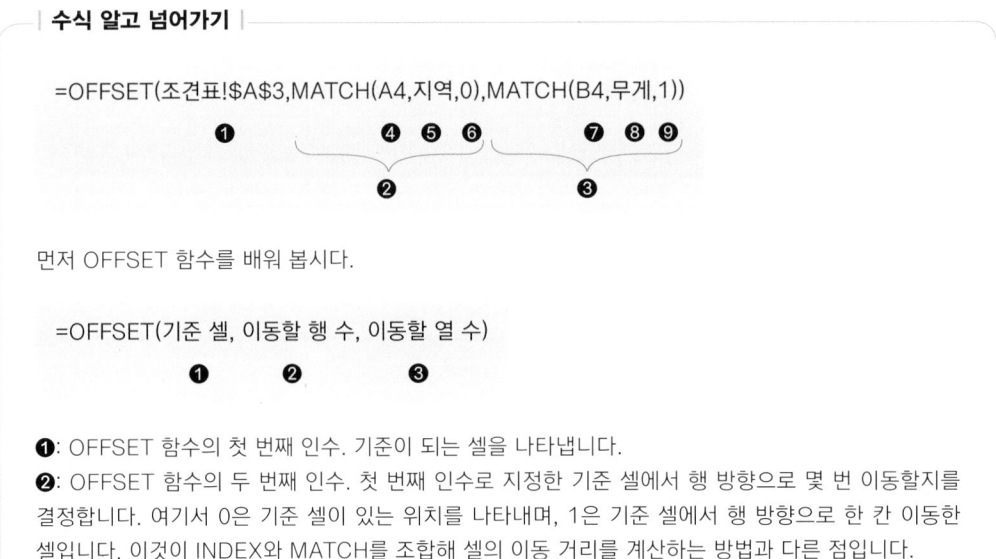

| 수식 알고 넘어가기 |

=OFFSET(조견표!$A$3,MATCH(A4,지역,0),MATCH(B4,무게,1))
　　　❶　　　　❹❺❻　　　　❼❽❾
　　　　　　　　 ❷　　　　　　❸

먼저 OFFSET 함수를 배워 봅시다.

=OFFSET(기준 셀, 이동할 행 수, 이동할 열 수)
　　　　　❶　　　　❷　　　　❸

❶: OFFSET 함수의 첫 번째 인수. 기준이 되는 셀을 나타냅니다.

❷: OFFSET 함수의 두 번째 인수. 첫 번째 인수로 지정한 기준 셀에서 행 방향으로 몇 번 이동할지를 결정합니다. 여기서 0은 기준 셀이 있는 위치를 나타내며, 1은 기준 셀에서 행 방향으로 한 칸 이동한 셀입니다. 이것이 INDEX와 MATCH를 조합해 셀의 이동 거리를 계산하는 방법과 다른 점입니다.

❸: OFFSET 함수의 세 번째 인수. 첫 번째 인수로 지정한 기준 셀에서 열 방향으로 몇 번 이동할지를 결정합니다. 두 번째 인수와 마찬가지로 0은 기준 셀이며 1부터 기준 셀에서 열 방향으로 한 칸씩 이동한 셀을 나타냅니다.

다음은 MATCH 함수 입니다.
❹: MATCH 함수의 첫 번째 인수. 찾으려는 값입니다.
❺: MATCH 함수의 두 번째 인수. 첫 번째 인수인 찾으려는 값이 포함된 범위입니다.
❻: MATCH 함수의 세 번째 인수. '지역' 범위에서 [A4] 셀을 찾아 [A4] 셀이 '지역' 범위에서 몇 번째 있는지를 나타내 줍니다.
❼: MATCH 함수의 첫 번째 인수. 찾으려는 값입니다.
❽: MATCH 함수의 두 번째 인수. 첫 번째 인수인 찾으려는 값이 포함된 범위입니다.
❾: MATCH 함수의 세 번째 인수. '무게' 범위에서 [B4] 셀을 찾아 '무게' 범위 중에서 [B4] 셀 값보다 작거나 같은 값 중에서 최대값이 몇 번째 있는지를 나타내 줍니다.

위 수식은 [조견표] 시트의 [B4:K10] 범위에서 값을 찾는데 [지역] 범위에서 [A4] 셀 값을 찾아서 그만큼 행 방향으로 이동합니다. 그리고 이동한 셀에서 다시 [무게] 범위에서 [B4] 셀보다 작거나 같은 값 중 최대값에 해당하는 값이 몇 번째인지 찾아 열 방향으로 이동한 셀을 나타내라는 뜻입니다.

그래서 조견표 범위에서 행 방향으로 4만큼 이동하고 열 방향으로 7만큼 이동한 셀의 값을 나타내는 것입니다.

무게 지역	0Kg	75Kg	150Kg	200Kg	250Kg	300Kg	500Kg	1000Kg	5000Kg	10000Kg
1 서울	35,000	43,800	54,800	68,500	85,600	107,000	133,800	167,300	209,100	261,400
2 부산	88,500	110,600	138,300	172,900	216,100	270,100	337,600	422,000	527,500	659,400
3 대구	67,000	83,800	104,800	131,000	163,800	204,800	256,000	320,000	400,000	500,000
4 인천	1 33,000	2 41,300	3 51,600	4 64,500	5 80,600	6 100,800	7 126,000	157,500	196,900	246,100
광주	73,000	91,300	114,100	142,600	178,300	222,900	278,600	348,300	435,400	544,300
춘천	58,000	72,500	90,600	113,300	141,600	177,000	221,300	276,600	345,800	432,300
강릉	54,000	67,500	84,400	105,500	131,900	164,900	206,100	257,600	322,000	402,500

이 수식에서도 MATCH 함수를 드래그해서 선택한 다음 F9 키를 눌러 보면 해당 함수의 결과를 미리 볼 수 있습니다.

=OFFSET(조견표!$A$3,4,7)

✓ 2007 ✓ 2010 ✓ 2013 ✓ 2016

09-2 근속 기간을 쉽게 계산하는 날짜 함수 활용하기 - DATEDIF

엑셀에서 ○년 ○개월 ○일의 형태로 경과한 날의 수를 나타내는 것은 그리 쉬운 방법이 아닙니다. 이번에는 경과일과 배열 수식을 이용해서 평균 근속 기간, 최장 근속 기간 등을 나타내는 날짜 데이터 처리 수식에 대해서 알아보겠습니다.

9장_02_경력_나타내기_예제.xlsx라는 엑셀 파일을 불러옵니다.

DATEDIF 함수는 엑셀의 도움말에서도 찾아볼 수 없는 함수이지만 근속 기간처럼 경과한 날이나 달을 구할 때 요긴하게 사용하는 함수입니다.

1. 직원들의 근속 기간 중 연(Year)을 먼저 산출해 보겠습니다. [F5] 셀을 선택하고 =DATEDIF(D5,E5,"y")라는 수식을 입력합니다. DATEDIF는 두 날짜 사이의 기간을 구하는 함수입니다.

> **│ 수식 알고 넘어가기 │**
>
> =DATEDIF(D5,E5,"y")
>   ❶ ❷ ❸
>
> ❶: DATEDIF 함수의 첫 번째 인수. 시작일입니다.
> ❷: DATEDIF 함수의 두 번째 인수. 종료일입니다.
> ❸: DATEDIF 함수의 세 번째 인수. "y"는 365일이 지나 만으로 꽉 찬 햇수를 의미합니다.
>
> [D5] 날짜와 [E5] 날짜 사이의 만 햇수를 나타내라는 뜻입니다.

236

2. 근속 기간 중 월(Month)을 산출하겠습니다. [G5] 셀을 선택한 후 =DATEDIF(D5,E5, "ym")라는 수식을 입력합니다.

> **수식 알고 넘어가기**
>
> =DATEDIF(D5,E5,"ym")
>   ❶ ❷ ❸
>
> ❶: DATEDIF 함수의 첫 번째 인수. 시작일입니다.
> ❷: DATEDIF 함수의 두 번째 인수. 종료일입니다.
> ❸: DATEDIF 함수의 세 번째 인수. "ym"은 365일이 지나 만으로 꽉 찬 햇수를 제외한 만으로 꽉 찬 개월을 합니다.
>
> [D5] 날짜와 [E5] 날짜 사이의 만 햇수를 제외하고 만 개월 수를 나타내라는 뜻입니다.

3. 마지막으로 근속 기간 중 일(Date)을 산출합니다. [H5] 셀을 선택하고 =DATEDIF(D5,E5,"md")라는 수식을 입력합니다.

> **수식 알고 넘어가기**
>
> =DATEDIF(D5,E5,"md")
>   ❶❷ ❸
>
> ❶: DATEDIF 함수의 첫 번째 인수. 시작일입니다.
> ❷: DATEDIF 함수의 두 번째 인수. 종료일입니다.
> ❸: DATEDIF 함수의 세 번째 인수. "md"는 만으로 꽉 찬 개월을 제외한 일수를 의미합니다.
>
> [D5] 날짜와 [E5] 날짜 사이의 만 개월을 제외한 일수를 나타내라는 뜻입니다.
>
> DATEDIF의 세 번째 인수는 총 6가지이며, 그 종류는 다음과 같습니다.
>
> | 인수 | 풀이 | 비고 |
> | --- | --- | --- |
> | "y" | 시작일과 종료일 사이의 만 햇수를 나타냅니다. | |
> | "m" | 시작일과 종료일 사이의 만 개월 수를 나타냅니다. | |
> | "d" | 시작일과 종료일 사이의 만 일수를 나타냅니다. | |
> | "ym" | 시작일과 종료일 사이의 만 햇수를 제외한 만 개월 수를 나타냅니다. | |
> | "yd" | 시작일과 종료일 사이의 만 햇수를 제외한 일수를 나타냅니다. | |
> | "md" | 시작일과 종료일 사이의 만 개월을 제외한 일수를 나타냅니다. | |

김철 쌤의 한마디! ▶ 주의하세요! DATEDIF 함수의 버그!

다음 그림처럼 [A1] 셀에 2014-01-29가 입력되어 있고 [B1] 셀에 2014-02-28이 입력되었을 경우를 예로 설명하겠습니다. [C1] 셀에 =DATEDIF(A1,B1,"M")이라는 수식을 입력했을 때 정상적이라면 1이라는 데이터 값이 산출되어야 맞습니다. 하지만 시작일의 날짜(day)가 종료일의 날짜(day)보다 크다면 만 한 달로 인식하지 못하는 버그가 있습니다.

산출된 연, 월, 일로 근속 기간 나타내기

1. [I5] 셀을 선택하고 =F5&"년 "&G5&"개월 "&H5&"일"이라는 수식을 입력합니다. 이때 띄어쓰기를 위해 '년'과 '개월' 뒤는 한 칸 띄고 입력합니다.

| 수식 알고 넘어가기 |

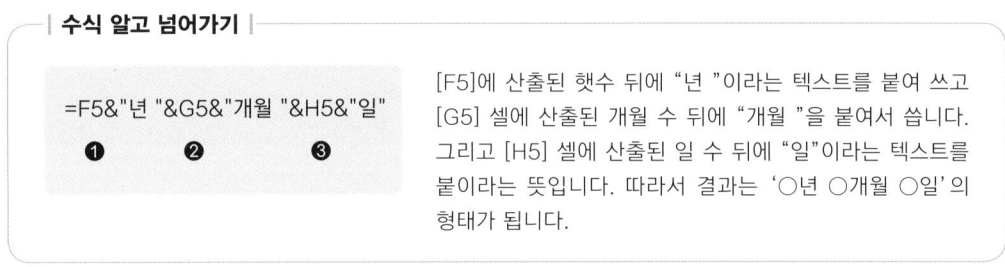

[F5]에 산출된 햇수 뒤에 "년 "이라는 텍스트를 붙여 쓰고 [G5] 셀에 산출된 개월 수 뒤에 "개월 "을 붙여서 씁니다. 그리고 [H5] 셀에 산출된 일 수 뒤에 "일"이라는 텍스트를 붙이라는 뜻입니다. 따라서 결과는 '○년 ○개월 ○일'의 형태가 됩니다.

2. [F5:I5] 셀을 선택하고 선택 범위의 마지막 셀인 [I5] 셀의 우측 하단에 있는 채우기 핸들을 더블클릭해서 수식을 모두 채워 넣습니다.

순번	부서명	이름	입사일	퇴사일	근무기간			근무기간
					연	월	일	
1	홍보부	김영길	1969-05-12	2004-05-01	34	11	19	34년 11개월 19일
2	고객지원부	김영록	1956-02-10	2005-01-01	48	10	22	48년 10개월 22일
3	전산실	김형기	1954-08-27	2006-07-01	51	10	4	51년 10개월 4일
4	고객지원부	문종휴	1979-01-05	2003-09-01	24	7	27	24년 7개월 27일
5	국내영업부	민득기	1966-06-03	2002-08-01	36	1	29	36년 1개월 29일
6	기술영업부	박대순	1981-11-02	2002-12-01	21	0	29	21년 0개월 29일
7	전산실	박영옥	1969-08-16	2006-05-01	36	8	15	36년 8개월 15일
8	홍보부	박종관	1975-06-10	2007-01-01	31	6	22	31년 6개월 22일
9	비서실	배진숙	1958-06-20	2006-03-01	47	8	9	47년 8개월 9일
10	해외사업부	소병준	1976-11-09	2006-06-01	29	6	23	29년 6개월 23일

평균근속기간 :
최장근속기간 :

평균 근속 기간 산출하기

[C16] 셀을 선택한 후 =DATEDIF(0,AVERAGE(E5:E14-D5:D14),"y")&"년 "&DATEDIF(0,AVERAGE(E5:E14-D5:D14),"ym")&"개월 "&DATEDIF(0,AVERAGE(E5:E14-D5:D14),"md")&"일"이라는 긴 수식을 입력합니다. 입력된 수식을 확인한 후 Ctrl + Shift + Enter 키를 눌러 배열 수식으로 입력합니다. 주의할 점은 반드시 Enter가 아닌 Ctrl + Shift + Enter를 눌러야 한다는 점입니다.

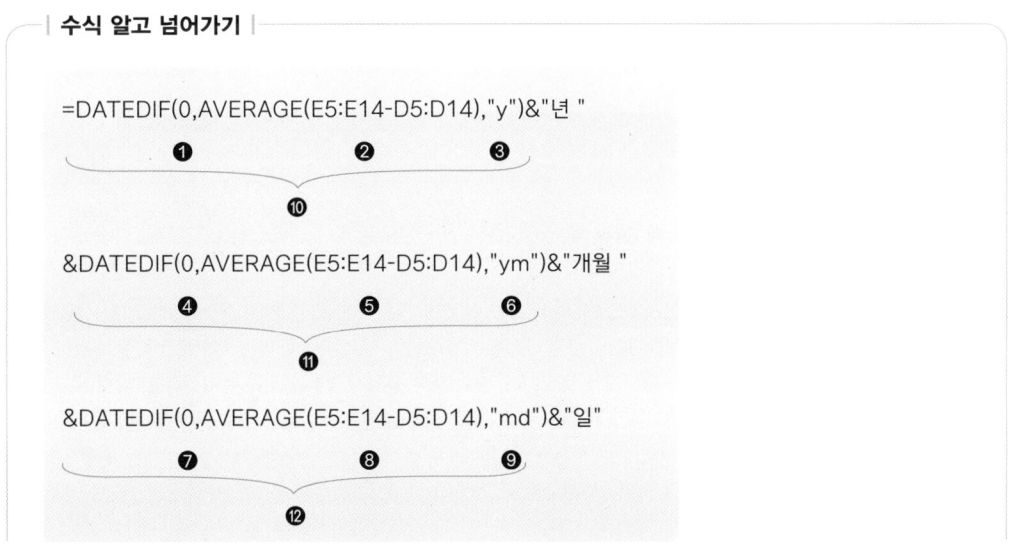

| 수식 알고 넘어가기 |

=DATEDIF(0,AVERAGE(E5:E14-D5:D14),"y")&"년 "
&DATEDIF(0,AVERAGE(E5:E14-D5:D14),"ym")&"개월 "
&DATEDIF(0,AVERAGE(E5:E14-D5:D14),"md")&"일"

❶❷❸: 날짜 데이터는 숫자 속성을 가지고 있으므로 시작일을 0으로 지정합니다. [E5:E14] 셀에서 [D5:D14] 셀 값을 뺀 만큼의 숫자 평균을 종료일로 나타내며, 만 햇수로 나타냅니다.
❹❺❻: 시작일을 0으로 지정하고 [E5:E14] 셀에서 [D5:D14] 셀 값을 뺀 만큼의 숫자 평균을 종료일로 나타냅니다. 만 개월 수로 나타냅니다.
❼❽❾: 시작일을 0으로 지정하고 [E5:E14] 셀에서 [D5:D14] 셀 값을 뺀 만큼의 숫자 평균을 종료일로 나타내며, 일 수를 나타냅니다.
❿⓫⓬: 계산 결과인 연월일의 값을 텍스트 연결 연산자(&)를 이용해서 '○년 ○개월 ○일' 형태로 표시하라는 뜻입니다.

✔ AVERAGE(E5:E14-D5:D14)는 어떻게 계산하는 걸까요? 함수를 그대로 풀이하면 '[E5:E14] 셀 범위에서 [D5:D14] 셀 범위를 뺀 값의 평균'이 됩니다. 두 범위에서 대응되는 두 셀의 차를 각각 구한 후 그 값들의 평균을 구하는 겁니다. 일반 수식으로 입력하면 길고 복잡하지만 배열 수식을 사용하면 수식이 간편합니다.

배열 수식 =AVERAGE(E5:E14-D5:D14)

일반 수식 =AVERAGE(E5-D5,E6-D6,E7-D7,...,E14-D14)

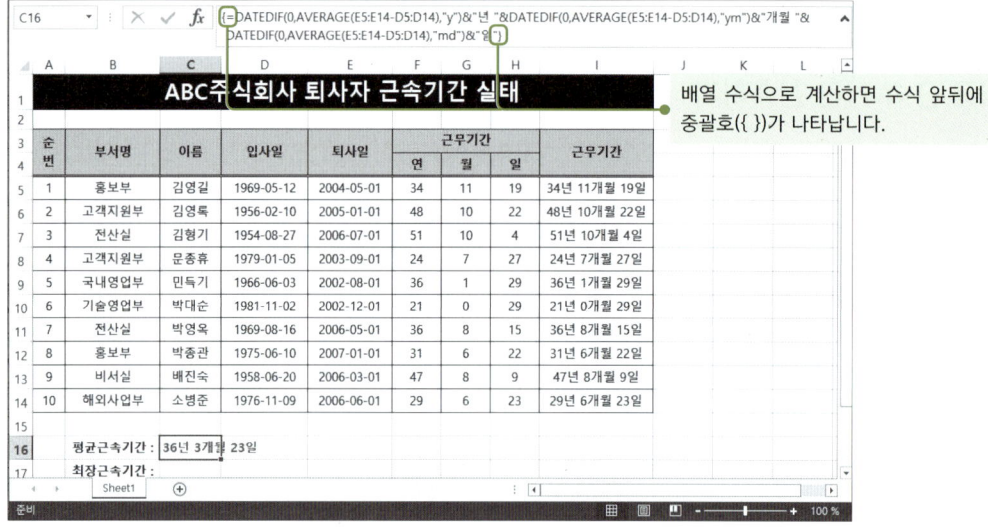

김철 쌤의 한마디! 배열 수식 어렵죠?

배열이란 동일한 성격을 가진 정보의 집합이라고 말할 수 있습니다. 엑셀에선 1차원, 2차원 배열까지 사용할 수 있으며, 3차원 배열은 사용할 수 없습니다. 1차원 배열은 1개의 행과 열, 2차원 배열은 1개 이상의 행과 열에 정보가 포함되며, 이때 행과 열의 숫자가 맞아야 실행됩니다. 만약 행은 행끼리 열은 열끼리 숫자가 맞지 않으면 오류가 발생합니다. 이런 배열 수식은 Ctrl + Shift + Enter 키를 동시에 눌러서 입력합니다. 배열 수식을 입력하고 나면 수식의 앞뒤에 중괄호({ })가 표시됩니다. 그렇다고 일반 수식 앞뒤에 임의로 중괄호를 입력한다고 배열 수식이 되는 것이 아니니 주의하세요.

일반 수식을 사용하면 배열 내의 셀에 입력된 값을 순환해서 수식을 여러 번 진행해야 결과를 얻을 수 있습니다. 하지만 배열 수식을 사용하면 한 번만 수식을 입력해도 결과를 나타낼 수 있습니다. 이런 배열 수식은 조건에 따라 참(1)과 거짓(0)의 논리곱 연산에 주로 사용됩니다. 즉, TRUE*TRUE=TRUE, TRUE*FALSE=FALSE, FALSE*FALSE=FALSE를 이용한 연산으로 배열에서 조건에 맞는 값을 가져오는 것입니다.

단, 배열 수식은 지정한 배열의 모든 경우를 순환하며 결과를 만들기 때문에 조건이 복잡하거나 배열의 크기가 크다면 살인적인 시스템 속도 저하를 가져올 수 있습니다. 그러므로 꼭 필요한 경우에만 제한적으로 사용하길 권합니다.

최장 근속 기간과 최장 근속자 산출하기

1. [C17] 셀을 선택한 후 =INDEX(I5:I14,MATCH(MAX(E5:E14-D5:D14),E5:E14-D5:D14,0))라는 수식을 입력합니다. 그리고 Ctrl + Shift + Enter 키를 눌러 배열 수식으로 입력합니다.

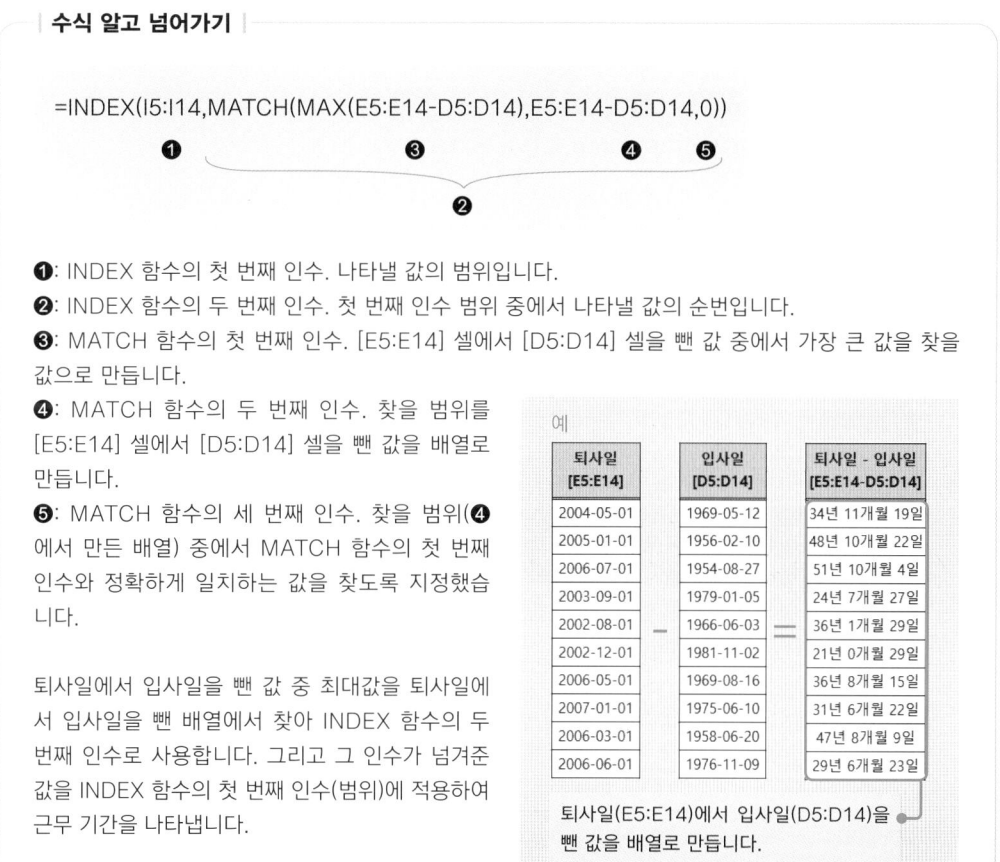

| 수식 알고 넘어가기 |

=INDEX(I5:I14,MATCH(MAX(E5:E14-D5:D14),E5:E14-D5:D14,0))
　　　　❶　　　　　　　❸　　　　　　　　❹　　　❺
　　　　　　　　　　　　❷

❶: INDEX 함수의 첫 번째 인수. 나타낼 값의 범위입니다.
❷: INDEX 함수의 두 번째 인수. 첫 번째 인수 범위 중에서 나타낼 값의 순번입니다.
❸: MATCH 함수의 첫 번째 인수. [E5:E14] 셀에서 [D5:D14] 셀을 뺀 값 중에서 가장 큰 값을 찾을 값으로 만듭니다.
❹: MATCH 함수의 두 번째 인수. 찾을 범위를 [E5:E14] 셀에서 [D5:D14] 셀을 뺀 값을 배열로 만듭니다.
❺: MATCH 함수의 세 번째 인수. 찾을 범위(❹에서 만든 배열) 중에서 MATCH 함수의 첫 번째 인수와 정확하게 일치하는 값을 찾도록 지정했습니다.

퇴사일에서 입사일을 뺀 값 중 최대값을 퇴사일에서 입사일을 뺀 배열에서 찾아 INDEX 함수의 두 번째 인수로 사용합니다. 그리고 그 인수가 넘겨준 값을 INDEX 함수의 첫 번째 인수(범위)에 적용하여 근무 기간을 나타냅니다.

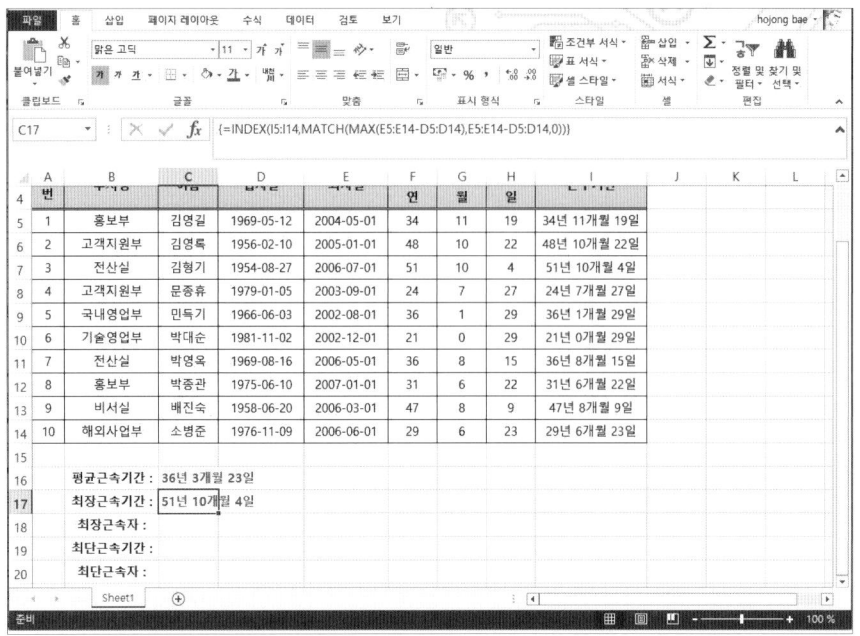

2. 최장 근속자의 이름을 나타낼 [C18] 셀을 선택합니다. =INDEX(C5:C14,MATCH(C17,I5:I14,0)) 수식을 입력합니다.

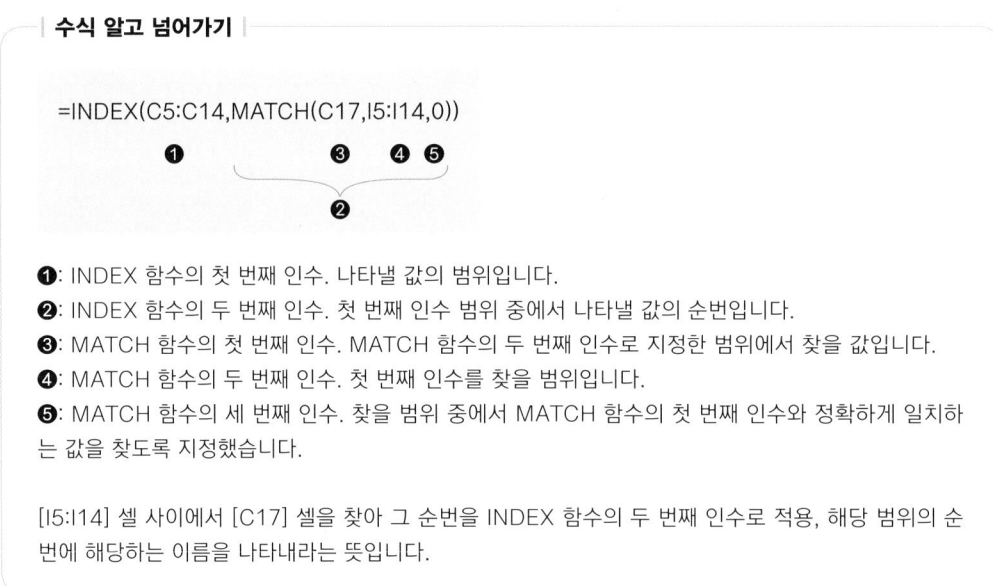

❶: INDEX 함수의 첫 번째 인수. 나타낼 값의 범위입니다.
❷: INDEX 함수의 두 번째 인수. 첫 번째 인수 범위 중에서 나타낼 값의 순번입니다.
❸: MATCH 함수의 첫 번째 인수. MATCH 함수의 두 번째 인수로 지정한 범위에서 찾을 값입니다.
❹: MATCH 함수의 두 번째 인수. 첫 번째 인수를 찾을 범위입니다.
❺: MATCH 함수의 세 번째 인수. 찾을 범위 중에서 MATCH 함수의 첫 번째 인수와 정확하게 일치하는 값을 찾도록 지정했습니다.

[I5:I14] 셀 사이에서 [C17] 셀을 찾아 그 순번을 INDEX 함수의 두 번째 인수로 적용, 해당 범위의 순번에 해당하는 이름을 나타내라는 뜻입니다.

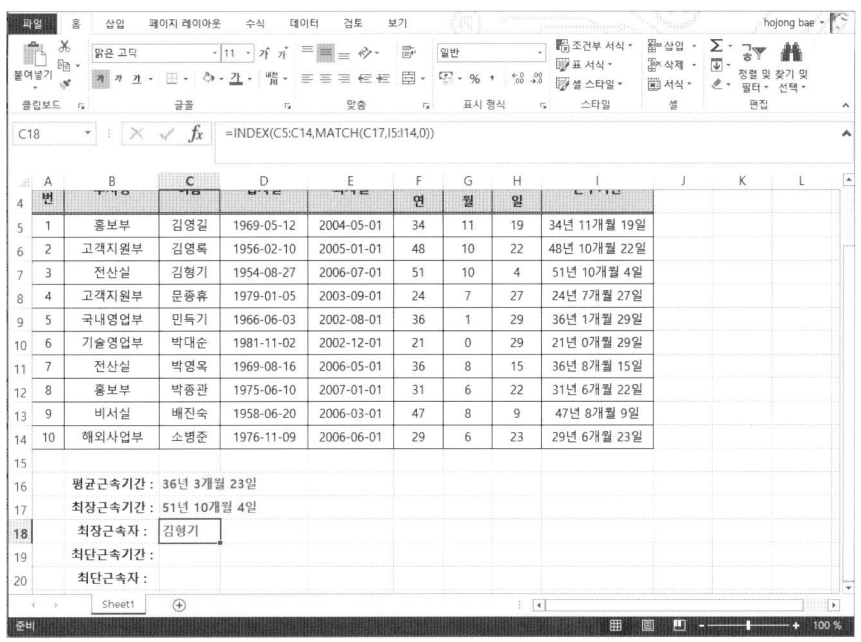

최단 근속 기간과 최단 근속자 산출하기

1. [C19] 셀을 선택한 후 수식을 =INDEX(I5:I14,MATCH(MIN(E5:E14-D5:D14),E5:E14-D5:D14,0))로 입력합니다. 그런 다음 Ctrl + Shift + Enter 키를 눌러 배열 수식으로 입력합니다.

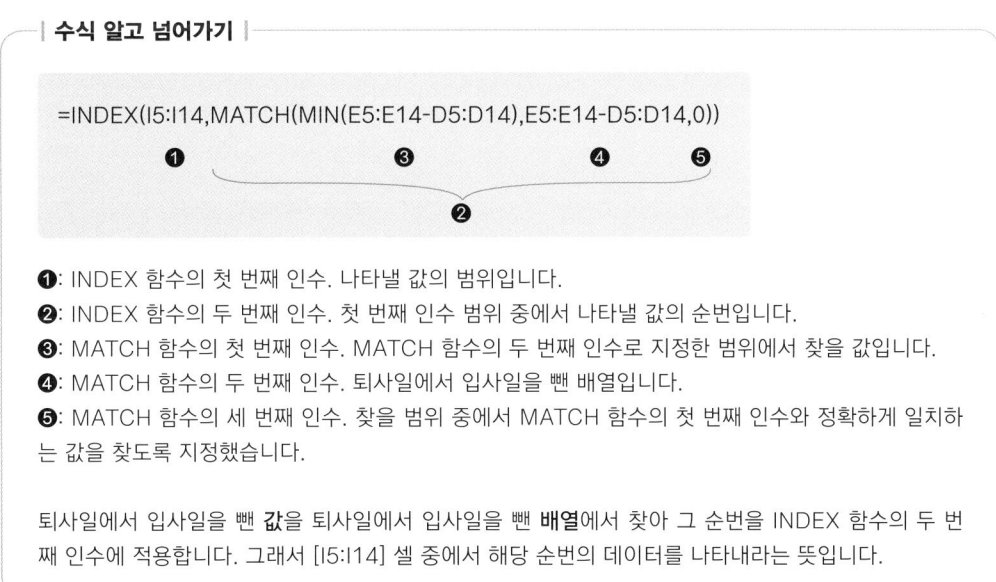

| 수식 알고 넘어가기 |

=INDEX(I5:I14,MATCH(MIN(E5:E14-D5:D14),E5:E14-D5:D14,0))

❶ : INDEX 함수의 첫 번째 인수. 나타낼 값의 범위입니다.
❷ : INDEX 함수의 두 번째 인수. 첫 번째 인수 범위 중에서 나타낼 값의 순번입니다.
❸ : MATCH 함수의 첫 번째 인수. MATCH 함수의 두 번째 인수로 지정한 범위에서 찾을 값입니다.
❹ : MATCH 함수의 두 번째 인수. 퇴사일에서 입사일을 뺀 배열입니다.
❺ : MATCH 함수의 세 번째 인수. 찾을 범위 중에서 MATCH 함수의 첫 번째 인수와 정확하게 일치하는 값을 찾도록 지정했습니다.

퇴사일에서 입사일을 뺀 **값**을 퇴사일에서 입사일을 뺀 **배열**에서 찾아 그 순번을 INDEX 함수의 두 번째 인수에 적용합니다. 그래서 [I5:I14] 셀 중에서 해당 순번의 데이터를 나타내라는 뜻입니다.

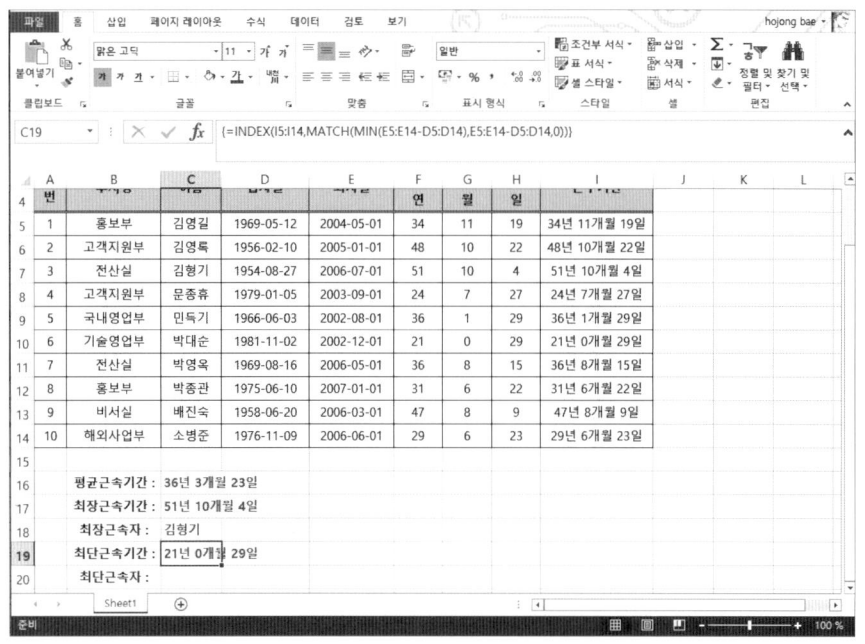

2. 마지막으로 최단 근속자의 이름을 나타냅니다. [C20] 셀을 선택한 후 수식을 =INDEX(C5:C14,MATCH(C19,I5:I14,0))로 입력합니다.

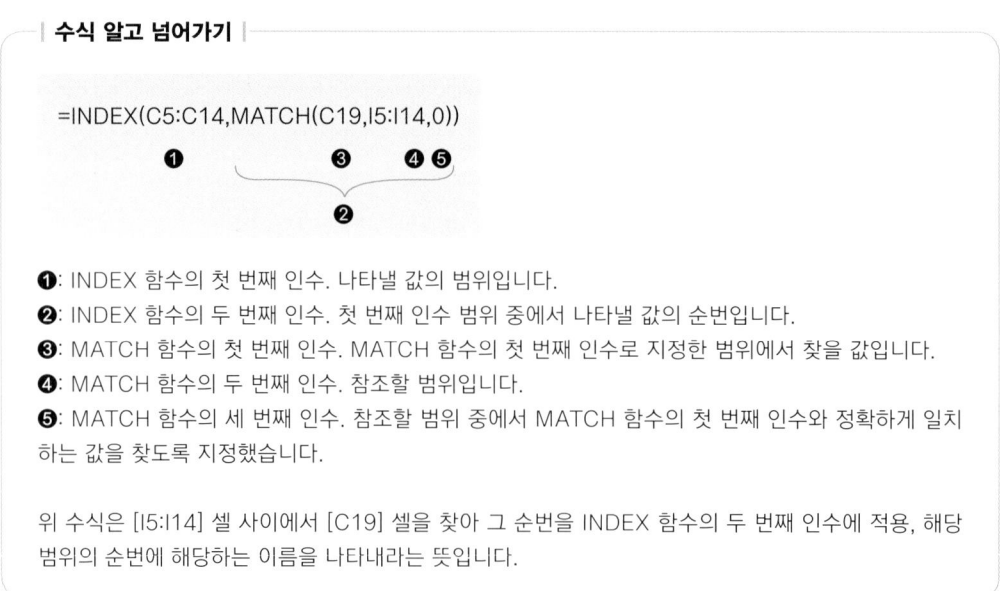

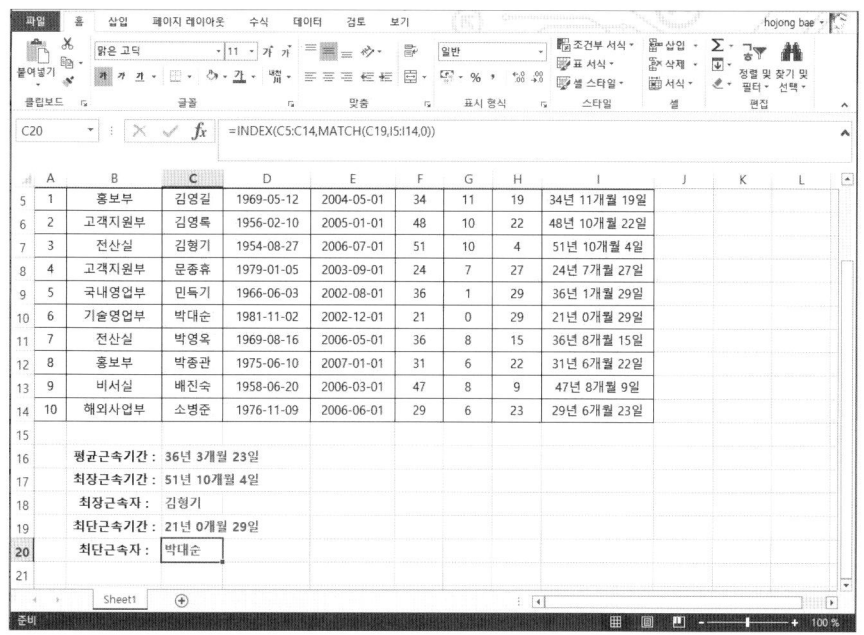

Q1. 거래처별 제품의 판매 수량을 크로스탭 보고서로 만들어 보세요.
문제 3-1_거래처별 제품 판매 수량 보고서_문제.xlsx

Hint!
1. 데이터는 Ctrl + T 를 눌러서 [표 만들기]를 실행합니다.
2. 크로스탭 보고서에 사용할 거래처, 구분, 수량 열을 모두 선택한 후 [수식] 탭 → [정의된 이름] 그룹에서 [선택 영역에서 만들기]를 클릭하고 이름을 정의합니다.
3. [거래처별 판매 수량] 시트에서 집계 보고서를 만들 내용인 거래처와 구분 열의 내용을 복사합니다. 새로운 시트를 만들어 [A3] 셀에 붙여넣습니다.
4. [A] 열과 [B] 열의 모든 데이터는 중복된 항목을 제거하기 위해서 [데이터] 탭에서 [중복된 항목 제거]를 실행합니다.
5. 정리된 데이터를 크로스탭 보고서로 만들기 위해 [B] 열의 데이터를 행/열 바꾸기로 바꾼 후 테두리와 제목 등을 넣어 편집합니다.
6. 거래처별, 구분별 판매 개수를 입력할 [B4:I42] 셀을 선택하고 수식을 입력합니다. 수식은 =SUMIFS(수량,거래처,$A4,구분,B$3)입니다.

정답 3-1_거래처별 제품 판매 수량 보고서_정답.xlsx

Q2. 서점별 코드로 정렬해서 보는 도서 주문장을 VLOOKUP 함수로 만드세요.
문제 3-2_도서 주문장_조견표 찾기_문제.xlsx

Hint!
1. [서점_코드표] 시트를 Ctrl + T 단축키로 표로 만듭니다. 그리고 첫 행으로 이름을 정의한 다음 업체코드를 오름차순으로 정렬합니다.
2. [조견표] 시트도 동일하게 [표 만들기]와 [이름 정의]를 진행합니다.
3. [도서주문장] 시트로 이동한 다음 [A4:A26] 셀을 선택하고 [데이터 유효성 검사]를 실행합니다. [제한 대상]은 '목록', [원본]은 '=업체코드'를 입력합니다.
4. [C4:C26] 셀을 선택하고 동일한 방법으로 데이터 유효성 검사를 실행해서 이름 정의한 '코드' 목록을 가져옵니다.
5. VLOOKUP 함수를 이용해서 [B4] 셀에 업체코드에 맞는 거래처 값을 [서점_코드표] 시트에서 가져옵니다. 수식은 =IF(A4="","",VLOOKUP(A4,서점_코드표!$A$4:$B$18,2,0))입니다.
6. 동일한 방법으로 코드에 맞는 구분, 도서명, 규격 값을 [조견표] 시트에서 가져옵니다. [D4] 셀에 입력할 수식은 =IF($C4="","",VLOOKUP($C4,조견표!$A$4:$E$159,COLUMN(B1),0))입니다.
7. 마지막으로 [B4] 셀과 [D4:F4] 셀에 입력된 수식을 마지막 셀까지 복사해서 붙여넣습니다.

정답 3-2_도서 주문장_조견표 찾기_정답.xlsx

| 넷째 마당 |

원하는 정보만 골라보는 데이터 편집의 기술

데이터가 넘쳐나는 요즘 원하는 데이터만을 필터링하는 기술은
매우 중요합니다.

넷째마당에서는 엑셀의 데이터 필터 방법을 익힙니다.
데이터 필터는 단순한 논리곱 조건부터 다소 복잡한 논리합 조건까지
다양한 조건을 적용시킬 수 있습니다.
이번 마당을 배우고 나면 지금껏 불가능하리라 생각했던 자료도
선별하여 나타낼 수 있습니다.

또한 다중 시트의 데이터 집계 방법과 가상 분석을 통한
데이터 활용 방법도 배워 봅시다.
넷째마당을 통해 데이터 활용에 대한 두려움이나 걱정을 털어버립시다.

| Contents |

10장. 자동 필터와 고급 필터
11장. 여러 시트에 작성된 데이터를 집계하고 통합하는 방법
12장. 목표값 찾기와 조견표 작성 방법

10 | 자동 필터와 고급 필터

이번 장에서는 자동 필터와 고급 필터의 사용법을 알아보겠습니다. 필터 사용법을 익히고 나면 각종 엑셀 데이터를 활용해서 사용자가 원하는 조건에 부합하는 결과를 쉽고 빠르게 나타낼 수 있습니다.

10-1 자동 필터 활용법
10-2 고급 필터 기초 활용법
10-3 고급 필터 응용 활용법

김사원
이야기

어떤 빅데이터에서도 필요한 자료를 한방에 뽑는다!

"아하, 여기서 내려받는 거구나!" 서울문구의 판매 현황을 뽑아오라는 팀장님의 지시에 김사원은 전사적 자원 관리(ERP, Enterprise Resource Planning) 시스템에서 판매 DB를 찾았다. 그런데 막상 파일을 열어보니 서울문구 DB만 있는 것이 아니었다. 게다가 데이터의 행은 17,078개! 여기서 서울문구 데이터만 어떻게 뽑아내지?

필터만 쓰면 간단하게 해결되는 거였잖아!?

✓ 2007 ✓ 2010 ✓ 2013 ✓ 2016

10-1   자동 필터 활용법

두 가지 이상의 다중 조건을 만족시키는 필터 중에서 '논리곱(그리고)' 조건을 만족하는 데이터 필터를 살펴보겠습니다. **10장_01_자동 필터_예제.xlsx**라는 엑셀 파일을 불러옵니다.

어느 문구회사의 방대한 주문 기록에서 특정한 시기의 종이류 판매 금액을 확인해 보는 예제입니다.

1. 먼저 입력된 데이터를 자동 필터로 지정합니다. 데이터 중 임의의 셀을 선택하고 [데이터] 탭 → [정렬 및 필터] 그룹 → [필터]를 실행합니다.

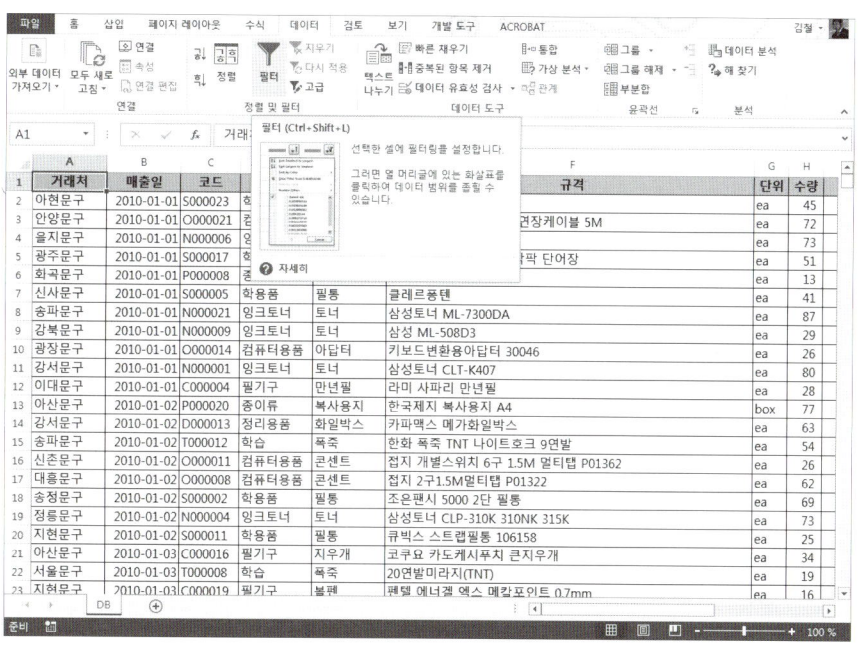

2. [M1] 셀을 보면 필터의 조건이 있는 것을 볼 수 있습니다. 그 중에서 첫 번째 조건은 매출일이 2013년 9월 13일부터 2013년 10월 5일까지의 데이터를 필터링하는 것입니다.

자동 필터와 고급 필터 **249**

> **필터의 조건**
>
> 2013년 9월 13일부터 2013년 10월 5일까지의 데이터 중에서 구분이 종이류이고
> 매출 금액이 150만 원 이상인 데이터만 추출해야 함

먼저 날짜가 기재된 [매출일] 필드인 [B1] 셀의 필터 표시(▼)를 클릭합니다. [날짜 필터] 위에 커서를 두고 확장 메뉴에서 [사용자 지정 필터]를 실행합니다.

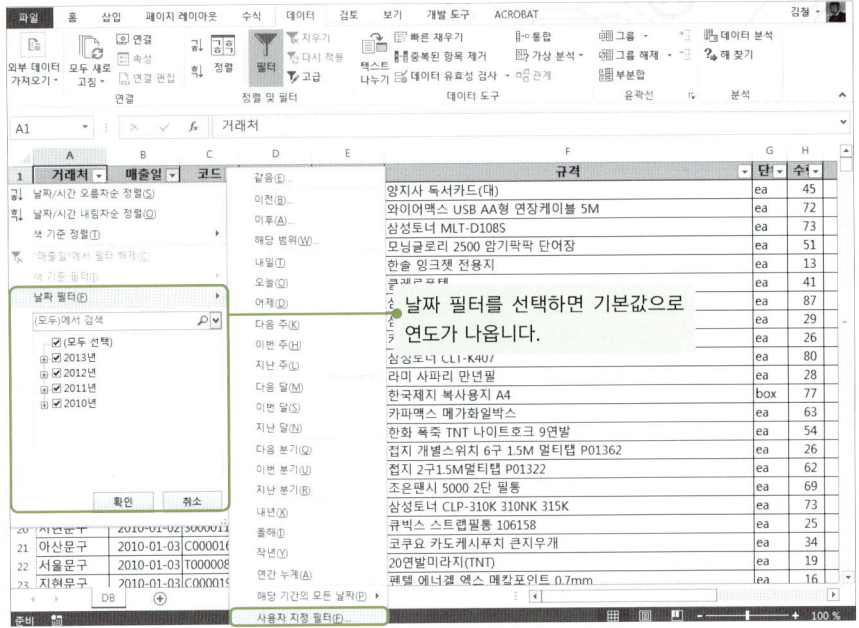

3. 나타난 [사용자 지정 자동 필터] 대화상자에 조건 일을 입력합니다. 찾을 조건에 맞게 '2013-09-13'일의 '이후 또는 같음'을 선택합니다. 논리곱 조건에 맞도록 '그리고' 항목을 선택한 후 '2013-10-05'일의 '이전 또는 같음'을 선택하고 [확인] 버튼을 클릭합니다.

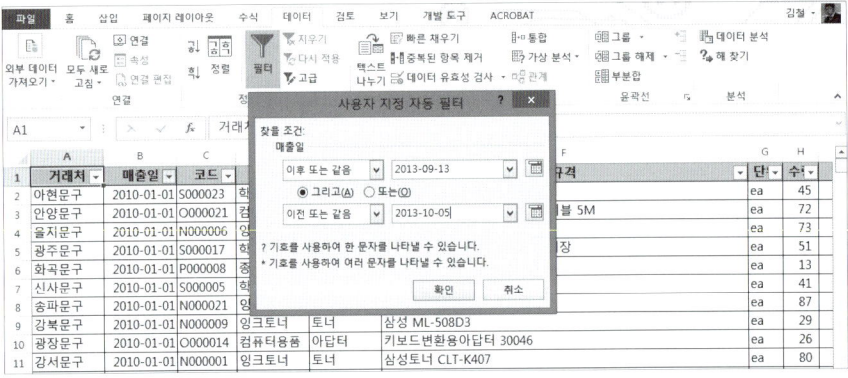

> **김철 쌤의 한마디!** ▶ **자동 필터가 지정되면 무엇이 달라지나요?**
>
> 선택 범위의 첫 번째 행에 자동 필터 표시가 나타나고 필터를 실행하면 행 인덱스가 검정색에서 파란색으로 변합니다. 그리고 해당 필드 이름 역시 역삼각형(▼) 모양에서 깔때기 모양으로 변경됩니다.

4. 두 번째 조건은 [구분]에서 '종이류'를 필터링하고자 합니다. 여기서 첫 번째 조건인 해당 일의 데이터 중 '종이류'를 필터링한다는 것이므로 논리곱(그리고) 조건이 성립됩니다.

   [구분] 필드인 [D1] 셀의 필터 표시를 클릭해서 나타난 리스트에서 [모두 선택]을 해제하고 필터링하고자 하는 '종이류'만 선택한 후 [확인] 버튼을 클릭합니다.

5. 세 번째 조건은 [금액]이 '1,500,000'원 이상인 데이터를 필터링하는 것입니다. [금액] 필드인 [J1] 셀의 필터 표시를 클릭해서 [숫자 필터]에 마우스 커서를 두고 확장 메뉴가 나타나면 [사용자 지정 필터]를 실행합니다.

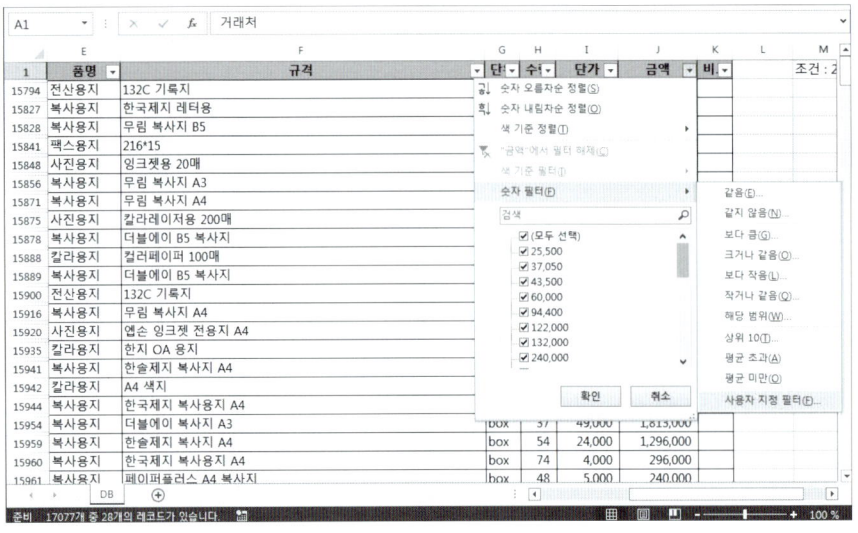

6. [사용자 지정 자동 필터] 대화상자에서 금액은 조건 금액인 '1,500,000'을 입력합니다. 그리고 조건이 해당 금액 이상이므로 비교 연산자는 >=를 선택하고 [확인] 버튼을 클릭합니다.

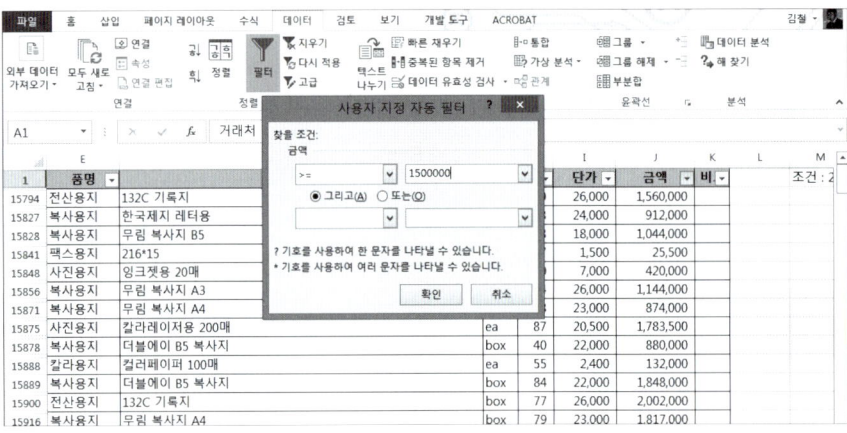

7. 그러면 세 가지 논리곱(그리고) 조건으로 필터링된 데이터를 볼 수 있습니다.

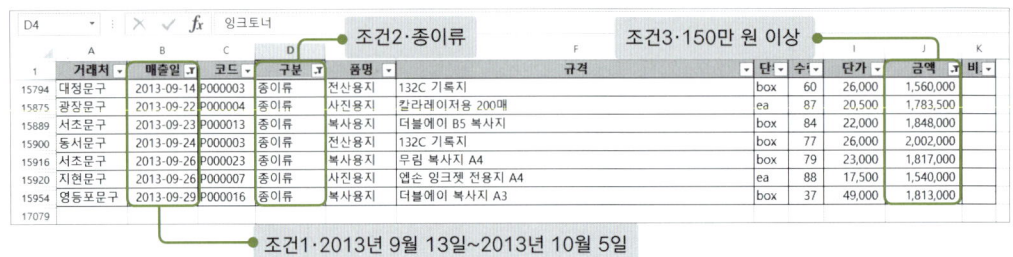

✓ 2007 ✓ 2010 ✓ 2013 ✓ 2016

10-2 고급 필터 기초 활용법

이번에는 논리합(또는) 조건입니다. 문자나 날짜 데이터를 필터링하는 방법 외에도 다중 조건을 적용하여 데이터를 필터링하는 방법을 살펴보겠습니다. **10장_02_고급 필터_기초_예제.xlsx**라는 엑셀 파일을 불러옵니다.

문구회사의 수많은 거래처 중에서 특정한 거래처만 필터링하여 그 거래처에 관련된 모든 정보를 시트의 빈 곳에 나타내 보겠습니다.

데이터 중에서 하나의 필드만 필터링하기

1. 예제의 [단일조건_점포] 시트에서 실습하겠습니다. 데이터를 필터링하기 위한 조건을 입력합니다. [거래처] 중 '서울문구'의 데이터만을 필터링하기 위해 먼저 [데이터] 필드인 [A1] 셀을 복사(Ctrl + C)해서 [M1] 셀에 붙여넣기(Ctrl + V)합니다.

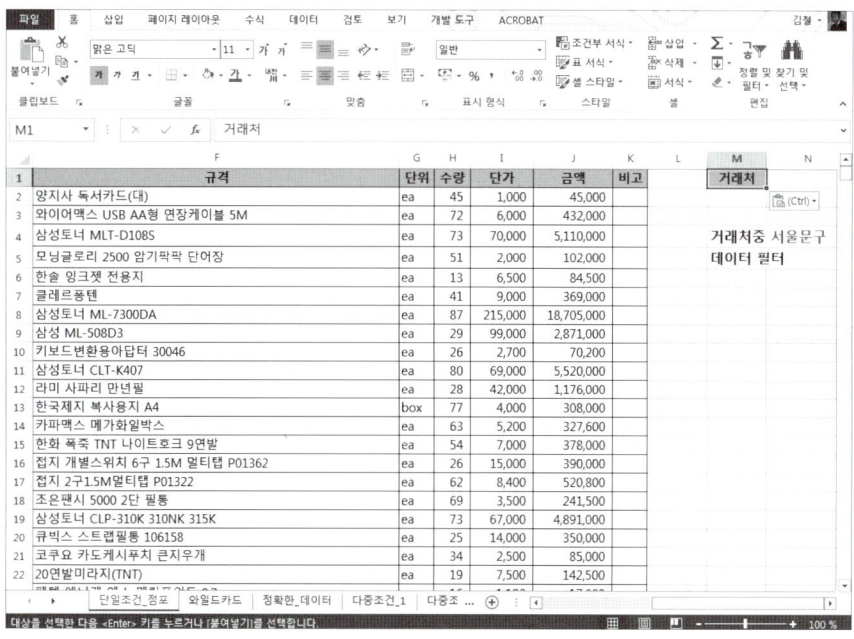

자동 필터와 고급 필터 **253**

2. [M2] 셀에서는 [M1] 셀에 복사된 '거래처' 필드 중 필터링하고자 하는 데이터를 입력합니다. 여기서는 [M2] 셀에 '서울문구'를 입력합니다.

> **김철 쌤의 한마디!** ▶ **조건 입력 시 필드를 복사하는 것이 좋을까요?**
>
> 특정 필드 이름을 입력할 때 '거래처'처럼 필드 이름에 공란(스페이스)을 입력하는 경우가 있으므로 가급적이면 필드 이름을 복사해서 사용하는 것이 좋습니다. 그래서 처음 데이터를 만들 때, 스페이스는 넣지 않는 것이 좋고 띄어쓰기를 원한다면 언더바(_)를 이용해서 필드 이름을 만드는 것이 좋습니다. 예를 들어 '거래지점'이라는 필드 이름을 만들 때 '거래'와 '지점' 사이를 띄우고 싶다면 '거래 지점'으로 입력하는 것보다는 '거래_지점'으로 입력해서 단어 사이를 띄어 쓴 것처럼 표현하는 것이 바람직합니다.

3. [데이터] 탭 → [정렬 및 필터] 그룹 → [고급]을 선택해서 고급 필터 기능을 실행합니다. [고급 필터] 대화상자에서 [결과]를 데이터 범위가 아닌 다른 셀에 나타내기 위해 [다른 장소에 복사]를 선택합니다. 그리고 [목록 범위]는 데이터 범위 전체를 선택하고 [조건 범위]는 조건이 입력된 [M1:M2] 셀을 드래그해서 지정합니다. 마지막으로 데이터가 필터링되어 나타날 [복사 위치]로 [O1] 셀을 선택하고 [확인] 버튼을 클릭합니다.

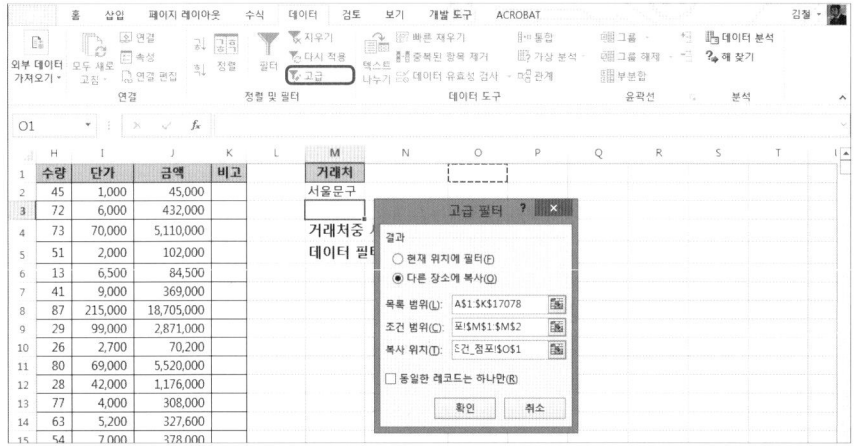

> **김철 쌤의 한마디!** ▶ **목록 범위를 빠르게 입력하고자 한다면?**
>
> 전체 데이터 범위인 [목록 범위]를 빠르게 지정, 입력하는 방법은 임의의 데이터 셀을 선택한 다음 Ctrl + A 를 누르면 됩니다. 선택된 셀에서 사각 형태로 가장 넓게 확장할 수 있는 범위가 [목록 범위]에 입력되는 것을 볼 수 있습니다.

4. 필터링된 데이터는 첫 번째 셀인 [O1] 셀을 기준으로 '서울문구'와 관련된 필드 이름과 데이터가 나타난 것을 확인할 수 있습니다.

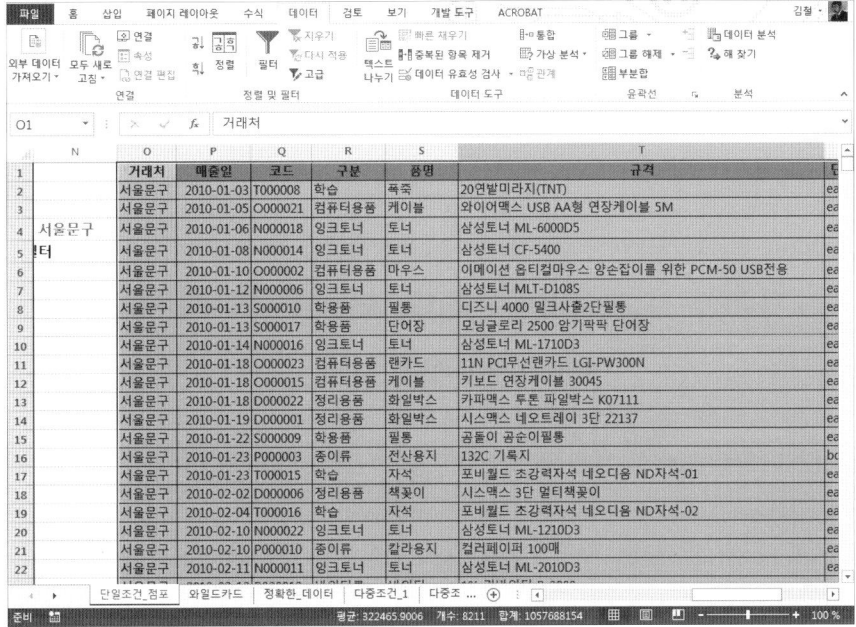

> **김철 쌤의 한마디!** ▶ **고급 필터에서 복사할 위치를 [O1] 하나의 셀만 선택한 이유는?**
>
> 전체 목록 범위에서 정해진 개수만큼 필드를 추출하는 것이 아니고 조건에 맞는 임의의 개수만큼 결과를 나타내고자 할 때는 하나의 셀만 선택하면 됩니다.

자동 필터와 고급 필터

특정 단어가 포함된 데이터만 필터링하기

[와일드카드] 시트로 이동하여 [규격] 필드에서 '케이블'이란 단어가 포함된 데이터를 필터링하고자 합니다.

1. [M2] 셀에 '*케이블*'이라고 조건을 입력합니다. 이렇게 와일드카드 문자(*)를 이용하면 '모니터케이블', '케이블2M'이든 상관없이 '케이블'이라는 글자가 들어간 데이터를 모두 필터링할 수 있습니다. 조건을 입력했으면 [데이터] 탭 → [정렬 및 필터] 그룹 → [고급]을 실행합니다. [고급 필터] 대화상자에서 [결과]를 데이터 범위가 아닌 다른 셀에 나타내기 위해 [다른 장소에 복사]를 선택합니다. 그리고 [목록 범위]는 데이터 범위 전체를 선택하고 [조건 범위]는 조건이 입력된 [M1:M2] 셀을 지정합니다. 마지막으로 데이터가 필터링되어 나타날 [복사 위치]로 [O1] 셀을 선택하고 [확인] 버튼을 클릭합니다.

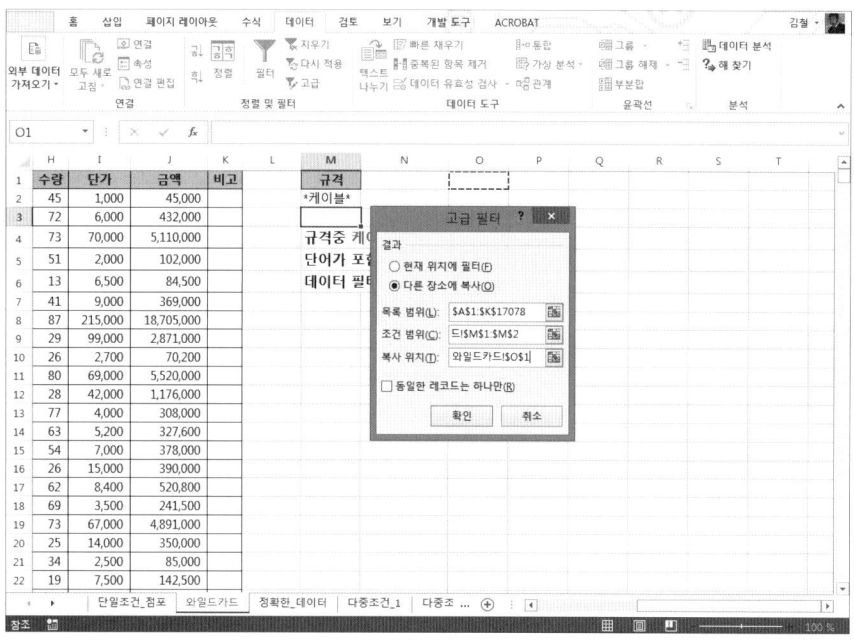

김철 쌤의 한마디! ▶ 대표 문자(*와 ?) 사용법

예를 들어 [이름]이라는 필드에서 성이 '김'씨인 사람의 데이터를 필터링하고자 한다면 '김*'으로 조건을 입력하면 됩니다. '*' 문자는 자릿수의 제한이 없는 모든 문자를 말합니다. 특정 단어의 앞이나 뒤에 *를 붙이면 특정 단어가 포함된 모든 단어를 찾을 수 있습니다. 그리고 '?' 문자는 어떤 글자라도 상관없지만 하나의 자릿수만 만족하는 단어입니다. 만약 글자 중에서 가운데 있는 단어만 필터링하거나 와일드카드(대표 문자)를 조합해서 필터링하는 몇 가지 예는 다음과 같습니다.

조건 입력	설명	비고
?B*	첫 번째 글자는 어떤 글자라도 만족하고 두 번째 글자는 'B'로 되어 있는 모든 데이터	
B	데이터 중 'B'가 포함된 모든 데이터	
AB?E*	두 번째 글자까지는 'AB'이고 세 번째는 어떤 글자라도 만족하며, 네 번째는 'E'인 모든 데이터	
B?C	데이터 중 'B'를 포함하고 'B' 다음에는 어떤 글자라도 만족하며, 그 다음 글자는 'C'를 만족하는 모든 데이터	

2. [규격] 중에서 '케이블'이라는 글자가 포함된 모든 데이터가 필터링된 것을 볼 수 있습니다.

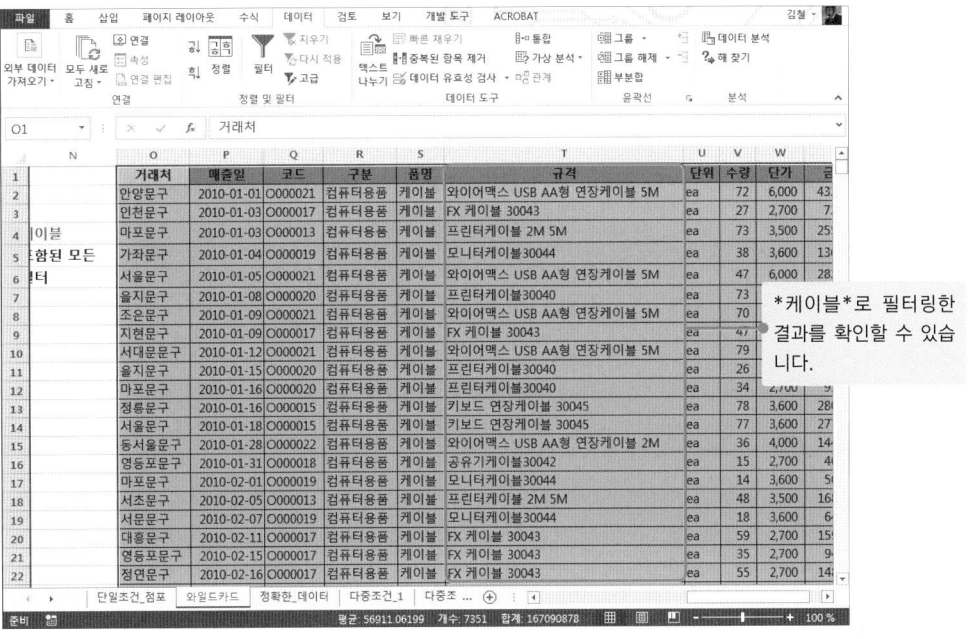

*케이블*로 필터링한 결과를 확인할 수 있습니다.

정확한 자료만 필터링하기

[정확한_데이터] 시트로 이동하여 정확한 자료만 필터링하는 방법을 배워 보겠습니다. 예를 들어, '서울문구사'와 '서울문구' 두 거래처 중에서 정확히 '서울문구'의 데이터만 뽑고 싶을 때 사용하는 방법입니다.

1. [M2] 셀에 조건을 [서울문구]가 아닌 ['=서울문구]로 입력하고 [데이터] 탭 → [정렬 및 필터] 그룹 → [고급]을 실행합니다.

> **김철 쌤의 한마디!** ▶ 필터링 조건을 단순히 '서울문구'라고 입력하면 어떻게 되나요?
>
> 정확한 자료를 필터링할 때는 셀에 나타나는 값이 =을 포함한 형태로 작성되어야 합니다. 그런데 필터링할 단어 앞에 =를 입력하면 입력한 값을 수식으로 인식해서 오류가 발생할 수 있습니다. 따라서 텍스트를 입력할 때 여는 따옴표(')를 먼저 입력하고 '서울문구'라는 텍스트를 입력해야 합니다.
>
> 예를 들어 '서울문구'로 입력하고 필터링하면 '서울문구'로 시작되는 '서울문구사'도 보여 주기 때문에 정확히 '서울문구'만을 필터링하고자 한다면 ['=서울문구]로 입력해야 합니다.

2. [고급 필터] 대화상자에서 [결과]를 데이터 범위가 아닌 다른 셀에 나타내기 위해 [다른 장소에 복사]를 선택하고 [목록 범위]는 데이터 범위 전체(Ctrl + A)를 선택합니다. [조건 범위]는 조건이 입력된 [M1:M2] 셀을 드래그해서 지정하고 [복사 위치] 조건을 만족하는 데이터가 필터링되어 나타날 범위인 [O1] 셀을 선택한 다음 [확인] 버튼을 클릭합니다.

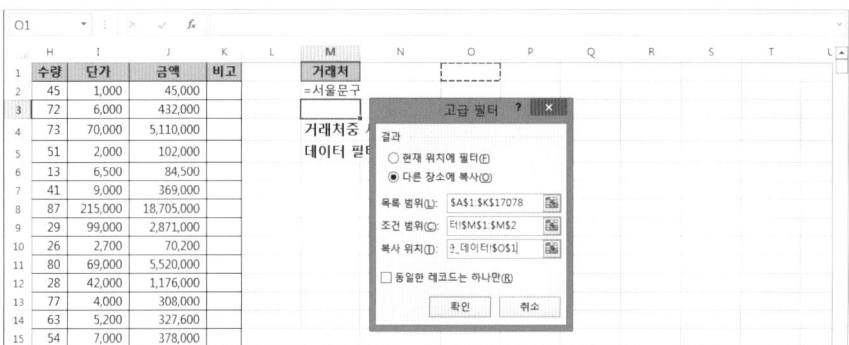

3. [거래처] 중 '서울문구'라는 조건의 데이터만 필터링된 것을 확인할 수 있습니다.

두 가지 이상의 조건을 만족하는 데이터만 필터링하기

[다중 조건_1] 시트로 이동하여 [M4] 셀에 입력된 조건을 확인합니다. 이번에는 학용품 중 노트가 50개 이상 판매된 경우만 뽑으려고 합니다. 조건이 많아지더라도 지정하는 '조건 범위'만 다를 뿐 방법은 앞에서 배운 고급 필터 기능과 동일합니다. 그럼 다중 조건으로 필터링해 보겠습니다.

1. [M2] 셀은 [구분] 필드에서 필터링할 '학용품'을, [N2] 셀은 [품명] 필드에서 필터링할 '노트'를, [O2] 셀은 [수량] 필드에서 수량이 50개 이상인 데이터라고 했으므로 >=50으로 입력합니다.

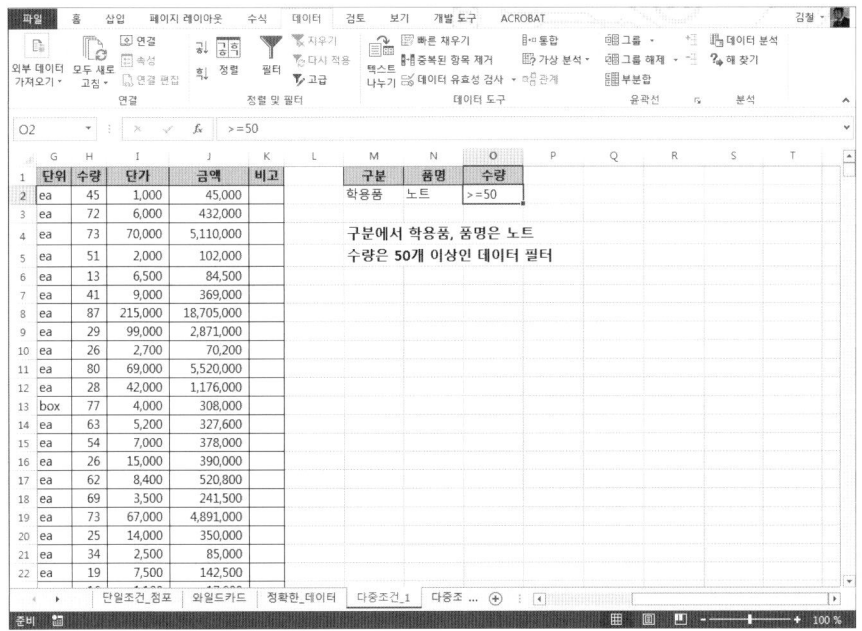

2. [데이터] 탭 → [정렬 및 필터] 그룹 → [고급]을 실행합니다. [고급 필터] 대화상자에서 결과를 데이터 범위가 아닌 다른 셀에 나타내기 위해 [다른 장소에 복사]를 선택한 다음 [목록 범위]는 데이터 범위 전체([Ctrl] + [A])를 선택합니다. [조건 범위]는 조건이 입력된 [M1:O2] 셀을 드래그해서 지정하고 [복사 위치] 조건을 만족하는 데이터가 필터링되어 나타날 범위로 [Q1] 셀을 선택한 다음 [확인] 버튼을 클릭합니다.

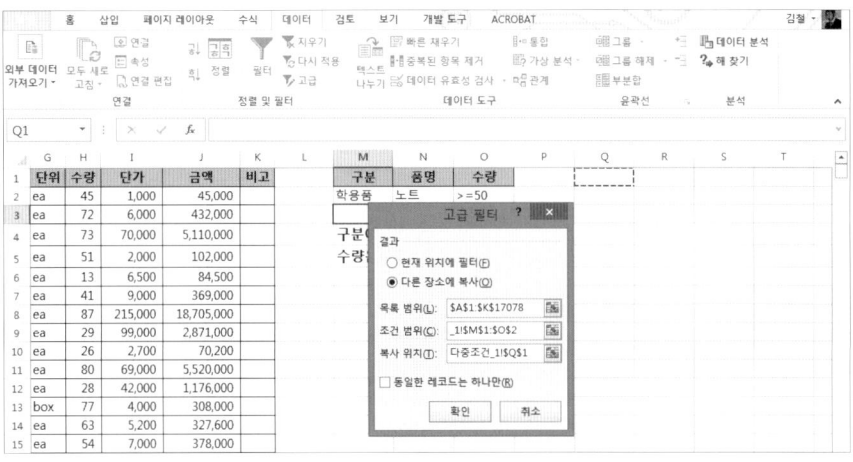

3. [구분] 중 '학용품'을, [품명] 중 '노트'를 [수량]은 50개 이상인 데이터만 필터링된 것을 확인할 수 있습니다.

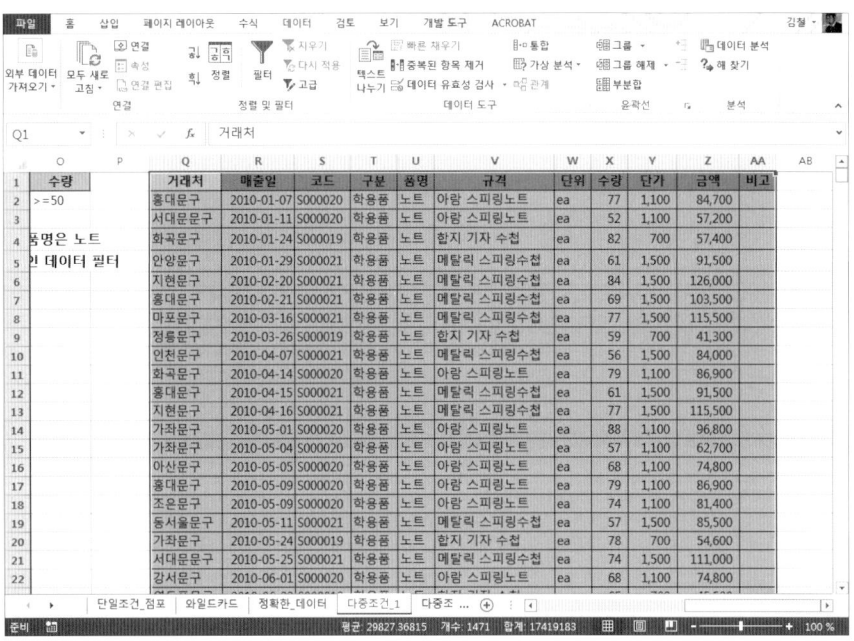

날짜와 관련된 다중 조건 데이터를 필터링하기

[다중 조건_2] 시트로 이동해서 날짜에 다중 조건을 적용하여 필터링하는 방법을 알아보겠습니다. 먼저 [M4] 셀에 입력된 조건을 확인합니다. 학용품 중에서 특정한 시기에 팔린 노트를 필터링해 보겠습니다.

1. 필터링 결과는 [다른 장소에 복사]를 선택하고 [M4] 셀의 조건에 맞게 [M2] 셀은 [구분] 필드에서 필터링할 '학용품'을, [N2] 셀은 [품명] 필드에서 필터링할 '노트'를 입력합니다. [O2] 셀에는 '2013년 9월 16일'보다 '이후 또는 같음'을 뜻하는 수식, >=2013-09-16을 입력하고 [P2] 셀에는 '2013년 10월 27일'보다 '이전 또는 같음'을 뜻하는 수식, <=2013-10-27을 입력합니다. 그런 다음 [고급 필터]를 실행해 [B1] 셀에 필터링된 데이터를 나타내 봅니다.

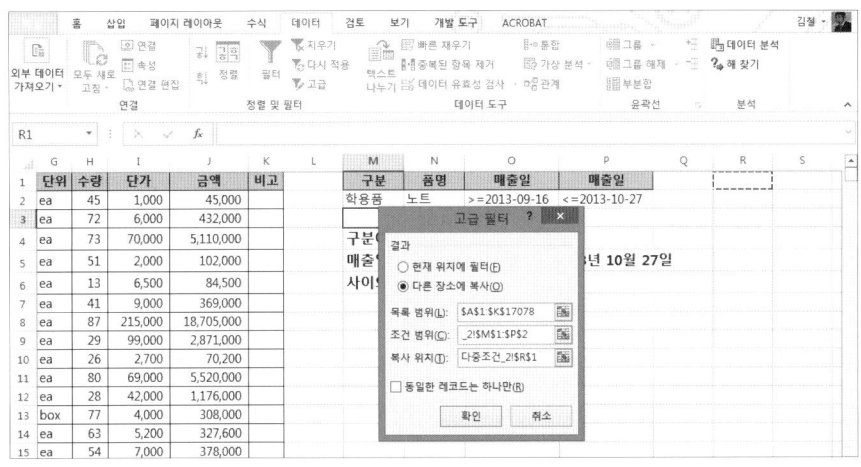

✓ [고급 필터] 대화상자는 [데이터] 탭 → [정렬 및 필터] 그룹 → [고급]을 실행하면 됩니다.

> **김철 쌤의 한마디!** ▶ **날짜 데이터의 조건을 지정할 때 꼭 기억하세요!**
>
> 50개 이상인 데이터는 >=50으로 입력한다고 배웠습니다. 날짜 데이터 역시 >=2013-09-16으로 입력하는 것을 볼 수 있는데 엑셀에서 숫자 속성 데이터는 비교 연산자와 같이 입력해도 인식이 가능하며, 이는 함수 안에서 사용할 때도 마찬가지입니다.

2. [구분] 중에서 '학용품'이, [품명] 중에서 '노트'가, 그리고 [매출일]은 2013년 9월 16일과 2013년 10월 27일 사이의 데이터가 필터링된 것을 확인할 수 있습니다.

다중 필터링을 한 후 특정 필드의 데이터만 보여주기

[특정필드] 시트로 이동하여 특정 필드의 데이터만을 필터링해 보겠습니다. 특정 시기의 노트 관련 데이터를 표시할 때 단위나 수량, 단가 등의 필드는 빼고 보여주는 예제입니다.

1. 먼저 조건 입력을 위해 [M2] 셀은 [구분] 필드에서 필터링할 '학용품'을, [N2] 셀은 [품명] 필드에서 필터링할 '노트'를 입력합니다. 그리고 [O2] 셀에는 조건 중 처음 날짜인 2013년 9월 16일보다 이후 또는 같음을 뜻하는 수식, 〉=2013-09-16을 입력하고, [P2] 셀에는 조건 중 마지막 날짜인 2013년 11월 3일보다 이전 또는 같음을 뜻하는 수식, 〈=2013-11-03을 입력합니다.

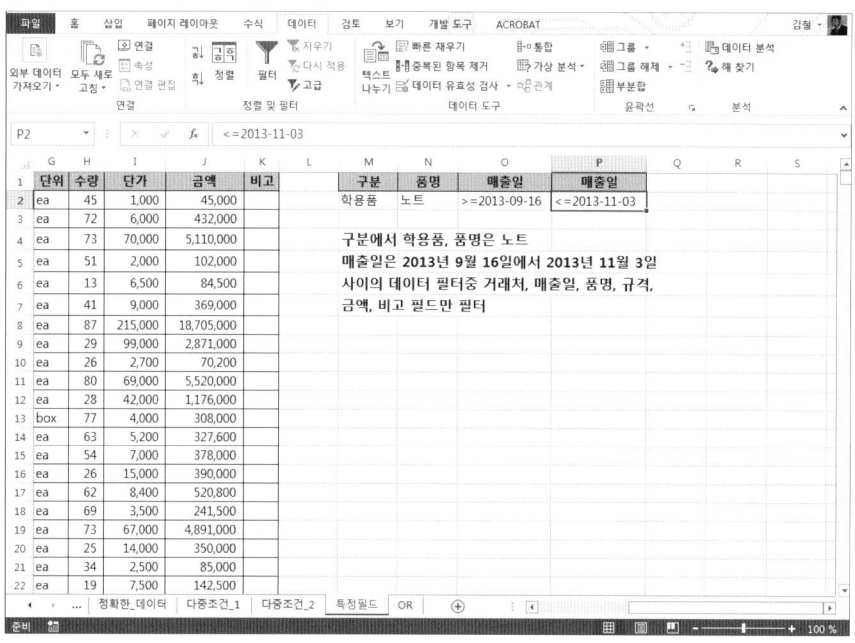

2. 먼저 필터링할 필드를 복사합니다. 필터링할 필드인 [A1:B1] 셀을 선택하고 Ctrl 키를 누른 채로 [E1:F1] 셀을 선택합니다. 그리고 Ctrl 키를 누른 채로 [J1:K1] 셀을 선택하고 복사(Ctrl + C)합니다.

3. [R1] 셀을 선택하고 붙여넣기(Ctrl + V)한 후, 고급 필터를 실행합니다. [고급 필터] 대화 상자가 나오면 [결과]는 [다른 장소에 복사]를 선택하고 [목록 범위]는 데이터는 전체를 선택합니다. [조건 범위]는 조건이 입력된 [M1:P2] 셀을 지정하고 [복사 위치]는 조건을 만족하는 데이터가 필터링되어 나타날 범위인 [R1:W1] 셀을 선택한 후 [확인] 버튼을 클릭합니다.

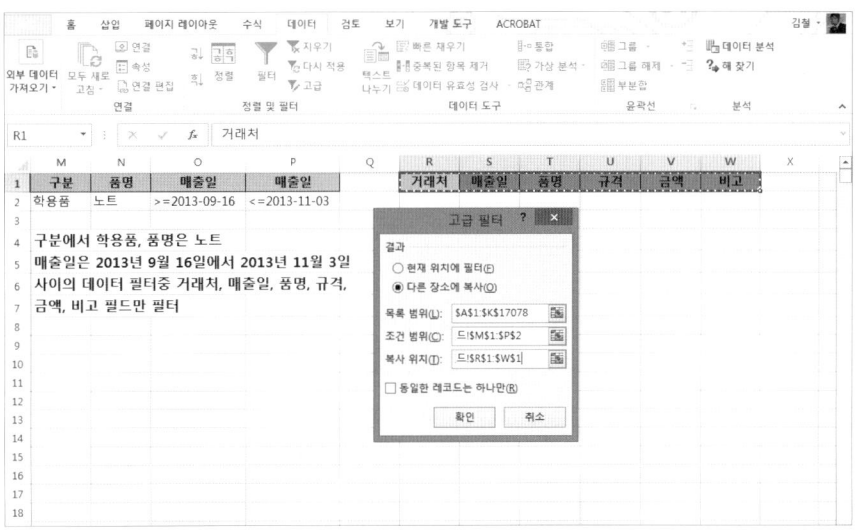

4. 지정한 조건의 데이터 중 [거래처], [매출일], [품명], [규격], [단위], [비고] 필드만 필터링된 것을 확인할 수 있습니다.

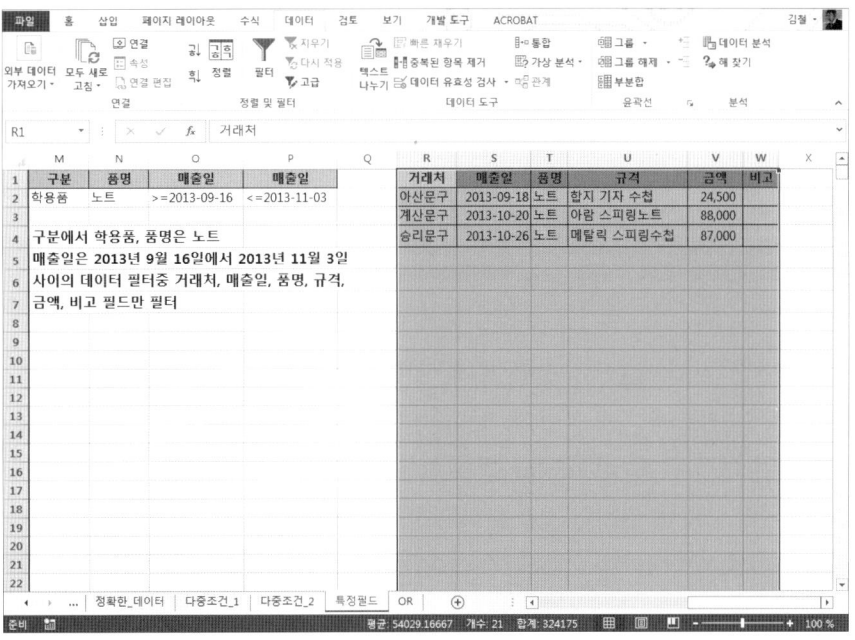

자동 필터와 고급 필터 **263**

논리합 조건으로 데이터 필터링하기

논리곱이 아닌 논리합(또는) 조건을 만족하는 데이터의 필터 방법을 알아보겠습니다. '학용품' 또는 '파일박스' 또는 '150만 원에서 550만 원' 사이의 데이터를 모두 추출해 봅시다.

1. [OR] 시트의 [M6] 셀에 입력된 조건을 확인합니다. 논리합(또는)과 논리곱(그리고)은 조건을 입력하는 방법이 다릅니다. 이 점에 유의해서 조건을 입력해 봅시다.

2. [M2] 셀은 [구분] 필드에서 필터링할 '학용품'을 입력합니다. 그리고 [N3] 셀은 [품명] 필드에서 필터링할 '화일박스'를, [O4] 셀은 [금액] 필드에서 조건 중 150만 원 이상을 입력해야 하므로 〉=1500000으로 입력하고 [P4] 셀에는 550만 원 이하를 입력해야 하므로 〈=5500000으로 입력합니다.

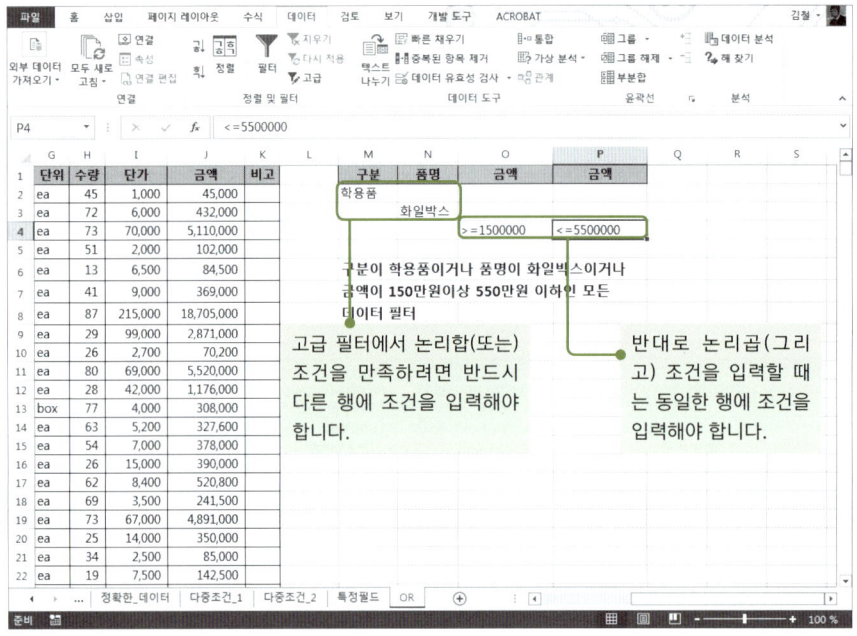

3. 고급 필터를 실행해서 나타난 [고급 필터] 대화상자에서 [결과]는 데이터 범위가 아닌 다른 셀에 나타내기 위해 [다른 장소에 복사]를 선택하고 [목록 범위]는 데이터 범위 전체를 선택합니다. [조건 범위]는 조건이 입력된 [M1:P4] 셀을 지정하고 [복사 위치] 조건을 만족하는 데이터가 필터링되어 나타날 범위인 [R1] 셀을 선택한 다음 [확인] 버튼을 클릭합니다.

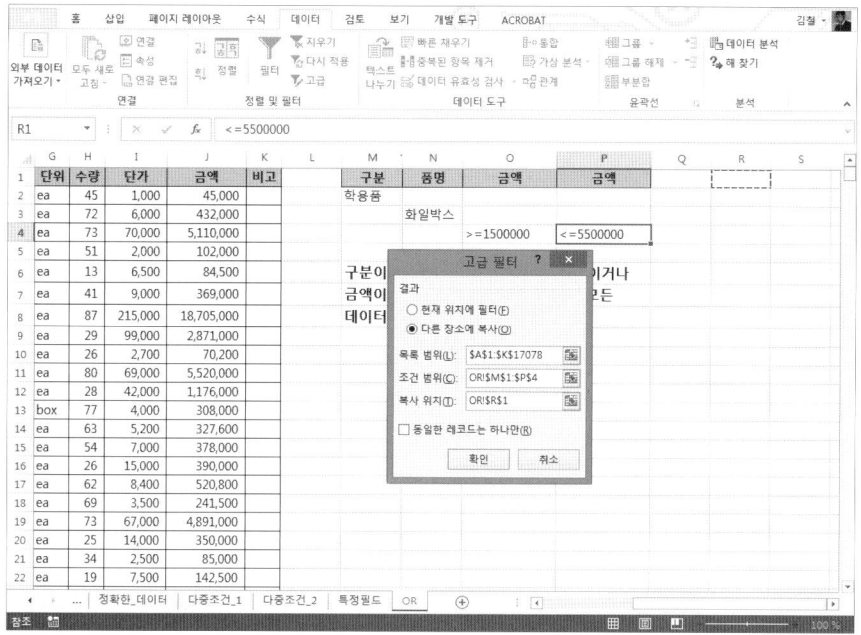

4. 논리합(또는) 조건을 만족하는 데이터가 필터링된 것을 확인할 수 있습니다.

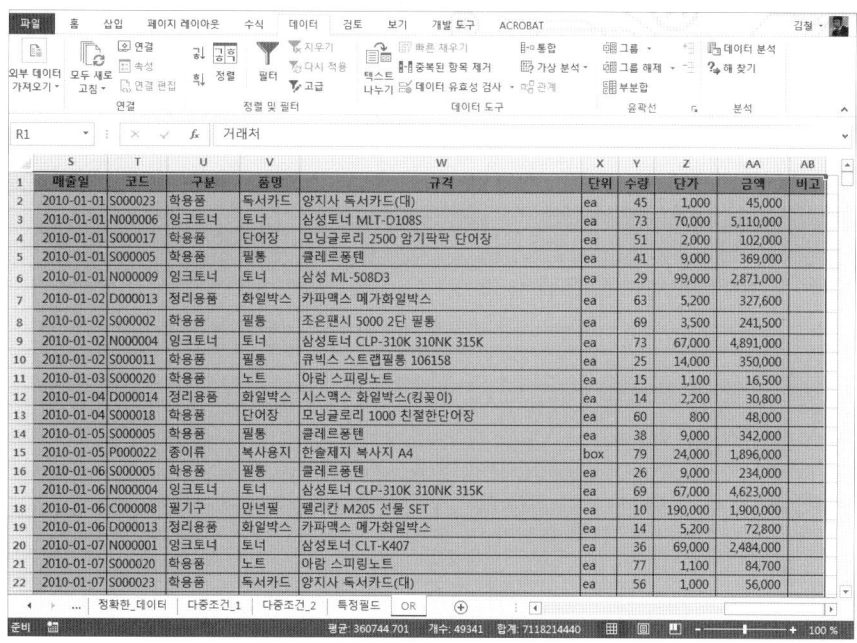

자동 필터와 고급 필터 **265**

✓ 2007 ✓ 2010 ✓ 2013 ✓ 2016

10-3   고급 필터 응용 활용법

고급 필터에 함수를 조건으로 입력하거나 다른 시트에 있는 데이터를 필터링하는 등 조건만 잘 입력하면 원하는 데이터를 손쉽게 필터링할 수 있습니다. 여기서는 **10장_03_고급 필터_고급_예제.xlsx**라는 엑셀 파일을 불러와 고급 필터 활용법을 더 살펴보겠습니다.

[DB] 시트의 [G6] 셀의 조건을 확인해보니 논리합(또는)의 조건을 만족하고 필터의 결과를 [결과시트] 시트에 나타내야 한다는 것을 알 수 있습니다. [직원]이 이은지 씨이거나 또는 다른 직원이라도 [수주액]이 150만 원 이상인 직원의 데이터를 추출해서 다른 시트에 나타내도록 하겠습니다.

1. 이제 이 조건대로 [G2] 셀에는 [직원] 필드에서 필터링하고자 하는 '이은지'를 입력하고 두 번째 조건은 논리합(또는) 조건이므로 [H3] 셀에 150만 원 이상이라는 조건을 >=1500000으로 입력합니다.

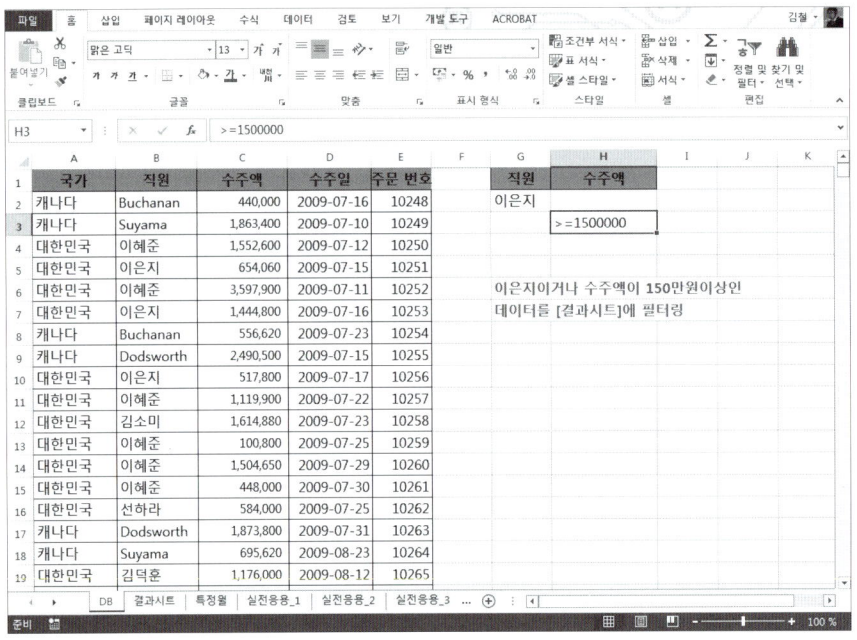

2. 결과를 나타낼 [결과시트] 시트를 선택하고 [데이터] 탭 → [정렬 및 필터] 그룹 → [고급]을 클릭해서 고급 필터를 실행합니다.

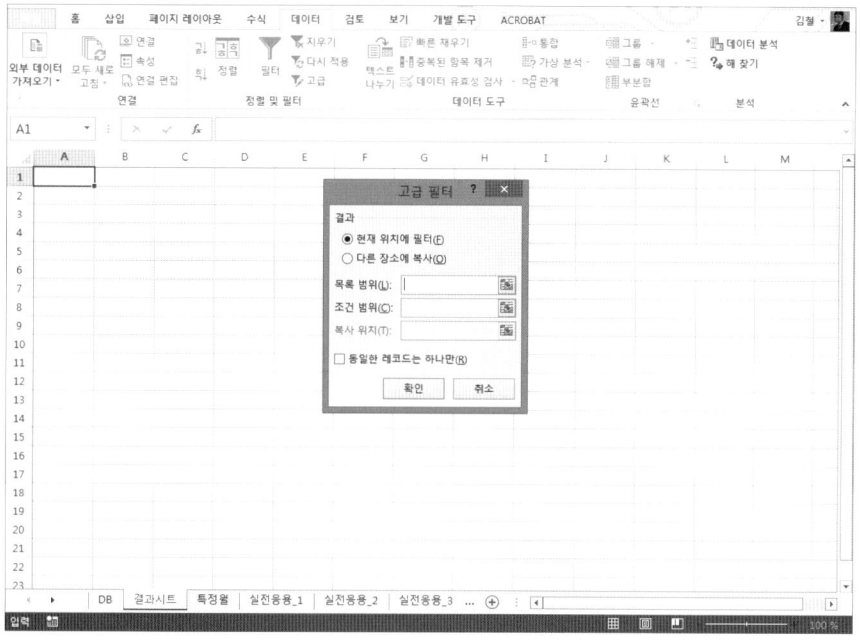

3. [고급 필터] 대화상자에서 [결과]는 데이터 범위가 아닌 다른 시트에 나타내기 위해 [다른 장소에 복사]를 선택합니다. [목록 범위]는 [DB] 시트의 데이터 범위 전체를 선택하고 [조건 범위]는 조건이 입력된 [DB] 시트의 [G1:H3] 셀을 지정합니다. 그리고 [복사 위치]는 조건을 만족하는 데이터가 필터링되어 나타날 범위 중 첫 번째 셀인 [결과시트]의 [A1] 셀을 선택하고 [확인] 버튼을 클릭합니다.

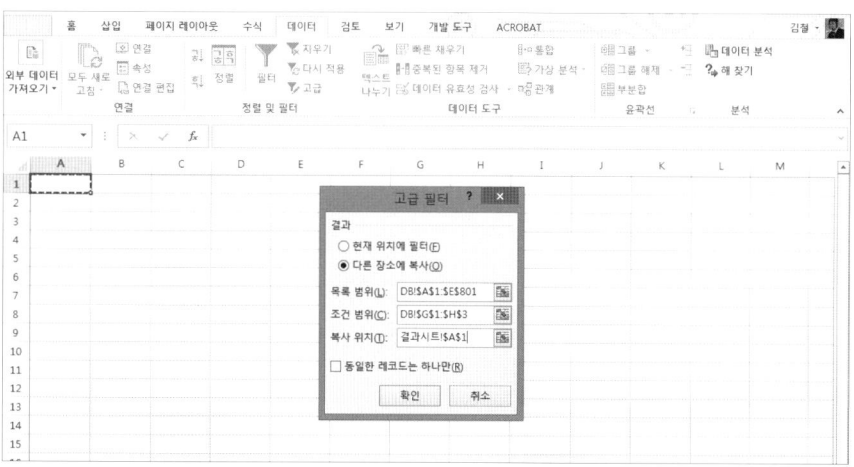

> **김철 쌤의 한마디!** ▶ **다른 시트에 고급 필터의 결과를 나타내고자 할 때!**
>
> 반드시 결과가 나타날 시트에서 고급 필터를 실행해야 합니다. 예제와 같은 경우 [DB] 시트에서 고급 필터를 실행하고 진행하면 '필터링된 데이터는 현재 시트에만 복사할 수 있습니다.'라는 오류 메시지가 나타납니다.
>
>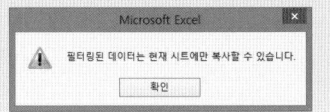

4. 그러면 [결과시트] 시트에 [직원] 중 '이은지'이거나 [수주액]이 150만 원 이상인 데이터가 필터링된 것을 확인할 수 있습니다.

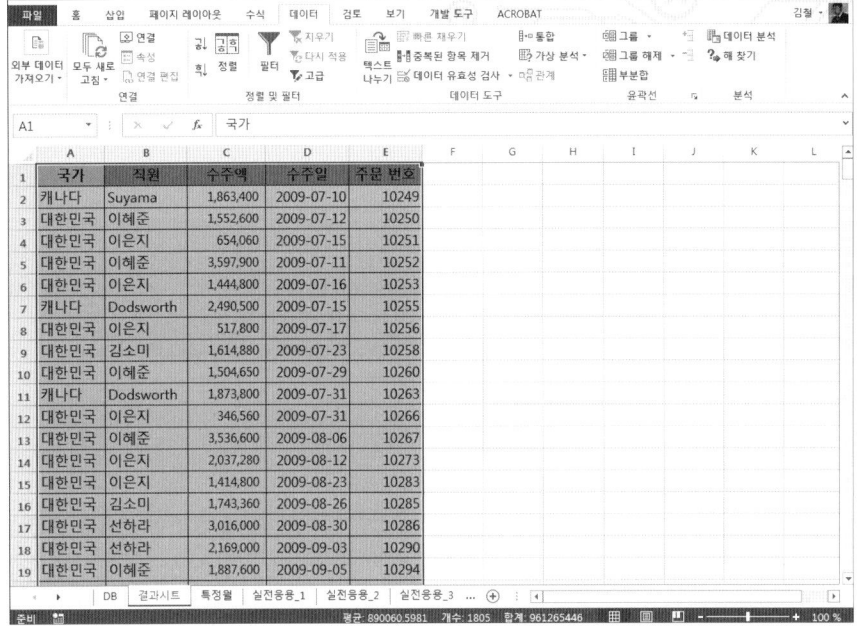

함수를 고급 필터의 조건으로 활용하는 방법

신학기에는 어떤 문구가 잘 팔릴까? 문구회사의 데이터베이스에서 3월에 팔린 데이터만 뽑아보면 알 수 있습니다. 이번 실습은 이를 위해 [특정월] 시트로 이동하여 함수를 조건으로 입력하는 방법을 알아보겠습니다.

1. 먼저 [M4] 셀에 입력되어 있는 조건을 확인합니다. 3월 데이터만 필터링하기 위해 [M2] 셀에 =MONTH(B2)=3을 입력합니다. [B2] 셀은 '2010-01-01'이라는 날짜 형식으로 되어 있습니다. 달(Month) 부분이 '3'인 경우를 찾으라는 뜻입니다.

| 수식 알고 넘어가기 |

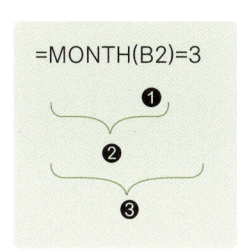

❶: MONTH 함수의 인수로 날짜가 입력된 셀입니다. '2010-01-01'이라는 날짜 형식으로 입력된 데이터 셀입니다.
❷: [B2] 셀의 '월'을 숫자로 나타냅니다.
❸: 그 결과가 3인지를 판단하여 참/거짓(TRUE/FALSE)을 나타냅니다.

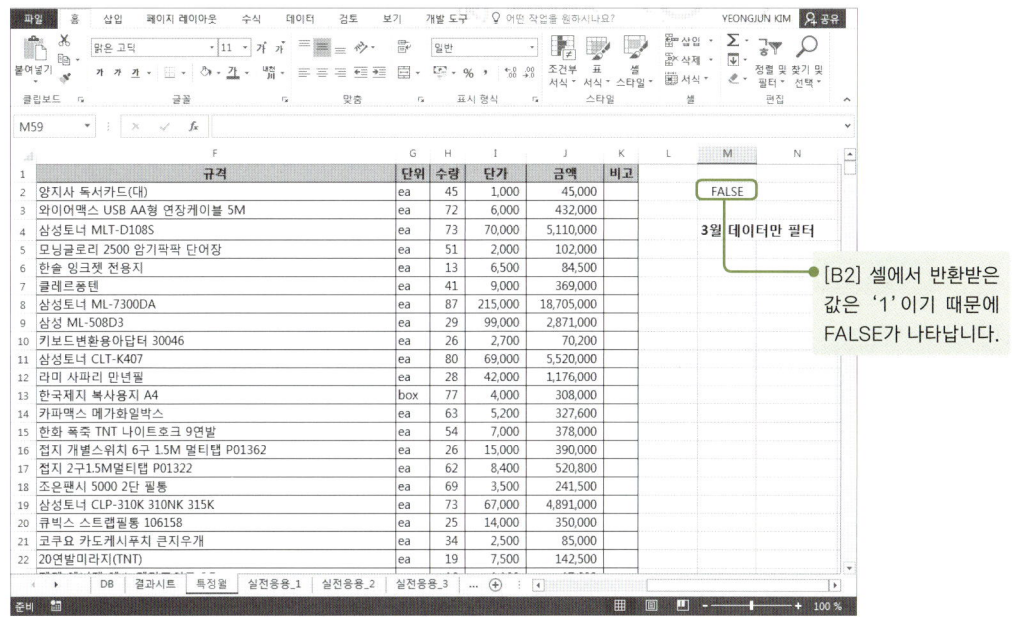

2. 그러고 나서 [데이터] 탭 → [정렬 및 필터] 그룹 → [고급]을 클릭해서 고급 필터를 실행합니다. [고급 필터] 대화상자에서 [결과]는 데이터 범위가 아닌 다른 시트에 나타내기 위해 [다른 장소에 복사]를 선택하고 [목록 범위]는 데이터 범위 전체를 선택합니다. 그리고 [조건 범위]는 조건이 입력된 [M1:M2] 셀을 지정하고 [복사 위치] 조건을 만족하는 데이터가 필터링되어 나타날 범위 중 첫 번째 셀인 [O1] 셀을 선택한 후 [확인] 버튼을 클릭합니다.

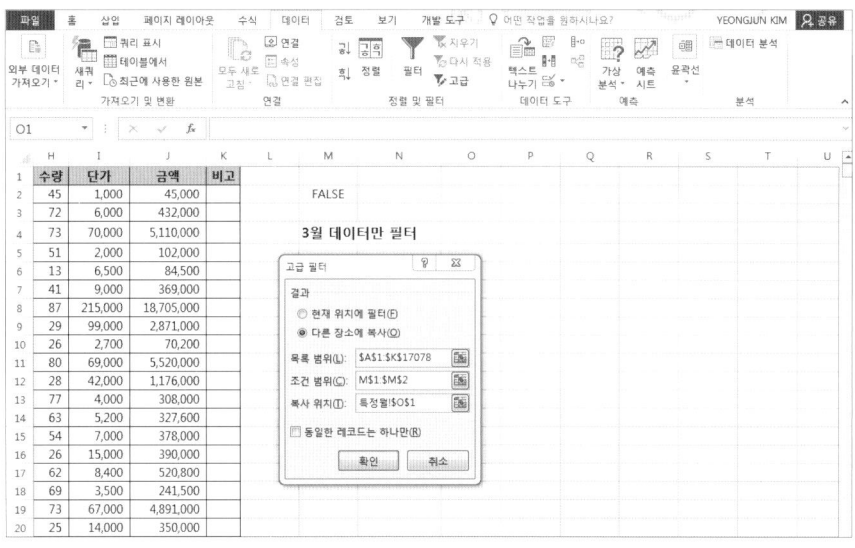

> **김철 쌤의 한마디!** ▶ **함수로 입력된 조건 범위의 지정**
>
> 함수를 이용해서 조건을 입력한 경우, 조건 범위는 반드시 함수가 입력된 셀의 상위 셀(예제의 경우 함수는 [M2] 셀에 입력되었으므로 [M1] 셀)부터 함수가 입력된 셀까지를 선택해야 합니다.

3. [매출일] 필드에 3월 데이터만 필터링된 것을 볼 수 있습니다. 이와 같이 함수를 이용하면 다년간의 데이터가 입력되었을 때 모든 연도별로 3월 1일보다 크거나 같고, 3월 31일보다 작거나 같다고 표기하는 것보다 손쉽게 필터링할 수 있습니다.

전체 목록에서 미 입금된 내용만 필터링하기

[실전응용_1] 시트를 보면 4분기 입금 예정 목록 중에서 입금이 되지 않은 업체만 필터링하려는 것을 확인할 수 있습니다. 우선 함수로 입금을 완료한 업체인지를 찾고 만약 입금이 완료되지 않은 업체라면 입금 예정 목록에서 입금 예정 금액을 찾아서 나타내라는 조건입니다. 이 조건을 만족하는 데이터를 고급 필터로 필터링하는 방법을 알아보겠습니다.

1. 먼저 입금이 완료된 업체의 입금액을 VLOOKUP 함수로 찾습니다. [F4] 셀을 선택하고 =VLOOKUP(E4,$A$4:$B$42,2,0)를 입력한 후 [F19] 셀까지 수식을 채웁니다. 이 수식은 4분기 입금 예정 목록에서 입금이 완료된 거래처를 찾아 그 입금 금액을 채우는 수식입니다.

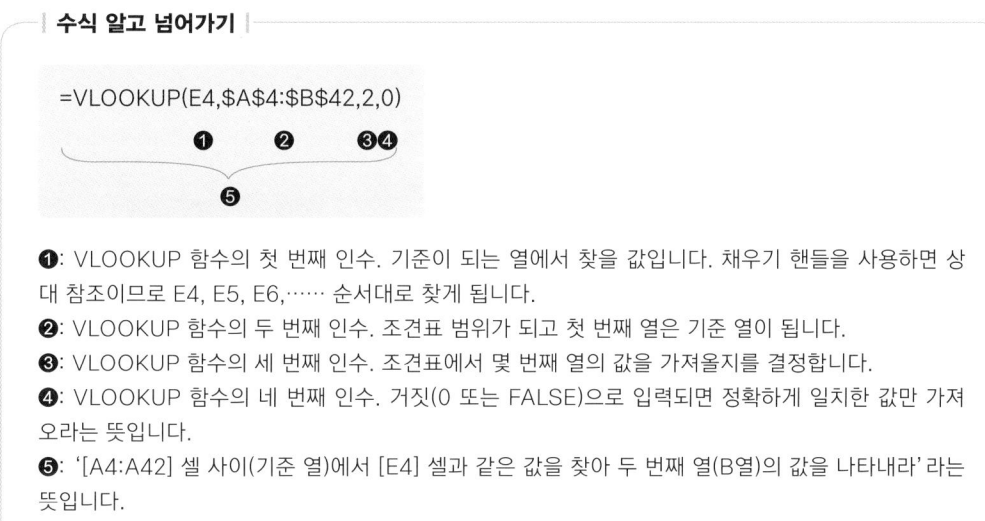

| 수식 알고 넘어가기 |

=VLOOKUP(E4,$A$4:$B$42,2,0)
❶   ❷   ❸❹
❺

❶: VLOOKUP 함수의 첫 번째 인수. 기준이 되는 열에서 찾을 값입니다. 채우기 핸들을 사용하면 상대 참조이므로 E4, E5, E6,…… 순서대로 찾게 됩니다.
❷: VLOOKUP 함수의 두 번째 인수. 조견표 범위가 되고 첫 번째 열은 기준 열이 됩니다.
❸: VLOOKUP 함수의 세 번째 인수. 조견표에서 몇 번째 열의 값을 가져올지를 결정합니다.
❹: VLOOKUP 함수의 네 번째 인수. 거짓(0 또는 FALSE)으로 입력되면 정확하게 일치한 값만 가져오라는 뜻입니다.
❺: '[A4:A42] 셀 사이(기준 열)에서 [E4] 셀과 같은 값을 찾아 두 번째 열(B열)의 값을 나타내라'라는 뜻입니다.

2. 입금 완료 업체 목록(E4:E19)에 거래처가 없으면 입금을 하지 않은 업체란 뜻이 되겠지요. 이제 함수를 이용하여 고급 필터에 적용할 조건을 입력하겠습니다. [H3] 셀에 =COUNTIF($E$4:$E$19,A4)=0를 입력합니다.

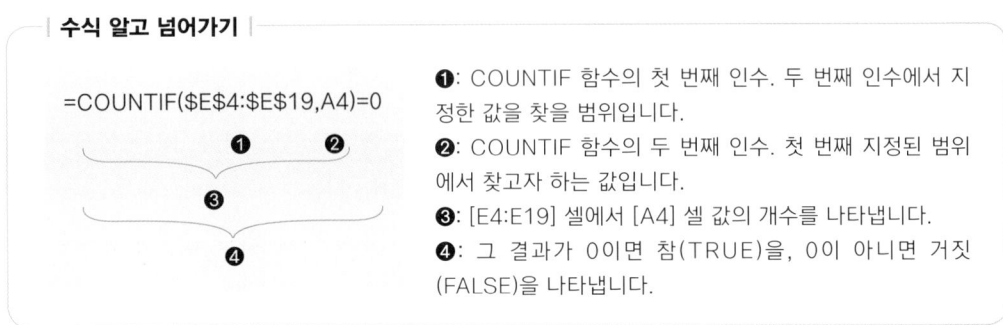

수식 알고 넘어가기

=COUNTIF($E$4:$E$19,A4)=0
　　　　　❶　　　　❷
　　　　　　❸
　　　　　　❹

❶: COUNTIF 함수의 첫 번째 인수. 두 번째 인수에서 지정한 값을 찾을 범위입니다.
❷: COUNTIF 함수의 두 번째 인수. 첫 번째 지정된 범위에서 찾고자 하는 값입니다.
❸: [E4:E19] 셀에서 [A4] 셀 값의 개수를 나타냅니다.
❹: 그 결과가 0이면 참(TRUE)을, 0이 아니면 거짓(FALSE)을 나타냅니다.

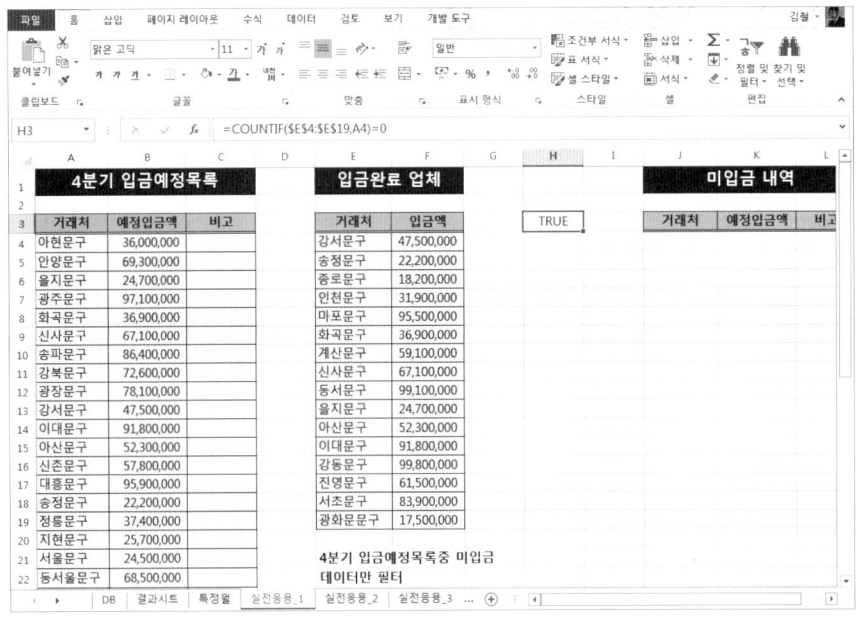

김철 쌤의 한마디! COUNTIF 함수에서 절대 참조와 상대 참조의 기준

COUNTIF 함수를 이용해서 범위를 입력할 때 기준이 되는 범위(입금 완료 업체명 - E열)는 절대 참조로 입력합니다. 그리고 순차적으로 하나씩 적용하며 필터링할 셀(거래처)은 상대 참조로 지정해야 합니다. 그래서 위 수식은 입금 완료된 업체명에서 특정 업체명의 개수를 찾아, 만약 0으로 나타난다면(입금된 업체 중에 해당 업체의 이름이 없다면) 참(TRUE)으로 표시하도록 필터링되는 것입니다.

3. [데이터] 탭 → [정렬 및 필터] 그룹 → [고급]을 클릭해서 고급 필터를 실행합니다. [고급 필터] 대화상자에서 [다른 장소에 복사]를 선택하고 [목록 범위]는 데이터 범위 전체 ([A3:C42])를 선택합니다. [조건 범위]는 조건이 입력된 [H2:H3] 셀을 지정하고 [복사 위치]는 조건을 만족하는 데이터가 필터링되어 나타날 범위인 [J3:L3] 셀을 선택한 다음 [확인] 버튼을 클릭합니다.

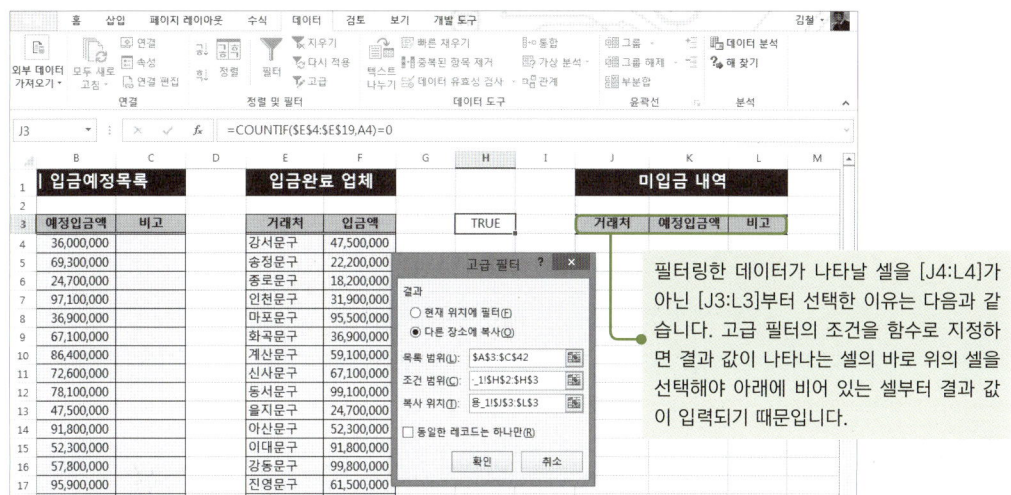

필터링한 데이터가 나타날 셀을 [J4:L4]가 아닌 [J3:L3]부터 선택한 이유는 다음과 같습니다. 고급 필터의 조건을 함수로 지정하면 결과 값이 나타나는 셀의 바로 위의 셀을 선택해야 아래에 비어 있는 셀부터 결과 값이 입력되기 때문입니다.

4. 그러면 전체 목록 범위에서 미입금 데이터만 필터링된 것을 확인할 수 있습니다.

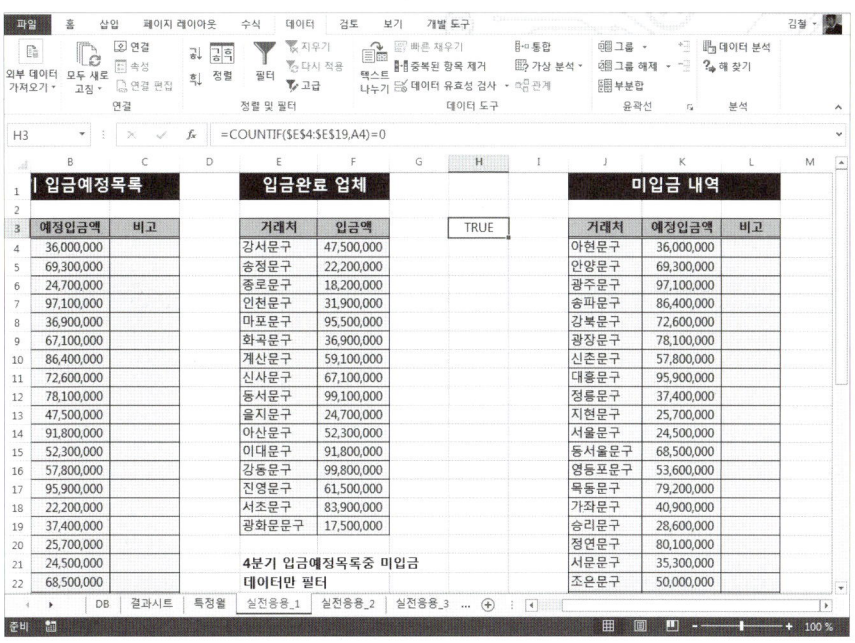

자동 필터와 고급 필터 **273**

전체 데이터에서 거래 횟수로 필터링하기

[실전응용_2] 시트에서 전체 데이터 중에서 문구회사와 거래 횟수가 450회 이상인 거래처만 필터링하는 방법을 알아보겠습니다.

1. 17,077건의 거래 자료 속에서 거래처 열에 450번 이상 등장한 문구점만 세어 보면 되겠죠. 먼저 조건을 입력하기 위해 [M2] 셀에 =COUNTIF($A$2:$A$17078,A2)>=450라는 수식을 입력합니다.

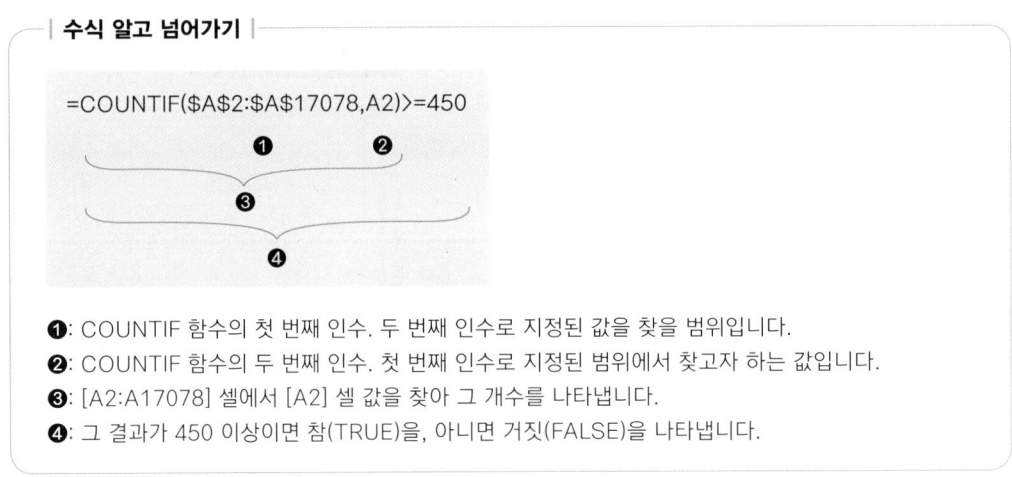

❶: COUNTIF 함수의 첫 번째 인수. 두 번째 인수로 지정된 값을 찾을 범위입니다.
❷: COUNTIF 함수의 두 번째 인수. 첫 번째 인수로 지정된 범위에서 찾고자 하는 값입니다.
❸: [A2:A17078] 셀에서 [A2] 셀 값을 찾아 그 개수를 나타냅니다.
❹: 그 결과가 450 이상이면 참(TRUE)을, 아니면 거짓(FALSE)을 나타냅니다.

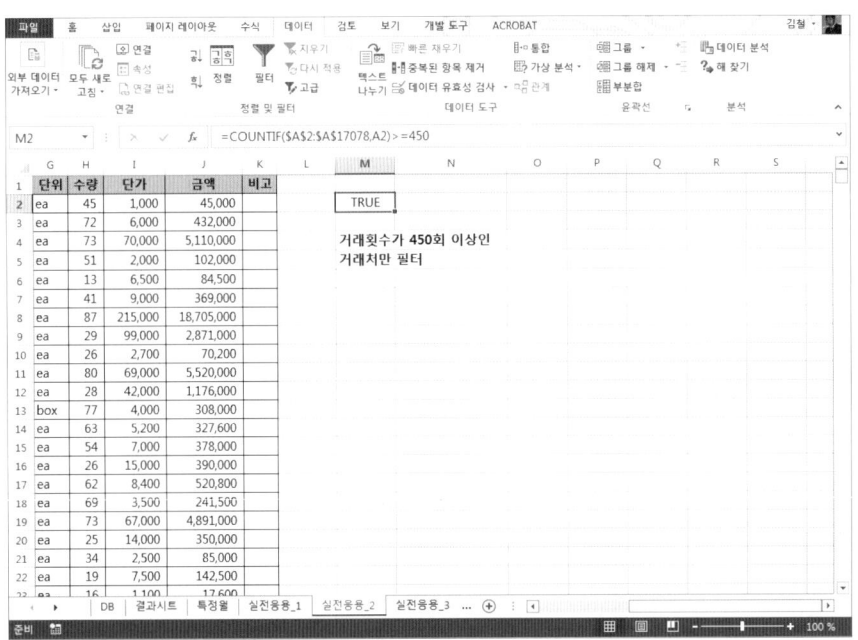

2. 필요한 값은 거래처 이름이기 때문에 해당 필드인 [A1] 셀만 복사(Ctrl + C)해서 [O1]을 선택한 후 붙여넣기(Ctrl + V)합니다.

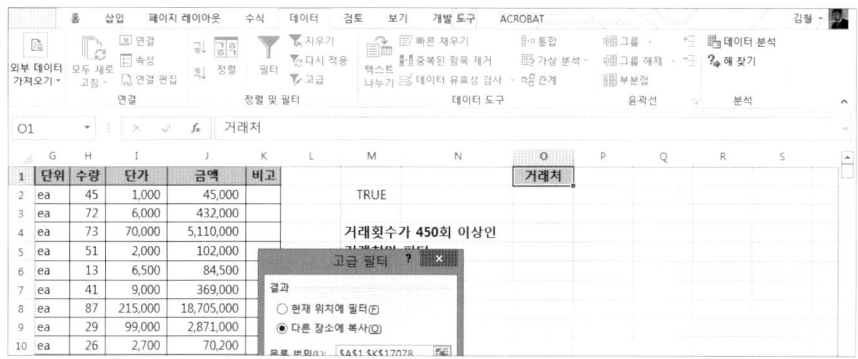

3. 고급 필터를 실행한 다음 [고급 필터] 대화상자에서 [다른 장소에 복사]를 선택하고 [목록 범위]는 데이터 범위 전체를 선택합니다. [조건 범위]는 조건이 입력된 [M1:M2] 셀로 지정하고 [복사 위치]는 조건을 만족하는 데이터가 필터링되어 나타날 범위인 [O1] 셀을 선택합니다. 잠깐! 여기서 바로 [확인] 버튼을 클릭하면 안 됩니다. 거래가 450회 이상 되는 거래처만 알면 되므로 [동일한 레코드는 하나만] 옵션을 선택하고 [확인] 버튼을 클릭합니다.

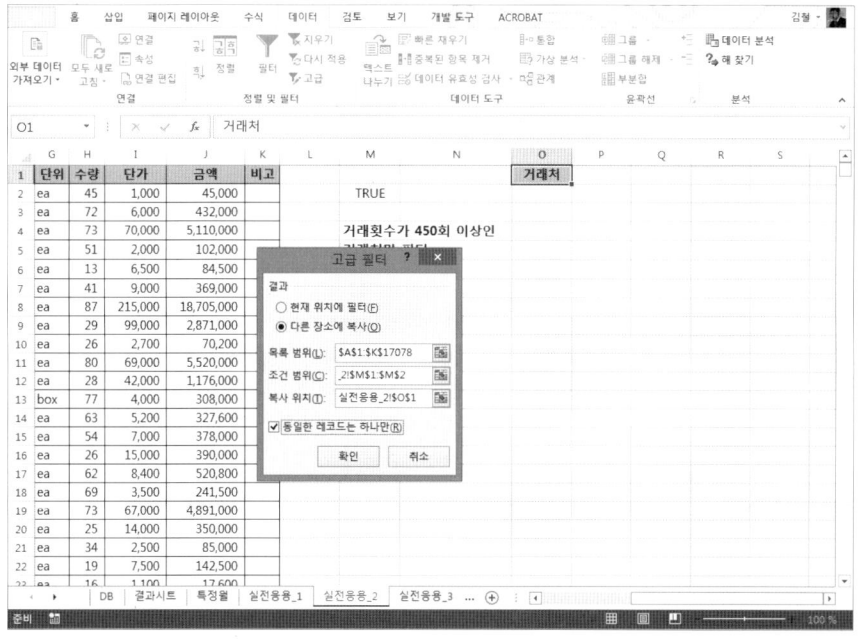

4. 거래 횟수가 450회 이상인 거래처만 [O] 열에 나타난 것을 확인할 수 있습니다.

특정 조건의 데이터에서 일부 필드만 필터링하기

이번에는 [실전응용_3] 시트로 이동하여 매월 말일 날짜의 데이터 중에서 원하는 필드만 필터링하는 방법을 알아보겠습니다.

1. [M4] 셀의 조건을 확인한 뒤, [M2] 셀에 수식으로 사용될 조건을 =EOMONTH(B2,0)=B2로 입력합니다. EOMONTH 함수는 EOMONTH(시작 날짜, 개월 수) 형식을 사용하여 어떤 달의 말일 날짜를 일련 번호로 반환받는 함수입니다.

| 수식 알고 넘어가기 |

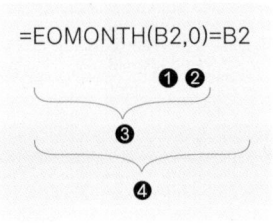

❶: EOMONTH 함수의 첫 번째 인수. 시작 날짜입니다.
❷: EOMONTH 함수의 두 번째 인수. 첫 번째 인수로 입력된 시작 날짜로부터 몇 개월 전(음수)이나 몇 개월 후(양수)로 이동할지를 나타내는 개월 수입니다.
❸: [B2] 셀에 있는 시작 날짜(2010-01-01)에 0개월을 더한 날짜(시작 날짜와 동일, 2010-01-01)의 말일 날짜(2010-01-31)를 일련 번호(40209)로 나타냅니다.
❹: 그 결과가 [B2] 셀과 같으면 참(TRUE)을, 다르면 거짓(FALSE)을 나타냅니다. EOMONTH(B2,0)에서 계산한 말일 날짜는 2010-01-31(일련 번호: 40209)이므로 [B2] 셀의 날짜 2010-01-01(일련 번호: 40179)과 같지 않습니다. 따라서 거짓(FALSE)을 반환했습니다.

> **김철 쌤의 한마디!** ▶ **날짜도 고유한 번호를 갖는다!**
>
> 엑셀은 날짜도 숫자로 인식합니다. 엑셀은 1900년 1월 1일부터 9999년 12월 31일까지를 날짜 형식으로 표기할 수 있으며 1900년 1월 1일을 '1'로 시작해 순차적으로 일련 번호를 갖습니다. 날짜도 숫자처럼 비교 연산과 산술 연산을 할 수 있는 이유가 바로 여기에 있습니다. 날짜를 입력한 뒤 [홈] 탭 → [표시 형식] 그룹에서 표시 형식을 숫자로 바꾸면 일련 번호를 확인할 수 있습니다.

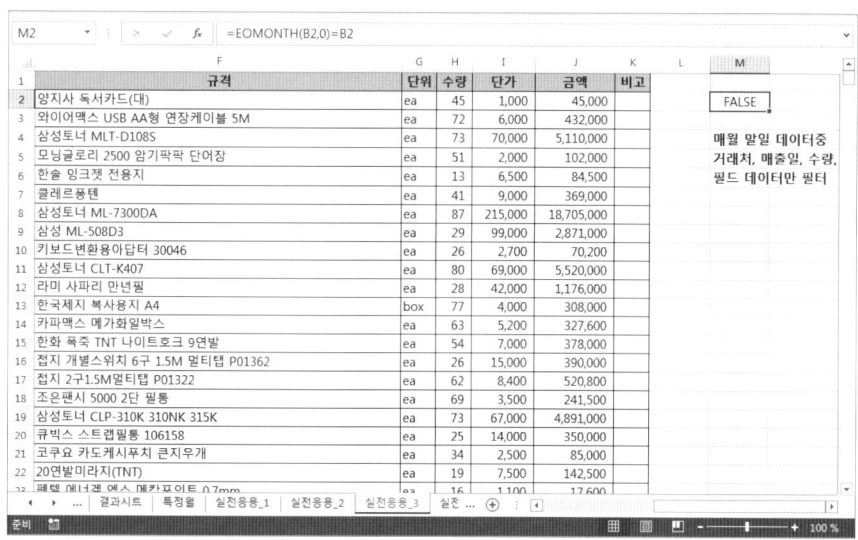

2. 이어서 [M4] 셀의 조건을 만족하는 필드 이름을 복사해 보겠습니다. [A1:B1] 셀을 선택하고 Ctrl 키를 누른 채로 [H1:J1] 셀을 선택한 후 복사(Ctrl + C)해서 [O1] 셀에 붙여넣기(Ctrl + V)합니다.

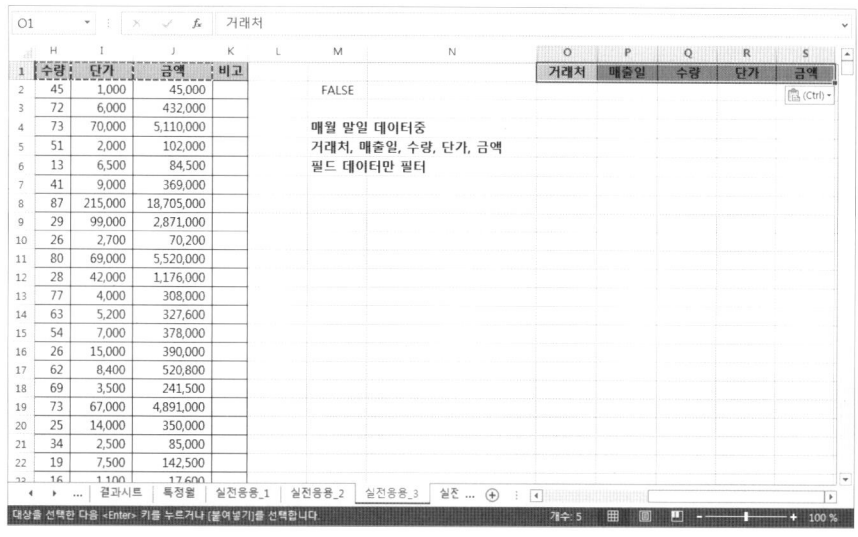

3. 고급 필터를 실행하고 나타난 [고급 필터] 대화상자에서 [다른 장소에 복사]를 선택하고 [목록 범위]는 데이터 범위 전체를 선택합니다. [조건 범위]는 조건이 입력된 [M1:M2] 셀로 지정하고 [복사 위치]는 조건을 만족하는 데이터가 필터링되어 나타날 범위인 [O1:S1] 셀을 선택한 후 [확인] 버튼을 클릭합니다.

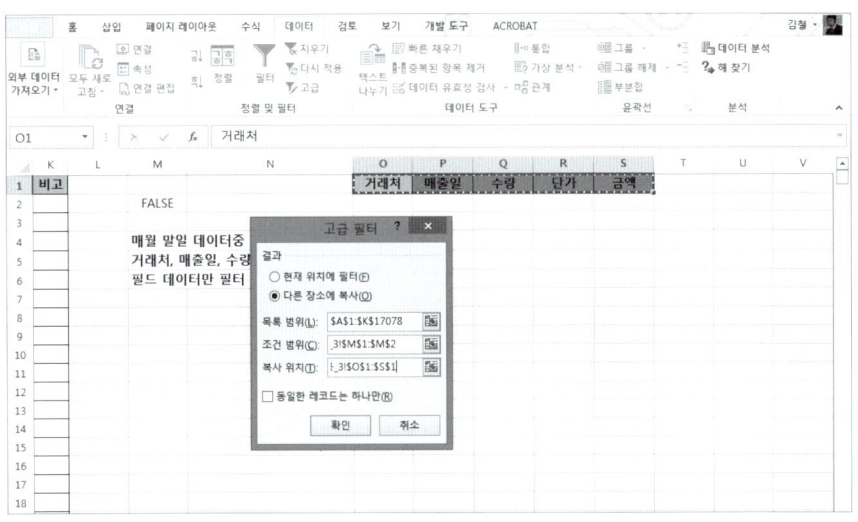

4. 거래처별로 매월 말일 날짜의 데이터 중 [수량], [단가], [금액] 데이터만 필터링된 것을 확인할 수 있습니다.

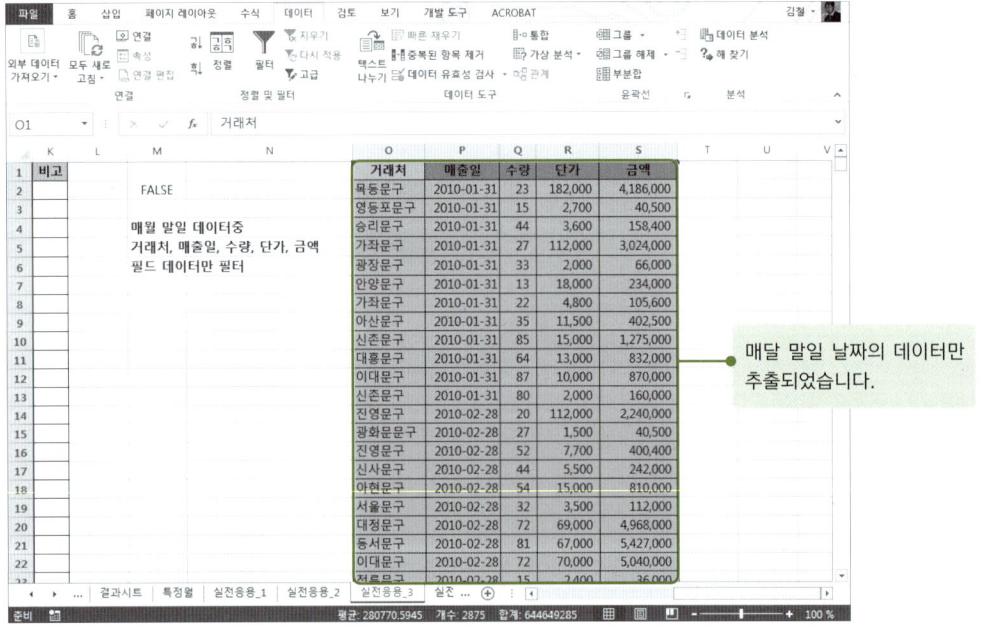

특정 데이터에서 특정 조건에 맞는 데이터만 필터링하기

이번에는 조건을 두 개 이상 만족하면서 몇 회 이상 입력된 데이터만 필터링하는 방법을 알아보겠습니다. 두 개 이상의 필드(또는 셀)에서 특정 값을 조건으로 걸고, 그 조건들을 모두 만족하는 셀의 개수를 계산하려면 COUNTIFS 함수를 이용합니다.

1. [실전응용_4] 시트의 [G4] 셀에 작성해 놓은 조건을 확인합니다. 다중 조건(코드, 이름, 출신지, 직업)을 모두 만족하고 수량이 44회 이상인 데이터의 [코드]와 [이름]을 필터링해야 합니다. 먼저 [G2] 셀에 수식을 =COUNTIFS($A$2:$A$800,A2,$B$2:$B$800,B2,$C$2:$C$800,C2,$D$2:$D$800,D2)>43으로 입력합니다.

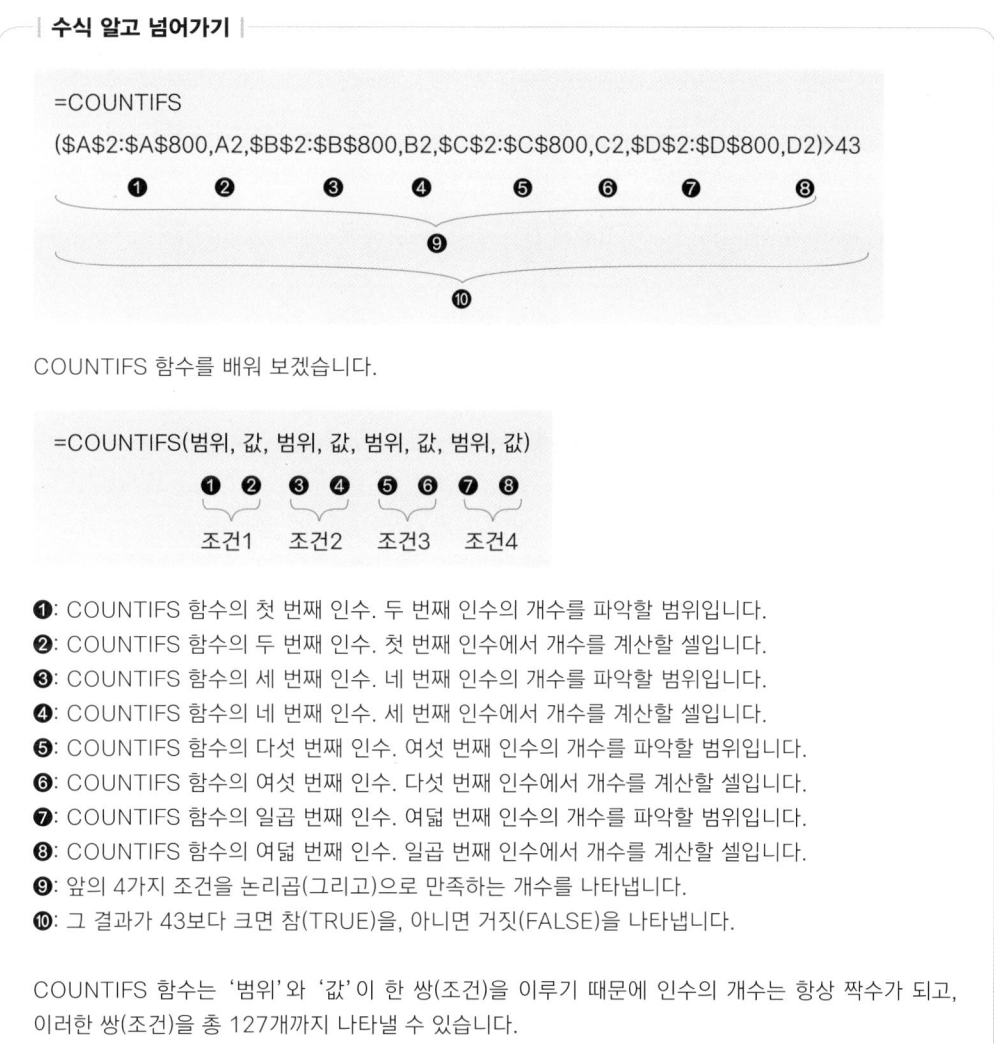

| 수식 알고 넘어가기 |

=COUNTIFS
($A$2:$A$800,A2,$B$2:$B$800,B2,$C$2:$C$800,C2,$D$2:$D$800,D2)>43
　❶　❷　❸　❹　❺　❻　❼　❽
　　　　　　❾
　　　　　　❿

COUNTIFS 함수를 배워 보겠습니다.

=COUNTIFS(범위, 값, 범위, 값, 범위, 값, 범위, 값)
　　　　　❶❷　❸❹　❺❻　❼❽
　　　　　조건1　조건2　조건3　조건4

❶: COUNTIFS 함수의 첫 번째 인수. 두 번째 인수의 개수를 파악할 범위입니다.
❷: COUNTIFS 함수의 두 번째 인수. 첫 번째 인수에서 개수를 계산할 셀입니다.
❸: COUNTIFS 함수의 세 번째 인수. 네 번째 인수의 개수를 파악할 범위입니다.
❹: COUNTIFS 함수의 네 번째 인수. 세 번째 인수에서 개수를 계산할 셀입니다.
❺: COUNTIFS 함수의 다섯 번째 인수. 여섯 번째 인수의 개수를 파악할 범위입니다.
❻: COUNTIFS 함수의 여섯 번째 인수. 다섯 번째 인수에서 개수를 계산할 셀입니다.
❼: COUNTIFS 함수의 일곱 번째 인수. 여덟 번째 인수의 개수를 파악할 범위입니다.
❽: COUNTIFS 함수의 여덟 번째 인수. 일곱 번째 인수에서 개수를 계산할 셀입니다.
❾: 앞의 4가지 조건을 논리곱(그리고)으로 만족하는 개수를 나타냅니다.
❿: 그 결과가 43보다 크면 참(TRUE)을, 아니면 거짓(FALSE)을 나타냅니다.

COUNTIFS 함수는 '범위'와 '값'이 한 쌍(조건)을 이루기 때문에 인수의 개수는 항상 짝수가 되고, 이러한 쌍(조건)을 총 127개까지 나타낼 수 있습니다.

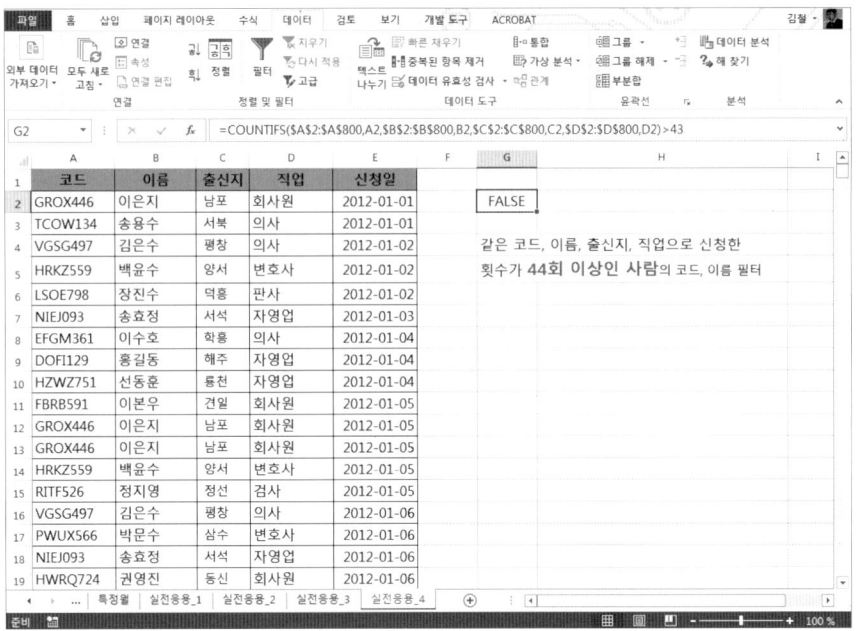

2. [A1:B1] 셀을 복사(Ctrl + C)해서 [I1] 셀을 선택한 후 붙여넣기(Ctrl + V)합니다.

3. 고급 필터를 실행한 후 [고급 필터] 대화상자에서 [다른 장소에 복사]를 선택하고 [목록 범위]는 데이터 범위 전체를 선택합니다. [조건 범위]는 조건이 입력된 [G1:G2] 셀을 드래그해서 지정하고 [복사 위치] 조건을 만족하는 데이터가 필터링되어 나타날 범위인 [I1:J1] 셀을 선택합니다. 44회 이상인 코드와 이름만 알면 되므로 [동일한 레코드는 하나만] 옵션 버튼을 선택하고 [확인] 버튼을 클릭합니다.

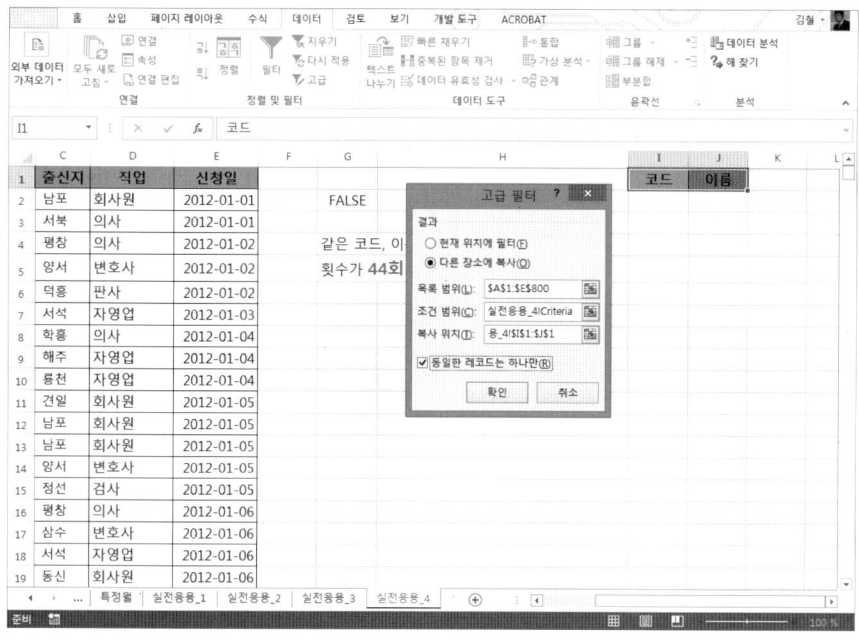

4. 전체 목록 범위에서 다중 조건 중 44회 이상인 사람의 코드와 이름이 필터링된 것을 확인할 수 있습니다.

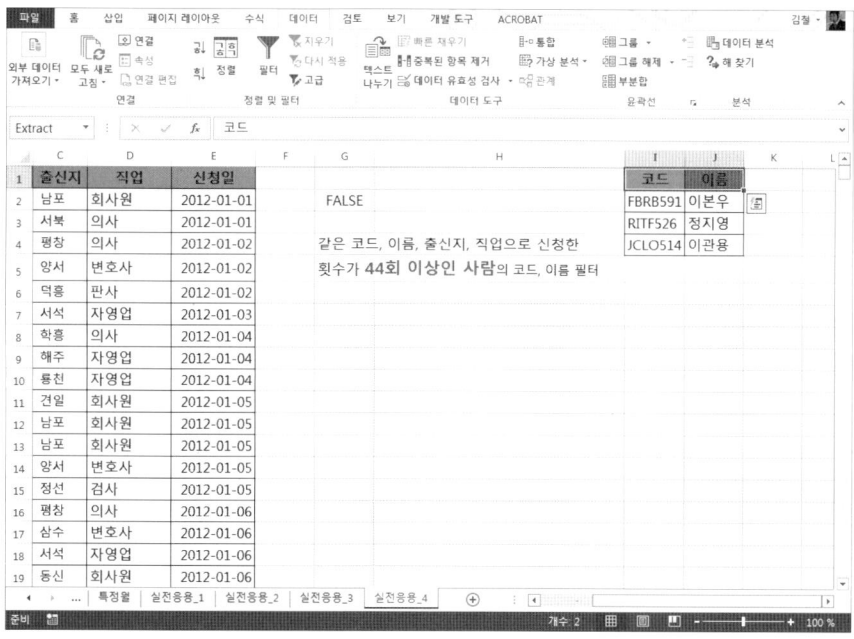

자동 필터와 고급 필터 **281**

11 | 여러 시트에 작성된 데이터를 집계하고 통합하는 방법

여러 시트에 나눠 작성된 데이터를 참조해 하나의 보고서로 만들어야 하는 경우가 자주 있습니다. 이번 장에서는 시트별 데이터를 한 시트로 하나하나 복사해 붙여넣지 않고도 손쉽게 시트별 데이터를 참조해서 원하는 결과를 만드는 방법을 알아보겠습니다.

11-1 다중 시트를 참조해 월별 집계 보고서 만들기1 - 피벗 테이블
11-2 다중 시트를 참조해 월별 집계 보고서 만들기2 - 통합

이대리 이야기

취합할 시트가 많아도 이제 괜찮아~

"팀장님, 부산지점에서 매출 자료를 메일로 보냈다고 전화 왔습니다." 보고서 작성 업무에 자신감이 생긴 이대리. 문득 궁금증이 생겼다. 피벗 테이블이 좋은 건 알겠는데 지점이 한두 곳도 아니고 각각의 파일로 받으면 하나로 합치는 게 더 큰 일이다. 엑셀이라면 더 쉬운 방법이 분명 있을 텐데······.

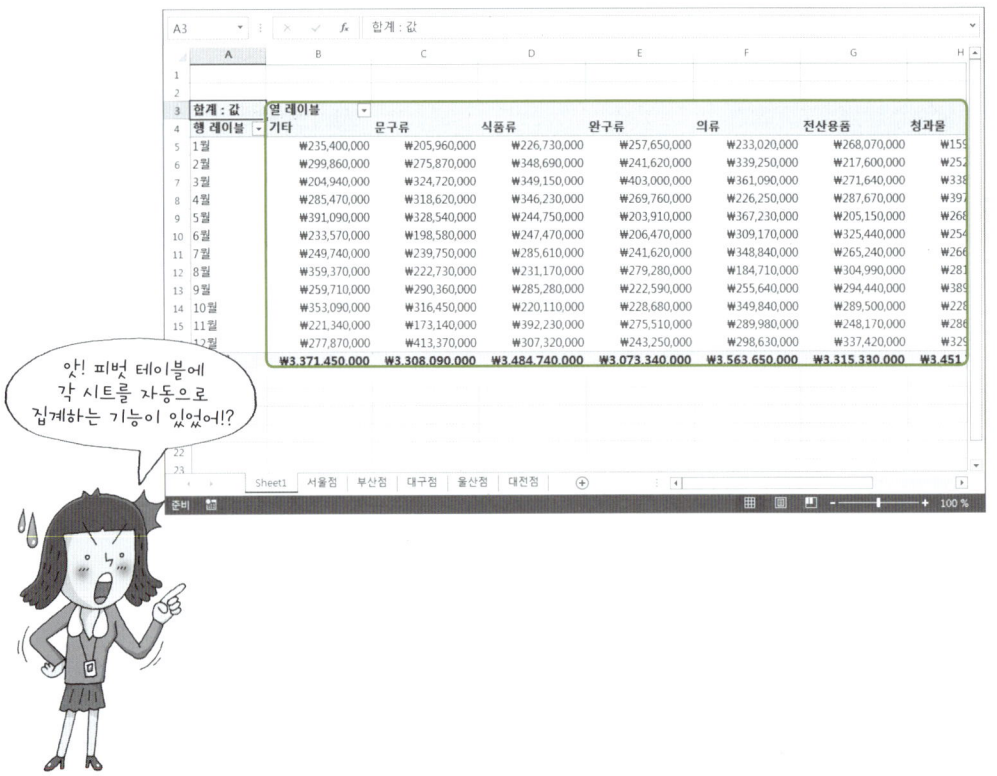

✓ 2007 ✓ 2010 ✓ 2013 ✓ 2016

11-1

다중 시트를 참조해 월별 집계 보고서 만들기1 - 피벗 테이블

여러 시트에 나눠진 데이터를 이용해서 월별 집계 보고서로 작성할 때 피벗 테이블을 활용하면 여러 시트의 데이터를 하나의 시트에 미리 취합하지 않고도 훨씬 간단하게 작업할 수 있습니다. 11장_01_다중 시트의_ 피벗 테이블_예제.xlsx라는 엑셀 파일을 불러옵니다.

서울점, 부산점 등 5개 지점의 매출 데이터가 5개의 시트로 나누어 저장된 예제로 실습해 보겠습니다.

1. 다중 시트의 데이터를 취합하려면 피벗 테이블을 실행해야 합니다. 단축키인 [Alt] + [D], [P]를 눌러 [피벗 테이블/피벗 차트 마법사] 대화상자를 실행한 후, 분석할 데이터 위치는 [다중 통합 범위]를 선택하고 보고서 데이터 종류는 [피벗 테이블]을 선택합니다. [다음] 버튼을 눌러 마법사 3단계 중 2A단계로 이동합니다.

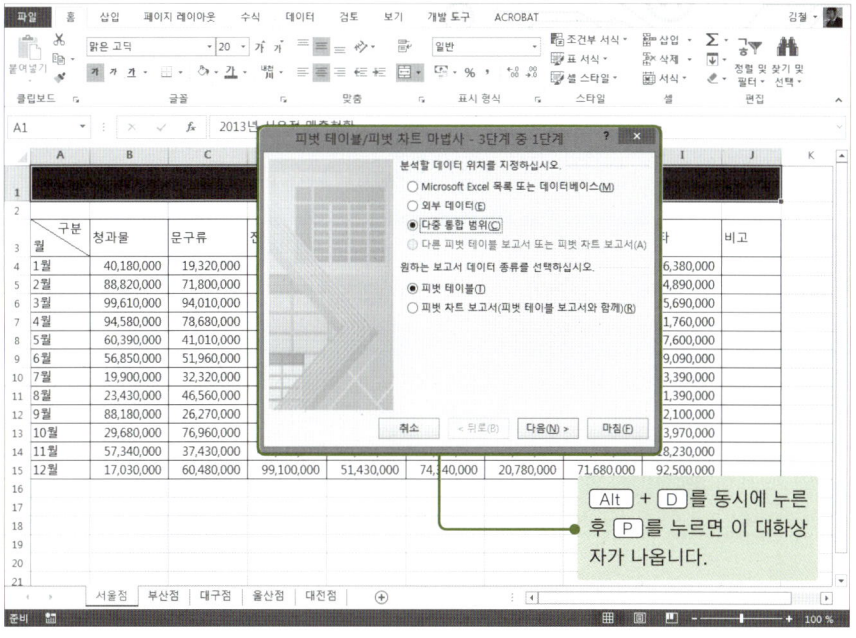

[Alt] + [D]를 동시에 누른 후 [P]를 누르면 이 대화상자가 나옵니다.

2. 페이지 필드 수를 선택하는 옵션을 설정합니다. [하나의 페이지 필드 만들기] 옵션을 선택한 후 [다음] 버튼을 클릭해서 마법사 3단계 중 2B단계로 이동합니다.

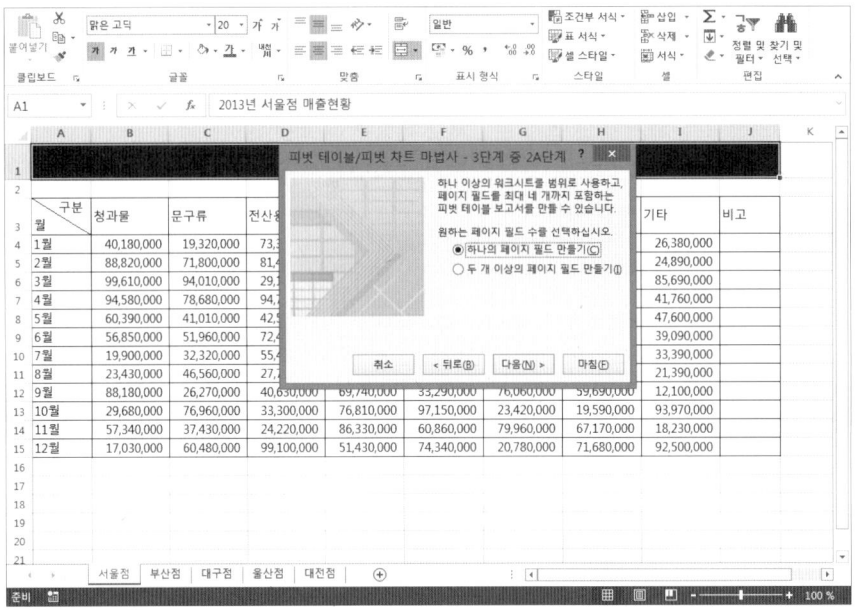

3. 범위 입력란에 집계할 데이터 범위를 입력하겠습니다. 첫 번째 시트인 [서울점] 시트에서 [A3:J15] 셀을 선택하고 [추가] 버튼을 클릭합니다.

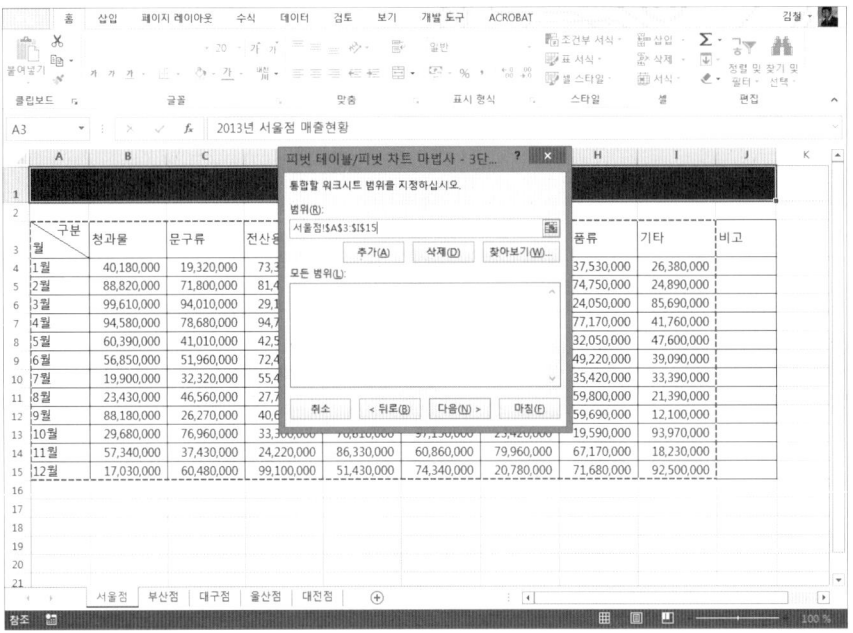

4. 같은 방법으로 [부산점] 시트부터 [대전점] 시트까지의 데이터 범위를 추가합니다.

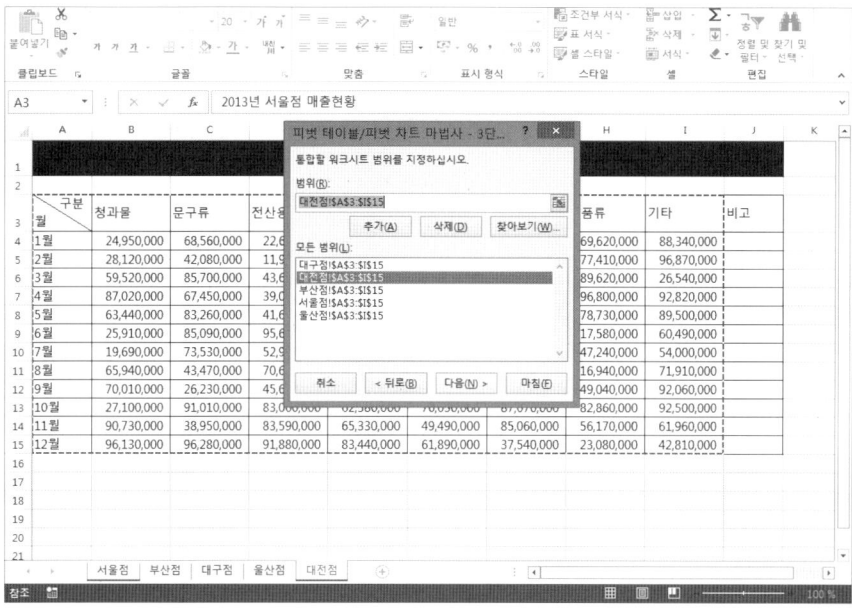

5. 데이터 범위를 모두 추가하고 [다음] 버튼을 눌러 3단계 중 3단계가 나타나면, [새 워크시트]를 선택해서 피벗 테이블 보고서가 작성될 시트를 선택합니다. [마침] 버튼을 클릭합니다.

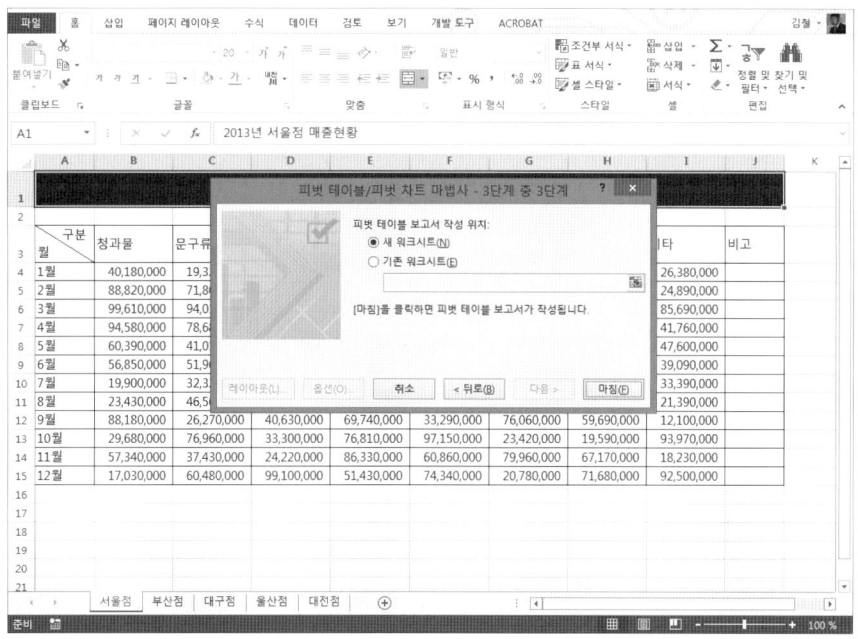

6. [피벗 테이블 필드]의 [∑ 값]에서 '개수 : 값'으로 나타난 부분을 클릭하여 [값 필드 설정]을 실행합니다.

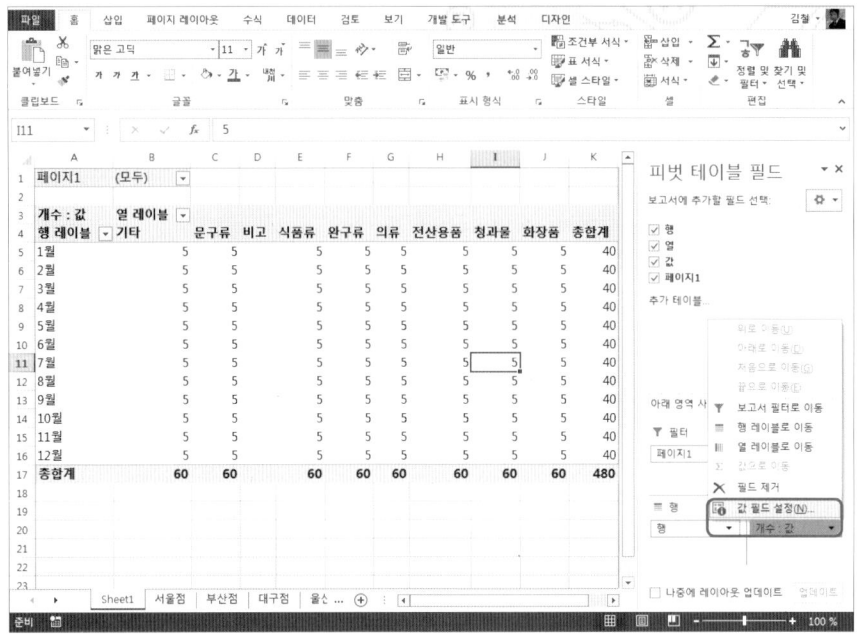

나타난 [값 필드 설정] 대화상자에서 취합된 자료를 합계로 표시하기 위해 [값 요약 기준]을 '합계'로 선택하면 [사용자 지정 이름]이 '합계 : 값'으로 표현됩니다.

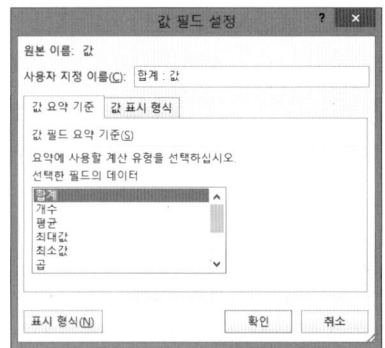

7. [확인]을 누르면 값이 개수에서 합계로 바뀐 것을 확인할 수 있습니다. 이어서 데이터의 셀 서식을 지정해 보겠습니다. [A3] 셀을 클릭한 후 마우스 오른쪽 버튼을 눌러 다시 [값 필드 설정] 대화상자를 엽니다. 왼쪽 하단의 [표시 형식] 버튼을 클릭한 후, [범주]에서 '통화'를 선택하고 [확인] 버튼을 클릭해서 닫습니다. 그리고 [값 필드 설정] 대화상자도 [확인] 버튼을 클릭해서 닫으면 합계 값에 통화 서식이 적용된 것을 볼 수 있습니다.

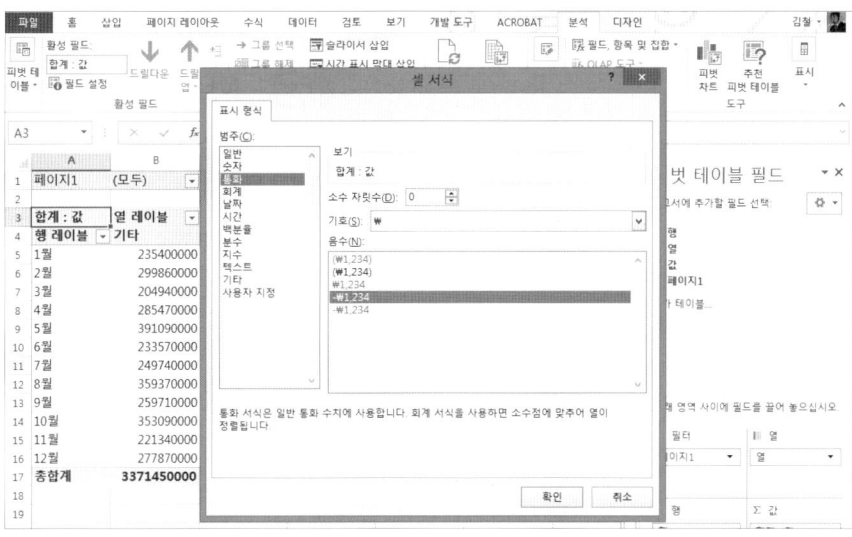

8. 이렇게 몇 번의 클릭만으로 간단하게 다중 시트의 취합 결과를 나타내 보았습니다.

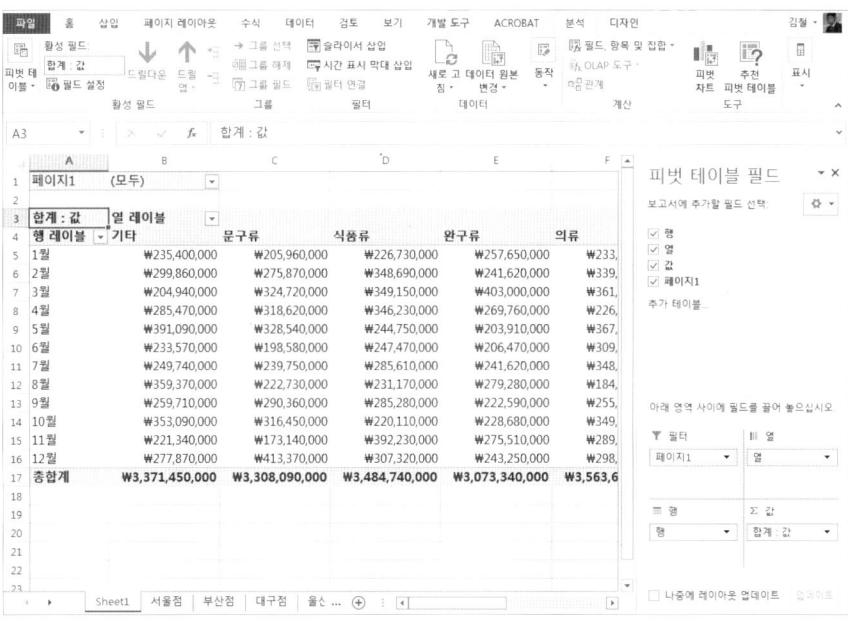

> **김철 쌤의 한마디!** ▶ **데이터를 피벗 테이블로 만들면 오름차순으로 정렬된다!**
>
> 피벗 테이블은 기본적으로 오름차순으로 데이터가 나열됩니다. 원래의 데이터에서는 청과물, 문구류, 전산용품 순으로 정리를 해 놓았지만 피벗 테이블로 만들면 기타, 문구류, 식품류의 순서처럼 가나다순으로 다시 정리가 됩니다.

✓ 2007　✓ 2010　✓ 2013　✓ 2016

11-2　　　　　　　　　　다중 시트를 참조해
　　　　　　　　월별 집계 보고서 만들기2 - 통합

피벗 테이블을 활용한 다중 시트 처리 방법에 이어, 이번에는 다중 시트의 데이터를 참조하는 방법을 살펴보겠습니다. **11장_02_데이터_통합_예제.xlsx**라는 엑셀 파일을 불러옵니다.

---

1. 여기서도 지점별 매출 현황을 합산해 보겠습니다. 먼저 [통합결과_1] 시트를 클릭하여 결과를 보여줄 [A3] 셀을 선택하고 [데이터] 탭 → [데이터 도구] 그룹 → [통합]을 실행합니다.

✓ 특정 셀을 선택하고 [데이터 통합]을 실행하면 선택된 셀을 기준으로 결과가 나타나게 됩니다.

2. 다중 시트의 데이터 합계를 구하기 위해서 [함수]는 '합계'로 두고 [참조] 범위는 각 시트의 데이터 범위를 선택한 후 [추가] 버튼을 클릭해서 입력합니다. 그리고 [사용할 레이블]은 [첫 행], [왼쪽 열]을 체크한 다음 [확인] 버튼을 클릭하면 [A3] 셀을 기준으로 취합할 범위의 데이터가 추가됩니다.

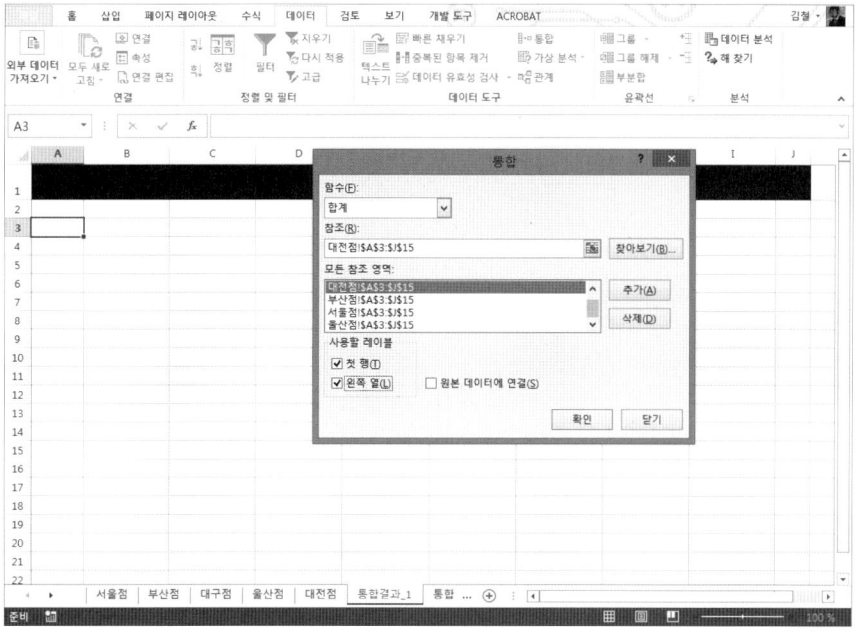

✔ 각 시트의 데이터 범위를 선택하는 방법은 11-1절의 실습과 동일합니다. 그리고 여기에서는 [원본 데이터에 연결]을 체크하지 않습니다. 이 내용은 291쪽에서 확인하세요.

3. 이제 결과 범위를 선택한 후 [홈] 탭 → [글꼴] 그룹 → [테두리]의 확장 메뉴에서 [모든 테두리]를 선택하여 테두리 선을 나타냅니다.

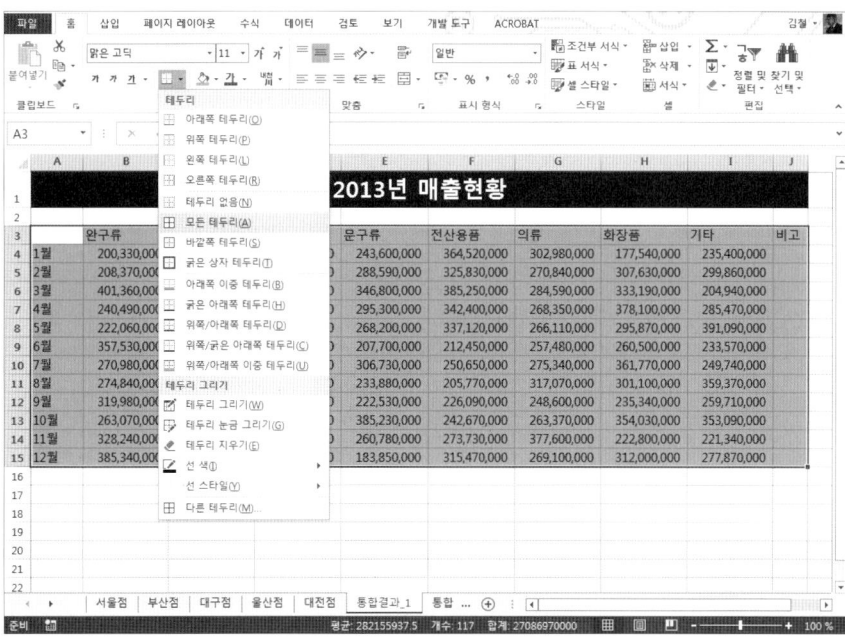

여러 시트에 작성된 데이터를 집계하고 통합하는 방법 **289**

4. 공란으로 나타난 [A3] 셀을 선택하고 스페이스 바를 몇 번 눌러 적당히 간격을 준 다음 '구분'을 입력하고 Alt + Enter 를 누르고 '월'을 입력합니다. 셀의 구분선으로 사선을 긋기 위해 Ctrl + 1 을 눌러 셀 서식을 실행합니다. [테두리] 탭에서 우측 하단의 사선 테두리를 선택한 후 [확인] 버튼을 클릭합니다.

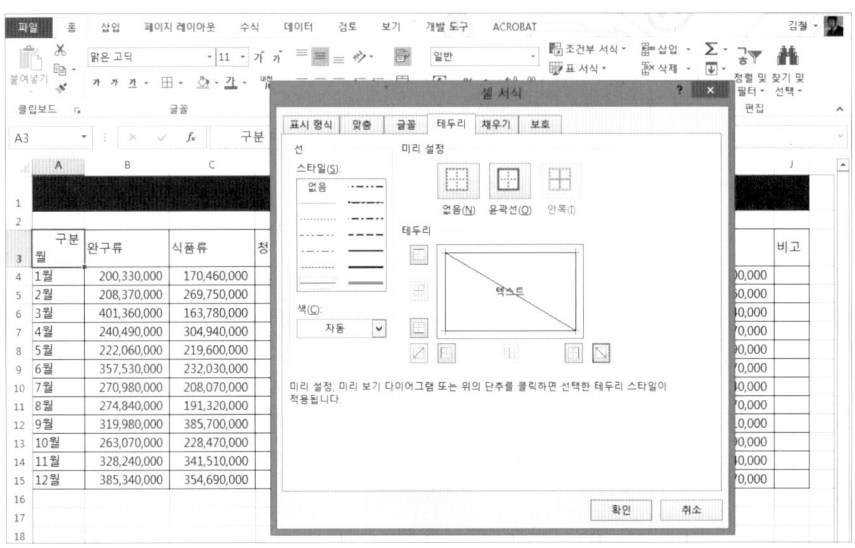

5. [A3:J3] 셀을 선택하고 [홈] 탭 → [글꼴] 그룹 → [채우기 색] 메뉴를 확장해서 '주황'을 선택하여 취합 보고서를 마무리합니다.

원본 데이터와 연결된 데이터 통합 결과 나타내기

한 지점에서 매출이 수정되더라도 결과 화면에 자동으로 연동될 수 있도록 하면 편리하겠죠. [통합결과_2] 시트로 이동하여 원본 데이터와 연결된 데이터 통합 결과를 나타내 보겠습니다.

1. [통합결과_2] 시트의 [A3] 셀을 선택하고 [통합결과_1] 시트에서 실습한 것처럼 데이터 통합을 실행합니다. 그리고 마찬가지로 다중 시트의 데이터 합계를 구하려고 하므로 [함수]는 '합계'로 두고 [참조] 범위는 각 시트의 데이터 범위를 선택한 후 [추가] 버튼을 클릭해서 입력합니다. [사용할 레이블]은 [첫 행], [왼쪽 열]을 체크한 다음 이번에는 [원본 데이터에 연결] 옵션도 체크하고 [확인] 버튼을 클릭합니다.

2. [A3] 셀을 기준으로 합산된 결과를 볼 수 있습니다. 결과 범위를 선택한 후 [홈] 탭 → [글꼴] 그룹 → [테두리] 메뉴를 확장해서 [모든 테두리]를 선택합니다.

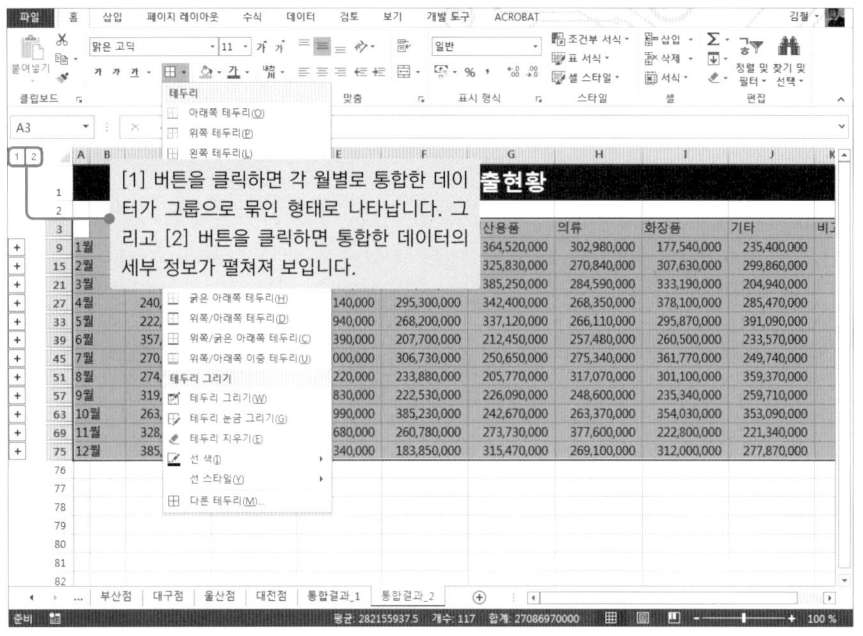

3. [통합결과_1] 시트는 [원본 데이터에 연결] 옵션을 체크하지 않았고 [통합결과_2] 시트는 [원본 데이터에 연결] 옵션을 체크했습니다. 그 차이를 확인하기 위해 [대전점] 시트의 [D4] 셀인 '1월', '완구류'의 매출을 '22,610,001'로 수정하여 1원을 추가합니다.

4. [통합결과_2] 시트로 이동해서 '1월', '완구류'의 합계 셀인 [C9] 셀을 확인하면 방금 1원을 추가한 내용이 수정된 것을 알 수 있습니다. 반면 [통합결과_1] 시트의 데이터에서는 추가된 1원이 반영되지 않은 것을 확인할 수 있습니다.

12 | 목표값 찾기와 조견표 작성 방법

미리 결과 값을 정해놓은 상황에서 그 결과 값을 나타내기 위해 특정 값을 역추산하는 목표값 찾기를 학습한 후 크로스탭 형태의 조견표를 만들고 직접 활용하는 방법을 알아보겠습니다.

12-1 목표값 찾기로 제품 가격 제안하기
12-2 조견표를 만들어 활용하기

목표값을 찾아주는 획기적인 방법!

박과장은 낡은 기계를 대신할 새로운 기계를 구매하는 업무를 맡았다. 할당된 예산은 4천만 원. 모델별로 제품 가격을 취합했고 가장 성능이 좋은 모델로 구매하려는데 회계팀의 연락을 받았다. 제품의 가격뿐 아니라 각종 세금도 지출할 예산에 포함시켜야 혹시 생기는 과잉 지출을 막을 수 있다며 가상 분석의 '목표값 찾기' 기능을 꼭 해보라는 것이었다.

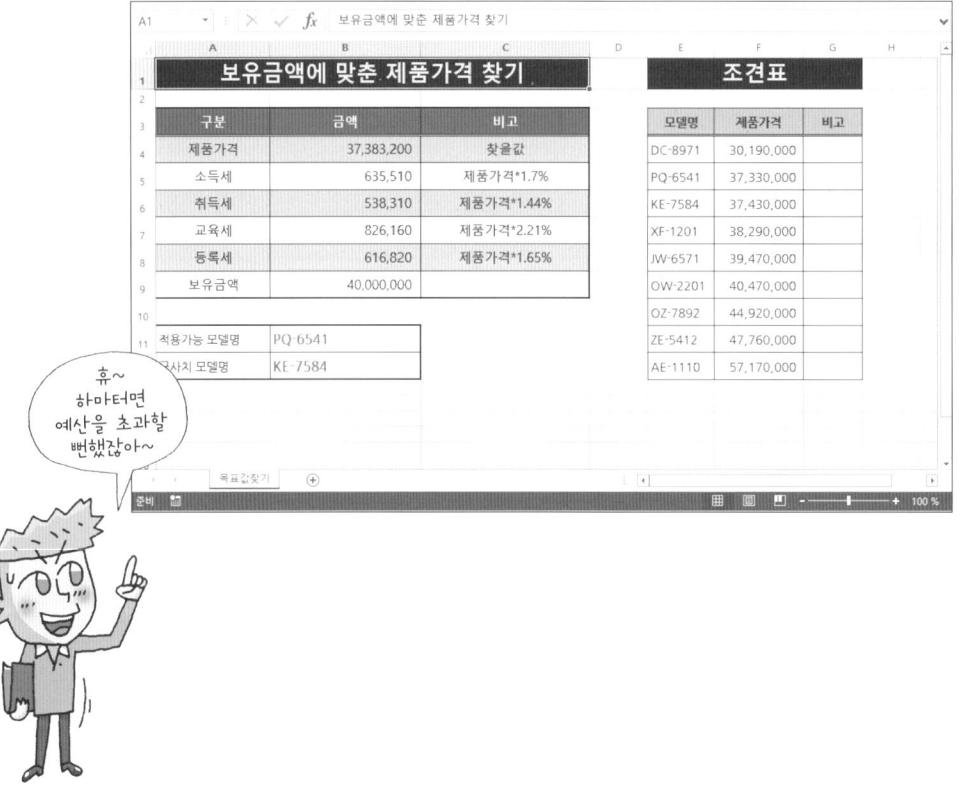

✓ 2007 ✓ 2010 ✓ 2013 ✓ 2016

12-1

목표값 찾기로 제품 가격 제안하기

현업에서는 정해진 예산 내에서 특정 제품을 구매할 때 제품 가격에 부과되는 각종 세금을 고려하여 최대 사용 금액을 구할 수 있는 목표값 찾기 기능을 많이 사용합니다. 12장_01_가상분석_목표값_찾기_예제.xlsx 라는 엑셀 파일을 불러옵니다.

총 예산이 4천만 원인 경우, 각종 세금을 빼면 얼마짜리 제품을 구매할 수 있을지 엑셀로 찾아보겠습니다.

1. [B5:B8] 셀을 클릭해보면 제품 가격에 따른 세금을 나타낼 수 있도록 미리 함수가 입력되어 있습니다. 그리고 [B9] 셀에는 제품 가격과 각종 세금을 합산할 수 있도록 SUM 함수가 입력되어 있는 것도 확인할 수 있습니다.

   우선 [데이터] 탭 → [데이터 도구] 그룹 → [가상 분석] 메뉴를 확장해서 [목표값 찾기]를 실행합니다. [수식 셀]은 총 합산 금액이 나타날 [B9] 셀을, [찾는 값]은 [B9] 셀에 나타날 금액 '40,000,000', [값을 바꿀 셀]은 제품 가격이 나타날 [B4] 셀을 선택한 후 [확인] 버튼을 클릭합니다.

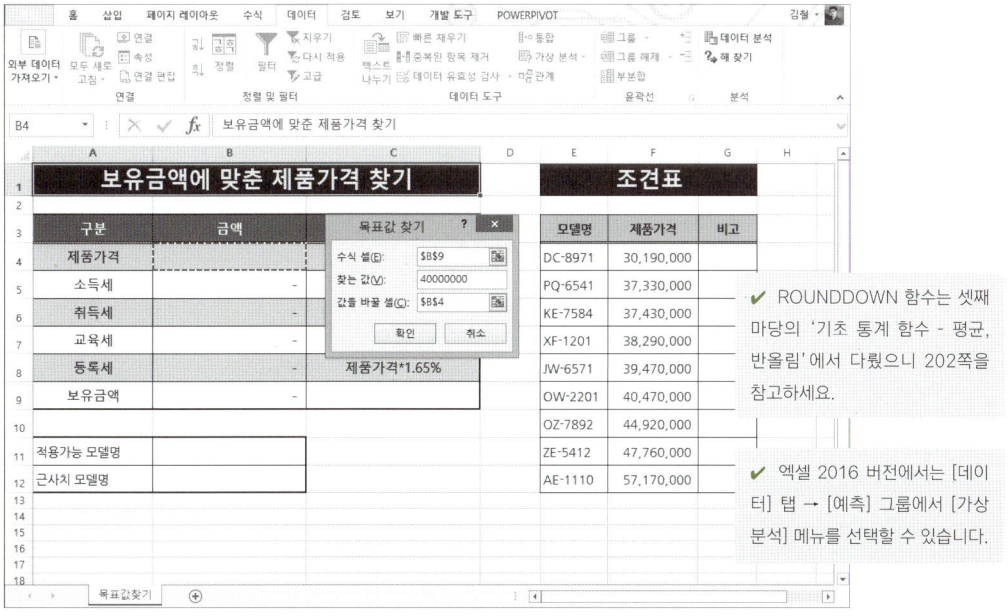

✔ ROUNDDOWN 함수는 셋째 마당의 '기초 통계 함수 - 평균, 반올림'에서 다뤘으니 202쪽을 참고하세요.

✔ 엑셀 2016 버전에서는 [데이터] 탭 → [예측] 그룹에서 [가상 분석] 메뉴를 선택할 수 있습니다.

2. [목표값 찾기 상태] 대화상자에서 결과를 확인하고 [확인] 버튼을 클릭합니다. [B9] 셀이 '40,000,000'원이 되려면 제품 가격이 '37,383,200'원이 되어야 하고 그 아래에는 각종 세금이 나타나는 것을 확인할 수 있습니다.

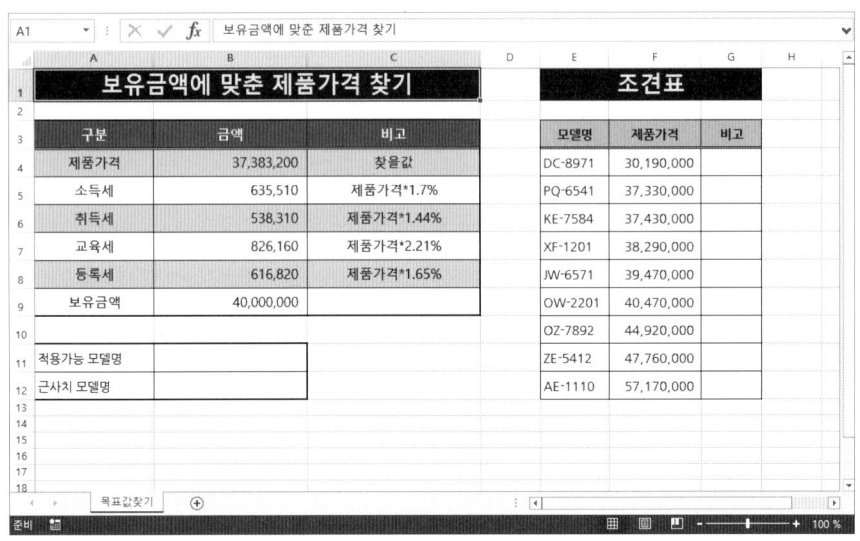

3. 이번에는 세금을 포함해서 4천만 원 미만으로 살 수 있는 제품 모델을 찾아보겠습니다. [B11] 셀에 수식을 =INDEX(E4:E12,MATCH(B4,F4:F12,1))로 입력합니다. 이 수식은 조건표에서 제품 가격을 확인해 이 조건에 맞는 모델명을 나타내기 위한 수식입니다.

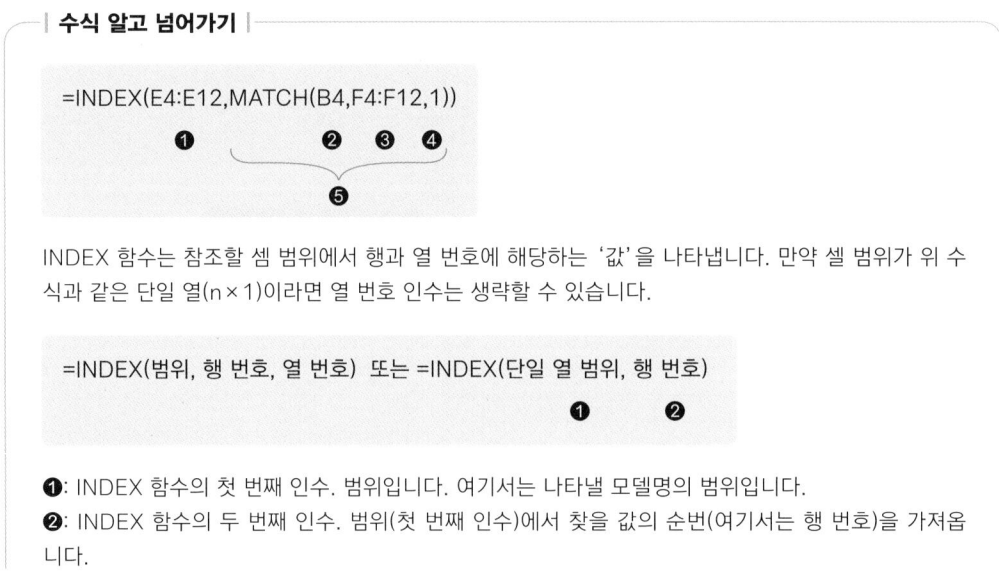

❶: INDEX 함수의 첫 번째 인수. 범위입니다. 여기서는 나타낼 모델명의 범위입니다.
❷: INDEX 함수의 두 번째 인수. 범위(첫 번째 인수)에서 찾을 값의 순번(여기서는 행 번호)을 가져옵니다.

MATCH 함수는 VLOOKUP과 INDEX 함수와는 달리 값이 아닌 행 또는 열의 '번호'를 나타냅니다. 그리고 두 번째 인수에는 단일 행 또는 단일 열 범위만 올 수 있습니다.

=MATCH(찾을 값, 범위, 찾을 조건)
❸　❹　❺

❸: MATCH 함수의 첫 번째 인수. 두 번째 인수 [F4:F12] 범위에서 찾을 값이 됩니다.
❹: MATCH 함수의 두 번째 인수. 첫 번째 인수를 찾을 범위입니다.
❺: MATCH 함수의 세 번째 인수. 찾을 조건입니다. 1(보다 작음)을 입력하면 범위(두 번째 인수)에서 찾고자 하는 값(첫 번째 인수)보다 작거나 같은 값 중에서 최대값을 찾아 그 순번을 반환합니다.

위 수식은 [F4:F12] 셀 범위에서 [B4] 셀의 값(37,383,200)보다 작거나 같은 값 중 최대값(37,330,000)을 찾아 그 순번(두 번째)을 INDEX 함수의 두 번째 인수로 적용하고, [E4:E14] 셀 범위에서 앞에서 구한 순번에 해당하는 셀의 값(PQ-6541)을 나타내라는 뜻입니다.

그 결과로 [E4:E12] 셀에서 두 번째 셀은 [E5] 셀이 되고 [E5] 셀 값인 'PQ-6541'가 나타나게 되는 것입니다.

[수식 입력줄]에서 MATCH(B4:F4:F12,1) 부분을 드래그하고 F9 키를 누르면 2로 반환되는 것을 볼 수 있습니다. fx =INDEX(E4:E12,2)

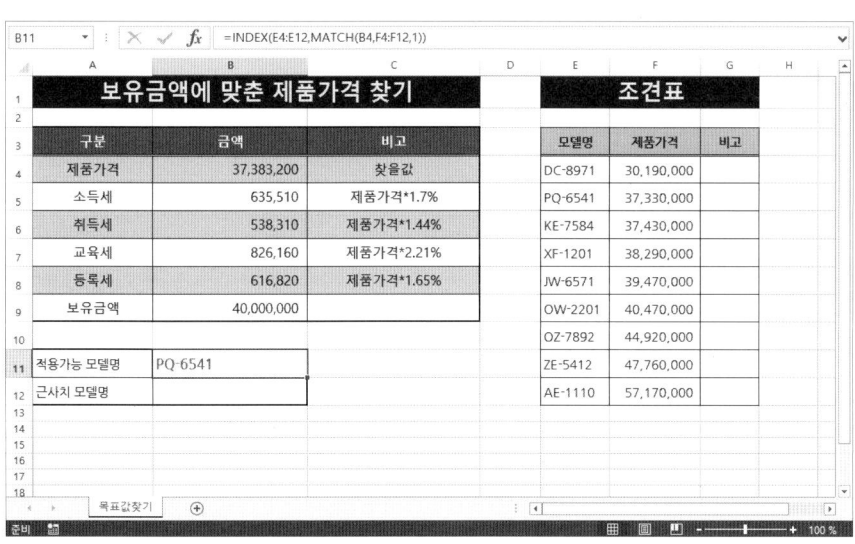

4. 이번에는 제품 가격의 근사치 가격의 모델명을 찾는 방법을 알아보겠습니다. 근사치이므로 절대값을 기준으로 찾는 것이 쉬운 방법입니다.

[B12] 셀에 =INDEX(E4:E12,MATCH(MIN(ABS(B4-F4:F12)),ABS(B4-F4:F12),0))라는 수식을 입력한 후 Ctrl + Shift + Enter 키로 배열 수식을 입력합니다.

| 수식 알고 넘어가기 |

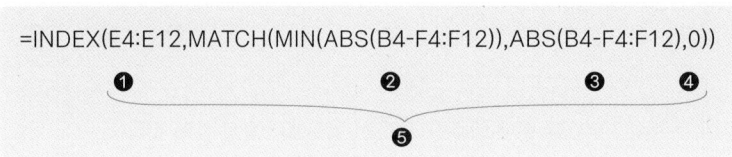

=INDEX(E4:E12,MATCH(MIN(ABS(B4-F4:F12)),ABS(B4-F4:F12),0))

❶ : INDEX 함수의 첫 번째 인수. 나타낼 모델명의 범위가 됩니다.
❷ : MATCH 함수의 첫 번째 인수. [B4] 셀 값에서 각각의 [F4:F12] 셀 값을 뺀 절대값 중에서 최소값이며 MATCH 함수의 두 번째 인수로 지정한 범위에서 찾을 값이 됩니다.
❸ : MATCH 함수의 두 번째 인수. [B4] 셀 값에서 각각의 [F4:F12] 셀 값을 뺀 절대값으로 첫 번째 인수 값을 찾을 범위입니다.
❹ : MATCH 함수의 세 번째 인수. 0(정확히 일치)을 입력하면 두 번째 인수 범위에서 첫 번째 인수와 정확한 값을 찾습니다.
❺ : '[B4] 셀에서 [F4:F12] 셀 값을 뺀 절대값에서 [B4] 셀에서 [F4:F12] 셀 값을 뺀 절대값의 최소값을 찾아 그 순번을 [E4:E12] 셀에 적용해서 특정 값을 나타내라'라고 해석됩니다.

'B4-F4:F12'를 배열 수식으로 계산하면 다음과 같은 셀 범위를 구할 수 있습니다. 각 셀에 절대값을 씌우면 MATCH 함수의 두 번째 인수로 사용한 ABS(B4-F4:F12) 함수의 셀 범위가 됩니다.

✔ 절대값 함수(ABS)는 =ABS(숫자)나 =ABS(셀 주소)의 형식으로 작성합니다. 절대값은 음수와 양수를 뺀 값을 나타내는 것이지만 엑셀에서는 두 개의 데이터가 갖고 있는 값의 차이를 구하는 데 많이 사용됩니다.

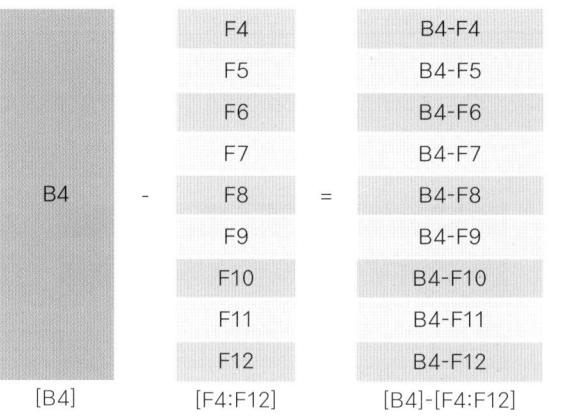

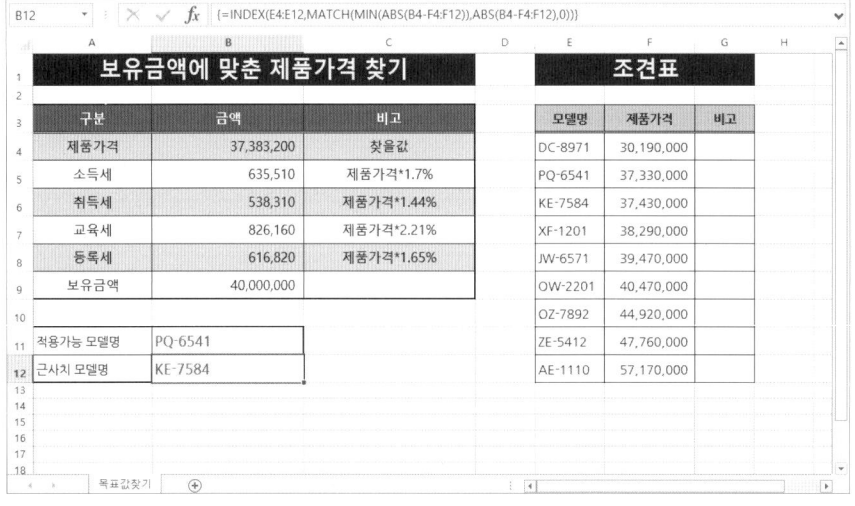

✓ 2007 ✓ 2010 ✓ 2013 ✓ 2016

12-2 조건표를 만들어 활용하기

운송비 조건표를 만들고 해당 조견표에서 지역별 무게별 운송비를 나타내는 방법에 알아보겠습니다. **12장_02_가상분석_데이터_표_예제.xlsx**라는 엑셀 파일을 불러옵니다.

1. 조견표에 무게 기준을 입력하기 위해서 [조견표] 시트의 [B3:L3] 셀을 선택하고 [홈] 탭 → [편집] 그룹 → [채우기] 메뉴를 확장해서 [계열]을 실행합니다.

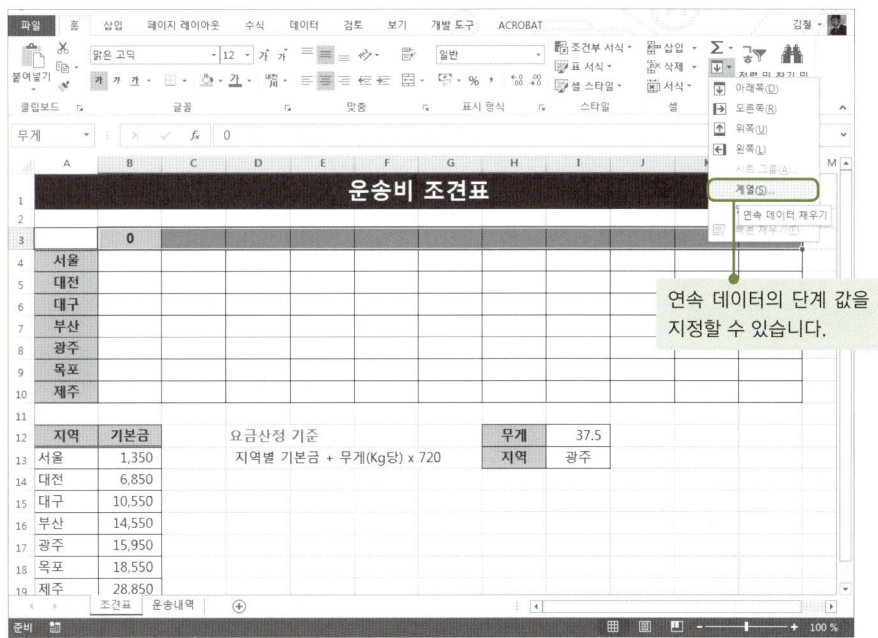

연속 데이터의 단계 값을 지정할 수 있습니다.

2. 무게를 5Kg 단위로 나타내기 위해 [연속 데이터] 대화상자에서 [단계 값]을 '5'로 입력한 후 [확인] 버튼을 클릭합니다.

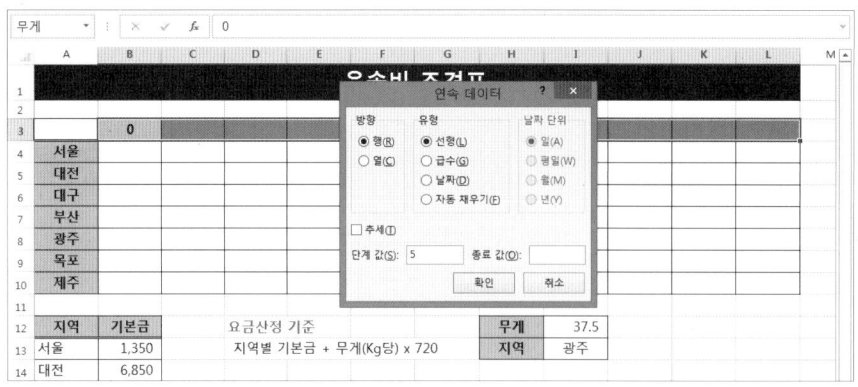

그러면 [B3:L3] 셀에 5 단위로 숫자가 자동으로 채워집니다.

3. 이번에는 셀 서식을 이용해서 단위를 표시해 보겠습니다. [B3:L3] 셀이 선택된 상태에서 Ctrl + 1 을 눌러 [셀 서식] 대화상자를 실행시킵니다. [표시 형식] 탭에서 [범주]는 '사용자 지정'을 선택하고 [형식]에는 'G/표준"Kg"'으로 입력한 다음 [확인] 버튼을 클릭합니다.

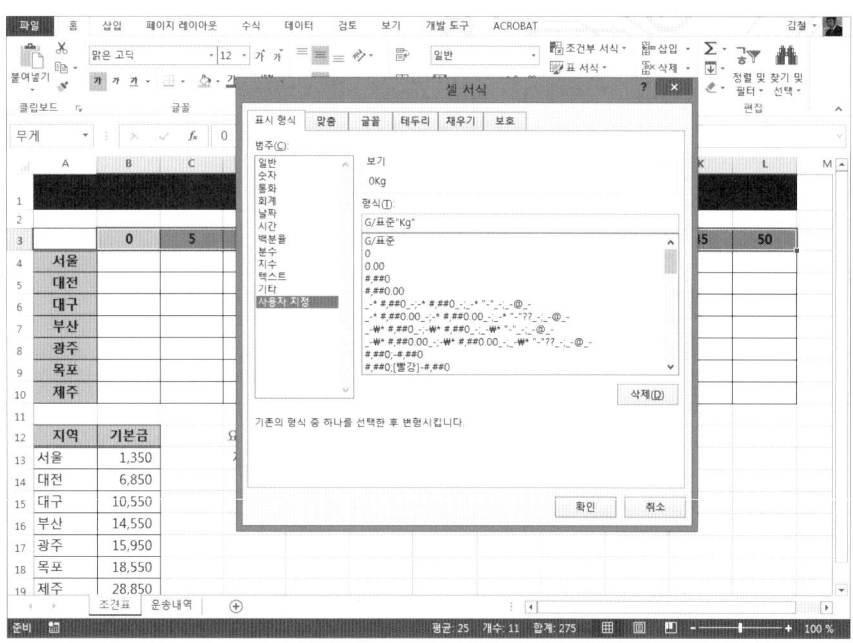

✓ 셀 서식으로 단위를 나타내면 입력된 실제 데이터는 숫자로 인식하고 나타나는 값만 Kg이라는 문자열이 포함되어 나타납니다.

무게 값 서식이 입력되었습니다.

4. [가상 분석] 메뉴 → [데이터 표] 기능을 사용해 비어 있는 조견표를 채우겠습니다. 이 기능을 사용하기 위해서는 먼저 행 제목과 열 제목이 교차하는 [A3] 셀에 기준이 될 수식을 입력해야 합니다. [H12:I13] 셀에 입력된 무게 '37.5Kg', 지역 '광주'를 참조해 [D13] 셀에 있는 요금 산정 기준대로 [A3] 셀을 입력하겠습니다. 요금 산정 기준은 지역별 기본금 + 무게(Kg당) * 720이므로 [A3] 셀에 =VLOOKUP(I13,$A$13:$B$19,2,0)+I12*720으로 수식을 입력합니다.

| 수식 알고 넘어가기 |

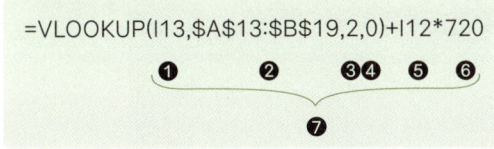

❶: VLOOKUP 함수의 첫 번째 인수. 기준 열인 [A13:A19] 셀에서 찾을 값입니다.
❷: VLOOKUP 함수의 두 번째 인수. 조견표 지역별 기본금이 나타나 있는 범위입니다.
❸: VLOOKUP 함수의 세 번째 인수. 기준 열 [A13:A19] 셀에서 지역(광주)을 의미하는 [I13] 셀 값을 찾은 후 몇 번째 열을 나타낼 것인지를 결정합니다.
❹: VLOOKUP 함수의 네 번째 인수. 거짓(FALSE 또는 0)으로 입력하면 기준 열에서 정확한 값을 찾아 나타냅니다.
❺: 기준 값의 무게입니다. 여기서는 37.5kg입니다.
❻: 단위 무게당 가격입니다.
❼: '[A13:A19] 셀에서 [I13] 셀을 찾아 두 번째 열의 값을 나타내고(광주 지역의 기본금) 그 값에 무게 × 단위 무게당 가격을 합산해서 나타내라'라는 뜻입니다.

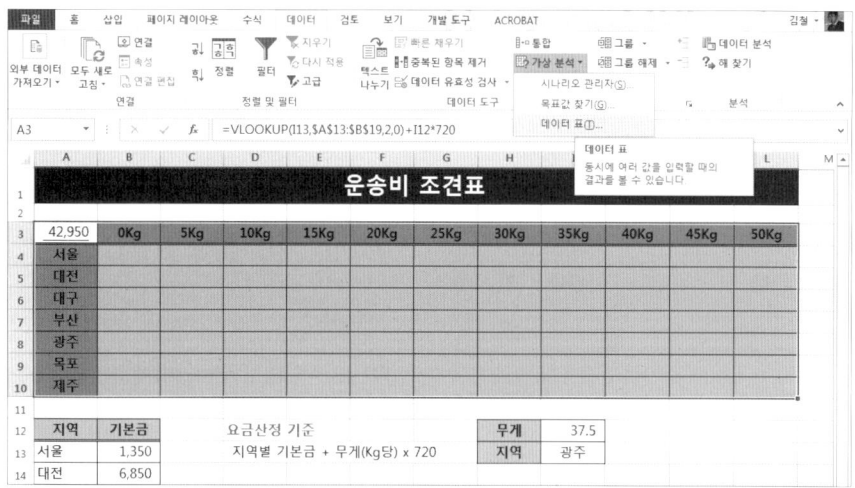

5. [A3] 셀에 광주 지역을 기준으로 산정한 운송비가 입력되었습니다. 지금부터는 이 기준을 이용해서 비어 있는 조견표를 채워 넣겠습니다. [A3] 셀에 입력한 기준 수식을 이용하여 데이터 표의 행 제목과 열 제목에 맞는 값을 계산해서 채우게 됩니다. 우선 [A3:L10] 셀을 선택하고 [데이터] 탭 → [데이터 도구] 그룹 → [가상 분석] 메뉴를 확장해서 [데이터 표]를 실행합니다.

✔ 엑셀 2016 버전에서는 [데이터] 탭 → [예측] 그룹에서 [가상 분석] 메뉴를 선택할 수 있습니다.

6. [데이터 표] 대화상자에서 [행 입력 셀]은 [I12] 셀을, [열 입력 셀]은 [I13] 셀을 지정하고 [확인] 버튼을 클릭합니다.

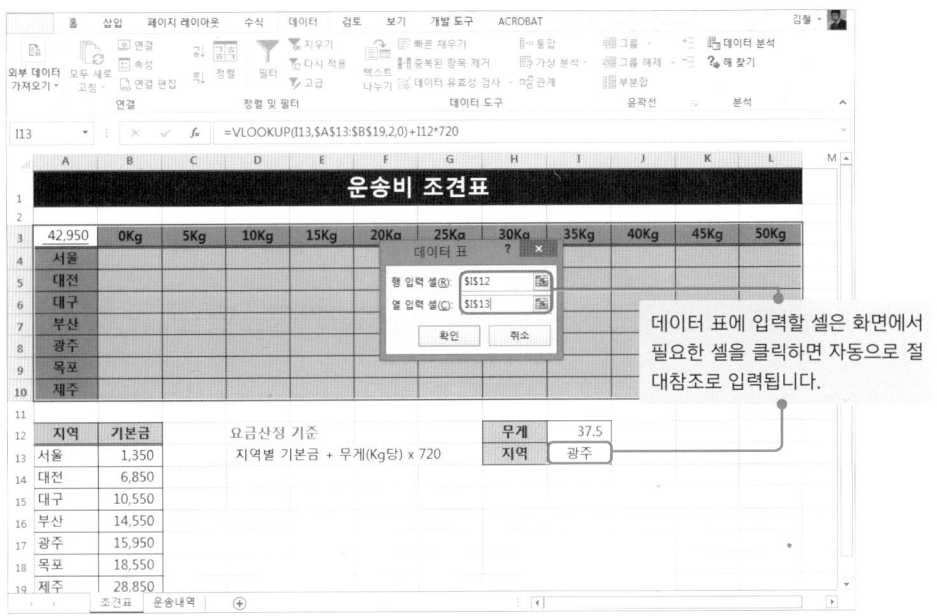

7. 이렇게 지역별 무게별, 조견표가 완성되었습니다. [B4:L10] 셀에서 지역별, 무게별 운송비 가격이 나타난 조견표 결과를 확인할 수 있습니다.

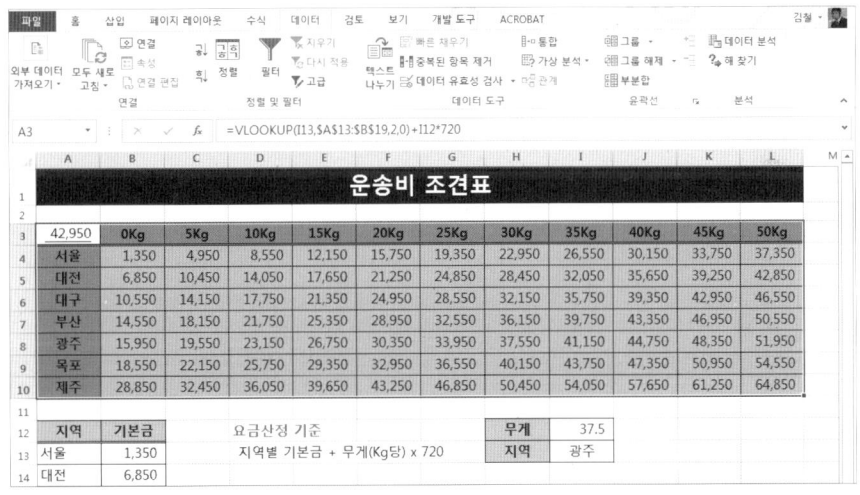

8. 운송비 조견표가 완성되었으니 2013년 12월 운송비를 산출해 보겠습니다. 운송비를 산출하기 위해 [운송내역] 시트의 [D4] 셀을 선택하고 수식을 =INDEX(조견표,MATCH(A4,지역,0),MATCH(B4,무게,1))로 입력합니다. 입력된 수식은 [D17] 셀까지 복사해서 채워 넣습니다. '조견표', '지역', '무게'는 미리 이름 정의를 해놓은 상태이므로 셀 주소를 넣지 않았습니다.

| 수식 알고 넘어가기 |

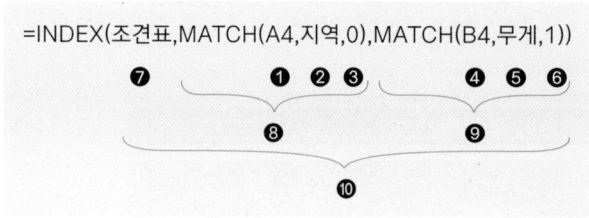

INDEX 함수는 참조할 셀 범위에서 행과 열 번호에 해당하는 '값'을 나타냅니다.

=INDEX(범위, 행 번호, 열 번호)
　　　　❼　　　❽　　　❾

❶: MATCH 함수의 첫 번째 인수. 두 번째 인수인 '지역' 데이터 범위에서 찾을 값입니다.
❷: MATCH 함수의 두 번째 인수. 첫 번째 인수인 [A4] 셀을 찾을 데이터 범위입니다.
❸: MATCH 함수의 세 번째 인수. 거짓(FALSE 또는 0)을 입력하면 두 번째 데이터 범위에서 정확한 값을 찾아 그 순번을 반환합니다.
❹: MATCH 함수의 첫 번째 인수. 두 번째 인수인 '무게' 데이터 범위에서 찾을 값입니다.
❺: MATCH 함수의 두 번째 인수. 첫 번째 인수인 [B4] 셀을 찾을 데이터 범위입니다.
❻: MATCH 함수의 세 번째 인수. 참(TRUE 또는 1)을 입력하면 두 번째 데이터 범위에서 찾고자 하는 값인 [B4] 셀 값보다 작거나 같은 값 중에서 최대값의 순번을 반환합니다.
❼: INDEX 함수의 첫 번째 인수. 나타낼 값이 있는 데이터 범위입니다.
❽: INDEX 함수의 두 번째 인수. INDEX 함수의 첫 번째 인수의 '조견표' 범위에서 행 방향으로 이동할 거리를 지정합니다.
❾: INDEX 함수의 세 번째 인수. INDEX 함수의 첫 번째 인수의 '조견표' 범위에서 열 방향으로 이동할 거리를 지정합니다.
❿: '조견표' 데이터 범위에서 INDEX 함수의 두 번째 인수로 지정된 MATCH 함수의 결과 값만큼 행으로 이동하고 INDEX 함수의 세 번째 인수로 지정된 MATCH 함수의 결과 값만큼 열로 이동한 위치의 값을 나타내라'라는 뜻입니다.

그 결과로 조견표 범위인 [B4:L10] 셀의 기준점인 [B4] 셀에서 행 방향으로 4칸 이동한 [B7] 셀로 이동하고 [B7] 셀에서 열 방향으로 11칸 이동한 [L7] 셀의 값을 나타내게 되는 것입니다.

함수를 손쉽게 이해하려면 궁금한 함수 부분을 드래그해서 F9 키를 눌러보면 그 결과를 미리 볼 수 있습니다. =INDEX(조견표,4,11)

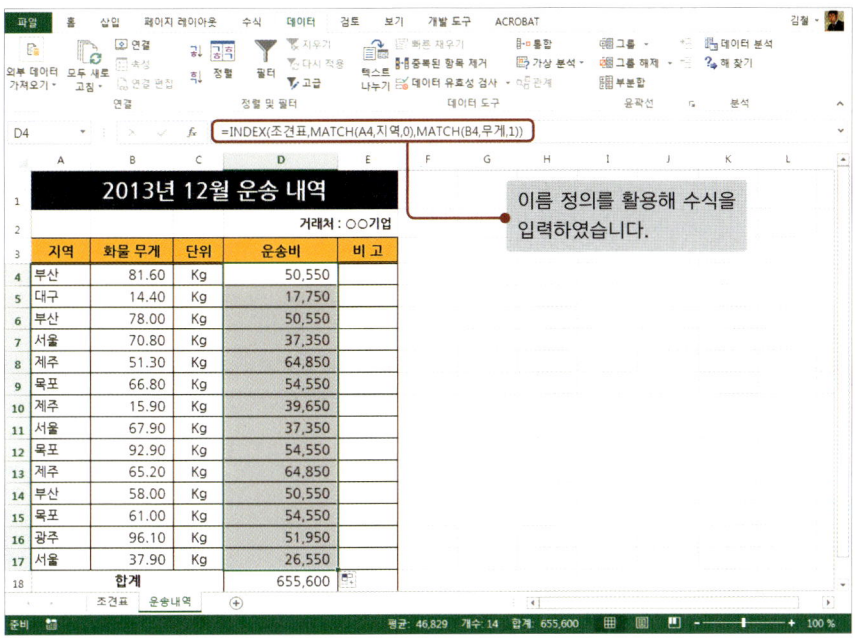

✔ '무게', '지역', '조견표' 등은 [수식] 탭 → [정의된 이름] 그룹 → [이름 관리자]에서 이름 정의를 미리 해놓은 상태입니다.

김철 쌤의 한마디! ▶ 이름 정의를 확인하고 수식에서 이름 정의를 손쉽게 입력하려면?

예제에는 조견표와 지역, 무게가 이미 이름으로 정의되어 있습니다. [수식] 탭 → [정의된 이름] 그룹 → [이름 관리자]를 실행하면 정의된 이름, 값, 참조 대상 등을 쉽게 확인할 수 있습니다.

예제의 경우 [D4] 셀에서 수식을 입력할 때 '=INDEX('까지 입력하고 F3 키를 누르면 정의된 이름들을 확인할 수 있습니다. 그리고 더블클릭하거나 선택한 후 [확인] 버튼을 클릭하면 손쉽게 입력할 수 있습니다.

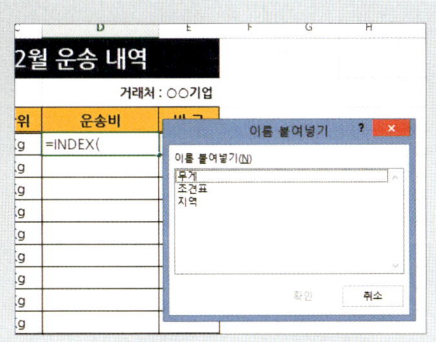

하면 된다!

Q1. 거래처별 시트로 구분한 월별 매출을 하나의 집계 보고서로 만들어 보세요.

문제 4-1_서점별 월간 매출_다중 시트_문제.xlsx

1. Alt + D + P 를 눌러 피벗 테이블/피벗 차트 마법사를 실행합니다.
2. [다중 통합 범위], [하나의 페이지 필드 만들기] 옵션으로 통합할 데이터 범위를 지정합니다.
3. 가져온 데이터 범위를 새로운 워크시트에 나타냅니다.
4. [값 필드 설정]에서 합계를 선택합니다. 그러고 나서 마우스 오른쪽 버튼으로 [A3] 셀을 클릭한 뒤 [필드 표시 형식]을 통화로 바꿉니다.

정답 4-1_서점별 월간 매출_다중 시트_정답.xlsx

하면 된다!

Q2. 도서 배송비 조견표를 가상 분석으로 만든 후 12월 배송비를 계산하세요.

문제 4-2_배송 내역_가상분석_문제.xlsx

1. [C3:L3] 셀을 50권 단위로 입력합니다.
2. 가상 분석의 [데이터 표] 기능을 사용하기 위해 [A3] 셀에 기준 값을 입력합니다. 수식은 =VLOOKUP(I15, $A$15:$B$23,2,0)+I14*150입니다.
3. 가상 분석의 [데이터 표] 기능을 사용해서 조견표를 완성합니다.
4. [배송내역] 시트에서 [D4] 셀을 선택한 후 각 지역별 12월 배송비를 계산합니다. 수식은 =INDEX(조견표,MATCH(A4,지역,0),MATCH(B4,권,1))입니다.

정답 4-2_배송 내역_가상분석_정답.xlsx

| 다 섯 째 마 당 |

질문이 필요 없는
직관적인 차트 보고서

다섯째마당에서는 매출 분석이나 일정 관리를 위한 차트 보고서와
차트의 활용법에 대해서 익힙니다.
조건부 서식으로도 정보를 시각화할 수 있지만
차트 보고서는 더 다양하고 고차원적인 분석이 가능합니다.
그렇기 때문에 데이터 분석을 많이 하는 사용자라면
 특히 차트 보고서 부분을 열심히 공부해야 합니다.

| Contents |

13장. 매출 분석 및 스케줄 관리를 위한 차트
14장. 점유율을 효과적으로 비교하는 원형 차트
15장. 복합적인 요소를 비교, 분석할 때 유용한 차트

13 | 매출 분석 및 스케줄 관리를 위한 차트

데이터 분석에서는 시각화가 매우 중요합니다. 가장 명확하게 시각화할 수 있는 방법이 바로 차트입니다. 차트 보고서를 작성하면 숫자로만 되어있는 결과에서는 드러나지 않던 부분까지 직관적으로 보이게 됩니다.

이 장에선 계열간 큰 차이가 나는 경우 주로 사용하는 이중축 차트와 일정 관리를 효과적으로 할 수 있는 간트 차트의 작성법을 알아보겠습니다.

13-1 기준이 서로 다른 데이터를 한 차트에 나타내기 - 이중축 차트
13-2 차트로 프로젝트 일정 관리하기 - 간트 차트

김사원 이야기

간트 차트로 일정 관리까지 OK!

김사원은 문구 체험 전시장 준공 프로젝트에서 일정 관리 업무를 맡았다. 차트 기능을 조금만 응용하면 일정을 단순한 표가 아니라 간트 차트로 나타낼 수 있다는 것을 배운 뒤 보고서 작성에 자신이 생기기 시작했다. 차트가 직관적이라 해야 할 일과 일정이 한 눈에 들어와서 마음에 든다는 팀장님의 칭찬에 김사원 얼굴에는 미소가 번졌다.

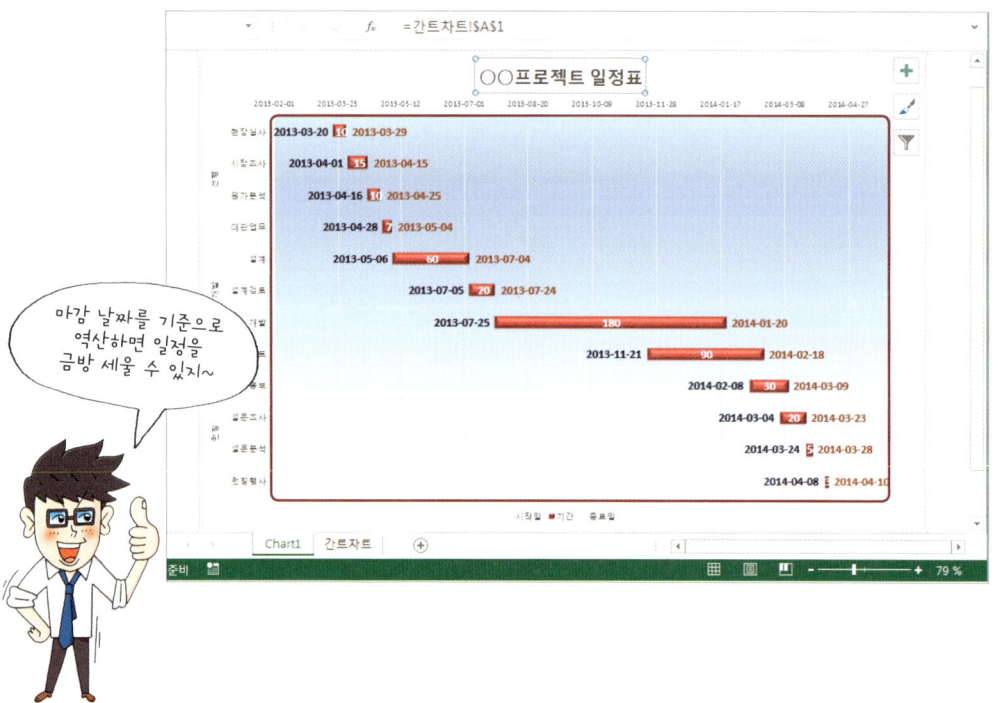

✓ 2007　✓ 2010　✓ 2013　✓ 2016

13-1　기준이 서로 다른 데이터를 한 차트에 나타내기 - 이중축 차트

2가지 이상의 계열이 갖고 있는 값이 큰 차이가 날 경우 차트로 작성하지 못하는 경우가 생깁니다. 이런 경우 이중축 차트를 활용하면 쉽게 작성할 수 있습니다. 여기서는 **13장_01_이중축 차트_예제.xlsx**라는 엑셀 파일을 불러와 보조 축을 활용하는 방법, 차트를 작성하는 방법에 대해 살펴보겠습니다.

차트를 삽입하고 간단히 편집하기

1. 차트 보고서로 작성할 데이터 범위를 지정하고 차트를 선택해 보겠습니다. [A3:C13] 셀을 선택하고 [삽입] 탭 → [차트] 그룹 → [추천 차트]를 실행합니다.

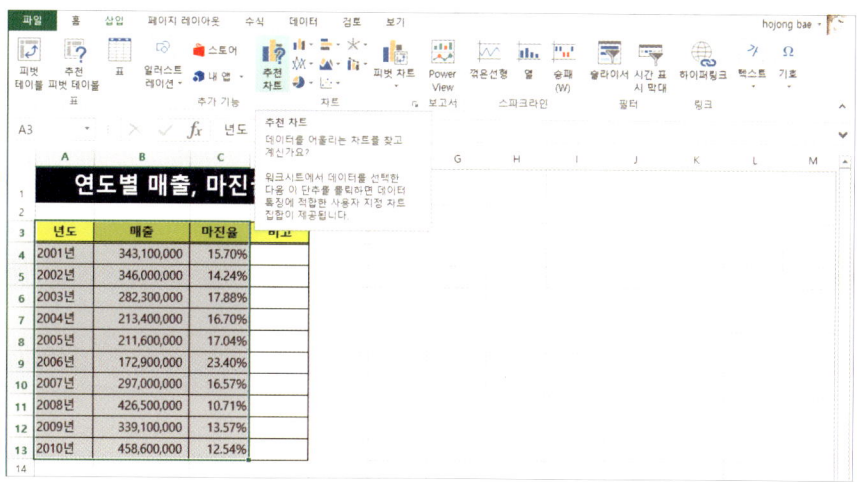

2. [차트 삽입] 대화상자가 나타나면 [추천 차트] 탭에서 '묶은 세로 막대형 - 꺾은선형, 보조 축'을 선택하고 [확인] 버튼을 클릭하면 선택한 차트가 삽입됩니다.

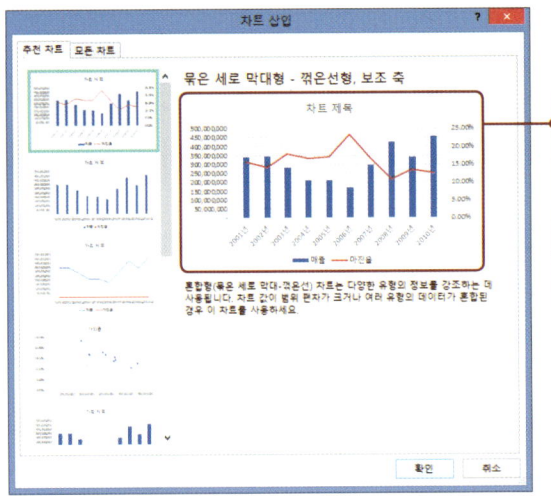

이 차트는 각 계열(매출, 마진율)의 값이 큰 차이를 갖고 있습니다. 매출은 억 단위의 금액이고, 마진율은 25%도 안 되는 수치이기 때문에 하나의 기준 축으로 두 계열을 비교하기는 어렵습니다. 하지만 보조 축을 이용하면 하나의 차트 보고서에 함께 나타낼 수 있어 유용합니다.

> **하위 버전에서는**
>
> **엑셀 2007** 버전에는 추천 차트에서 이중축 차트를 한 번에 생성할 수 없습니다.
>
> 차트를 만들 영역을 선택했으면 [삽입] 메뉴의 [차트] 리본 메뉴에서 '세로 막대형' 차트를 먼저 선택합니다. 그런 다음 이중축으로 만들 '마진율' 데이터를 선택해서 이중축 차트로 데이터 계열 서식을 변경합니다. 여기에서는 마진율을 이중축 차트로 만들기 위해서 세로 막대형 차트 배경인 '그림 영역'을 선택한 다음 마우스 오른쪽 버튼으로 클릭합니다. 빠른 메뉴가 나타나면 [차트 종류 변경] 메뉴를 선택한 후 [꺾은선형] → [표식이 있는 꺾은선형]을 선택하고 [확인] 버튼을 클릭하면 됩니다. 마진율의 차트가 꺾은선형으로 변경되면 다시 한 번 마우스 오른쪽 버튼으로 클릭합니다. [데이터 계열 서식] 창이 나타나면 '보조 축(S)'이라는 항목을 선택한 뒤 [닫기] 버튼을 클릭하면 됩니다.

3. 삽입한 차트를 별도의 워크시트로 옮겨서 차트 보고서로 만들어 보겠습니다. 해당 차트를 다른 워크시트로 옮기기 위해 [디자인] 탭 → [위치] 그룹 → [차트 이동]을 실행합니다.

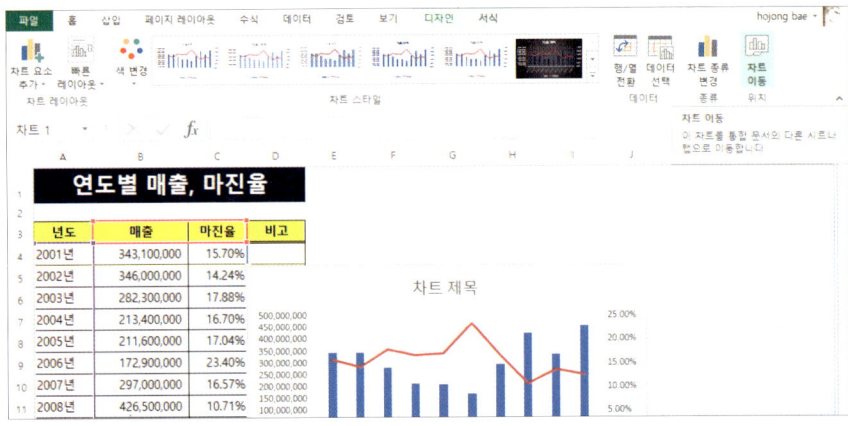

> **하위 버전에서는**
>
> **엑셀 2007** 버전에서는 차트를 더블클릭했을 때 [차트 도구]가 활성화됩니다. 이때 리본 메뉴의 [디자인] 탭을 선택하면 가장 오른쪽에 있는 [차트 이동] 메뉴를 선택할 수 있습니다. 또한 2007에서는 차트를 만들었을 때 차트 제목이 생성되지 않는데요. [차트 도구] → [레이블] 그룹 → [차트 제목] 중에서 [차트 위] 메뉴를 선택하면 차트 영역의 맨 위로 차트 제목이 삽입되면서 자동으로 차트의 크기가 조정됩니다. 차트의 범례는 오른쪽 가운데 표시되는 것이 기본 설정인데 위치를 변경하려면 [차트 도구] → [레이블] 그룹 → [범례]를 확장해서 '아래쪽에 범례 표시'를 선택하면 아래쪽으로 범례가 이동되는 것을 확인할 수 있습니다.

4. [차트 이동] 대화상자에서 [새 시트] 항목을 선택하고 [확인] 버튼을 클릭합니다.

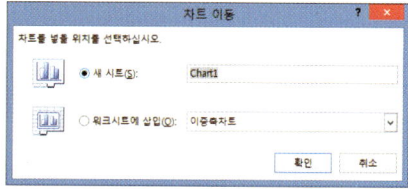

5. 차트가 새로운 시트로 옮겨졌다면 이번에는 차트의 옵션을 조정하여 시각적인 효과를 극대화해 보겠습니다.

   차트에서 막대그래프가 그려진 그림 영역을 마우스 오른쪽 버튼으로 클릭해서 나타난 메뉴 좌측 상단의 [채우기] 버튼을 클릭합니다. 하단에 생성된 메뉴에서 [그라데이션] → [밝은 그라데이션] → '선형 아래쪽'을 선택합니다.

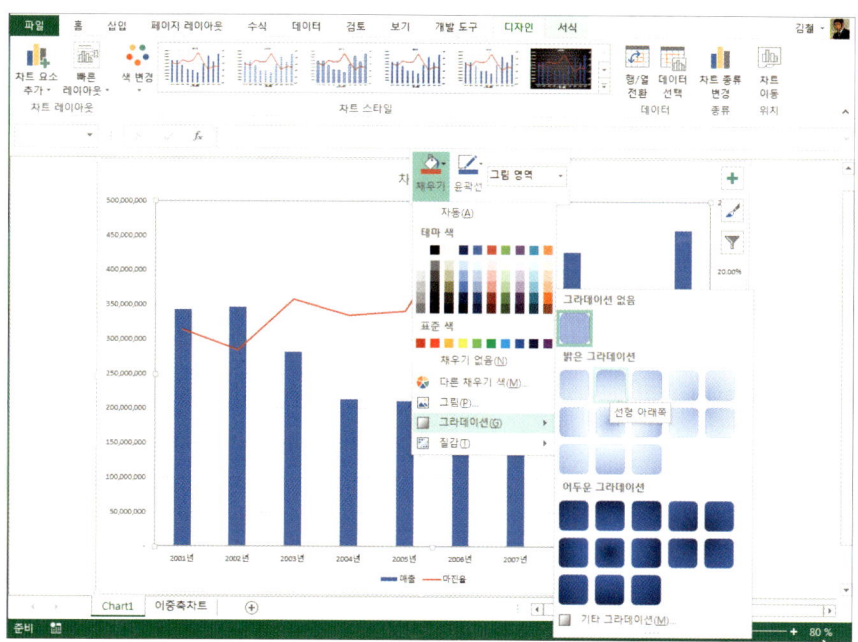

매출 분석 및 스케줄 관리를 위한 차트 **311**

> **하위 버전에서는**
>
> **엑셀 2007** 버전에서는 차트를 더블클릭했을 때 [차트 도구]가 활성화된다고 했습니다.
>
> [차트 도구]에서 [서식] 탭을 선택하면 도형 스타일을 변경할 수 있는 메뉴들이 나타납니다. [도형 채우기] 메뉴를 활용하면 그라데이션 효과를 적용할 수 있습니다.

데이터 계열 서식으로 시각적인 효과 높이기

1. 차트의 막대에 입체감 효과를 주면 평면적인 막대그래프보다 시각적인 효과가 좋겠죠? 막대를 마우스 오른쪽 버튼으로 클릭해서 [데이터 계열 서식]을 클릭합니다.

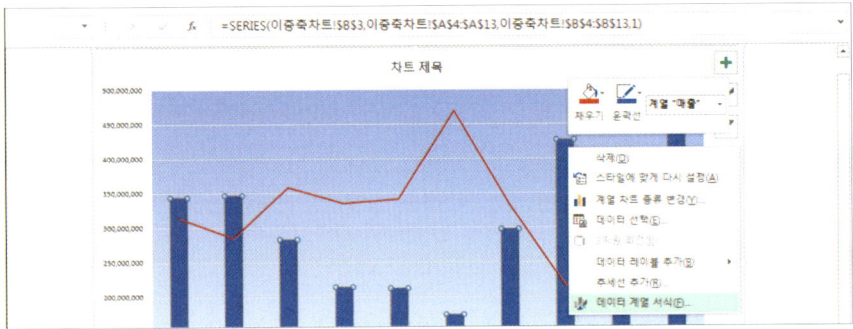

2. 여기서는 3차원 서식의 너비와 높이 값을 조정해 보겠습니다. 오른쪽에 나타난 [데이터 계열 서식] 작업창에서 [효과] 아이콘을 클릭하고 하단의 [3차원 서식] 부분을 확장한 뒤 [위쪽 입체]의 [너비]와 [높이]를 '6 pt'로 지정합니다.

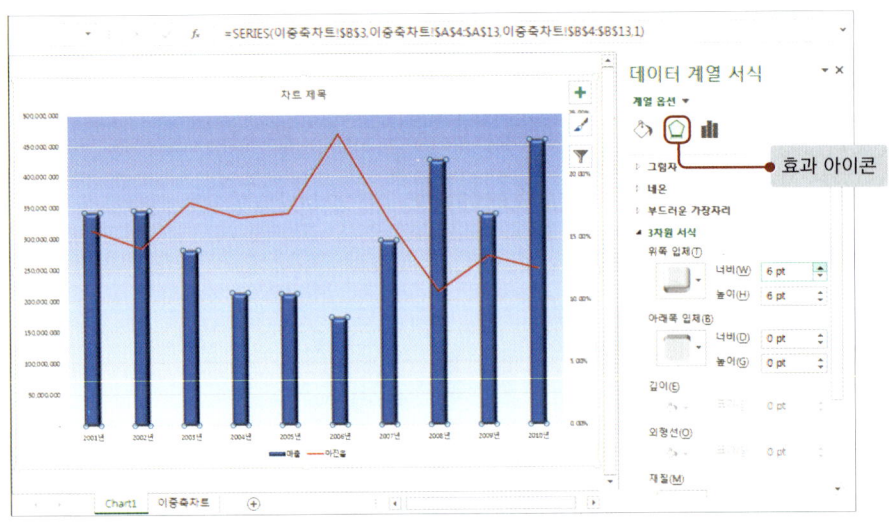

✔ 3차원 서식 항목에서는 너비와 높이 중 하나의 수치만 조정해도 나머지 수치가 동일하게 적용됩니다. 따라서 너비를 6 pt로 변경하면 높이는 자동으로 6 pt로 변경됩니다. 만약 마우스로 클릭해서 수치를 입력하는 것이 번거롭다면 해당 입력 박스를 선택하고 6을 직접 입력해도 됩니다.

> **하위 버전에서는**
>
> 엑셀 2007 버전에서는 3차원 서식의 너비와 높이 값을 조정하기 위해서 마우스 오른쪽 버튼을 클릭해서 [데이터 계열 서식] 대화상자를 불러옵니다. 여기에서 [3차원 서식] 메뉴를 클릭하면 3차원 서식의 입체 효과를 설정할 수 있습니다. [위쪽] 항목의 [너비]와 [높이]를 '6 pt'로 지정합니다.

3. 막대의 모양을 입체형으로 수정했다면 이번에는 막대의 색을 변경해 보겠습니다.

   데이터 계열 서식 중에서 [채우기 및 선] 아이콘을 클릭하고 하단의 [채우기] 항목에서 '단색 채우기'를 체크합니다. 그런 다음 [색] 항목의 오른쪽에 있는 [채우기 색] 버튼을 눌러 확장하고 '주황, 강조 6, 40% 더 밝게'를 선택합니다. 이렇게 하면 입체형 세로막대의 색상이 변경됩니다.

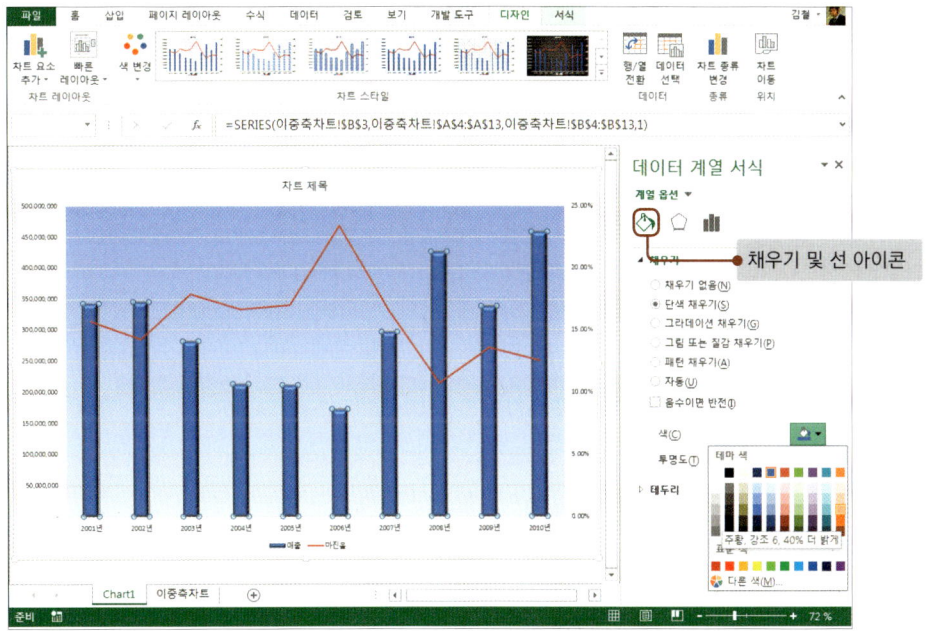

> **하위 버전에서는**
>
> 엑셀 2007 버전에서는 리본 메뉴 중에서 [차트 도구] → [서식] → [도형 채우기] 메뉴를 활용하면 됩니다. 또는 차트에서 색상을 변경할 세로막대나 꺾은선을 선택한 다음 마우스 오른쪽 버튼을 클릭해서 [데이터 계열 서식] 대화상자를 불러온 다음 편집할 수 있습니다.

차트 제목을 데이터의 제목과 연동하고 서식 지정하기

1. 차트의 제목도 일일이 입력할 필요 없이 자동으로 넣어 보겠습니다. [Chart1] 시트에서 '차트 제목'을 선택한 후 상단에 있는 수식 입력줄을 클릭하고 =를 입력합니다. 그런 다음 다시 [이중축차트] 시트 탭을 선택한 다음 [A1] 셀을 선택하고 Enter 키를 누릅니다.

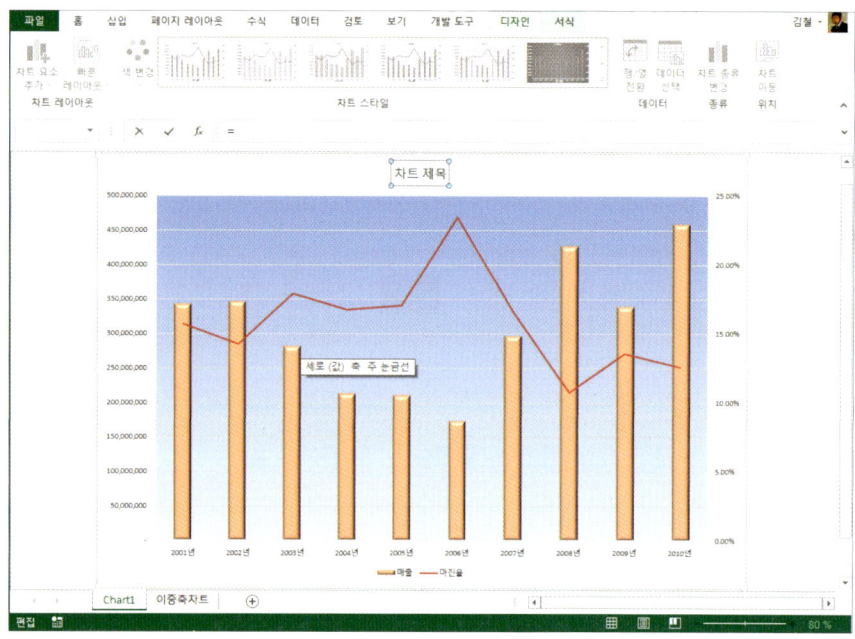

> **김철 쌤의 한마디!** ▶ 개체가 특정 셀의 내용을 참조하게 하려면 =를 이용하자!
>
> 엑셀의 도형 개체와 같은 특정 개체 내부에 특정 셀의 내용을 나타내려면, 먼저 개체를 선택한 후 수식 입력줄을 클릭해서 =를 입력합니다. 그런 다음 참조할 셀을 클릭하면 개체가 특정 셀 내용을 참조할 수 있습니다. 물론 다른 시트의 셀 내용도 참조할 수 있습니다.

2. 차트 제목에 서식을 지정하기 위해서는 먼저 차트 제목을 선택하고 [홈] 탭 → [글꼴] 그룹의 [굵게] 버튼을 클릭해서 폰트를 굵게 처리합니다. 그리고 폰트 크기는 '20'을 선택합니다.

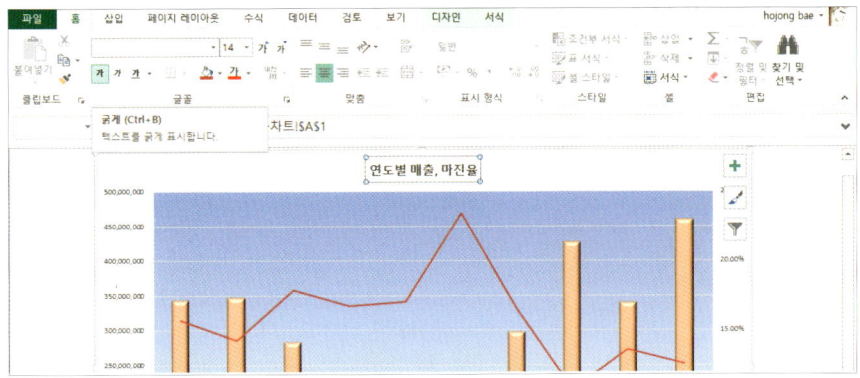

차트의 막대 부분에 이미지 삽입하기

1. 먼저 이미지를 삽입할 위치를 선택해야 합니다. 이전에 설명했듯이 차트 시트에는 텍스트나 이미지를 추가할 수 없기 때문에 먼저 [이중축차트] 시트로 이동해서 이미지를 삽입하겠습니다. 그런 다음 이미지를 복사한 뒤 차트 시트에 있는 막대에 붙여넣기하면 됩니다. [이중축차트] 시트의 [F1] 셀을 선택한 후, [삽입] 탭 → [일러스트레이션] 그룹 → [온라인 그림]을 실행합니다.

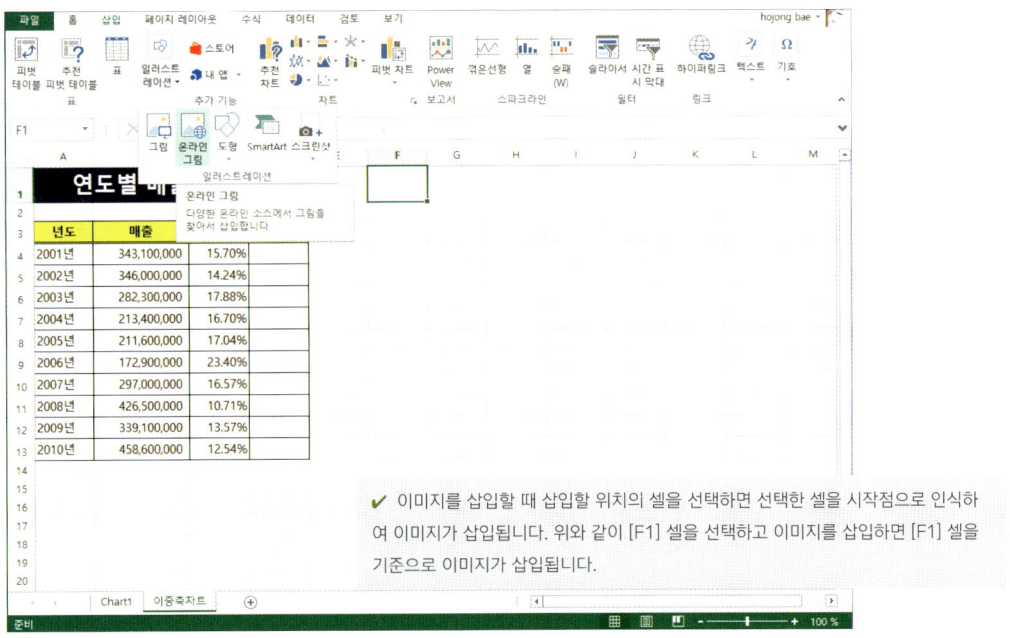

2. [온라인 그림]을 실행하면 온라인상에서 이미지를 검색할 수 있게 됩니다. 원하는 곳에서 검색하세요. 여기에서는 [Bing 이미지 검색] 검색란에 '주사기 png'라고 입력하고 Enter 키를 누릅니다.

✔ png는 아이콘 이미지에 많이 사용되는 확장자입니다. 아이콘 이미지를 찾고 싶다면 검색창에 입력한 단어 뒤에 한 칸 띄우고 'png'를 입력한 후 검색해 보세요.

3. 검색된 이미지 중 삽입할 적당한 이미지가 있는지 확인한 후 삽입하면 됩니다. 여기에서는 막대그래프를 대체하기 좋은 주사기 형태의 이미지를 선택하고 [삽입] 버튼을 클릭합니다.

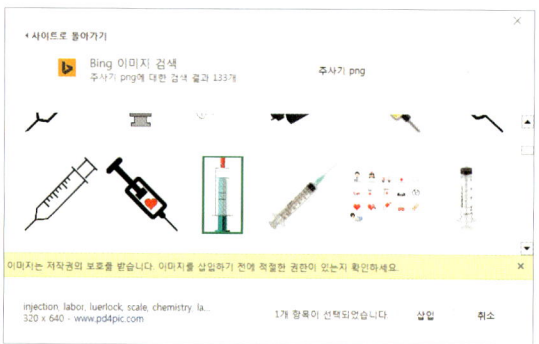

✔ 공식적인 문서라면 온라인에서 그림을 가져다 쓸 경우, 저작권을 침해하지 않도록 유의하세요.

4. [F1] 셀에 삽입된 '주사기' 이미지를 복사(Ctrl + C)하고 [Chart1] 시트 탭을 클릭해서 이동합니다. 차트의 막대를 선택한 후 붙여넣기(Ctrl + V)하면 막대에 이미지가 적용됩니다.

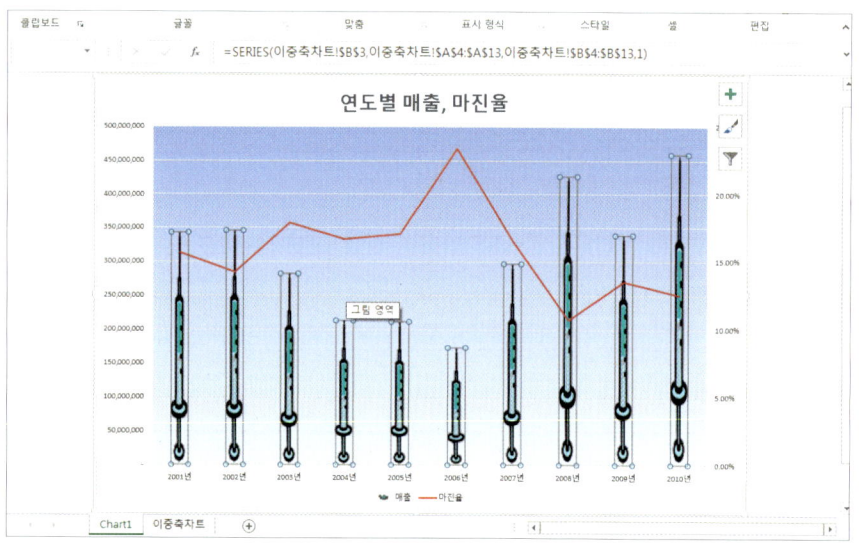

✔ 막대그래프 중 하나에만 이미지를 넣고 싶다고요? 모든 막대가 선택된 상태에서 한 번 더 클릭하면 막대 하나만 선택할 수 있습니다. 그런 다음 Ctrl + V를 하면 됩니다.

5. 삽입된 이미지의 비율과 간격을 조정해서 좀 더 보기 좋게 만드는 것이 좋겠습니다. 삽입된 이미지 간의 간격을 조정하기 위해서 주사기 이미지를 선택한 후 마우스 오른쪽 버튼을 클릭해서 [데이터 계열 서식]을 실행합니다.

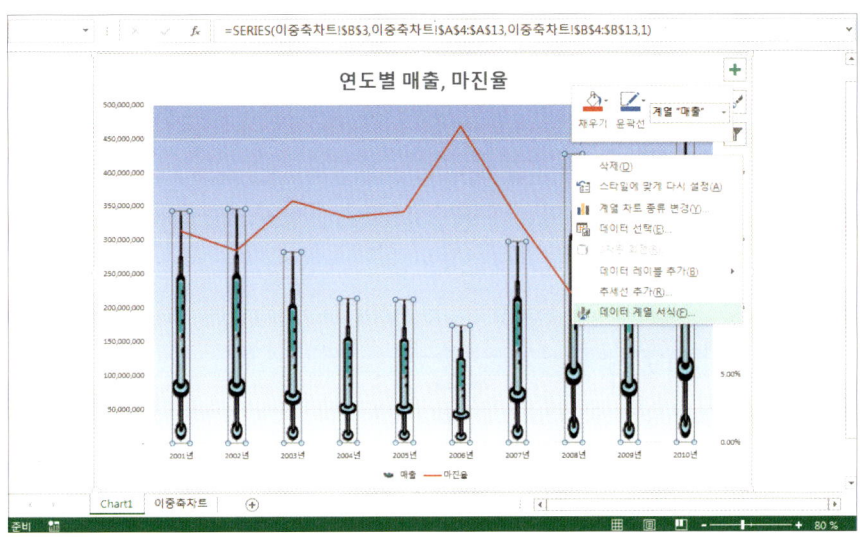

6. [데이터 계열 서식] 작업창에서 [계열 옵션] 아이콘을 선택하고 [간격 너비]를 '50%'로 지정합니다.

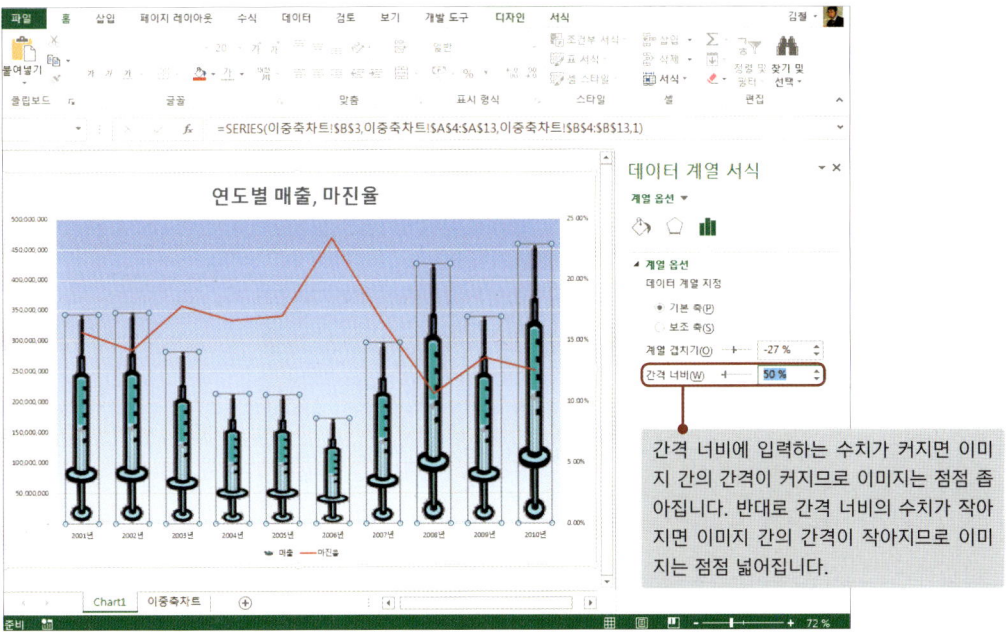

간격 너비에 입력하는 수치가 커지면 이미지 간의 간격이 커지므로 이미지는 점점 좁아집니다. 반대로 간격 너비의 수치가 작아지면 이미지 간의 간격이 작아지므로 이미지는 점점 넓어집니다.

> **하위 버전에서는**
>
> **엑셀 2007**에서는 [데이터 계열 서식] 대화상자가 나타납니다. 여기에서 간격 너비를 설정하면 됩니다.

이미지 채우는 방법 바꾸기

주사기 이미지 대신 동전 모양의 이미지를 적용하면 막대그래프가 동전 모양으로 대체됩니다. 그런데 막대그래프의 높이가 모두 다르기 때문에 삽입된 동전의 가로 세로 비율이 다르게 변형됩니다. 이런 경우에는 이미지를 채우는 방법을 변경하는 것이 좋습니다. 여기에서는 이미지를 채우는 방법을 변경해 보겠습니다.

1. 다른 이미지를 적용하기 위해 [이중축차트] 시트의 [G1] 셀을 선택하고 [삽입] 탭 → [일러스트레이션] 그룹 → [온라인 그림]을 실행합니다. 검색란에 '동전 png'를 입력한 후 Enter 키를 눌러 검색합니다. 검색된 이미지 중 적당한 이미지를 선택하고 [삽입] 버튼을 클릭합니다.

2. 삽입된 이미지를 복사(Ctrl + C)하고 [Chart1] 시트의 막대(주사기)를 선택한 후 붙여넣기(Ctrl + V)합니다.

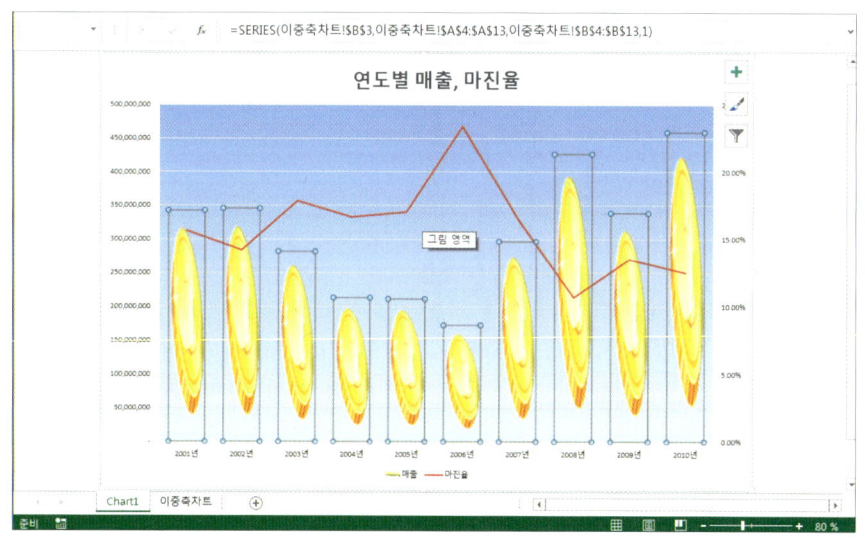

3. 입력된 이미지는 '늘이기'로 입력되었기 때문에 동전 이미지가 정상적이지 않습니다. 이를 [채우기] 옵션을 통해 수정하겠습니다. 동전을 선택한 후 마우스 오른쪽 버튼을 클릭해서 [데이터 계열 서식]을 실행합니다. [데이터 계열 서식] 작업창의 [채우기 및 선] 아이콘을 클릭하고 [채우기] 메뉴를 확장한 후 옵션을 [쌓기]로 선택하면 하나의 이미지를 쌓아서 막대그래프를 보여주는 형태로 바뀝니다.

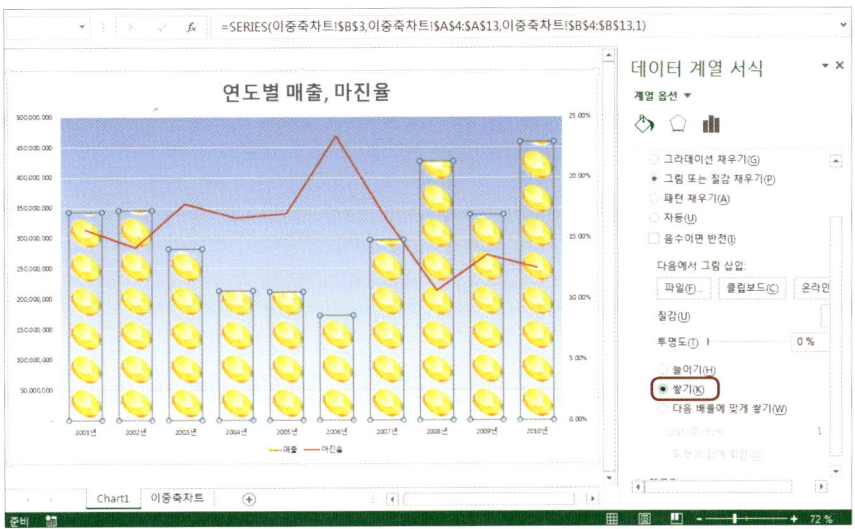

꺾은선 차트에 데이터 레이블 추가하기

1. 꺾은선 차트(마진율)를 선택하고 마우스 오른쪽 버튼을 클릭한 후 [데이터 레이블 추가] → [데이터 레이블 추가]를 클릭합니다.

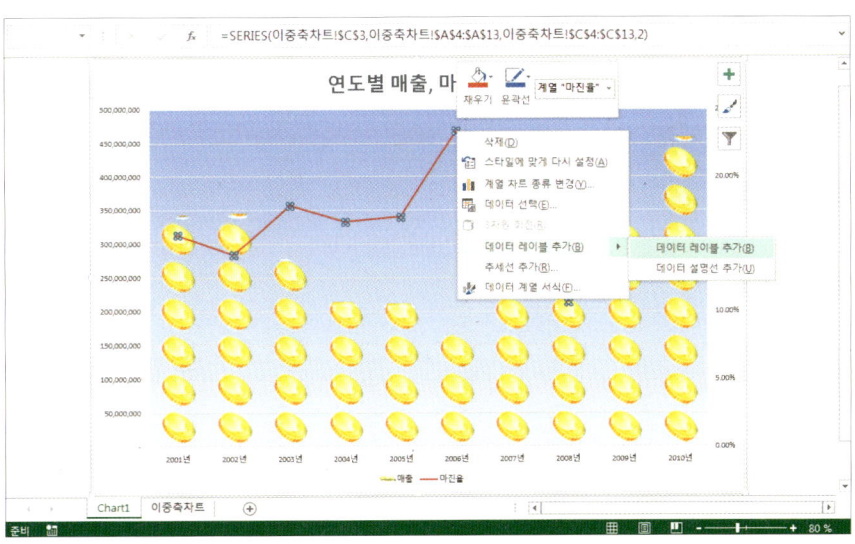

2. 여기서 특정 계열 요소만을 선택한 뒤 서식을 변경할 수 있습니다. 꺾은선 위에 표시된 특정 수치 레이블을 선택하면 전체 레이블이 선택됩니다. 이후 마진율이 가장 높았던 '2006년'의 레이블을 한 번 더 클릭하면 해당 년도의 레이블만 선택할 수 있습니다.

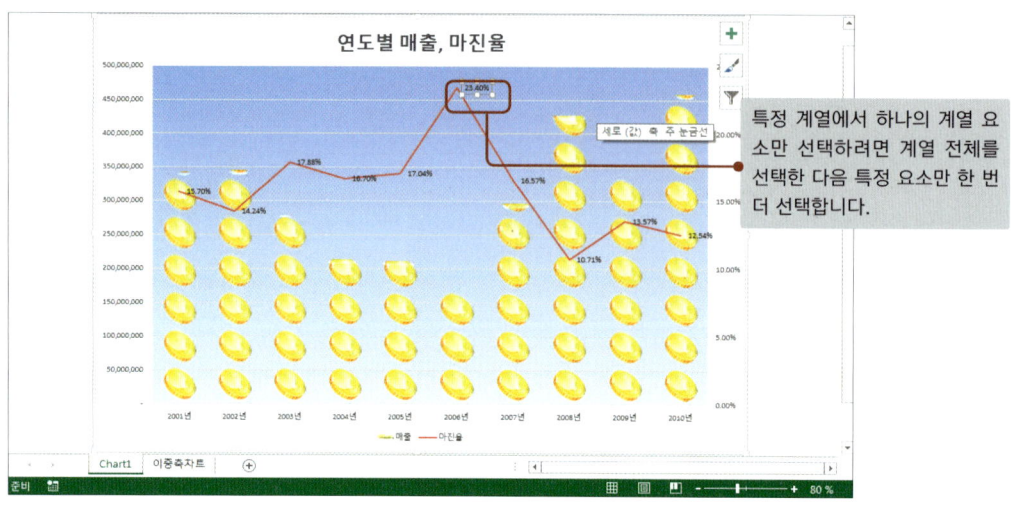

3. 2006년의 레이블이 선택되었으면 일반 셀에서 셀 서식을 지정하듯이 [홈] 탭 → [글꼴] 그룹 → [굵게]를 클릭하고 [글꼴 색]은 '빨강'을 선택합니다. 마지막으로 폰트 크기는 '15'로 입력한 후 Enter 키를 누릅니다.

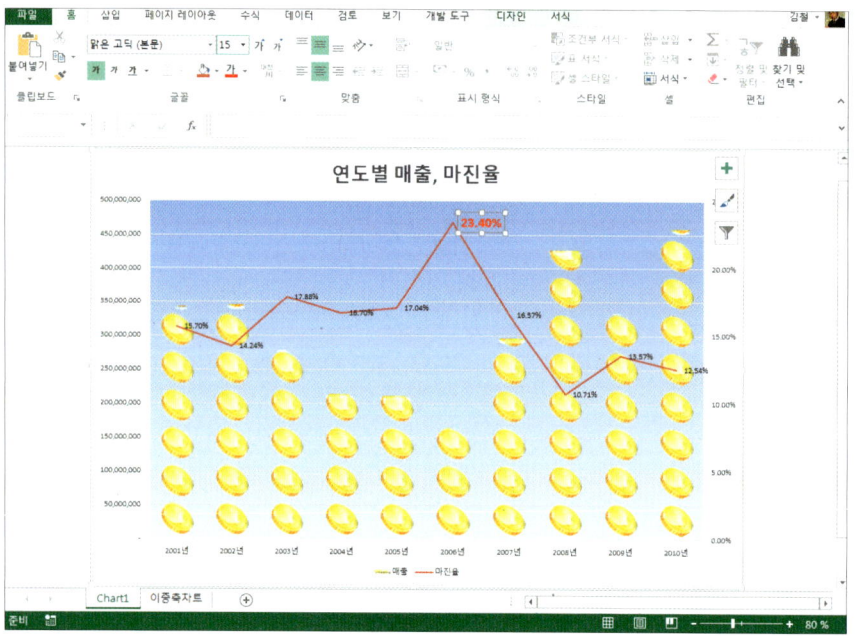

✓ 2007 ✓ 2010 ✓ 2013 ✓ 2016

13-2 차트로 프로젝트 일정 관리하기
- 간트 차트

현업에서는 스케줄을 관리하거나 프로젝트를 성공적으로 수행하기 위해서 간트 차트를 많이 사용합니다. 간트 차트는 일정 관리를 위한 바(Bar) 형태의 차트입니다. 각각의 액티비티(Activity)간 관계(Relation)에 따라 일정 변화가 가능해 스케줄을 편하게 관리할 수 있습니다. 간트 차트의 기본이 되는 누적 가로 막대형 차트를 그리기 위해 예제 파일 중 **13장_02_간트차트_예제.xlsx**의 데이터를 활용해 보겠습니다.

1. 차트로 나타낼 범위인 [A3:E15] 셀을 선택하고 [삽입] 탭 → [차트] 그룹 → [세로 또는 가로 막대형 차트 삽입] 메뉴를 확장한 뒤 [2차원 가로 막대형]의 종류 중에서 '누적 가로 막대형' 차트를 클릭합니다.

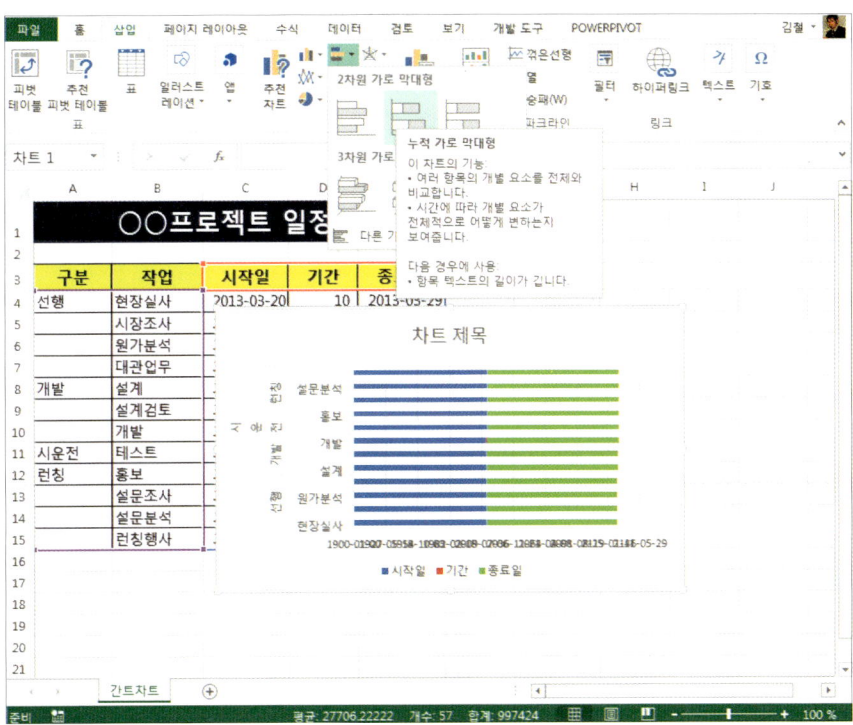

> **하위 버전에서는**
>
> 엑셀 2007 버전에서는 [A3:E15] 셀을 선택하고 [삽입] 탭 → [차트] 그룹 → [가로 막대형] → [2차원 가로 막대형]의 종류 중에서 [누적 가로 막대형] 차트를 선택하면 됩니다.

2. 작성된 차트를 새로운 [Chart1] 시트로 옮겨서 편집을 해보겠습니다. 삽입된 차트를 선택한 상태에서 [차트 도구] → [디자인] 탭 → [위치] 그룹 → [차트 이동] 버튼을 클릭합니다. [차트 이동] 대화상자가 나타나면 [새 시트] 옵션을 선택한 후 [확인] 버튼을 클릭합니다.

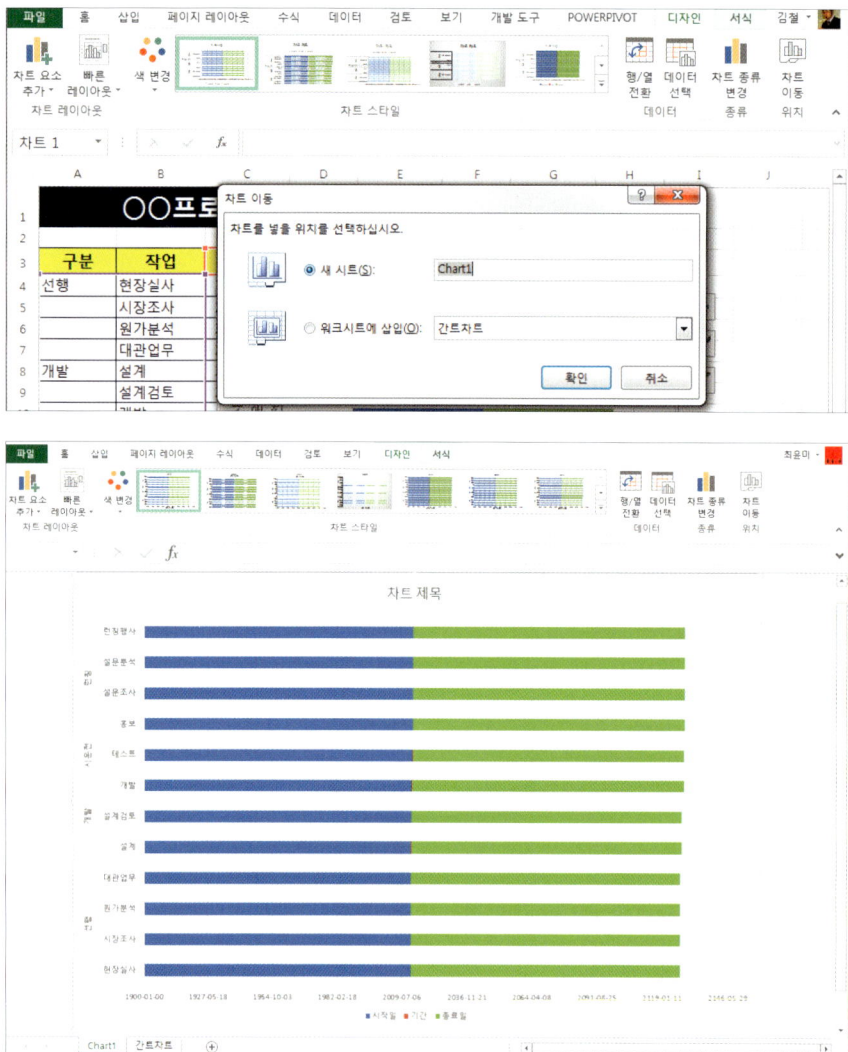

3. 차트의 제목이 데이터 시트의 제목과 일치되도록 '차트 제목'을 선택하고 '수식 입력줄'을 클릭한 후 =를 입력합니다. 그런 다음 [간트차트] 시트의 [A1] 셀을 선택하고 Enter 키를 누릅니다.

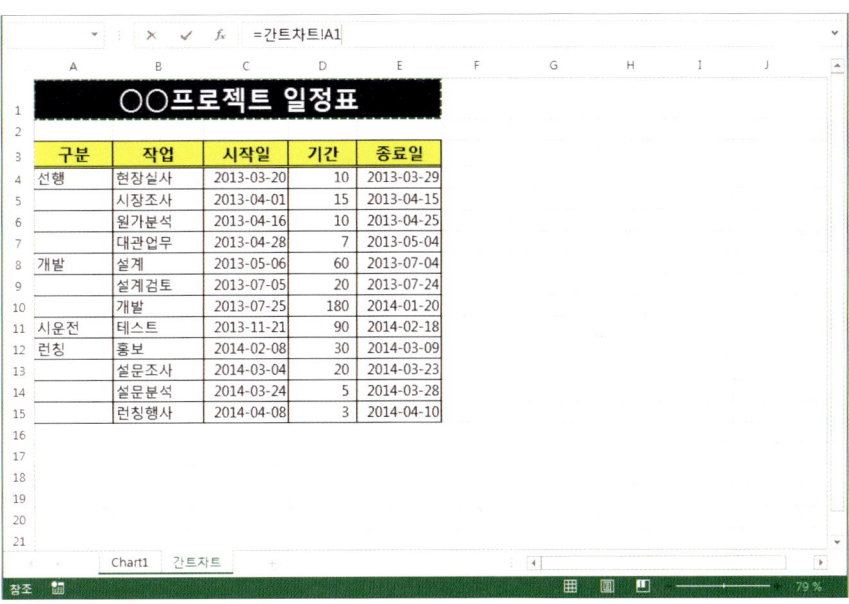

4. 차트 이름이 데이터 시트의 제목과 동일하게 연동되었다면 이번에는 차트 하단에 있는 날짜를 상단으로 옮겨보겠습니다. 차트의 세로(항목) 축을 선택하고 마우스 오른쪽 버튼을 클릭해서 [축 서식]을 실행합니다.

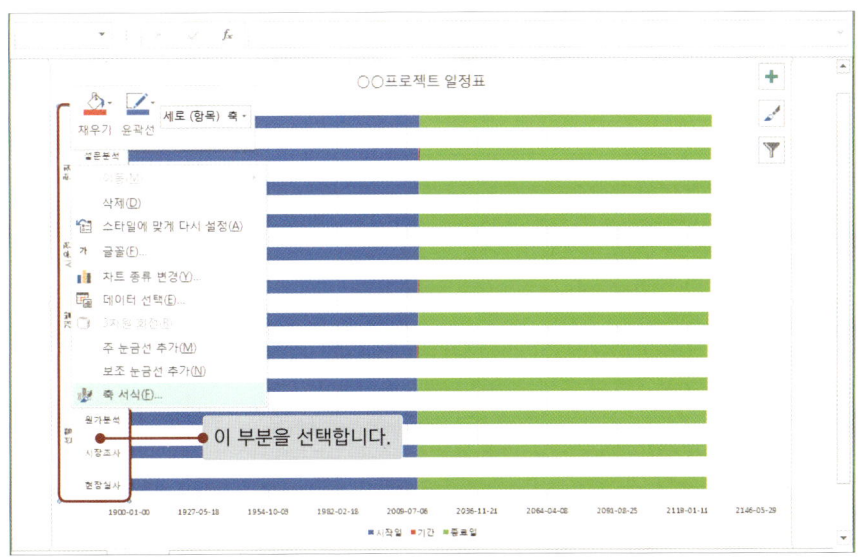

5. [축 서식] 작업창의 [축 옵션] 아이콘을 선택하고 [축 위치] 옵션 중에서 [항목을 거꾸로]를 체크합니다.

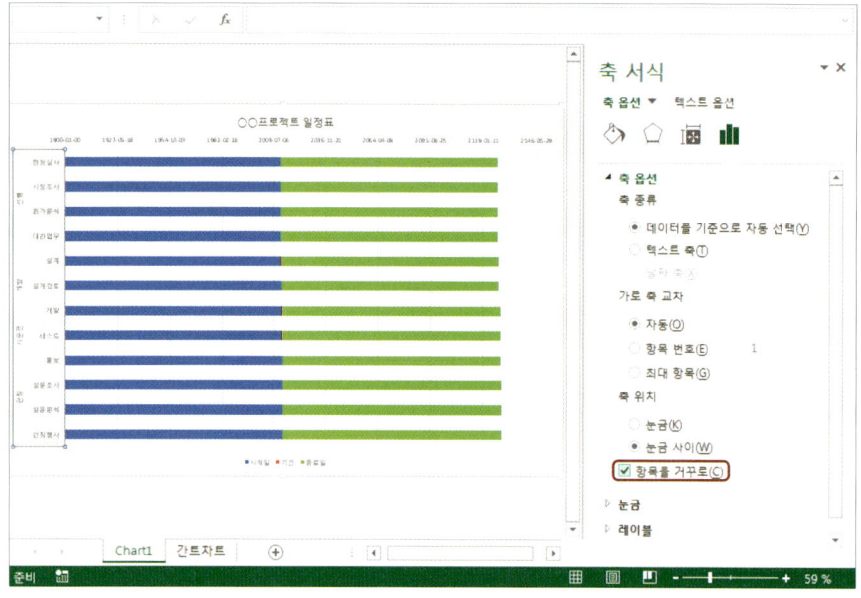

6. 엑셀 차트의 가로 축은 텍스트를 입력하는 것이 기본(Default)입니다. 그런데 이 예제에서는 가로 축에 숫자 속성인 날짜 데이터가 적용되어 최소값인 0부터 설정되었습니다. 그래서 사용자가 나타내려는 기간으로 변경해야 합니다. 가로 축을 선택하고 마우스 오른쪽 버튼을 클릭한 후 [축 서식]을 실행합니다.

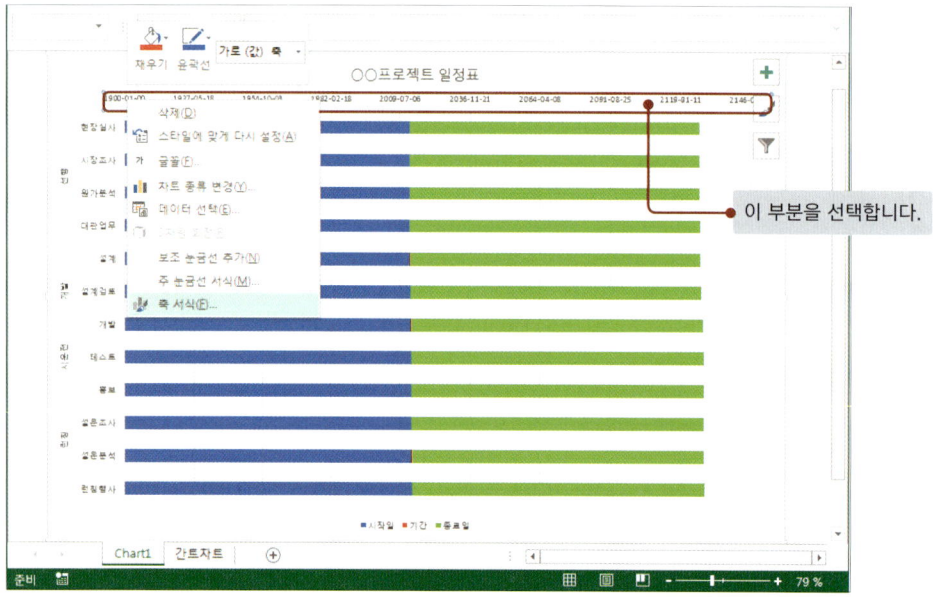

7. 가로 축의 날짜를 지정해 보겠습니다. 이때 최소값과 최대값은 데이터 시트의 전체 일정 중에서 시작일이 되는 가장 빠른 날짜와 종료일을 지정합니다. 또한 엑셀에서 날짜 데이터는 숫자 데이터의 하나입니다. [최소값]과 [최대값]을 입력하면 숫자로 변경되는 것을 볼 수 있습니다.

[축 옵션]의 [경계] → [최소값]은 '2013-02-01'을 입력하고 [최대값]은 '2014-05-30'을 입력합니다. 그러면 다음과 같이 각 작업별로 시작일과 기간, 종료일이 구분되어 막대가 변경됩니다.

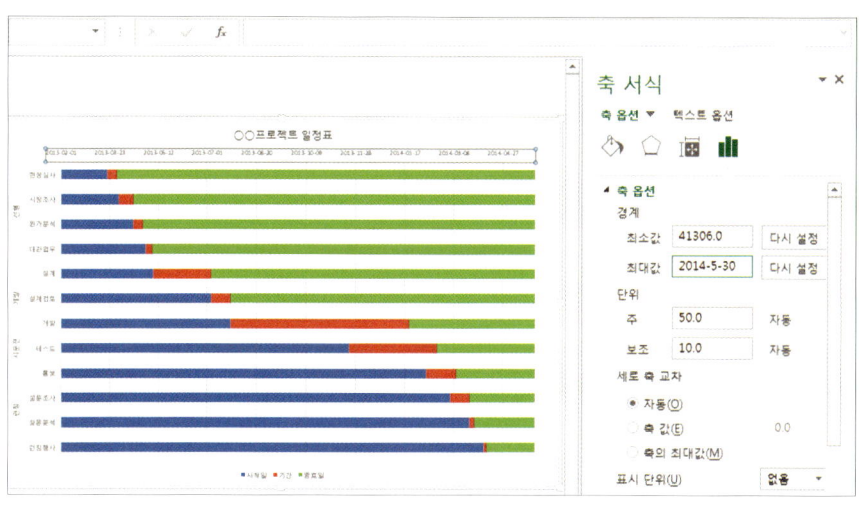

하위 버전에서는

엑셀 2007 버전에서 날짜를 지정할 때는 yyyy-mm-dd 형태로 입력하면 인식하지 않습니다. 이미 셀 서식 부분에서 익혔듯이 날짜는 숫자 속성을 가진 데이터이므로 숫자로 변경해서 입력해야 합니다. 셀에 입력된 날짜의 숫자 데이터는 [셀 서식] 대화상자의 [표시 형식] 탭에서 확인할 수 있습니다.

엑셀 버전	날짜 입력 값
2007	42326
2010	2015-11-18
2013	2015-11-18
2016	2015-11-18

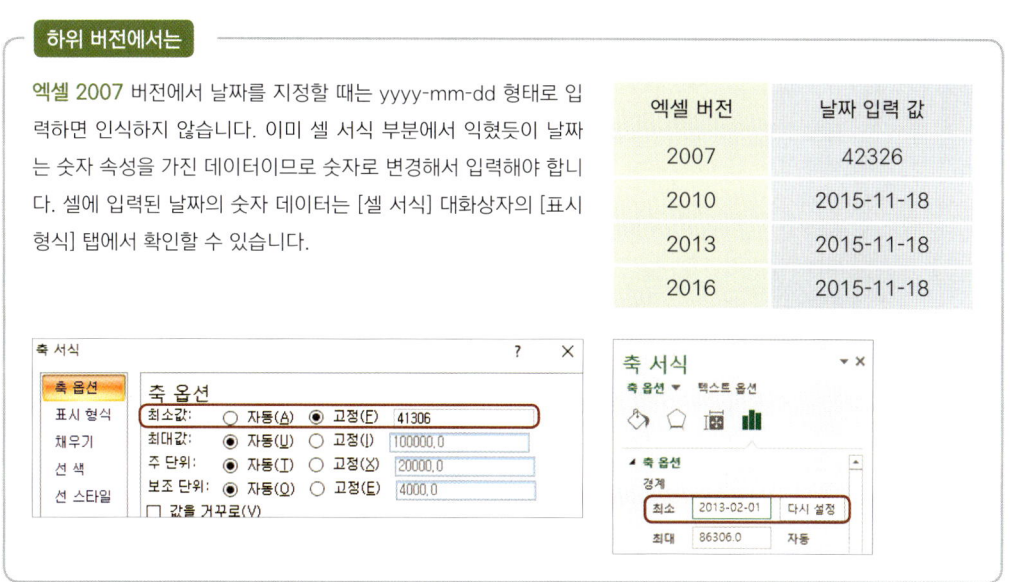

8. 이번에는 각 계열의 날짜와 소요일(기간)을 막대 안에 나타내 보겠습니다. 우선 시작일을 나타내는 파란색 막대를 선택하고 마우스 오른쪽 버튼을 클릭한 다음 [데이터 레이블 추가] → [데이터 레이블 추가]를 클릭합니다.

이후 빨간색 막대와 녹색 막대도 동일하게 실행해서 데이터 레이블을 모두 나타냅니다.

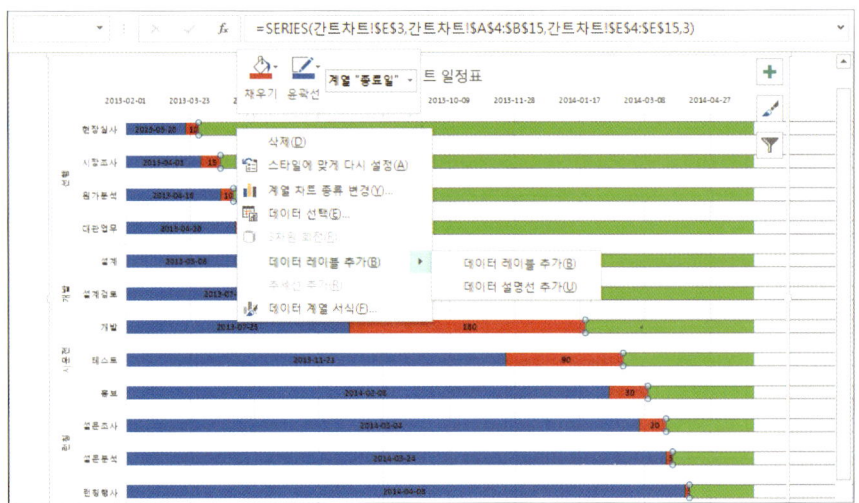

9. 이번에는 삽입한 데이터 레이블의 위치를 변경해 보겠습니다. 파란색 막대의 데이터 레이블을 선택한 후 마우스 오른쪽 버튼을 클릭해서 [데이터 레이블 서식]을 실행합니다.

10. 파란색 막대의 데이터 레이블 위치를 지정하기 위해서 [데이터 레이블 서식] 작업창의 [레이블 옵션] 아이콘을 선택하고 [레이블 위치]를 [안쪽 끝에]로 선택합니다.

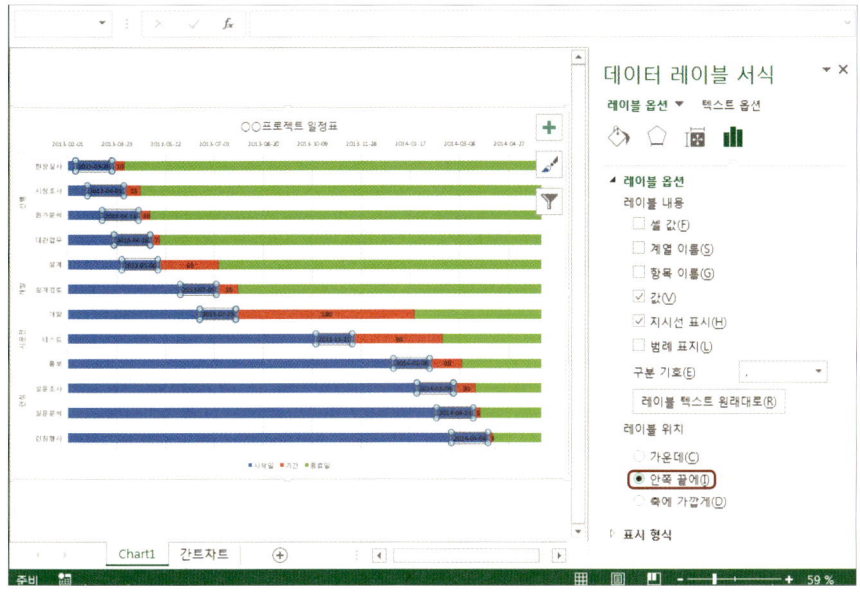

11. 녹색 막대의 데이터 레이블의 위치도 변경해 보겠습니다. 그런데 녹색 막대의 레이블은 차트 영역에서 보이지 않아서 선택할 수가 없습니다. 이런 경우에는 녹색 막대를 선택한 다음 마우스 오른쪽 버튼을 클릭해서 [데이터 레이블 서식(B)] 메뉴를 선택하면 됩니다.

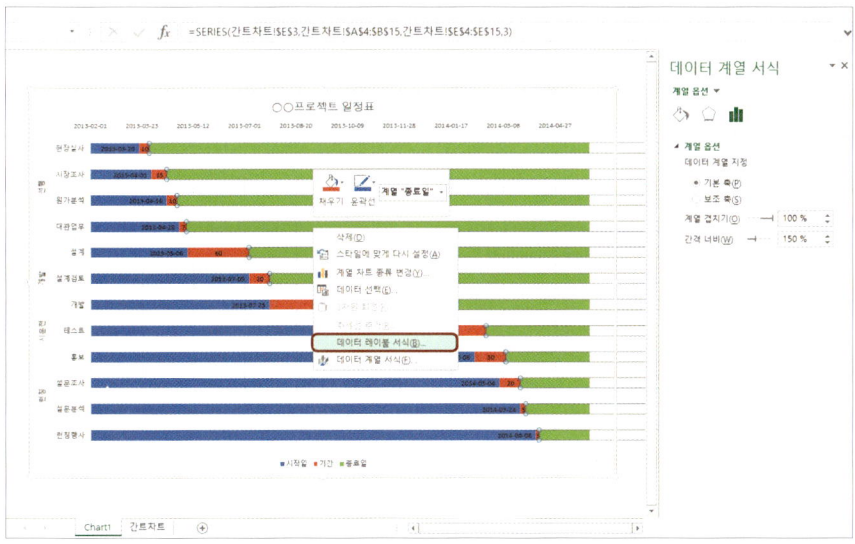

12. [데이터 레이블 서식] 작업창의 [레이블 옵션] 아이콘을 선택하고 [레이블 위치]는 [축에 가깝게]를 선택합니다.

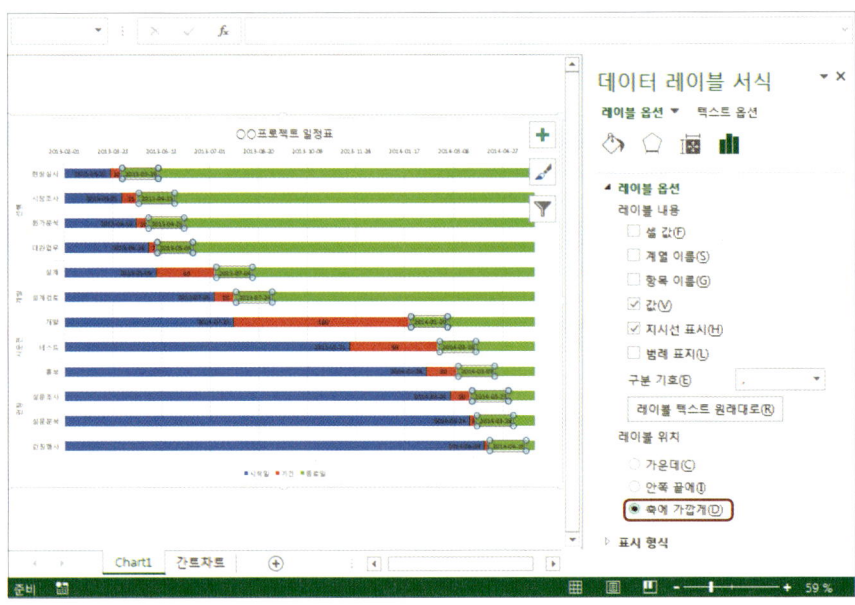

13. 이 차트에서 가장 중요한 것은 기간 막대입니다. 차트의 옵션을 이용해서 작업 기간을 강조해 보겠습니다. 파란색 막대를 마우스 오른쪽 버튼으로 클릭한 뒤 [데이터 계열 서식]을 실행합니다.

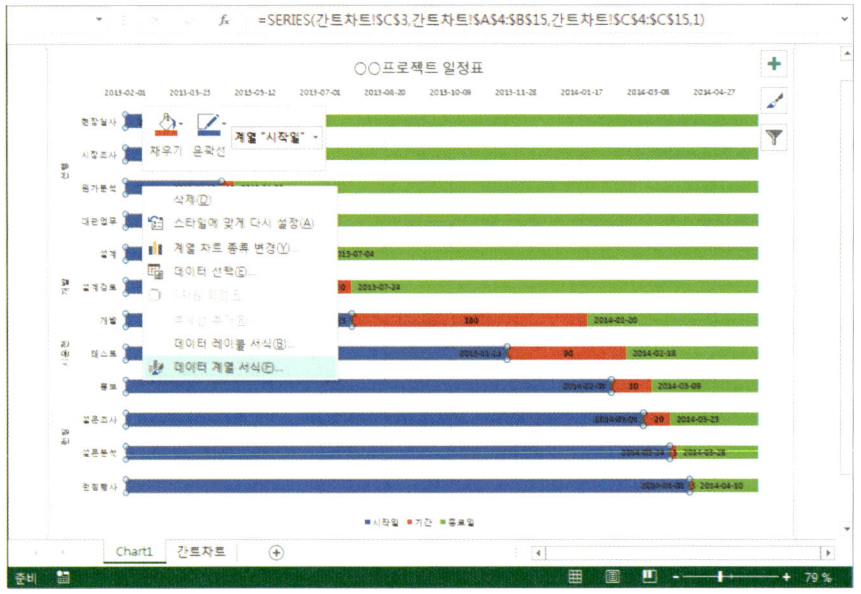

14. [데이터 계열 서식] 작업창에서 파란색 막대의 채우기 옵션을 변경합니다. [채우기] 아이콘을 클릭하고 [채우기]는 [채우기 없음]을 선택합니다.

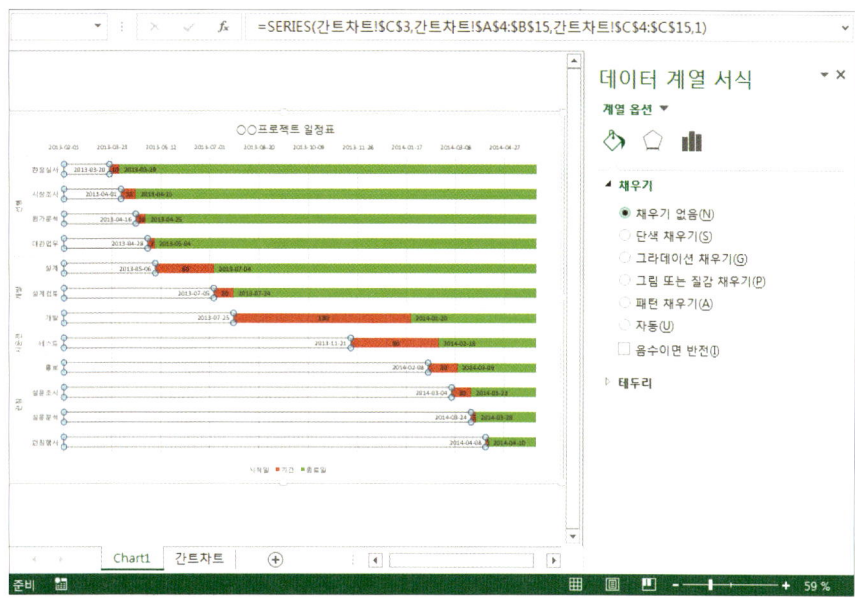

15. 녹색 막대의 채우기 옵션도 변경합니다. 녹색 막대를 선택하고 마우스 오른쪽 버튼을 클릭합니다. [데이터 계열 서식]을 실행하고 [채우기] 아이콘을 클릭한 후 [채우기 없음]을 선택합니다.

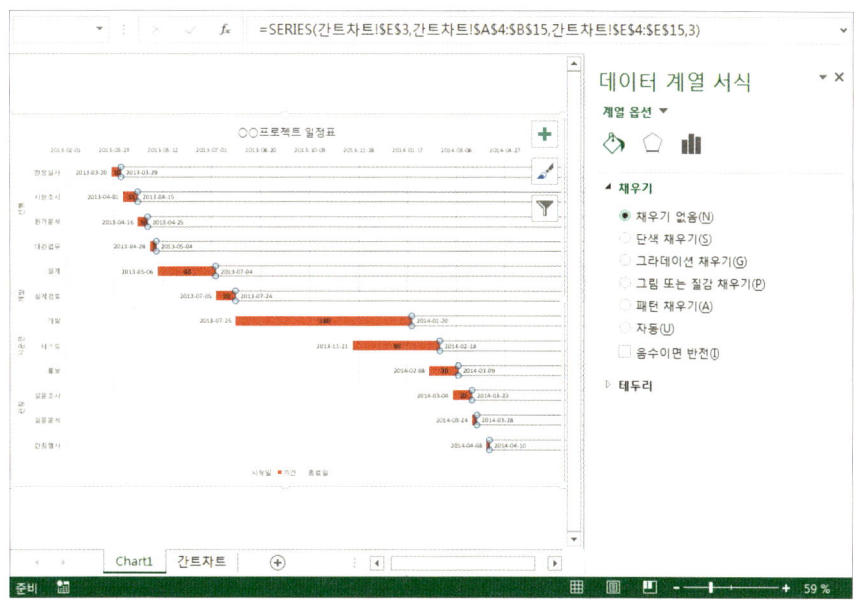

16. 작업 기간을 나타내는 빨간색 막대만 남았습니다. 이번에는 이 막대에 입체감을 주어 더 강조해 보겠습니다. 빨간색 막대를 마우스 오른쪽 버튼으로 클릭해서 [데이터 계열 서식]을 실행합니다. [데이터 계열 서식] 작업창에서 [효과] 아이콘을 선택하고 [3차원 서식]의 [위쪽 입체]의 [너비], [높이]를 '6 pt'로 지정합니다.

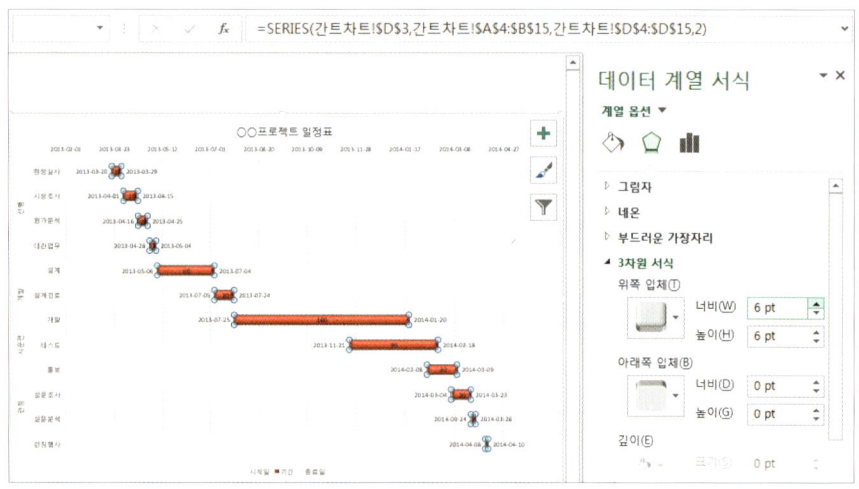

17. 기간을 나타내는 빨간색 막대의 데이터 레이블 서식을 변경해서 눈에 띄게 편집하겠습니다. 빨간색 막대의 레이블을 선택하고 [홈] 탭 → [글꼴] 그룹 → [굵게]를 선택하고 [글꼴 색]은 '흰색, 배경1'을 선택합니다. 마지막으로 [글꼴 크기]는 '12'로 지정합니다.

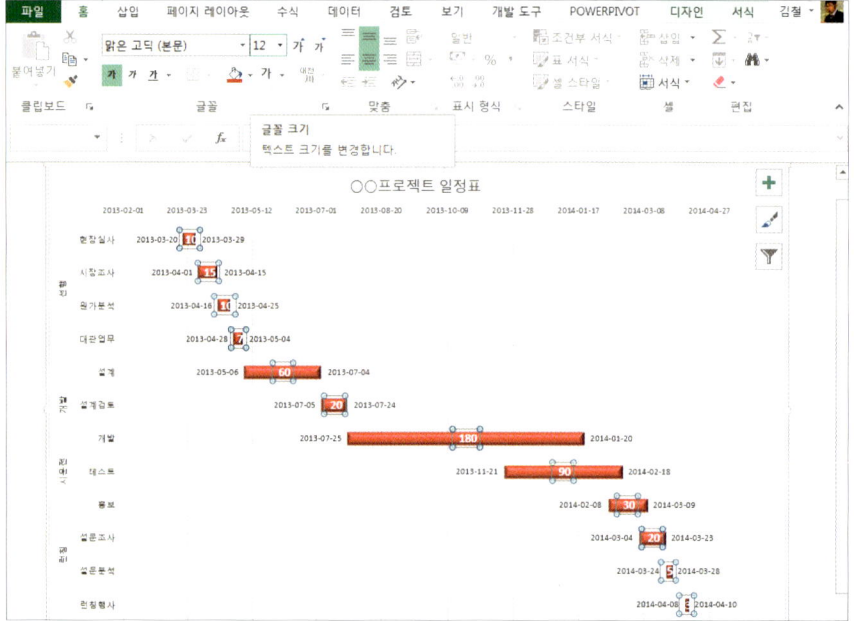

18. 각 작업 시작일의 데이터 레이블 서식을 변경합니다. 시작일 [데이터 레이블]을 선택하고 [홈] 탭 → [글꼴] 그룹 → [굵게]를 선택합니다. 그리고 [글꼴 색]은 '진한 파랑, 텍스트 2, 50% 더 어둡게'를 선택한 다음 [글꼴 크기]는 '12'로 지정합니다.

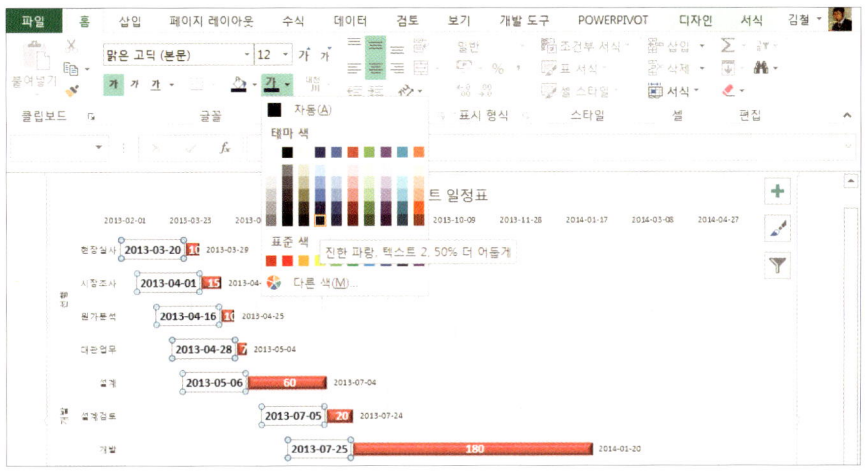

19. 종료일 [데이터 레이블]을 선택하고 [홈] 탭 → [글꼴] 그룹 → [굵게]를 선택합니다. 그리고 [글꼴 색]은 '주황, 강조 6, 50% 더 어둡게'를 선택한 다음 [글꼴 크기]는 '12'로 지정합니다.

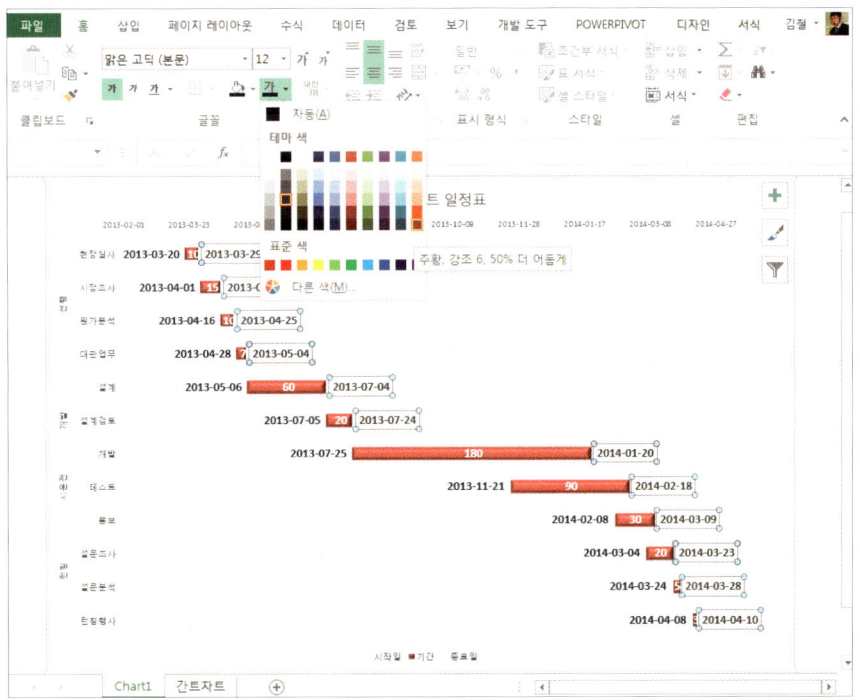

20. 이번에는 차트의 배경이 되는 그림 영역의 서식을 변경합니다. 그림 영역을 선택한 후 마우스 오른쪽 버튼을 클릭해서 [그림 영역 서식]을 실행합니다.

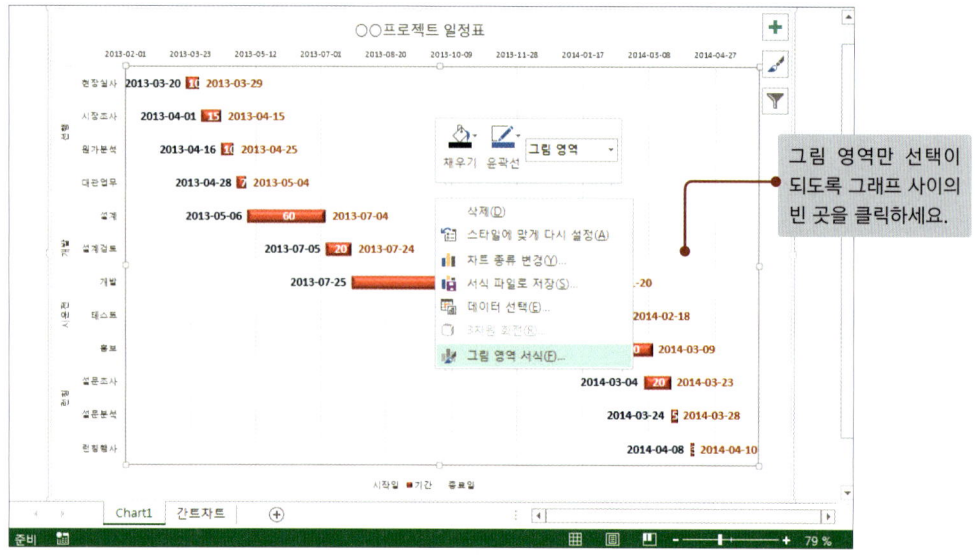

21. [그림 영역 서식] 작업창의 [채우기 및 선] 아이콘을 선택하고 [그라데이션 채우기]를 클릭해서 그림 영역을 그라데이션 효과로 나타냅니다.

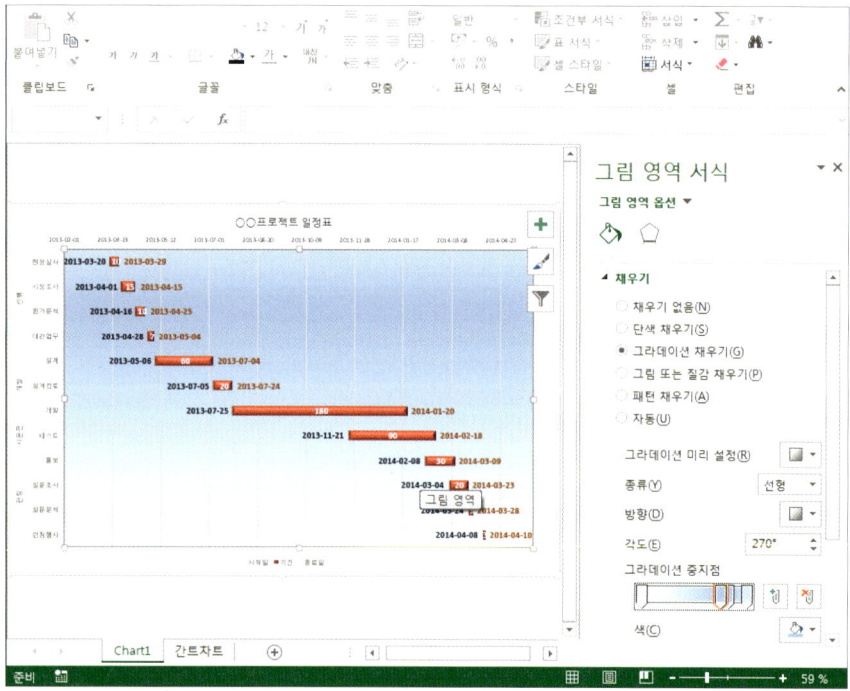

22. 마지막으로 간트 차트의 제목 서식을 변경해서 차트를 마무리하겠습니다. 차트 제목을 선택하고 [홈] 탭 → [글꼴] 그룹 → [굵게]를 선택하고 [글꼴 크기]는 '18'을 선택합니다.

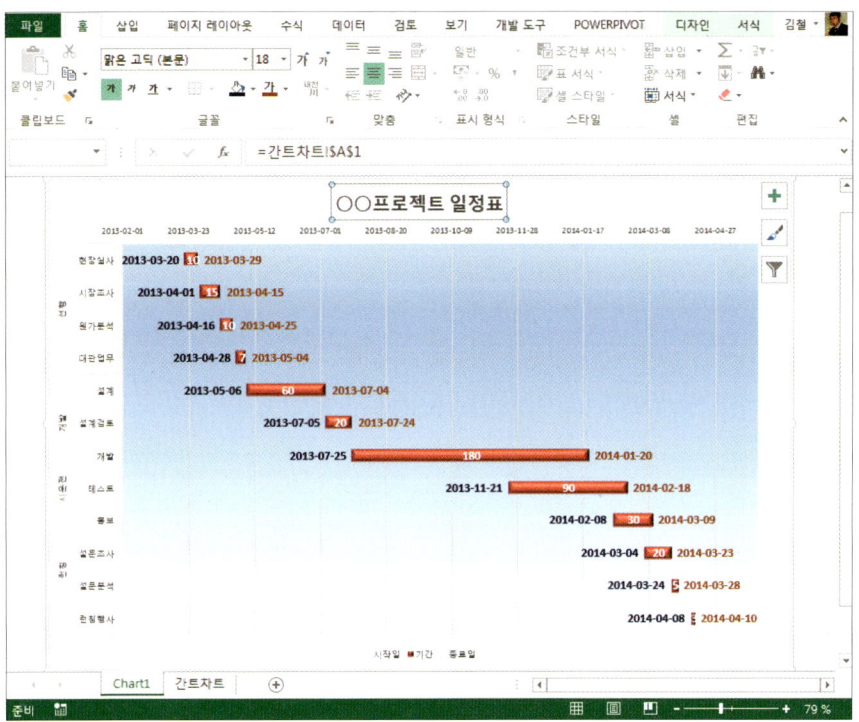

14 | 점유율을 효과적으로 비교하는 원형 차트

이번 장에서는 차트 보고서를 시각화하는 다양한 방법 중에서 원형 차트를 활용하는 차트 작성법을 알아보겠습니다. 2차원 원형 차트나 3차원 원형 차트, 방사형 차트 등을 활용해서 데이터 정보를 시각화하면 각 데이터의 분포 현황이나 특정 계열의 요소가 확연하게 구분되어 유용합니다. 그래서 원형 차트 보고서는 각 영업점별 매출 분석이나 지역의 분포 현황 등에 많이 사용됩니다.

14-1 차트 안의 차트로 세부 항목을 설명하는 방법 – 원형 대 원형 차트
14-2 점유율을 입체감 있게 나타내는 방법 – 3차원 원형 차트
14-3 원형 차트를 반원 형태로 응용해서 사용하는 방법 – 반원 차트

이대리 이야기

차트를 두 개 만들 필요 없는 원형 대 원형 차트!

이대리는 대리점별 매출 현황 보고서를 작성하고 있다. 점유율을 나타내기 적합한 원형 차트로 보고서를 작성했지만 매출이 큰 강남점은 논현동, 청담동, 역삼동 외 세 지역으로 나누어져 있는 것이 아쉽다. 나누어서 보는 것도 필요하지만 다른 대리점과 비교하려면 하나로 합산된 점유율도 필요한데…… 원형 차트를 하나 더 만드는 방법 말고는 없는 걸까?

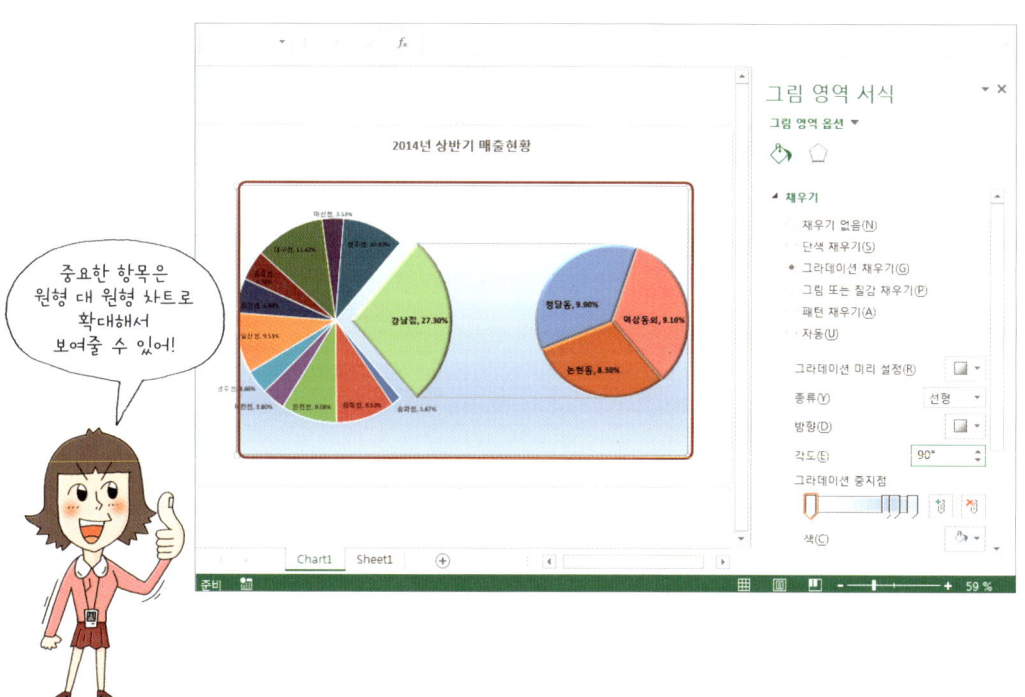

중요한 항목은 원형 대 원형 차트로 확대해서 보여줄 수 있어!

✓ 2007 ✓ 2010 ✓ 2013 ✓ 2016

14-1 　　　차트 안의 차트로 세부 항목을 설명하는 방법 - 원형 대 원형 차트

전체 대리점 중에서 각 대리점별 매출 분포를 나타낸 다음 특정 대리점만 다시 구분해서 나타내야 할 때, 일반적인 원형 차트를 사용하면 차트 보고서를 만드는 데 작업을 두 번 해야 해서 불편합니다. 하지만 원형 대 원형 차트는 전체적인 매출 분포를 차트로 만든 후 더 세부적인 사항까지 한꺼번에 나타낼 수 있습니다. 이번에는 원형 대 원형 차트를 만드는 방법과 다양한 팁을 살펴보겠습니다. 우선 **14장_01_원형_대_원형 차트_예제.xlsx**라는 예제 파일을 불러옵니다.

14개나 되는 대리점을 하나의 원형 차트로 표현하려고 하면 너무 복잡하죠. 그래서 모든 지점을 다 표시하지 않고 몇 지점은 묶어서 보기 편하게 만들어 보겠습니다.

차트를 작성할 범위를 선택하고 템플릿 선택하기

1. '2014년 상반기 매출현황' 차트를 확인해보면 대리점별 매출 금액과 각 대리점별 매출의 분포를 나타내는 데이터(백분율로 표시한 점유율)가 작성되어 있습니다. 원형 대 원형 차트에서 대리점별 매출 보할을 나타내기 위해 먼저 데이터 차트로 작성될 데이터 범위인 [A3:A17] 셀을 선택하고 Ctrl 키를 누른 채로 [C3:C17] 셀을 선택합니다. [삽입] 탭 → [차트] 그룹 → [원형 또는 도넛형 차트 삽입]을 확장해서 [2차원 원형] → '원형 대 원형' 차트를 클릭합니다.

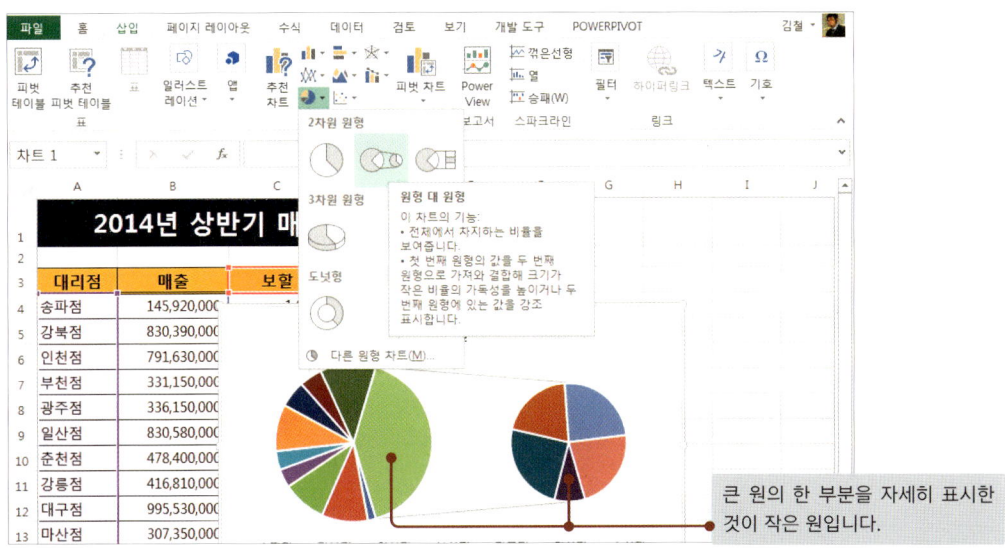

점유율을 효과적으로 비교하는 원형 차트 **335**

> **하위 버전에서는**
>
> 엑셀 2007 버전에서는 데이터를 선택한 다음 [삽입] 탭 → [차트] 그룹 → [원형] 메뉴를 확장해서 [2차원 원형] → [원형 대 원형] 차트를 선택하면 됩니다.

2. 삽입한 차트는 새 시트로 옮겨서 작업하겠습니다. [디자인] 탭 → [위치] 그룹 → [차트 이동]을 클릭하고 [차트 이동] 대화상자의 [새 시트] 옵션을 선택한 뒤 [확인] 버튼을 클릭합니다.

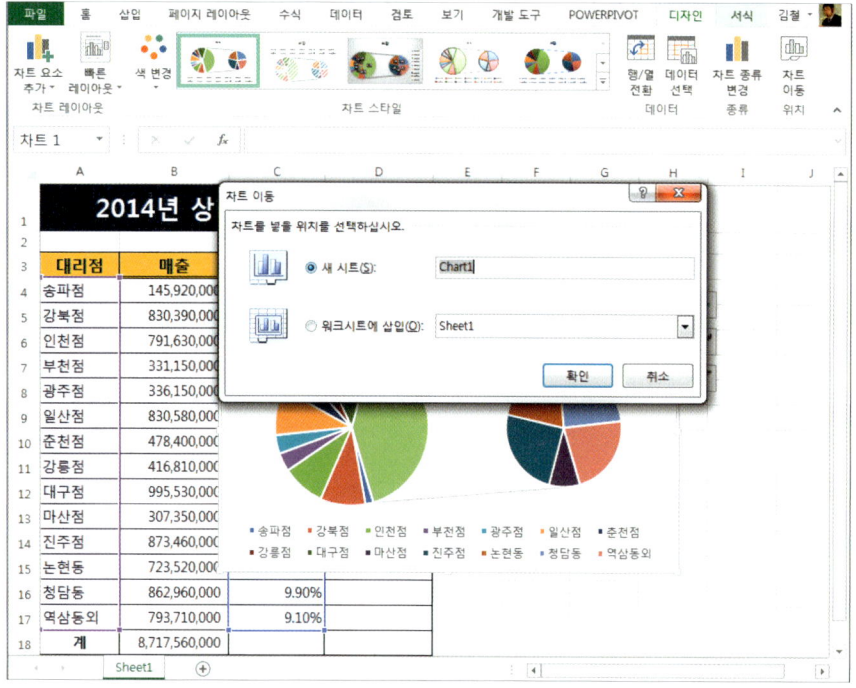

3. 옮겨진 차트에서 큰 원형 차트는 데이터(백분율로 구분한 대리점별 매출 비율)에 따라 대리점별로 구분되었습니다. 이번에는 작은 원형 차트에 나타낼 계열 요소의 개수를 설정하도록 하겠습니다. 원형 대 원형 차트의 원을 마우스 오른쪽 버튼으로 클릭해서 [데이터 계열 서식]을 실행합니다.

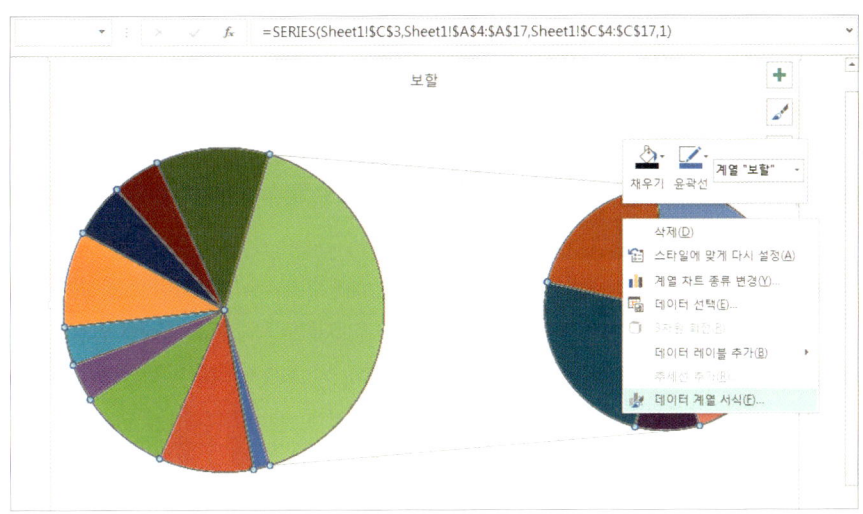

4. [데이터 계열 서식] 작업창에서 작은 원인 둘째 영역 값을 지정해 보겠습니다. [데이터 계열 서식] 작업창의 [계열 옵션] 아이콘을 선택하고 [둘째 영역 값]을 '3'으로 지정하고 Enter 를 누릅니다. 이때 원형 대 원형 차트의 작은 원을 구분하는 내부 영역의 개수가 3개로 변경되는 것을 확인할 수 있습니다.

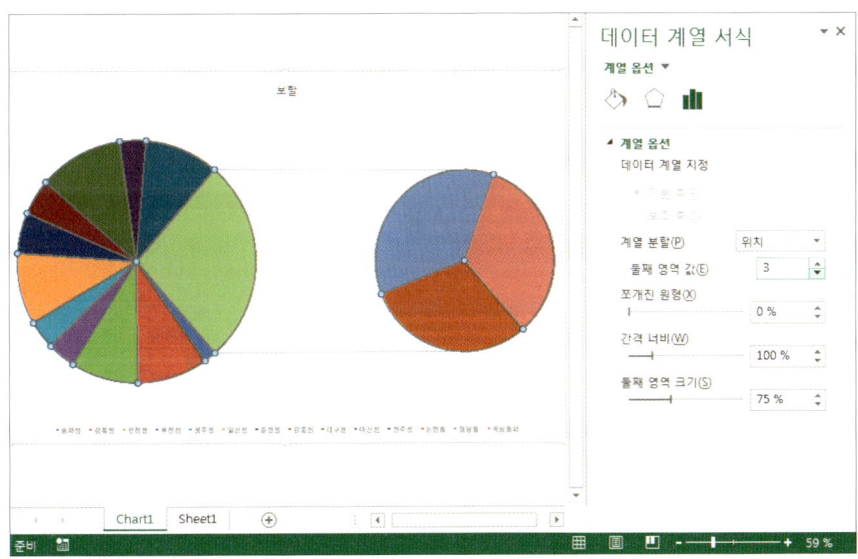

> **하위 버전에서는**
>
> 엑셀 2007 버전에서는 [데이터 계열 서식] 대화상자의 [계열 옵션] 영역에서 [둘째 영역에 포함할 마지막 값]에 '3'을 입력하면 됩니다.

> **김철 쌤의 한마디!** 둘째 원형 차트 영역에 나타난 데이터는 어떤 데이터일까요?
>
> 원형 대 원형 차트에서 작은 원형 차트에는 표에 입력된 데이터 중 가장 밑에 있는 데이터부터 순차적으로 배치됩니다. 따라서 현재 예제의 경우, 3개로 구분한 작은 원형 차트에는 [Sheet1] 시트의 [A15:A17, C15:C17] 셀에 배치된 내용이 들어가게 됩니다.

데이터 레이블을 넣고 항목 이름도 함께 표기하기

1. 이번에는 비어 있는 원형 차트에 데이터 레이블을 나타내는 과정입니다. 원형 대 원형 차트의 원을 마우스 오른쪽 버튼으로 클릭하고 [데이터 레이블 추가] → [데이터 레이블 추가]를 실행합니다.

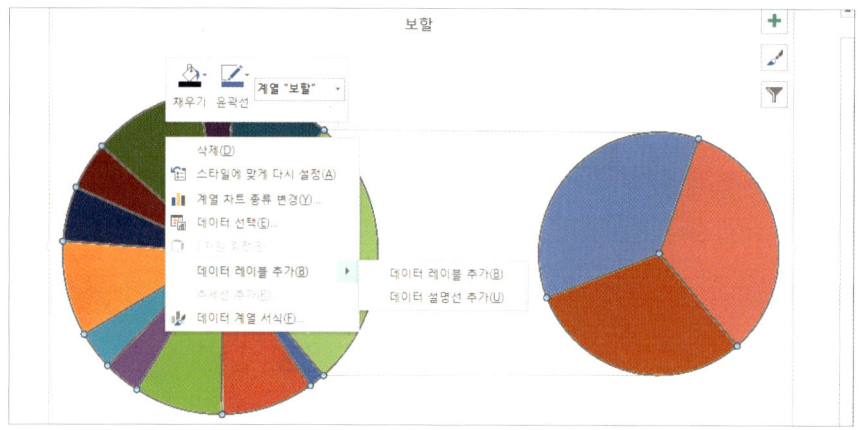

2. 각 매장의 이름을 확인할 수 있도록 항목 이름도 레이블에 함께 나타내도록 하겠습니다. 데이터 레이블을 마우스 오른쪽 버튼으로 클릭하고 [데이터 레이블 서식]을 실행합니다.

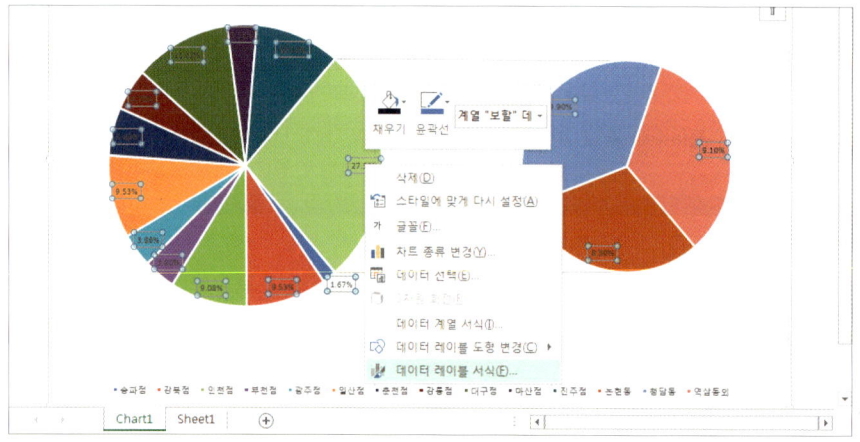

3. [데이터 레이블 서식]의 [레이블 옵션]에서 [레이블 내용] 항목 중 '항목 이름'을 클릭하면 차트의 레이블에 항목 이름과 값이 함께 표시됩니다.

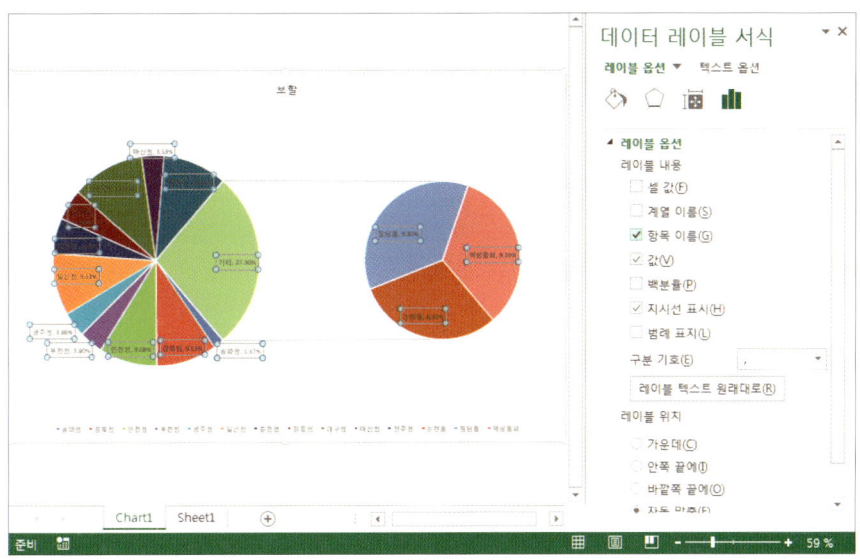

✔ 현재 차트에서 확인할 수 있듯이 계열 요소가 14개나 되기 때문에 각 매장별 분포를 나타내는 범례들의 색상이 비슷합니다. 이런 경우에는 차트 하단의 범례(매장별 색상)만 보고 차트를 빨리 구분할 수 없습니다. 이와 같은 문제를 해결하고 좀 더 직관적으로 차트를 확인하는 방법이 바로 레이블에 항목 이름을 함께 표시해주는 것입니다.

4. 차트의 데이터 레이블에 항목 이름을 함께 표기했으므로 차트 하단에 있는 범례는 더 이상 필요없게 되었습니다. 차트 하단의 범례를 선택한 후 Delete 키를 눌러 삭제합니다.

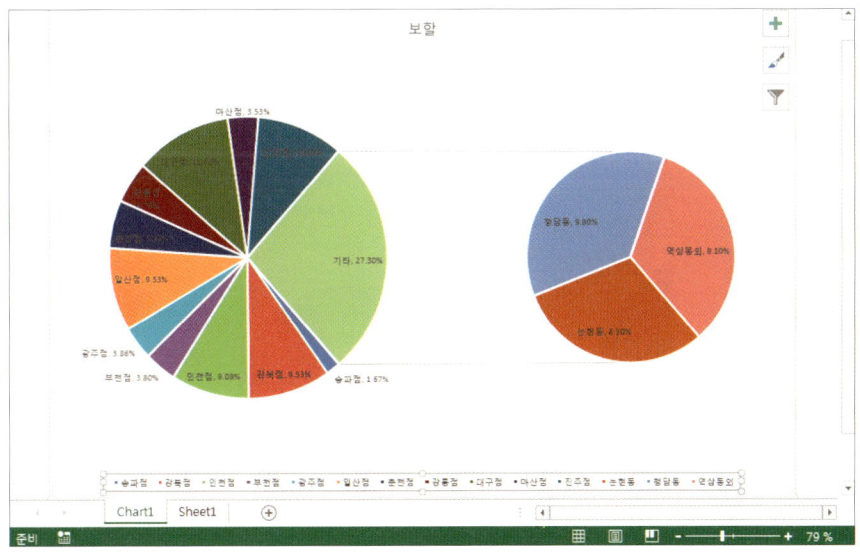

레이블 서식을 이용해서 매장 이름 편집하기

1. [데이터 레이블]을 선택하고 [홈] 탭 → [글꼴] 그룹 → [글꼴 색]을 '검정, 텍스트 1'로 선택합니다.

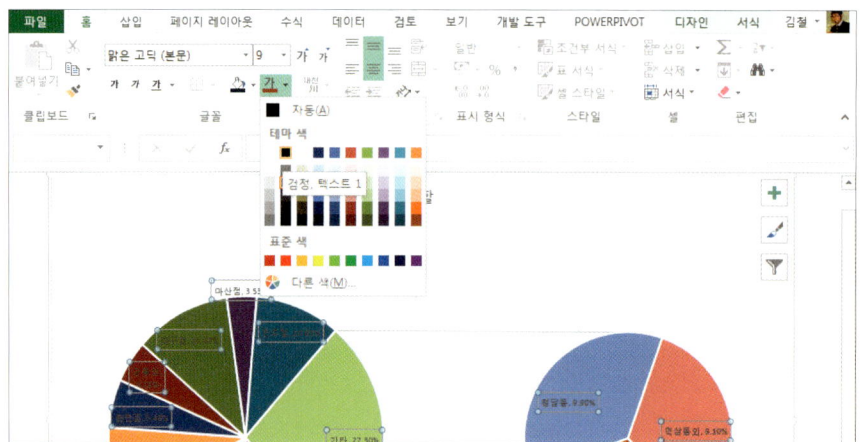

2. 다음으로 강조하려는 데이터 레이블의 서식을 변경하겠습니다. 데이터 레이블을 한 번 클릭하면 전체 데이터 레이블이 선택됩니다. 필요한 데이터 레이블 하나만 선택하려면 해당 레이블만 다시 클릭하면 됩니다. 작은 원형 차트의 내용을 포함하고 있는 큰 원형 차트의 '기타, 27.30%' 항목을 선택합니다. [홈] 탭 → [글꼴] 그룹 → [굵게]를 선택하고 [글꼴 크기]는 '12'로 지정합니다.

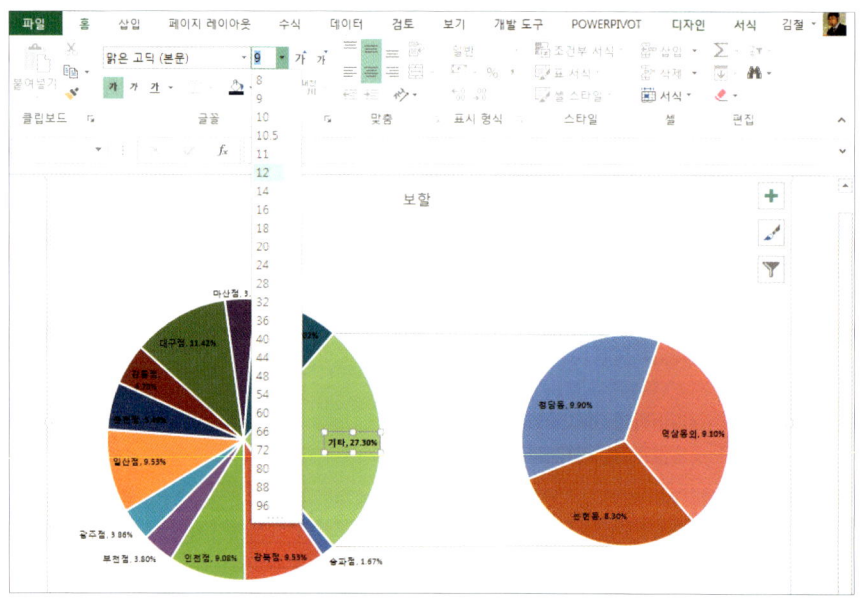

3. 이어서 작은 원형 차트의 데이터 레이블도 서식을 변경하겠습니다. 작은 원형 차트의 데이터 레이블 중 하나를 선택한 다음 [홈] 탭 → [글꼴] 그룹 → [굵게]를 선택하고 [글꼴 크기]는 '12'로 지정합니다. 남은 레이블도 동일한 방법으로 서식을 변경합니다.

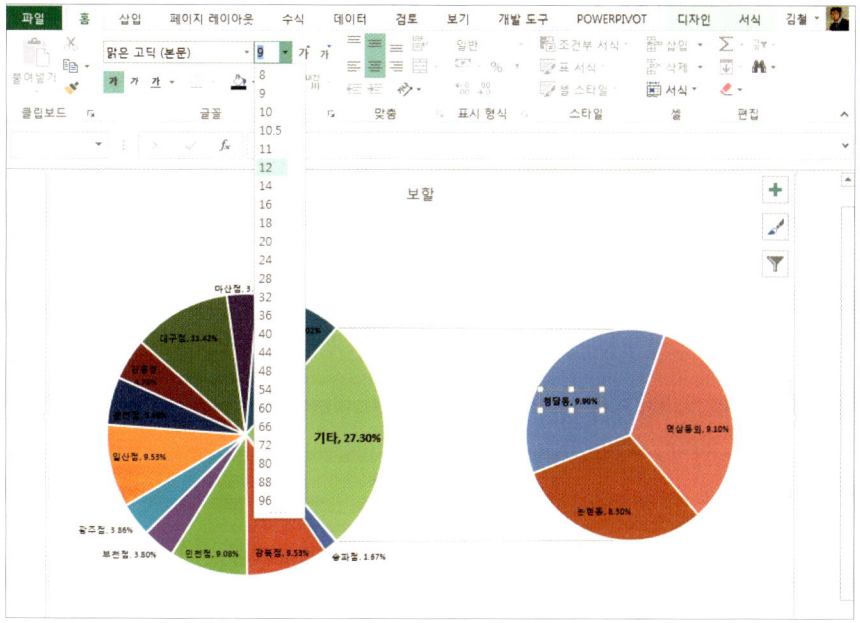

4. '기타, 27.30%'로 작성된 레이블만 선택한 다음 다시 한 번 더 클릭하면 텍스트를 직접 입력할 수 있게 됩니다. '강남점, 27.30%'로 레이블의 이름을 변경해서 청담동을 포함한 강남 일대의 대리점을 강남점으로 통칭합니다.

원하는 계열 요소만 따로 분리해서 강조하기

1. 큰 원형 차트 중에서 강조할 계열 요소를 분리하는 과정을 알아보겠습니다. 하나의 계열 요소를 선택하기 위해 우선 큰 원형 차트를 선택한 다음 '강남점, 27.30%' 영역을 다시 클릭하면 강남점 호만 따로 선택됩니다. 선택된 영역을 오른쪽으로 드래그하면 분리됩니다.

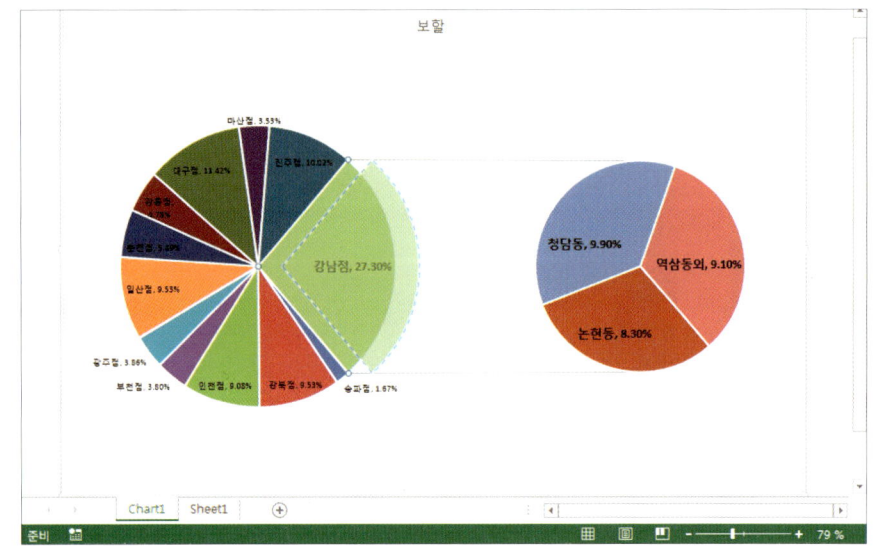

2. 마지막으로 분리한 계열 요소에 입체감을 주어 더욱 강조되도록 하겠습니다. 이전 과정처럼 강남점의 영역만 따로 선택한 다음 마우스 오른쪽 버튼을 클릭해서 [데이터 요소 서식]을 실행합니다.

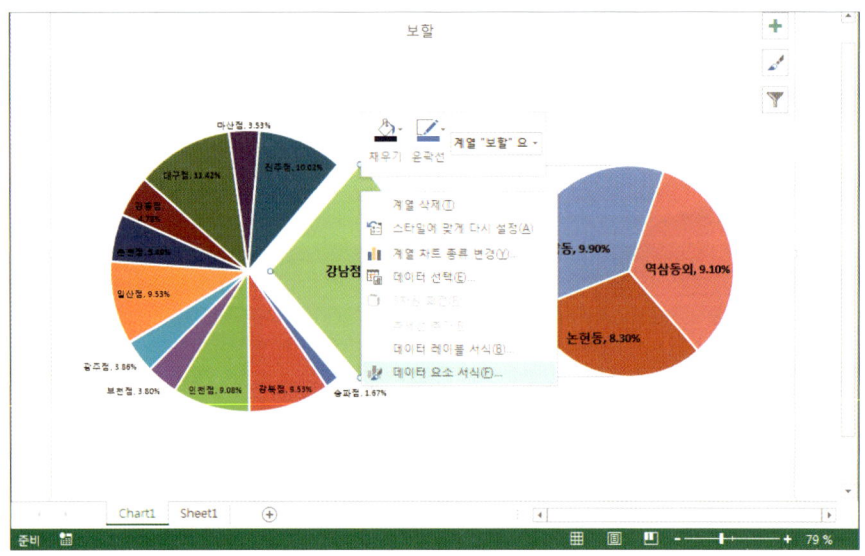

> **김철 쌤의 한마디!** '데이터 요소 서식'이란 무엇일까요?
>
> 예제에서 살펴본 것처럼 원형 차트를 한 번 클릭하면 전체 계열이 선택됩니다. 이때 마우스 오른쪽 버튼을 클릭하면 빠른 메뉴 하단에 [데이터 계열 서식]이라는 메뉴가 나타납니다. 하지만 전체 계열 중 하나의 요소만 별도로 선택한 경우 빠른 메뉴를 나타내면 [데이터 요소 서식]으로 그 메뉴의 명칭이 변경됩니다. [데이터 요소 서식]에서는 선택된 계열 요소를 편집할 수 있는 옵션이 나타납니다.

3. 큰 원형 차트의 강남점 요소의 너비와 높이를 설정해서 입체감을 주도록 하겠습니다. [데이터 요소 서식] 작업창의 [효과] 아이콘을 선택하고 [3차원 서식] 부분에서 [위쪽 입체]의 [너비]와 [높이]를 '6 pt'로 지정합니다.

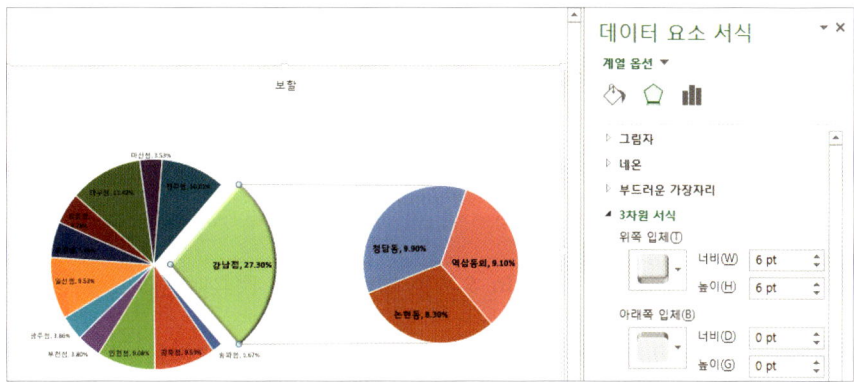

4. 작은 원형 차트의 데이터 요소도 입체 효과를 줍니다. 작은 원형 차트에 속해 있는 3개의 요소도 하나씩 선택해서 수정하면 됩니다. 각각의 요소를 선택한 다음 [데이터 요소 서식] 작업창의 [효과] 아이콘을 선택하고 [3차원 서식] 부분에서 [위쪽 입체]의 [너비]와 [높이]를 '6 pt'로 지정합니다.

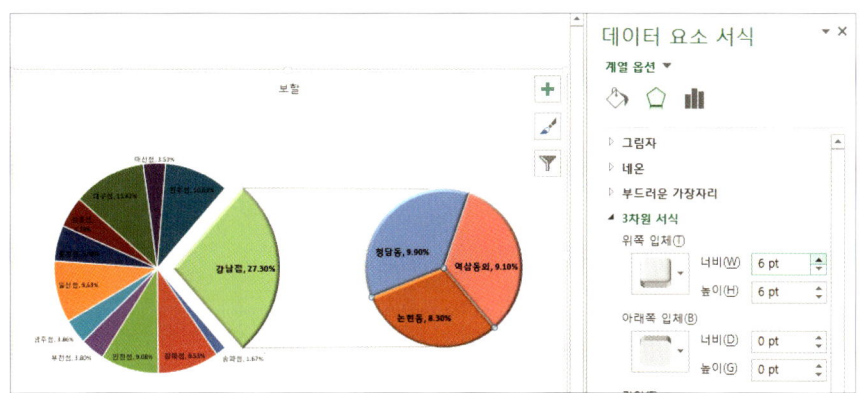

제목을 데이터 시트와 연동시킨 후 배경 수정하기

1. 원형 차트의 편집이 모두 끝났습니다. 이번에는 차트의 제목을 데이터 시트의 제목과 연동시키고 서식을 수정하도록 하겠습니다. 원형 차트 상단에 있는 제목을 선택하고 수식 입력 줄에 =를 입력합니다. 그런 다음 [Sheet1] 시트를 선택해서 [A1] 셀을 선택한 후 Enter 키를 누릅니다. 그리고 제목의 서식을 변경하기 위해 [홈] 탭 → [글꼴] 그룹 → [굵게]를 선택하고 [글꼴 크기]는 '18'을 선택합니다.

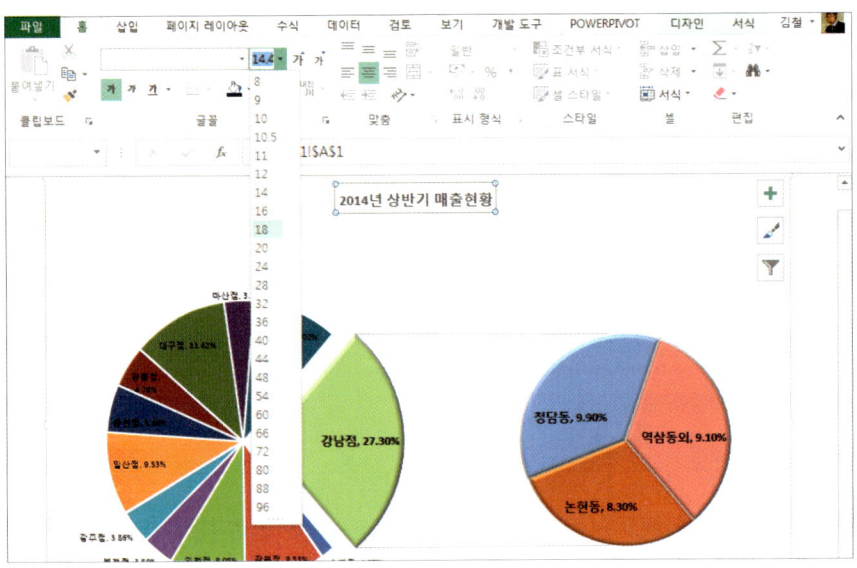

2. 마지막으로 차트의 배경이 되는 그림 영역의 서식을 수정해서 그라데이션 효과를 주도록 하겠습니다. 그림 영역을 마우스 오른쪽 버튼으로 클릭해서 [그림 영역 서식]을 실행합니다.

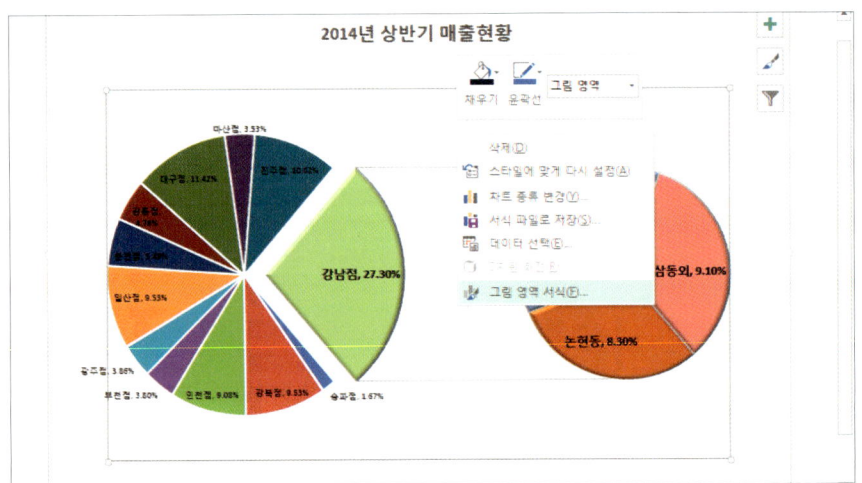

3. [그림 영역 서식] 작업창의 [채우기 및 선] 아이콘을 선택하고 [채우기]의 [그라데이션 채우기]를 선택합니다. 여기에서는 그라데이션의 색상과 방향 등을 추가로 설정할 수 있습니다.

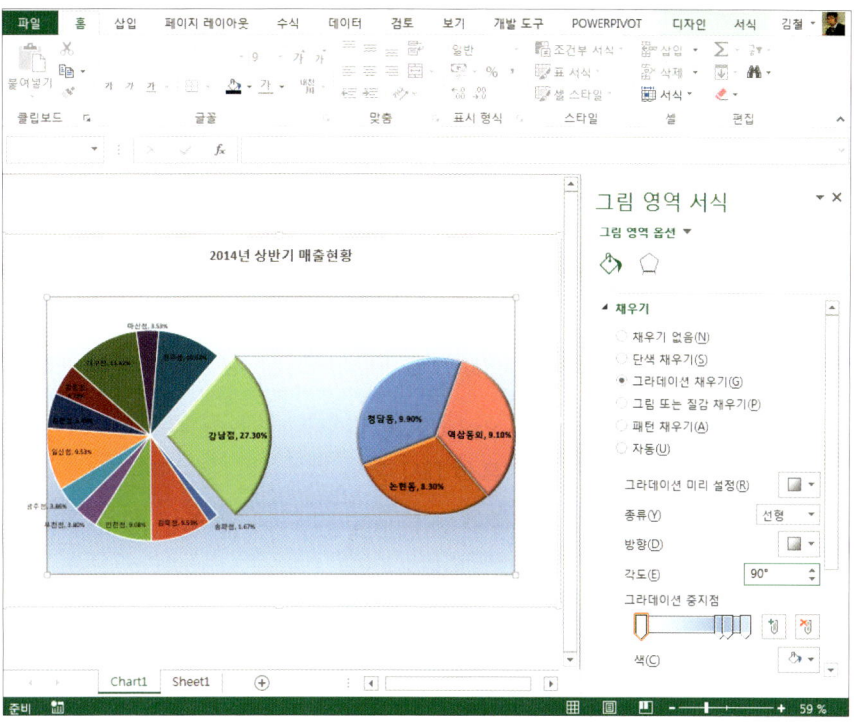

✓ 2007　✓ 2010　✓ 2013　✓ 2016

14-2 점유율을 입체감 있게 나타내는 방법
- 3차원 원형 차트

이번에 알아볼 3차원 원형 차트는 이름 그대로 원형 차트를 입체감 있게 보여주는 방식입니다. 주로 점유율을 나타낼 때 사용하는데, 특정 계열 요소를 강조하는 방법입니다. **14장_02_다양한_원형 차트_예제.xlsx**라는 예제를 통해 3차원 원형 차트에서 특정 계열 요소를 어떻게 강조해서 의미를 전달하게 되는지 그 방법에 대해 살펴보겠습니다.

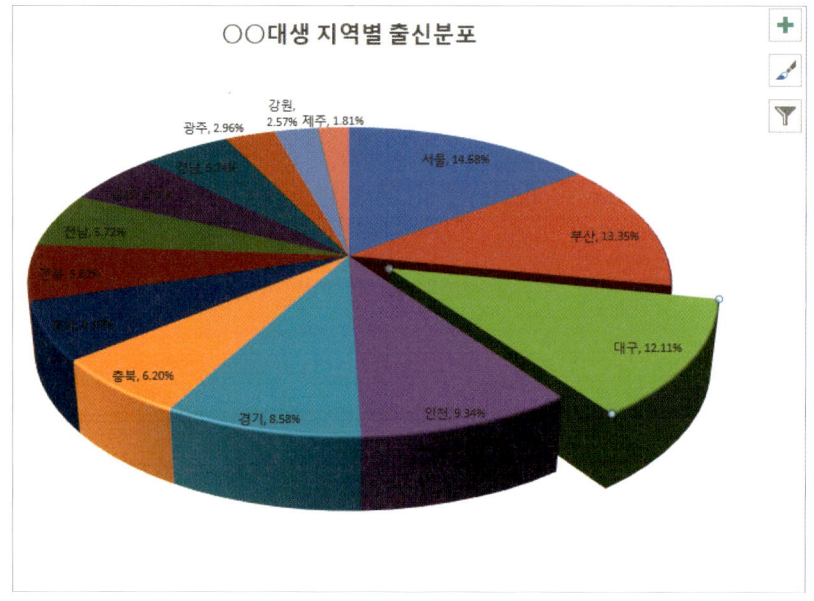

✓ 이번 실습은 앞 과정에서 알아본 원형 대 원형 차트와 진행 과정은 비슷하지만 3차원 원형 차트는 전체 분포에서 특정한 요소의 분포를 한눈에 알아볼 수 있도록 강조하기에는 더 효과적입니다.

어느 대학의 지역별 출신분포를 3차원 원형 차트로 나타내 보겠습니다.

데이터를 3차원 원형 차트로 구성하고 제목 연동하기

1. [Sheet1] 시트에서 3차원 원형 차트로 만들 데이터의 범위를 선택해 보겠습니다. 지역의 [A3:A17] 셀을 선택한 후 Ctrl 키를 누르고 전체 분포에서 각 요소가 차지하고 있는 비율을 나타내는 [C3:C17] 셀을 선택합니다. 필요한 셀 데이터를 모두 선택했다면 [삽입] 탭 → [차트] 그룹 → [원형 또는 도넛형 차트 삽입]을 확장해서 '3차원 원형' 차트를 클릭합니다.

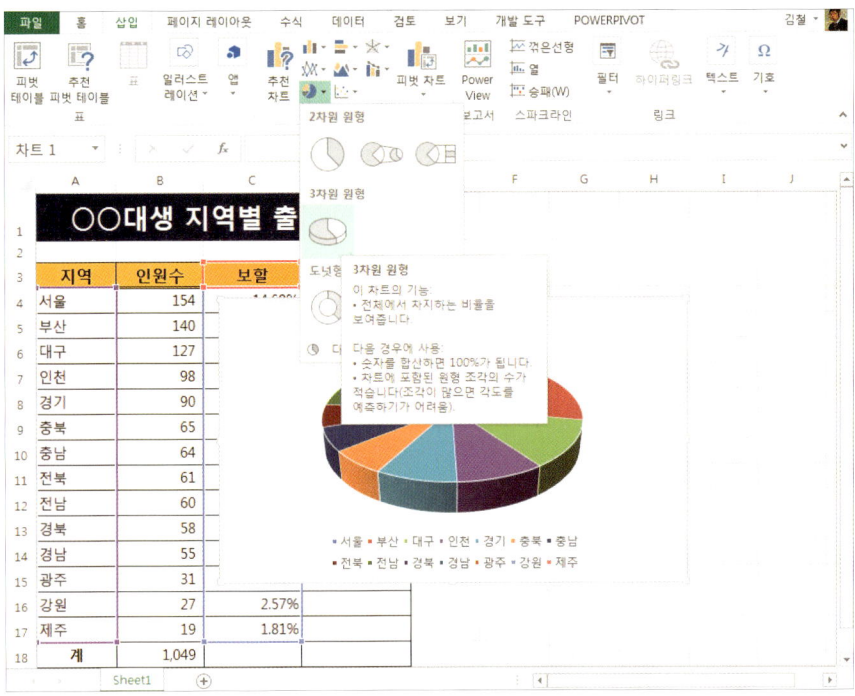

2. 그리고 나서 [디자인] 탭 → [위치] 그룹 → [차트 이동]을 실행해서 [Chart1] 시트로 해당 차트를 이동시킵니다.

3. [Chart1] 시트로 이동된 차트의 각 계열에 데이터 레이블을 표시해 보겠습니다. 차트에 삽입된 3차원 원형 차트를 마우스 오른쪽 버튼으로 클릭해서 [데이터 레이블 추가] → [데이터 레이블 추가]를 클릭합니다.

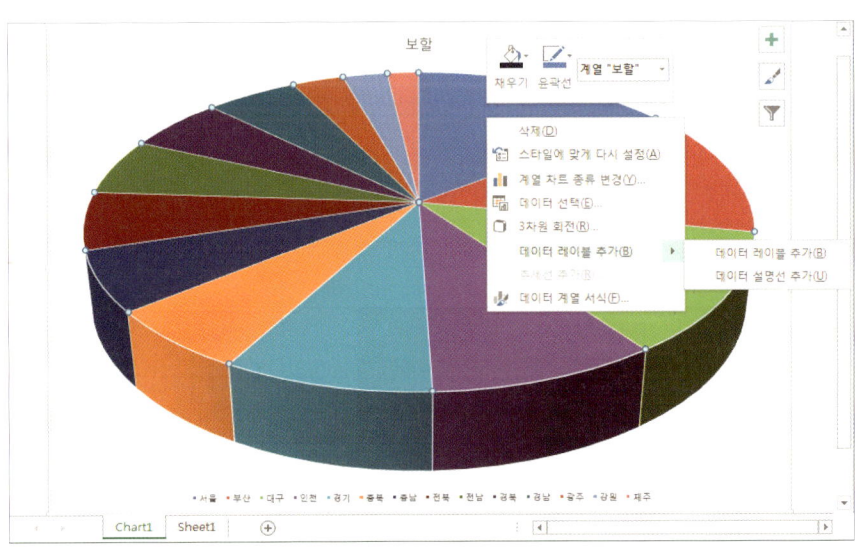

4. 이 3차원 원형 차트도 전체 분포를 구성하는 각 계열 요소의 범례가 너무 많습니다. 이런 경우 각 범례의 분포가 몇 퍼센트인지 구분이 쉽지 않습니다. 그러므로 데이터 레이블의 서식을 변경해서 각 항목의 이름도 레이블에 함께 나타내는 것이 좋겠습니다.

   수치로 표시되어 있는 데이터 레이블을 선택한 다음 마우스 오른쪽 버튼을 클릭해서 [데이터 레이블 서식]을 실행합니다.

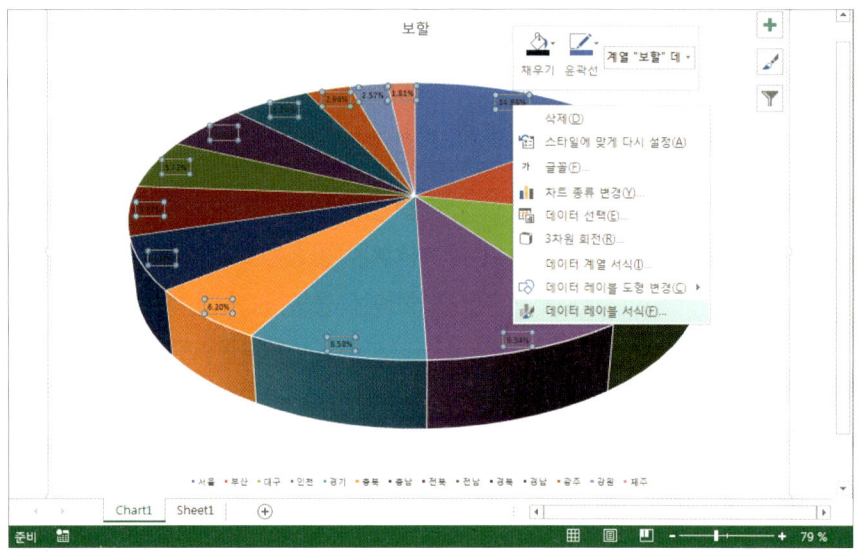

5. [데이터 레이블 서식] 작업창이 나타납니다. [레이블 옵션] 아이콘을 선택하고 [레이블 내용] 중 '항목 이름'을 체크해서 레이블에 항목 이름이 함께 표현되도록 합니다.

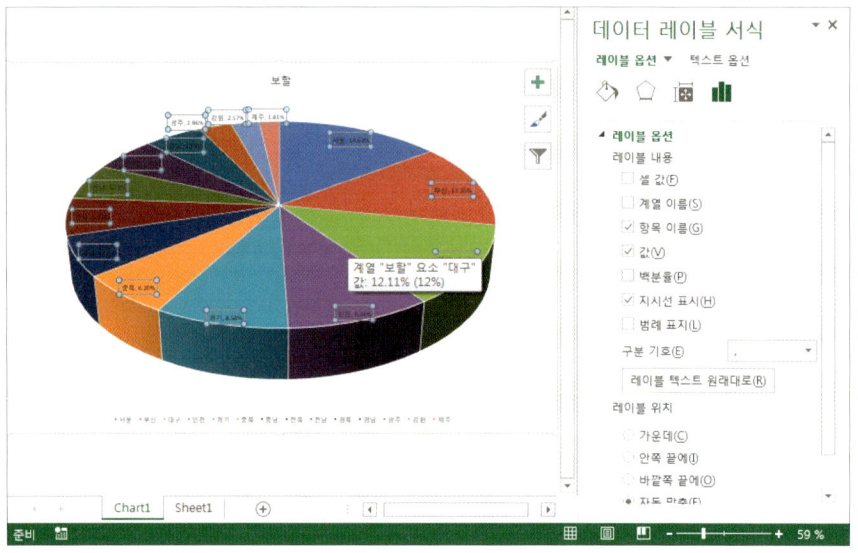

6. 데이터 레이블에 각 항목의 이름까지 나타났으면 이번에는 글꼴의 크기를 변경해 보겠습니다. 모든 레이블이 선택된 상태에서 [홈] 탭 → [글꼴] 그룹 → [글꼴 크기]를 확장해서 '10'을 선택합니다.

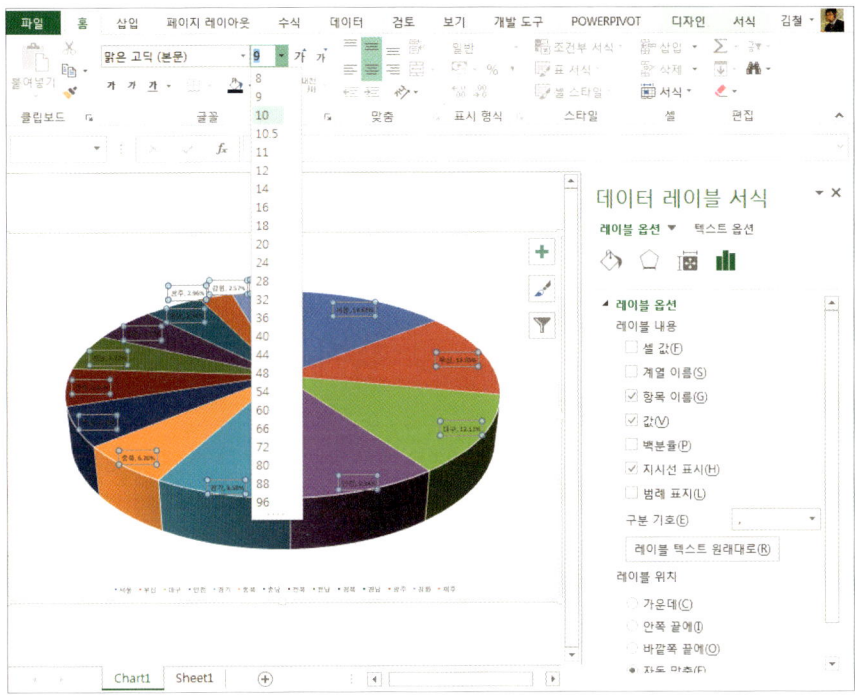

7. 데이터 레이블에 항목 이름까지 표현했으므로 이제 차트 하단에 있는 범례는 필요 없으니 삭제하도록 합니다. 하단의 범례를 선택하고 Delete 키를 눌러 삭제합니다.

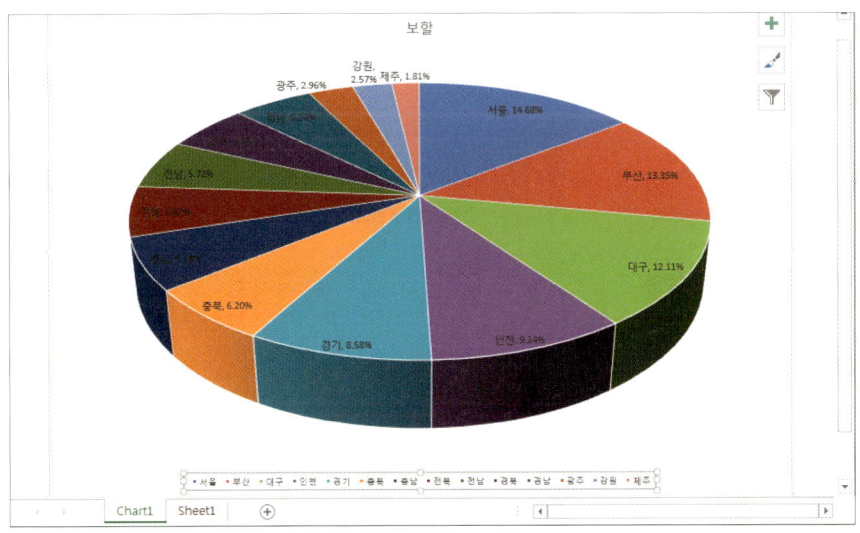

8. 제목을 데이터의 제목과 연동시키고 글꼴 크기를 변경해 보겠습니다. 차트의 제목을 선택하고 수식 입력줄에 =을 입력한 다음 [Sheet1]의 [A1] 셀을 클릭해서 제목을 연동합니다. 그런 다음 제목을 잘 나타내기 위해 [홈] 탭 → [글꼴] 그룹 → [글꼴 크기]를 '18'로 지정합니다.

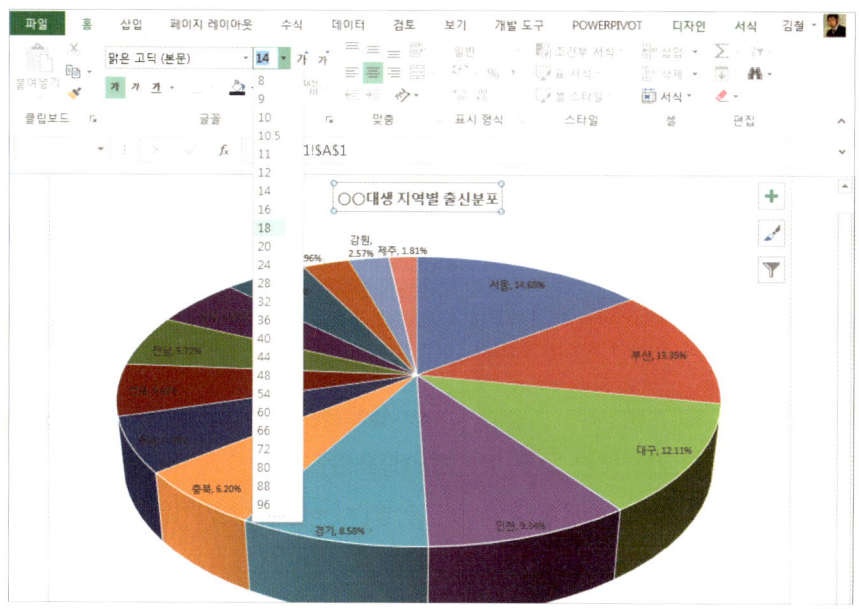

3차원 원형 차트의 모서리를 유연하게 변경하기

1. 3차원 원형 차트를 마우스 오른쪽 버튼으로 클릭해서 [데이터 계열 서식]을 실행합니다.

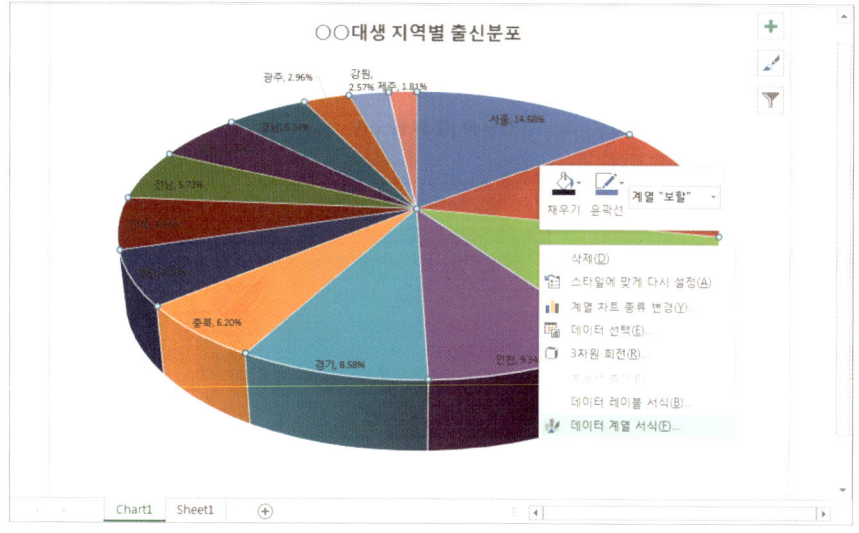

2. 보통 3차원 서식은 너비나 높이를 조정해서 입체감을 나타내는데, 3차원 원형 차트에서는 너비와 높이를 조정해서 모서리를 둥글게 표현할 수 있습니다. 그림 옵션에서 3차원 서식의 수치를 수정해 보겠습니다. [데이터 계열 서식] 작업창의 [효과] 아이콘을 선택하고 [3차원 서식]의 [너비]와 [높이]를 '6 pt'로 지정합니다.

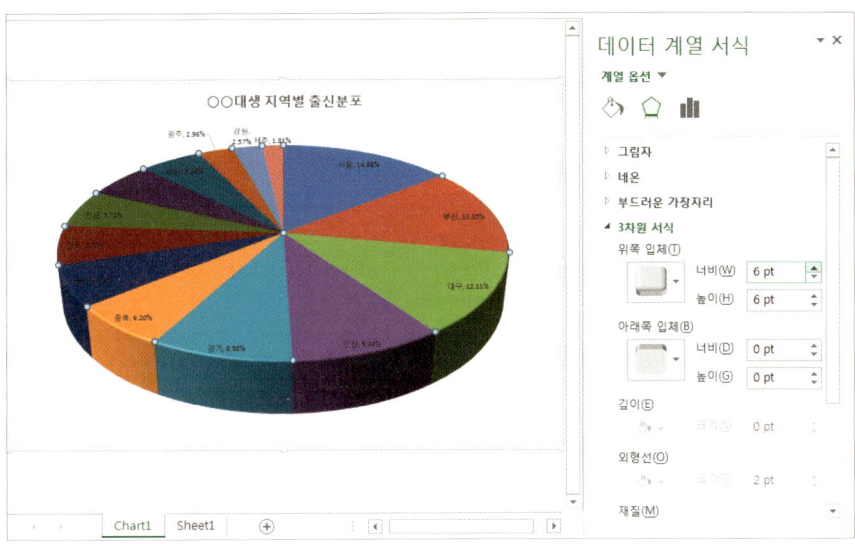

강조하려는 지역만 계열에서 분리해서 나타내기

1. 3차원 원형 차트를 한 번 클릭하면 전체 계열이 선택됩니다. 잠시 기다린 후 분리하려는 지역의 계열 요소를 다시 클릭하면 해당 부분만 선택됩니다. 여기에서는 '대구, 12.11%' 부분을 별도로 선택한 다음 마우스로 드래그하여 적당히 떼어내면 해당 계열 요소만 분리하여 강조하는 효과를 나타낼 수 있습니다.

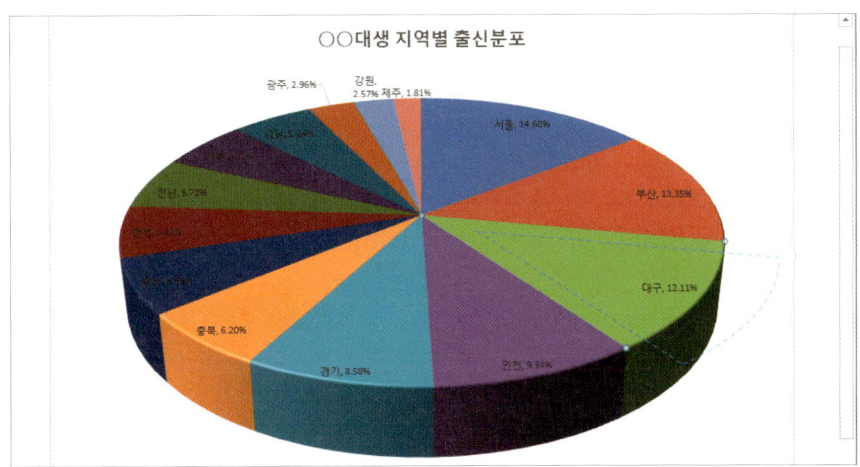

2. 다음 그림처럼 전체 계열에서 대구의 계열 요소만 분리되어 쉽게 구분할 수 있도록 강조되는 효과를 만들 수 있습니다.

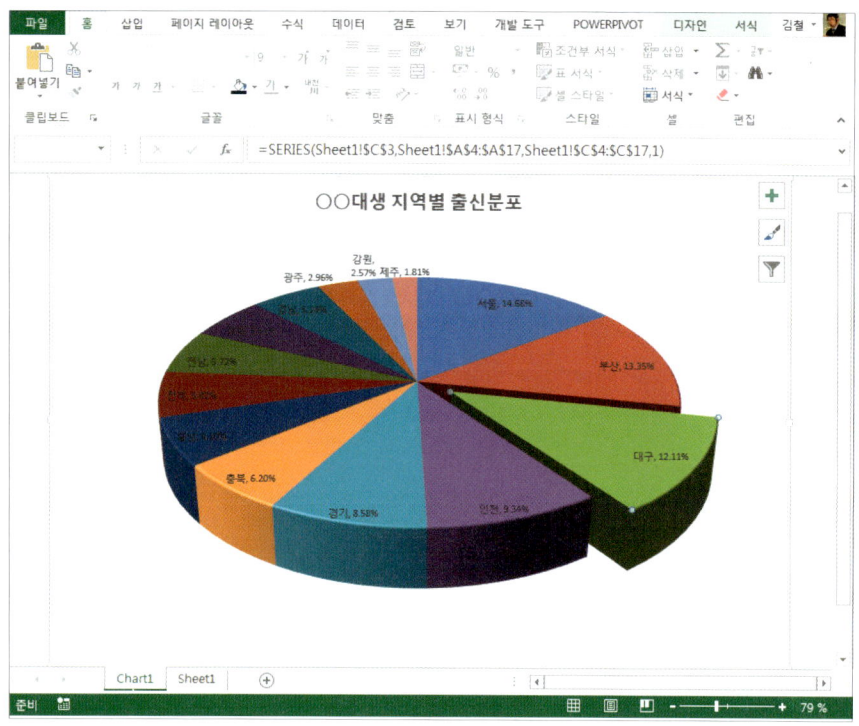

14-3 원형 차트를 반원 형태로 응용해서 사용하는 방법 - 반원 차트

차트는 다양하게 변형할 수 있는데, 변형시킨 차트를 잘 활용하면 작성이 까다롭다고 생각되던 차트도 쉽게 작성할 수 있습니다. 이번에도 **14장_02_다양한_원형 차트_예제.xlsx** 예제를 이용해서 반원 형태의 차트를 어떻게 하면 손쉽게 작성할 수 있는지 작성법과 팁을 살펴보겠습니다.

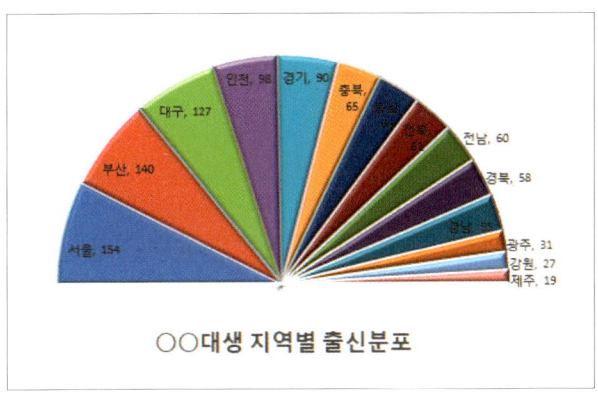

앞에서 실습한 대학생 지역별 출신분포표를 가지고 이번에는 반원 형태의 차트를 만들어 봅시다.

2차원 원형 차트를 만들고 편집하기

1. 반원 차트를 만들 데이터 범위는 [Sheet1] 시트의 [A3:B18] 셀을 선택합니다. 여기에서 중요한 점은 [A18:B18] 셀에 들어있는 합계 수치까지 모두 선택한다는 것입니다. 반원 차트를 만들 때 차트로 활용할 반원만 남기고 나머지 반원은 삭제하려고 모두 선택한 것입니다. 차트가 완성되었을 때 합계를 나타내는 나머지 반원은 삭제되고 없어지게 됩니다. 차트로 만들 데이터가 선택된 상태에서 [삽입] 탭 → [차트] 그룹 → [원형 또는 도넛형 차트 삽입]의 [2차원 원형] → '원형'을 클릭합니다.

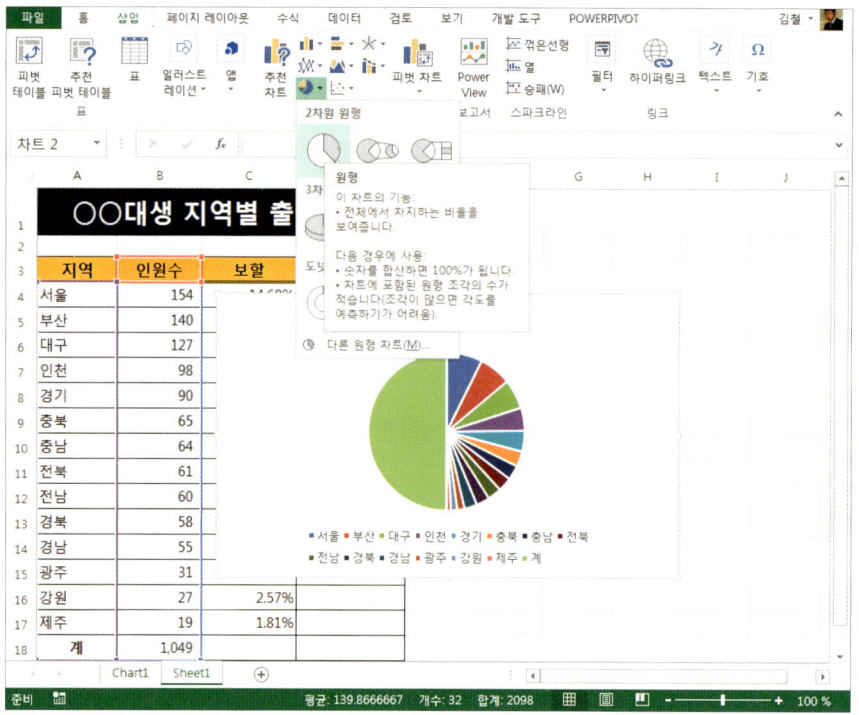

2. [디자인] 탭 → [위치] 그룹 → [차트 이동]을 실행합니다. 나타난 [차트 이동] 대화상자에서 [새 시트]를 선택하고 [확인] 버튼을 클릭합니다.

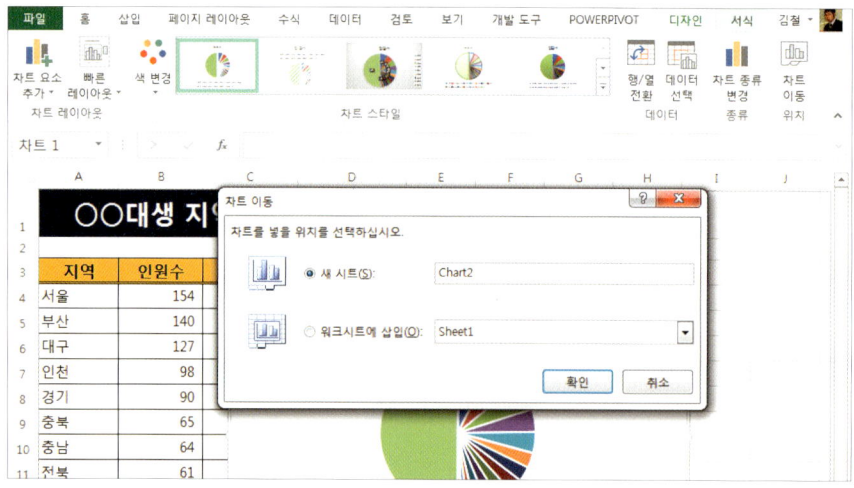

3. 차트에서 사용할 반원을 만들기 위해 원형 차트를 회전시키도록 하겠습니다. 차트의 원을 마우스 오른쪽 버튼으로 클릭하여 [데이터 계열 서식]을 실행합니다.

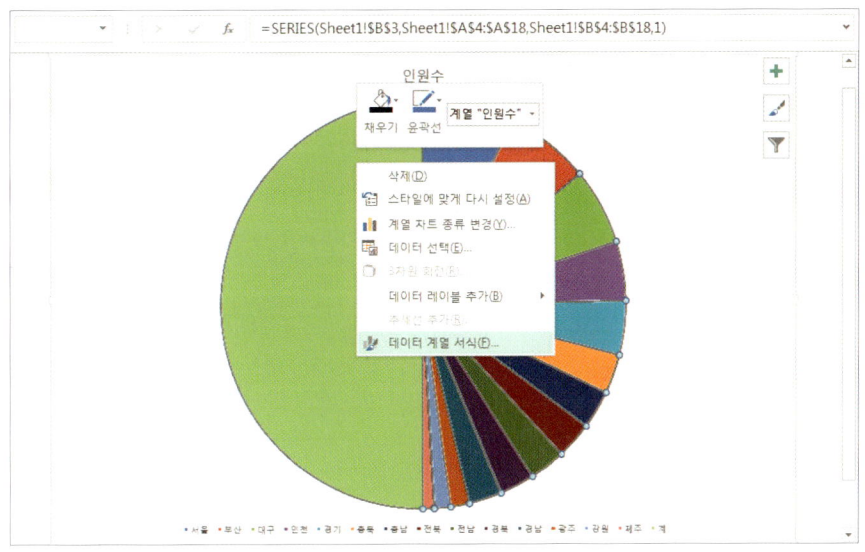

4. [데이터 계열 서식] 작업창의 [계열 옵션] 아이콘을 선택하고 회전각을 입력하도록 하겠습니다. 계열 옵션에서 [첫째 조각의 각]을 270도로 설정합니다.

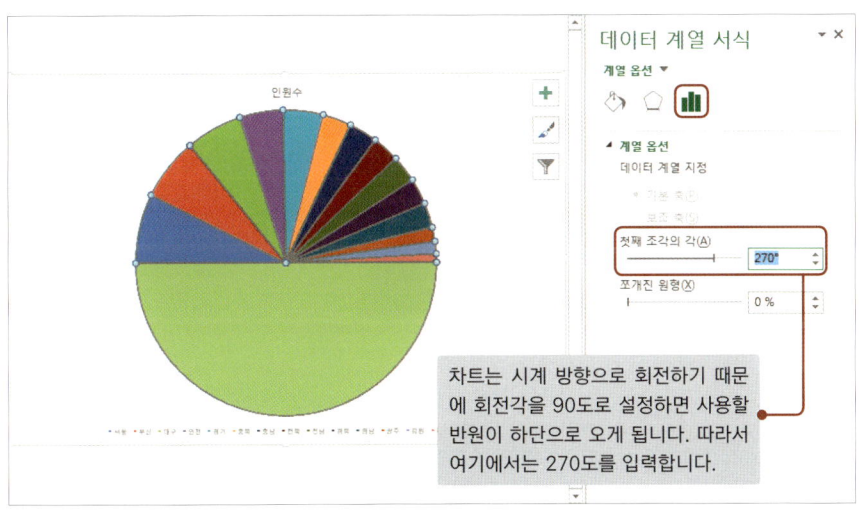

하단의 반원을 없애고 데이터 레이블 편집하기

1. 원형 차트의 내부를 선택하면 전체가 선택됩니다. 하단의 반원을 다시 클릭하면 하나의 계열 요소만 선택할 수 있습니다. 하단의 반원을 선택하면 오른쪽의 [데이터 계열 서식] 작업창 이름이 [데이터 요소 서식]으로 변경됩니다. 이 작업창의 [채우기 및 선] 아이콘을 선택하고 [채우기] 영역에서 [채우기 없음]을 선택하면 하단의 반원이 사라집니다.

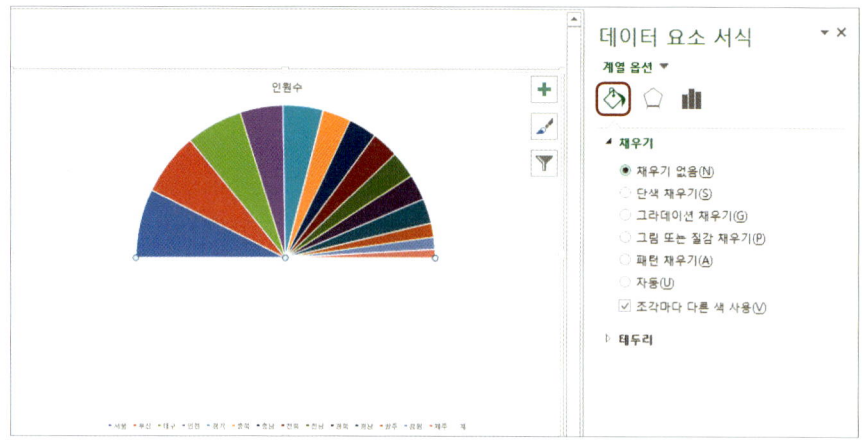

2. 각 요소에 데이터 레이블이 나타나도록 하겠습니다. 이전 과정에서 [데이터 요소 서식]을 변경한 상태이기 때문에 남아 있는 반원을 선택하면 각각의 계열 요소가 선택됩니다. 비어 있는 계열 요소 전체에 데이터 레이블을 나타내야 하므로 이 과정에서는 우선 Esc 키를 한 번 누른 후 다시 차트를 클릭하여 전체 계열을 선택합니다. 선택된 전체 계열을 마우스 오른쪽 버튼으로 클릭해서 [데이터 레이블 추가] → [데이터 레이블 추가]를 클릭합니다.

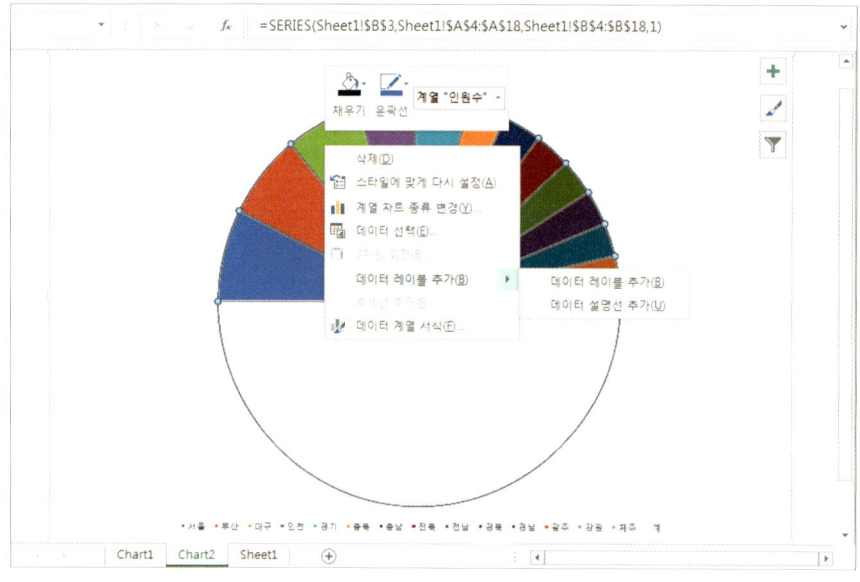

3. 추가된 데이터 레이블의 글꼴 크기를 변경하기 위해서 삽입된 데이터 레이블의 숫자를 클릭해서 선택합니다. 그런 다음 [홈] 탭 → [글꼴] 그룹 → [글꼴 크기]를 확장해서 '10'을 선택합니다.

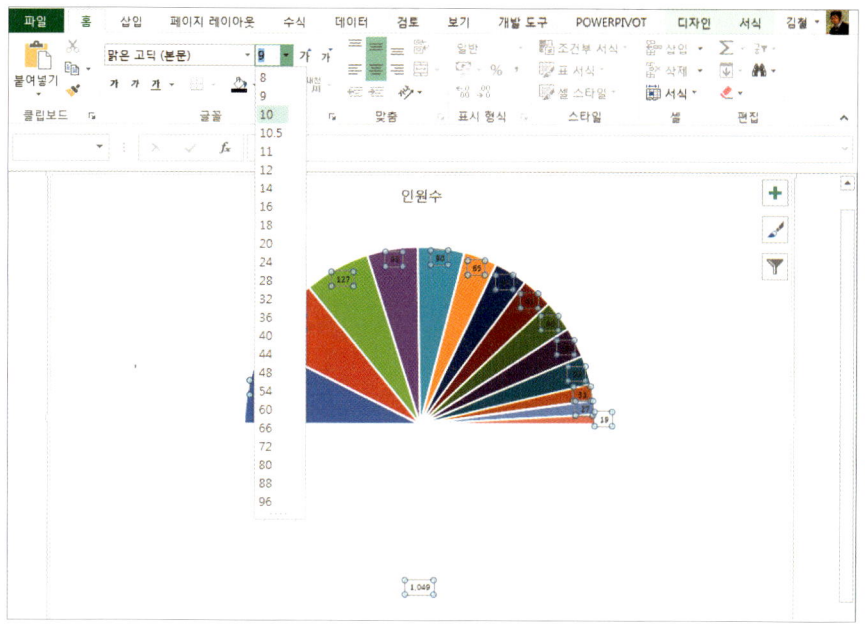

4. 계열 요소가 너무 많을 경우, 차트 하단의 범례로 차트를 확인하기가 어렵습니다. 따라서 데이터 레이블의 서식을 변경해서 항목 이름까지 모두 나타냅니다. 데이터 레이블을 마우스 오른쪽 버튼으로 클릭해서 [데이터 레이블 서식]을 실행합니다.

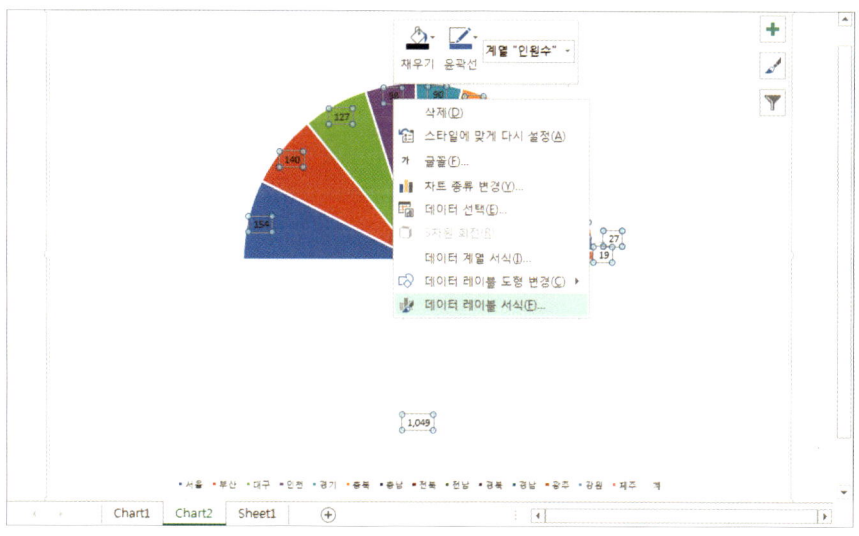

5. [데이터 레이블 서식] 작업창의 [레이블 옵션] 아이콘을 선택하고 [레이블 내용] 중에서 '항목 이름'을 선택합니다.

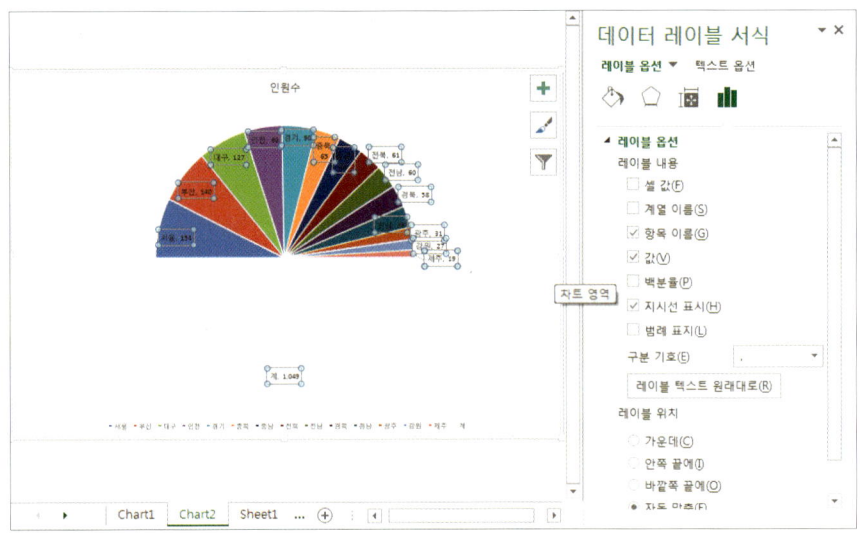

6. 하단의 반원에 나타난 전체 인원의 합계는 이제 필요 없습니다. 불필요한 반원의 데이터 레이블을 삭제해 보겠습니다. 이미 전체 계열의 레이블이 선택된 상태이므로 하단의 '계, 1,049' 레이블을 선택하면 하나의 데이터 레이블만 선택할 수 있습니다. Delete 키를 눌러 불필요한 데이터 레이블을 삭제합니다.

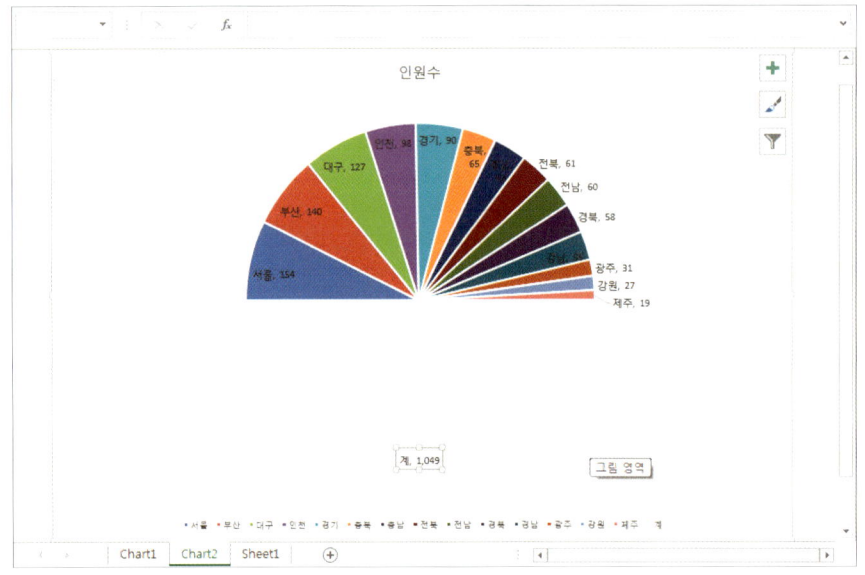

7. 그리고 차트 하단의 범례도 이제 필요 없으니 삭제합니다. 하단의 범례를 선택하고 Delete 키를 눌러 삭제합니다.

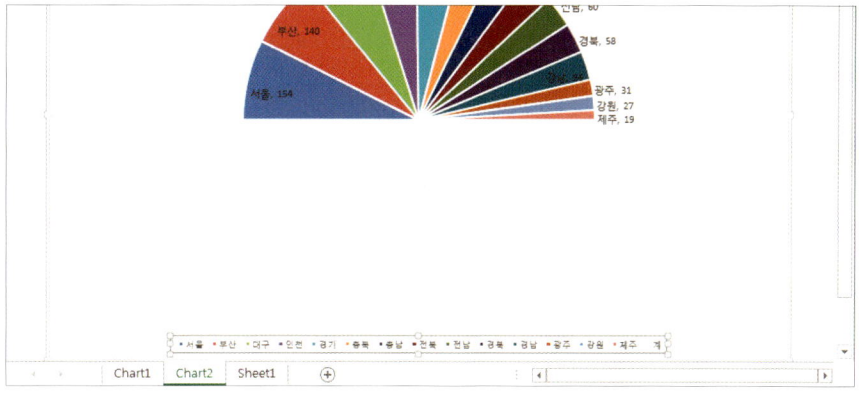

반원으로 표현된 차트에 입체감을 더하고 제목 편집하기

1. 반원으로 표현된 차트는 서식을 변경해서 입체감을 살려보겠습니다. 차트 전체를 선택한 후 마우스 오른쪽 버튼을 클릭해서 [데이터 계열 서식]을 실행합니다.

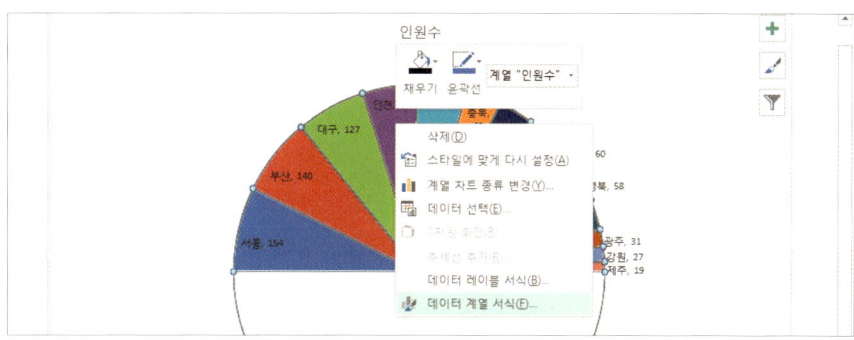

2. [데이터 계열 서식] 작업창의 [효과] 아이콘을 선택합니다. 그리고 [3차원 서식]에서 [위쪽 입체]의 [너비]와 [높이]를 '6 pt'로 입력합니다.

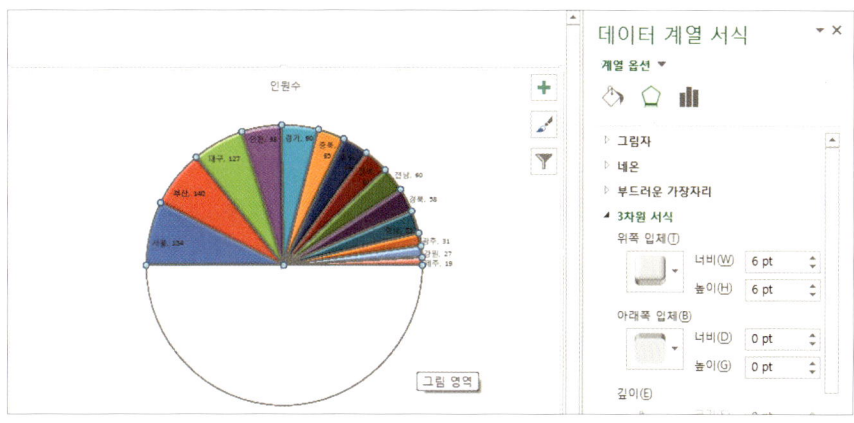

점유율을 효과적으로 비교하는 원형 차트 **359**

3. 차트의 제목을 데이터의 제목과 연동시키기 위해서 차트 제목을 선택하고 수식 입력줄에 =를 입력합니다. 그런 다음 [Sheet1] 시트의 [A1] 셀을 선택하고 Enter 키를 눌러 차트 제목과 데이터 제목을 연동시킵니다.

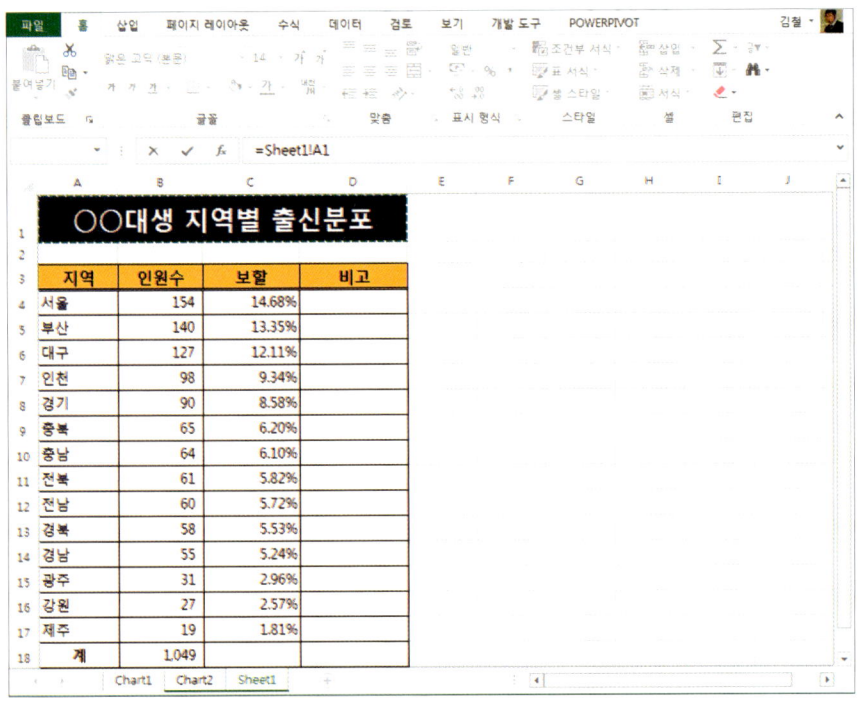

4. 차트의 제목을 선택하고 [홈] 탭 → [글꼴] 그룹 → [글꼴 크기] 확장해서 '18'을 선택합니다.

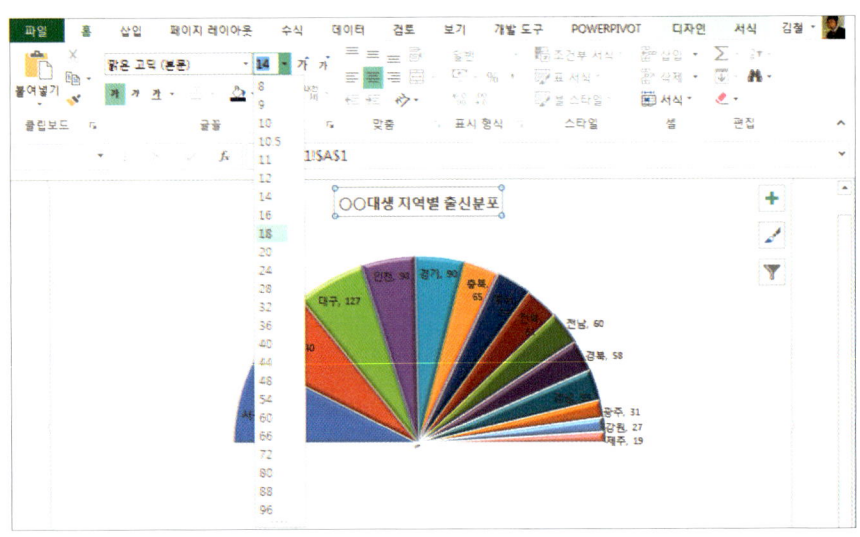

5. 마지막으로 차트 제목의 위치를 변경해 보겠습니다. 차트 제목을 선택해서 드래그하여 반원 차트의 하단으로 이동시킵니다.

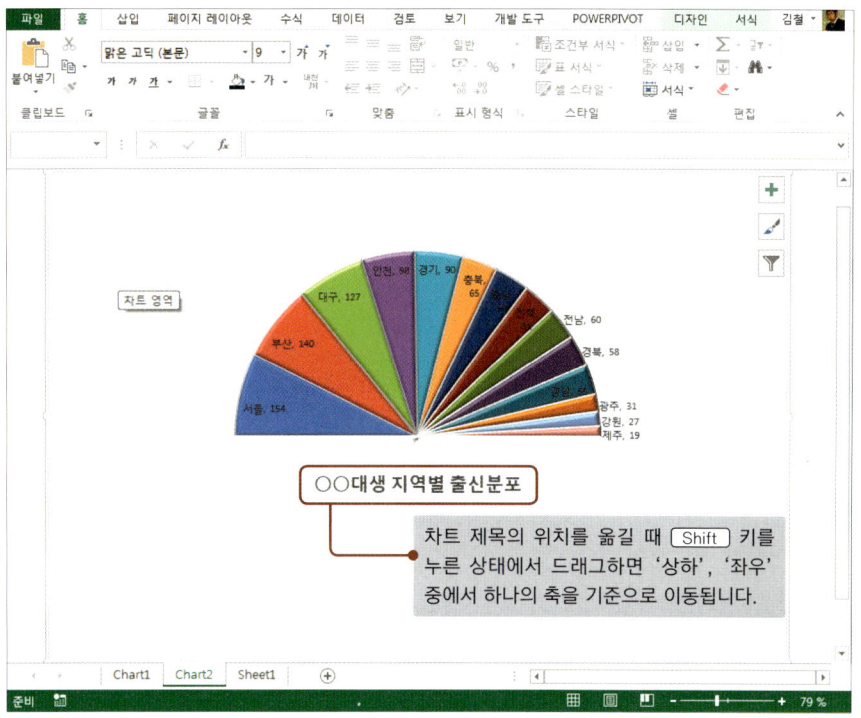

15 복합적인 요소를 비교, 분석할 때 유용한 차트

여러 계열로 구분된 데이터를 방사형 차트로 만들면 계열이 많아서 차트가 오히려 복잡해 집니다. 이런 경우 필요한 계열만 선택해서 비교 및 분석하는 방법이 필요합니다. 원하는 계열을 선택해서 차트 보고서를 만드는 방법과 필요한 계열을 추가해서 분석하는 차트 작성법을 알아보겠습니다.

15-1 SWOT 분석의 기본이 되는 보고서 - 방사형 차트
15-2 목표 대비 실적 보고서 - 중첩 막대형 차트

김사원 이야기

차트 응용 기술의 끝판왕, 목표 대비 실적 보고서!

차트 보고서를 열심히 공부한 김사원에게 특명이 떨어졌다. 목표 대비 실적 보고서를 만들라는 거다. "김철민 씨, 계열별로 각기 다른 차트를 적용할 수 있다는 점을 꼭 기억하세요." 박과장의 조언에 김사원은 자신감이 생겼다. '먼저 중첩 막대를 그리려면 간격 너비를 조정하라고 했지? 좋아, 한 번 시작해 볼까?'

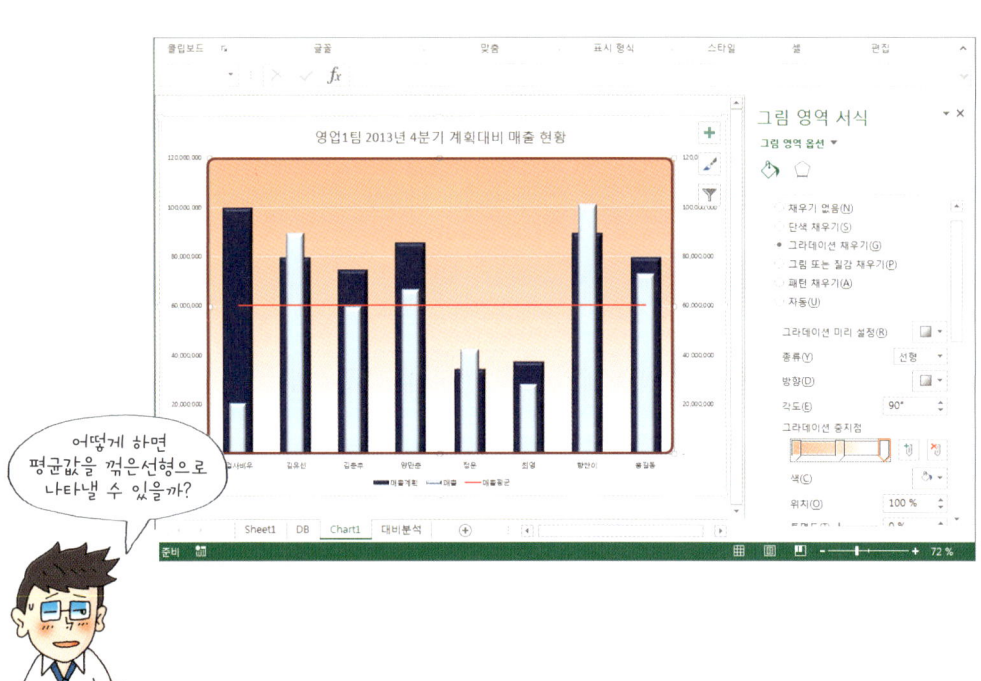

15-1 SWOT 분석의 기본이 되는 보고서
- 방사형 차트

설문을 통해서 얻은 데이터는 각 설문 항목을 직접적으로 비교하기 어렵습니다. 따라서 항목별 통계를 상대적인 값으로 보여주는 것이 좋습니다. 이와 같은 설문 데이터를 쉽게 비교할 수 있는 차트가 바로 방사형 차트입니다.

설문 데이터 결과를 어떤 부분이 강점이고 약점인지 계열별로 쉽게 확인하고 비교할 수 있는 차트로 작성하려고 합니다. 우선 **15장_01_설문_방사형_차트_예제.xlsx**라는 예제 파일을 불러옵니다.

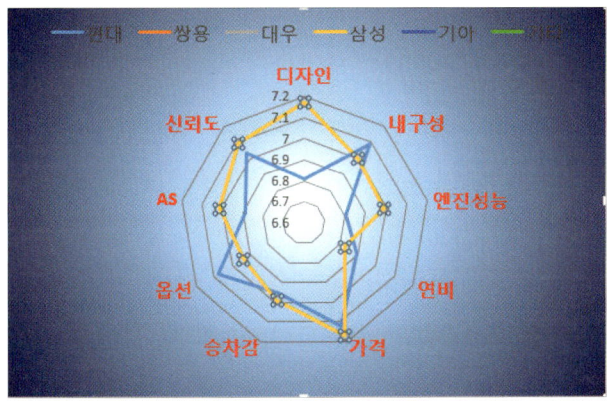

기획이나 마케팅 업무를 하는 직장인이라면 SWOT 분석에 대해 들어본 적이 있을 겁니다. SWOT의 S는 강점(Strength), W는 약점(Weakness), O는 기회(Opportunity), T는 위협(Threat) 요소의 약자입니다. 자기 회사의 제품을 이 4가지 관점에서 분석해보는 것입니다.

이번 예제에서는 자동차 경쟁 회사에 대한 설문조사 결과를 SWOT 분석으로 시각화하는 방법을 살펴보겠습니다.

1. 예제 파일을 보면 설문으로 얻은 데이터가 [설문 조사1] 시트에 정리되어 있습니다. 이 시트의 설문 자료는 [분석자료] 시트에 있는 양식으로 정리하는 작업이 선행되어야 합니다.

우선 설문의 평균을 산출하기 위해서 데이터 통합을 실행해 보겠습니다. [분석자료] 시트에서 데이터 통합 결과가 나타날 [I3] 셀을 선택하고 [데이터] 탭 → [데이터 도구] 그룹 → [통합]을 실행합니다.

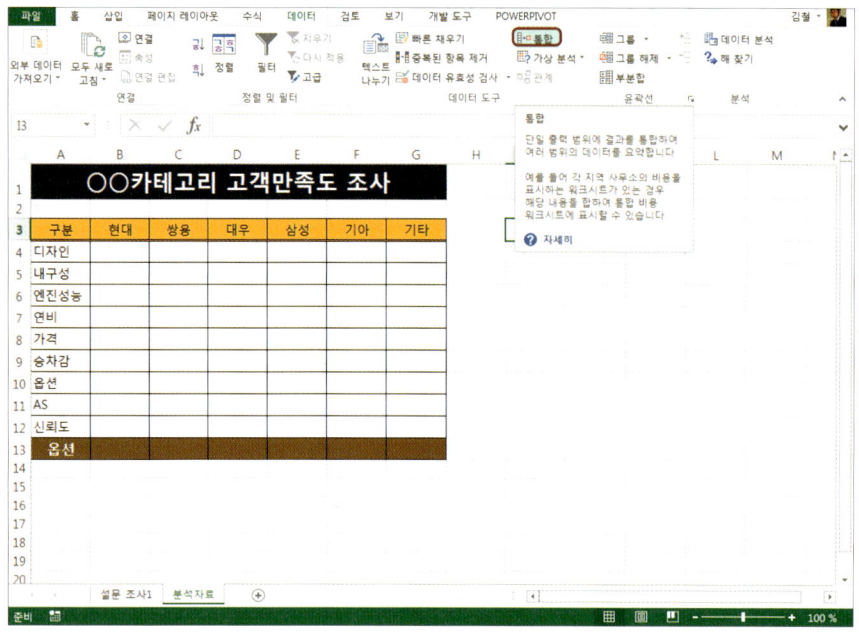

2. [통합] 대화상자가 나타나면 통합할 데이터의 범위를 설정하고 평균을 산출해야 합니다. [통합] 대화상자의 [함수] 영역은 '평균'을 선택하고 [참조] 영역의 입력란을 클릭합니다. 그런 다음 입력할 참조 범위는 [설문 조사1] 시트의 [A1:J3363] 셀을 선택합니다. [사용할 레이블]은 [첫 행]과 [왼쪽 열]을 체크하고 [확인] 버튼을 클릭합니다.

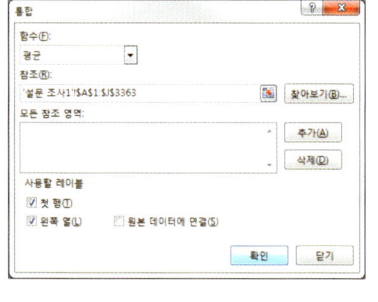
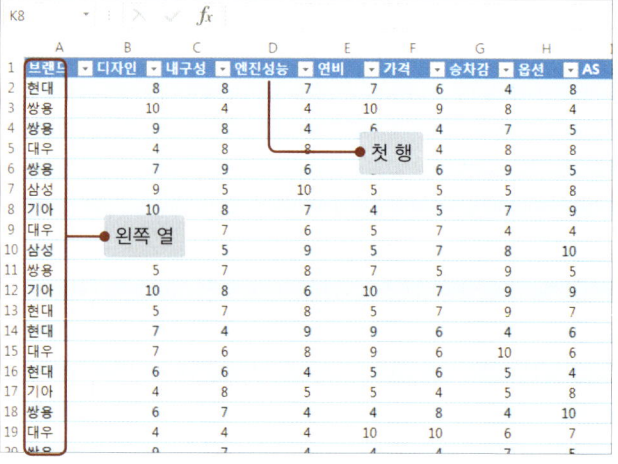

✔ [설문 조사1] 시트에서 참조의 범위를 선택할 때 데이터가 입력되어 있는 모든 셀을 선택하고 싶다면 선택하려는 참조 범위의 가장 첫 셀인 [A1] 셀을 선택한 후 Ctrl + A 키를 누르면 됩니다. [A1] 셀을 시작점으로 연속된 데이터가 있는 전체 셀 범위를 선택할 수 있 단축키입니다.

3. 평균치로 통합한 데이터를 방사형 차트로 작성하기 좋은 형태의 표로 만들기 위해 만들어 놓은 표 양식에 값을 붙여넣어 보겠습니다. [I3:R9] 셀을 선택한 후 Ctrl + C 키를 눌러 복사하고 표 양식인 [A3] 셀을 선택한 후 마우스 오른쪽 버튼으로 클릭합니다. 빠른 메뉴가 나타나면 [선택하여 붙여넣기] 메뉴를 실행합니다.

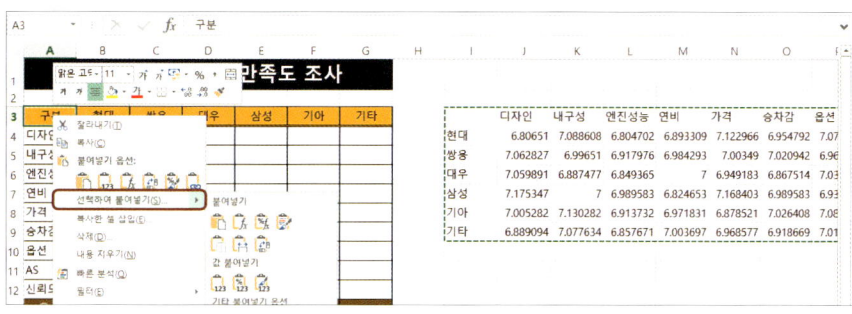

4. [선택하여 붙여넣기] 대화상자가 나타나면 [붙여넣기] 옵션은 [값]을, 우측 하단의 [행/열 바꿈]을 체크 후 [확인] 버튼을 클릭해서 행과 열을 바꾼 값으로 적용되도록 합니다.

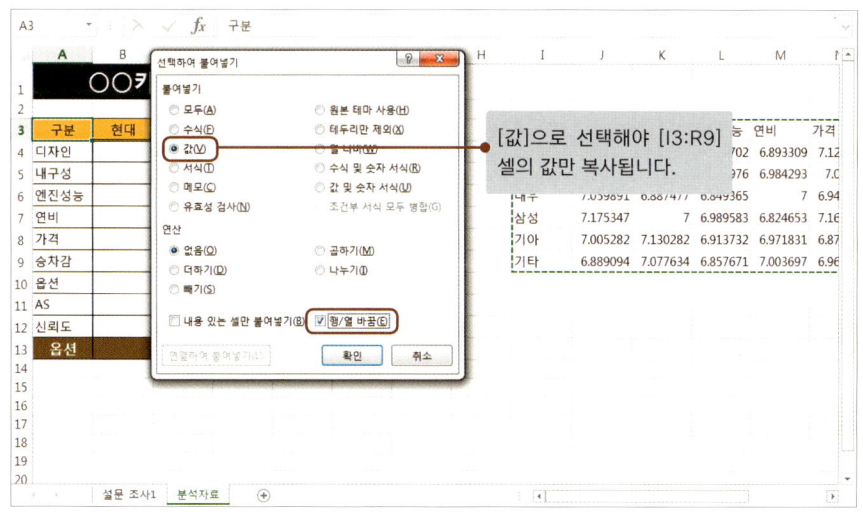

✔ 행/열 바꿈을 한 이유가 무엇일까요? 방사형 차트는 계열을 열 방향으로 나타내야 합니다. 그리고 우리는 설문을 통해 습득한 회사별 각 항목의 평점을 비교해 보려고 합니다. 그러므로 계열이 될 회사 이름을 열 방향으로 배치하기 위해 행/열 바꿈을 실행한 것입니다.

계열별로 방사형 차트를 만드는 양식 컨트롤 삽입하기

1. 필요한 계열만 차트로 나타내기 위해서 [옵션] 버튼을 선택해 보겠습니다. [개발 도구] 탭 → [컨트롤] 그룹 → [삽입] 메뉴를 확장해서 [양식 컨트롤] 옵션 중에서 '확인란(양식 컨트롤)'을 선택합니다.

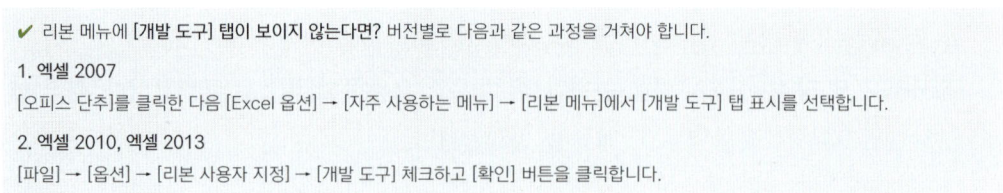

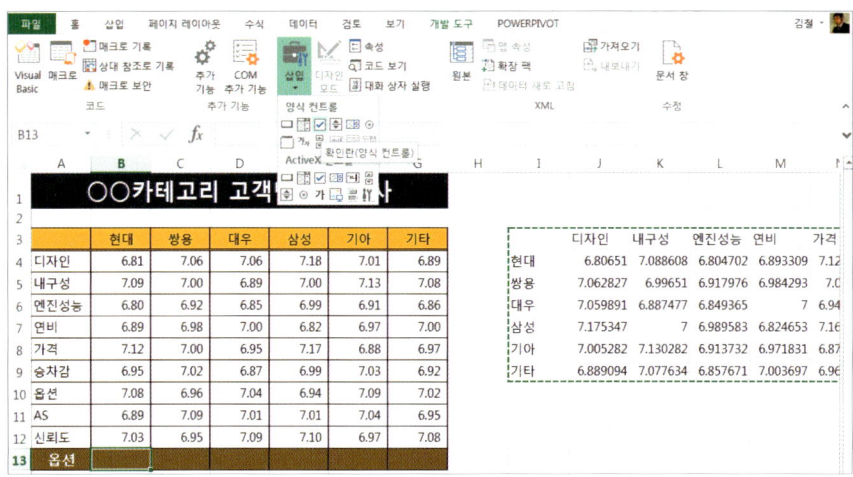

2. 선택한 '확인란(양식 컨트롤)' 옵션 버튼을 [B13] 셀에 끌어다 놓습니다.

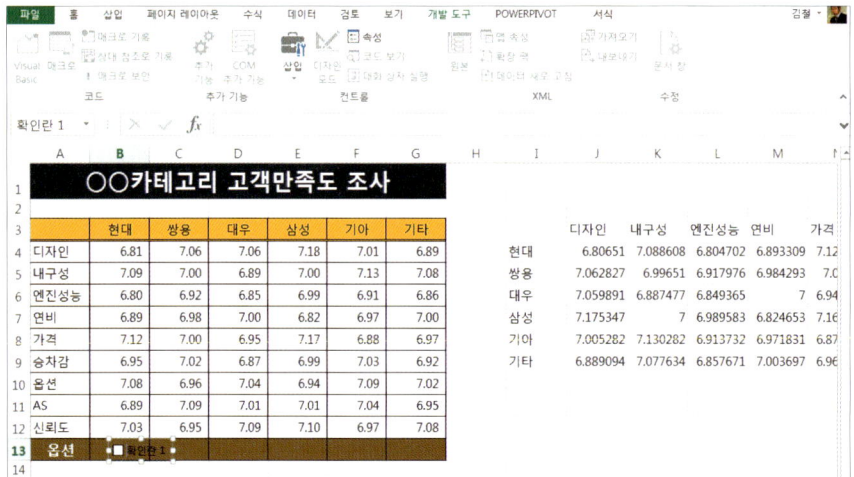

3. '확인란 1'이라고 작성되어 있는 캡션은 필요하지 않으니 삭제해야 합니다. '확인란 1'을 클릭한 후 Delete 키를 눌러서 '확인란 1'이라는 글자를 삭제합니다. 선택이 잘 되지 않을 경우, Ctrl 키를 누른 상태에서 클릭해 보세요. 그리고 컨트롤(체크 박스)이 셀의 가운데 배치되도록 위치를 적당히 조절합니다.

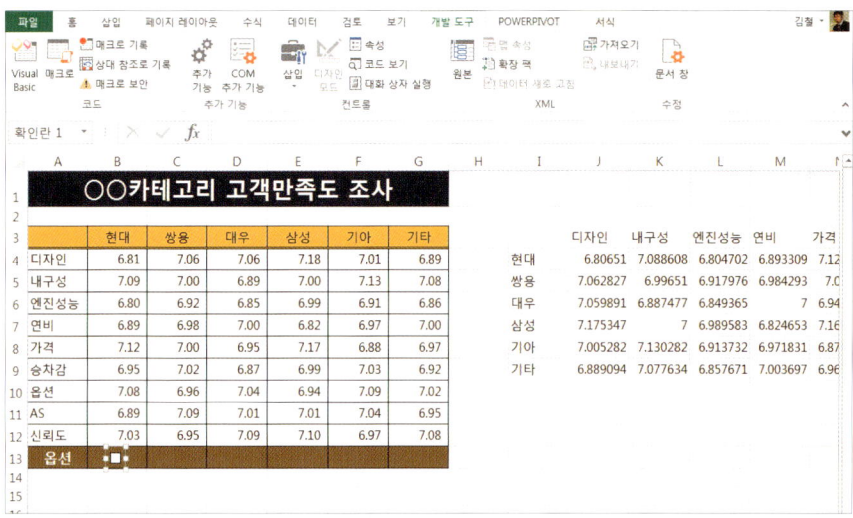

4. 이제 컨트롤의 서식을 지정해야 할 차례입니다. 삽입된 컨트롤을 마우스 오른쪽 버튼으로 클릭해서 [컨트롤 서식]을 실행합니다.

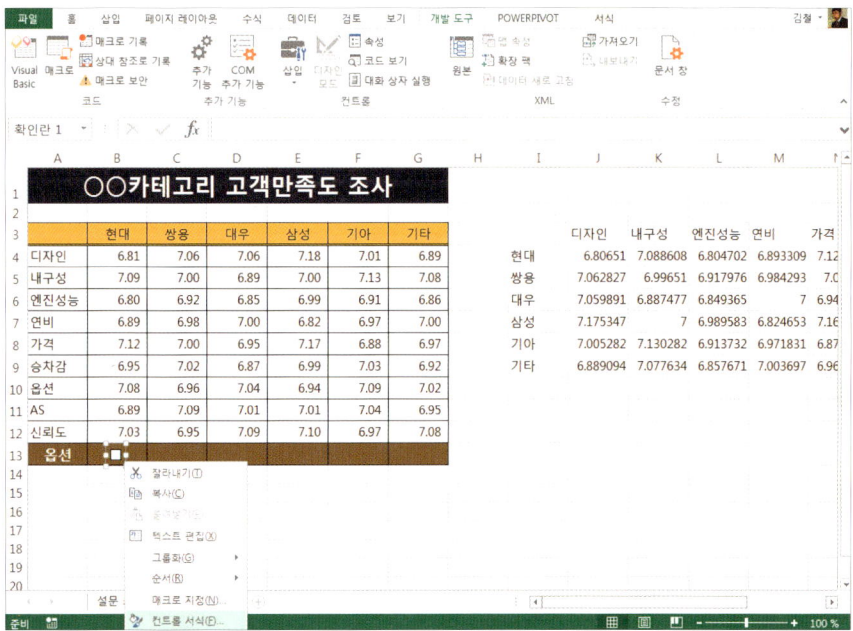

복합적인 요소를 비교, 분석할 때 유용한 차트 **367**

5. [컨트롤 서식] 대화상자가 나타나면 컨트롤과 셀을 연결해 보겠습니다. 이는 컨트롤을 선택할 때 해당 계열(회사)의 평균치만 방사형 차트에 반영시키기 위함입니다. [컨트롤] 탭의 [셀 연결] 입력란을 클릭한 다음 현재 컨트롤이 삽입된 [B13] 셀을 클릭하고 [확인] 버튼을 클릭합니다.

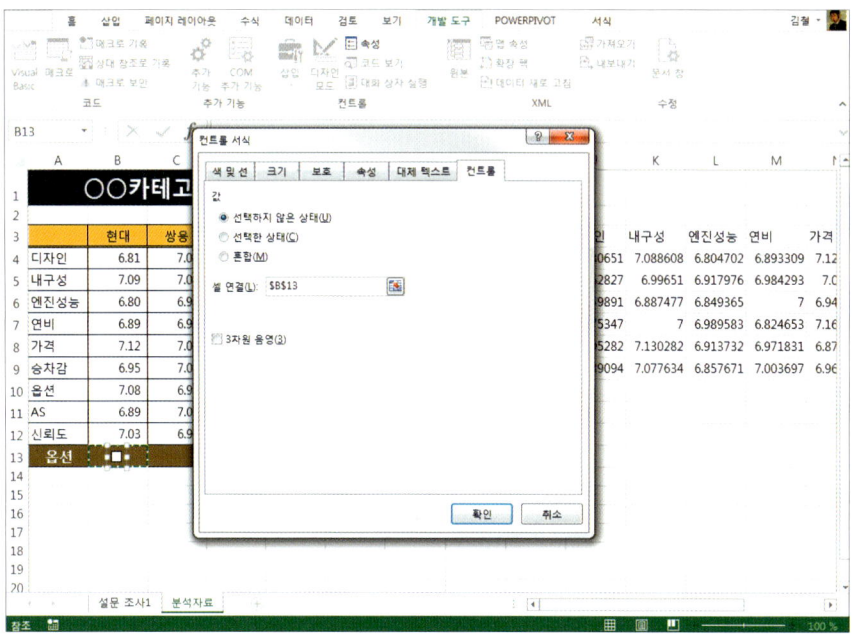

6. [B13] 셀에 컨트롤 서식을 지정해 두었으니 나머지 계열도 컨트롤을 삽입해 보겠습니다. [B13] 셀을 복사해서 [C13], [D13], [E13], [F13], [G13] 셀에 붙여넣습니다. 그런 다음 각 셀의 컨트롤은 [컨트롤 서식]을 실행해서 다음과 같이 셀을 연결합니다.

컨트롤(체크 박스)을 삽입할 셀	컨트롤(체크 박스)과 연결할 셀
C13	$C$13
D13	$D$13
E13	$E$13
F13	$F$13
G13	$G$13

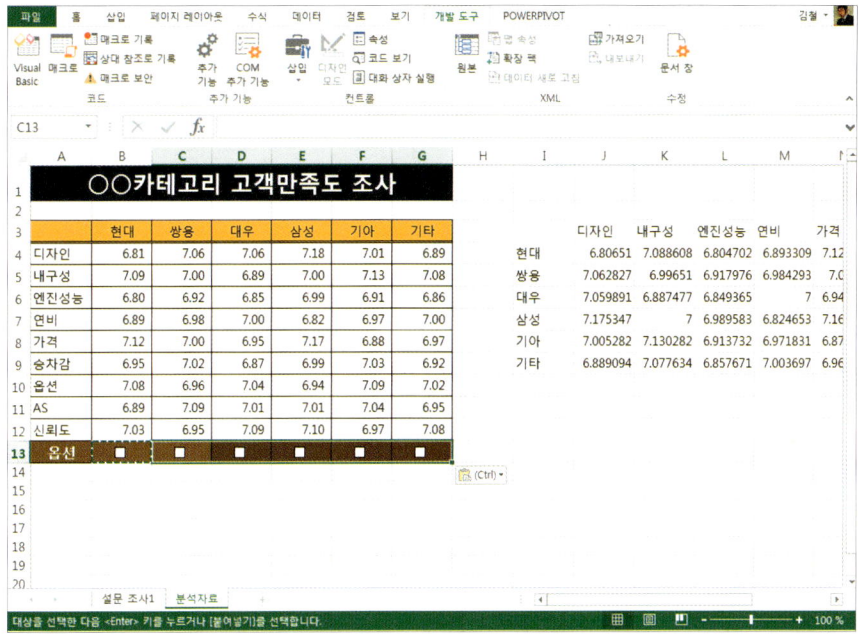

컨트롤과 연결시킬 별도의 데이터 만들기

[A3:G12] 셀을 복사한 다음 [A16] 셀을 마우스 오른쪽 버튼으로 클릭합니다. 빠른 메뉴가 나타나면 [붙여넣기 옵션:] 중 '값' 버튼( )을 클릭해서 [값 붙여넣기]를 실행합니다.

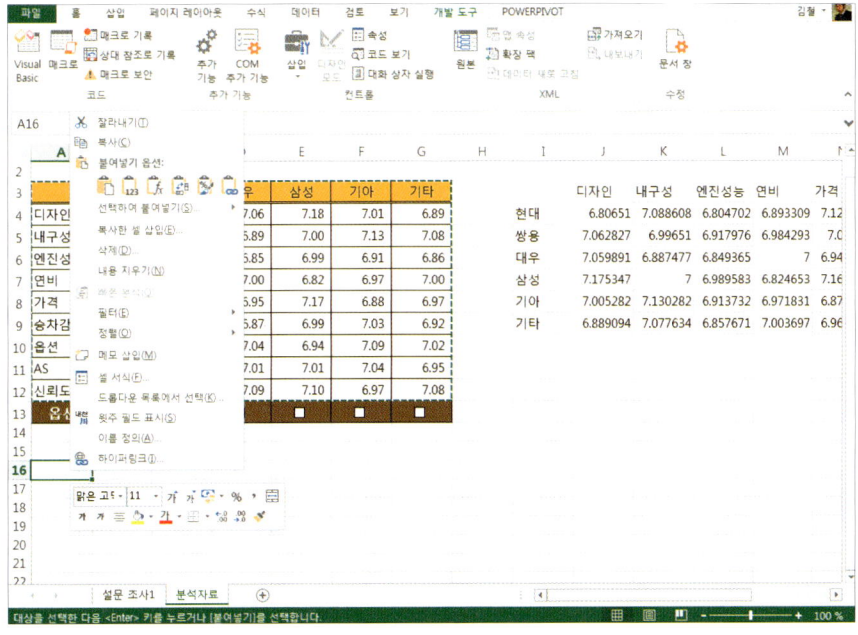

> **하위 버전에서는**
>
> 엑셀 2007은 [값 붙여넣기] 아이콘이 나타나지 않습니다. 그러므로 복사한 셀을 붙여넣을 특정 셀을 선택한 다음 마우스 오른쪽 버튼을 클릭합니다. 나타나는 빠른 메뉴에서 [선택하여 붙여넣기] → '값'을 체크한 후 [확인] 버튼을 클릭하면 됩니다.

> **김철 쌤의 한마디!** ▶ **[값 붙여넣기]를 실행하는 단축키**
>
> 먼저 임의의 셀을 복사한 다음 붙여 넣을 셀을 선택합니다. 그리고 Ctrl + Alt + V 키를 동시에 누른 뒤 V 키를 다시 누르고 Enter 키를 누르면 '값 붙여넣기'가 됩니다. 만약 서식을 붙여넣기 하려면 T 키를 다시 누르고 Enter 키를 누르면 됩니다. 이 단축키는 반드시 복사한 셀이 있을 때만 사용할 수 있습니다.

수식으로 컨트롤과 데이터를 연결하기

1. 이 과정은 각 회사별로 조사된 설문의 평균치를 해당 컨트롤을 선택했을 때만 나타나도록 하기 위함입니다. [B17:G25] 셀을 선택한 후 수식 입력줄에 =IF(B$13=TRUE,B4,NA())를 입력합니다. 이어서 Ctrl 키를 누른 상태로 Enter 키를 눌러 일괄 입력합니다.

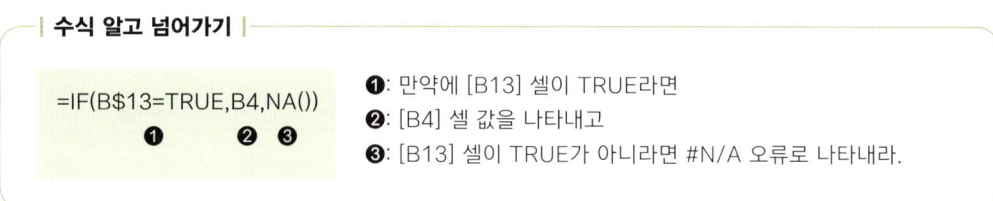

> **수식 알고 넘어가기**
>
> =IF(B$13=TRUE,B4,NA())
>   ❶   ❷   ❸
>
> ❶: 만약에 [B13] 셀이 TRUE라면
> ❷: [B4] 셀 값을 나타내고
> ❸: [B13] 셀이 TRUE가 아니라면 #N/A 오류로 나타내라.

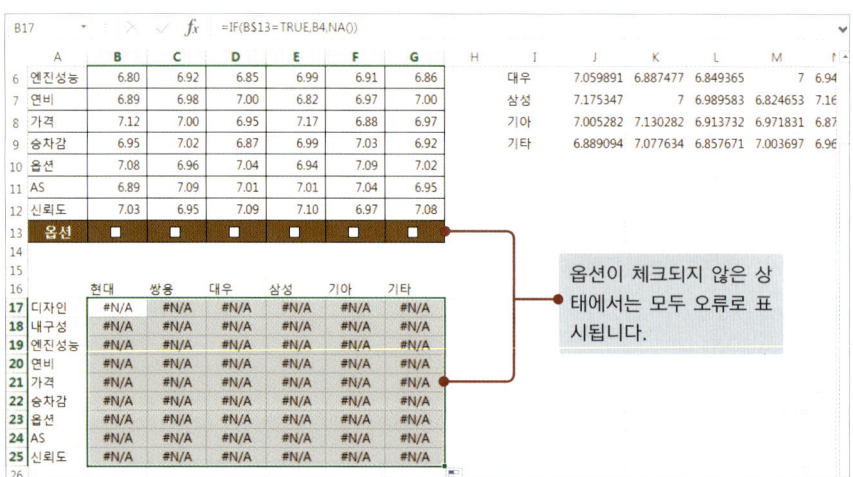

옵션이 체크되지 않은 상태에서는 모두 오류로 표시됩니다.

2. 수식이 제대로 동작하는지 확인해 봐야겠죠? [B13] 셀의 컨트롤(체크 박스)을 클릭해서 해당 셀에는 TRUE가 나타나고 하단의 데이터 영역에서 [B17:B25] 셀의 값이 정상적으로 나타나는지를 확인합니다.

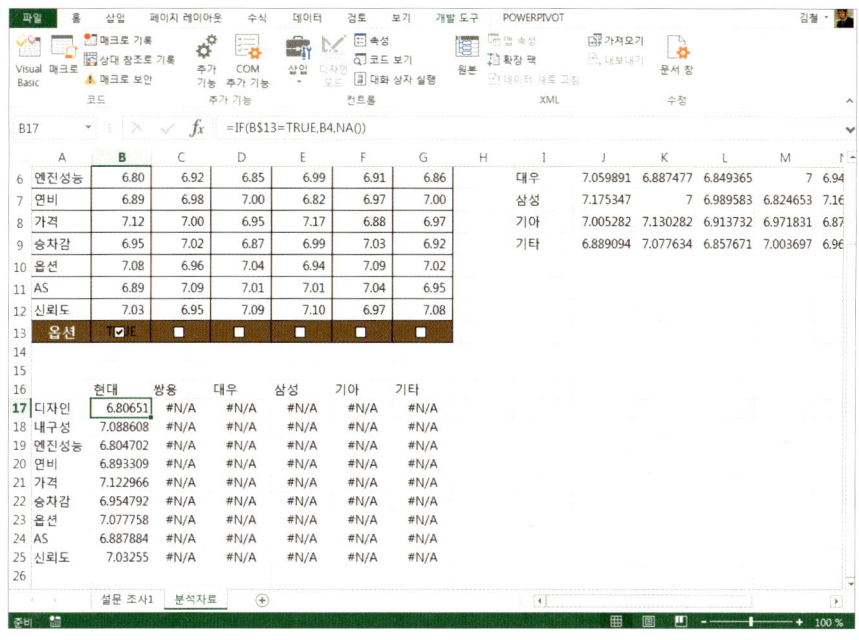

✔ 이때 컨트롤(체크 박스)을 다시 클릭하면 해당 셀에 FALSE가 나타나고 [B17:B25] 셀은 #N/A 오류를 반환하게 됩니다.

3. 테스트 결과 컨트롤 버튼이 있는 셀에 TRUE와 FALSE라는 텍스트 결과 값이 보입니다. 이 결과 값을 선택한 셀의 채우기 색과 동일하게 맞춰 보이지 않도록 해보겠습니다. [B13:G13] 셀을 선택한 후 [홈] 탭 → [글꼴] 그룹 → [글꼴 색]을 확장해서 '황금색, 강조 4, 50% 더 어둡게'를 선택합니다.

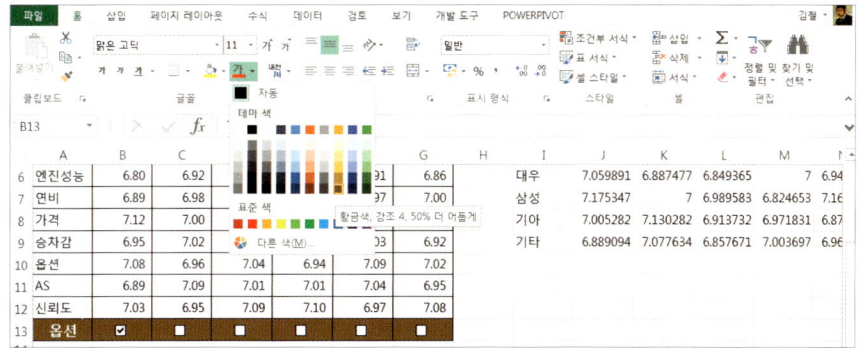

컨트롤과 연동된 데이터에서 방사형 차트 만들기

1. 방사형 차트로 나타낼 범위인 [A16:G25] 셀을 선택합니다. [삽입] 탭 → [차트] 그룹 → [주식형, 표면형 또는 방사형 차트 삽입]을 확장해서 '방사형' 차트를 클릭합니다.

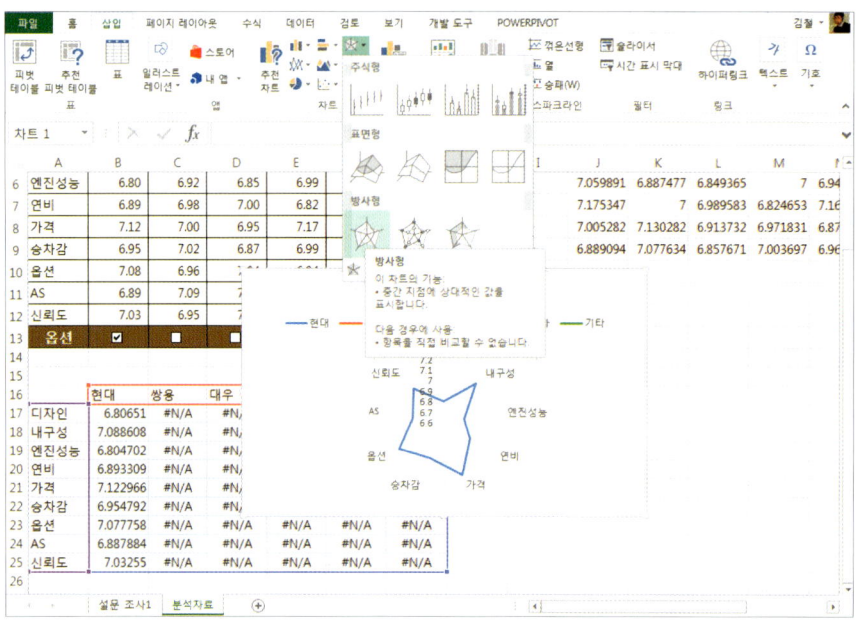

2. 삽입된 방사형 차트를 실제 사용된 데이터 범위의 위로 옮기고 크기를 적당히 조절합니다. 그런 다음 차트 제목을 선택하고 Delete 키를 눌러 불필요한 차트 제목을 삭제합니다.

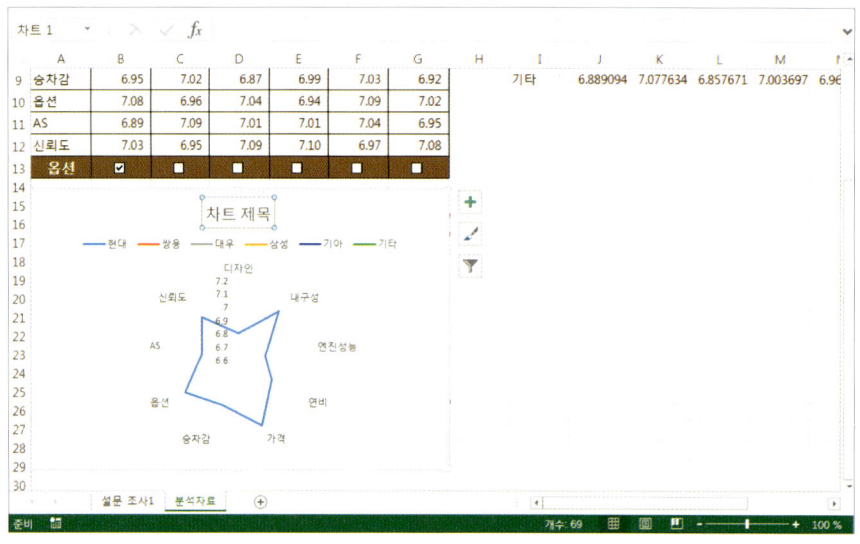

3. 그림 영역의 서식을 변경해 보겠습니다. 그림 영역은 방사형 차트가 나타난 곳입니다. 차트의 그림 영역을 마우스 오른쪽 버튼으로 클릭해서 [그림 영역 서식]을 실행합니다.

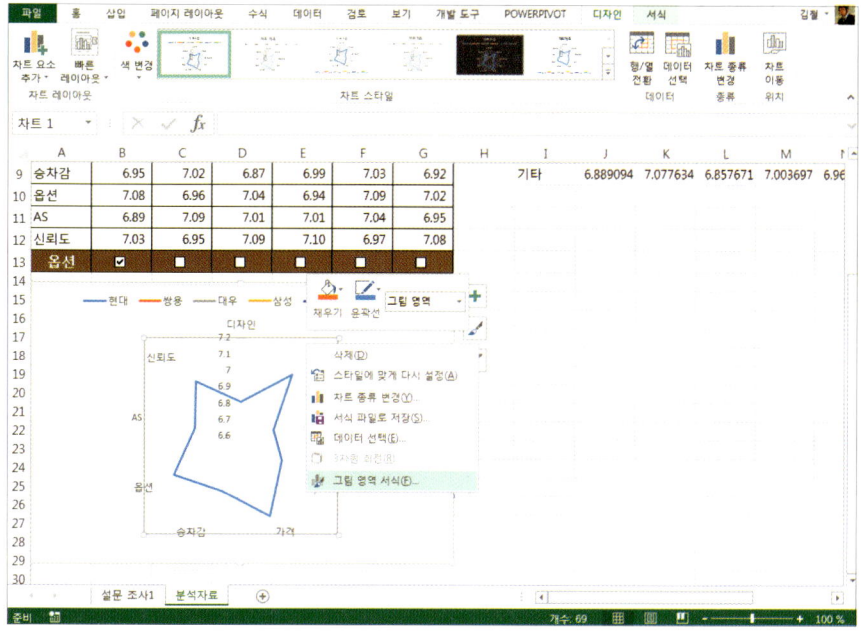

4. [그림 영역 서식] 작업창의 [채우기]를 확장해서 [채우기 없음]을 선택합니다.

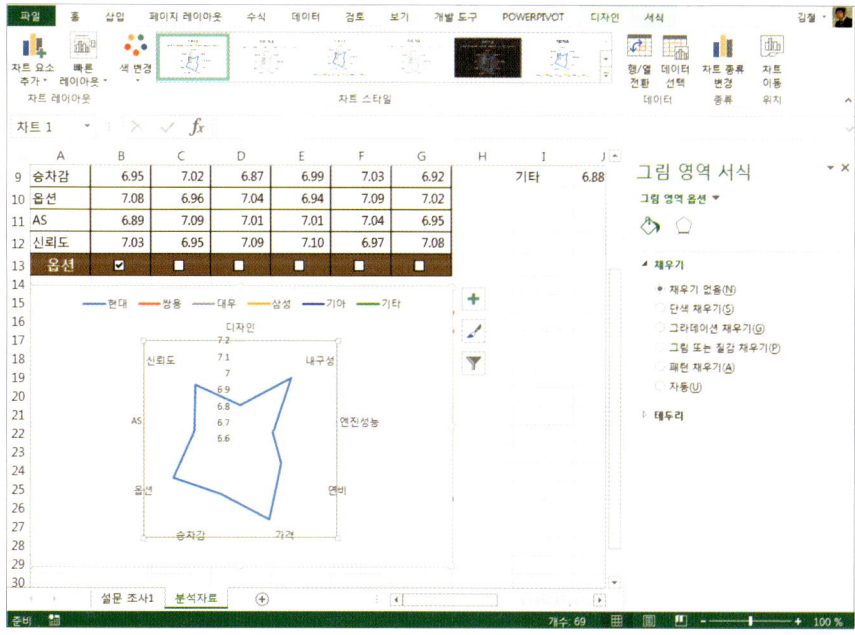

5. 이번에는 차트 영역의 서식을 변경해 보겠습니다. 차트 영역은 방사형 차트 옆의 빈 곳을 누르면 선택할 수 있습니다. 차트 영역을 선택한 후 마우스 오른쪽 버튼을 클릭해서 [차트 영역 서식]을 실행합니다.

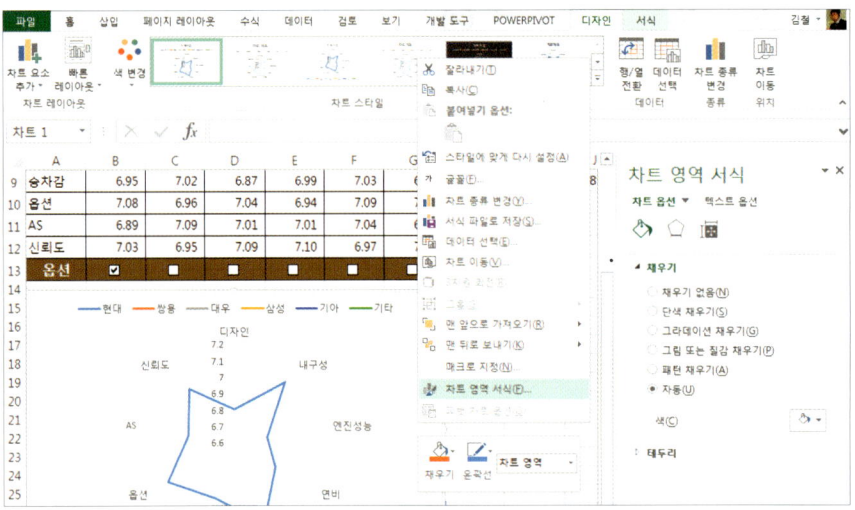

6. [차트 영역 서식] 작업창의 채우기에서 [그라데이션 채우기]를 선택한 뒤 [종류]를 '방사형'으로 선택하고 [방향]은 '가운데에서'를 선택합니다. [그라데이션 중지점]에서 각 '중지점의 위치'를 조정해서 차트의 가운데는 흰색이고 외부로 짙은 파란색이 되도록 그라데이션을 만듭니다.

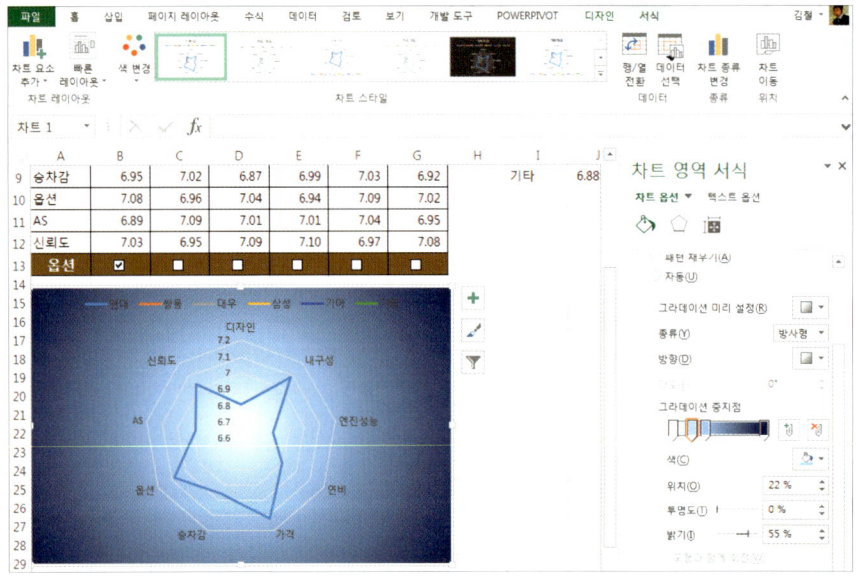

항목 레이블 및 범례 서식 변경하기

1. 차트의 항목 레이블을 선택한 다음 [홈] 탭 → [글꼴] 그룹 → [굵게]를 선택하고 [글꼴 색] 은 '빨강'을 선택합니다. 마지막으로 [글꼴 크기]는 '12'로 지정합니다.

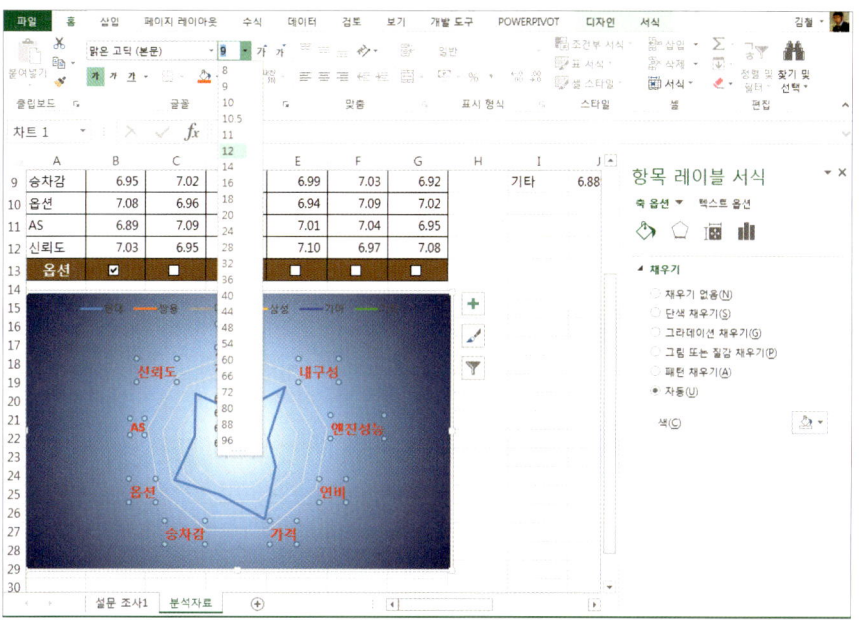

2. 범례 서식도 수정해 보겠습니다. 차트의 범례를 선택하고 [홈] 탭 → [글꼴] 그룹 → [글꼴 크기]는 '12'를 지정합니다.

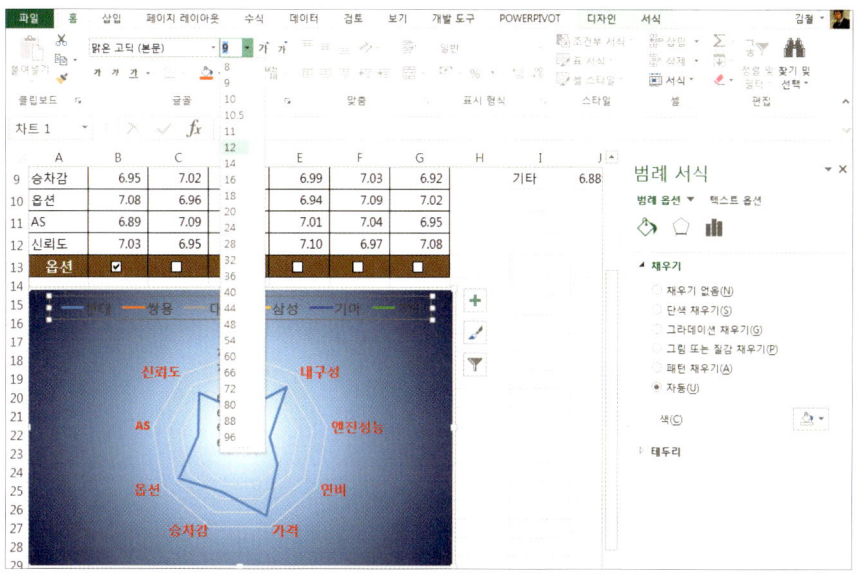

3. 이번에는 차트의 주 눈금선을 좀 더 눈에 띄게 만들어 보겠습니다. 차트의 주 눈금선을 선택하고 마우스 오른쪽 버튼을 클릭한 후 [주 눈금선 서식]을 실행합니다. 나타난 [주 눈금선 서식] 작업창의 [색]을 '흰색, 배경 1, 50% 더 어둡게'로 선택합니다.

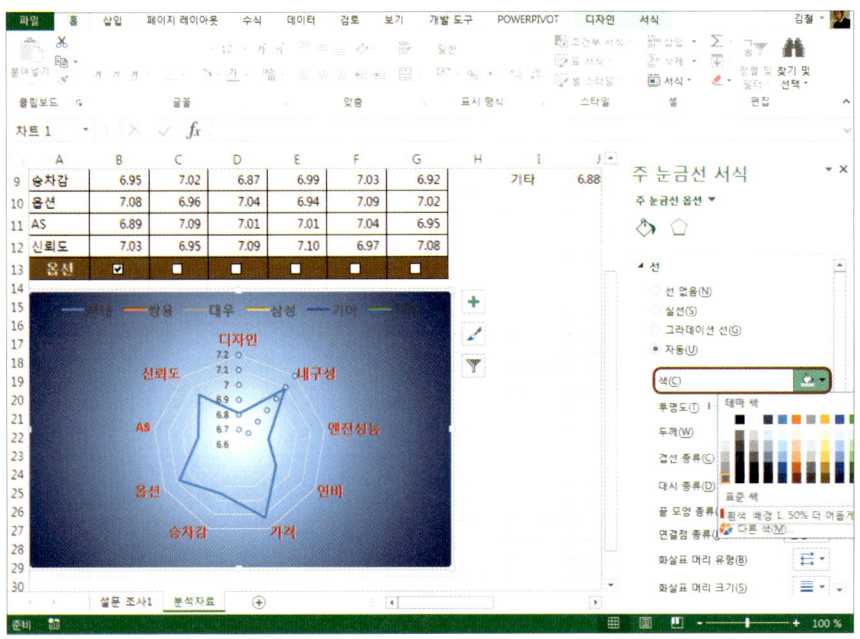

4. '현대'와 '삼성'의 설문 결과를 비교해 보려면 [E13] 셀의 컨트롤(체크 박스)을 클릭하면 됩니다. 두 회사의 방사형 차트만 나타나는데 이때 '현대'와 비교되는 '삼성'의 차트 선 색을 변경하면 더 효과적으로 구분할 수 있습니다. 방사형 차트에 나타난 '삼성'의 차트 선을 선택한 후 마우스 오른쪽 버튼을 클릭해서 [데이터 계열 서식]을 실행합니다.

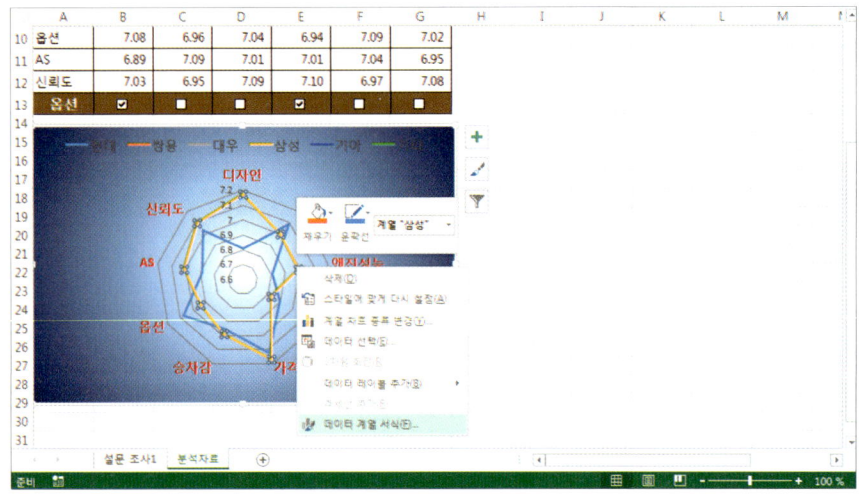

5. [데이터 계열 서식] 작업창에서 [채우기 및 선] 아이콘을 선택합니다. [선] 메뉴에서 [색]을 '빨강'으로 지정합니다.

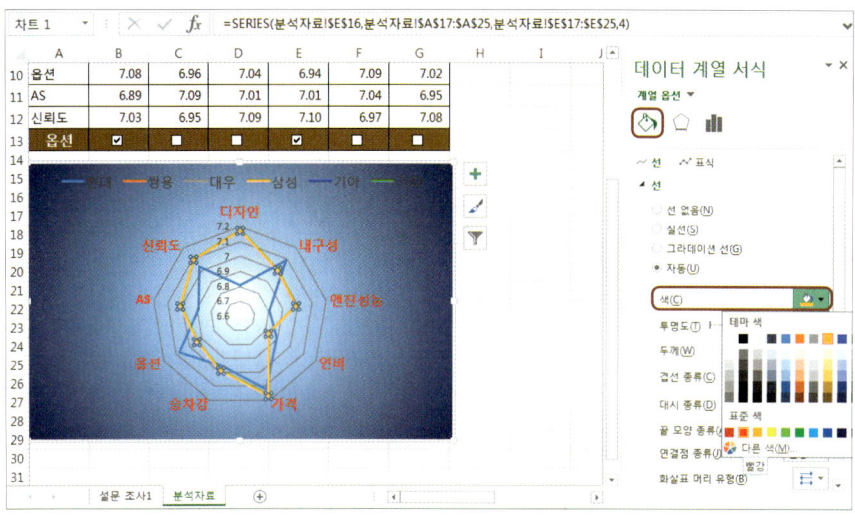

6. 방사형 차트 보고서가 완성되었습니다. 이제 [설문 조사1] 시트에서 가져온 평균 산출 데이터는 더 이상 필요하지 않으니 삭제해야 합니다. 평균 산출 데이터를 삭제하기 위해 [I:R] 열을 선택한 후 마우스 오른쪽 버튼을 클릭해서 [삭제]를 실행합니다. 또는 Delete 키를 눌러서 삭제해도 됩니다.

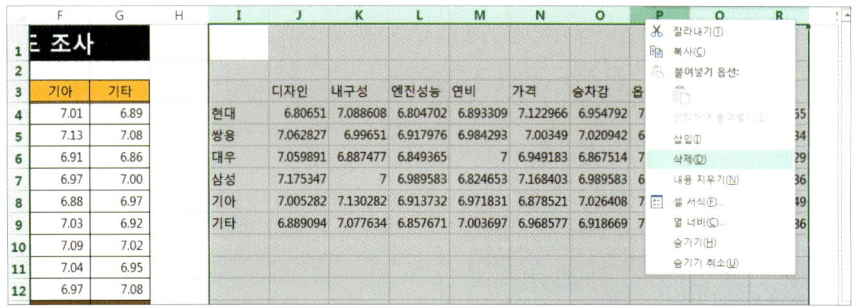

> **김철 쌤의 한마디!** ▶ **차트의 활용**
>
> 각 제조사별로 조사한 설문 결과를 일반적인 차트로 작성하면 너무 많은 계열이 차트에 나타나기 때문에 보기 좋은 차트로 만들기가 어렵습니다. '확인란'이라는 양식 컨트롤을 이용하면 원하는 회사만 선택해서 나타낼 수 있습니다. 또 SWOT 분석의 기초 차트로 활용하여 어느 부분이 강점이고 단점인지를 경쟁사와 쉽게 비교해 볼 수 있습니다.

✓ 2007   ✓ 2010   ✓ 2013   ✓ 2016

15-2 목표 대비 실적 보고서 – 중첩 막대형 차트

이번에는 매출 목표 대비 매출 실적을 한눈에 비교할 수 있는 차트를 작성해 보겠습니다. 분기 동안 각 영업 사원의 주문 금액을 합산해서 매출 목표와 비교하면 목표 성취량을 한눈에 알아볼 수 있습니다. 피벗 테이블을 활용해서 매출을 간단히 집계하고 차트를 활용해서 목표를 관리하는 방법을 살펴보겠습니다. **15장_02_개인별_매출대비_실적_예제.xlsx**라는 예제 파일을 불러옵니다.

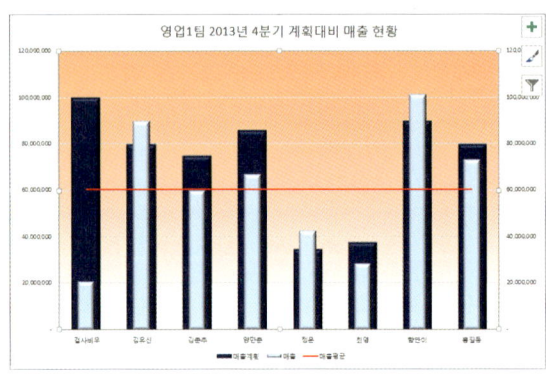

개인 매출 데이터를 피벗 테이블로 요약하기

1. 예제 파일에서 [DB] 시트에 정리되어 있는 데이터를 표로 지정해 보겠습니다. 피벗 테이블로 만들기 위해 작성된 데이터에서 아무 셀 하나를 선택하고 Ctrl + T 키를 눌러 [표 만들기] 대화상자가 나타나면 [확인] 버튼을 클릭해서 전체 데이터를 표로 지정합니다.

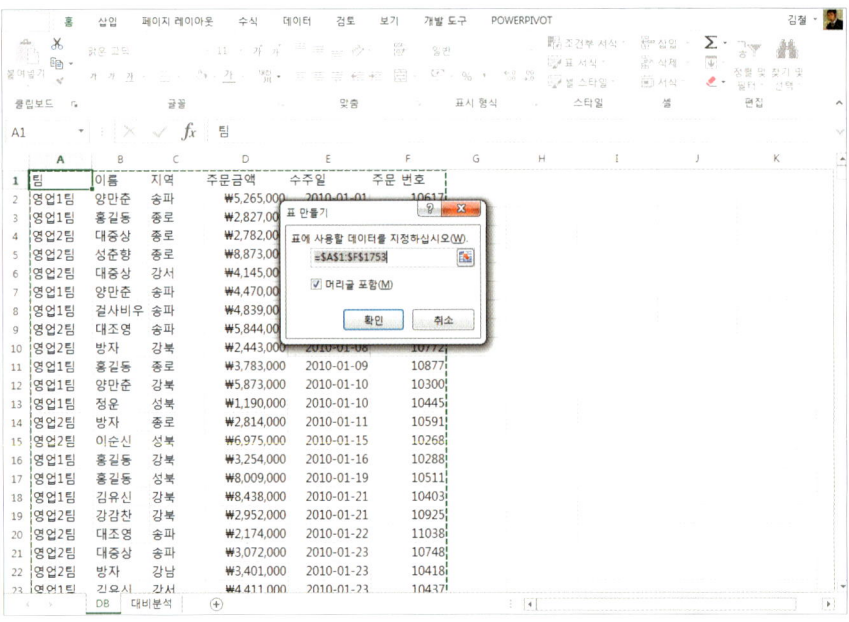

2. 표로 만든 데이터를 이용해서 피벗 테이블을 삽입해 보겠습니다. [디자인] 탭 → [도구] 그룹 → [피벗 테이블로 요약]을 실행합니다. 나타난 [피벗 테이블로 만들기] 대화상자에서 피벗 테이블 보고서를 넣을 위치는 [새 워크시트]로 선택한 후 [확인] 버튼을 클릭합니다.

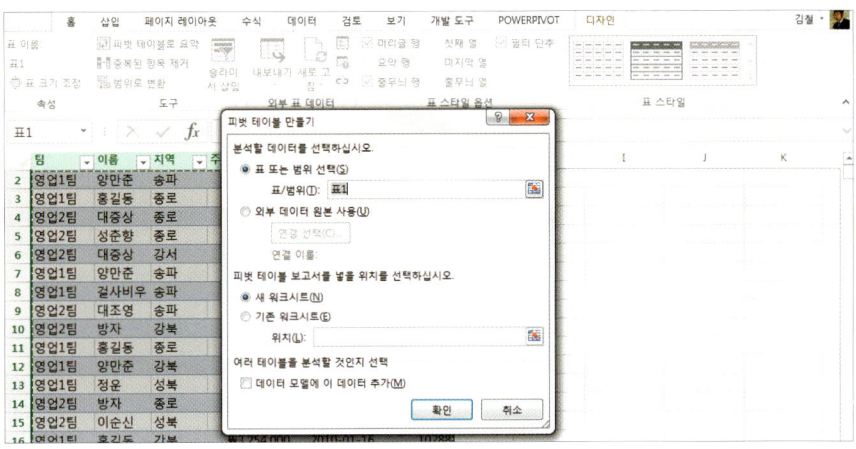

3. 피벗 테이블 필드를 설정해서 요약해 보도록 하겠습니다. 우선 [피벗 테이블 필드] 작업창에서 [행] 영역에 '이름'과 '수주일'을 추가합니다. 그리고 [필터] 영역에는 '팀'을, [Σ 값]에 '주문금액'을 추가합니다.

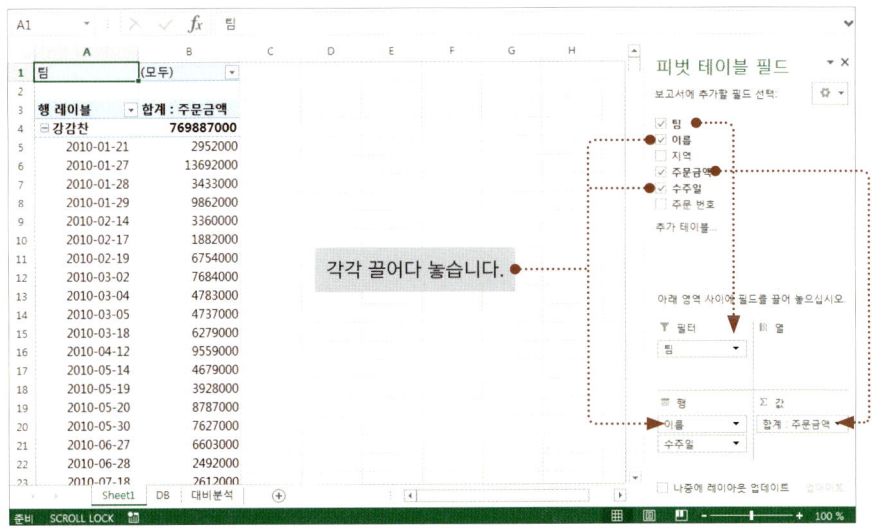

4. 영업1팀의 2013년 4분기 계획 대비 매출을 요약해야 합니다. [A] 열에 정리된 수주일에서 아무 날짜를 하나 선택하고 마우스 오른쪽 버튼을 클릭해서 [그룹]을 실행합니다.

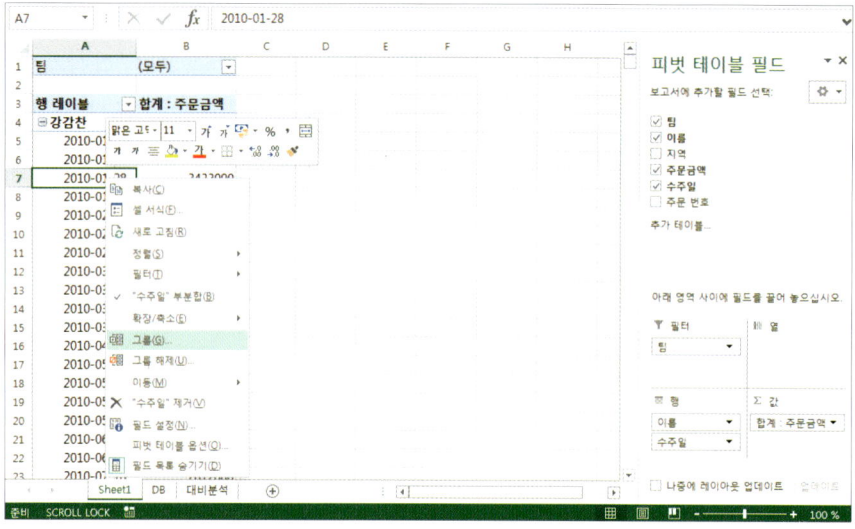

5. [그룹화] 대화상자가 나타나면 그룹화 할 단위를 지정해야 합니다. [단위]는 '연'과 '분기'를 선택한 후 [확인] 버튼을 클릭합니다.

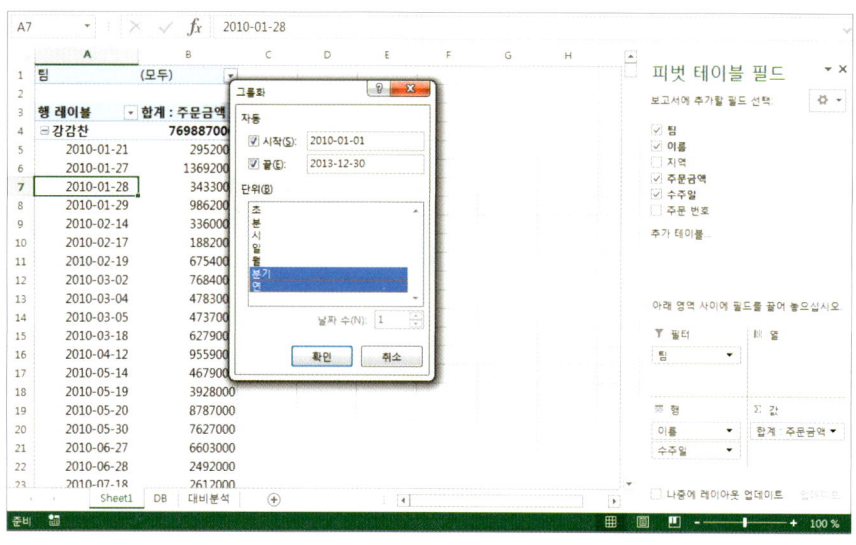

✔ 엑셀 2016 버전에서는 [행] 영역에 연, 월, 일로 구성된 날짜 정보를 넣으면 '연', '분기' 그룹이 자동으로 추가됩니다.

6. 영업1팀의 계획 대비 매출을 집계해야 하기 때문에 영업1팀과 영업2팀으로 구분된 데이터에서 영업1팀의 데이터만 필터링해야 합니다. [B1] 셀의 필터를 확장해서 '영업1팀'을 선택한 후 [확인] 버튼을 클릭합니다.

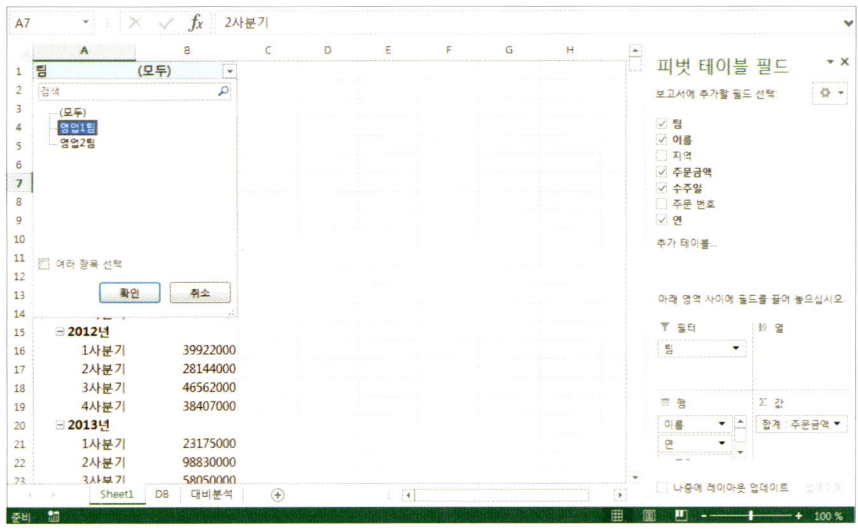

요약한 피벗 테이블 자료를 보고서 양식으로 나타내기

1. [대비분석] 시트에 만들어 놓은 영업1팀의 4분기 계획 대비 매출 현황표에서 '걸사비우'라는 영업 사원의 요약 자료를 가져오도록 하겠습니다. [D4] 셀을 선택하고 =을 입력한 다음 피벗 테이블 요약자료에서 '걸사비우'의 2013년 4분기의 매출(합계: 주문금액)을 선택하고 Enter 키를 누릅니다.

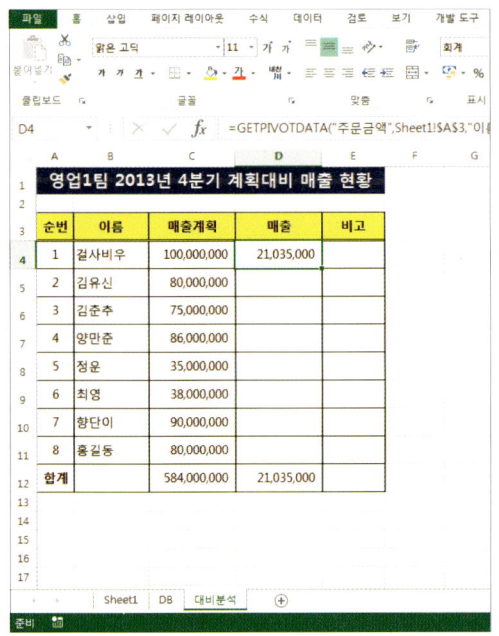
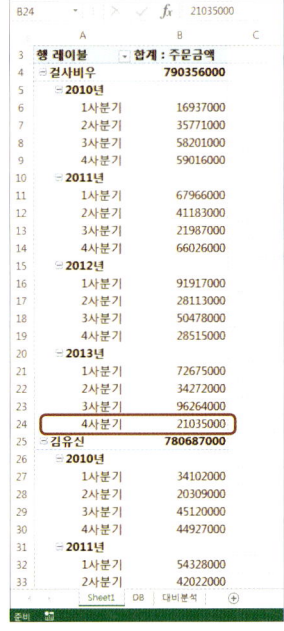

2. 걸사비우의 매출을 가져온 D4 셀의 GETPIVOTDATA 함수를 살펴볼까요? 함수 내용 중에 "걸사비우"라고 적힌 부분을 [대비분석] 시트의 '걸사비우'라는 글자가 있는 셀 주소인 [B4]로 바꿔주고 Enter 키를 누릅니다. 나머지 셀에 해당 수식을 복사해서 붙여넣으면 2013년 4분기 개인별 매출 합계를 손쉽게 나타낼 수 있습니다. [D4] 셀의 오른쪽 하단에 채우기 핸들을 눌러서 [D11] 셀까지 드래그하면 됩니다.

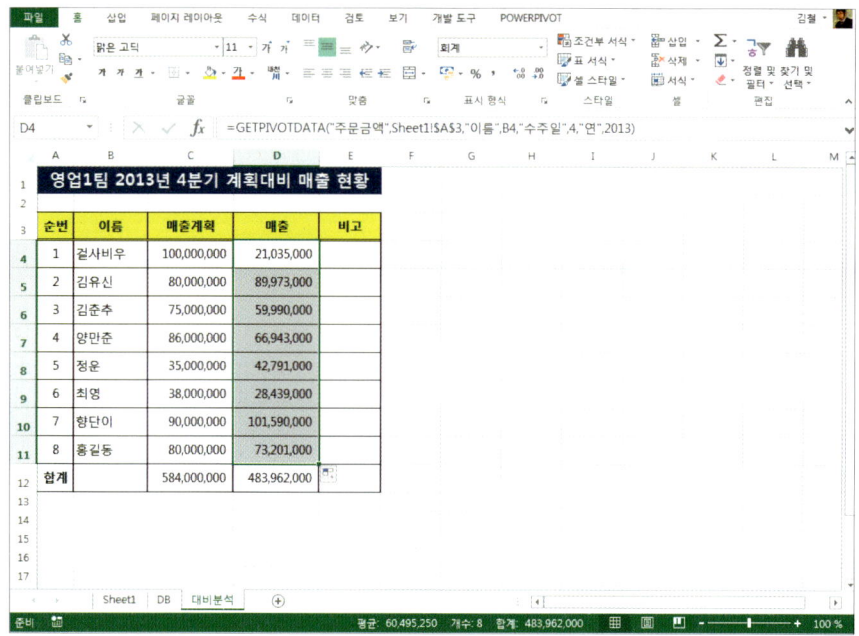

✔ 수식을 수정 입력할 때 "걸사비우"를 B4로 변경하라고 했습니다. 이때 반드시 따옴표("")까지 삭제하고 [B4] 셀을 선택하거나 입력해야 해당 셀의 값으로 치환됩니다. 이는 수식 내부에서 따옴표("") 안에 있는 데이터를 문자열로 인식하기 때문입니다. 따옴표가 없어야 해당 셀의 값을 활용할 수 있습니다.

4분기 계획 대비 매출의 차이를 차트로 작성하기

1. 차트로 작성할 [B3:D11] 셀을 선택하고 [삽입] 탭 → [차트] 그룹 → [세로 또는 가로 막대형 차트 삽입]을 확장합니다. [2차원 세로 막대형] → '묶은 세로 막대형'을 클릭합니다.

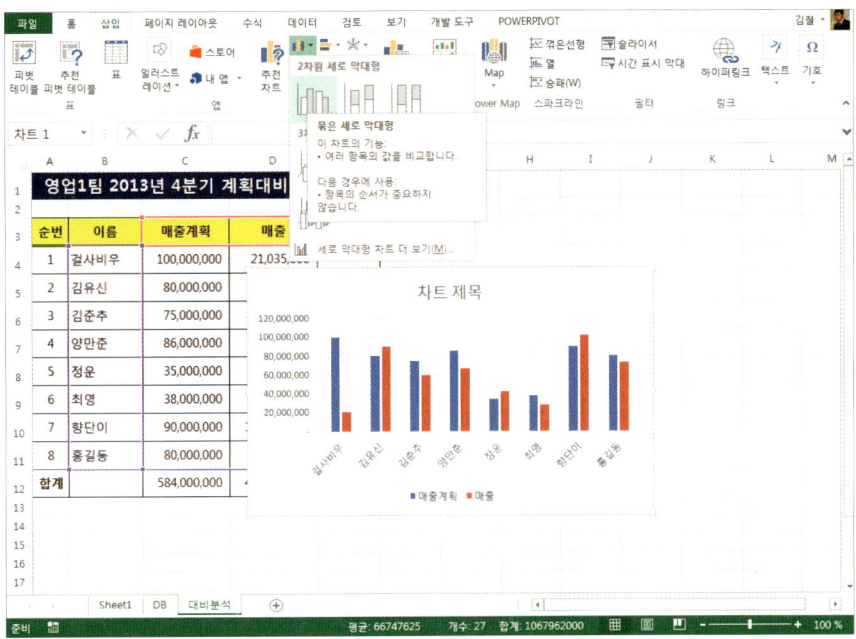

2. 만든 차트는 새로운 시트로 이동시켜서 정리하도록 하겠습니다. [디자인] 탭 → [위치] 그룹 → [차트 이동]을 클릭해서 [새 시트]를 선택한 후 [확인] 버튼을 눌러 [Chart1] 시트로 이동시킵니다.

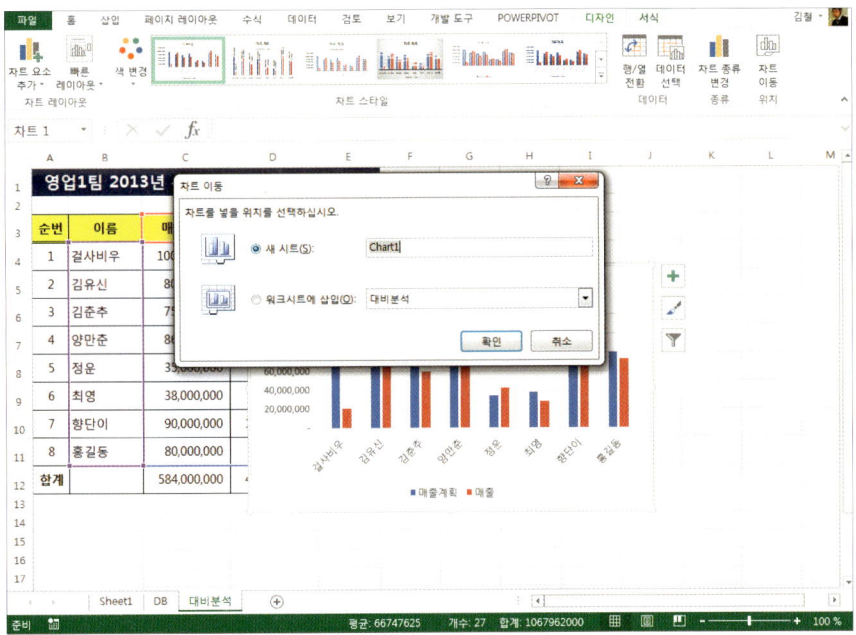

3. 차트를 단순하게 만들기 위해 '매출' 막대를 보조 축으로 지정해 보겠습니다. 매출 막대를 선택하고 마우스 오른쪽 버튼을 클릭해서 [데이터 계열 서식]을 실행합니다.

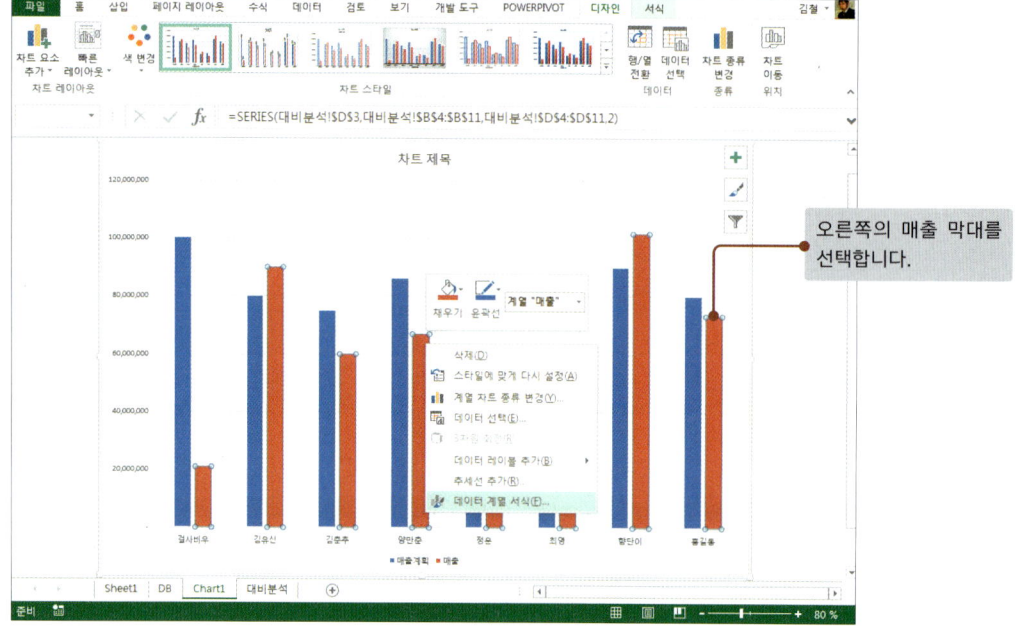

4. [데이터 계열 서식] 작업창에서 [계열 옵션]을 확장하고 [데이터 계열 지정]을 '보조 축'으로 선택합니다.

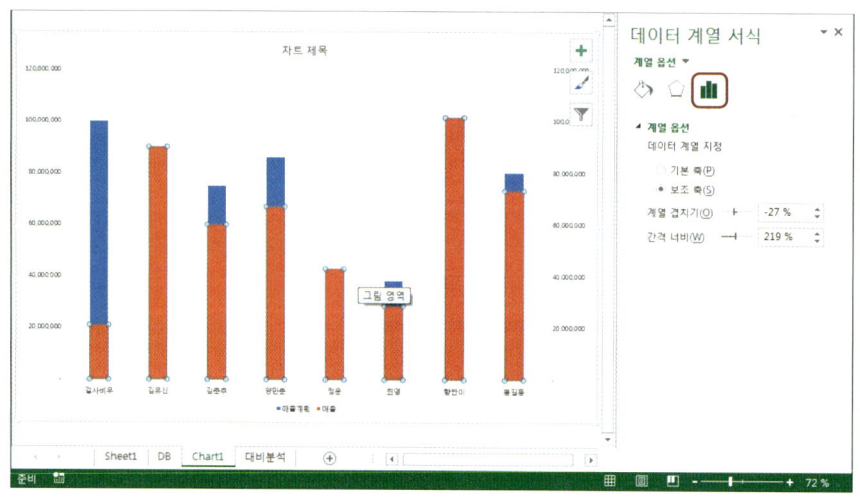

✔ 기본 축의 최대값과 보조 축의 최대값이 같지 않을 경우, 해당 축의 서식에서 최대값을 같도록 설정해야 합니다. '매출계획'과 '매출' 막대를 중첩시켜 나타내기 위함입니다.

5. 두 개의 막대가 중첩되어 비교할 수 없는 부분이 생겼습니다. 따라서 서로 비교할 수 있도록 막대의 너비를 조정해 보겠습니다. 파란색의 '매출계획' 막대를 선택한 후 [데이터 계열 서식] 작업창을 불러옵니다. [간격 너비]를 '90%'로 지정하면 매출계획(넓은 막대)과 매출(좁은 막대)이 함께 나타나게 되어 손쉽게 계획 대비 실적을 확인할 수 있습니다.

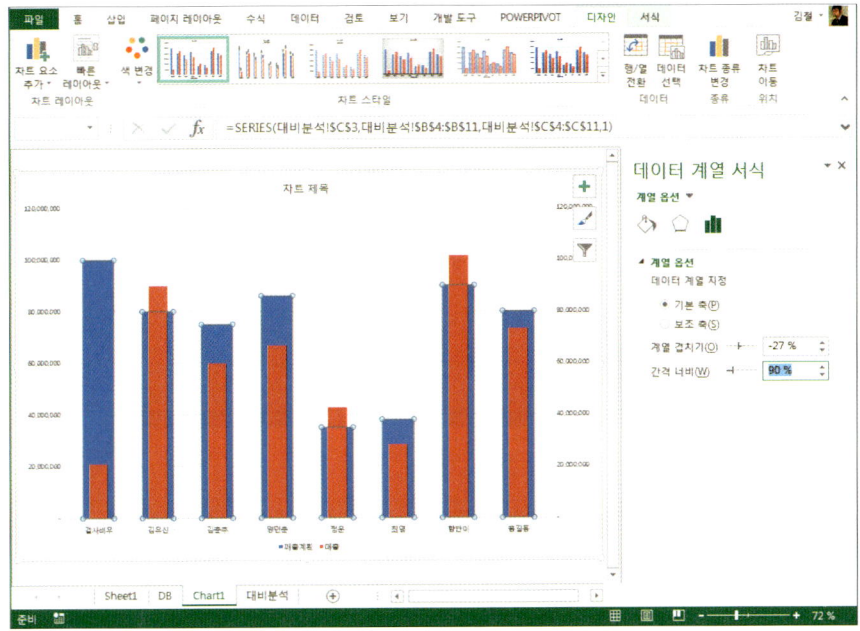

전체 매출의 평균 계열을 막대그래프로 추가하기

1. 평균 계열을 추가로 넣는 이유는 개인의 매출 실적을 평균 데이터와 비교, 분석하기 위해서입니다. [대비분석] 시트의 [G3] 셀에 '매출평균'을 입력하고 [G4] 셀에는 매출의 평균을 산출하기 위한 수식을 입력해 보겠습니다. 수식 입력줄에 =AVERAGE($D$4:$D$11)이라고 입력한 후 해당 수식을 [G11] 셀까지 복사해 넣습니다.

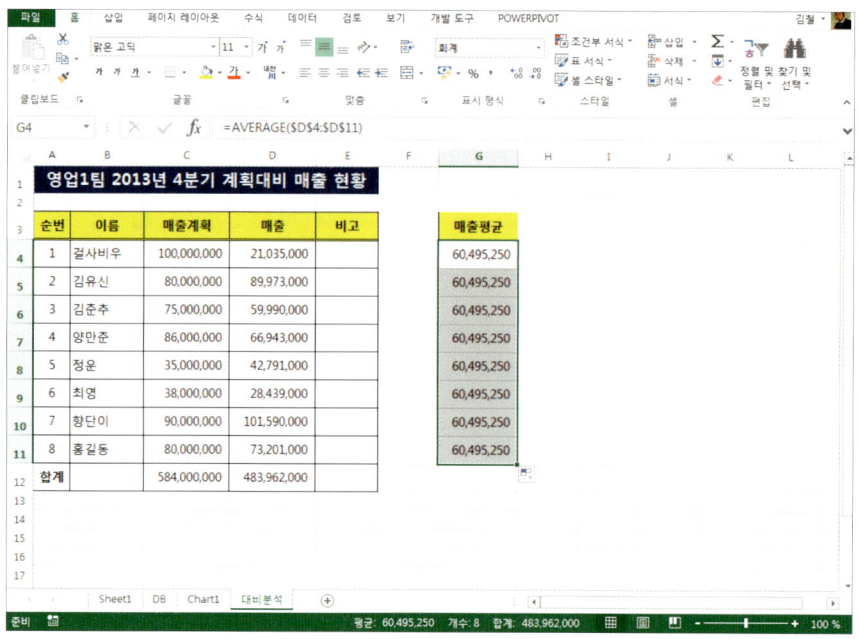

✔ 평균을 산출하기 위해 [G4] 셀에 수식을 입력하면 처음에는 상대 참조 형태로 입력됩니다. 이때 절대 참조로 쉽게 바꾸는 방법을 배워 보겠습니다. [G4] 셀에서 =AVERAGE(까지 입력한 후 평균을 산출한 첫 번째 셀인 [D4] 셀을 선택하고, 다음으로 연속된 셀 범위의 마지막까지 선택하기 위해 Ctrl + Shift + ↓ 를 누르면 수식은 =AVERAGE(D4:D11로 변경됩니다. 이때 참조를 손쉽게 바꾸기 위해 F4 키를 한 번 누르면 수식은 =AVERAGE($D$4:$D$11로 변하게 되고 마지막으로 괄호만 남게 되면 그냥 Enter 키를 누릅니다. 이미 팁으로 설명했듯이 마지막에 괄호만 남게 되었을 경우, 그냥 Enter 키를 누르면 엑셀이 친절하게 닫는 괄호를 만들어 줍니다.

2. 이제 차트의 '그림 영역'을 마우스 오른쪽 버튼으로 클릭해서 [데이터 선택]을 실행합니다.

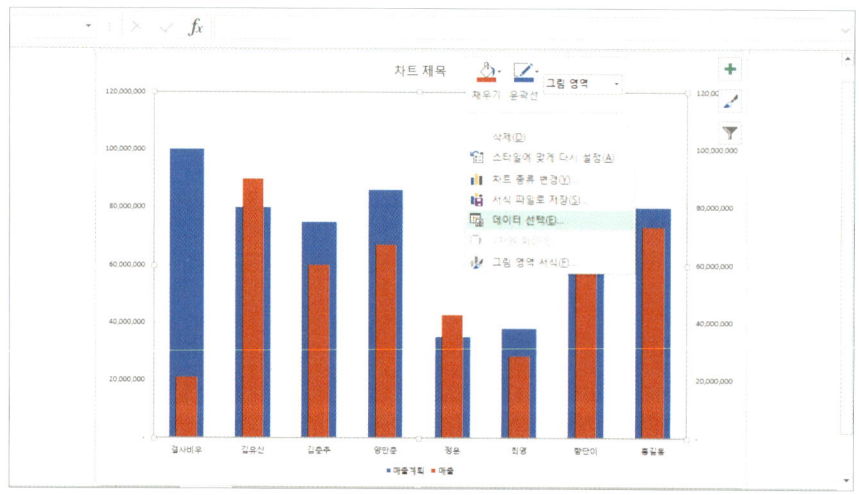

3. 나타난 [데이터 원본 선택] 대화상자에서는 데이터 계열을 추가할 수 있습니다. [범례 항목(계열)]의 [추가] 버튼을 클릭합니다.

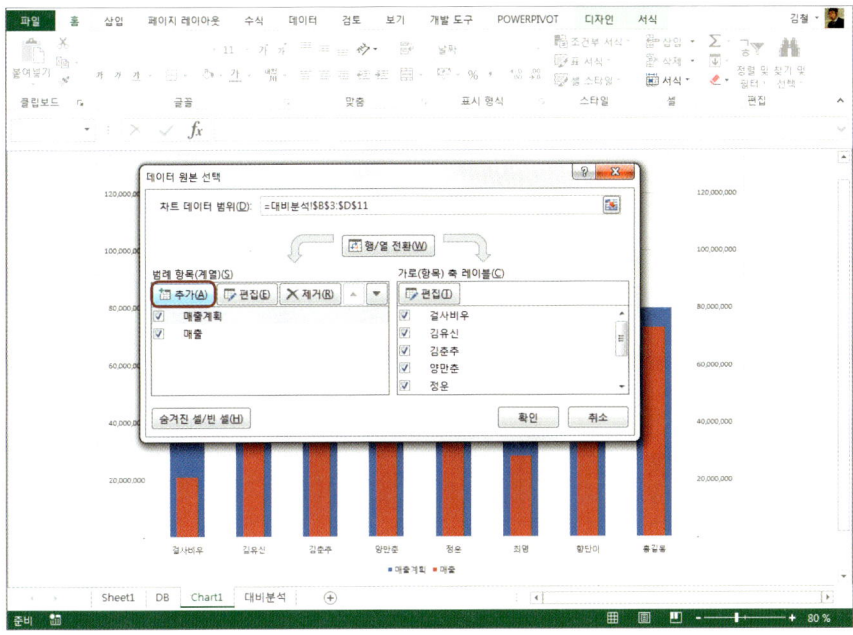

4. [계열 편집] 대화상자가 나타나는데 이 대화상자에서 추가된 계열 데이터를 지정하면 됩니다. [계열 이름]은 이미 평균을 산출해둔 [대비분석] 시트의 [G3] 셀을 클릭해서 입력하고 [계열 값]은 [대비분석] 시트의 [G4:G11] 셀을 지정하고 [확인] 버튼을 클릭합니다.

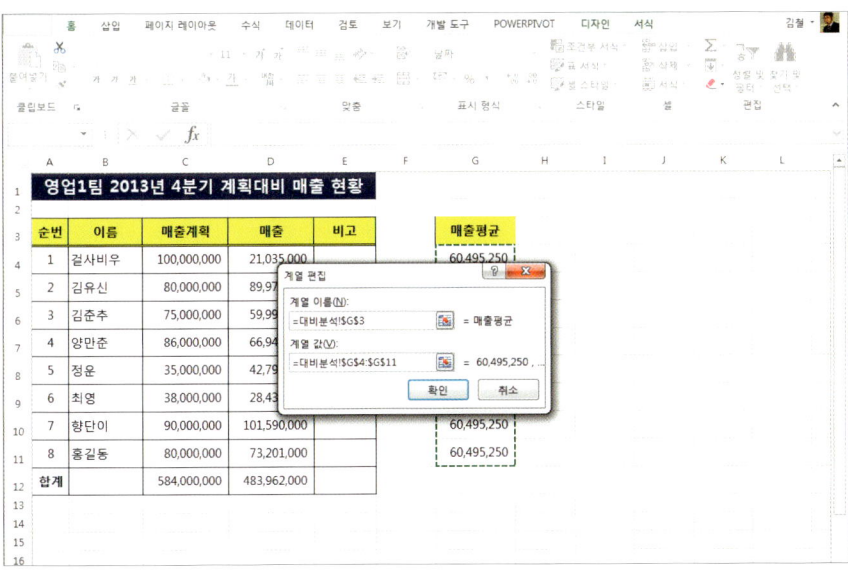

5. [데이터 원본 선택] 대화상자에서 매출평균 계열이 추가되고 뒤편에는 새로운 녹색 막대 차트가 나타난 것을 확인할 수 있습니다. [확인] 버튼을 클릭합니다.

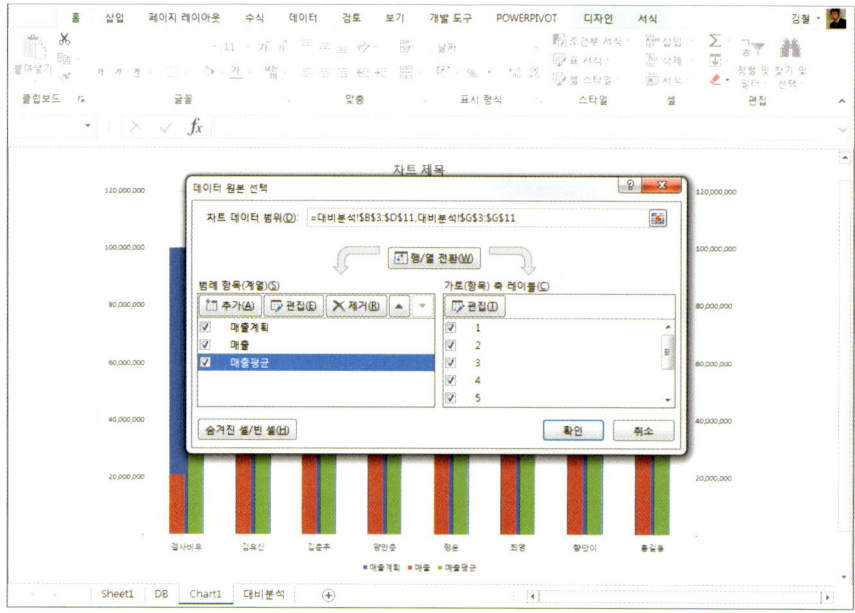

6. 매출평균 계열의 차트 종류는 막대에서 선으로 만들어주는 것이 보기 좋겠죠? 매출평균 막대를 선택한 다음 마우스 오른쪽 버튼을 클릭해서 [계열 차트 종류 변경]을 실행합니다.

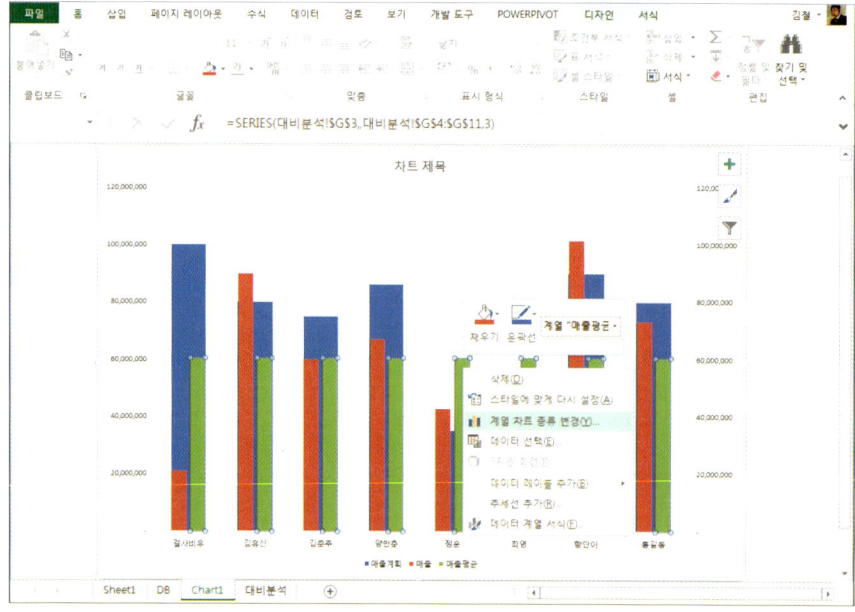

7. [차트 종류 변경] 대화상자가 나타나면 하단의 매출평균 계열의 차트 종류를 [꺾은선형]으로 선택한 후 [확인] 버튼을 클릭합니다.

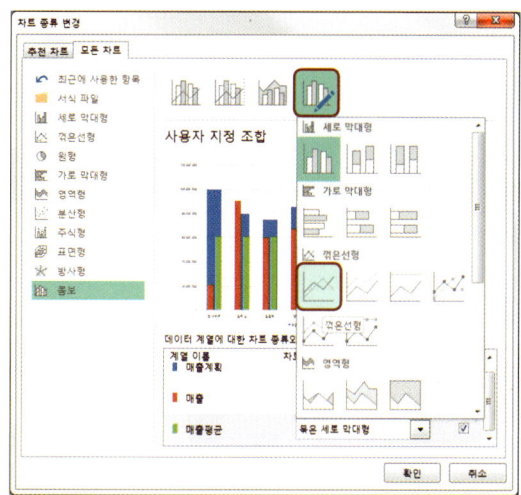

각종 데이터 계열의 서식을 변경해서 차트 꾸미기

1. 매출계획 막대를 선택, 마우스 오른쪽 버튼을 클릭해서 [데이터 계열 서식]을 실행합니다.

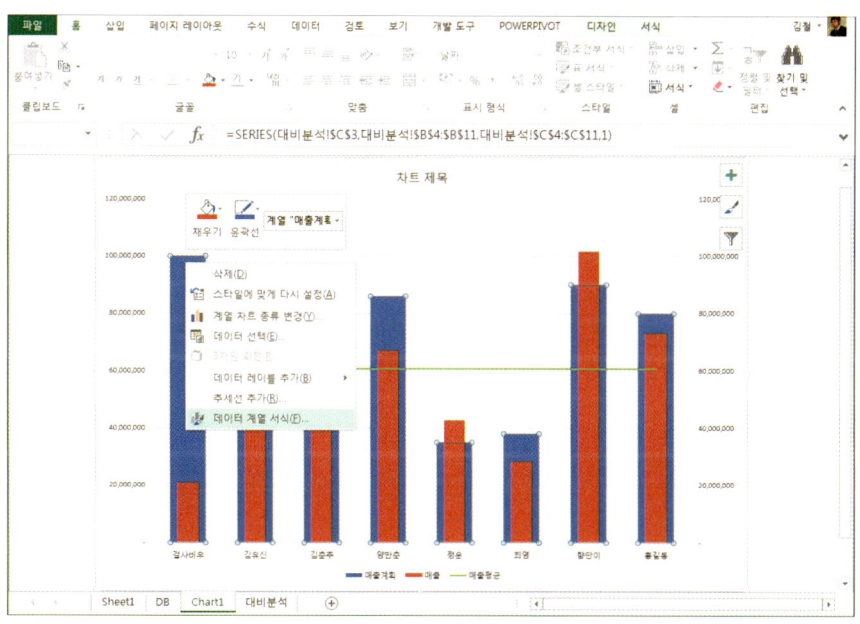

복합적인 요소를 비교, 분석할 때 유용한 차트

2. [데이터 계열 서식] 작업창의 [채우기 및 선] 아이콘을 선택하고 [채우기] 항목에서 [색] '진한 파랑, 텍스트 2, 25% 더 어둡게'를 선택합니다.

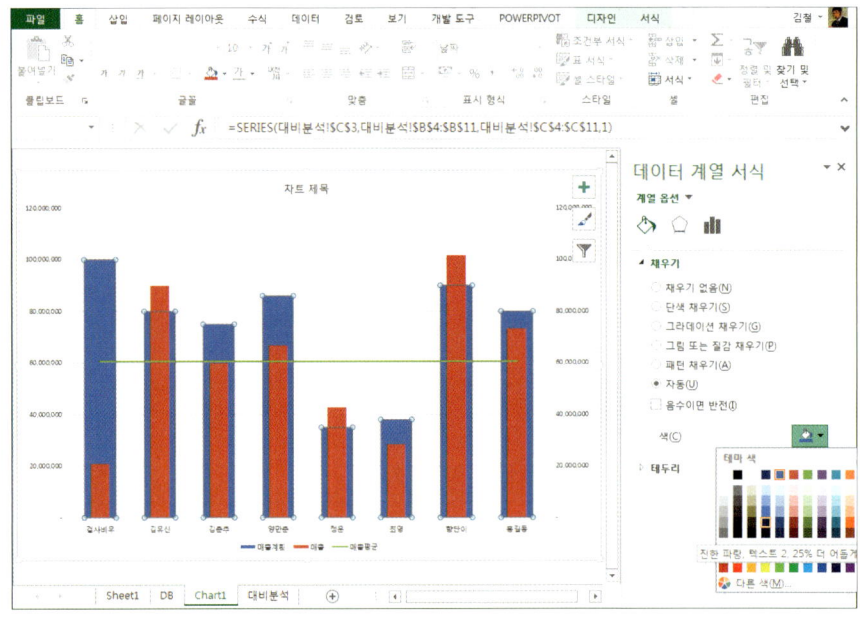

> **하위 버전에서는**
>
> 엑셀 2007은 [데이터 계열 서식] 대화상자에서 [채우기] → [단색 채우기]를 선택해야만 색상 팔레트가 나타납니다.

3. 매출계획 막대에 입체감을 표현해 보겠습니다. [효과] 아이콘을 선택하고 [3차원 서식]의 [위쪽 입체] 부분에서 [너비]와 [높이]를 '6 pt'로 지정합니다.

4. 이번에는 매출 막대의 서식을 지정하기 위해 차트에서 매출 막대를 선택합니다. 앞의 과정처럼 마우스 오른쪽 버튼을 클릭해서 [데이터 계열 서식]을 실행합니다. 작업창에서 [채우기 및 선] 아이콘을 클릭한 뒤 [색]을 '진한 파랑, 텍스트 2, 80% 더 밝게'를 선택합니다.

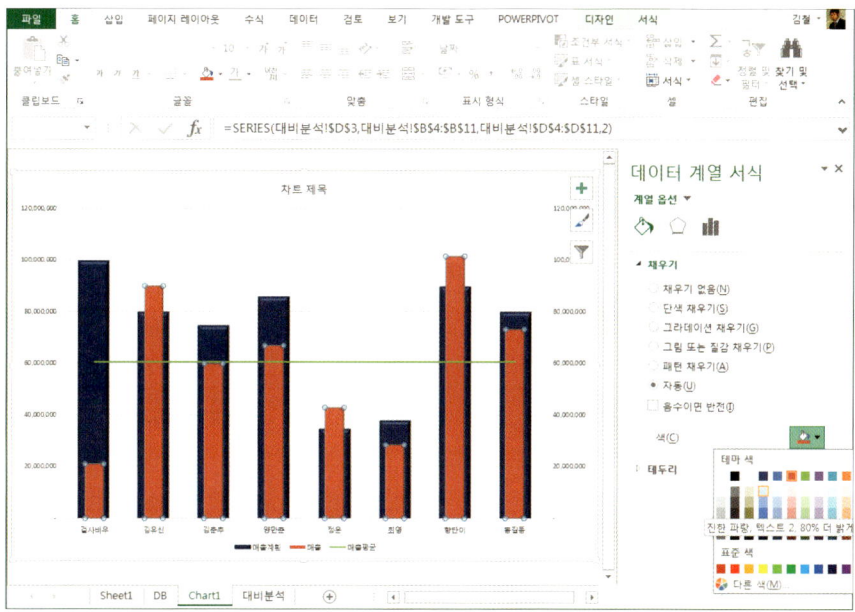

5. 매출 막대에 입체감을 나타내기 위해서 [효과] 아이콘을 선택합니다. [3차원 서식]의 [위쪽 입체] 부분에서 [너비]와 [높이]를 '6 pt'로 지정합니다.

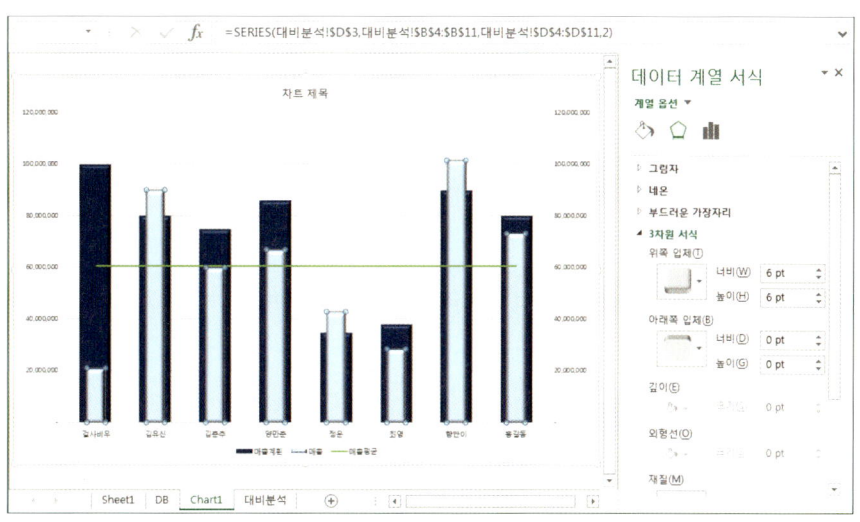

6. 매출평균 계열의 서식을 지정해 보겠습니다. 매출평균 꺾은선을 선택한 다음 마우스 오른쪽 버튼을 클릭해서 [데이터 계열 서식]을 실행합니다. [채우기 및 선] 아이콘을 클릭해서 [색]을 '빨강'으로 선택합니다.

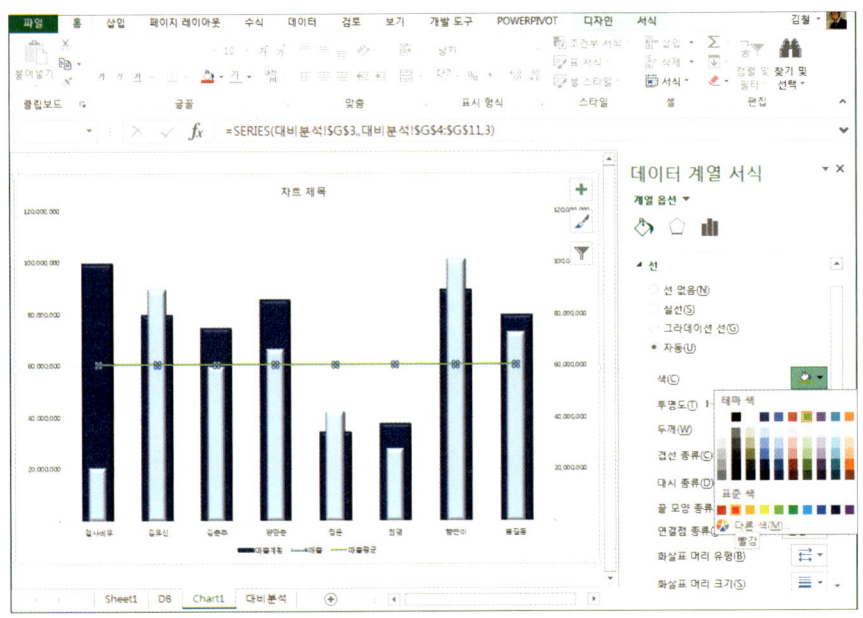

> **하위 버전에서는**
>
> 엑셀 2007은 [데이터 계열 서식] 대화상자에서 [선 색] → [실선]을 선택해야만 색상 팔레트가 나타납니다.

7. 차트 제목을 클릭해서 '영업1팀 2013년 4분기 계획대비 매출 현황'으로 입력합니다. 그리고 [홈] 탭 → [글꼴] 그룹 → [글꼴 크기]를 '18'로 지정합니다.

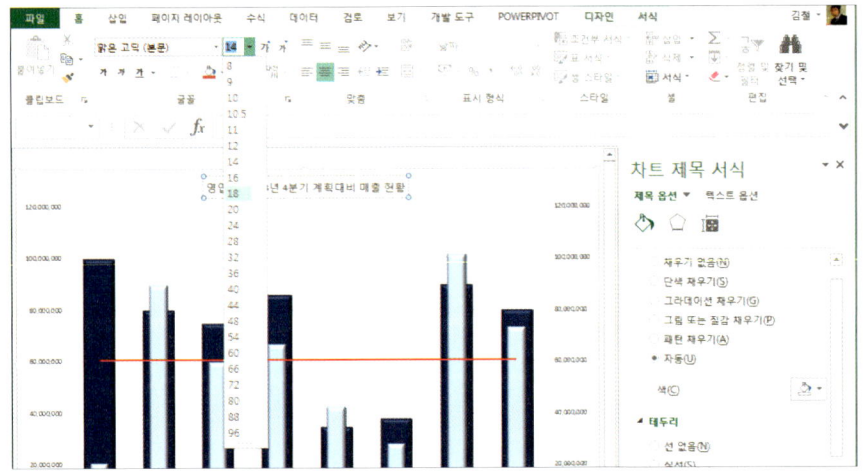

8. 마지막으로 차트의 그림 영역 서식을 변경해 보겠습니다. 그림 영역을 선택하고 마우스 오른쪽 버튼을 클릭해서 [그림 영역 서식]을 실행합니다.

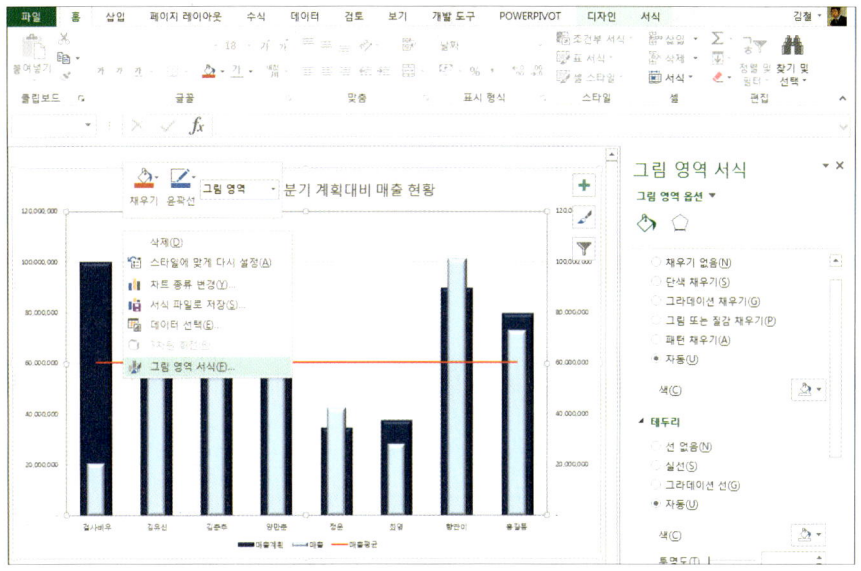

9. 그라데이션 효과를 주기 위해서 [그림 영역 서식] 작업창의 [채우기 및 선] 아이콘을 클릭하고 [그라데이션 채우기]를 선택합니다. 각 중지점의 색상을 원하는 색으로 지정해서 그라데이션 효과를 마무리합니다.

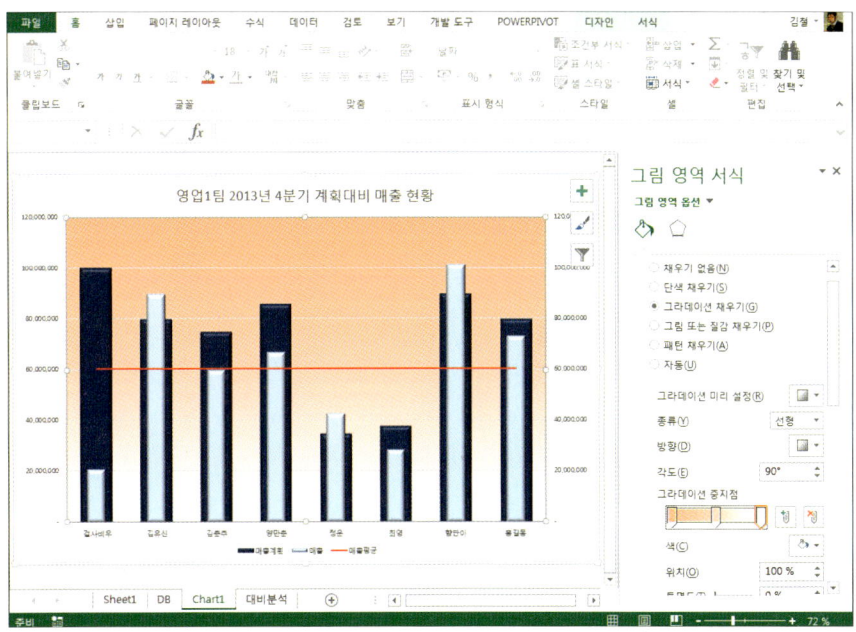

하면 된다!

Q1. 도서 제작에 필요한 일정을 간트 차트로 나타내세요.
문제 5-1_제작 일정표_간트차트_문제.xlsx

1. 차트로 표현할 [A3:E8] 셀을 선택한 후 누적 가로 막대형 차트를 삽입합니다.
2. 삽입한 차트는 [차트 이동] 버튼을 클릭해서 새 시트로 옮깁니다.
3. 차트 제목을 데이터가 있는 제목과 연동시키고 세로(항목)축의 [축 서식] 메뉴에서 항목을 거꾸로 나타냅니다.
4. 가로 축 날짜의 시작과 종료일을 변경합니다. 최소값은 '2015-12-01', 최대값은 '2016-08-30'이지만 각 날짜에 해당하는 숫자 값을 입력해야 합니다.
5. 시작일, 종료일, 기간에 데이터 레이블을 추가하고 글꼴을 편집합니다. 시작일과 종료일 막대는 [데이터 계열 서식]에서 [채우기 없음]으로 변경합니다.
6. 마지막으로 그림 영역을 선택해서 그라데이션 효과를 줍니다.

정답 5-1_제작 일정표_간트차트_정답.xlsx

하면 된다!

Q2. 지역별 도서 판매 점유율을 나타내고 서울 지역만 강조해 보세요.
문제 5-2_판매 분포_원형차트_문제.xlsx

1. 지역별 점유율만 원형 차트로 나타내기 위해서 [A3:A17] 셀과 [C3:C17] 셀만 다중 선택합니다.
2. 데이터가 선택된 상태로 3차원 원형 차트를 삽입하고 새로운 시트로 차트를 옮깁니다.
3. 각 계열에 '항목 이름'과 '값'을 데이터 레이블로 나타내고 글꼴을 편집합니다.
4. 하단의 지역 레이블은 삭제하고 제목을 데이터 시트의 제목과 연동시켜 편집합니다.
5. 서울 지역의 차트 영역만 2번 클릭해서 분리합니다.

정답 5-2_판매 분포_원형차트_정답.xlsx

| 여 섯 째 마 당 |

우리 팀장님의
데이터 활용법

여섯째마당에서는 지금까지 익혔던 내용들을 총망라해서
수준 높은 보고서를 작성해 보겠습니다.
또 현업에서 알아두면 업무 효율과 생산성을 비약적으로 높일 수 있는
강력한 실무 팁을 익히게 됩니다.
이전 마당까지 잘 따라온 독자들이라면 이번 여섯째마당이
진정한 엑셀의 신이 될 수 있는 기회가 될 수 있습니다.

| Contents |

16장. 목표 관리, 실적 관리에 강하다! - 슬라이서

17장. 보고서를 자동으로 생성하는 방법 - 피벗 테이블 보고서 필터

18장. 손해보지 않으려면 얼마에 팔아야 할까? - 손익분기점 차트

Special Page. 꼭 알아야 하는 프로 직장인의 기술

16 | 목표 관리, 실적 관리에 강하다!
슬라이서

이번 장에서는 슬라이서 기능을 살펴보겠습니다. 슬라이서를 이용하면 서로 연결된 여러 피벗 테이블을 손쉽게 필터링할 수 있습니다. 그리고 각종 지표나 수치를 쉽게 확인하고 관리할 수 있습니다.

16-1 피벗 테이블과 연동하여 데이터를 빠르게 분석하기

강대리 이야기

차트도 필터링해서 보고 싶은 것만 골라 본다!

"무슨 고민 있나요?" 지나가던 신팀장이 잠시 생각에 빠져있는 강현아 대리에게 물었다. 강대리의 고민은 이랬다. 피벗 테이블과 피벗 차트로 기간별 분석 보고서를 편하게 작성하고 있지만 월별, 지역별로 보려면 그때마다 피벗 테이블과 피벗 차트를 새로 만들어야 하는 번거로움이 있다는 것이다. 빙그레 웃는 신팀장. 넌지시 힌트를 준다. "강대리, 슬라이서 기능 써 봤나요?"

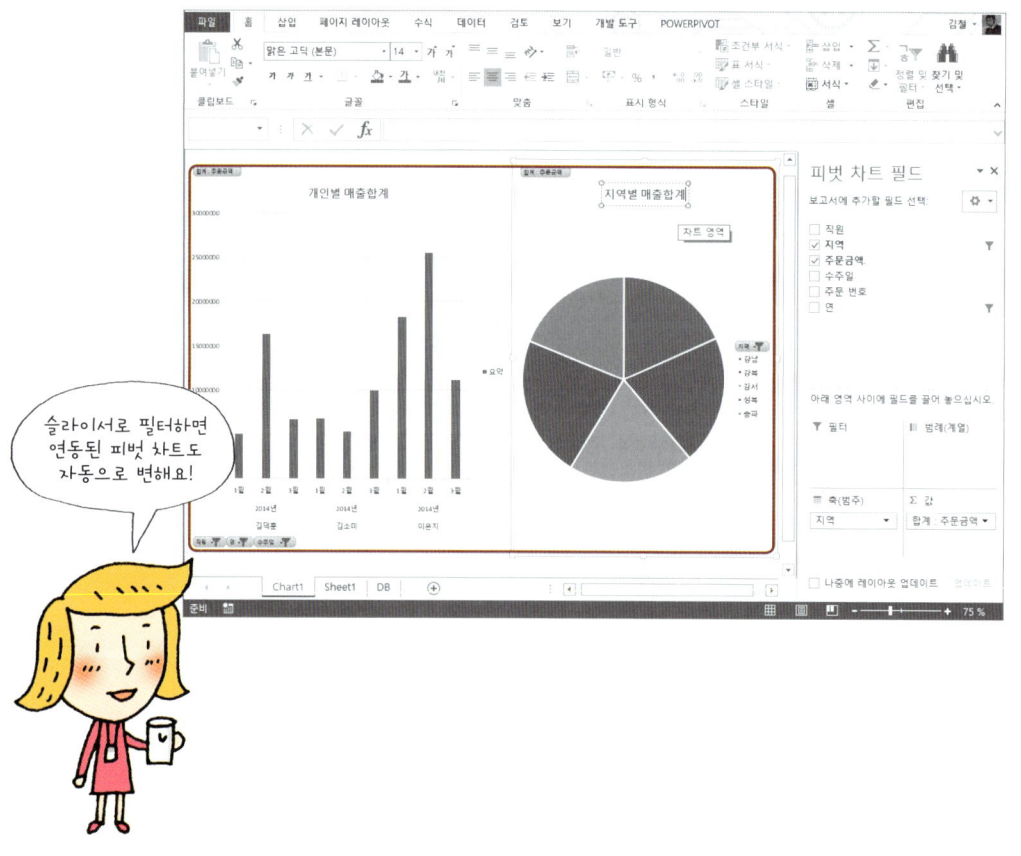

슬라이서로 필터하면 연동된 피벗 차트도 자동으로 변해요!

✗ 2007   ✓ 2010   ✓ 2013   ✓ 2016

16-1   피벗 테이블과 연동하여 데이터를 빠르게 분석하기

피벗 테이블로 보고서를 작성한 후 직관적인 분석을 도와주는 슬라이서 기능을 이용하면, 데이터 필터를 더욱 손쉽고 빠르게 다룰 수 있습니다. 피벗 테이블과 더불어 슬라이서 기능 또한 마우스만으로 조작할 수 있어서 매우 편리하게 사용되는 분석 보고서 작성법입니다. 피벗 테이블로 만든 결과를 서로 연관되는 데이터만 골라서 빠르게 분석하는 방법을 살펴보겠습니다.

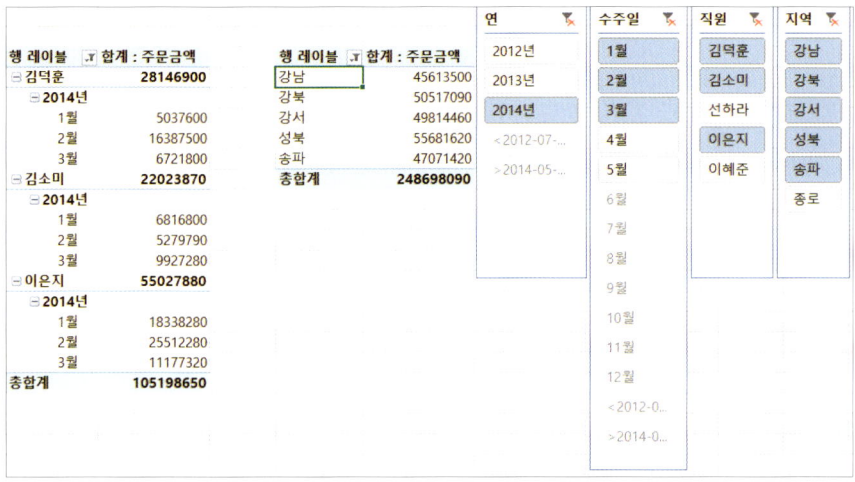

16장_01_슬라이서_연결_예제.xlsx라는 예제 파일을 불러와 연관 데이터를 빠르고 쉽게 필터링하는 차트 보고서를 작성해 보겠습니다.

데이터를 집계하고 분석할 때 원하는 자료를 빠르고 정확하게 나타내는 일은 매우 중요합니다. 지금까지 익혔던 피벗 테이블도 유용하지만 이를 더 효과적으로 사용하는 방법이 바로 슬라이서 기능입니다. 피벗 테이블로 정리한 데이터에서 필요한 항목만을 골라 필터링할 수 있기 때문입니다. 여기서는 피벗 테이블을 2개 이상 만들었더라도 슬라이서를 이용해서 필요한 항목만 간단히 필터링하는 분석 방법을 알아보겠습니다. 그리고 이렇게 만들어진 슬라이서를 이용하면 손쉽게 차트 보고서 양식도 만들 수 있으니 활용도가 매우 높은 기능입니다.

[DB] 시트의 데이터를 표로 만들고 첫 번째 피벗 테이블 삽입하기

1. 우선 불러온 예제의 데이터를 표로 지정해서 피벗 테이블로 요약해 보겠습니다. [DB] 시트에서 아무 셀 하나를 선택하고 Ctrl + T 키를 눌러 [머리글 포함]을 체크한 채로 [확인] 버튼을 클릭합니다.

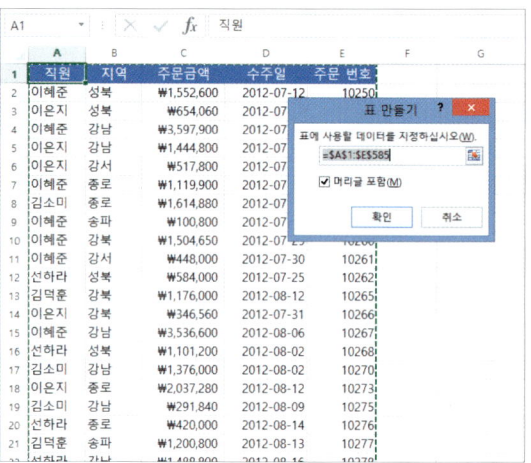

2. 데이터가 표로 만들어졌으니 피벗 테이블을 삽입해 보겠습니다. [디자인] 탭 → [도구] 그룹 → [피벗 테이블로 요약]을 실행합니다. 나타난 대화상자에서 보고서 위치는 [새 워크시트]를 선택한 후 [확인] 버튼을 클릭합니다.

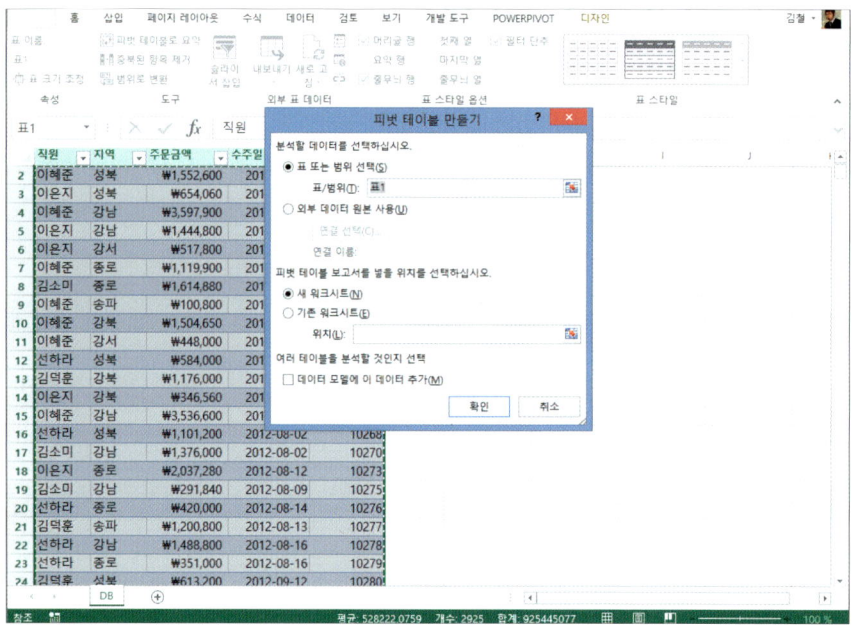

3. 이제 피벗 테이블로 요약해야 합니다. [행] 영역에는 '직원'과 '수주일'을, 그리고 [∑ 값] 영역에는 '주문금액'을 위치시킵니다.

4. 기간별 분석을 위해 [수주일]을 그룹으로 만들겠습니다. 피벗 테이블에서 임의로 하나의 수주일을 선택, 마우스 오른쪽 버튼을 클릭해서 [그룹]을 실행합니다.

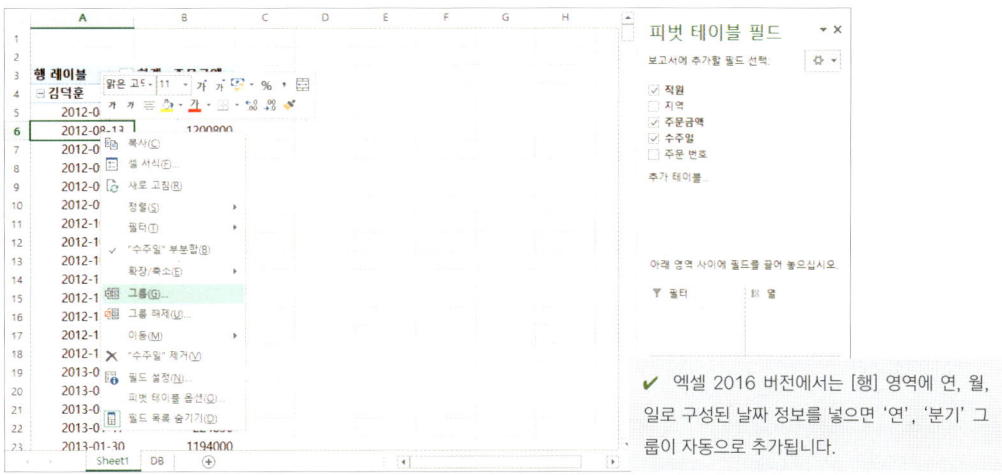

✓ 엑셀 2016 버전에서는 [행] 영역에 연, 월, 일로 구성된 날짜 정보를 넣으면 '연', '분기' 그룹이 자동으로 추가됩니다.

5. [그룹화] 대화상자가 나타나면 그룹화 할 단위를 지정해야 합니다. 나타난 대화상자에서 [단위]를 '연'과 '월'로 선택한 후 [확인] 버튼을 클릭합니다.

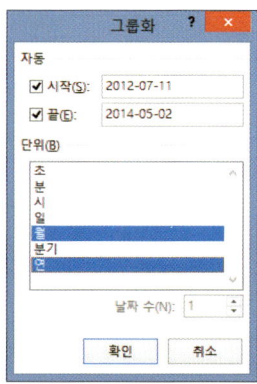

[DB] 시트의 표를 이용해서 두 번째 피벗 테이블 삽입하기

1. 두 번째 피벗 테이블을 삽입하기 위해 [DB] 시트의 표1로 돌아가서 [디자인] 탭 → [도구] 그룹 → [피벗 테이블로 요약]을 다시 실행합니다.

2. [피벗 테이블 만들기] 대화상자에서 두 번째 피벗 테이블 보고서를 넣을 위치를 지정해 보겠습니다. 피벗 테이블이 작성될 위치를 [Sheet1] 시트의 [D3] 셀이 되도록 [기존 워크시트]를 선택합니다. 그런 다음 [위치] 란을 클릭하고 [Sheet1] 시트의 [D3] 셀을 선택한 후 [확인] 버튼을 클릭합니다.

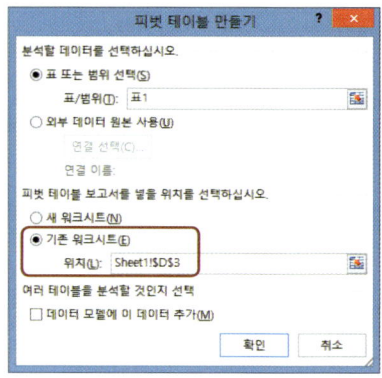

3. 두 번째 피벗 테이블을 요약해 보겠습니다. [행] 영역에는 '지역'을, [∑ 값] 영역에는 '주문금액'을 위치시킵니다. 이로써 하나의 데이터로 하나의 시트에 '개인별, 기간별 주문금액 합계'와 '지역별 주문금액 합계'를 피벗 테이블로 만들었습니다.

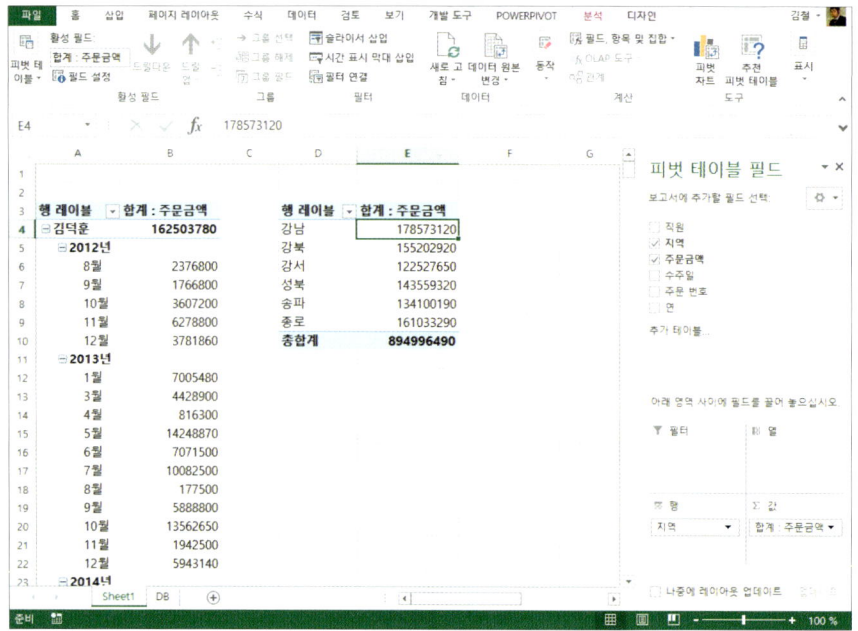

작성된 두 개의 피벗 테이블에 슬라이서 삽입하기

1. 첫 번째 피벗 테이블에서 임의의 셀(A4)을 선택하고 [분석] 탭 → [필터] 그룹 → [슬라이서 삽입]을 실행합니다. 나타난 [슬라이서 삽입] 대화상자에서 분석하고자 하는 필드인 '직원', '수주일', '연'을 선택하고 [확인] 버튼을 클릭합니다.

이렇게 삽입한 슬라이서는 작업 영역 안에서 한눈에 확인할 수 있도록 적당한 위치에 배치하고, 오른쪽 하단의 크기 조절 핸들로 슬라이서의 크기도 조절합니다. 여기에서 슬라이서의 배치 순서는 중요하지 않으니 확인하기 편리한 순서로 배치하면 됩니다.

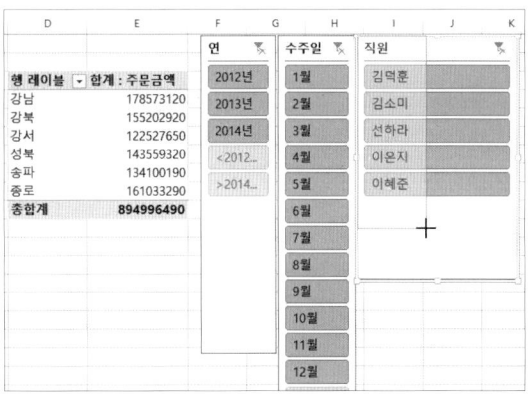

2. 두 번째 피벗 테이블도 슬라이서를 삽입해 보겠습니다. 두 번째 작성된 피벗 테이블에서 임의의 셀(D4)을 선택하고 [분석] 탭 → [필터] 그룹 → [슬라이서 삽입]을 실행합니다. 나타난 [슬라이서 삽입] 대화상자에서 분석하고자 하는 필드인 '지역'을 선택하고 [확인] 버튼을 클릭합니다. 그리고 적당한 위치에 배치합니다.

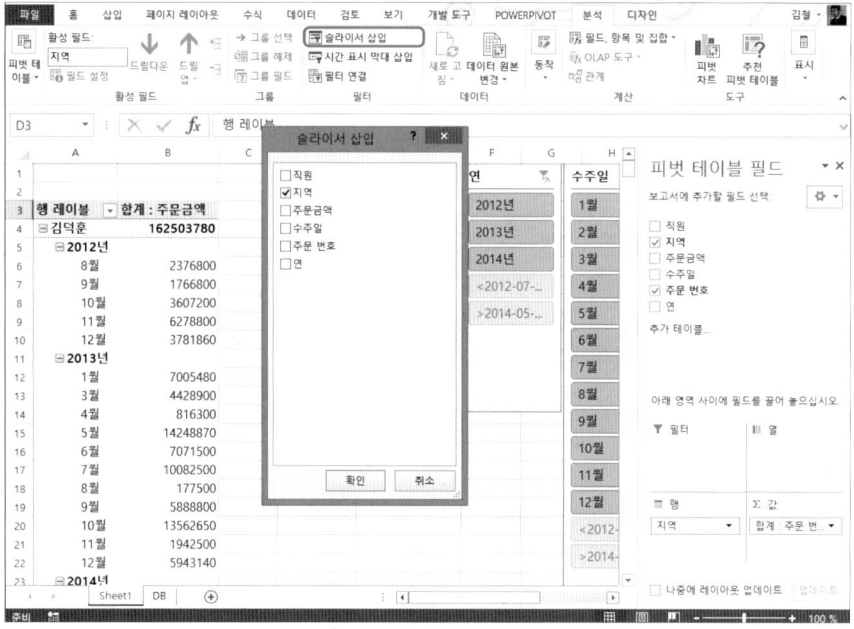

두 개의 피벗 테이블 연결하기

1. 첫 번째 피벗 테이블에서 생성한 세 개의 슬라이서 중 하나를 선택한 후, [옵션] 탭 → [슬라이서] 그룹 → [보고서 연결]을 실행합니다. 나타난 [보고서 연결(연)] 대화상자에서 연결할 두 개의 피벗 테이블을 선택하고 [확인] 버튼을 클릭합니다. 남은 두 개의 슬라이서도 동일한 방법으로 피벗 테이블을 연결합니다.

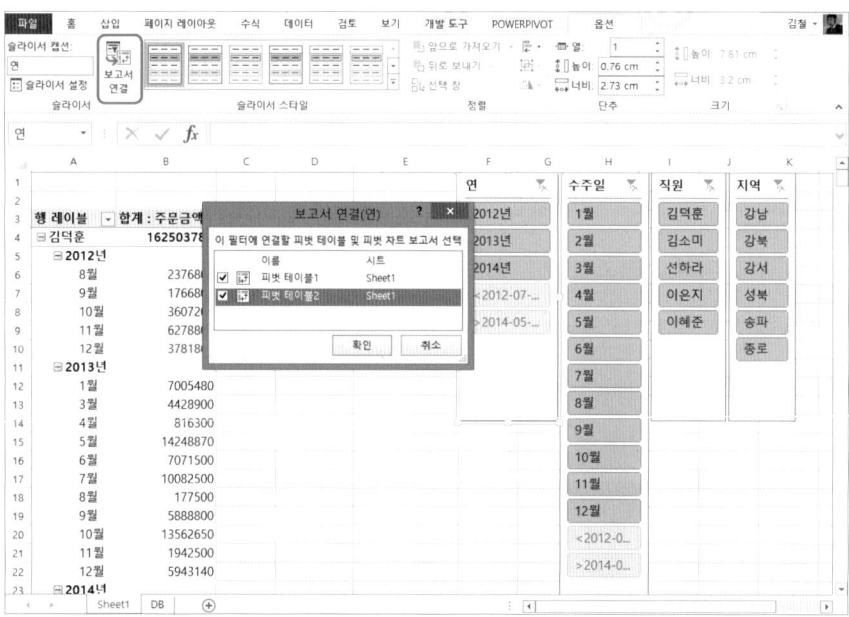

2. 이번에는 두 번째 피벗 테이블에서 생성한 [지역] 슬라이서를 선택하고 [옵션] 탭 → [슬라이서] 그룹 → [보고서 연결]을 실행합니다. 나타난 대화상자에서 연결할 두 개의 피벗 테이블을 선택하고 [확인] 버튼을 클릭합니다.

3. 2014년 1분기(1월, 2월, 3월)에 해당하는 '김덕훈', '김소미', '이은지' 직원의 '강남', '강북', '강서', '성북', '송파' 지역 주문금액을 나타내 보겠습니다.

   먼저 [연] 슬라이서에서 '2014'를 선택하고 [수주일] 슬라이서에서 '1월'을 클릭한 후 Ctrl 키를 누른 채로 '2월', '3월' 항목을 선택합니다. [직원] 슬라이서에서는 '김덕훈', '김소미', '이은지'를 선택합니다. 마지막으로 [지역] 슬라이서에서 '강남', '강북', '강서', '성북', '송파'를 선택합니다. 슬라이서에서 선택한 조건에 따라 두 개의 피벗 테이블 보고서가 변경되는 것을 볼 수 있습니다.

원하는 데이터를 필터링하고 차트 삽입하기

1. 마지막으로 슬라이서와 연동되는 차트를 삽입해 보겠습니다. [Sheet1] 시트 탭을 마우스 오른쪽 버튼으로 클릭, [삽입]을 선택합니다.

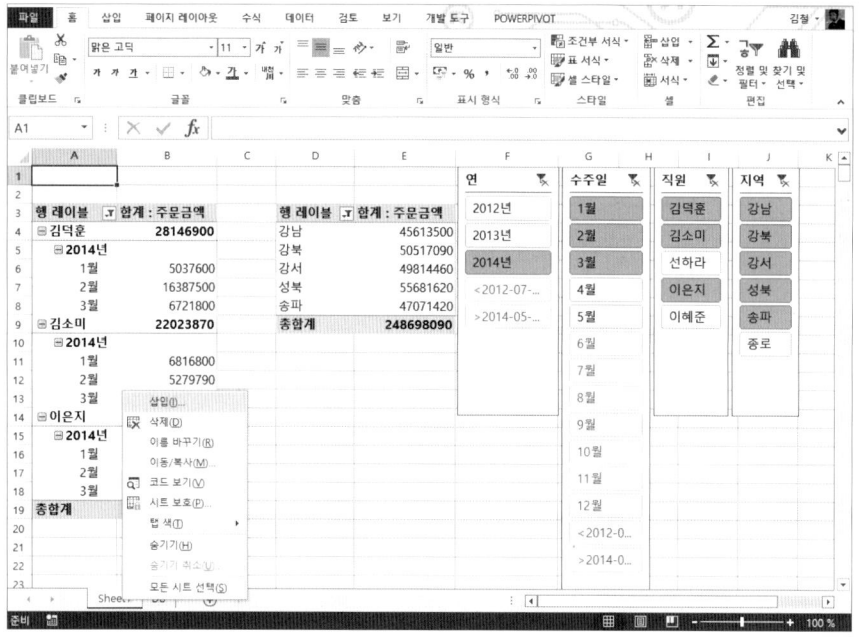

2. [삽입] 대화상자가 나타나면 삽입할 시트를 선택해야 합니다. [차트]를 선택하고 [확인] 버튼을 클릭합니다.

> ✔ 빈 차트 시트를 먼저 삽입해야 하는 이유는 무엇일까요? 한 개의 차트 시트에 두 개 이상의 차트를 삽입하려면 먼저 차트 시트를 삽입하고 차트를 이동해야 하기 때문입니다.

3. 비어있는 [Chart1] 시트가 만들어졌으니 차트를 작성해 보겠습니다. [Sheet1] 시트에서 첫 번째 작성한 피벗 테이블을 선택하고 [분석] 탭 → [도구] 그룹 → [피벗 차트]를 실행합니다.

4. [차트 삽입] 대화상자가 나타나면 작성할 차트를 선택해야 합니다. [모든 차트] 탭에서 [세로 막대형] 차트를 선택하고 첫 번째 '묶은 세로 막대형' 차트를 선택한 후 [확인] 버튼을 클릭합니다.

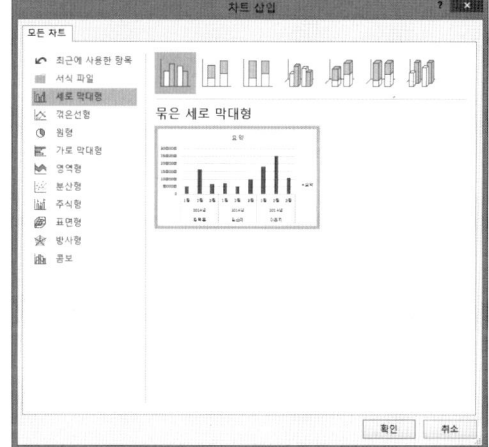

5. 그런 다음 두 번째 차트를 작성해 보겠습니다. 두 번째 피벗 테이블을 선택하고 [분석] 탭 → [도구] 그룹 → [피벗 차트]를 실행합니다.

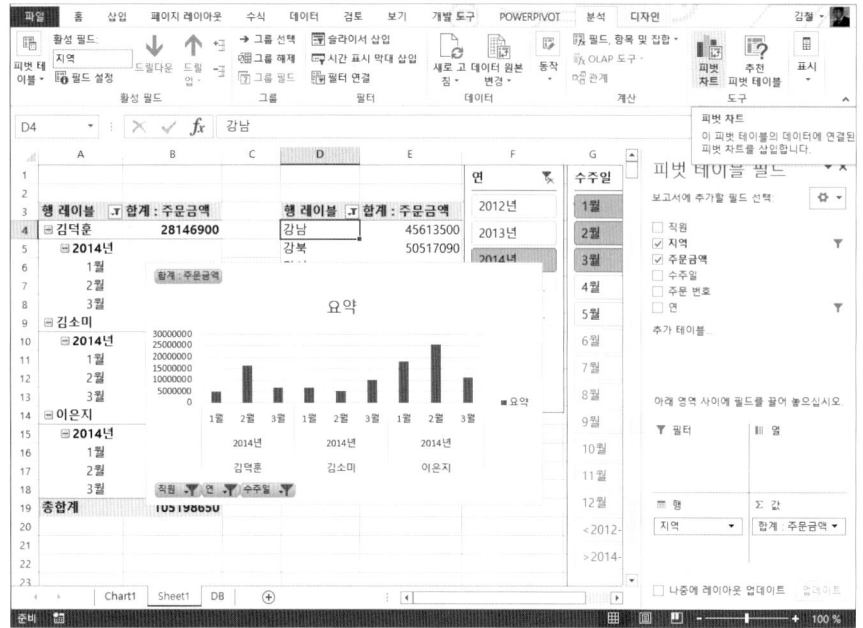

6. 두 번째 피벗 테이블 보고서는 원형 차트로 만들어 보겠습니다. [모든 차트] 탭에서 [원형] 차트를 선택하고 첫 번째 '원형' 차트를 선택한 후 [확인] 버튼을 클릭합니다.

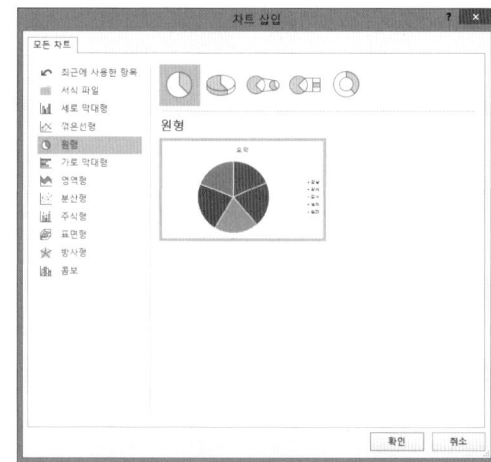

비어 있는 [Chart1] 시트로 만들어 놓은 차트 옮겨서 편집하기

1. 빈 [Chart1] 시트로 묶은 세로 막대형 차트를 이동시켜 보겠습니다. 묶은 세로 막대형 차트를 선택하고 [디자인] 탭 → [위치] 그룹 → [차트 이동]을 실행합니다. 나타난 대화상자에서 [워크시트에 삽입] 옵션 버튼을 선택하고 시트는 생성해둔 [Chart1] 시트를 선택한 후 [확인] 버튼을 클릭합니다.

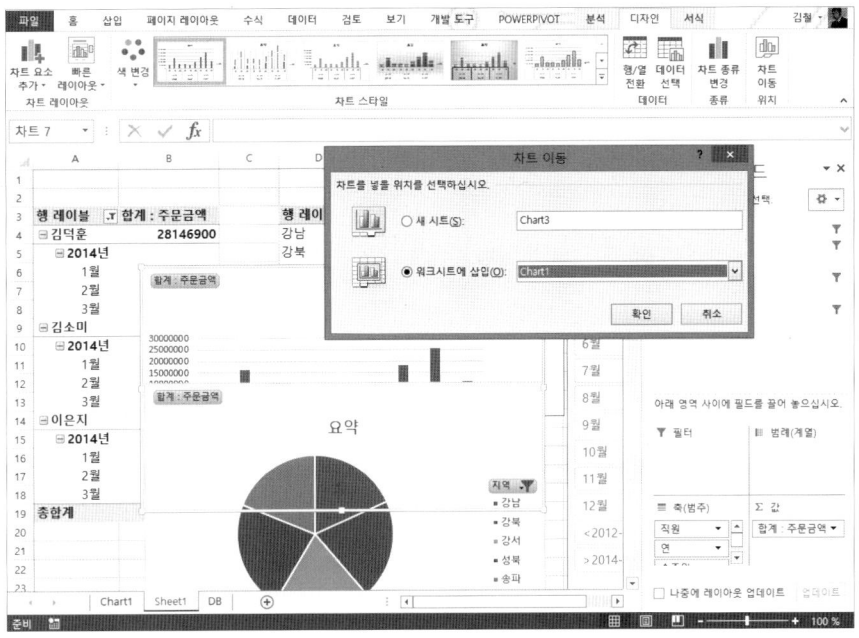

2. [Chart1] 시트로 이동시킨 차트를 확인하고 삽입된 차트의 조절점을 조절해서 [Chart1] 시트의 1/2 크기로 차트 크기를 조절합니다.

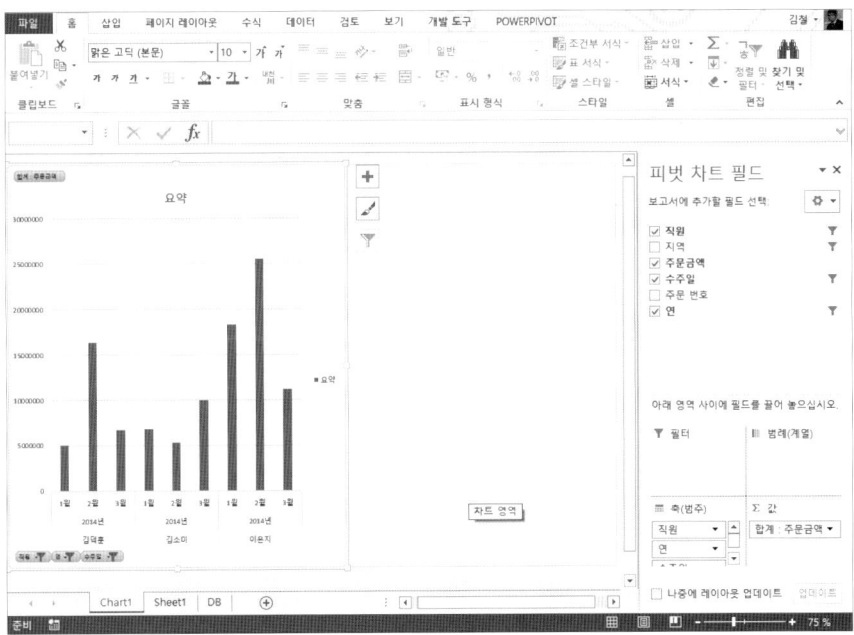

3. 이번에는 원형 차트를 [Chart1] 시트로 이동시켜 보겠습니다. [Sheet1] 시트로 돌아가 원형 차트를 선택하고 [디자인] 탭 → [위치] 그룹 → [차트 이동]을 실행합니다. 나타난 대화 상자에서 [워크시트에 삽입] 옵션 버튼을 선택하고 시트는 생성해둔 [Chart1] 시트를 선택한 후 [확인] 버튼을 클릭합니다.

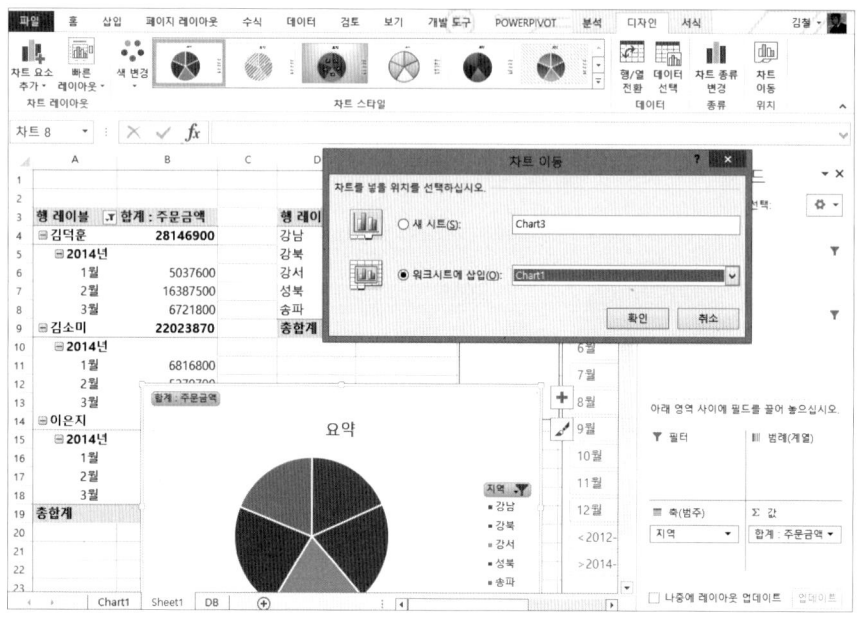

4. 이동시킨 원형 차트의 크기도 수정해 보겠습니다. [Chart1] 시트에 삽입된 원형 차트를 확인하고 조절점을 조절해서 [Chart1] 시트의 나머지 공간만큼 크기를 조절합니다.

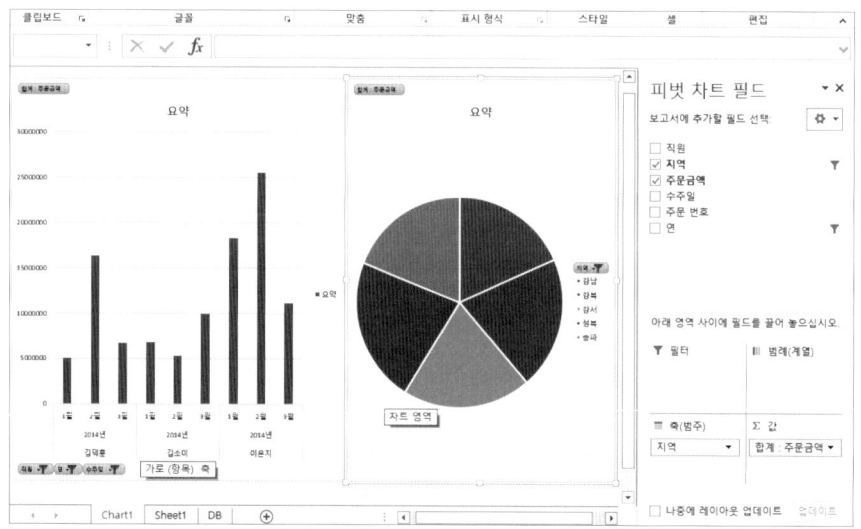

> **김철 쌤의 한마디!** 한 개의 [Chart1] 시트에 두 개 이상의 차트를 삽입하는 방법
>
> 피벗 테이블 보고서를 차트로 작성할 때 해당 차트를 [차트 이동] 기능으로 [Chart1] 시트를 만들었다면 [Chart1] 시트에는 나중에 만든 다른 차트를 더 넣을 수가 없습니다. 그러므로 하나의 [Chart1] 시트에 여러 개의 차트를 삽입하려면 먼저 비어 있는 [Chart1] 시트를 만든 다음 새로 만든 차트를 옮겨서 크기를 조절하면 됩니다.

5. 삽입된 차트의 제목을 수정해 보겠습니다. 묶은 세로 막대형 차트의 제목은 '개인별 매출합계'로, 원형 차트는 '지역별 매출합계'로 제목을 수정합니다.

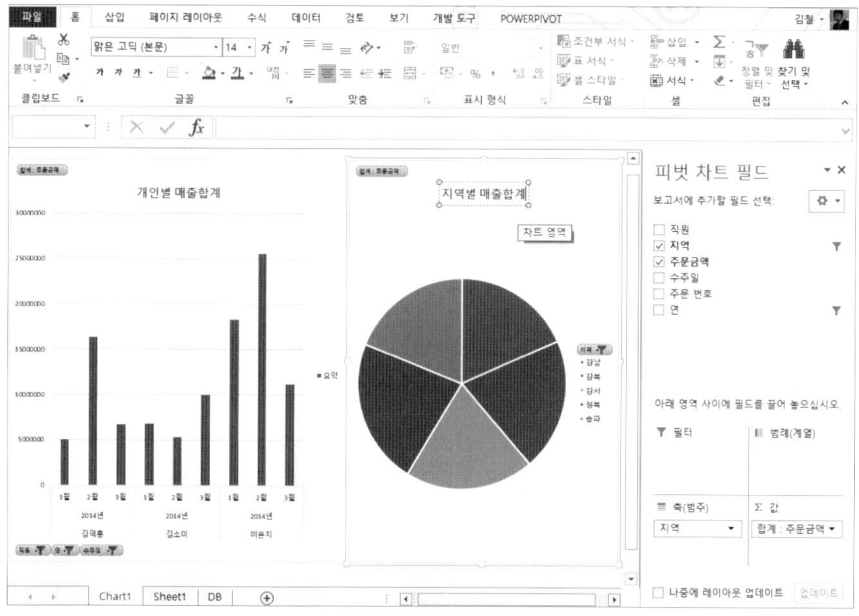

슬라이서를 하나 선택해 항목을 변경해 보면 앞에서 두 개의 피벗 테이블을 연결하였으므로 분석할 기간과 내용을 선택하면 선택된 데이터의 집계 보고서와 차트가 동시에 변경되는 것을 확인할 수 있습니다.

17 | 보고서를 자동으로 생성하는 방법
피벗 테이블 보고서 필터

현업에서는 거래처별 거래명세서를 만들거나 지점별로 특정 기간의 매출 보고서를 만드는 등 데이터를 분리, 분석해서 보려는 보고서들이 많습니다. 이때 피벗 테이블의 보고서 필터 기능을 이용하면 특정 기간의 내용을 간단하게 분리, 분석해서 확인하려는 내용을 각각의 시트로 생성해 낼 수 있습니다. 피벗 테이블의 보고서 필터 페이지 표시 기능을 이용해서 직접 생성해 보도록 하겠습니다.

17-1 거래처별 매출 보고서를 각각 다른 시트에 자동으로 생성하기

조과장 이야기

거래처가 아무리 많아도 거래처별 매출 실적을 한 번에 만든다!

조광제 과장은 많은 지점의 매출을 집계하고 관리한다. 그럼에도 매출 집계 보고서를 제출하는 날이면 늘 야근도 없이 칼퇴다. 그 많은 지점 보고서를 어떻게 만드는 건지 김 사원은 늘 궁금했다. 비결을 묻자, 조과장의 답변은 간단했다. "피벗 테이블에는 보고서 필터 페이지 표시라는 기능이 있어요." 아! 왜 난 몰랐을까? 조금만 더 빨리 알았더라면!

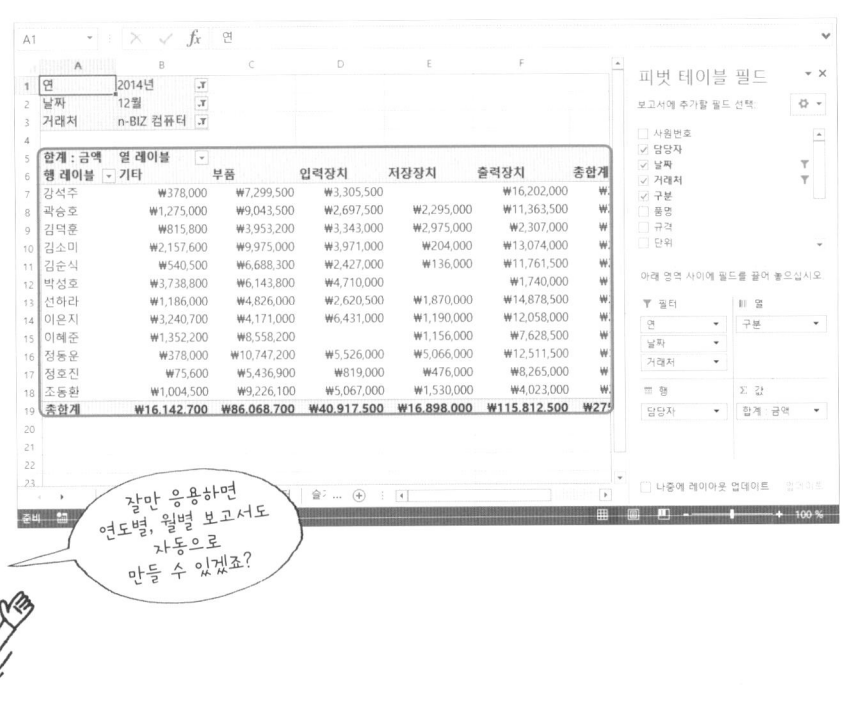

✓ 2007 ✓ 2010 ✓ 2013 ✓ 2016

17-1 　　　　거래처별 매출 보고서를 각각 다른 시트에 자동으로 생성하기

'보고서 필터 페이지 표시 기능'을 이용하면 특정 기간 동안 발생한 거래처별 매출을 각각 별도의 시트에 자동으로 생성할 수 있습니다. 이 역시 마우스만으로도 가능합니다. 사용자가 일일이 별도의 시트를 작성하지 않고도 자동으로 보고서 시트를 만들어 준다는 사실이 놀랍지 않나요? 그럼 실습해 보겠습니다.

먼저 **17장_01_보고서필터_예제.xlsx**라는 예제 파일을 불러옵니다.

컴퓨터 부품 판매 회사의 데이터베이스를 피벗 테이블로 만든 후 필요한 항목만 분리해서 별도의 시트로 나타내려고 합니다. 이때 사용되는 것이 '보고서 필터 페이지 표시' 기능입니다. 이 기능을 사용해서 컴퓨터 부품의 기간별 판매 금액 보고서를 거래처별로 각각의 시트에 나타내겠습니다.

데이터를 표로 정리한 후 피벗 테이블로 집계하기

1. 예제 파일을 열어서 [DB] 시트에 있는 데이터를 표로 지정해 보겠습니다. [DB] 시트에서 아무 셀을 선택하고 Ctrl + T 키를 눌러 [머리글 포함]에 체크된 상태로 [확인] 버튼을 클릭합니다.

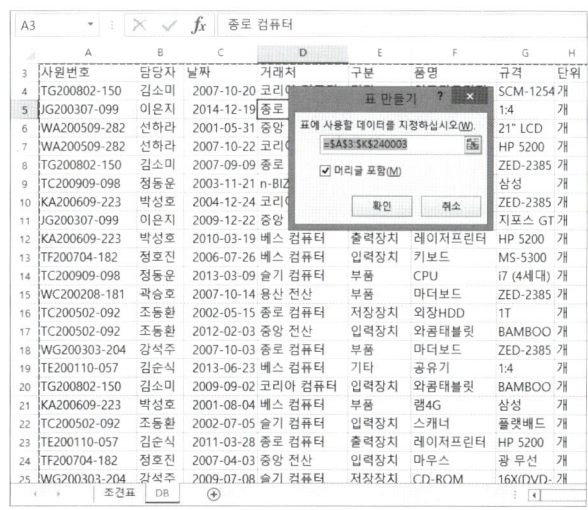

보고서를 자동으로 생성하는 방법 - 피벗 테이블 보고서 필터 **411**

2. 표로 만들어진 데이터를 이용해서 피벗 테이블을 삽입해 보겠습니다. [디자인] 탭 → [도구] 그룹 → [피벗 테이블로 요약]을 실행합니다. 나타난 대화상자에서 보고서 위치는 [새 워크시트]를 선택한 후 [확인] 버튼을 클릭합니다.

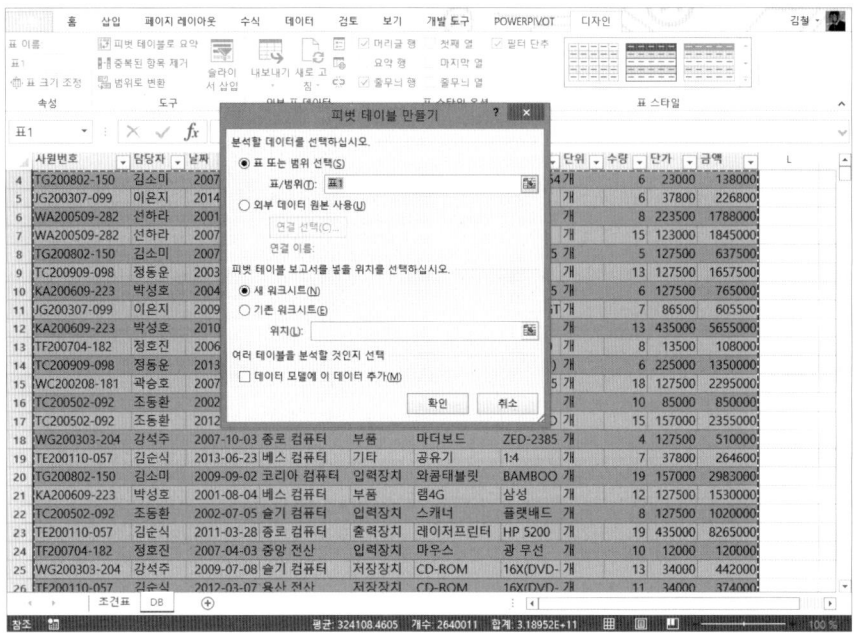

3. [행] 영역에는 '담당자'와 '날짜'를, [열] 영역에는 '구분'을, [Σ 값] 영역에는 '금액'을 위치시켜 피벗 테이블로 요약합니다.

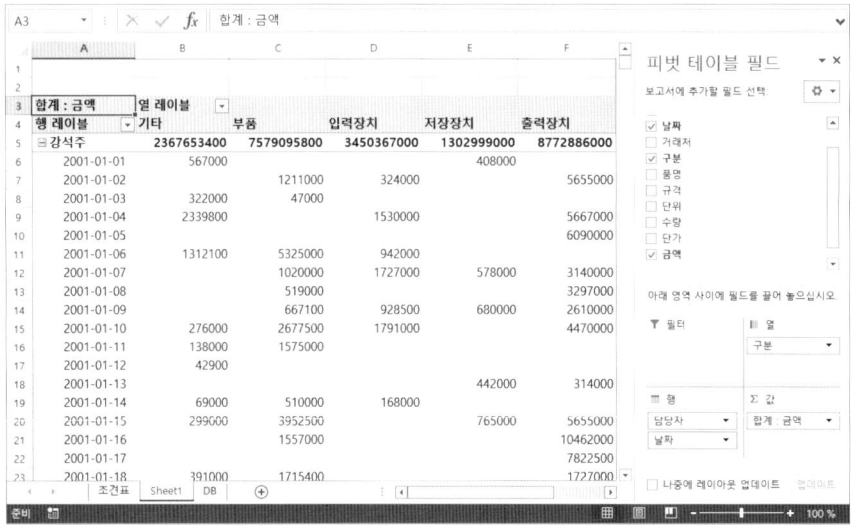

4. 기간별로 쉽게 분석하기 위해 [날짜]를 그룹으로 만들어 보겠습니다. 피벗 테이블에서 아무 날짜를 하나 선택한 후 마우스 오른쪽 버튼을 클릭해서 [그룹]을 실행합니다.

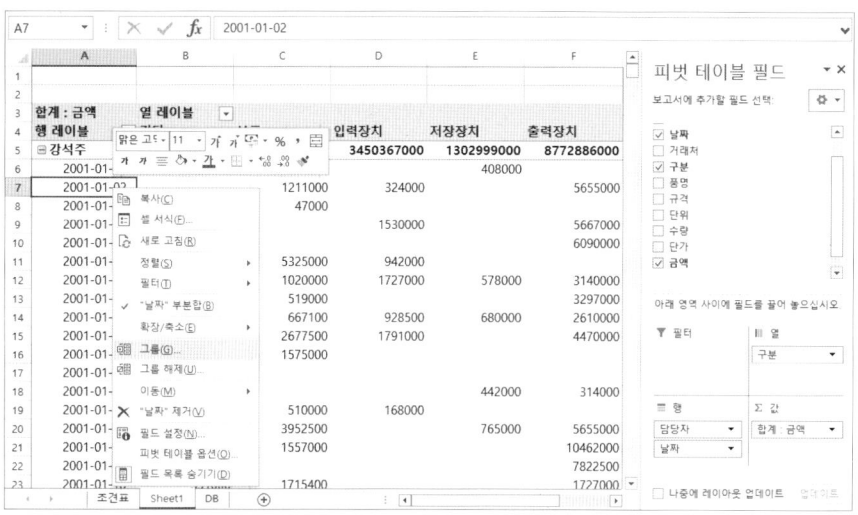

✔ 엑셀 2016 버전에서는 [행] 영역에 연, 월, 일로 구성된 날짜 정보를 넣으면 '연', '분기' 그룹이 자동으로 추가됩니다.

5. 나타난 [그룹화] 대화상자에서 [단위]를 '연'과 '월'로 선택해서 그룹화할 단위를 지정한 후 [확인] 버튼을 클릭합니다.

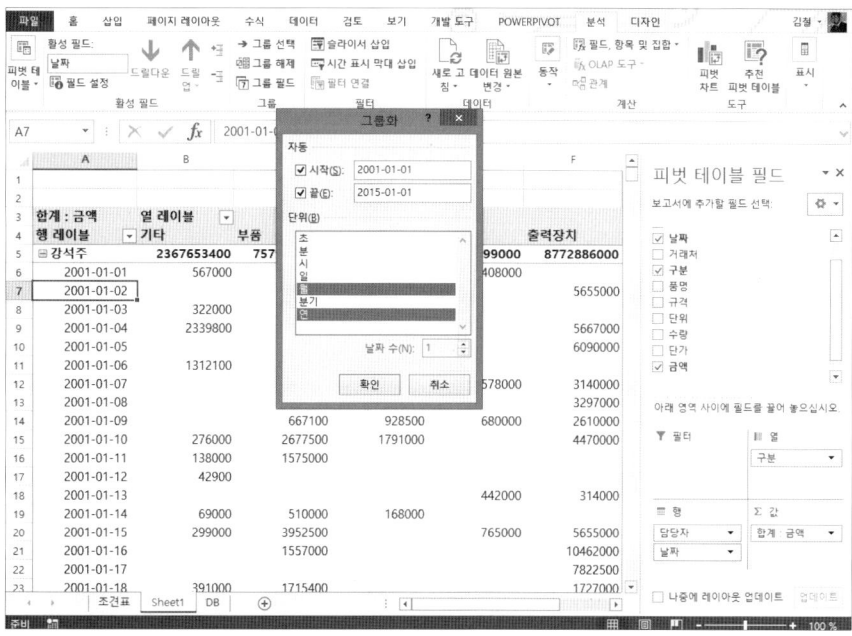

6. 오른쪽의 [피벗 테이블 필드] 목록에서 하단에 있는 [필터] 영역에 그룹화한 필드를 이동시켜 보겠습니다. [행] 영역을 보면 그룹으로 구분한 '연' 그룹 필드가 추가되어 있습니다. 이 '연' 그룹 필드와 '날짜' 그룹 필드를 마우스로 드래그해서 [필터]로 이동시킵니다. 그런 다음 상단의 [피벗 테이블 필드] 목록에서 '거래처'를 [필터]에 배치시킵니다.

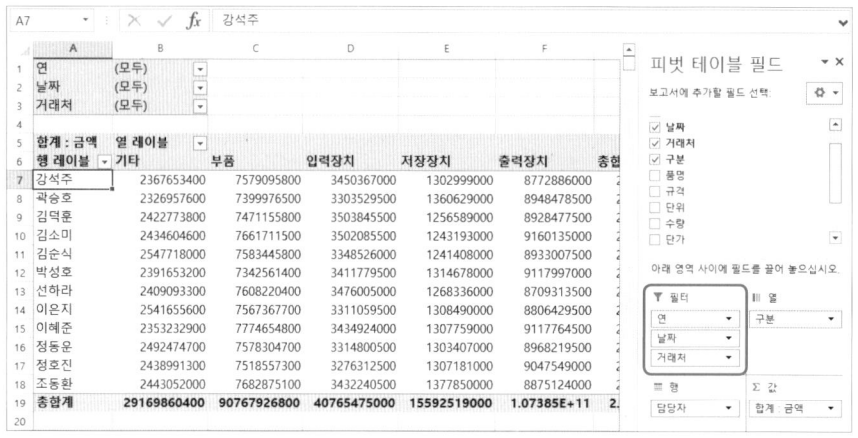

> **김철 쌤의 한마디!** ▶ **필터에 특정 기간을 나타내는 필드를 배치할 때 주의할 점**
>
> 처음부터 '날짜' 필드를 [필터] 영역에 배치하면 연과 월로 그룹화할 수 없습니다. 그러므로 먼저 [행] 영역에 '날짜' 필드를 넣어 그룹으로 만든 후 [필터] 영역으로 이동시켜야 합니다.

7. 분석하려는 연도와 월을 선택해 보겠습니다. 우선 [연] 필터에서 '2014년'을 선택하고 [확인] 버튼을 클릭합니다.

8. 그런 다음 [날짜] 필터에서 '12월'을 선택하고 [확인] 버튼을 클릭합니다.

9. 설정한 필터에 의해서 합계 금액이 정리되었습니다. 그런데 분석 결과를 금액으로 읽기가 쉽지 않습니다. 따라서 분석 결과 표시 형식을 쉼표 스타일로 지정하겠습니다. 오른쪽 하단의 [∑ 값] 영역에 있는 '합계 : 금액' 필드를 클릭하고 [값 필드 설정] 메뉴를 실행합니다.

10. [값 필드 설정] 대화상자가 나타나면 좌측 하단에 있는 [표시 형식] 버튼을 클릭합니다.

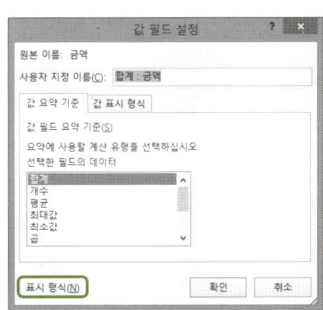

11. 셀 서식을 지정할 수 있는 [셀 서식] 대화상자가 나타납니다. [표시 형식] 탭의 범주에서 '통화'를 선택하고 [확인] 버튼을 클릭합니다. 통화 서식은 일반 통화 수치에 사용하기 때문에 우리가 알기 쉽도록 세 자리마다 쉼표가 표기됩니다. [값 필드 설정] 대화상자로 돌아오면 [확인] 버튼을 클릭합니다.

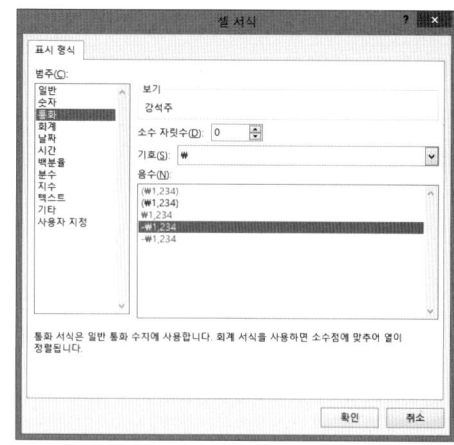

보고서 필터 페이지 표시를 실행하기

1. 2014년 12월 합계 금액을 거래처별로 각각의 시트에 작성해 보겠습니다. [분석] 탭 → [피벗 테이블] 그룹 → [옵션]을 확장해서 [보고서 필터 페이지 표시]를 실행합니다.

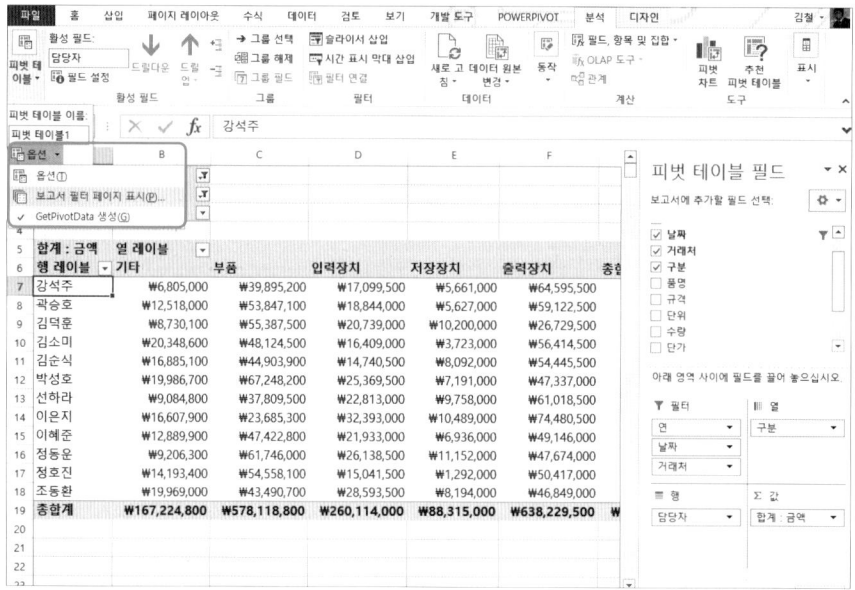

> **하위 버전에서는**
>
> 엑셀 2007과 엑셀 2010에서 [옵션] 탭 → [피벗 테이블] 그룹 → [옵션]의 오른쪽에 있는 메뉴 확장 버튼(▼)을 클릭하면 [보고서 필터 페이지 표시]를 실행할 수 있습니다. 만약 확장 버튼(▼)이 아니라 [옵션] 버튼을 클릭하게 되면 [피벗 테이블 옵션] 대화상자가 나타납니다.

2. 각각의 시트로 나눌 필드를 선택할 수 있는 [보고서 필터 페이지 표시] 대화상자가 나타납니다. 여기에서 별도로 분리할 '거래처' 필드를 선택한 후 [확인] 버튼을 클릭합니다.

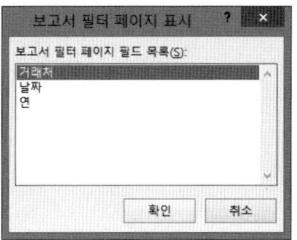

결과를 확인해보면 2014년 12월 합계 금액을 나타내는 보고서가 거래처별로 각각의 시트에 작성된 것을 확인할 수 있습니다.

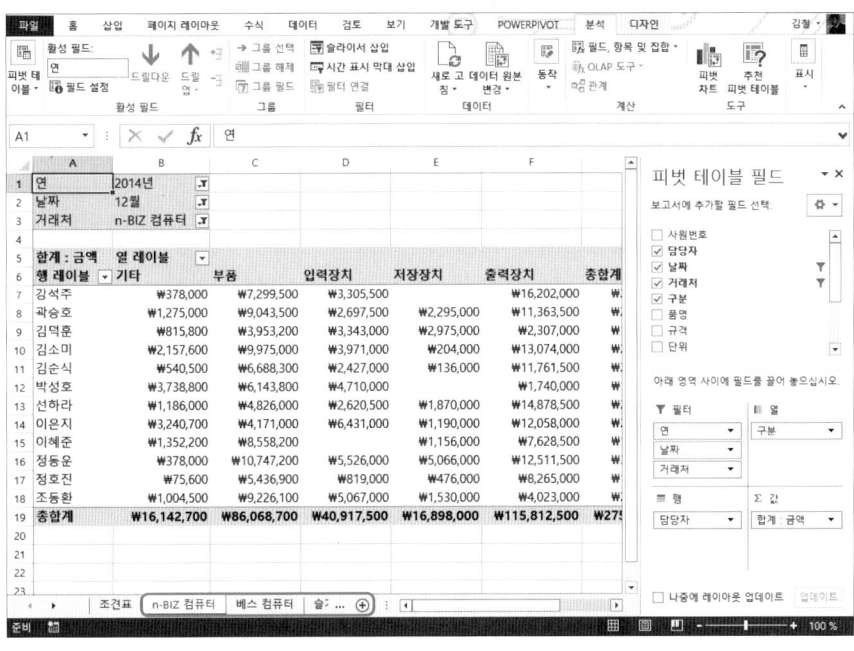

18 손해보지 않으려면 얼마에 팔아야 할까?
손익분기점 차트

손익분기점은 매출액과 총비용이 일치하는 지점을 말하며 수익성을 판별하는 중요한 지표입니다. 이번 장에서는 고정비와 변동비를 고려해 손익분기점을 나타내는 방법을 배워 보겠습니다. 그리고 개발 도구의 양식 컨트롤을 이용해서 단가가 변경될 때 손익분기점이 자동으로 변동되는 차트 작성법도 함께 살펴보겠습니다.

18-1 손익분기점 차트에서 단가 산출하기

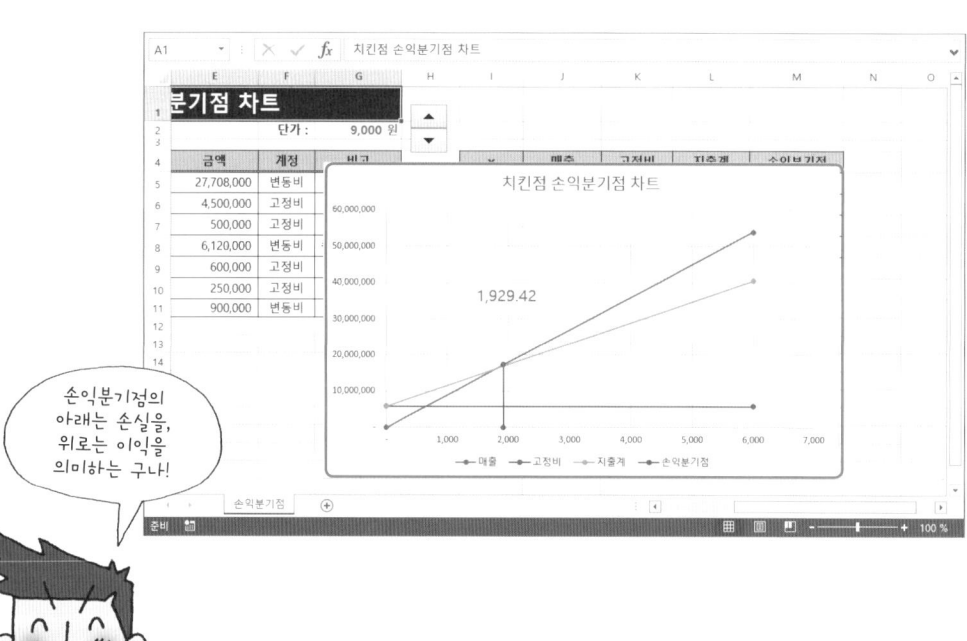

최사원 이야기

얼마나 팔아야 할까? 얼마에 팔아야 할까?

최선호 사원은 최근 신제품 프로젝트로 야근하는 날이 많아졌다. 프로젝트의 매출 규모를 추정해야 하는데 감이 잡히질 않는다. "손익분기점 차트를 사용해 보세요. 판매 단가를 변동하면서 손익분기점을 찾고 매출 규모도 알 수 있을 겁니다." 신팀장님의 조언을 되새겨 보지만 아직 제자리걸음이다. 손익분기점 차트라고 하셨나? 그런데 차트 기능에 그런 종류의 차트는 없던데…… 어떻게 만드는 걸까?

손익분기점의 아래는 손실을, 위로는 이익을 의미하는 구나!

✓ 2007 ✓ 2010 ✓ 2013 ✓ 2016

18-1 손익분기점 차트에서 단가 산출하기

손익분기점 차트를 이해하면 특정 제품의 적정 단가도 쉽게 산출할 수 있습니다. 판매량을 예상하여 단가를 계산하는 방법으로, 손익분기점 차트를 활용하면 됩니다. 이때 양식 컨트롤의 스핀 단추를 이용하면 사용자가 직접 단가의 변동 폭을 지정할 수 있습니다. 물론 단가가 변동될 때마다 손익분기점도 함께 변경됩니다. **18장_01_손익분기점_차트_예제.xlsx**라는 예제를 열어보세요.

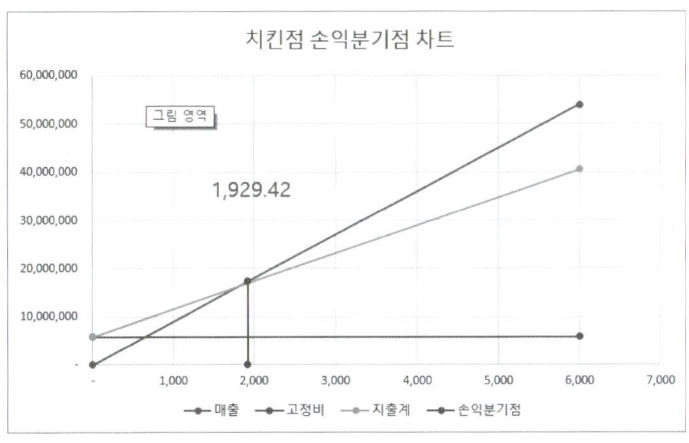

치킨 점포에서 매달 발생하는 고정비(인건비+감가상각비+임차료+세금+공과금)와 치킨이 한 마리 판매될 때마다 발생하는 변동비(식재료비+배달비+관리비)를 이용해서 손익분기점을 구한 후 판매 단가를 예측하고 조정해 보는 예제입니다.

이렇게 만든 손익분기점을 차트로 만들고 단가를 변동할 수 있는 스핀 단추까지 추가하면 제품의 단가를 변경했을 때 손익분기점이 어떻게 변하는지 한 눈에 살펴볼 수 있습니다.

판매에 따른 손익분기점 산출하기

1. [I] 열(x)의 값은 치킨이 팔린 마릿수를 나타냅니다. [J:M] 열은 치킨이 팔린 마릿수에 따른 매출이나 지출을 나타냅니다.

먼저 닭이 한 마리도 안 팔리더라도 매달 지출되는 비용인 고정비를 구해 보겠습니다.

[I5], [J5] 셀에는 0을 입력하고 [K5] 셀에는 =SUMIF(F5:F11,"고정비",E5:E11)로 입력합니다.

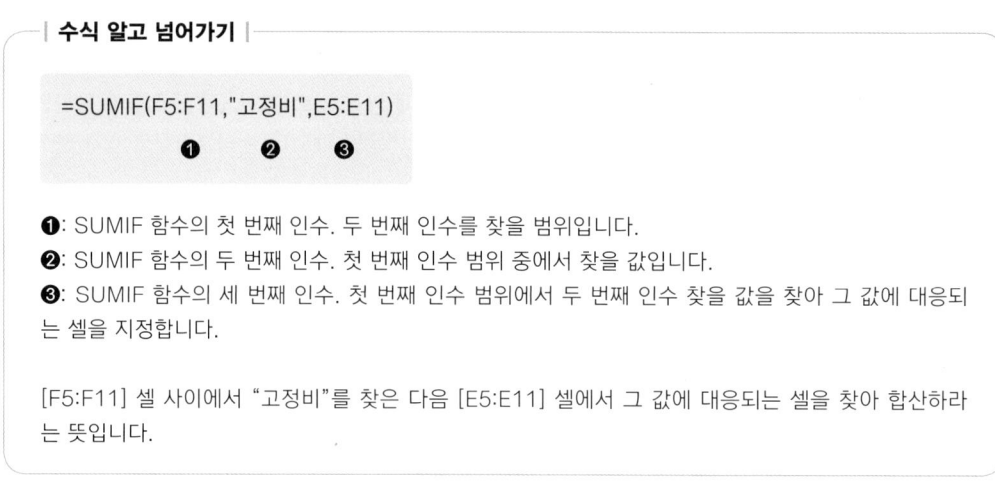

❶: SUMIF 함수의 첫 번째 인수. 두 번째 인수를 찾을 범위입니다.
❷: SUMIF 함수의 두 번째 인수. 첫 번째 인수 범위 중에서 찾을 값입니다.
❸: SUMIF 함수의 세 번째 인수. 첫 번째 인수 범위에서 두 번째 인수 찾을 값을 찾아 그 값에 대응되는 셀을 지정합니다.

[F5:F11] 셀 사이에서 "고정비"를 찾은 다음 [E5:E11] 셀에서 그 값에 대응되는 셀을 찾아 합산하라는 뜻입니다.

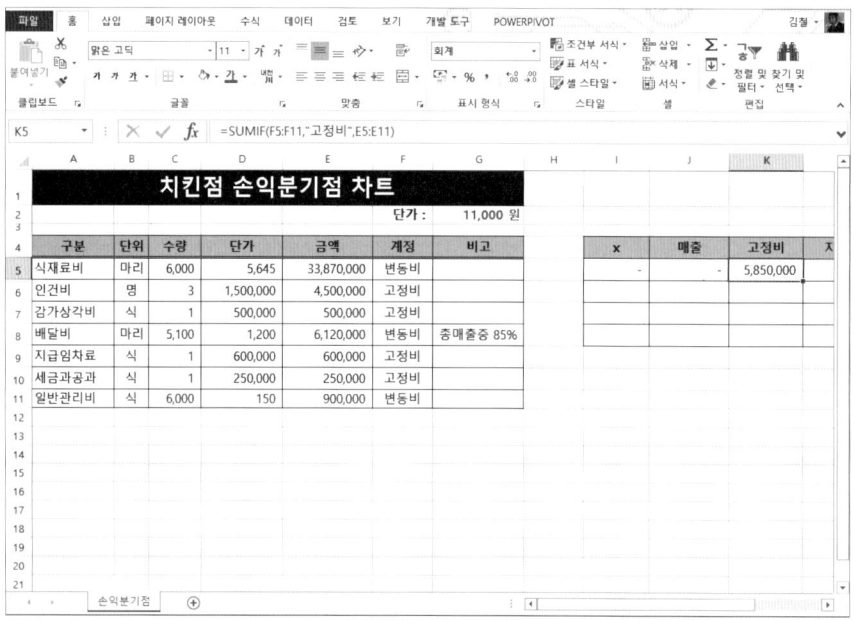

2. x(팔린 치킨의 마릿수)가 0이었을 때 지출계(고정비+변동비)를 입력하도록 하겠습니다. x가 0이었을 때(매출이 발생하지 않았을 때)는 지출계는 고정비의 합계와 같으므로 [L5] 셀에는 =K5로 입력합니다.

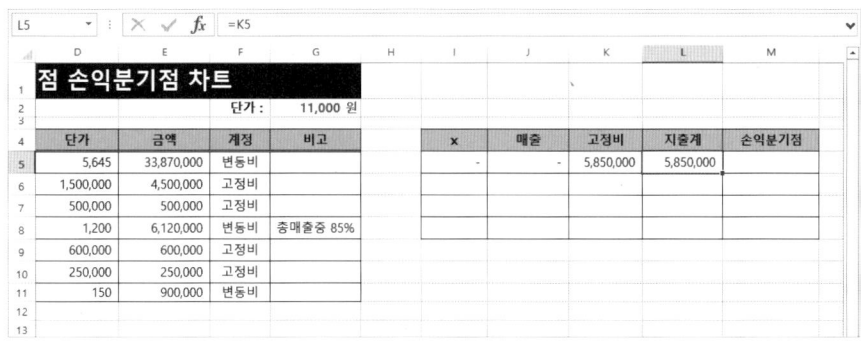

3. 만약 치킨이 6,000마리 팔렸다면(x값이 6000 일 때) 매출은 '팔린 치킨의 마릿수×단가'가 됩니다. [I6] 셀에는 6000을 입력하고 [J6] 셀에는 치킨이 6,000마리 팔렸을 때의 매출이므로 수식 입력줄에 =I6*G2를 입력합니다.

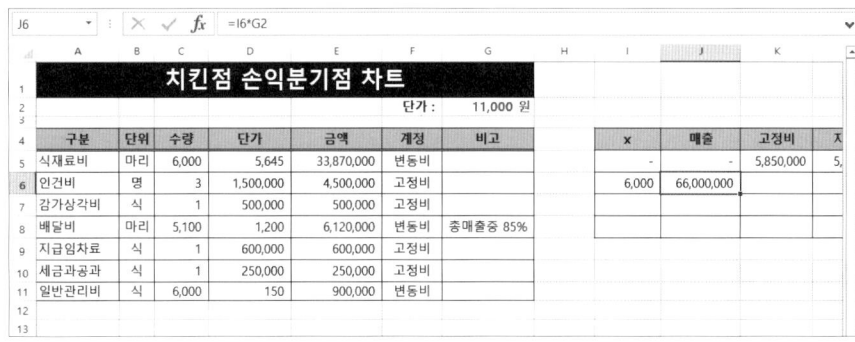

4. 이번에는 x값이 6000일 때(치킨이 6,000마리 팔렸을 때)의 고정비를 입력해 보겠습니다. 고정비는 치킨이 팔린 매출과는 관계없이 일정하게 지출되는 고정된 금액이므로 [K6] 셀에는 =K5로 입력합니다.

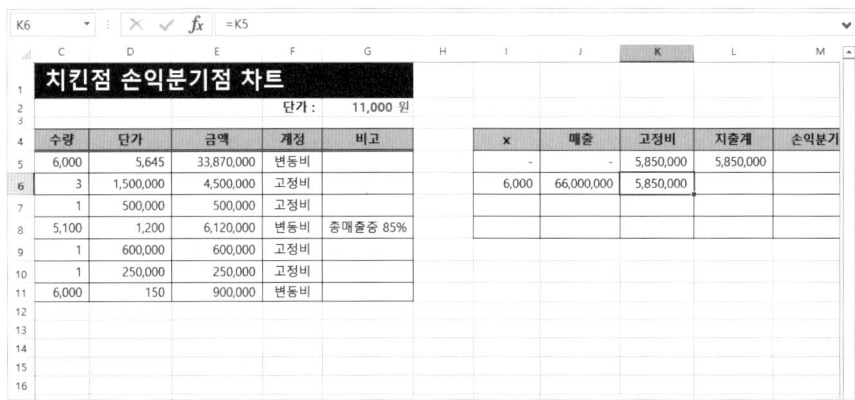

5. x값이 6000일 때 지출계(고정비+변동비)를 입력해 보겠습니다. 손익분기점 차트에 입력되어 있는 현재 데이터는 치킨이 6,000마리 팔렸다고 가정하고 [A5:F11] 셀까지 데이터를 입력한 것입니다. 따라서 지출계에는 [E5:E11] 셀을 모두 합산한 값이 입력되면 됩니다. [L6] 셀에 =SUM(E5:E11)을 입력합니다.

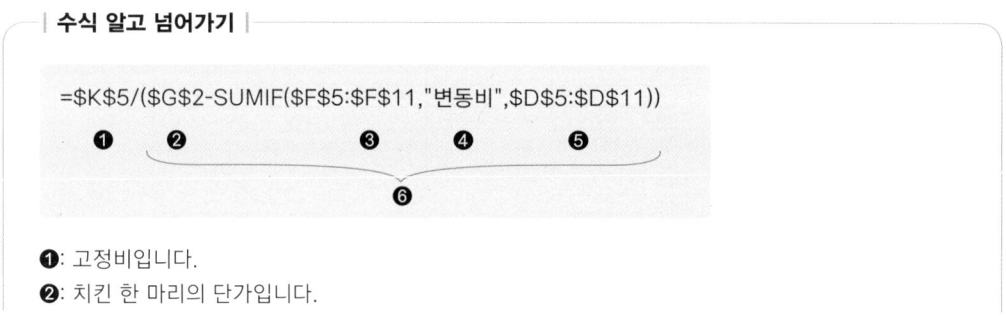

6. 지금까지 치킨 6,000마리가 팔렸을 때의 매출과 고정비, 지출계를 입력하였습니다. 이번에는 손익분기점이 되는 치킨의 판매 마릿수를 산출해 보겠습니다.

손익분기점이라는 것은 치킨을 팔아서 생긴 이익금이 고정비와 같을 때(치킨 판매 마릿수 × 치킨 1마리당 이익금 = 고정비)입니다. 그러므로 손익분기점(치킨 판매 마릿수)을 구하는 수식은 '고정비÷치킨 1마리당 이익금'으로 작성하면 됩니다. 이때 치킨 1마리당 이익금을 '단위 이익기여금'이라고 합니다. [I7:I8] 셀의 수식은 =$K$5/($G$2-SUMIF($F$5:$F$11,"변동비",$D$5:$D$11))로 입력하고 Ctrl + Enter 키를 눌러 일괄 입력합니다.

> **수식 알고 넘어가기**
>
> =$K$5/($G$2-SUMIF($F$5:$F$11,"변동비",$D$5:$D$11))
>   ❶   ❷   ❸   ❹   ❺
>   ❻
>
> ❶: 고정비입니다.
> ❷: 치킨 한 마리의 단가입니다.

❸: SUMIF 함수의 첫 번째 인수. 두 번째 인수를 찾을 범위입니다.
❹: SUMIF 함수의 두 번째 인수. 첫 번째 인수 범위 중에서 찾을 값입니다.
❺: SUMIF 함수의 세 번째 인수. 첫 번째 인수 범위에서 두 번째 인수 값을 찾아 그에 대응되는 셀을 합산합니다.
❻: 치킨 단가에서 변동비의 합계를 뺀 값으로 치킨 1마리당 이익금(단위 이익기여금)입니다.

따라서 위 수식을 풀이하면 아래와 같습니다.

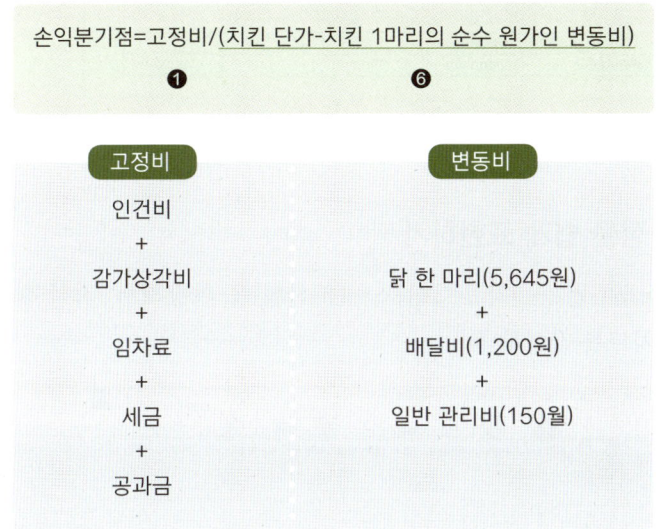

그러므로 치킨을 몇 마리 팔아야 그 고정비와 같아지는지를 찾으면 그 개수가 손익분기점이 되는 것입니다.

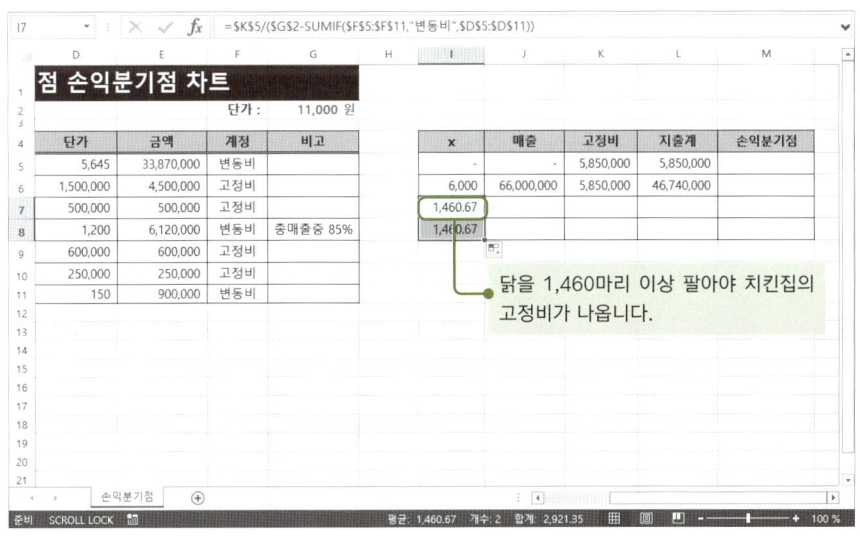

7. 손익분기점 판매 마릿수의 손익분기점 매출을 입력합니다. [M7] 셀에는 0을 입력하고 [M8] 셀에는 =I8*G2를 입력해서 손익분기점의 매출을 입력합니다.

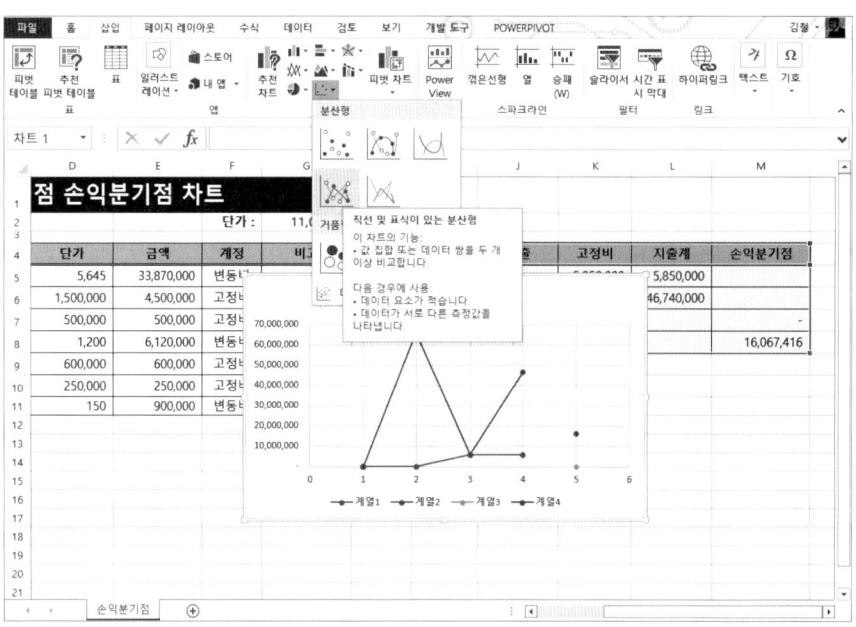

차트를 작성해서 손익분기점을 쉽게 표현하기

1. [I4:M8] 셀을 선택하고 [삽입] 탭 → [차트] 그룹 → [분산형]을 확장해서 '직선 및 표식이 있는 분산형'을 클릭하여 차트를 작성합니다.

2. 이 차트는 범례 항목과 가로 축 레이블이 바뀌어 있습니다. 따라서 차트의 행/열을 전환해야 합니다.

    먼저 차트의 그림 영역을 선택한 다음 마우스 오른쪽 버튼을 클릭하고 [데이터 선택]을 클릭합니다.

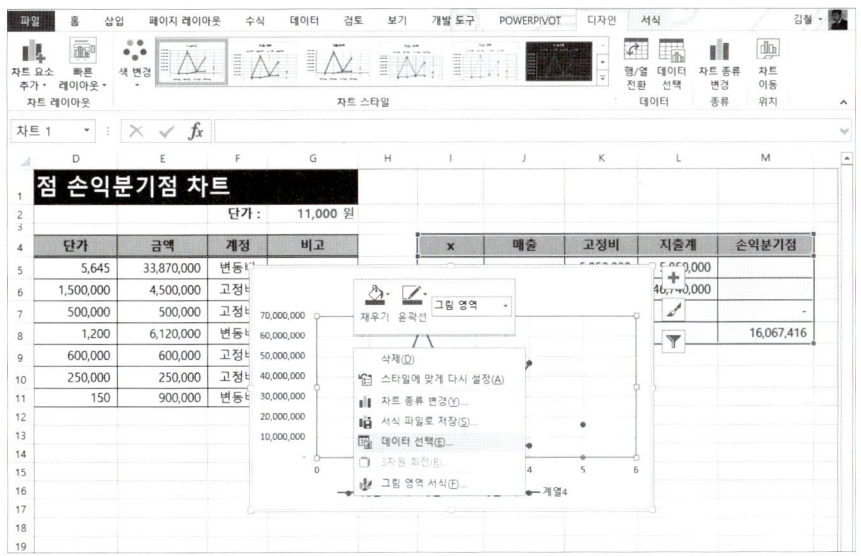

3. [데이터 원본 선택] 대화상자의 [행/열 전환]을 클릭하고 [확인] 버튼을 클릭합니다. 또는 상단의 리본 메뉴에서 [행/열 전환] 버튼을 클릭해도 됩니다.

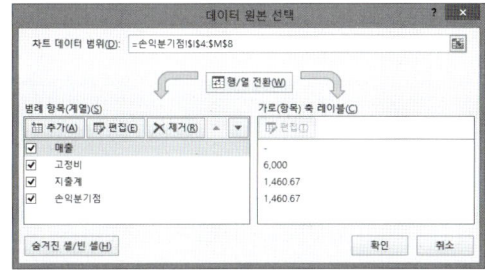

4. 변경된 손익분기점 차트를 확인할 수 있습니다. 이제 '고정비'와 '변동비', '매출', '지출계', '손익분기점' 등을 손쉽게 확인할 수 있게 되었습니다.

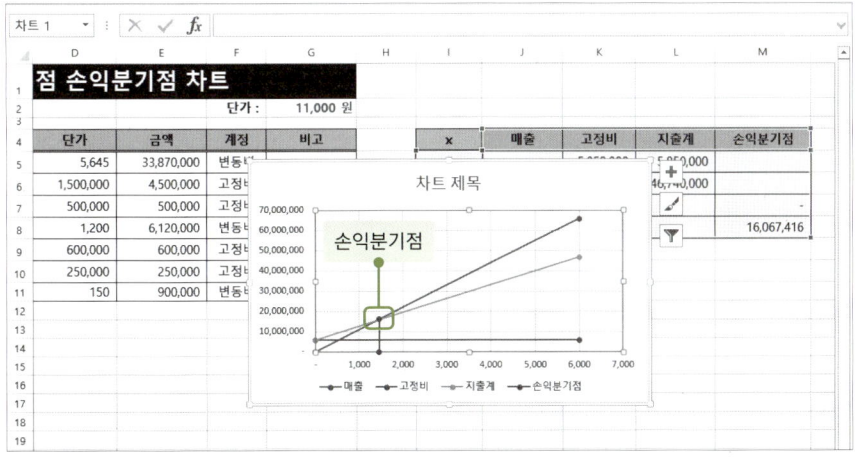

5. 차트 제목을 연동시키도록 하겠습니다. 차트 제목을 선택하고 수식 입력줄에 =을 입력합니다. 참조하려는 [A1] 셀을 선택하고 Enter 키를 눌러 차트 제목과 [A1] 셀의 제목을 연동시킵니다.

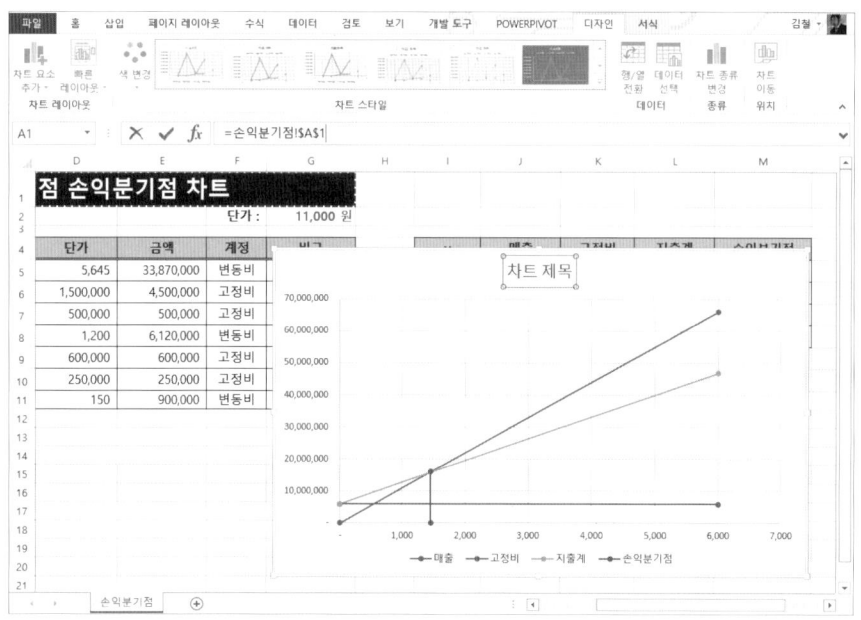

치킨의 단가 변동 시 손익분기점을 쉽게 나타내기 위해 양식 컨트롤 삽입하기

1. [개발 도구] 탭 → [컨트롤] 그룹 → [삽입]을 확장해서 [양식 컨트롤]의 '스핀 단추'를 클릭합니다.

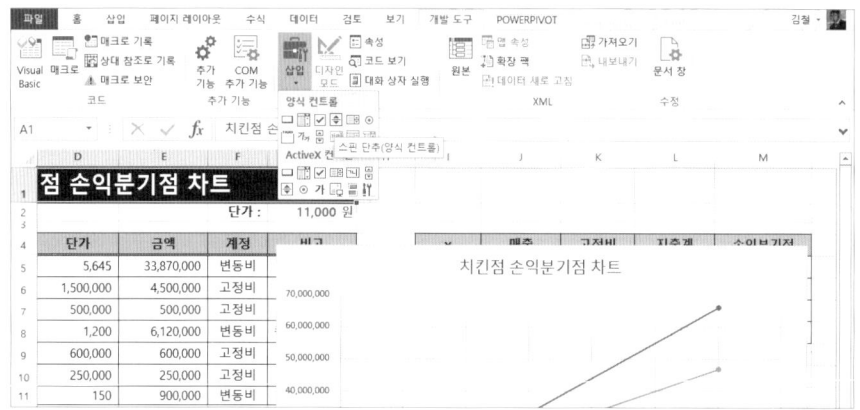

✔ 엑셀 2010, 2013. 2016 버전을 사용하고 있는데 [개발 도구] 탭이 나타나지 않는다면 [파일] 탭 → [옵션] → [리본 사용자 지정]의 우측 상자에서 [개발 도구] 탭 부분에 체크하고 [확인] 버튼을 클릭해야 합니다.

> **하위 버전에서는**
>
> 엑셀 2007 버전에서 [개발 도구] 탭이 나타나지 않으면 [Office 단추] → [Excel 옵션] → [자주 사용하는 메뉴]
> → [리본 메뉴에 개발 도구 탭 표시]를 체크하고 [확인] 버튼을 클릭해야 합니다.

2. 선택한 스핀 단추 컨트롤을 적당한 곳에 배치해 보겠습니다. 단가를 손쉽게 변경하기 위해 [H2] 셀 부근에 적당한 크기로 드래그해서 삽입합니다.

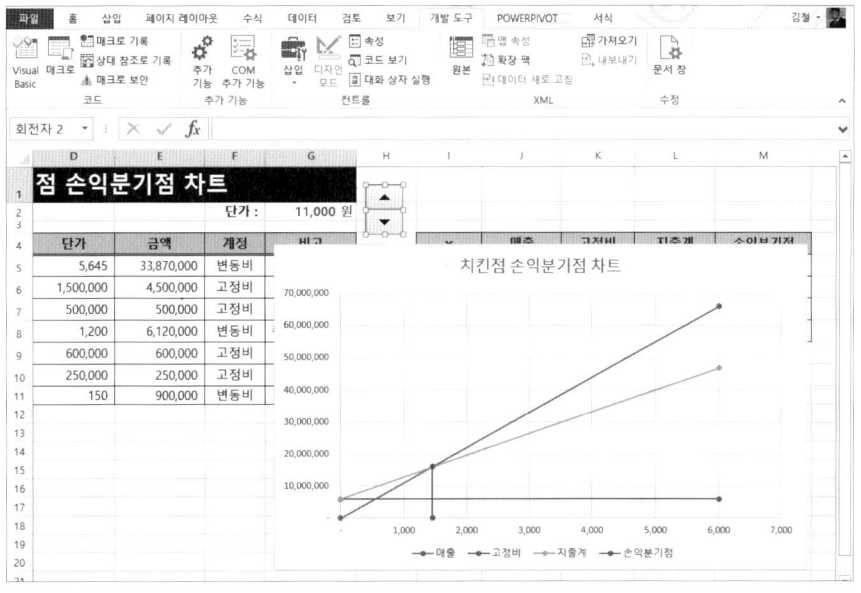

3. 컨트롤 서식으로 스핀 단추의 증분을 지정해 보겠습니다. 삽입된 스핀 단추를 마우스 오른쪽 버튼으로 클릭해서 [컨트롤 서식]을 실행합니다.

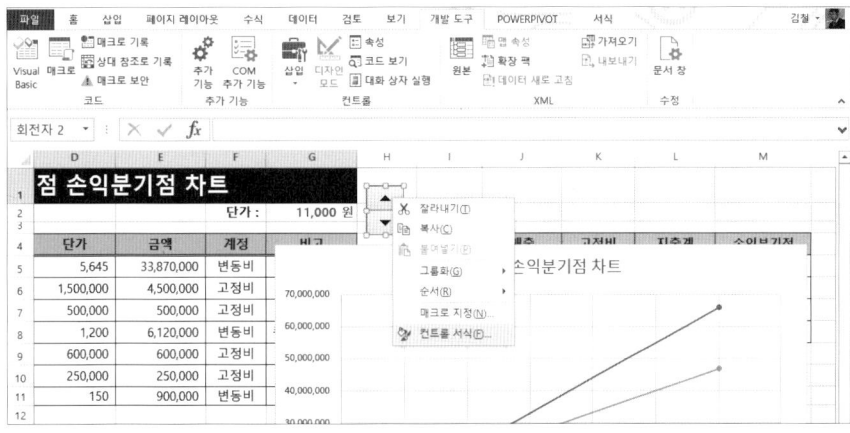

4. [컨트롤 서식] 대화상자가 나타나면 [컨트롤] 탭에서 [현재값]은 '11000', [최소값]은 '5000', [최대값]은 '30000', [증분 변경]은 '500', [셀 연결]은 [G2] 셀을 선택하고 [확인] 버튼을 클릭합니다. 설정이 끝나면 스핀 단추를 눌러 가격 변동에 따라 손익분기점이 어떻게 이동하는지 확인해 보세요.

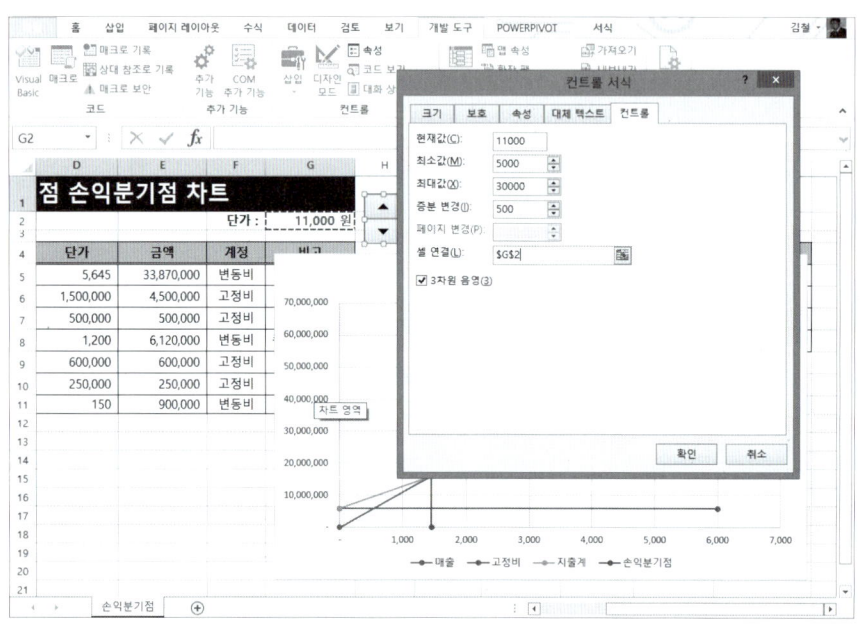

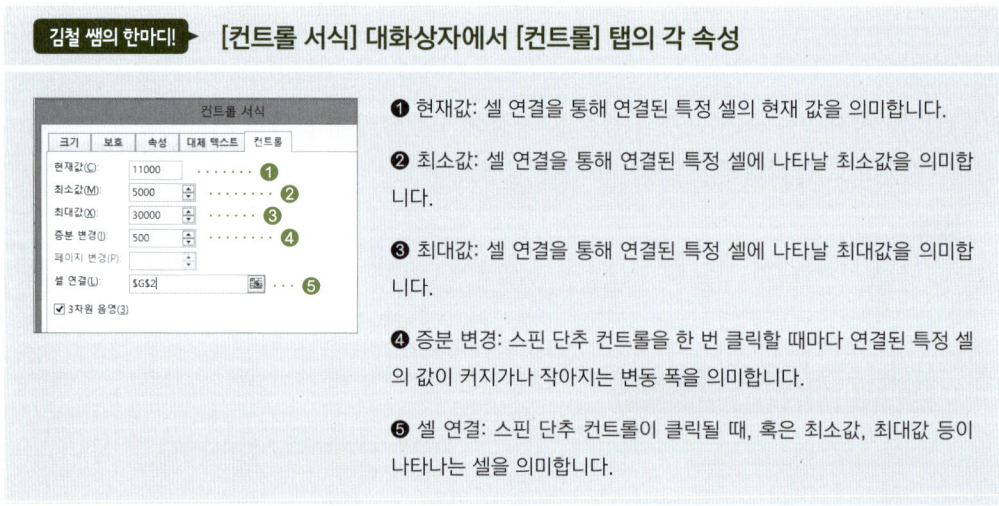

김철 쌤의 한마디! [컨트롤 서식] 대화상자에서 [컨트롤] 탭의 각 속성

❶ 현재값: 셀 연결을 통해 연결된 특정 셀의 현재 값을 의미합니다.

❷ 최소값: 셀 연결을 통해 연결된 특정 셀에 나타날 최소값을 의미합니다.

❸ 최대값: 셀 연결을 통해 연결된 특정 셀에 나타날 최대값을 의미합니다.

❹ 증분 변경: 스핀 단추 컨트롤을 한 번 클릭할 때마다 연결된 특정 셀의 값이 커지거나 작아지는 변동 폭을 의미합니다.

❺ 셀 연결: 스핀 단추 컨트롤이 클릭될 때, 혹은 최소값, 최대값 등이 나타나는 셀을 의미합니다.

손익분기점 수량을 차트에 나타내기 위해 개체 삽입하기

1. 이번에는 손익분기점 근처에 손익분기 개수를 표시해 보겠습니다. [삽입] 탭 → [일러스트레이션] 그룹 → [도형]을 확장한 다음 [사각형] 중에서 '직사각형'을 클릭합니다.

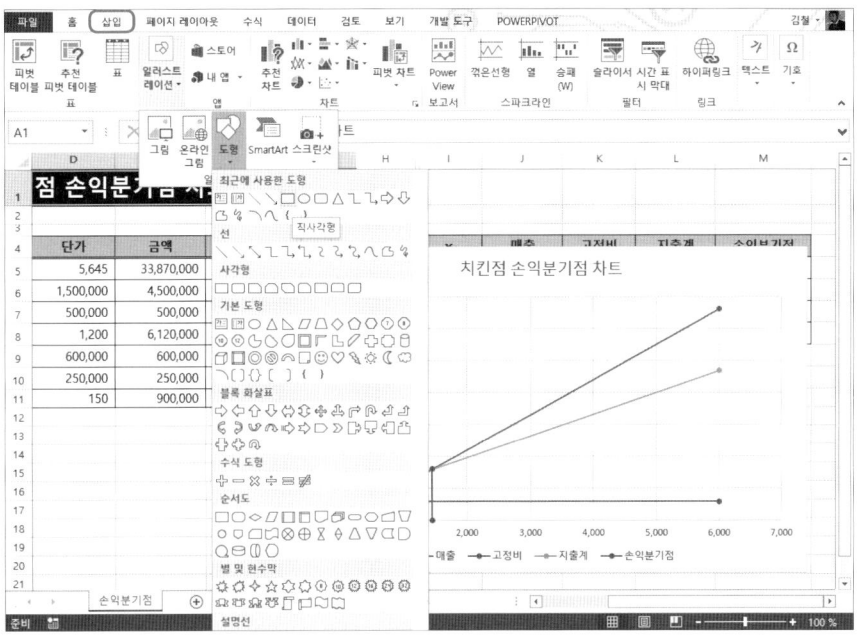

2. 차트에서 손익분기점 개수가 나오면 좋을 만한 곳에 드래그해서 적당한 크기로 직사각형 개체를 삽입합니다.

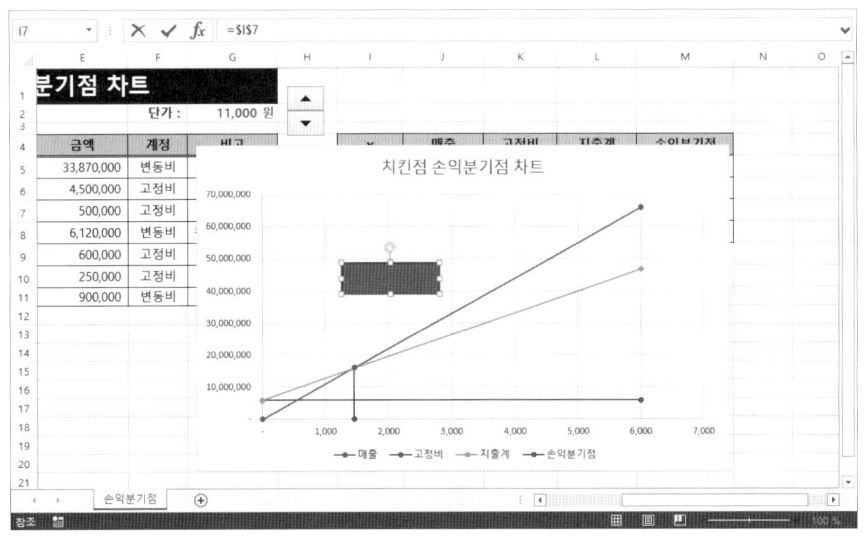

3. 삽입된 직사각형 개체를 선택한 다음 수식 입력줄을 클릭해서 =을 입력합니다. 그런 다음 손익분기점 개수가 적힌 [I7] 셀을 클릭하고 Enter 키를 누릅니다. 그리고 해당 개체의 배경색, 테두리를 지우기 위해 개체를 마우스 오른쪽 버튼으로 클릭해서 [도형 서식]을 실행합니다.

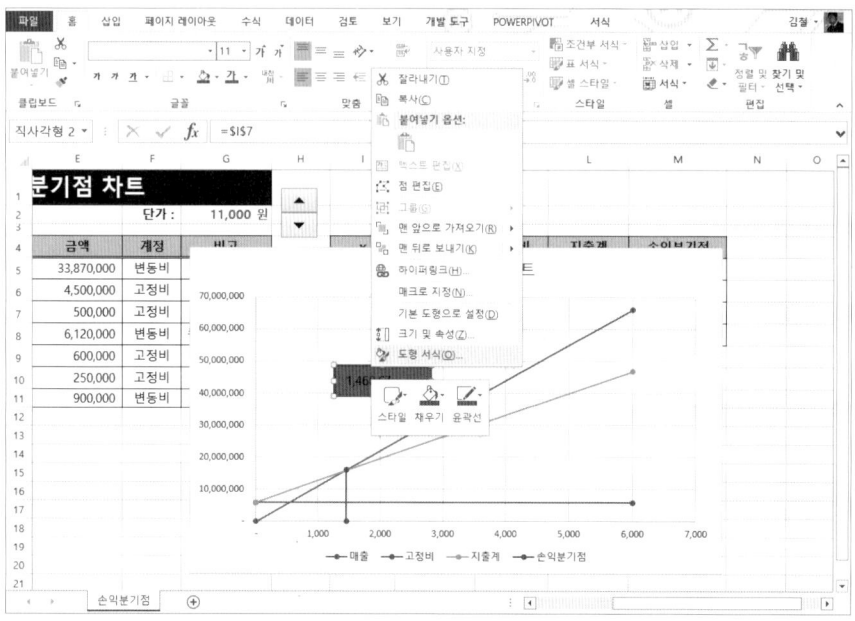

4. 나타난 [도형 서식] 대화상자에서 [채우기 및 선]의 [채우기]는 [채우기 없음]을 선택하고 [선]은 '선 없음'을 선택합니다.

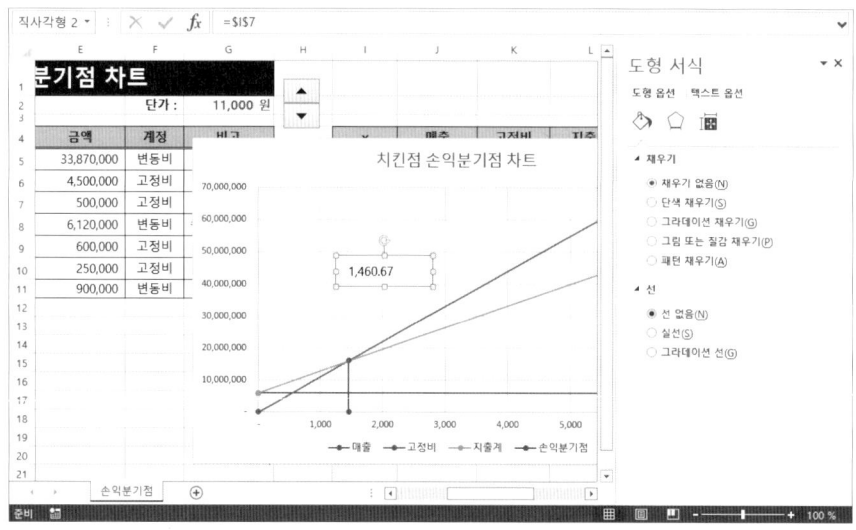

5. 직사각형 컨트롤을 선택하고 [홈] 탭 → [글꼴] 그룹 → [글꼴 색]은 '빨강', [글꼴 크기]는 '15'를 선택합니다.

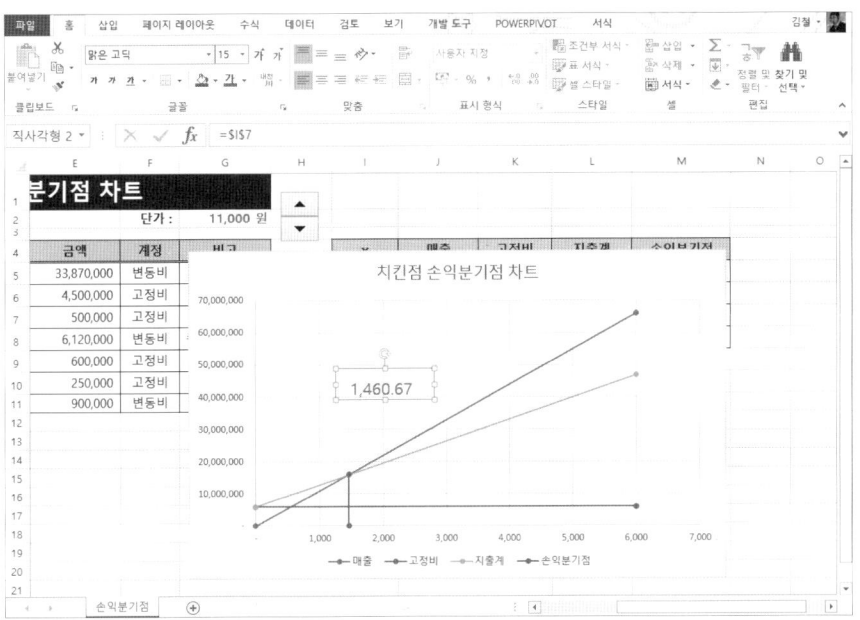

6. 차트가 완성되었습니다. 스핀 단추를 클릭해서 단가를 변경했을 때 손익분기점이 변경되는 것을 확인할 수 있습니다. 이때 단가가 올라가면 손익분기점은 낮아지고 단가가 내려가면 손익분기점은 높아지는 반비례 관계라는 것도 확인할 수 있습니다.

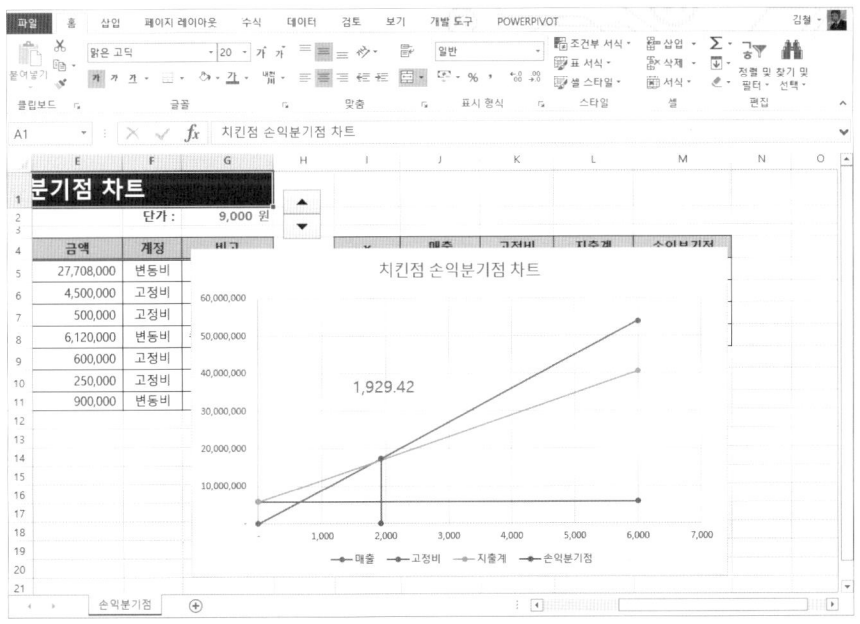

| Special Page |

꼭 알아야 하는
프로 직장인의 기술

몇몇 예외 규정 때문에 엑셀에서 보편적으로 사용하던 데이터 처리 방법이 적용되지 않는 경우가 종종 있습니다. 예를 들어 예외 규정이 적용되어서 수식이 들어 있는 셀을 수정할 수 없는 경우 등이 그렇습니다. 사실 사소한 것처럼 느낄 수 있지만 이런 경우 사용할 수 있는 실용 팁을 알아두면 업무 효율을 비약적으로 높일 수 있습니다. 여기에서는 Special_Tip_예제.xlsx라는 예제 파일을 통해 업무 효율이 향상되는 다양한 팁에 대해서 알아보겠습니다.

다른 열의 데이터에 영향을 주지 않고 행을 삽입하거나 삭제하기

1. 다른 행에 영향을 주지 않고 한 행을 추가해 보겠습니다. 행을 삽입할 때 삽입하려는 행 바로 위쪽에 있는 행 데이터 범위를 우선 선택합니다. 여기에서는 [Shift키] 시트의 [A6:M6] 셀을 선택합니다.

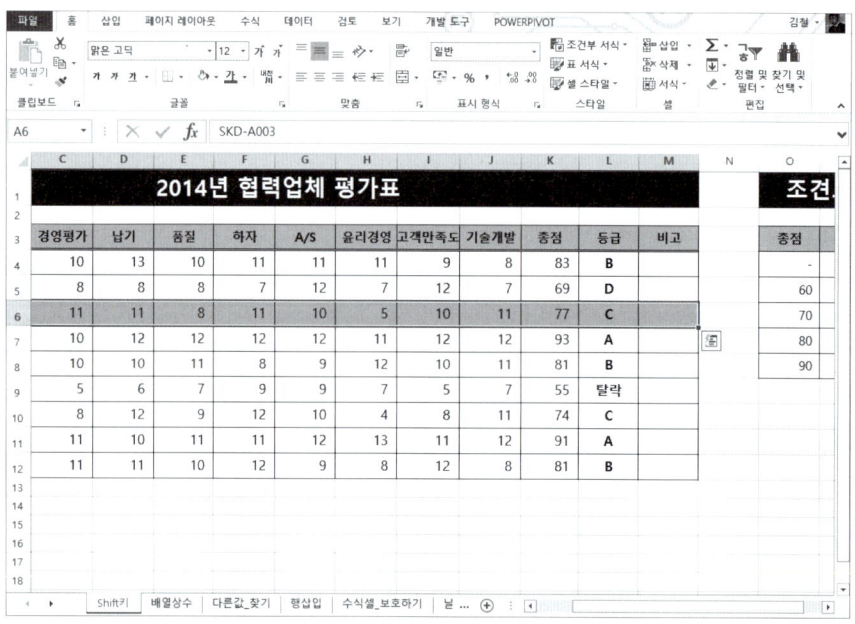

2. 선택한 셀 범위의 우측 하단에 커서를 놓으면 채우기 핸들(+ 모양)이 나타납니다. [Shift] 키를 누른 채로 삽입하고 싶은 만큼 아래쪽으로 드래그합니다. 결과를 확인해보면 '2014년

협력업체 평가표' 옆에 '조견표'라는 다른 표의 행에는 변화를 주지 않고 행이 추가되었습니다. 이 기능은 선택한 범위에만 행을 추가할 때 사용합니다.

✔ 행 삭제도 방법은 같습니다. 삭제하려는 범위를 선택한 후 채우기 핸들로 커서를 변경하고 위쪽으로 드래그하면 삭제됩니다.

VLOOKUP 함수 사용 시 조견표 범위를 참조 범위 없이 작성하기

1. [배열상수] 시트의 [L4] 셀을 선택하고 수식 입력줄에서 해당 함수의 두 번째 인수인 조견표 범위($O$4:$P$8)를 마우스로 드래그해서 선택합니다. 그런 다음 F9 키를 눌러 배열상수로 변환한 후 Enter 키를 눌러 적용하고 해당 수식을 [L12] 셀까지 복사합니다.

2. 참조 범위였던 조견표의 [O:P] 열을 선택하고 마우스 오른쪽 버튼을 클릭, [삭제]를 실행해서 조견표 범위를 삭제합니다. 해당 범위가 삭제되었지만 [L4:L12] 셀의 수식은 '#REF 오류'가 생기지 않는 것을 확인할 수 있습니다.

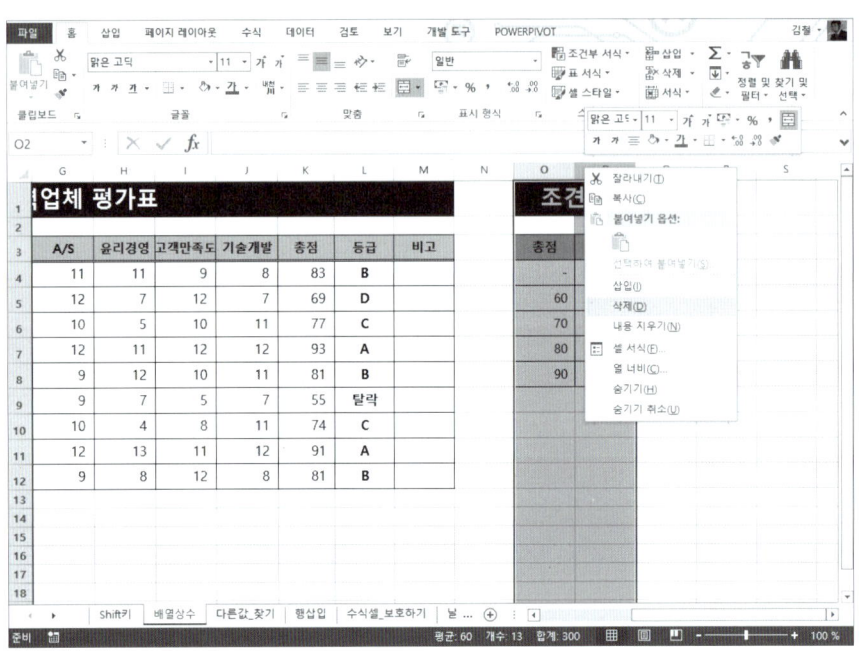

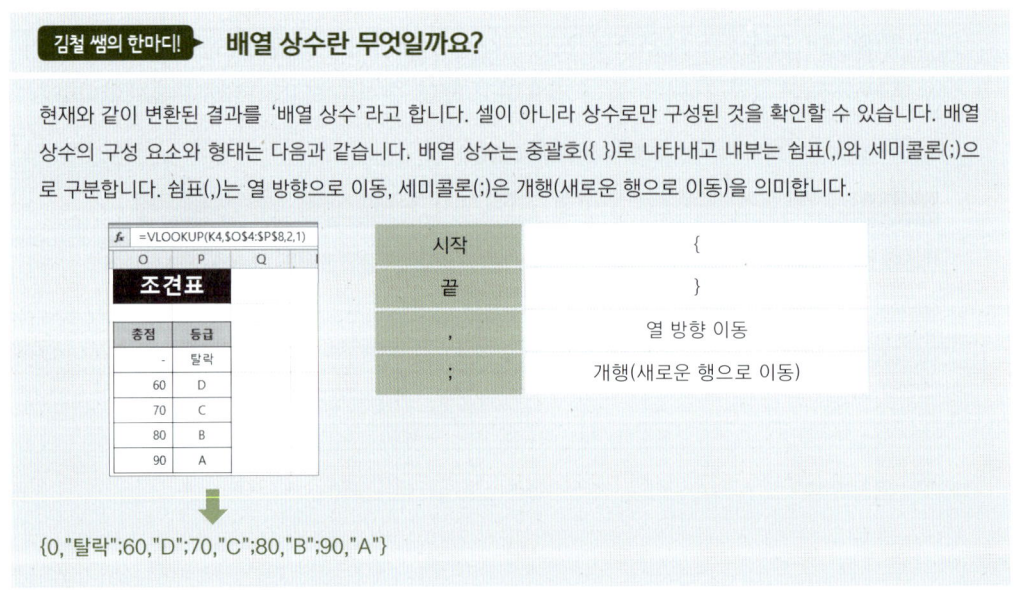

동일한 양식의 두 신청 내역에서 변경된 내용 빨리 찾아내기

1. [다른값_찾기] 시트의 [L4:L15] 셀을 선택하고 Ctrl 키를 누른 채로 [D4:D15] 셀을 선택합니다. [L] 열을 먼저 선택한 이유는 신청 내역 원본이 변경 본에서 어떻게 바뀐 것인지 변경된 신청 내역 쪽에 표시하기 위해서입니다.

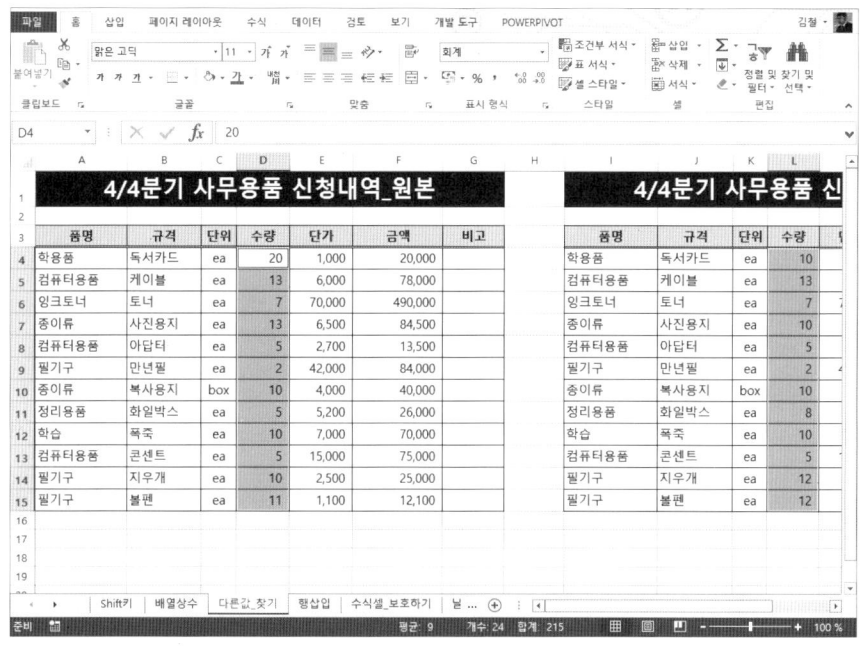

> **김철 쌤의 한마디!** 변경된 내역의 범위를 먼저 선택하는 이유!
>
> [L] 열을 먼저 선택한 이유는 원본에서 변경된 내용을 변경 본 쪽에 표시하고 싶기 때문이라고 했습니다. 이는 서로 인접한 셀 범위가 아니기 때문에 변경된 내용이 나타나는 셀을 먼저 선택한 것입니다. 만약 서로 인접한 셀인 경우라면 두 개의 열 데이터를 좌측 열 데이터부터 드래그해도 결과는 우측에 표시됩니다.

2. F5 키를 누르면 [이동] 대화상자가 나타납니다. 좌측 하단의 [옵션] 버튼을 클릭하면 이동 옵션이 실행됩니다.

3. [이동 옵션] 대화상자가 나타납니다. 선택된 범위 중에서 값이 다른 셀만 찾아내야 하므로 [동일 행에서 값이 다른 셀]을 선택하고 [확인] 버튼을 클릭합니다.

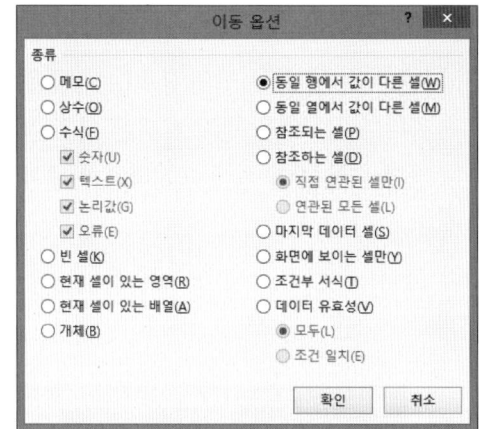

4. [신청 내역_변경] 표에 수량이 달라진 셀만 선택된 것을 확인할 수 있습니다. 여기에서는 채우기 색으로 구분해 보겠습니다. [홈] 탭 → [글꼴] 그룹 → [채우기 색]을 확장해서 '주황'을 선택하면 변경된 수량의 셀만 쉽게 구분할 수 있습니다.

각각의 행에 한 행씩 삽입하는 방법

1. **Special_Tip_예제.xlsx** 예제 파일의 [행삽입] 시트로 이동합니다. 머리글만 있고 데이터가 없는 [E] 열의 [E5] 셀에 '1', [E6] 셀에 '2'를 입력합니다.

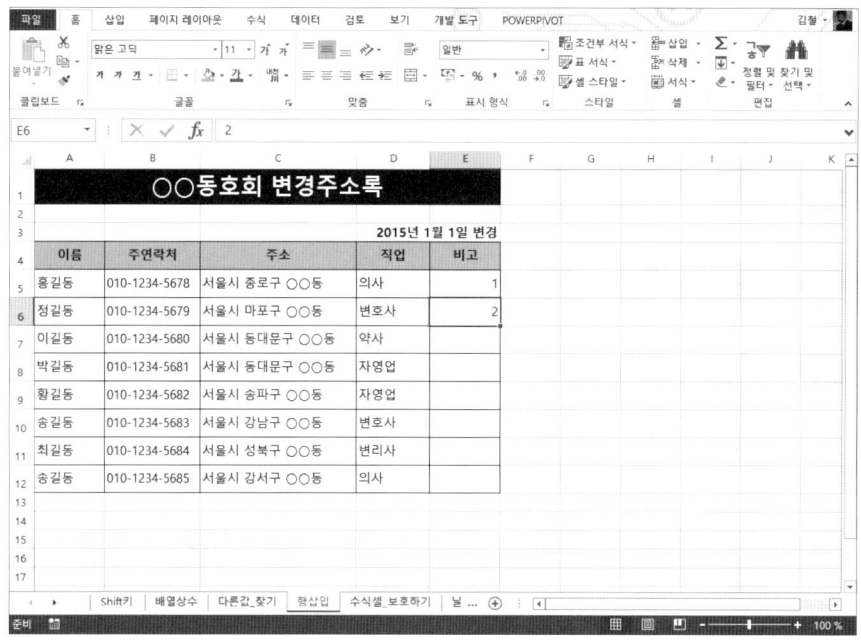

2. [E5:E6] 셀을 모두 선택하고 우측 하단의 채우기 핸들(+)을 더블클릭해서 숫자를 채웁니다.

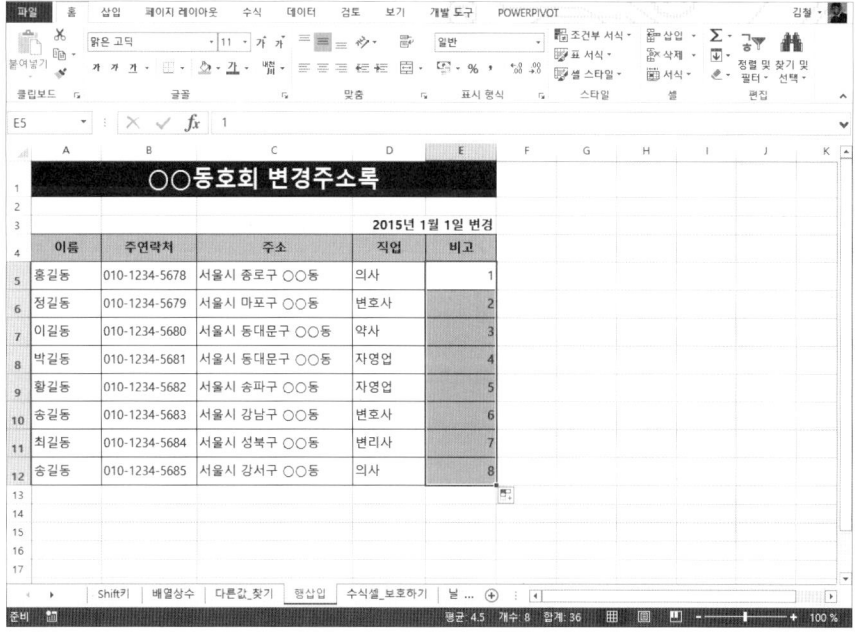

3. 숫자가 입력된 [E5:E12] 셀이 선택된 상태에서 복사(Ctrl + C)하고 [E13] 셀을 선택한 후 붙여넣기(Ctrl + V) 합니다.

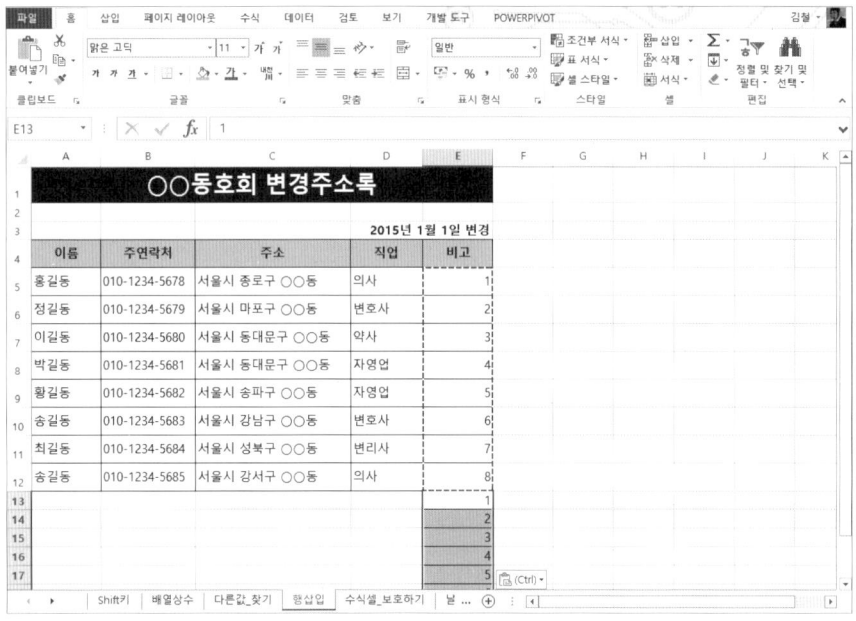

4. [E] 열의 머리글인 [E4] 셀을 선택하고 [데이터] 탭 → [정렬 및 필터] 그룹 → [텍스트 오름차순 정렬]을 클릭해서 오름차순 정렬을 실행합니다.

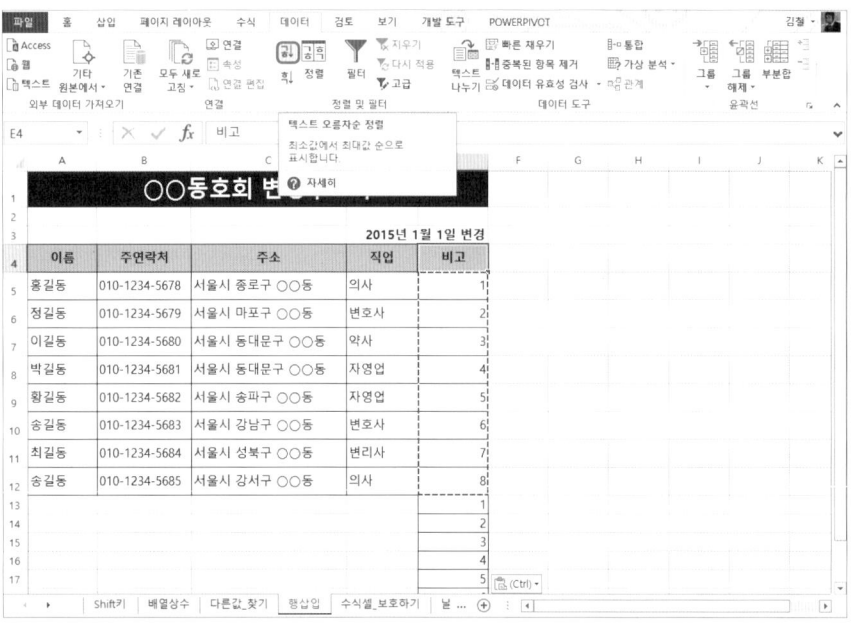

5. [A5] 셀을 선택하고 Ctrl + Shift + End 키를 눌러 삽입된 데이터 마지막까지를 선택합니다. 선택한 후 [홈] 탭 → [글꼴] 그룹 → [테두리]를 확장해서 '모든 테두리'를 선택해서 테두리 선을 긋습니다.

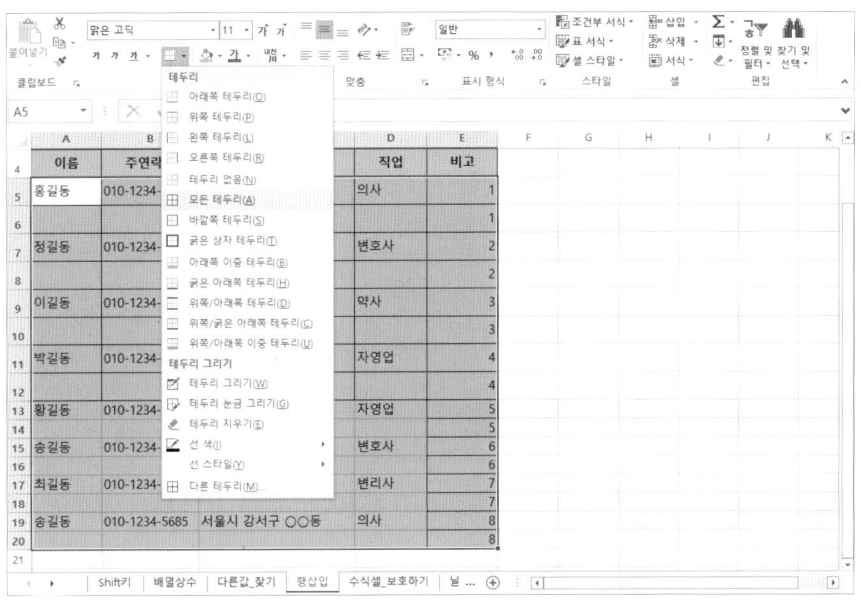

6. 삽입된 데이터의 행 높이가 서로 다르기 때문에 [12] 행부터 [20] 행까지 선택하고 마우스 오른쪽 버튼을 클릭한 후 [행 높이]를 실행합니다.

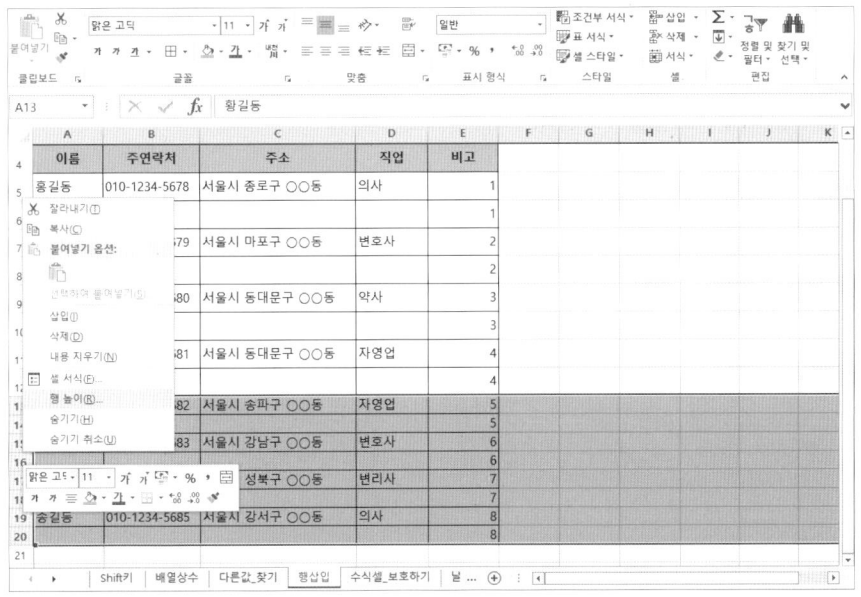

7. [행 높이] 대화상자가 나타납니다. 행 높이는 기존 양식과 동일하게 '25'를 입력한 후 [확인] 버튼을 클릭합니다.

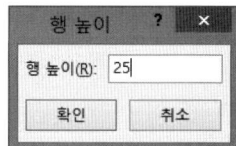

8. 이제 정렬하기 위해서 입력한 숫자를 삭제해 보겠습니다. [E5:E20] 셀을 선택한 후 Delete 키를 눌러 삭제합니다. 이 방법을 사용하면 각 행 아래에 행을 하나씩 삽입하지 않고도 손쉽게 행을 추가할 수 있습니다.

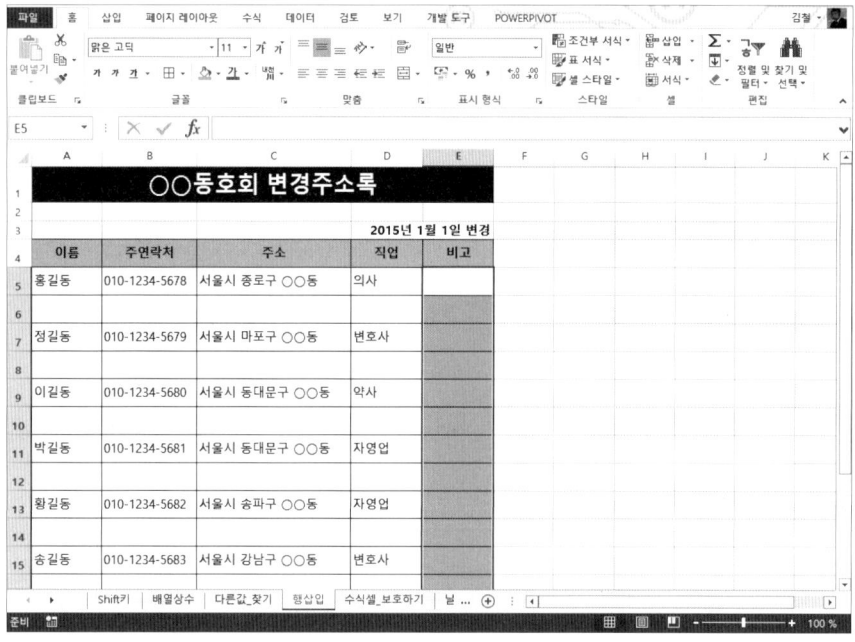

✔ 연속된 셀 범위를 빠르게 선택하는 쉬운 방법이 있습니다. 우선 선택하려는 연속된 셀의 처음 셀(E5)을 먼저 선택하고 Ctrl + Shift + ↓ 를 누르면 [E5:E20] 셀을 빠르게 선택할 수 있습니다.

입력한 수식을 수정하지 못하게 하기

1. Special_Tip_예제.xlsx 예제 파일의 [수식셀_보호하기] 시트로 이동합니다. [A] 열과 [1] 행의 교차점인 좌측 상단의 ◢ 부분을 클릭하면 시트의 셀 전체가 선택됩니다. 이때 임의의 셀을 마우스 오른쪽 버튼으로 클릭해서 [셀 서식]을 실행합니다.

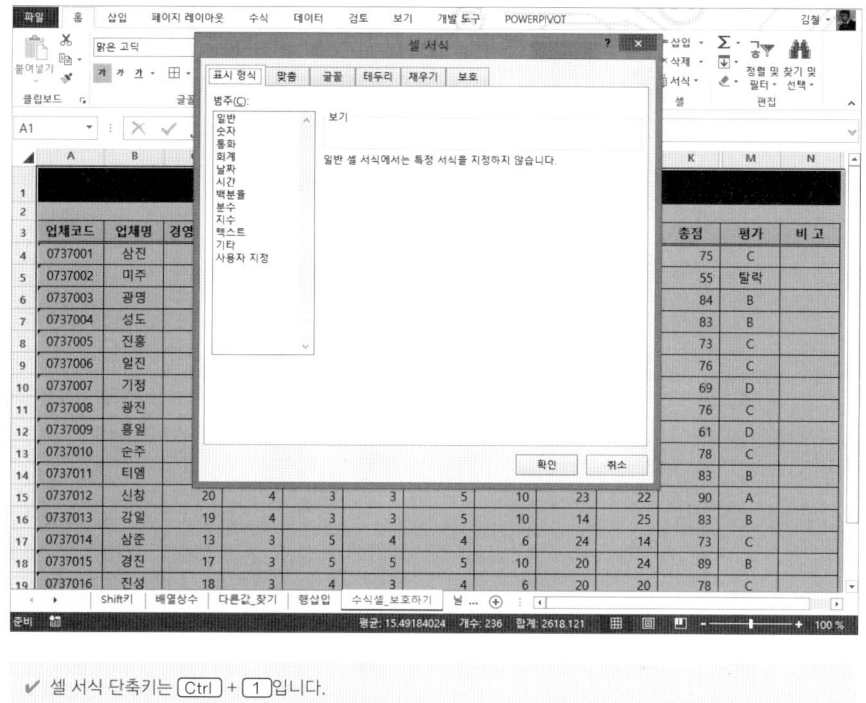

✓ 셀 서식 단축키는 Ctrl + 1 입니다.

2. [셀 서식] 대화상자의 [보호] 탭에서 [잠금]의 체크를 해제하고 [확인] 버튼을 클릭합니다.

3. 이제 수식이 입력된 셀만 찾아보겠습니다. F5 키를 눌러 [이동] 대화상자가 나타나면 [옵션] 버튼을 클릭합니다.

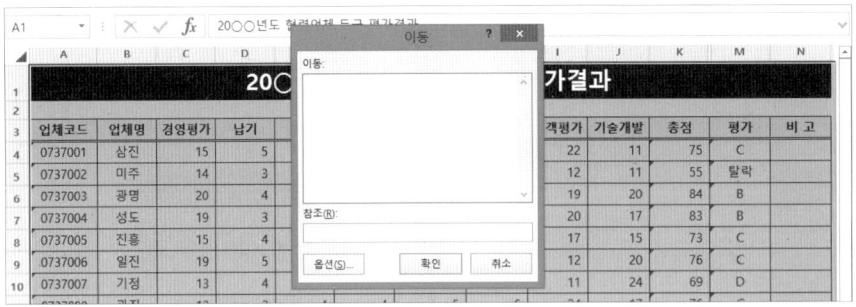

4. [이동 옵션] 대화상자에서 [수식]을 선택하고 [확인] 버튼을 클릭합니다.

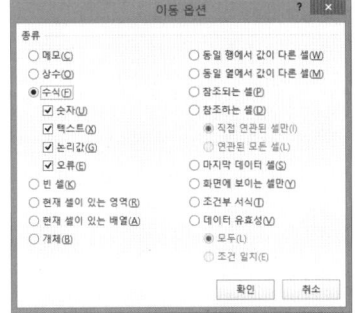

5. 수식이 입력되어 있는 셀만 선택됩니다. 이렇게 선택된 셀 중에서 아무 셀 하나를 선택해서 마우스 오른쪽 버튼으로 클릭하여 [셀 서식]을 실행합니다. [보호] 탭에서 [잠금]을 체크하고 [확인] 버튼을 클릭합니다.

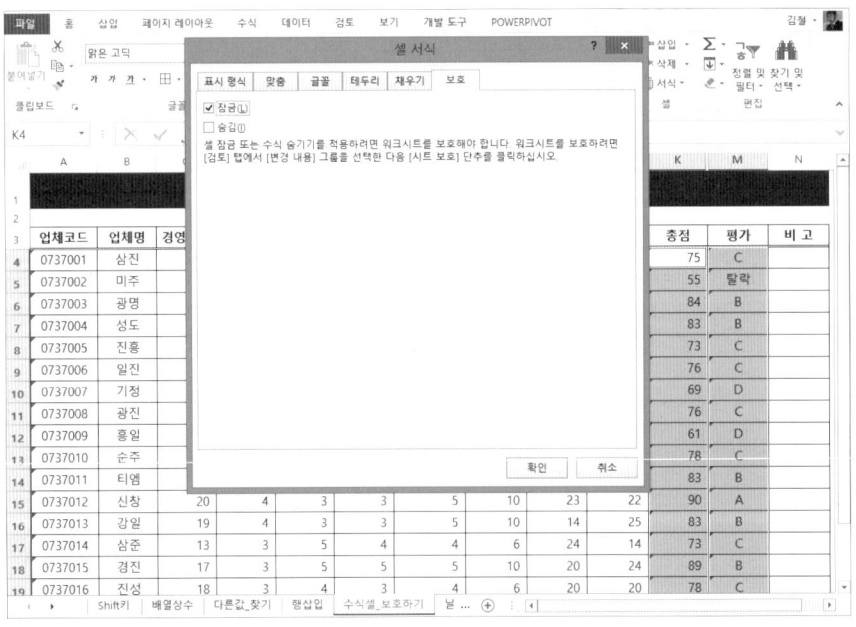

6. 다시 시트를 보호하기 위해서 [검토] 탭 → [변경 내용] 그룹 → [시트 보호]를 실행합니다.

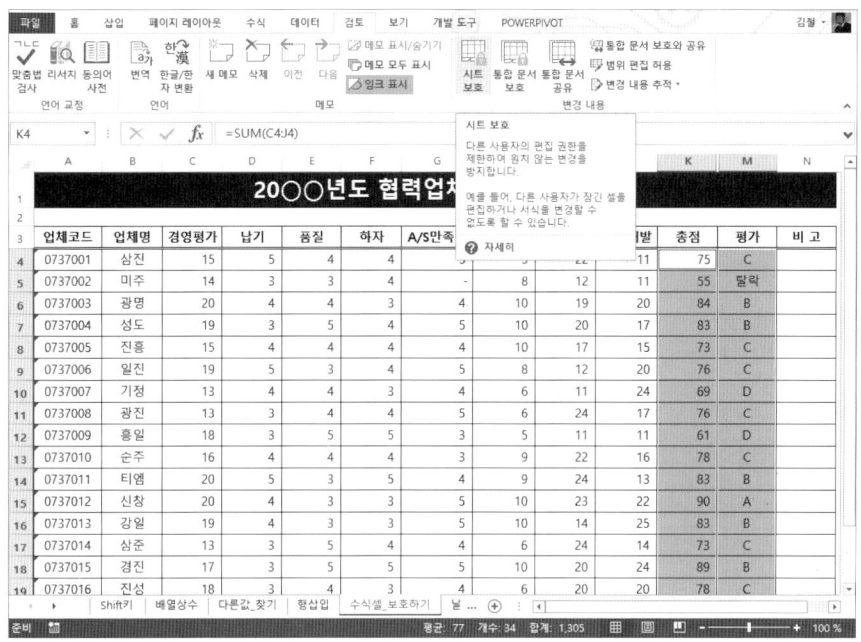

7. [시트 보호] 대화상자가 나타나는데 여기에서는 [시트 보호 해제 암호]와 [워크시트에서 허용할 내용]을 지정해 보겠습니다. 임의로 시트 보호 암호(참고로 완성 파일에서는 '123'을 입력)를 입력합니다. 또 워크시트에서 허용할 내용에서 '잠긴 셀 선택'은 체크를 해제하고 [확인] 버튼을 클릭합니다.

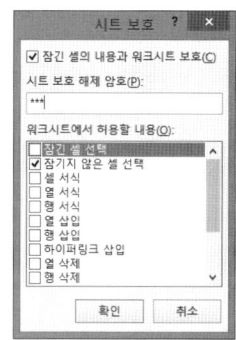

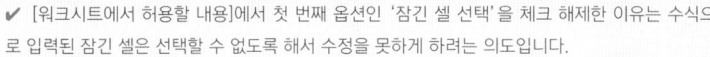
✔ [워크시트에서 허용할 내용]에서 첫 번째 옵션인 '잠긴 셀 선택'을 체크 해제한 이유는 수식으로 입력된 잠긴 셀을 선택할 수 없도록 해서 수정을 못하게 하려는 의도입니다.

8. [암호 확인] 대화상자가 나타나면 암호를 재입력하고 [확인] 버튼을 클릭합니다. 시트로 돌아와 수식이 입력된 셀을 선택하면 선택되지 않는 것을 확인할 수 있습니다.

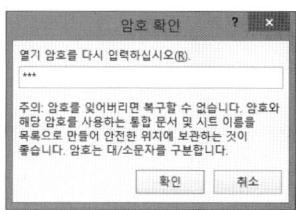

시트 보호를 해제하려면 [검토] 탭에서 [시트 보호 해제] 아이콘을 누르고 방금 설정한 비밀번호를 넣으면 됩니다.

문자로 입력된 날짜를 정상적인 날짜로 변환하기

1. [날짜변환] 시트에서 문자로 입력된 날짜 데이터 [D4:D52] 셀을 선택합니다.

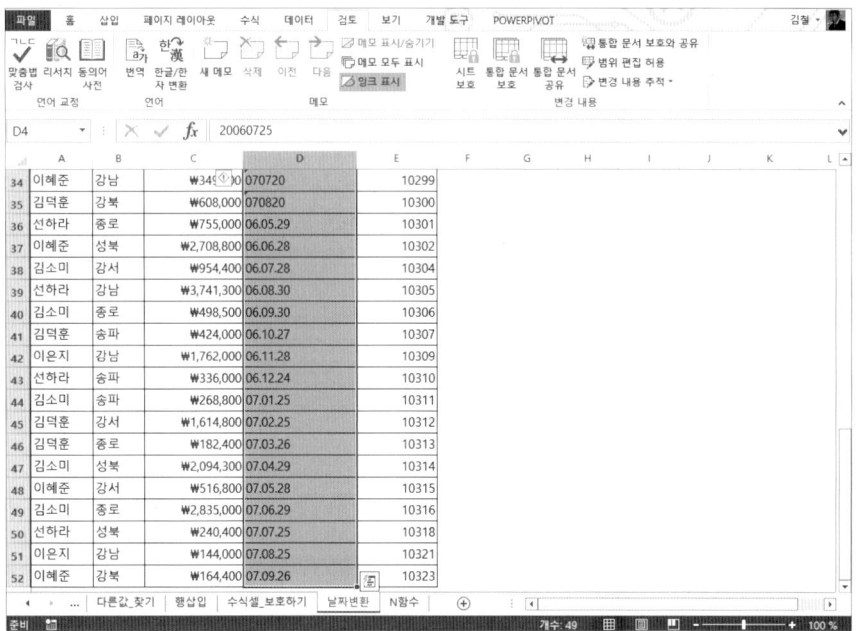

2. [데이터] 탭 → [데이터 도구] 그룹 → [텍스트 나누기]를 실행합니다.

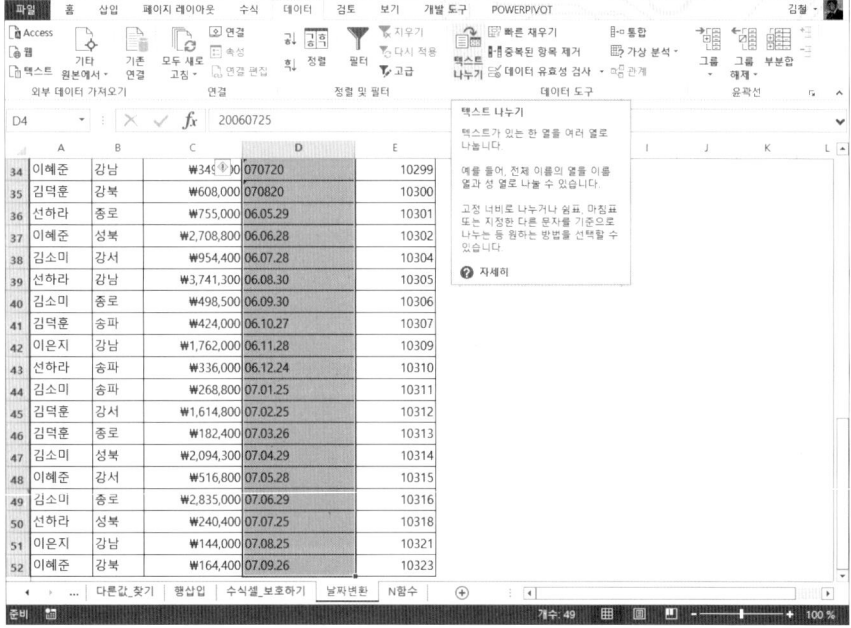

3. 나타난 [텍스트 마법사]의 1, 2단계는 [다음] 버튼을 클릭해서 넘기고 3단계에서 [열 데이터 서식]을 '날짜'로 지정한 뒤 [마침] 버튼을 클릭합니다.

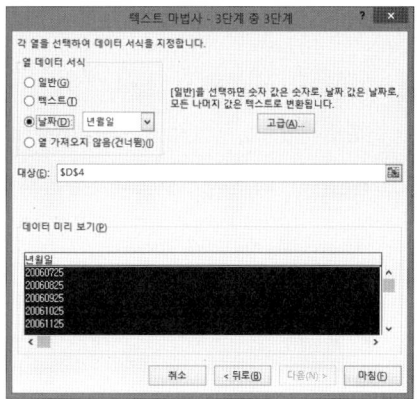

4. 문자로 입력된 날짜 데이터가 모두 정상적인 날짜로 변환된 것을 확인할 수 있습니다.

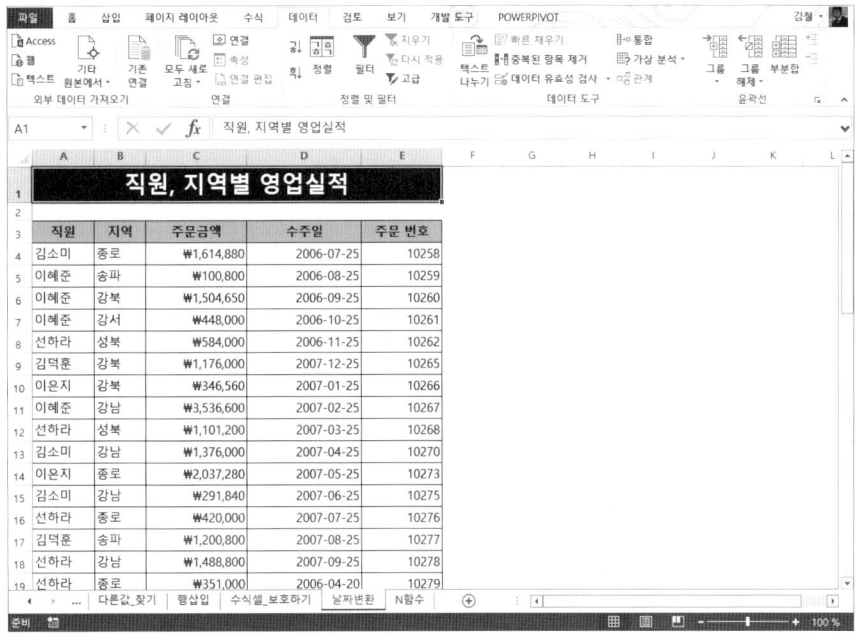

수식에 주석 넣기

1. [N함수] 시트에서 [K4] 셀의 수식에 주석을 넣고자 합니다. 해당 수식의 뒷부분에 +N("경영평가부터 기술개발까지의 합계")로 입력한 후 Enter 키를 누릅니다.

2. [K4] 셀을 선택하고 셀 우측 하단의 채우기 핸들(+)을 더블클릭해서 수식을 채웁니다.

김철 쌤의 한마디! ▶ 수식의 결과가 문자일 때 주석 넣기

수식의 결과가 숫자인 경우는 예제처럼 +N("주석 내용")으로 입력하면 되지만 수식의 결과가 문자인 경우에는 다음처럼 나타내야 합니다.

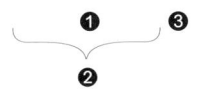

기존수식&TEXT(N("주석 내용"),";;;")
　　　　　　　❶　　　　　❸
　　　　　　　　❷

N 함수는 모든 값을 숫자로 반환합니다. 그 기준은 다음과 같습니다.

=N("수로 반환할 값")
　　　❶

값	반환값
숫자	숫자
날짜	해당 날짜의 일련 번호
TRUE	1
FALSE, 문자, 그 외	0

❶: N 함수의 인수. 수로 반환할 값입니다. 문자를 받으면 0을 반환하기 때문에 숫자 값에 주석을 넣고자 할 경우 '숫자 값+N 함수'와 같은 형태로 사용할 수 있습니다.

TEXT 함수는 값에 임의 서식을 적용하는 함수입니다.

=TEXT(값, "서식 조건")
　　　 ❷　　　❸

❷: TEXT 함수의 첫 번째 인수. 서식 조건을 적용할 값입니다. N 함수의 결과로 0을 갖습니다.
❸: TEXT 함수의 두 번째 인수. 서식 조건입니다. ";;;" 서식 조건은 양수;음수;0;문자열의 서식을 나타냅니다. 여기서는 모두 비워두었기 때문에 어떤 값이 와도 아무 것도 나타내지 않겠다는 뜻입니다.

따라서 N 함수를 이용해서 주석을 달고 해당 주석은 텍스트이므로 0을 반환합니다. 그리고 이를 TEXT 함수로 사용자 지정 셀 서식으로 표현하는데 양수, 음수, 0, 문자열 모두를 나타내지 않도록 했기 때문에 '기존수식' 값만 그대로 나타납니다.

Q1. 보고서 필터 페이지 표시를 활용해 지하철 호선별 보고서를 자동으로 만들어 보세요.

문제 6-1_지하철 승차 인원_필터 테이블 표시_문제.xlsx

Hint!
1. [DB] 시트를 열고 [표 만들기]와 [피벗 테이블] 기능을 실행합니다.
2. 열 영역에 '역명' 필드를, 행 영역에 '일자' 필드를 값 필드에 '합계' 필드를 드래그합니다.
3. '승하차 구분' 필드와 시트별로 보고서를 만들 '호선명' 필드는 필터 영역에 넣습니다.
4. [분석] 탭 → [피벗 테이블 그룹]에서 [보고서 필터 페이지 표시]를 실행해 5호선, 6호선, 7호선, 8호선별로 보고서 시트를 만듭니다.

정답 6-1_지하철 승차 인원_필터 테이블 표시_정답.xlsx

Q2. 사과 가게의 손익분기점 차트를 만드세요.

문제 6-2_사과 가게 손익분기점 차트_문제.xlsx

Hint!
1. [J5:M5] 셀에서 X가 0일 때 매출, 고정비, 지출합계(고정비)를 구합니다.
2. [J6:M6] 셀에서 X가 3,000일 때 매출, 고정비, 지출합계(고정비+변동비)를 구합니다.
3. [H2] 셀의 판매가에 컨트롤 도구를 삽입하고 최소값 10000, 최대값 30000, 증분 빈경 1000을 입력합니다.
4. [J4:N8] 셀을 선택한 뒤 '직선 및 표식이 있는 분산형' 차트를 활용해 손익분기점 차트를 만듭니다.
5. 데이터 레이블을 추가하여 손익분기점(사과 상자 수)을 그래프 위에 표기합니다.

정답 6-2_사과 가게 손익분기점 차트_정답.xlsx

| 일곱째 마당 |

엑셀로 익히는 기획과 경영의 기술, 데이터 분석

엑셀은 데이터 분석 툴이라서 결국 분석 기법을 어디까지 아는지가
핵심입니다. 이번 마당에서 배울 데이터 분석 기법을 통해
매출 추이나 매출 기여도 분석, 회귀 분석 등을
익히고 활용할 수 있는 능력을 배양하세요.
막연하게만 느껴졌던 데이터 분석을 엑셀의 피벗 테이블을 이용해서
어렵지 않게 집계하고 차트를 이용해서 표현하는 방법을 배우게 됩니다.
가장 엑셀다운 이야기가 펼쳐지는 마당이라고 생각하고
복습을 통해 완벽히 익히고 현업에서 생산성을 극대화하기 바랍니다.

| Contents |
19장. 현재를 분석하고 미래를 예측하라

19 | 현재를 분석하고 미래를 예측하라

이번 장에서는 각종 매출 데이터를 활용하여 매출 추이와 품목별 매출 기여도를 분석하는 방법을 알아보려고 합니다. 그리고 마아코프 분석으로 전이행렬을 통한 향후 변화를 시각화하거나 회귀 분석을 통해 매출을 예측해 보는 방법을 알아보겠습니다.

19-1 기저효과를 배제한 매출 추이 분석하기 - Z 차트
19-2 항목별 매출 기여도 분석하기 - ABC 분석
19-3 전이행렬을 이용해서 휴대폰 시장 점유율 예측하기 - 마아코프 분석
19-4 광고비 규모에 따른 매출액 예측하기 - 단회귀 분석
19-5 하나 이상의 조건에서 빙과류 매출액 예측하기 - 다중 회귀 분석
19-6 신차 판매 가능성 예측하기 - 다중 회귀 분석의 활용 및 응용

신팀장 이야기

데이터를 분석하면 미래를 예측할 수 있다!

"마지막으로 여러분들에게 소개해드릴 내용은 가장 엑셀다운 기능, 데이터 분석입니다." 신성철 팀장은 데이터에서 각종 지표를 도출하여 현명한 의사결정을 내리는 데 탁월한 실력자다. 신팀장은 이러한 분석 기법을 팀원들에게 가르쳐주기로 했다. 김사원, 이대리 등 프로 직장인으로 거듭나겠다는 열정과 각오가 팀원들의 눈빛에 가득하다.

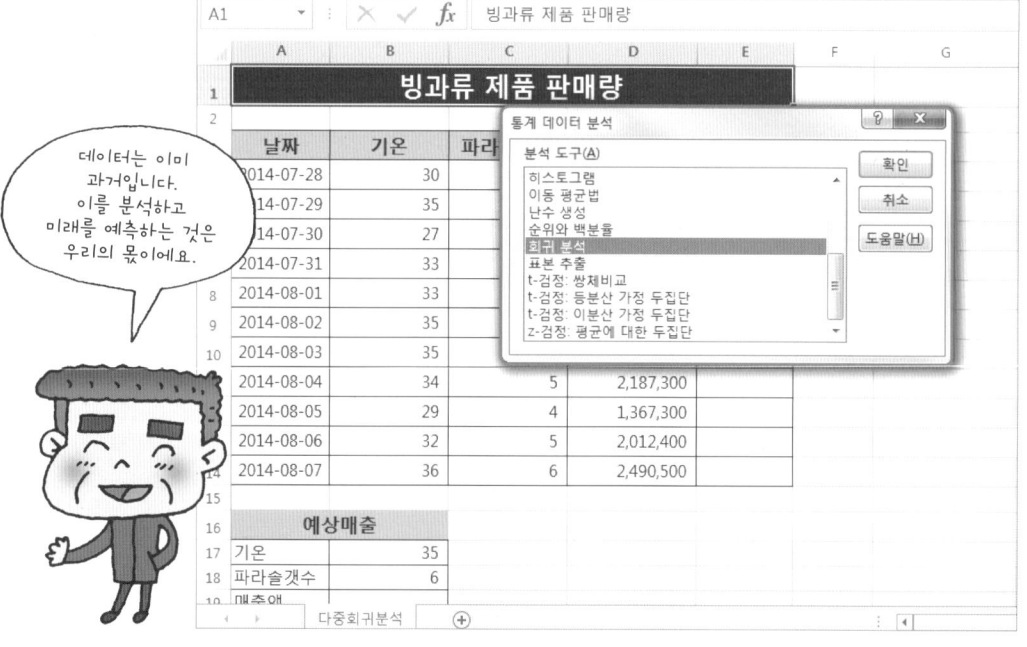

✓ 2007　✓ 2010　✓ 2013　✓ 2016

19-1 　　　　기저효과를 배제한 매출 추이 분석하기 - Z 차트

월별 매출과 매출 누계, 이동년 합계 데이터를 차트로 만들어서 분석하는 걸 'Z 차트'라고 합니다. 여기서 '이동년'이란 해당 월을 기준으로 그 전의 11개월 치를 합친 1년 치 매출의 값을 의미합니다. 장·단기적인 트렌드를 분석할 때 Z 차트를 자주 이용합니다. 이번 예제에서는 단순히 매출 추이를 월별로 분석하는 것이 아니고 매출 데이터를 활용해서 특정 기간 동안의 매출 추이를 분석하여 앞으로의 추세를 확인하는 방법까지 살펴볼 것입니다. 일단 **19장_01_Z_차트_예제.xlsx**라는 예제 파일을 불러옵니다.

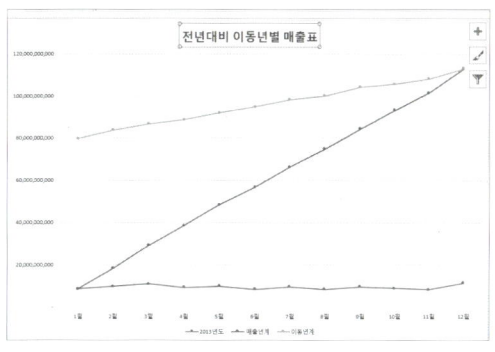

매출 데이터를 표로 만들어 피벗 테이블로 정리하기

1. 예제를 열어보면 매출 데이터가 있는 [DB] 시트와 차트를 만들기 위해 준비해 놓은 '전년대비 이동년별 매출표'가 작성된 [Sheet1] 시트가 있습니다.

   우선 [DB] 시트의 매출 데이터를 표로 지정해 보겠습니다. [DB] 시트에서 아무 셀 하나를 선택하고 Ctrl + T 키를 눌러 [표 만들기] 대화상자를 불러옵니다. [머리글 포함]이 체크된 상태에서 [확인] 버튼을 클릭합니다.

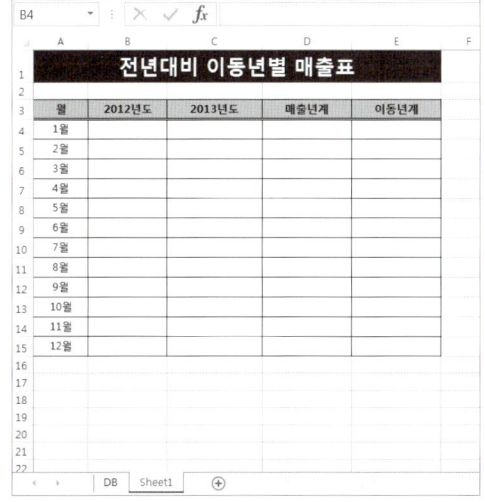

현재를 분석하고 미래를 예측하라 **451**

2. 표로 만든 데이터를 이용해서 피벗 테이블을 삽입해 보겠습니다. [디자인] 탭 → [도구] 그룹 → [피벗 테이블로 요약]을 실행합니다. [피벗 테이블 만들기] 대화상자에서 피벗 테이블 보고서를 넣을 위치는 [새 워크시트]로 선택하고 [확인] 버튼을 클릭합니다.

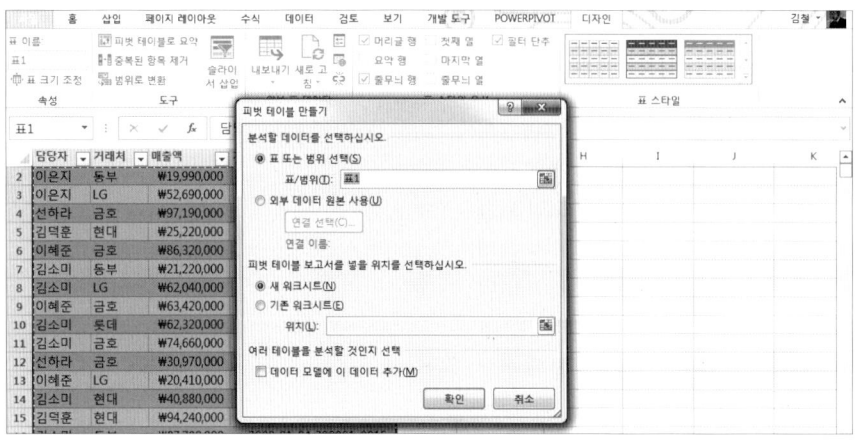

3. 이제 피벗 테이블 필드를 각 영역으로 끌어넣어 요약해 보겠습니다. [행] 영역에는 [거래일]을 드래그해서 필드를 추가하고 [∑ 값]에는 [매출액] 필드를 추가합니다.

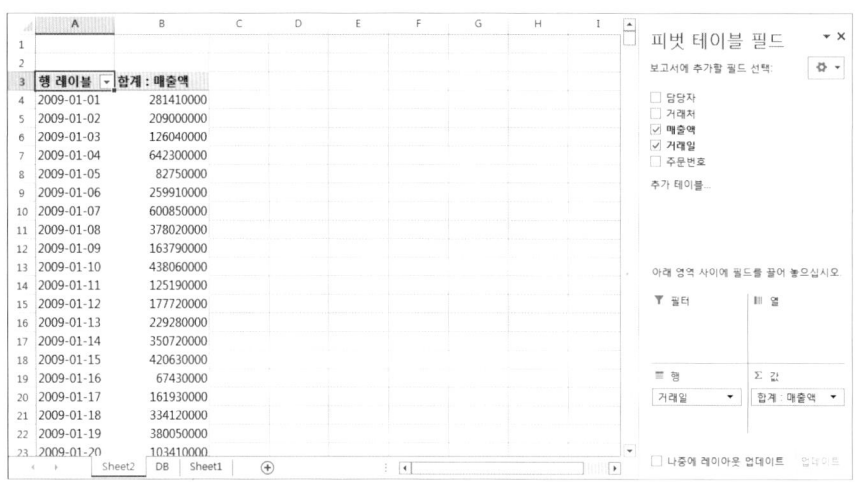

✔ 엑셀 2016 버전에서는 [행] 영역에 연, 월, 일로 구성된 날짜 정보를 넣으면 '연', '분기' 그룹이 자동으로 추가됩니다.

4. 날짜별로 정리되어 있는 데이터를 그룹으로 묶은 후 거래일을 연, 월별 자료로 작성해 보겠습니다. 피벗 테이블에서 임의의 거래일을 선택한 다음 마우스 오른쪽 버튼을 클릭해서 [그룹] 메뉴를 실행합니다.

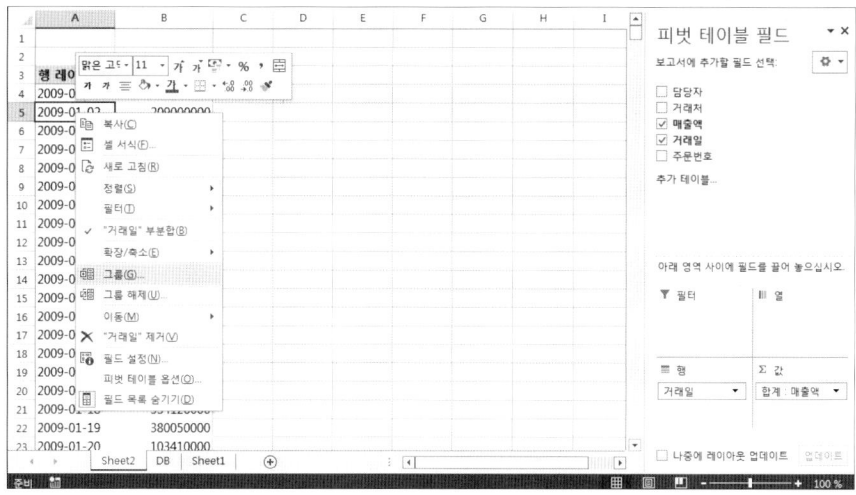

5. 나타난 [그룹화] 대화상자의 [단위]에서 그룹으로 지정할 단위를 '연'과 '월'로 선택한 후 [확인] 버튼을 클릭하면 거래일이 연, 월 기준으로 정리됩니다.

피벗 테이블 자료를 매출표 양식에 넣어 완성하기

1. 피벗 테이블 자료를 [Sheet1]의 매출표 양식에 나타내기 위해서 [Sheet1] 시트의 [B4] 셀을 선택합니다. 그리고 =을 입력한 다음 피벗 테이블로 요약한 [Sheet2] 시트 자료에서 2012년 1월의 매출을 선택하고 Enter 키를 누르세요. 그러면 매출표에 해당 연월의 매출액이 입력됩니다.

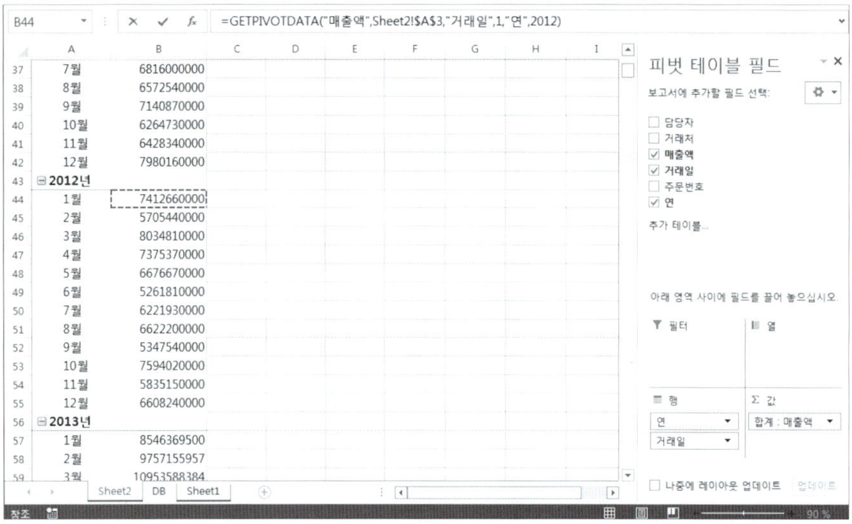

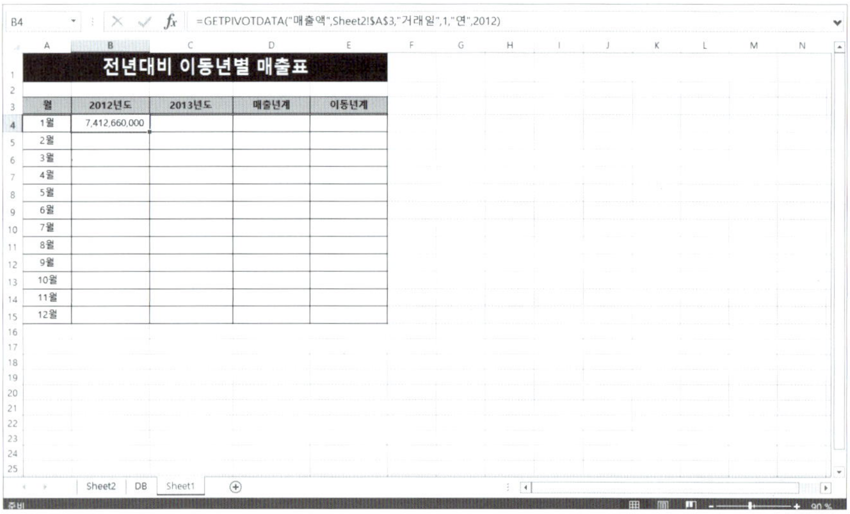

2. 입력된 수식을 다음과 같이 수정한 후 [B15] 셀까지 복사해 보겠습니다. 입력된 수식에서 1로 입력된 부분은 1월을 나타내는데 이 부분의 수식을 12월까지 자동으로 처리할 수 있도록 1을 ROW()-3으로 변경한 후 [B15] 셀까지 복사합니다.

| 수식 알고 넘어가기 |

=GETPIVOTDATA("매출액",Sheet2!$A$3,"거래일",1,"연",2012)
=GETPIVOTDATA("매출액",Sheet2!$A$3,"거래일",ROW()-3,"연",2012)
　　　　　　❶　　　　　　❷　　　　　❸　　❹　　❺　❻

❶ : GETPIVOTDATA 함수의 첫 번째 인수입니다. 피벗 테이블 필드의 [∑ 값] 영역 중 나타낼 값이 들어있는 필드 이름입니다.
❷ : GETPIVOTDATA 함수의 두 번째 인수입니다. 피벗 테이블의 위치를 나타냅니다. [Sheet2] 시트의 아무 셀이나 선택되어 있으면 됩니다.
❸ : 첫 번째 조건(❸과 ❹가 쌍을 이루는 조건)의 필드 이름입니다.
❹ : 첫 번째 조건의 머리글 중에서 만족해야 하는 내용입니다.
피벗 테이블에서 가져온 값이 입력되는 셀(B4)은 4행입니다. 따라서 해당 셀의 행 번호를 나타내는 'ROW()' 함수는 4를 반환합니다. 여기에서 3을 빼야 피벗 테이블의 1월을 가져오게 되는 것입니다. 그래서 ROW()-3으로 수식을 변경한 것입니다. 5행(2월)부터 15행(12월)까지도 이 수식에 대입하면 2부터 12까지 자동으로 변환됩니다.
❺ : 두 번째 조건(❺와 ❻이 쌍을 이루는 조건)의 필드 이름입니다.
❻ : 두 번째 조건의 머리글 중에서 만족해야 하는 내용입니다.

이 수식은 [Sheet2!$A$3] 셀에 위치한 피벗 테이블에서 '거래일' 필드 중에서 1월(ROW()-3)을 만족하고 '연' 필드 중에서 2012년을 만족하는 [매출액]의 합계를 나타내라는 뜻입니다.

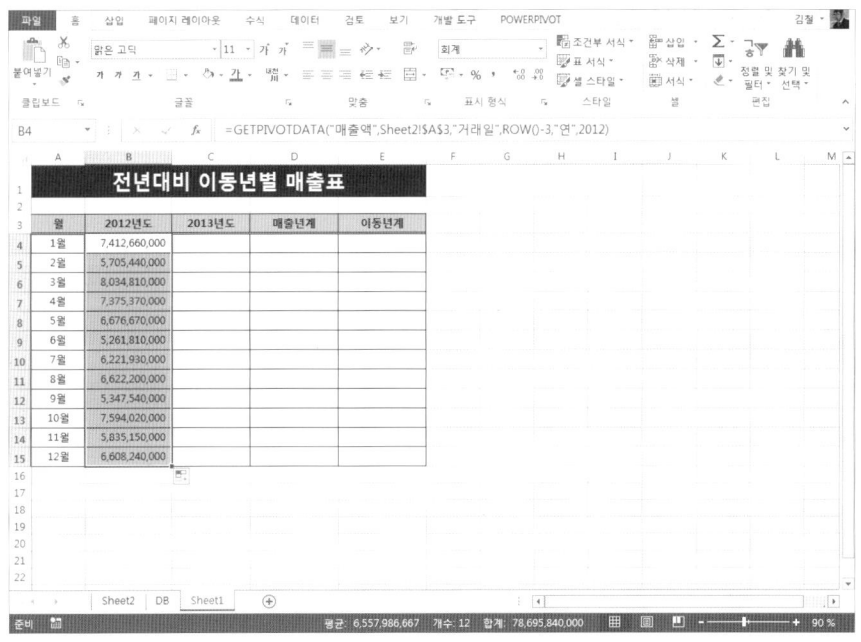

3. 같은 방법으로 2013년의 월별 매출 금액을 나타내 보겠습니다. [B4:B15] 셀을 선택해서 복사한 다음 [C4] 셀에 붙여 넣습니다. 이때 해당 수식을 보면 마지막 인수가 2012년으로 되어있습니다. 이를 일괄 변경하기 위해서 '찾기 및 바꾸기(Ctrl + H)'를 실행하고 [찾을 내용]에는 2012를 [바꿀 내용]에는 2013을 입력하고 [모두 바꾸기]를 클릭합니다.

12개의 수식에서 2012를 2013으로 변경했으므로 '12개 항목이 바뀌었습니다.'라는 메시지를 볼 수 있습니다. 해당 메시지 박스는 [확인] 버튼을 클릭해서 닫습니다.

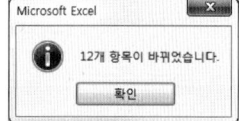

4. 매출년계 필드는 2013년 매출의 누적 합계입니다. [D4] 셀에는 =C4로 입력하고 [D5] 셀에는 =C5+D4로 입력한 후 해당 수식을 [D15] 셀까지 복사해서 붙여 넣습니다.

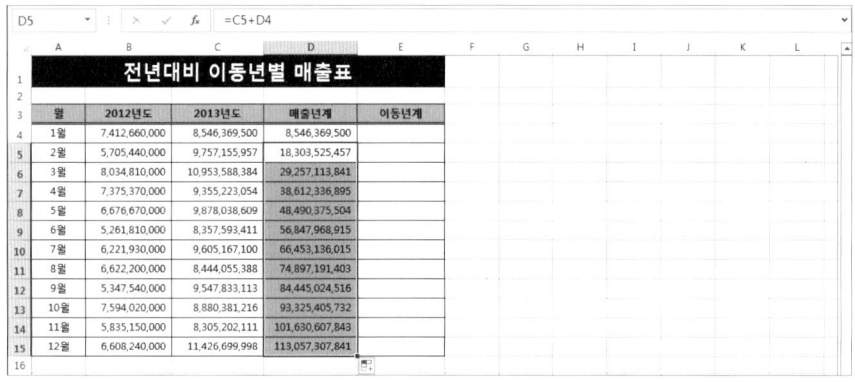

5. 이번에는 이동년계 필드를 나타내 보겠습니다. 여기서 이동년계는 12개월 동안의 매출 합계를 의미합니다. 과거 어느 월부터 해당 월까지 데이터를 누계할 때 해당 월이 열두 번째 월이 되는 것입니다.

우선 1월의 이동년계를 산출할 수 있도록 [E4] 셀에 =SUM(C4:C4,B5:B16)을 입력한 후 Enter 키를 누릅니다. 주의하세요! [B15]가 아닌 [B16] 셀까지 선택해야 합니다.

2013년 1월 매출 + 2012년 2월부터 12월까지의 매출을 누적한 값입니다.

✔ 위 수식에서 [B] 열은 [B16] 셀까지 선택했습니다. 수식을 복사, 붙여넣기해서 이동년계를 쉽게 구할 때 마지막 셀인 [E15] 셀의 이동합계가 [B] 열을 포함하지 않도록 하기 위해서입니다.

6. [E4] 셀에 입력한 이동년계 수식을 [E5:E15] 셀에 적용하기 위해서 수식을 수정해 보겠습니다. [E4] 셀을 선택하고 수식 입력줄에서 F4 키를 이용해 =SUM($C$4:C4,B5:$B$16)으로 수식을 수정합니다.

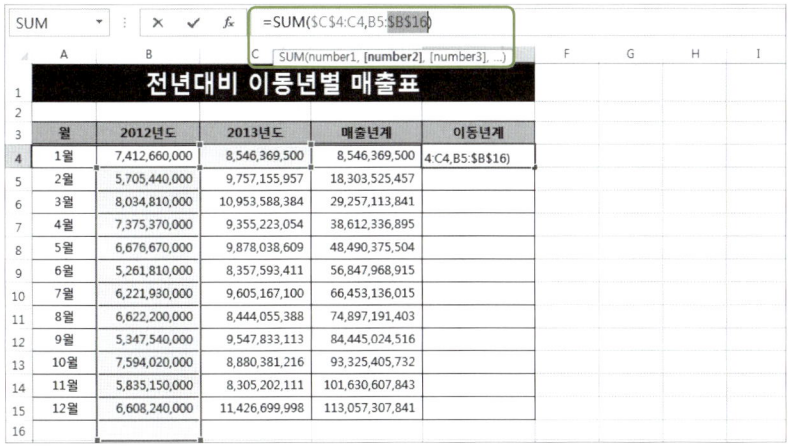

김철 쌤의 한마디! ▶ SUM 함수의 연산 방법

① =SUM(1,2,3)
1+2+3을 구하라는 것입니다.

② =SUM(A1:A5)

[A1] 셀에서 [A5] 셀까지의 값을 더하라는 뜻입니다.

③ =SUM(A1:A5,B1:B5)

[A1] 셀에서 [A5] 셀까지의 값과 [B1] 셀에서 [B5] 셀까지의 값을 모두 더하라는 뜻입니다.

7. [E4] 셀의 수식을 복사해서 [E15] 셀까지 붙여넣어 이동년계를 완성하면 됩니다.

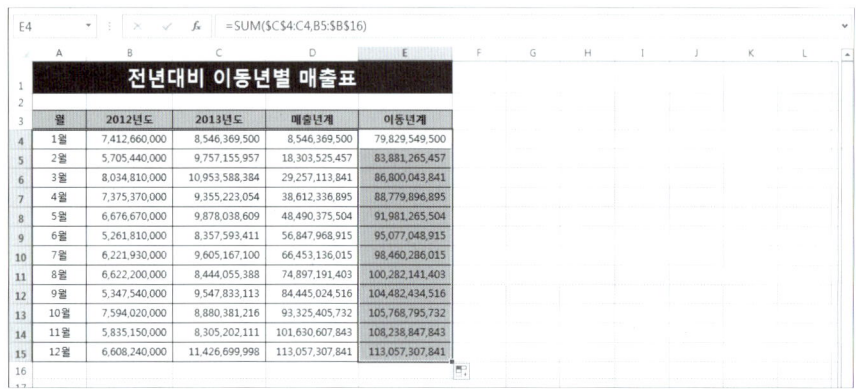

김철 쌤의 한마디! ▶ '이동년계'의 개념을 알아볼까요?

이동년계는 [E4:E15] 셀 중에서 임의의 셀 하나를 선택한 뒤 더블클릭하거나 F2 키를 누르면 합계되는 참조 범위가 나타납니다. 이를 쉽게 확인하는 방법이 있습니다. 예를 들어 2013년 6월인 [E9] 셀을 선택하고 F2 키를 누르면 2013년 1월부터 6월까지의 매출과 전년도 7월부터 12월까지의 매출이 합산된 것을 확인할 수 있습니다.

월	2012년도	2013년도	매출년계	이동년계	
1월	7,412,660,000	8,546,369,500	8,546,369,500	79,829,549,500	
2월	5,705,440,000	9,757,155,957	18,303,525,457	83,881,265,457	
3월	8,034,810,000	10,953,588,384	29,257,113,841	=SUM($C$4:C6,B7:$B$16)	2013년 3월 이동년계를 나타내는 합계 범위
4월	7,375,370,000	9,355,223,054	38,612,336,895	88,779,896,895	
5월	6,676,670,000	9,878,038,609	48,490,375,504	91,981,265,504	
6월	5,261,810,000	8,357,593,411	56,847,968,915	95,077,048,915	
7월	6,221,930,000	9,605,167,100	66,453,136,015	98,460,286,015	
8월	6,622,200,000	8,444,055,388	74,897,191,403	100,282,141,403	
9월	5,347,540,000	9,547,833,113	84,445,024,516	104,482,434,516	
10월	7,594,020,000	8,880,381,216	93,325,405,732	105,768,795,732	
11월	5,835,150,000	8,305,202,111	101,630,607,843	108,238,847,843	
12월	6,608,240,000	11,426,699,998	113,057,307,841	113,057,307,841	

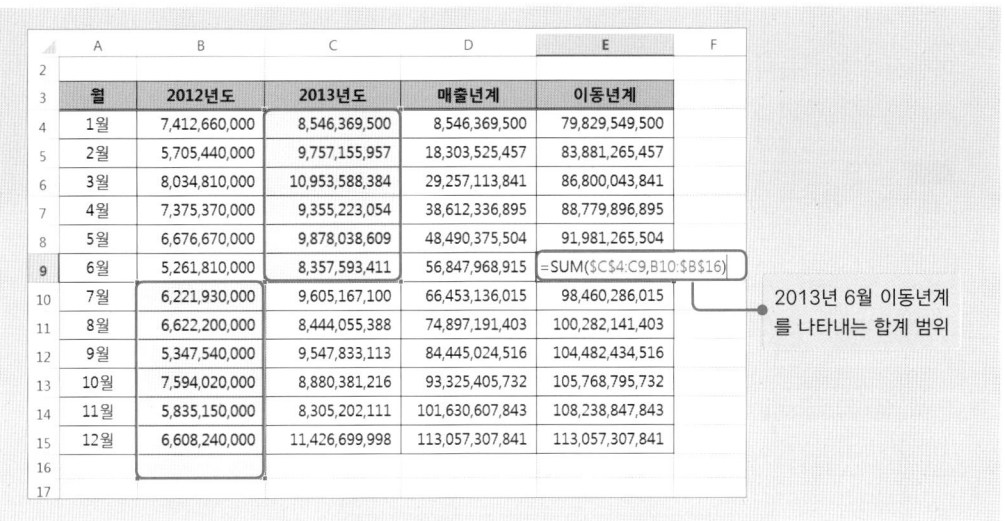

완성된 매출표를 Z 차트로 작성하기

1. 완성된 매출표에서 [A3:A15] 셀을 선택하고 Ctrl 키를 누른 채로 [C3:E15] 셀을 선택합니다. 여기서 2012년 매출을 포함하지 않는 이유는 2012년 매출은 이동년계를 만들기 위해 부분적으로 활용되었기 때문입니다. [삽입] 탭 → [차트] 그룹 → [꺾은선형 차트 삽입]을 확장해서 '표식이 있는 꺾은선형' 차트를 클릭합니다.

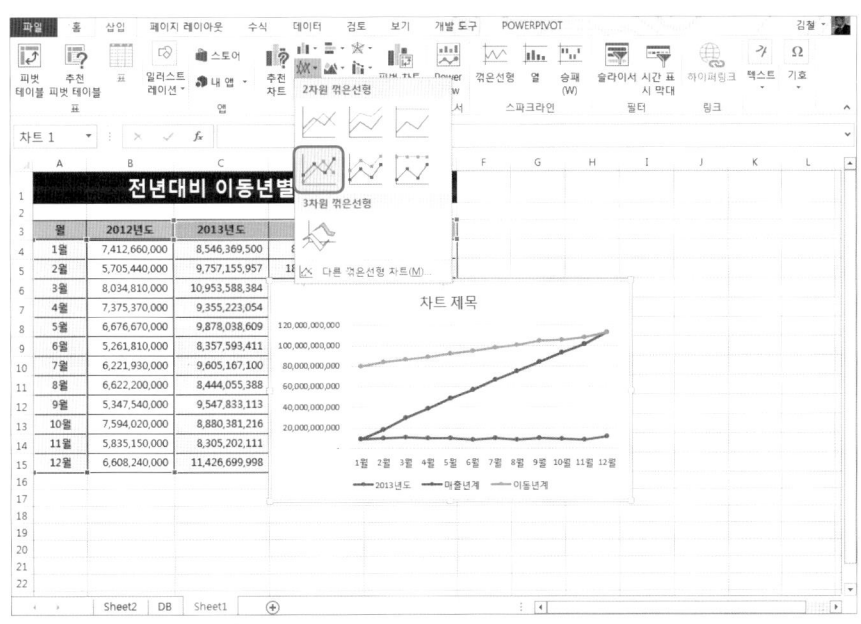

2. 해당 차트를 [디자인] 탭 → [위치] 그룹 → [차트 이동] 버튼을 클릭해서 [Chart1] 시트로 이동시켜 보겠습니다. [차트 이동] 대화상자가 나타나면 [새 시트] 옵션을 선택한 후 [확인] 버튼을 클릭합니다.

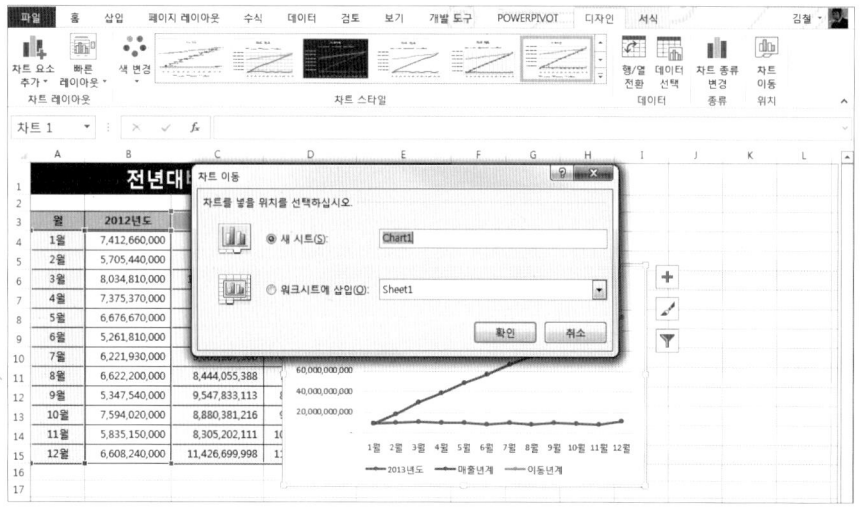

3. 차트 제목을 데이터 내용의 제목으로 바꿔보겠습니다. [Chart1] 시트로 이동한 차트의 제목을 선택하고 수식 입력줄에 =를 입력합니다. 그런 다음 [Sheet1] 시트의 [A1] 셀을 선택하고 Enter 키를 누릅니다.

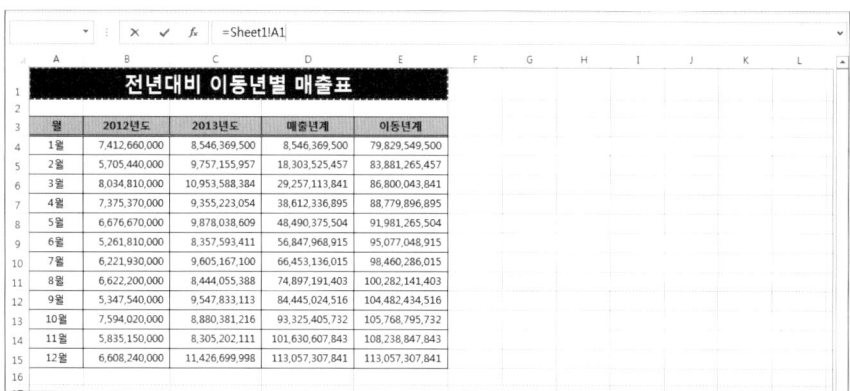

4. 최종 결과를 확인해 보면 다음과 같은 Z 차트를 확인할 수 있습니다. Z 차트는 그 형태를 보고 성장형인지, 보합형인지 아니면 쇠퇴형인지 알 수 있습니다. 결과로 만들어진 Z 차트는 이동년계 그래프가 점점 상승하는 형태이기 때문에 '성장형 Z 차트'라는 것을 확인할 수 있습니다.

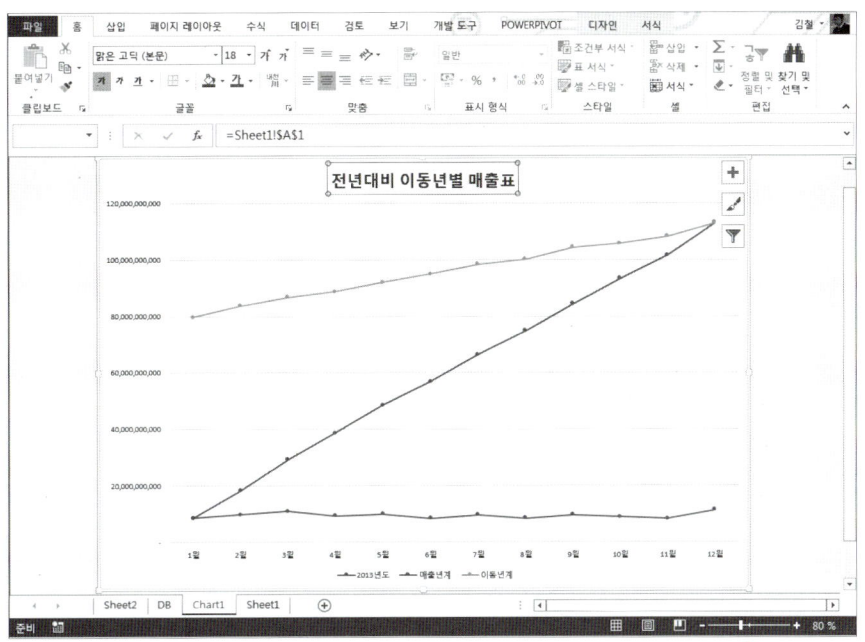

구분	설명	형태
성장형 Z 차트	이동년계 그래프가 점점 상승하는 형태	
보합형 Z 차트	이동년계 그래프가 거의 수평인 형태	
쇠퇴형 Z 차트	이동년계 그래프가 점점 하락하는 형태	

▲ Z 차트를 분석하는 3가지 형태

✓ 2007　✓ 2010　✓ 2013　✓ 2016

19-2　항목별 매출 기여도 분석하기 - ABC 분석

ABC 분석이란 관리 대상이나 품목을 A, B, C 그룹으로 나누어 분석하는 통계적 방법입니다. 여기서는 각 항목별 매출 합계와 점유율(보할)을 구한 뒤 항목별 매출 기여도를 분석하는 방법을 살펴보겠습니다. 항목별 매출 기여도를 보면 매출 기여도가 현저히 작은 항목을 각종 관리비와 부대비용을 계속 지불하며 유지해야 할지 고민하게 될 것입니다. 그리고 매출 기여도가 B그룹인 항목은 여러 가지 판촉 활동을 통해 매출을 증진할 방안을 강구하게 될 것입니다. 먼저 **19장_02_ABC_분석_예제.xlsx**라는 예제 파일을 불러옵니다.

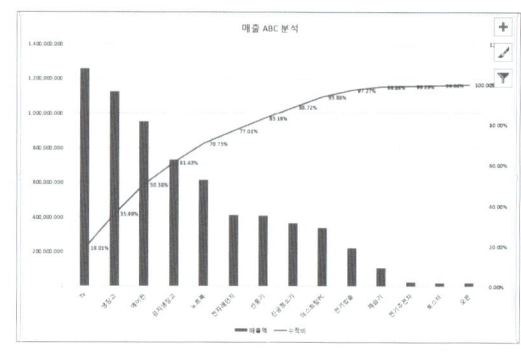

어느 가전제품 매장의 일일 거래 데이터베이스를 가지고 품목별 매출액을 피벗 테이블로 정리해 보겠습니다.

품목별 매출 데이터를 표로 만들어 피벗 테이블로 정리하기

1. 예제의 [DB] 시트에 입력된 데이터 중에서 아무 셀 하나를 선택하고 Ctrl + T 키를 눌러 표로 지정합니다. [머리글 포함]이 체크된 상태로 [확인] 버튼을 클릭합니다.

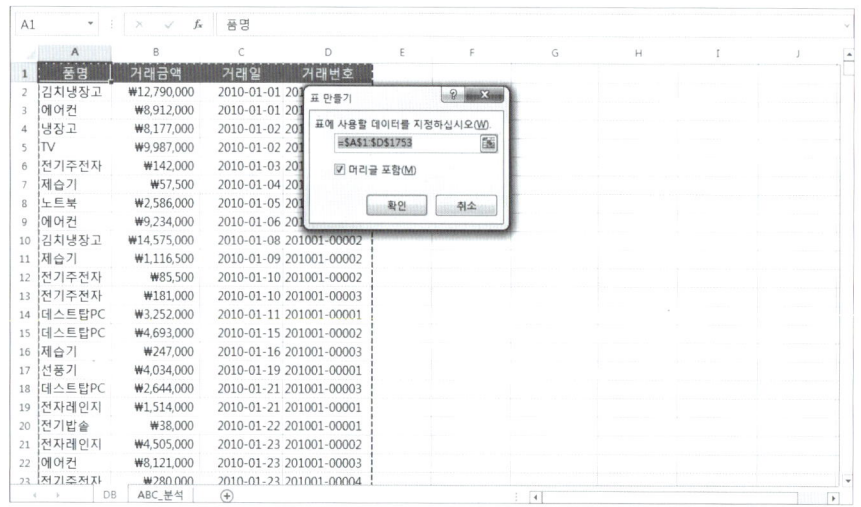

2. 피벗 테이블을 삽입하기 위해서 [디자인] 탭 → [도구] 그룹 → [피벗 테이블로 요약]을 실행합니다. 나타난 대화상자에서 보고서 위치는 [새 워크시트]를 선택한 후 [확인] 버튼을 클릭합니다.

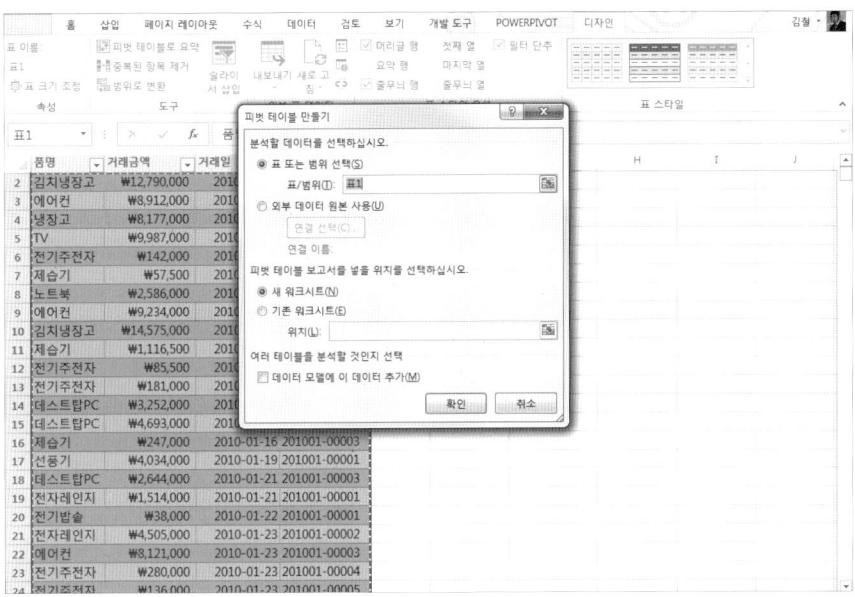

3. [행] 영역에 '품명', [Σ 값] 영역에 '거래금액' 필드를 넣어서 피벗 테이블로 요약합니다.

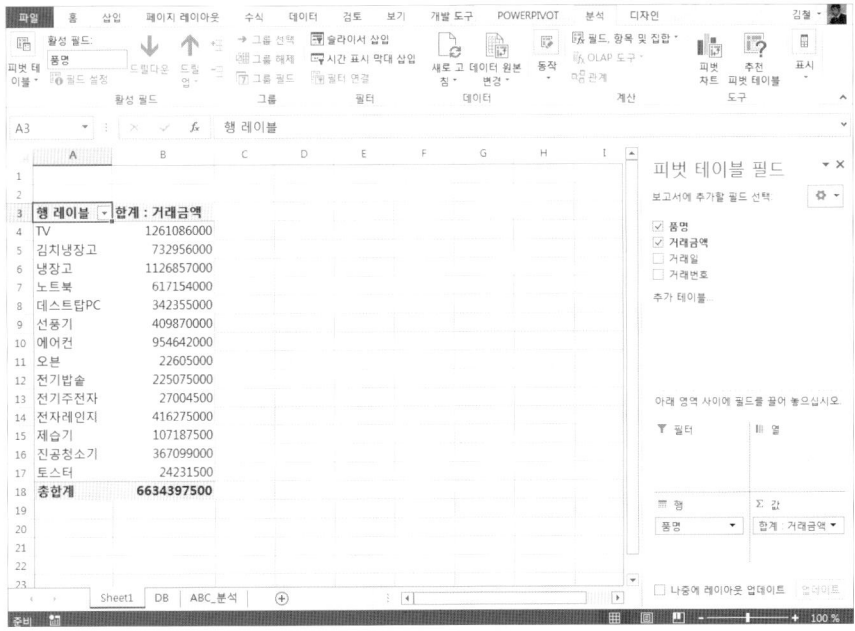

4. [A4:B17] 셀을 선택하고 복사(Ctrl + C) 단축키를 눌러서 산출된 품명별 거래 금액의 합계를 복사합니다.

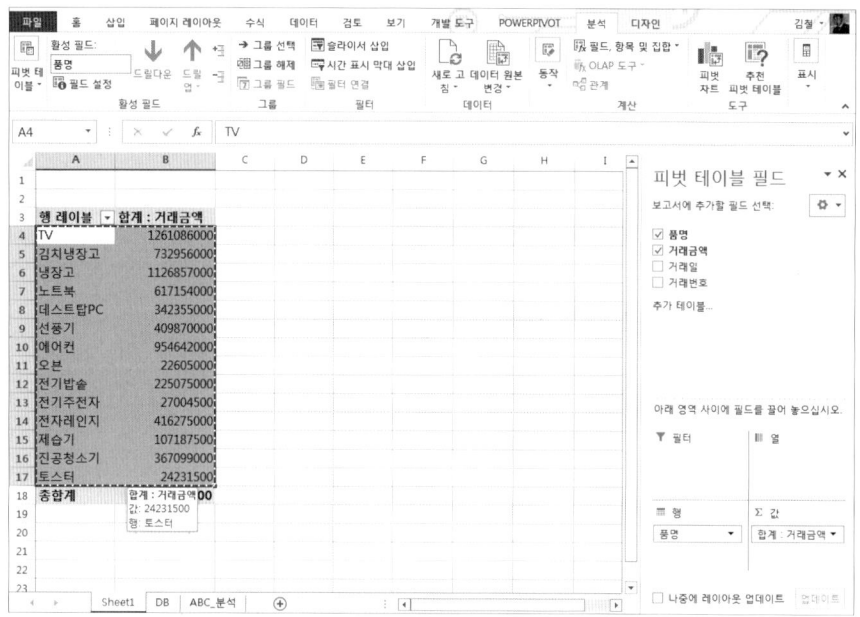

5. [ABC_분석] 시트의 [B4] 셀을 선택하고 마우스 오른쪽 버튼을 클릭한 후 붙여넣기 옵션의 '값' 버튼(🗒123)을 클릭해서 [값 붙여넣기]를 실행합니다.

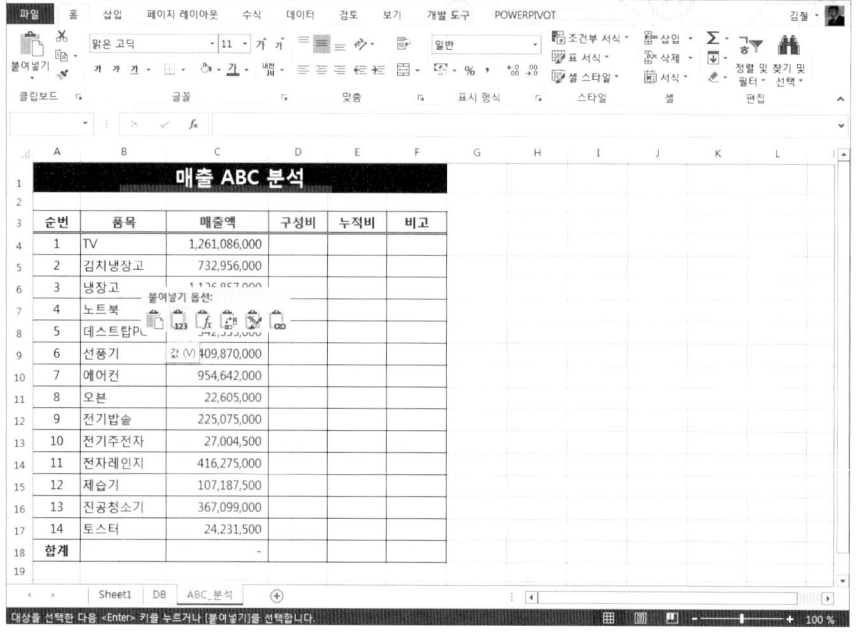

6. 내림차순 정렬로 매출액이 가장 많은 품목을 상위에 배치해 보겠습니다. 머리글이 포함되도록 [B3:C17] 셀을 선택하고 [데이터] 탭 → [정렬 및 필터] 그룹 → [정렬]을 실행합니다.

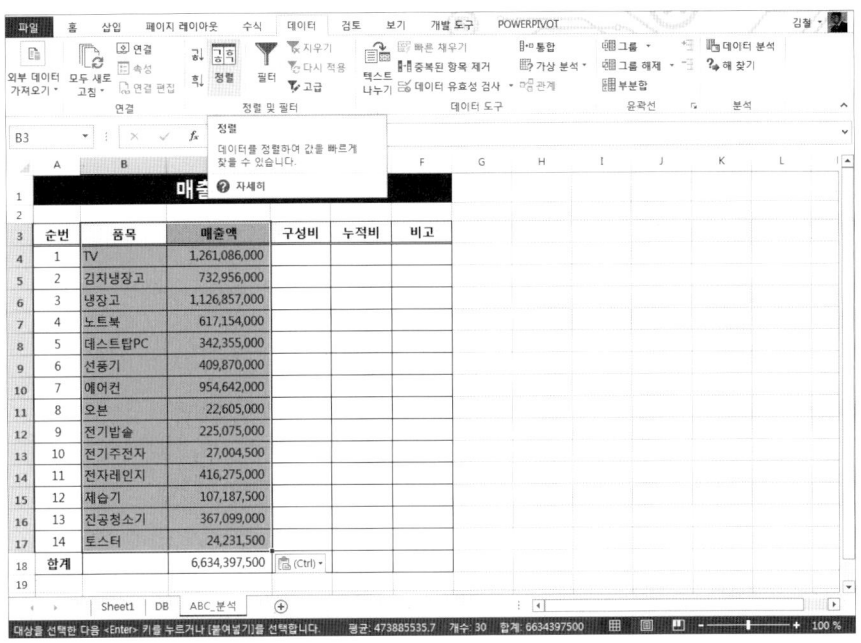

7. 나타난 [정렬] 대화상자에서 정렬 기준을 '매출액', '값', '내림차순'으로 설정한 후 [확인] 버튼을 클릭합니다. 이렇게 '내림차순'을 선택하면 매출액이 큰 품목부터 정렬됩니다.

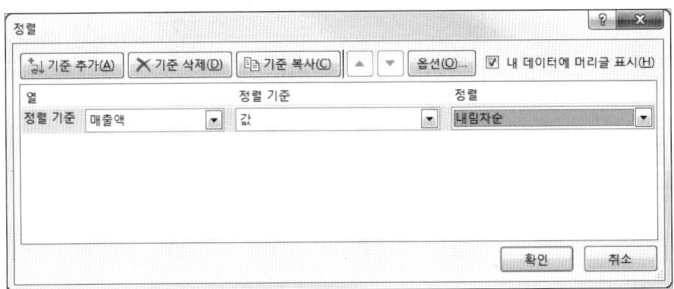

품목별 구성비와 누적비를 입력한 뒤 차트 작성하기

1. 전체 매출액에서 각 품목별 매출이 차지하는 구성비를 만들기 위해서 [D4] 셀에 =C4/$C$18로 입력합니다. 그러면 셀에 해당 품목의 구성비가 나타납니다. 해당 수식을 [D17] 셀까지 복사해서 붙여 넣습니다.

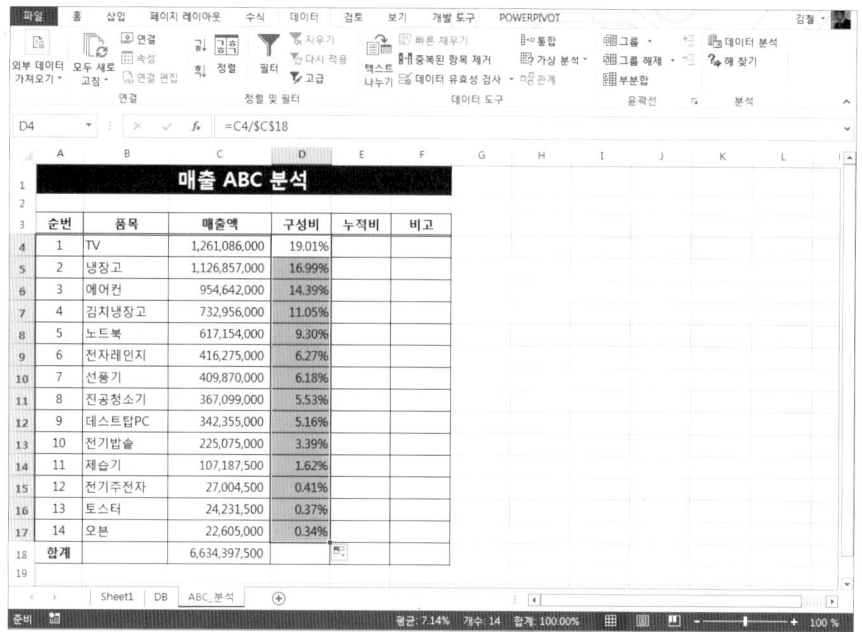

2. 다음으로 누적비를 입력해 보겠습니다. 누적비는 구성비의 누적 합계이므로 [E4] 셀에는 =D4로 입력하고 [E5] 셀에는 =D5+E4로 입력합니다. [E5] 셀을 선택한 후 셀의 오른쪽 하단의 핸들을 [E17] 셀까지 드래그해서 수식을 채웁니다.

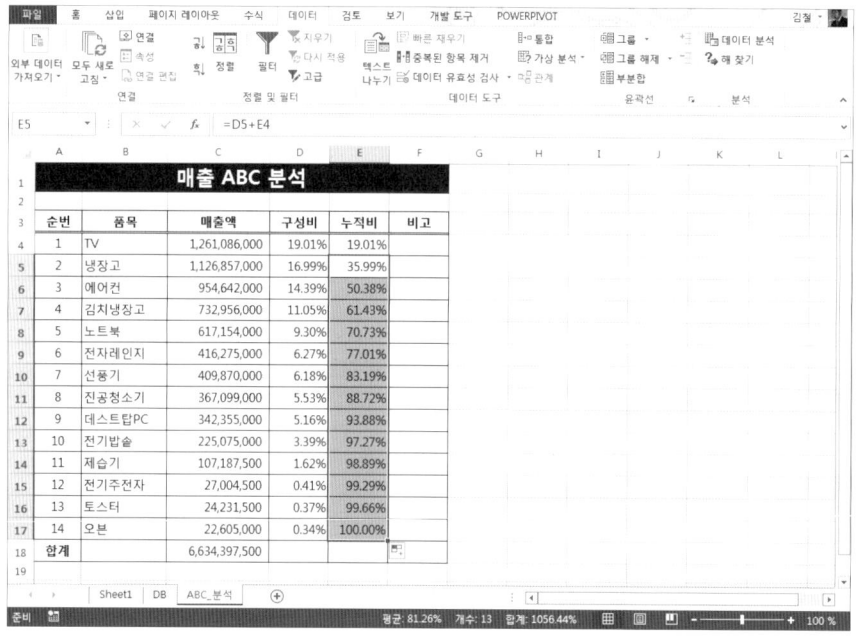

누적비 분석을 위한 차트 작성하기

1. [B3:C17] 셀을 선택하고 Ctrl 키를 누른 채로 [E3:E17] 셀을 선택합니다. 그런 다음 [삽입] 탭 → [차트] 그룹 → [추천 차트]를 실행합니다.

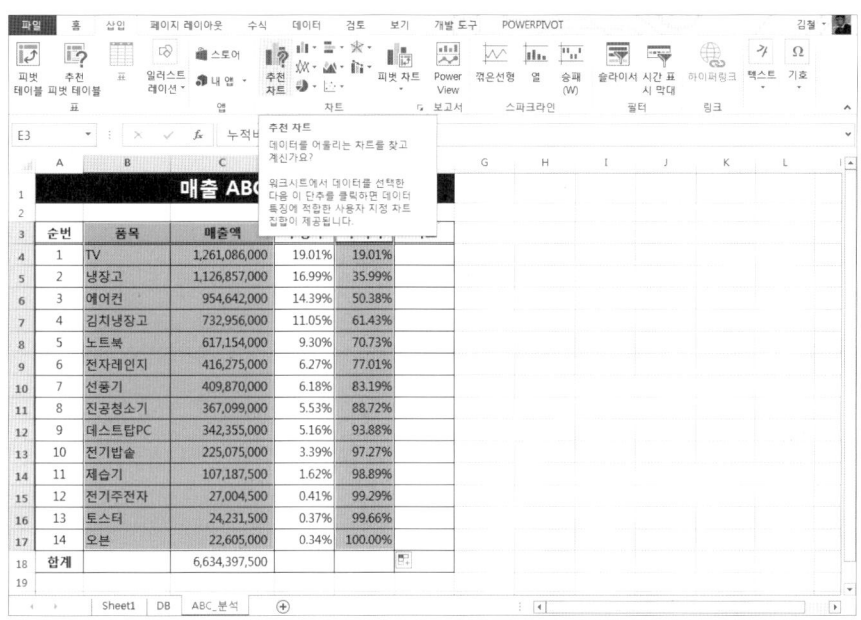

2. [추천 차트] 탭에서 '묶은 세로 막대형 – 꺾은선형, 보조 축' 차트를 선택한 후 [확인] 버튼을 클릭합니다.

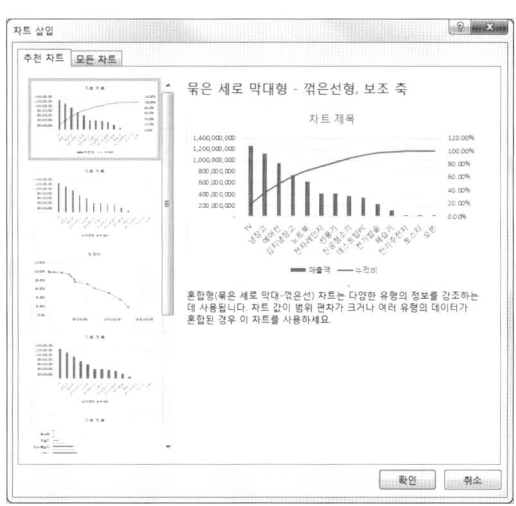

3. 해당 차트는 [디자인] 탭 → [위치] 그룹 → [차트 이동] 버튼을 클릭해서 이동시키겠습니다. [차트 이동] 대화상자가 나타나면 [새 시트] 옵션을 선택한 후 [확인] 버튼을 클릭합니다.

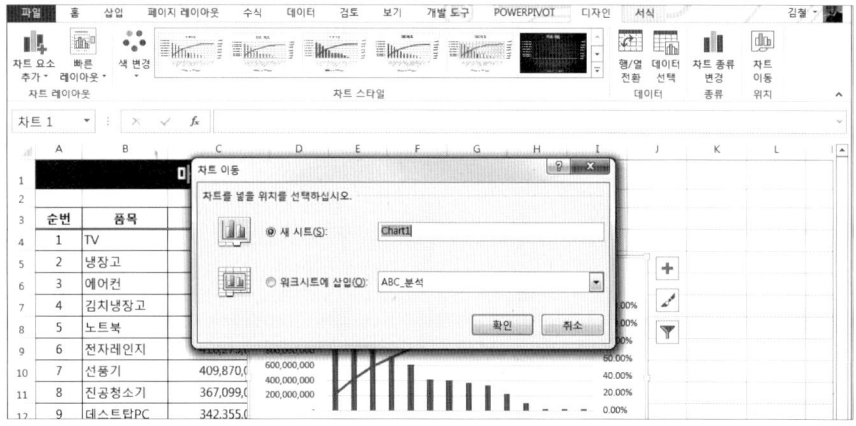

4. 차트 제목을 데이터 제목의 내용으로 바꾸기 위해서 [Chart1] 시트로 이동한 차트의 제목을 선택합니다. 그런 다음 수식 입력줄에 =을 입력하고 [ABC_분석]의 [A1] 셀을 선택한 후 Enter 키를 누릅니다.

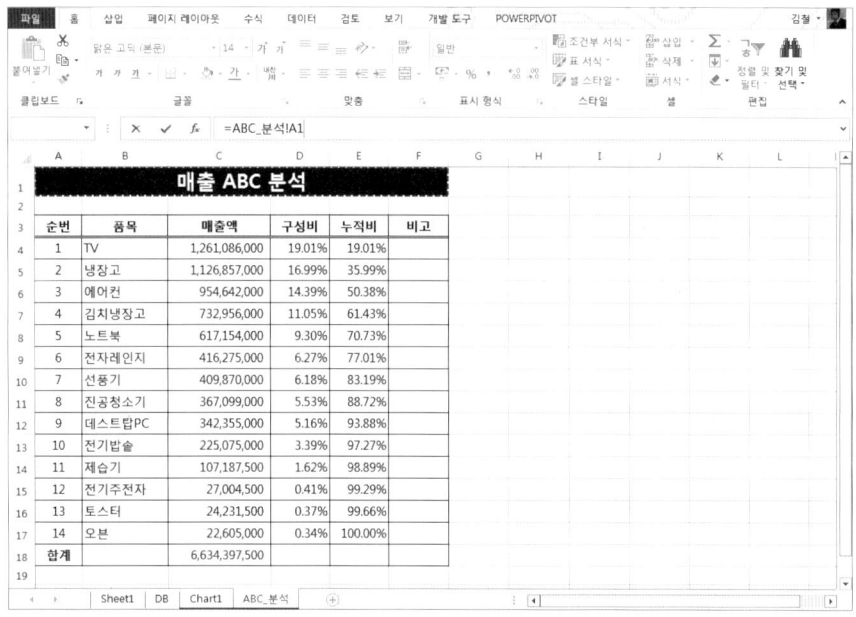

5. 꺾은선형 차트를 선택해서 데이터 레이블을 추가해 보겠습니다. 마우스 오른쪽 버튼을 클릭하고 [데이터 레이블 추가]를 선택해서 매출 누적비를 나타냅니다.

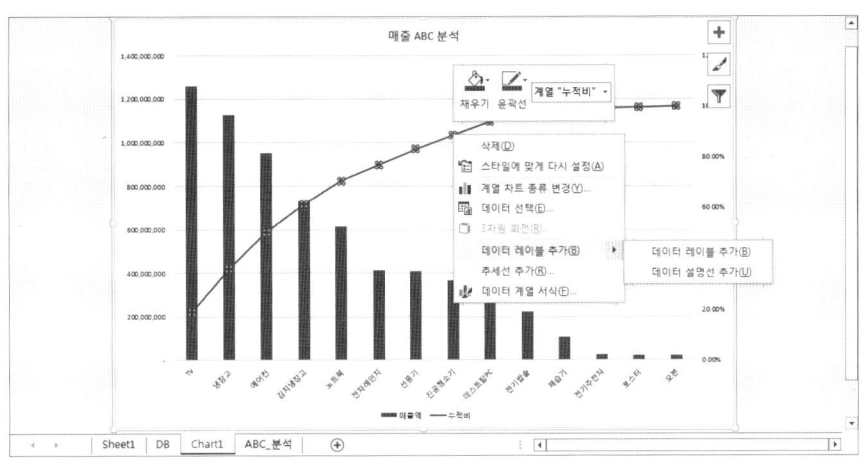

6. 완성된 차트를 확인해보면 전체 매출의 70.73%를 TV, 냉장고, 에어컨, 김치냉장고, 노트북이 기여했다는 것을 알 수 있습니다.

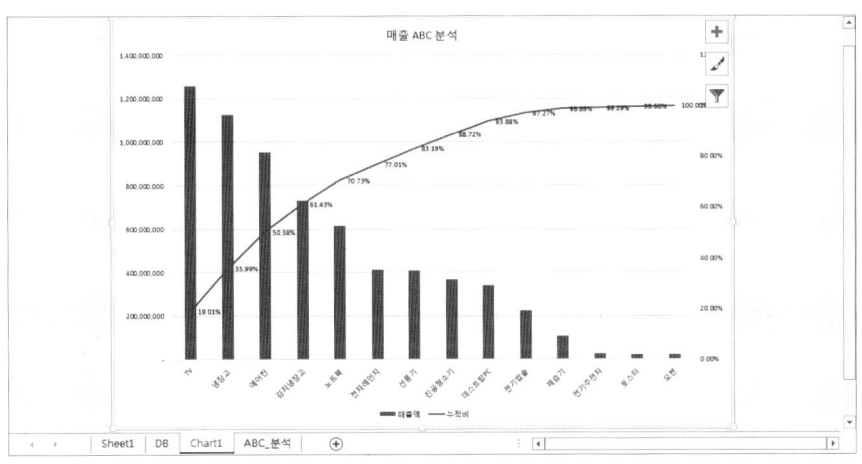

김철 쌤의 한마디! ABC군과 비율

누적 매출 기여도에 따른 일반적인 A, B, C군 비율은 아래의 표와 같습니다.

구분 사례	A군(누적 값)	B군(누적 값)	C군(누적 값)
사례1	70%	90%	100%
사례2	74%	94%	100%
사례3	80%	95%	100%

따라서 현재 분석 시트의 경우에 사례 2의 기준을 적용하면 TV, 냉장고, 에이컨, 김치냉장고, 노트북까지의 누적 매출 기여도가 70.73% 이므로 A군에 속하는 것입니다.

19-3 전이행렬을 이용해서 휴대폰 시장 점유율 예측하기 - 마아코프 분석

마아코프 분석(Markov Analysis)은 전이확률에 의해 현재 상태가 변하는 과정이나 결과를 분석하는 방법입니다. 마아코프 분석을 사용하면 시간의 경과에 따른 변화의 추이나 분포를 예상할 수 있습니다. 먼저 19장_03_마아코프_분석_예제.xlsx라는 예제 파일을 불러옵니다.

두 행렬의 곱을 위한 배열 함수 사용하기

1. 스마트폰 재구매율 표를 보면 스마트폰 사용자들이 다시 스마트폰을 구매할 때 어느 제품을 구매하는지의 비율을 나타내고 있습니다. 이 데이터에 기초해서 스마트폰의 시장 점유율을 예측해 보도록 하겠습니다.

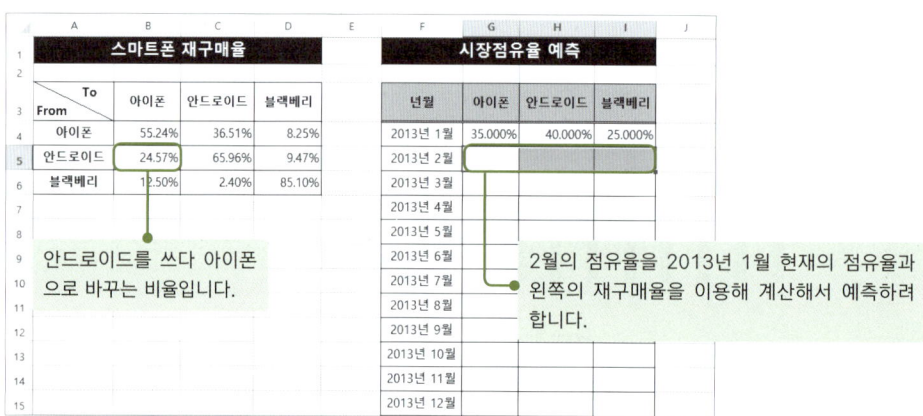

먼저 행렬의 곱을 반환하는 수식을 입력해 보겠습니다. MMULT 함수는 두 배열의 행렬의 곱을 구해주는 함수입니다. [G5:I5] 셀을 선택하고 =MMULT(G4:I4,$B$4:$D$6)으로 입력한 후 Ctrl + Shift + Enter 키를 눌러 배열 수식으로 입력합니다.

| 수식 알고 넘어가기 |

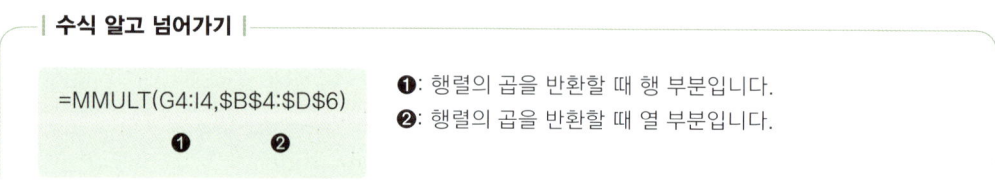

❶ : 행렬의 곱을 반환할 때 행 부분입니다.
❷ : 행렬의 곱을 반환할 때 열 부분입니다.

2개의 범위에 대한 행렬의 곱을 반환하여 나타냅니다. 따라서 기존 시장 점유율, 스마트폰 재구매와 관련된 전이행렬의 곱을 나타내게 됩니다.

✓ 전이확률로 이루어진 행렬을 전이행렬이라고 합니다. 여기서 사용한 전이행렬은 특정 제조사의 핸드폰을 구매한 소비자가 다시 핸드폰을 구매할 때 선택할 제조사에 대한 각각의 비율을 나타냅니다. 연월의 시장점유율이 전이행렬에 의해 상태(점유율)가 변하게 되고 이 과정을 반복해서 미래 특정 시점의 점유율을 예측하는 것입니다.

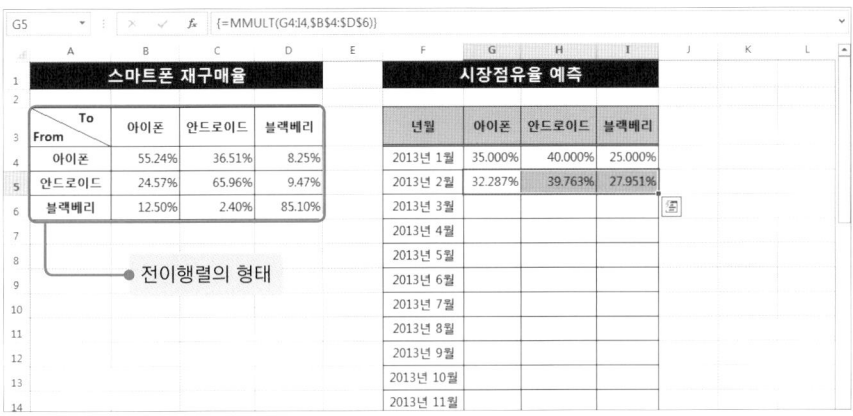

✓ 배열 수식 입력 방법이라는 것은 입력될 셀을 중복 선택한 다음 =MMULT(G4:I4,$B$4:$D$6)으로 입력하고 후 Ctrl + Shift 키를 누른 채로 Enter 키를 누르면 됩니다. 그러면 수식의 양 옆에 중괄호{}가 생기면서 선택한 셀에 배열 수식으로 값들이 입력됩니다.

2. [G5:I5] 셀을 선택한 다음 셀 우측 하단의 핸들을 [G42:I42] 셀까지 드래그해서 수식을 채웁니다.

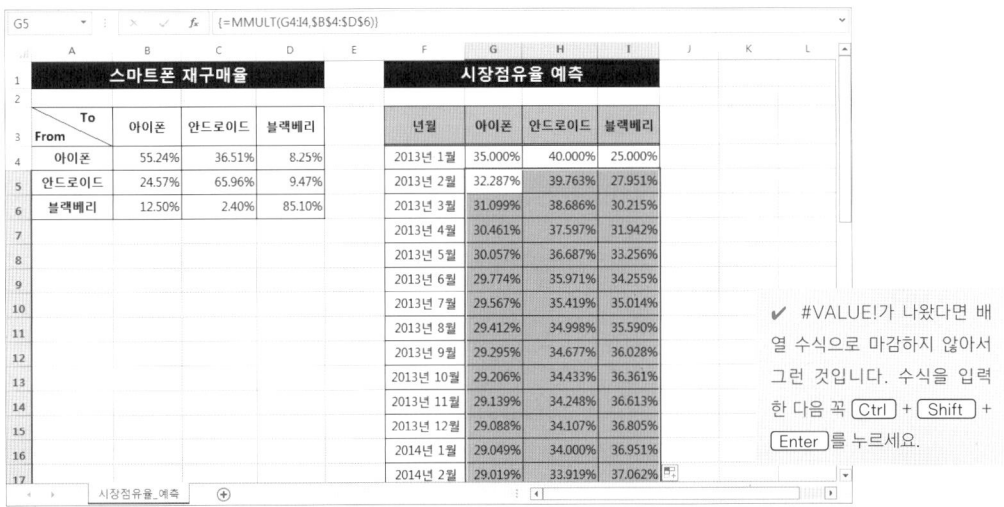

3. 이렇게 만든 시장 점유율 예측 데이터를 이용해서 차트를 작성해 보겠습니다. 차트로 작성될 범위로 [F3:I42] 셀을 선택하고 [삽입] 탭 → [차트] 그룹 → [영역형 차트 삽입]을 확장해서 '100% 기준 누적 영역형' 차트를 클릭합니다.

✔ [차트] 그룹에 [영역형 차트 삽입] 아이콘이 보이지 않는다면 [차트] 그룹 우측 하단에 있는 [모든 차트 보기] 버튼을 클릭해서 선택할 수 있습니다.

4. 삽입된 차트의 제목을 선택하고 수식 입력줄에 =를 입력합니다. 그러고 나서 [F1] 셀을 선택하고 Enter 키를 눌러 차트 제목을 수정합니다.

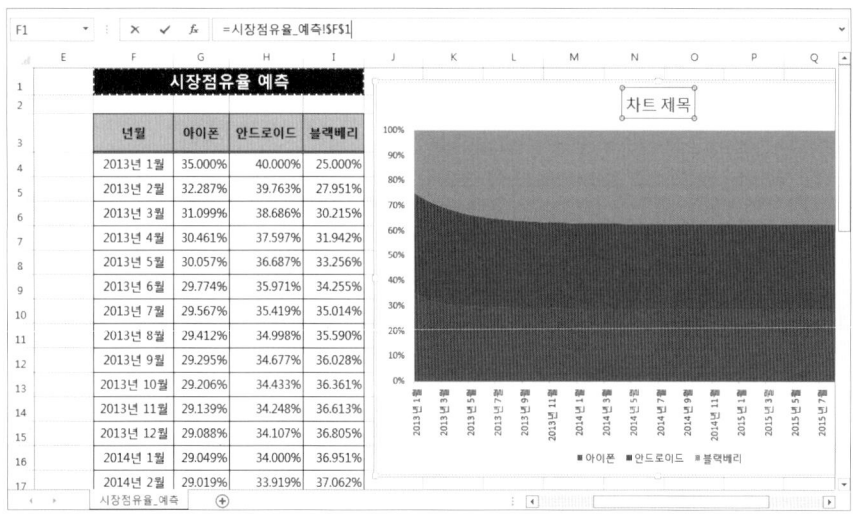

데이터 레이블을 표시할 개체 삽입하고 수정하기

1. [삽입] 탭 → [일러스트레이션] 그룹 → [도형]에서 '직사각형'을 선택하고 차트의 녹색 영역 (블랙베리 영역)에 마우스를 클릭합니다.

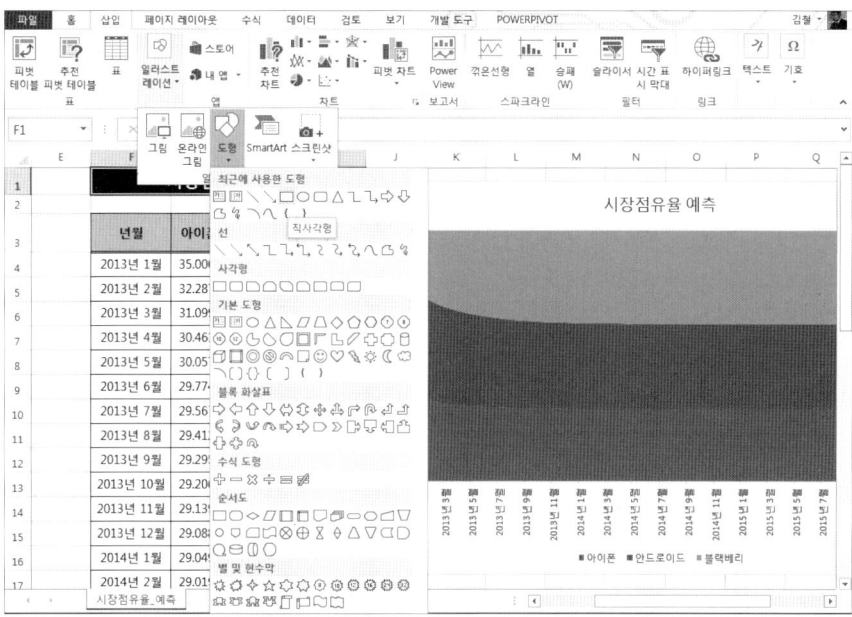

2. 블랙베리 영역에 나타난 직사각형을 선택하고 수식 입력줄에 =를 입력한 뒤 [I42] 셀을 선택하고 Enter 키를 눌러 결과를 나타냅니다. 입력한 결과는 2016년 3월의 예측 결과를 보여주는 것입니다.

3. 직사각형의 크기를 데이터의 길이에 맞게 조절합니다. 이어서 직사각형의 도형 서식을 변경해 보겠습니다. 직사각형을 마우스 오른쪽 버튼으로 클릭해서 [도형 서식]을 실행합니다.

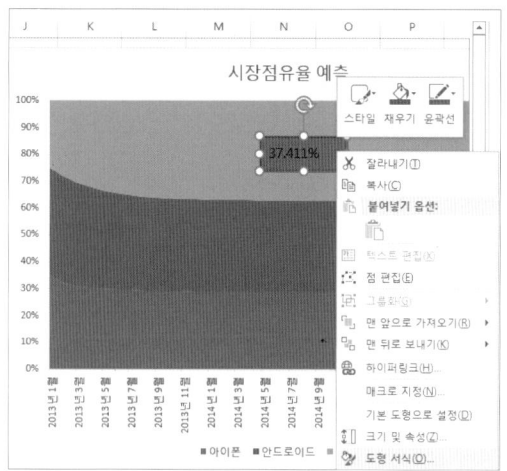

4. [도형 서식] 작업창의 [채우기 및 선] 아이콘을 선택합니다. [채우기] 영역에서 '채우기 없음'을 선택하고 [선] 영역에서는 '선 없음'을 선택합니다.

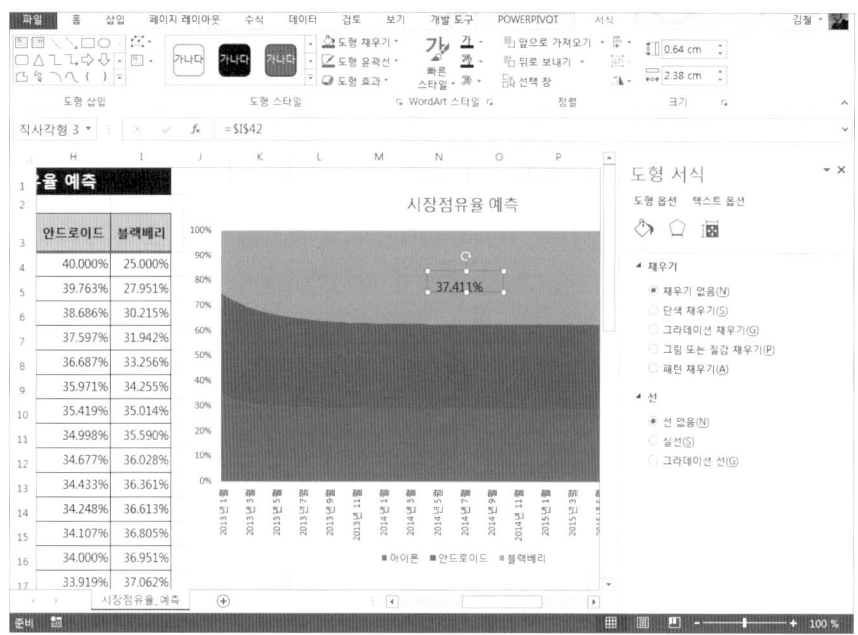

5. 도형을 복사하고 각 영역의 수치를 나타내 보겠습니다. Ctrl + Shift 키를 누른 채로 삽입한 도형을 선택, 드래그해서 남은 두 영역에 각각 복사한 뒤 안드로이드 영역의 도형은 [H42] 셀을 선택합니다. 그리고 아이폰 영역의 도형은 [G42] 셀을 참조하도록 지정합니다.

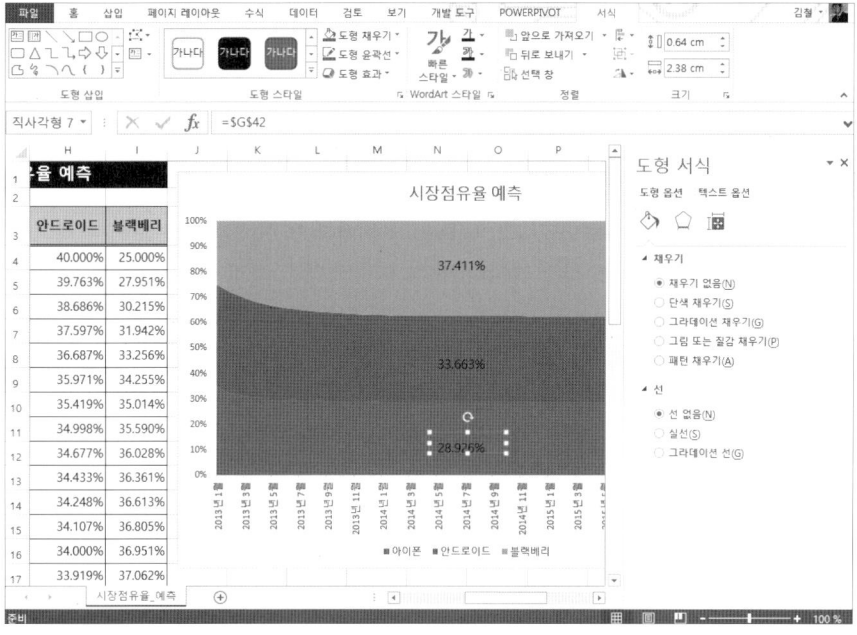

6. [도형 서식] 작업창을 닫고 최종 결과를 확인해 봅니다. 현재 데이터에서는 블랙베리가 시장 점유율이 가장 낮지만 높은 브랜드 충성도를 보이는 전이행렬을 적용하면 향후 시장 점유율이 가장 높아 지는 것도 확인할 수 있습니다.

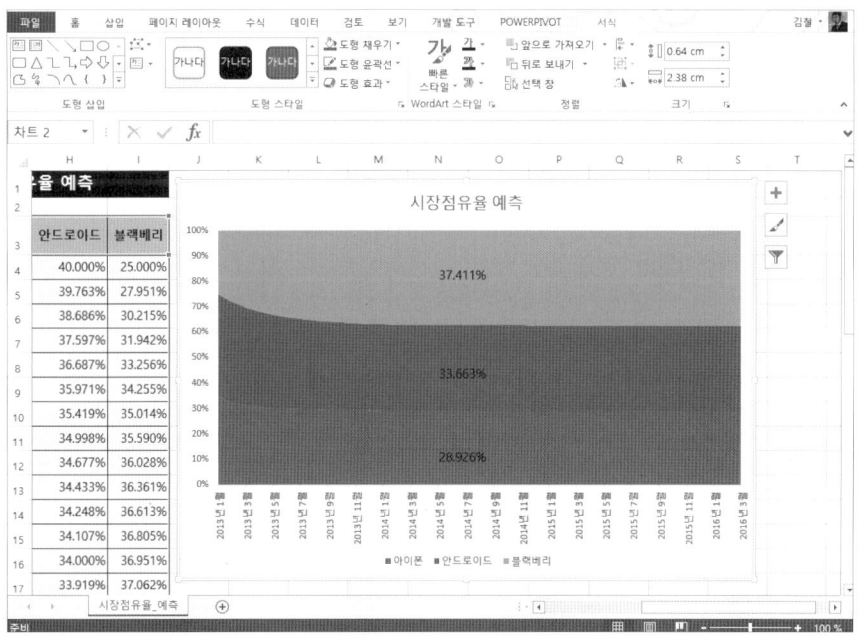

현재를 분석하고 미래를 예측하라 **475**

✓ 2007 ✓ 2010 ✓ 2013 ✓ 2016

19-4 광고비 규모에 따른 **매출액 예측**하기 - 단회귀 분석

회귀 분석은 데이터 분석의 예측 기법 중 하나입니다. 예측을 위한 변수가 하나일 때 단회귀 분석이라고 하며, 변수가 여러 개일 때는 다중회귀 분석이라고 합니다. 회귀 분석에 대한 통계학적인 내용을 다루는 내용이라서 어렵게 느껴진다면 이 내용을 더 이해한 후에 예제를 익히셔도 됩니다. 우선 데이터 분석 기능을 추가하고 추가된 기능으로 매출을 예측하고 또 응용하는 방법을 살펴보겠습니다. `19장_04_단회귀 분석_예제.xlsx`라는 예제 파일을 불러옵니다.

데이터 분석 기능은 보통 엑셀 프로그램에는 설치가 되어있지 않으므로 본격적인 분석에 앞서 [분석] 탭을 추가해 보겠습니다.

1. 먼저 [리본] 메뉴에 데이터 분석 추가 기능을 나타내도록 하겠습니다. [파일] 탭 → [옵션]을 실행합니다.

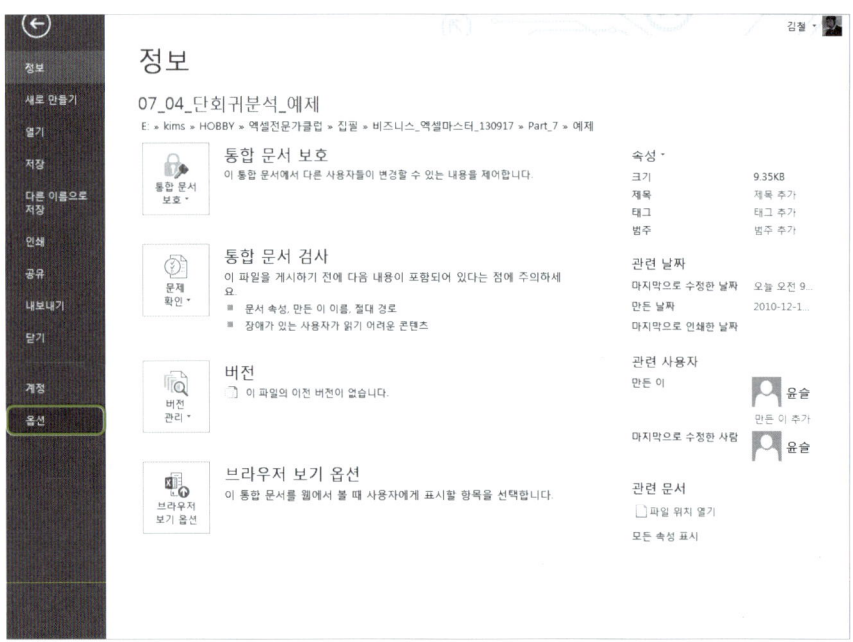

476

> **하위 버전에서는**
>
> - **엑셀 2007 버전**에서는 화면 좌측 상단의 [오피스 단추]를 누르면 [Excel 옵션] 버튼이 나타납니다. 여기에서 옵션을 설정할 수 있습니다.
> - **엑셀 2010 버전**에서는 [파일] → [옵션]에서 설정할 수 있습니다.

2. 이번에는 [Excel 옵션] 대화상자에서 [추가 기능]을 나타내도록 하겠습니다. [Excel 옵션] 대화상자 → [추가 기능] 메뉴를 선택하고 하단의 콤보 상자의 내용이 'Excel 추가 기능'인 것을 확인하고 [이동] 버튼을 클릭합니다.

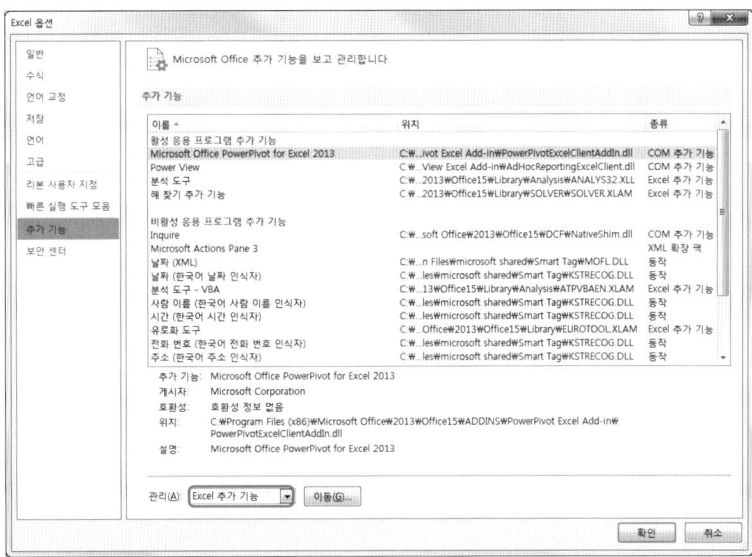

> **하위 버전에서는**
>
> **엑셀 2007 버전**에서는 [Excel 옵션] 대화상자에서 [추가 기능] 메뉴를 선택한 후 [이동] 버튼을 사용할 수 있습니다.

3. [추가 기능] 대화상자에는 사용할 수 있는 추가 기능들이 나타나는데 여기에서 추가할 기능을 선택하면 됩니다. '분석 도구'를 선택하고 [확인] 버튼을 클릭합니다.

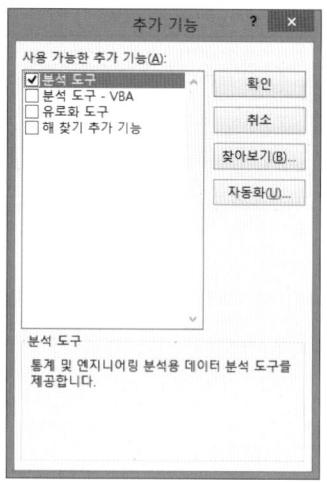
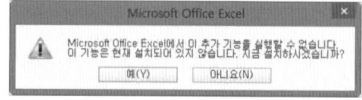

하위 버전에서는

엑셀 2007의 [추가 기능] 대화상자에서 사용할 추가 기능을 선택하고 [확인] 버튼을 클릭했는데 다음처럼 오류 메시지 창이 나타나는 경우가 있습니다. 엑셀을 설치할 때 추가 기능이 설치되어 있지 않아서 나타나는 것이므로 [예] 버튼을 클릭해서 설치하고 진행하면 됩니다.

4. [리본] 메뉴에 추가 기능이 나타났는지 확인해 볼까요? [데이터] 탭 → [분석] 그룹이 생성되고 [데이터 분석] 기능이 삽입된 것을 확인할 수 있습니다.

5. 이제 회귀 분석을 실행해 보겠습니다. [데이터] 탭 → [분석] 그룹 → [데이터 분석]이라는 추가 기능을 실행하면 [통계 데이터 분석] 대화상자가 나타납니다. 분석 도구는 '회귀 분석'을 선택하고 [확인] 버튼을 클릭합니다.

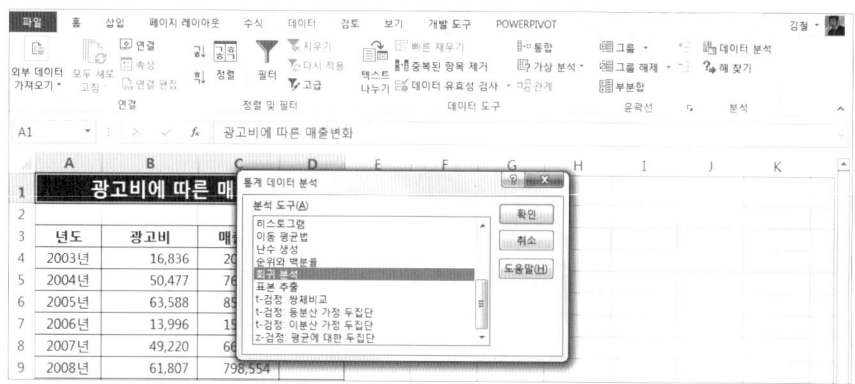

6. [회귀 분석] 대화상자가 나타나는데 여기에서 각 변수의 범위와 옵션을 지정해 보겠습니다. [Y축 입력 범위]에는 [C3:C14] 셀을 지정하고 [X축 입력 범위]는 [B3:B14] 셀을 지정합니다. 그리고 [이름표] 체크 박스에 체크하고, [출력 옵션]의 [출력 범위]를 선택한 후 [F1] 셀을 클릭하고 [확인] 버튼을 클릭합니다.

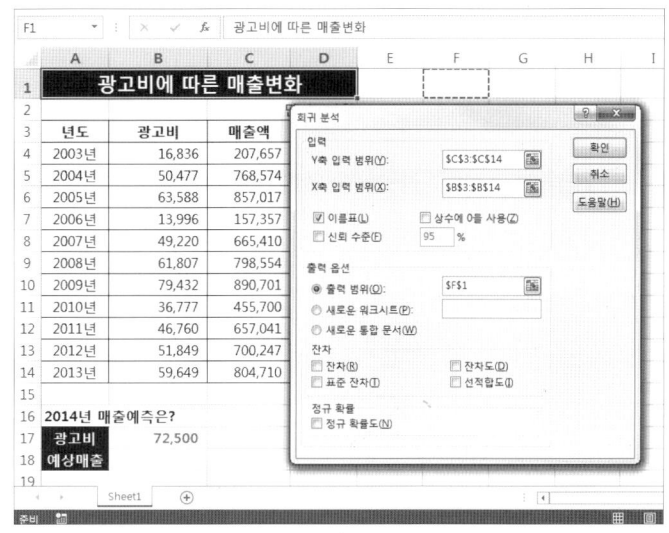

회귀 분석은 'y=ax+b'라는 선형관계식을 통해 독립변수(X)가 종속변수(Y)에 미치는 영향을 추정하는 통계 기법입니다. [X축 입력 범위]에 광고비 셀 범위를, [Y축 입력 범위]에 매출액 셀 범위를 입력한 이유는 회귀 분석 기능이 이 데이터를 근거로 해서 선형관계식을 구성하는 두 상수인 기울기(a)와 절편(b)을 자동으로 구해주기 때문입니다. 그리고 나면 임의의 광고비를 x값에 대입해 매출액(y)을 예측할 수 있습니다.

> **김철 쌤의 한마디!** 이름표를 체크하는 이유는 무엇일까요?
>
> X축이나 Y축의 입력 범위로 선택한 첫 번째 셀은 해당 데이터의 머리글인 것을 확인할 수 있습니다. 첫 번째 셀이 실제로 사용되는 데이터가 아닌 경우 반드시 이름표를 체크해줘야 회귀 분석을 할 때 오류가 생기지 않습니다. 만약 여러 개의 X 변수가 입력되는 다중 회귀 분석에서는 해당 변수의 계수를 쉽게 파악하기 위해 머리글부터 데이터를 선택하고 이름표를 반드시 체크해주는 게 좋습니다.

7. 출력된 회귀 분석 결과를 확인했으면 책정한 광고비에 따른 예상 매출을 알아보도록 하겠습니다. 예상 매출을 나타낼 [B18] 셀에 =G18*B17+G17로 수식을 입력하고 Enter 키를 누릅니다.

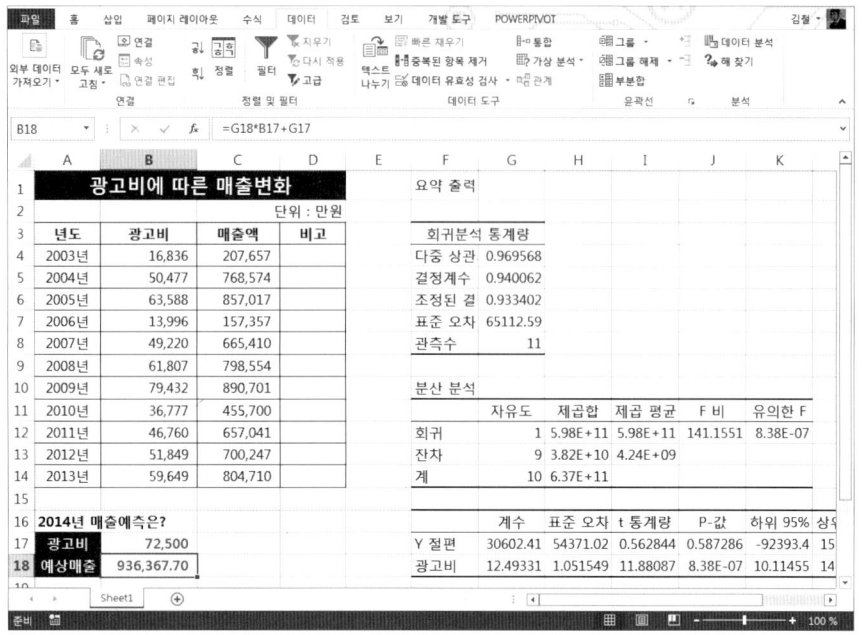

> **김철 쌤의 한마디!** ▶ 매출을 예측하는 방법이 무엇인가요?

회귀 분석의 변수를 선택할 때 확인한 바와 같이 기존의 데이터를 통해 y=ax+b 그래프의 절편(b)과 광고비 계수 (a)를 구해 주는 것을 볼 수 있습니다. 이때 예상 매출의 예측은 회귀 분석을 통해 구해진 a와 b의 값을 미리 알고 있던 x 값(광고비)에 대입해서 나타낼 수 있습니다.

따라서 회귀 방적식인 y=ax+b는
예상매출 = 광고비 계수 × 투입 광고비 + Y 절편

으로 나타낼 수 있습니다.

8. 반대로 특정 매출에 대한 광고비를 예상할 수 있습니다. [B22] 셀에 입력된 예상 매출 1,000,000만 원이 나오려면 얼마의 광고비를 사용하여야 할지 알기 위해서는 'y=ax+b'라는 선형관계식을 이항하여 x를 구하는 식으로 바꾸면 됩니다. 이를 계산하면 'x=(y-b)/a'라는 식이 되고 계수 a와 b는 앞에서 사용한 값과 동일합니다. 따라서 [B21] 셀에 =(B22-G17)/G18을 입력합니다.

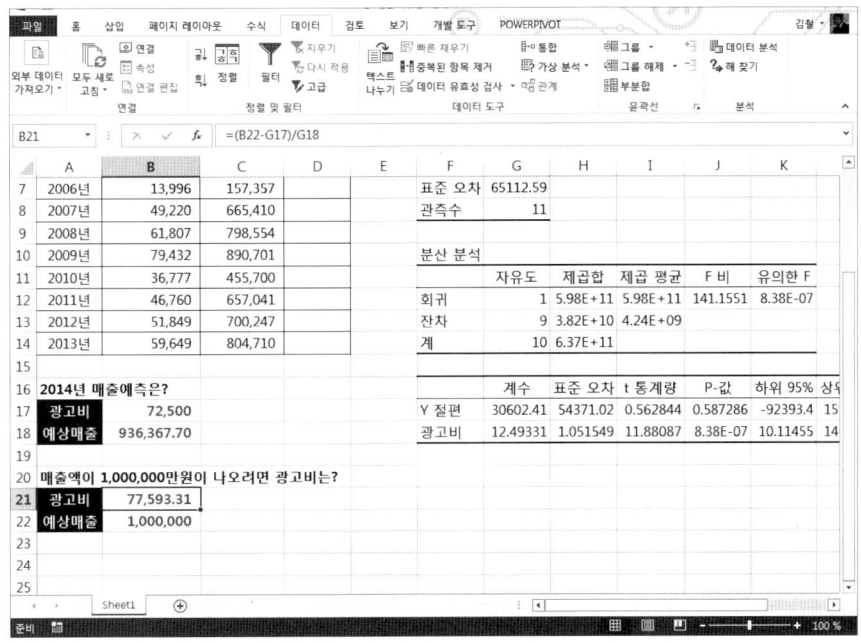

✓ 2007 ✓ 2010 ✓ 2013 ✓ 2016

19-5 하나 이상의 조건에서 빙과류 매출액 예측하기 - 다중 회귀 분석

하나의 조건이 아닌 더 많은 조건이 주어졌을 때 예측을 하는 다중 회귀 분석을 통해 매출을 예측하는 방법을 살펴보겠습니다. **19장_05_다중회귀분석_예제.xlsx**라는 예제 파일을 불러옵니다.

연일된 폭염으로 빙과류 판매가 급증하고 있는 상황에서 기온과 파라솔 개수에 따라 달라지는 빙과류 판매액을 예측해 보겠습니다. 기온에 따라 파라솔 개수를 변경했을 때의 매출 자료를 근거로 예측하려고 합니다. 기온은 일기예보를 통해 알 수 있으니 임의로 설치할 파라솔 개수를 변경하면 매출이 얼마나 될지 회귀 분석으로 예측할 수 있습니다. 다중 회귀 분석 예제를 열고 회귀 분석을 실행해 보겠습니다.

1. [데이터] 탭 → [분석] 그룹 → [데이터 분석]을 실행한 다음 [통계 데이터 분석] 대화상자가 나타나면 분석 도구는 '회귀 분석'을 선택하고 [확인] 버튼을 클릭합니다.

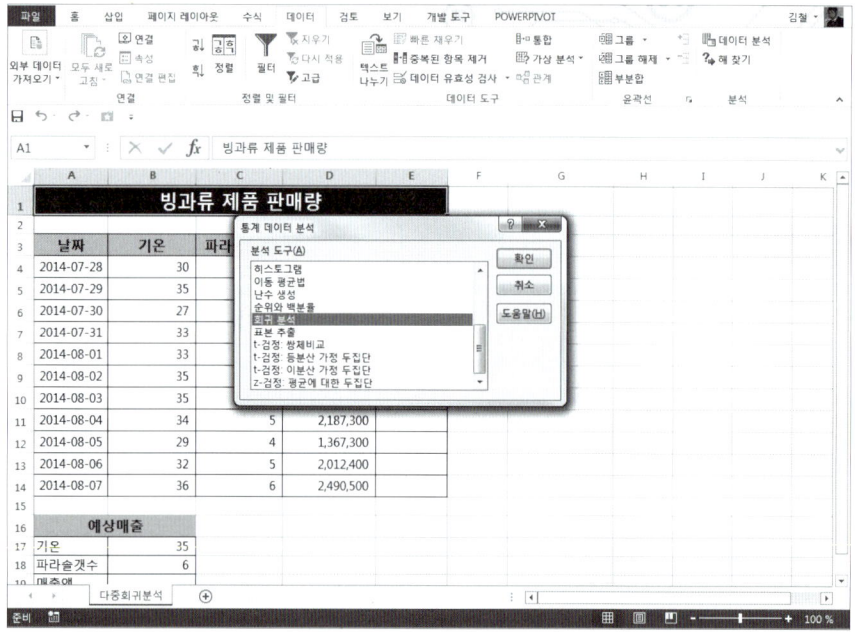

2. 각 변수의 범위와 옵션을 지정해 보도록 하겠습니다. 'X'는 독립변수, 'Y'는 종속변수입니다. Y 종속변수는 내가 궁금한 값을 의미하기 때문에 입력 범위에 매출액 데이터를 넣겠습니다. [Y축 입력 범위]에는 [D3:D14] 셀을 지정합니다. 독립변수는 기온과 파라솔 두 개 이기 때문에 [X축 입력 범위]는 [B3:C14] 셀을 지정합니다. 그리고 [이름표]에 체크하고 [출력 범위]는 [G1] 셀을 선택한 후 [확인] 버튼을 클릭합니다.

독립변수가 두 개이면 회귀 분석 기능은 'y=a1x1+a2x2+b'라는 다중 회귀 방정식을 사용합니다. [X축 입력 범위]로 지정한 기온, 파라솔 개수와 [Y축 입력 범위]로 지정한 매출액 데이터를 근거로 해서 다중 회귀 방정식을 구성하는 세 상수인 a1, a2, b를 자동으로 구하는 방식입니다. 그리고 나면 임의의 기온과 파라솔 개수를 각각 x1, x2에 대입해 매출액(y)을 예측할 수 있습니다.

3. 회귀 분석 결과를 확인하고 다중 회귀 분석을 위해 [B19] 셀에 =B17*H18+B18*H19+H17을 입력합니다.

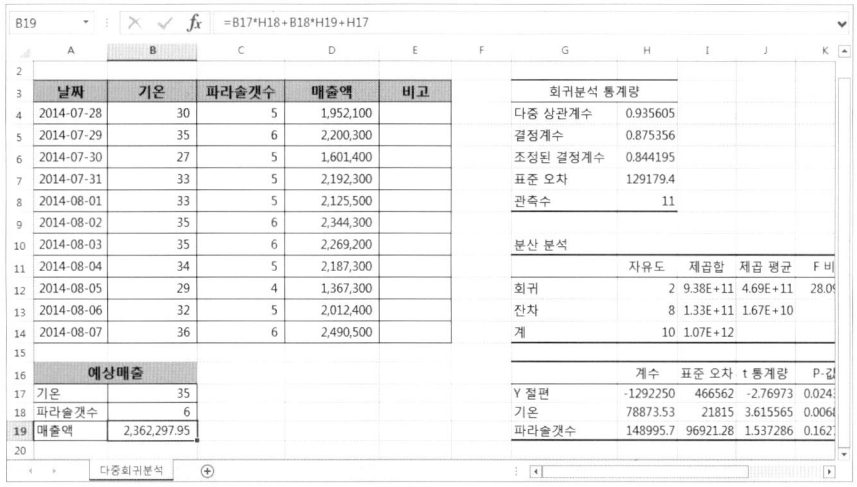

> **김철 쌤의 한마디!** ▶ **다중 회귀 분석 방정식이란 무엇일까요?**
>
> • 하나의 변수에 대해서 예측할 때는 y=ax+b
> • 두 개 이상의 변수에 대해서 예측할 때는 y=a1x1+a2x2+a3x3+anxn...+b
>   수식을 적용합니다.

✓ 2007 ✓ 2010 ✓ 2013 ✓ 2016

19-6 신차 판매 가능성 예측하기
- 다중 회귀 분석의 활용 및 응용

데이터를 예측할 때 어느 변수가 결과에 영향을 많이 주는지 파악하고, 관계가 깊은 변수만 적용하여 예측해 보는 방법을 살펴보겠습니다. 19장_06_다중 회귀 분석_응용_예제.xlsx라는 예제 파일을 불러옵니다.

1. 신차 판매 예약이라는 기존 데이터를 통해 계약 가능성을 알아보려고 합니다. 우선 기존 데이터의 계약 여부를 회귀 분석이 가능하도록 숫자로 변환해야 합니다. [F3] 셀에 '계약'이라고 입력하고 [F4] 셀에는 수식 입력줄에 =IF(D4="계약",1,0)을 입력해서 [D4] 셀이 '계약'이라고 표시되면 1, 그렇지 않다면 0을 표시하도록 입력합니다.

| 수식 알고 넘어가기 |

=IF(D4="계약",1,0)
　　　①　　②③

❶ : IF 함수의 첫 번째 인수로, 조건절입니다. '[D4] 셀이 계약이라면'으로 해석합니다.

❷ : IF 함수의 두 번째 인수로, 조건절이 참일 때 나타내는 값입니다. '[D4] 셀이 계약이라면 1로 표시'라고 해석합니다.

❸ : IF 함수의 세 번째 인수로, 조건절이 거짓일 때 나타내는 값입니다. '[D4] 셀이 계약이 아니라면 0으로 표시'라고 해석합니다.

그러므로 위 수식은 [D4] 셀이 계약이라면 1로 표시하고, 그렇지 않다면 0을 표시하라는 의미입니다.

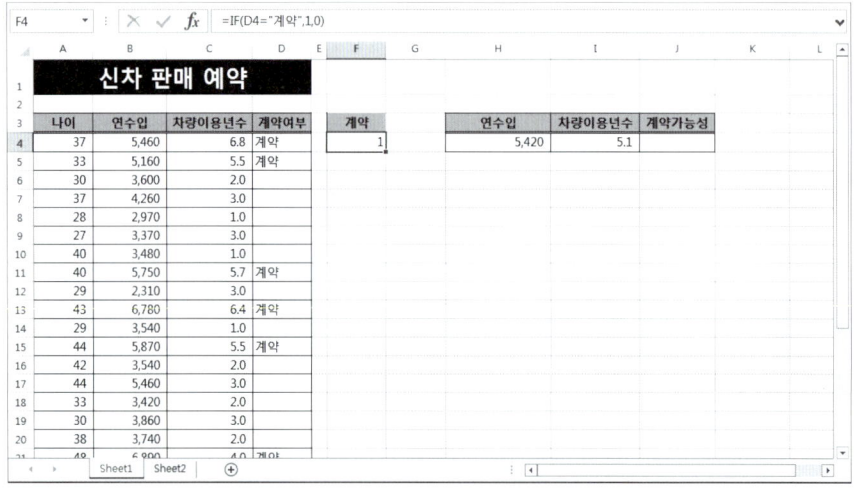

2. [F4] 셀에 입력한 수식을 [F27] 셀까지 복사해 보겠습니다. 수식이 입력되어 있는 [F4] 셀의 채우기 핸들을 [F27] 셀까지 드래그해서 [D] 열의 계약 여부에 따라 1이나 0으로 표시해 둡니다.

3. 상관 계수란 두 변수가 영향을 주고받는 정도인 상관관계를 나타내는 수치입니다. 상관 계수가 높은 변수를 다중 회귀 분석의 독립변수(X)로 사용해야 예측의 정확도를 높일 수 있습니다. 여기에서는 CORREL 함수를 사용해서 나이-계약 여부, 연 수입-계약 여부, 차량 이용 연수-계약 여부 간의 상관계수를 구해보겠습니다.

[A30] 셀에 =CORREL(A4:A27,$F$4:$F$27)라는 수식을 입력하고 Enter 키를 누릅니다. 그런 다음 수식이 입력된 [A30] 셀의 채우기 핸들을 [C30] 셀까지 수식을 드래그해서 채웁니다.

> **수식 알고 넘어가기**
>
>
>
> ❶ CORREL 함수의 첫 번째 인수로, 상관 계수를 구할 첫 번째 데이터 범위입니다.
> ❷ CORREL 함수의 두 번째 인수로, 상관 계수를 구할 두 번째 데이터 범위입니다.
>
> 상관 계수는 -1에서 1까지의 값으로 나타납니다. 절대값이 1에 가까울수록 상관관계가 크고 0에 가까울수록 상관관계가 작습니다. 부호가 양수이면 두 변수가 비례하는 양의 상관관계, 음수이면 두 변수가 반비례하는 음의 상관관계를 갖습니다.
>
> 그러므로 예제처럼 나이나 연봉, 차량 이용 연수 중 어떠한 변수가 신차 계약에 큰 영향을 주는지를 파악해 보는 것입니다. 확인 결과, 나이는 신차 계약에 영향이 적은 것을 확인할 수 있고 연봉과 차량 이용 연수가 영향을 많이 주는 것으로 확인되었습니다.

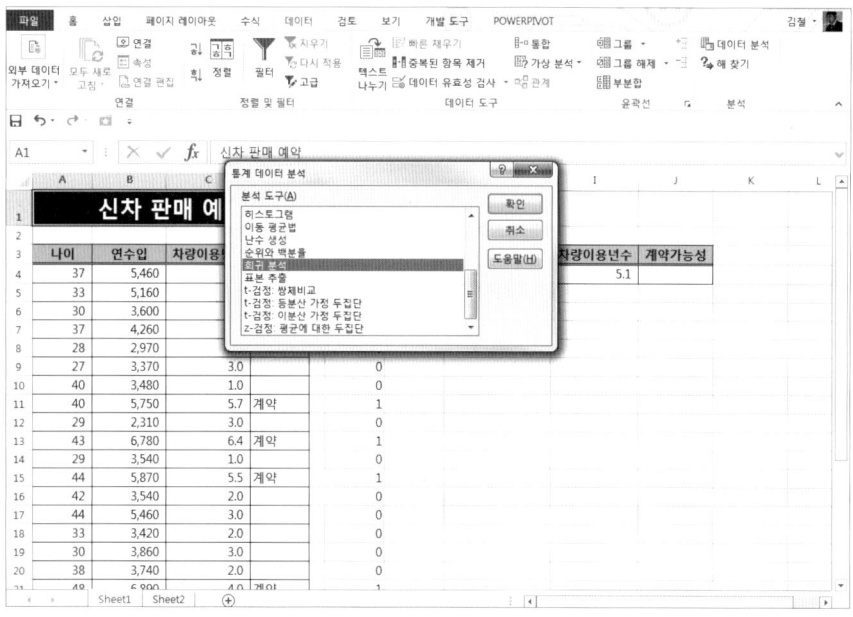

4. 각 상관 계수를 알게 되었으니 이번에는 회귀 분석을 실행해서 계약 가능성에 대해 알아보 겠습니다. [데이터] 탭 → [분석] 그룹 → [데이터 분석]을 실행해서 [통계 데이터 분석] 대화 상자가 나타나면 분석 도구는 '회귀 분석'을 선택하고 [확인] 버튼을 클릭합니다.

5. 각 변수의 범위와 옵션을 지정하기 위해서 [Y축 입력 범위]에는 [F3:F27] 셀을 지정하고 [X축 입력 범위]는 [B3:C27] 셀을 지정합니다. 그리고 [이름표]에 체크하고 [출력 범위]는 [H6] 셀을 선택한 후 [확인] 버튼을 클릭합니다.

6. 회귀 분석 결과를 확인했다면 [J4] 셀에 두 개 이상의 변수에 대해서 예측할 때 필요한 다중 회귀 분석 방정식(y=a1x1+a2x2+a3x3+anxn...+b)을 적용해 보겠습니다. 다중 회기 분석 방정식인 =H4*I23+I4*I24+I22를 수식 입력줄에 입력합니다. 그런 다음 [H4] 셀과 [I4] 셀의 변수를 수정해보면 계약 가능성을 쉽게 구할 수 있습니다.

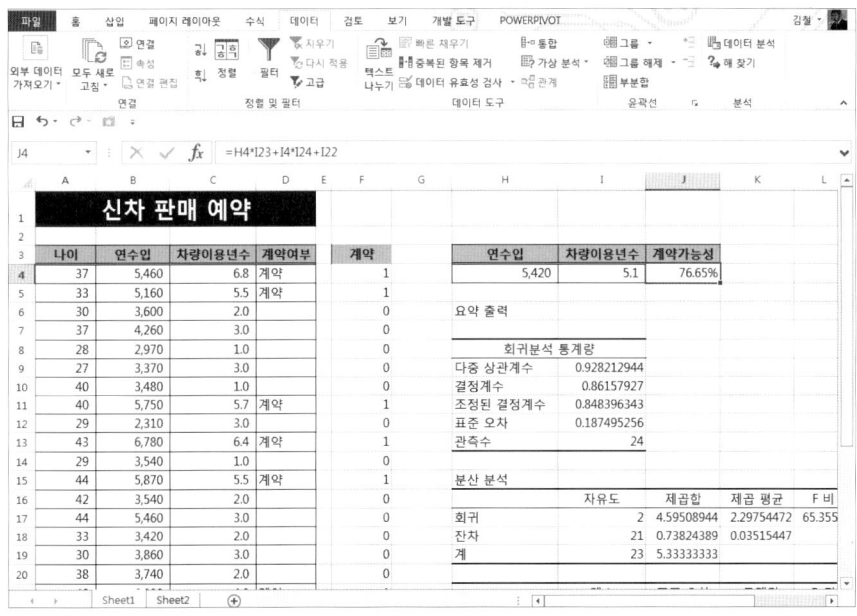

하면 된다!

Q1. 2013년 승하차 인원에 대한 월별 Z차트를 완성하세요.
문제 7-1_지하철 승하차 인원 분석_문제.xlsx

Hint!
1. 지하철 승하차 DB에서 [표 만들기] 기능을 실행하고 피벗 테이블을 만듭니다.
2. [피벗 테이블 서식]에서 날짜, 승차 인원을 알 수 있도록 각 항에 필드를 옮깁니다.
3. 날짜 필드는 [연], [월] 그룹 필드를 설정하고 그 중 [연] 그룹 필드는 열로 이동시킵니다.
4. 피벗 테이블 정보를 [보고서 양식 필드]로 옮깁니다.
5. 마지막으로 이동년계를 구하고 Z차트로 나타냅니다.

정답 7-1_지하철 승하차 인원 분석_정답.xlsx

 하면 된다!

Q2. 마아코프 분석을 활용하여 광주광역시 행정구역별 인구 변동을 예측하세요.
문제 7-2_인구 변동 예측_문제.xlsx

Hint!
1. 광주광역시 행정구역별 인구 이동률을 전이행렬로 사용합니다.
2. MMULT 함수와 배열수식을 사용하여 2015년 12월부터 2030년 12월까지 인구 비율 셀을 채웁니다.
3. [영역형] 차트 중 '100% 기준 누적 영역형'을 선택해서 차트를 생성합니다.
4. 마지막으로 차트 제목을 연동해서 입력합니다.

정답 7-2_인구 변동 예측_정답.xlsx

ㄱ

가공	16
가로 방향	41
가상 분석	295
간트 차트	321
값 복사	85
값 붙여넣기	47
값 요약 기준	286
값 필드 설정	90, 141
거듭제곱 연산자	58
거듭제곱	57
거짓(FALSE)	59
경리, 회계 업무	17
고급 필터 활용법	266
고급 필터	50, 255
고정된 틀	35
곱셈 연산자	57, 58
공백 문자	61
규칙 관리	114
규칙 유형 선택	125
그라데이션	311
그룹화	92
글꼴 설정	33
글꼴	33
기본 연산자	57
기본 페이지	21
기본 편집 영역	21
기저효과	451
기타 규칙	113
기타 명령	36
기타 차트	105
꺾은선 연결하기	98
꺾은선형	30

ㄴ~ㄷ

나눗셈 연산자	58
날짜 데이터	34
날짜 입력 값	325
날짜 표시 형식	77
논리 상수	135
논리곱 조건	249
논리곱(AND)	135
논리합(OR)	135
누적 입력	81
누적된 매출 거래 자료	18
누적비 분석	467
다른 이름으로 저장	42
다중 조건	65
다중 회귀 분석 방정식	483
다중 회귀 분석	482
단가 조견표	205
단색 채우기	112
단축키 모음	54
단축키 정보	20
단회기 분석	476
대괄호	23
대비율	24
대표 문자 사용법	256
대표 문자	227
대화상자 시트	99
데이터 계열 서식	317
데이터 구분	69
데이터 도구	150
데이터 레이블 추가	319
데이터 막대	112
데이터 범위	173
데이터 선택	98
데이터 시각화	101
데이터 요소 서식	343
데이터 원본 변경	93
데이터 유형	61
데이터 유효성 검사	147
데이터 유효성 검사하기	207
데이터 처리 기능	81
데이터 편집	178
데이터베이스 분석	17
데이터베이스 정리	81
도움말	20
도형 채우기	314
독립형 실행 버전	100
동적 범위	78
드롭다운 메뉴	25
등호	59

ㄹ~ㅁ

레이블 옵션	328
레이블 위치	327
리본 그룹의 설정 옵션	20
리본 메뉴 고정	23
리본 메뉴 탭	20
리본 메뉴	18, 20
마아코프 분석	470
마이크로소프트	17
막대만 표시	122
막대바 형태	30
맞춤 리본 메뉴	32
맞춤	28
매출 데이터	16
매출 추이 분석	451
매크로 시트	99
매크로	17
머리글 삽입란	21
머리글 포함	29
목표값 찾기	295
목표액	26
묶은 세로 막대형	30, 103
문서 중앙	38
문자 데이터	59
문자열 표현 셀 서식	73

ㅂ

반복할 행	39
반원 차트	353
방사형 차트	363

배열 상수란	434	선택 영역에서 만들기	184	시각화 전환	103
배열 수식	85, 240	선택하여 붙여넣기	45	시각화	17
배율	39	선택한 셀 범위	52	시간 데이터	34
백분율 스타일	25	선형관계식	479	시간 표시 막대	94
백분율	25	선형추이	172	시작 화면	22
버전별 특징	17	성장형 Z 차트	461	시트 탭	21
변수값	135	세로 막대형 차트	103	시트	21
병합하고 가운데 맞춤	28	세미콜론	73	실적액	26
보고서 연결	402	세부 옵션	20	쌍점	61
보고서 필터 페이지 표시	411	셀 병합	30, 82	쓰기 암호	42
보조 축 차트	30	셀 서식	33, 69		
보합형 Z 차트	461	셀 연산자	61	**ㅇ**	
분기별 분석	95	셀 영역	26		
분석 데이터	30	셀 주소 형태	183	아이콘 스타일	123
분석 도구	18	셀 중간점	122	아이콘 집합	123
불연속 셀 범위	53	셀 참조	56, 63	암호 확인	42
붙여넣기 옵션	45	소비자 성향	18	양수 표현 셀 서식	73
붙여넣기	45, 47	손익분기점 차트	419	양식 컨트롤 삽입	426
비교 연산자	59	손익분기점	423	엑셀 단축키	44
비즈니스 인텔리전스(BI)	100	쇠퇴형 Z 차트	461	엑셀 판매 패키지	100
빈 문서	22	수식 보기 모드	27	엔터프라이즈 버전	100
빠른 분석	30	수식 복사	25	여백 조정	39
빠른 실행 도구 모음	20, 36	수식 분석	27	여백 표시	37
뺄셈 연산자	58	수식 붙여넣기	47	여백	21
		수식 입력	56	연결하여 붙여넣기	48
ㅅ		수식 작업	32, 143	연산자 기호	57
		수식 표시	27	연산자	56
사용자 지정 셀 서식 적용	75	수치 데이터	17	연속된 셀 범위	50
사용자 지정 셀 서식	72, 76	순번 채우기 기능	49	열 고정 혼합 참조	66
사용자 지정 자동 필터	252	숨겨진 셀/빈 셀	99	열 머리글	24
산술 연산자	57	숨겨진 행 및 열에 데이터 표시	179	열 주소	64
산술 평균	197	숫자 데이터	57	열기 암호	42
상대 참조	63	쉼표 스타일	72	영역 지정선	40
상태 표시줄	21	쉼표	61	예약어	76
새 서식 규칙	114	스타일	29	오피스 365의 종류와 가격	100
새 시트	21	스파크라인 만들기	172	온라인 그림	315
새 통합 문서	22	스파크라인	166	와일드카드 문자	227
새로 만들기	22	스프레드시트	17	워크시트	26, 99
서식 붙여넣기	47	스핀 단추 컨트롤	427	원본 데이터에 연결	292
서식 파일	22	슬라이서 기능	92	원형 대 원형 차트	335
선택 영역 인쇄	41	슬라이서 삽입	92, 401	유효성 검사	84

윤곽선	33	조건부 서식 규칙 관리자	114	텍스트 연결 연산자	60
음수 값 및 축 설정	122	조건부 서식	111	통계 데이터 분석	478
음수 표현 셀 서식	73	조절선	37	통계 함수	18, 197
이동년계	458	조합한 단축키	53	통합 문서 작성	17
이름 관리자	185	주석 넣기	447	통화 기호	91
이름 목록	34	중복된 항목 제거	155	통화 표시	76
이름 상자	20	중심축	88	특수 문자	73
이름 정의 기능	20	중첩 막대형 차트	378	특정 셀 고정	34
이름 정의	183			틀 고정 취소	35
이중축 차트	309	**ㅊ**		틀 고정	34
인쇄 대상	41	차트 보고서 양식	397		
인쇄 미리보기	37	차트 삽입	96	**ㅍ**	
인쇄 방향	41	차트 시트	99	파워뷰	100
인쇄 페이지 설정	37	차트 영역	31	파일 이름	42
일반 옵션	42	차트 이동	97	페이지 가운데 맞춤	38
읽기 전용	43	참(TRUE)	59	페이지 나누기 미리 보기	21
입력	16	참조 기능	63	페이지 레이아웃	21, 39
		참조 범위	84, 183	페이지 설정	38
ㅈ		참조 스타일	32	편집 문서	40
자금 운용 현황	18	참조 연산자	61	평균 값	197
자동 맞춤	39	참조 유형	63	표 만들기	78
자동 채우기 옵션	27	찾아보기	42	표 모양	78
자동 필터 활용법	253	채우기 핸들	25, 66	표 서식	29
자동 필터	251	채우기	33	표 스타일 보통	78
자동 합계	26	추가 기능	20	표 스타일	79
자릿수 늘림	25	추가 옵션	48	표/범위	140
작업 영역	21	추천 차트	309	표시 형식	25, 76
재무 함수	17	축 설정	118	표식 색	172
저장	35	출력 대상	41	표와 셀 서식	68
전체 목록 범위	50	출력	16, 37	피벗 차트 만들기	96
전체 통합 문서 인쇄	41			피벗 차트	87, 405
절대 참조	64	**ㅋ~ㅌ**		피벗 테이블 만들기	89
절사(내림)	201	컨트롤 서식	427, 428	피벗 테이블 보고서	140
절상(올림)	200	컨트롤	369	피벗 테이블 필드	89, 148
정렬 및 필터	205	크로스탭 보고서	182	피벗 테이블	87
정의된 이름	184	크로스탭 형태	81	피벗 테이블로 요약	89
제목줄	34	큰따옴표	59	피벗	88
제한 대상	150	클립보드	45	필드 목록 닫기	106
조건문	70	테두리	33	필드 영역 닫기	107
조건부 사용자 지정 셀 서식	77			필드 축소	153

필드	89	=GETPIVOTDATA	142, 151, 162, 169	Office 365 ProPlus	100
필터	29	=IF	209	Pivot	88
		=IFERROR	213, 216, 218	Power BI 기능	100
		=INDEX	229, 233	Power Map	100

ㅎ

하나의 페이지 필드 만들기	284
함수 마법사	20, 198
함수 삽입	20
합계: 금액	90
합계액	30
행 고정 혼합 참조	66
행 높이	24
행 머리글	32
행 추가	79
행, 열 바꿈	188
행/열 바꿈	47
현재 선택 영역으로 정렬	187
혼합 참조	65
화면 구성	16, 20
확대/축소 배율	21, 39
확장 버튼	103
활성 시트 인쇄	41
회귀 방정식	480
회기 분석	486
휴가계획표	131

기타

Ctrl 키	45
[DBNum1]G/표준	75
[DBNum2]G/표준	75
[DBNum3]G/표준	75
[DBNum4]G/표준	75
Shift 키	51
=AND	134
=AVERAGE	197
=CORREL	485
=COUNTIF	274
=COUNTIFS	279
=DATAIF	236
=EOMONTH	276
=MATCH	229
=MIN	199
=MMULT	470
=MONTH	269
=OFFSET	234
=PERCENTRANK	223
=ROUND	200
=ROUNDDOWN	201
=ROUNDUP	201
=SUMIFS	192
=VLOOKUP	210, 220, 221, 224, 225
=WEEKDAY	137
0 표현 셀 서식	73
3차원 원형 차트	346
4방향 화살표	123
Σ 값	141

알파벳

ABC 분석	462
ABC군과 비율	469
AVERAGE 함수	197
COUNTIF 함수	272
DATAIF 함수	236
DATAIF 함수의 버그	238
Excel 옵션	32
Excel 추가 기능	477
IF 함수	69
INDEX 함수	228
LEFT 함수	227
MATCH 함수	230
MAX 함수	199
MIN 함수	199
MONTH 함수	269
Office 365 E3	100
Office 365 ProPlus	100
Pivot	88
Power BI 기능	100
Power Map	100
Power Pivot	100
Power Query	100
Power View 필드	103
Power View	100
SUM 함수	53, 192
SUMIF 함수	192
SUMIFS 함수	182, 192
SWOT 분석	363
TYPE 함수	61
VLOOKUP 함수	203
Z 차트	451

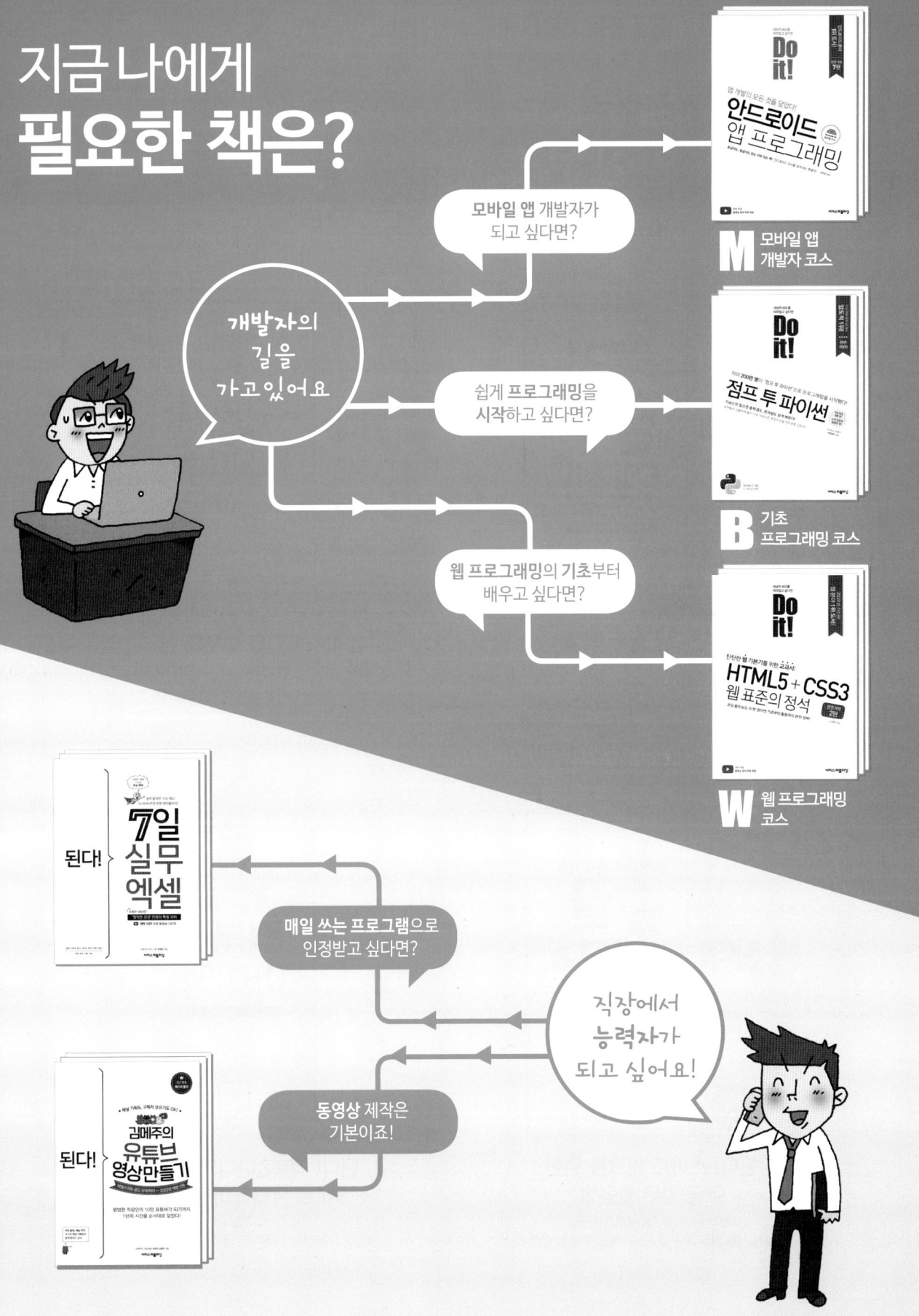

매일 쓰는 프로그램으로 인정받고 싶다면?

A 업무능력 향상 코스

된다! 7일 실무 엑셀
일주일이면 기초 떼고
VLOOKUP과 피벗 테이블까지!
동영상 강의 150강 무료 제공!

한정희 지음 | 20,000원

된다! 파워포인트 실무의 신
'프라미스'가 알려주는 비밀스런 업무 기술
능력자의 작업 환경과 고급 예제 대공개!

김지훈, 김봉정, 박성용 지음 | 19,500원

된다! 스마트 워크를 위한 구글 업무 활용법
똑똑하게 일하는 사람의 비밀!
지메일 사용법부터 구글 드라이브, 크롬 보안까지!

이광희 지음 | 18,000원

된다! 맥북&아이맥 — 맥OS 몬터레이 판
하루 만에 맥 초보 탈출!
맥을 사용하는 가장 세련된 방법

김기백, 조영빈, 이민호, 정다운 지음 | 15,500원

M 직장인의 기본! 마케팅 코스

앉은 자리에서 마케팅하고 싶다면?

된다! 네이버 블로그 상위 노출
내 글이 네이버 메인에 뜬다!
만들기부터 검색 상위 노출까지
네이버 블로그 마케팅의 교과서

황윤정 지음 | 16,500원

된다! 김메주의 유튜브 영상 만들기
구독자 10만이 되기까지
1년의 시간을 순서대로 담았다!

김혜주 지음 | 18,000원

된다! 7일 유튜브 영상 편집 with 베가스 프로
'잘나가는 자막'은 이 책에 다 있다!
일주일이면 영상 편집 알바 가능!
동영상 강의 27강, 자막 템플릿 80가지 무료 제공!

김나옹 지음 | 20,000원

된다! 유튜브·SNS·콘텐츠 저작권 문제 해결
25년간 저작권을 다뤄 온
판사 출신 변호사의 실무 답변 108가지

오승종 지음 | 18,000원

프로에게 배우는 사진 노하우 & 카메라 제대로 쓰는 법

DCM 일본 프로 사진가들의 테크닉 모음집 시리즈 [전 6권]

미즈노 카츠히코 외 지음
세트 가격 129,600원

프로 사진가들의 아름다운 사진 촬영법
나도 한번쯤 아름다운 사진을 찍어보고 싶다!
하기하라 시로 외 지음 | 27,000원

프로 사진가 92명의 사진 구도와 풍경 사진
전문가의 비법이 담긴 '구도 가이드' 부록 수록!
하기하라 시로 외 지음 | 27,000원

프로 사진가들이 사용하는 노출과 조리개값
지루한 개념은 이제 그만. 38가지 프로 테크닉으로 빛을 정복하자
요코기 아라오 외 지음 | 27,000원

프로 사진가들이 알려주는 사진 촬영 특강
사진 초보자를 위한 카메라 걸음마 교실!
후쿠다 켄타로 외 지음 | 27,000원

프로 사진가들의 사진 보정과 렌즈 활용법
프로는 연장을 탓하지 않고, 과하게 보정하지 않는다!
이시다 아키히사 외 지음 | 27,000원

전문 사진가 68명의 실전 촬영법
일본 최고 사진 전문가들의 진솔한 이야기
미즈노 카츠히코 외 지음 | 27,000원

4차 산업 혁명 시대 꼭 읽어야 할 데이터 과학

빅데이터의 다음 단계는 예측 분석이다
이제 예측 분석의 키워드를 이해하는 기업만 살아남는다!
에릭 시겔 지음 | 18,000원

데이터는 어떻게 자산이 되는가?
데이터 산업의 모든 것! 데이터 수집, 생성부터 유통, 생태계까지!
김옥기 지음 | 18,000원

기계는 어떻게 생각하는가?
4차 산업 혁명을 이끌 창의적인 개발자 · CTO를 위한 인공 지능 교양서!
숀 게리시 지음 | 18,000원